প্রতিদিন
এক চুমুক চায়ের সাথে
২ মিনিট
রবীন্দ্রনাথ

ড. নাজমুস সাকিব

কবি আপনার গানে যত কথা কহে
নানা জনে লহে তার নানা অর্থ টানি,
তোমাপানে ধায় তার শেষ অর্থখানি!

— নৈবেদ্য: ৪৪

Poet says so many things in his songs
People take various meanings from them
The ultimate meaning rushes towards You.

— Translation by NS

প্রতিদিন রবীন্দ্রনাথ ড. নাজমুস সাকিব
PROTIDIN RABINDRANATH Dr. Najmus Saquib
North American Edition

প্রথম প্রকাশ: এপ্রিল, ২০২৩
স্বত্ব: লেখক

Copyright © 2022 Najmus Saquib
Published by Innovation and Integration, Inc.
325 Belle Ct., El Dorado Hills, CA 95762

All rights reserved. No part of this book may be used, reproduced, or transmitted in any form or by any means whatsoever without written permission except in the case of brief quotations embodied in the critical articles and reviews.

Photo credits: The border used is licensed under Creative Commons "Attribution-ShareAlike 3.0 Unported (CC BY-SA 3.0)" and designed by M. Darwin.

FIRST NORTH AMERICAN EDITION APRIL 2023
ISBN 978-0-9858232-2-1 (Paperback edition)
ISBN 978-0-9858232-4-5 (Hardback edition)
ISBN 978-0-9858232-3-8 (E-book)

উৎসর্গ

আমার স্ত্রী লুবনা
এবং আমার দুই কন্যা সামহিতা ও সামারাকে
আমার এই প্রয়াসে তাদের অকুন্ঠ সমর্থনের জন্য

কলম-বেচারার যদি চেতনা থাকিত তবে লিখিতে লিখিতে নিশ্চয় কোন্‌-একদিন সে মনে করিয়া বসিত, "লেখার সমস্ত কাজটাই করি আমি, অথচ আমার মুখেই কেবল কালি পড়ে আর লেখকের খ্যাতিই উজ্জ্বল হইয়া উঠে।"

- জীবনস্মৃতি

সূচিপত্র

কোন্ অধ্যায়ে কোন্ প্রশ্নের উত্তর পাবেন?	-১
বইটির বিচিত্র ব্যবহার	-২
রবীন্দ্রজীবনে জন্ম-আনন্দ ও মৃত্যু-শোক	-৫
উদ্ধৃত চিঠিপত্রের প্রাপক পরিচয়	-৬
কৃতজ্ঞতা স্বীকার	-৭
ভূমিকা: কেন এবং কীভাবে এই বই?	
এবং আমার রবীন্দ্রনাথ	-৯
১. আত্মশুদ্ধি — জানুয়ারি	-৩৩
২. ভালোবাসা — ফেব্রুয়ারি	-৭১
৩. আনন্দ — মার্চ	-১০৭
৪. শুভেচ্ছা ও শোক বাণী — এপ্রিল	-১৪১
৫. আত্ম-উপলব্ধি — মে	-১৭৫
৬. ধর্ম-উপলব্ধি — জুন	-২০৯
৭. স্বদেশ ও সমাজ — জুলাই	-২৬৫
৮. সম্পর্ক — আগস্ট	-৩০১
৯. প্রার্থনা — সেপ্টেম্বর	-৩৩৭
১০. প্রকৃতি — অক্টোবর	-৩৭৩
১১. সুখ-দুঃখ — নভেম্বর	-৪০৭
১২. শেষ পারানির কড়ি — ডিসেম্বর	-৪৪৫
১৩. বর্ষপূর্তি বোনাস - হাস্যকৌতুক — বোনাস -১	-৪৭৯
১৪. শেষ হইয়াও হইলো না শেষ — বোনাস -২	-৪৯৩
নির্ঘন্ট (Index) (প্রতিটি পৃষ্ঠার শিরোনাম সূচি)	-৫০৯

এই বইয়ে ব্যবহৃত কিছু চিহ্ন

এই বইটি একটি ব্যবহারিক বই, কেবল পড়ার বই নয়। এখানে উপস্থাপিত রবীন্দ্রবাণীগুলো আপনার জীবনে কাজে লাগবে এই আশাতেই এই বইটি লিখা হয়েছে। মনে করতে পারেন এগুলো বস্তার ভিতরকার বীজের মতো, আপনার মন ও মননের সক্রিয় কর্ষণভূমির মধ্যেই তারা সার্থকতা পাবে।

চিন্তা-কণিকা

এই বইয়ের পৃষ্ঠায় পৃষ্ঠায় আমি কিছু "চিন্তা-কণিকা" ছড়িয়ে দিয়েছি - যেগুলো কাজ করবে ফসলক্ষেত্রে সারের মতো। ধূমায়িত চা-কাপ সংলগ্ন চিন্তা-কণিকার প্যারাগ্রাফ এর বাক্যাবলী উদ্ধৃত রবীন্দ্রবাণীর প্রেক্ষাপটে আমার নিজের চিন্তা-ভাবনাকে প্রকাশ করেছে; এগুলো রবীন্দ্রনাথের রচনা থেকে উদ্ধৃতি নয়। এই বইয়ে রবীন্দ্রনাথের উদ্ধৃতি নির্দেশ করার জন্য দুটো চিহ্ন ব্যবহার করা হয়েছে: (১) প্লে বাটন এবং (২) গয়নার বাক্স।

প্লে বাটন: রবীন্দ্রনাথের গান বা আবৃত্তির যে উদ্ধৃতির সাথে কোনো Youtube Link পাওয়া গিয়েছে, সেই গানের প্রথম ছত্রের পাশে এই প্লে বাটন দিয়ে চিহ্নিত করা হয়েছে, যাতে আপনি নিজে Youtube থেকে গানটি খুঁজে বের করে নিতে উদ্যোগী হতে পারেন। এই বইয়ের ডিজিটাল ভার্শনে (Ebook) প্লে বাটনটি active করা আছে অর্থাৎ উদ্ধৃতির পাশের এই প্লে বাটনে চাপ দিলে একটি Public Youtube লিংকে গান বা আবৃত্তি শোনা যাবে। তবে অনেকসময়ই এই Youtube লিংক Video Not Available দেখাতে পারে, কেননা Youtube এর Public Account বা Channel টি বন্ধ বা খোলা থাকার ব্যাপারে আমাদের কোনো নিয়ন্ত্রণ নেই। Video Not Available দেখালে আপনি নিজে সার্চ করে গানটি খুঁজে নিতে হবে।

গয়নার বাক্স: রবীন্দ্রনাথের গান বা আবৃত্তির যে উদ্ধৃতির সাথে কোনো Youtube Link পাওয়া যায় নি, সেই উদ্ধৃতি একটি গয়নার বাক্স দ্বারা নির্দেশ করা হয়েছে।

কোন্ অধ্যায়ে কোন্ প্রশ্নের উত্তর পাবেন?

অধ্যায়ের নাম	কোন্ প্রশ্নের উত্তর পাওয়া যাবে?
ভূমিকা	কেন এবং কীভাবে এই বই?
১. আত্মশুদ্ধি (জানুয়ারি)	নিজেকে শোধরাবো কীভাবে? নিজের ভুলভ্রান্তি দেখতে শিখব কীভাবে?
২. ভালোবাসা (ফেব্রুয়ারি)	ভালোবাসার কথা প্রকাশ করার হৃদয়গ্রাহী ভাষা পাব কোথায়?
৩. আনন্দ (মার্চ)	চারদিকের এই আনন্দরাশিকে দেখতে শিখব কীভাবে?
৪. শুভেচ্ছা ও শোকবাণী (এপ্রিল)	বিয়ের কার্ডে, জন্মদিনের কার্ডে কী লিখব? কাউকে সান্ত্বনা দিব কীভাবে?
৫. আত্ম-উপলব্ধি (মে)	নিজের দোষত্রুটি বুঝতে পারার ক্ষমতা অর্জন করব কীভাবে?
৬. ধর্ম-উপলব্ধি (জুন)	ভুল ধর্মপালনের নেশা থেকে কীভাবে মুক্তি? ধর্ম বিকার রোধ করব কীভাবে?
৭. স্বদেশ ও সমাজ (জুলাই)	স্বদেশের ও সমাজের কাজে লাগার মতো যোগ্যতা কি আমার আছে?
৮. সম্পর্ক (আগস্ট)	সম্পর্কের উন্নতি করব কীভাবে?
৯. প্রার্থনা (সেপ্টেম্বর)	প্রার্থনা ও আত্মনিবেদনের পরশমণির ছোঁয়ায় কবে আমার জীবন বদলে যাবে?
১০. প্রকৃতি (অক্টোবর)	প্রকৃতির সৌন্দর্য ও অসীমতা কখন আমার হৃদয়কে প্লাবিত করবে?
১১. সুখ-দুঃখ (নভেম্বর)	দুঃখে সান্ত্বনা দিব বা পাব কোথা থেকে?
১২. শেষ পারানির কড়ি (ডিসেম্বর)	আমার জীবনে যা কিছু অসমাপ্ত, ছিন্ন-বিচ্ছিন্ন এবং অসামঞ্জস্যপূর্ণ - তাদের মধ্যে কীভাবে সামঞ্জস্য খুঁজে পাব?
১৩. হাস্যকৌতুক (বর্ষপূর্তি বোনাস -১)	প্রতিদিনের জীবনযাপনে হাস্যরস কীভাবে আস্বাদন করব?
১৪. শেষ হইয়াও হইল না শেষ (বোনাস -২)	আরো কিছু রবীন্দ্রবাণী কি আমার চিন্তাভাবনাকে আরো সমৃদ্ধ করবে?

বইটির বিচিত্র ব্যবহার
ও
আপনার সৃজনশীলতার পরীক্ষা

মনে রাখবেন এই বইটি একনাগাড়ে পড়ার চেষ্টা করলে ভুল করবেন - তাহলে এর যে কেবল স্বাদ নষ্ট হয়ে যাবে তাই নয়, রবীন্দ্রবাণীর বীজ থেকে ফলবান বৃক্ষও উদ্গত হবে না। তাছাড়া ফলবান বৃক্ষে নানান রকমের ফল ও ফুল আপনি নিজেও ফুটিয়ে তুলতে পারবেন খানিকটা সৃজনশীল হলে। নিচে এই ব্যাপারে উদাহরণসমেত কিছু পরামর্শ দেয়া হলো।

<u>প্রয়োজন মেটাতে কীভাবে বইটি ব্যবহার করতে পারেন:</u>
হঠাৎ মাঝে মাঝে এই বইখানা তুলে নিয়ে পাচেঁর পাতা কিংবা পঞ্চাশের পাতা অথবা সাতানব্বইয়ের পাতা থেকে পড়তে শুরু করে দিন, কিংবা ক্যালেন্ডারের পাতার মতো উল্টিয়ে দেখুন কী পড়তে মন চাইছে। সেই পৃষ্ঠা ভালো না লাগলে পাতা উল্টিয়ে চলে যান আরেক পৃষ্ঠায়। পড়ে দেখুন এই বইয়ের 'ভূমিকা' যেটা আপনাকে সাহায্য করবে রবীন্দ্রনাথকে আরো বেশি বেশি উপভোগ করতে।

- ❑ মন খারাপ, খুলে বসুন যে কোনো অধ্যায়
- ❑ হাসতে চান, খুলে বসুন ১৩তম অধ্যায়
- ❑ শুভেচ্ছা কার্ডে ব্যতিক্রমী বাণী লিখতে চান, খুলে বসুন এপ্রিল মাসের অধ্যায়
- ❑ প্রিয়তমকে ভালোবাসার কথা বলতে চান, খুলে বসুন ফেব্রুয়ারি মাসের অধ্যায়
- ❑ দাম্পত্য সম্পর্ক উন্নতির উপায় খুঁজছেন, পড়ুন অধ্যায় ৮
- ❑ এলোমেলো চিন্তা মাথায় আসছে, খুলে বসুন নির্ঘন্ট - পৃষ্ঠা-শিরোনাম পড়তে পড়তে চমৎকার কিছু পেয়ে যাবেন
- ❑ দুঃখে সান্ত্বনা চাই, পড়ুন ভূমিকাসহ নভেম্বর মাসের অধ্যায়
- ❑ নিজের ধর্মচেতনাকে সমৃদ্ধ করতে চান, পড়ুন ভূমিকাসহ জুন মাসের অধ্যায়
- ❑ ঈশ্বরকে খুঁজছেন, চলে যান 'প্রার্থনা' অধ্যায়ে
- ❑ আত্ম-উন্নয়ন চান, পড়ুন ভূমিকাসহ 'আত্মশুদ্ধি' অধ্যায়
- ❑স্রেফ পড়ার আনন্দ পেতে চান, খুলুন যে কোনো পৃষ্ঠা

সৃজনশীল হয়ে কীভাবে বইটি ব্যবহার করতে পারেন:
আপনার সৃজনশীলতা এই বইকে নতুন মূল্য দেবে। আপনি এই বইয়ের উদ্ধৃতিগুলো কেবল উপভোগ করবেন যে তাই নয়, অনুপ্রেরণাদায়ী ও বোধ-জাগানিয়া উদ্ধৃতিগুলো আপনি ব্যবহার করতে পারেন আপনার জীবন পথের পাথেয় হিসাবে। রবীন্দ্রনাথকে আপনি সেখানে পাবেন 'পান্থজনের সখা হিসাবে' (পড়ে দেখুন এই বইয়ের 'ভূমিকা')। প্রতিটি উদ্ধৃতিতে গাঢ় (bold) অক্ষরে যে সকল বাক্য বা বাক্যাংশ চিহ্নিত করে দেয়া হয়েছে সেগুলো একটু বেশি মনোযোগ দিয়ে পড়লে তার থেকে নতুন নতুন অর্থ বেরিয়ে আসবে আপনার মনে। লিখালিখি, বক্তৃতা, কিংবা তর্কসভায় যুক্তির প্রসারণে অনেক উদ্ধৃতির ব্যবহার আপনি আপনাআপনিই খুঁজে পাবেন।

কিন্তু আপনার সৃজনশীলতার চূড়ান্ত পরীক্ষা হবে তখনই যখন আপনি উদ্ধৃতিগুলো বা তার অংশবিশেষ সময় এবং সুযোগমত কাজে লাগাতে পারবেন একদম ভিন্ন অনুষঙ্গে। যেমন - যেসকল গান স্পষ্টতঃই মর্ত্যের মানুষের প্রেমের গান সেগুলো ত' আপনি প্রেমের অনুষঙ্গে ব্যবহার করতেই পারবেন, কিন্তু অনেকসময়ই স্পষ্টতঃই ঈশ্বরপ্রেমের গানকে একটু অদলবদল করে মর্ত্যলোকের প্রেমের অনুষঙ্গে ব্যবহার করতে পারেন। স্বয়ং রবীন্দ্রনাথ ঠাট্টাছলে নিজের গানের কথাকে একটু বদলে দিয়ে ব্যবহার করেছেন (দেখুন মার্চ ১)। নিচে কিছু উদাহরণ দেয়া হল আপনাকে উজ্জীবিত করতে।

১. (পৃষ্ঠা: ফেব্রুয়ারি ২): শেষ লাইনগুলোতে যদি আপনি 'প্রভু' শব্দটি বাদ দিয়ে আপনার প্রিয়তমকে বলেন - "হে বন্ধু মোর, হে অন্তরতর/ এ জীবনে যা-কিছু সুন্দর/ সকলই আজ বেজে উঠুক সুরে/ ~~প্রভু~~ তোমার গানে, তোমার গানে, তোমার গানে।" শুধু তাই নয়, আপনি যদি 'গানে' শব্দটিও বদলে সেখানে 'প্রেমে' বসিয়ে দিয়ে বলেন – "শুধু তোমার প্রেমে, তোমার প্রেমে, তোমার প্রেমে" - তাহলেও চমৎকার হয়।

২. (পৃষ্ঠা: ফেব্রুয়ারি ১৭): মূল গানটি স্পষ্টতঃই প্রেমিকার অনুষঙ্গে ব্যবহারযোগ্য, কিন্তু ঐ পৃষ্ঠার চিন্তা-কণিকা অংশে দেখুন "মোর হৃদয়ের গোপন বিজন ঘরে" শীর্ষক ঈশ্বরপ্রেমের গানটিকে কীভাবে দৈনন্দিন জীবনে ব্যবহার করা যেতে পারে সে পরামর্শ দেয়া হয়েছে।

৩. (পৃষ্ঠা: মার্চ ১১): গাঢ় অক্ষরে (bold letters) চিহ্নিত তিনটি লাইন প্রিয়তমের আগমন অপেক্ষার সময়ে ব্যবহারযোগ্য।

৪. (পৃষ্ঠা: সেপ্টেম্বর ১২): যদিও এই গানের 'তুমি' ঈশ্বরের প্রতি ইঙ্গিত করে - আপনি গানটি থেকে দুটো লাইন "তোমার রূপে মরুক ডুবে/ আমার দুটি আঁখিতারা" ছেঁকে নিতে পারেন আপনার প্রিয়তমের উদ্দেশ্যে নিবেদনের জন্য।

৫. (পৃষ্ঠা: সেপ্টেম্বর ২৯): গাঢ় অক্ষরে চিহ্নিত লাইনগুলো থেকে শুরুর 'প্রভু' শব্দটি কেটে বাদ দিন - দেখবেন কেমন সুন্দর অভিব্যক্তি প্রেম নিবেদনের জন্য - "**প্রভু** তোমা লাগি আঁখি জাগে/ দেখা নাই পাই,/ পথ চাই,/ সেও মনে ভালো লাগে।"

উদ্ধৃতিগুলোর এই রকমের সৃজনশীল ব্যবহারের অনেক সুযোগ বইটির সর্বত্র ছড়িয়ে আছে এবং গাঢ় অক্ষরের (bold letters) এর মাধ্যমে অনেক সময়ে সেদিকে ইঙ্গিত করা হয়েছে। ফলে এই বইটি প্রত্যেক পাঠকের জন্য ভিন্ন অর্থ ও উপযোগিতা নিয়ে আসবে।

আমি কথার যাচনদার, কথা যেখানে অকৃত্রিম ও সুন্দর সেখানে আমি মত বিচার করি নে - সেখানে আমি প্রকাশের রূপটিকে রসটিকে সম্ভোগ করতে জানি।

- হেমন্তবালা দেবীকে লিখিত রবীন্দ্রনাথের চিঠি, ৩০ এপ্রিল, ১৯৩১

রবীন্দ্রজীবনে জন্ম-আনন্দ ও মৃত্যু-শোক প্রধান প্রধান ঘটনাবলি

১২৬৮, ২৫ বৈশাখ ১৮৬১, ৭ মে	রবীন্দ্রনাথ ঠাকুরের জন্ম, কলকাতা পিতা -মহর্ষি দেবেন্দ্রনাথ ঠাকুর মাতা - সারদা দেবী
১৮৭৫, ১১ মার্চ	মা সারদা দেবীর মৃত্যু
১৮৮৩, ৯ ডিসেম্বর বয়স:২২ বছর ৭ মাস	বিয়ে, মৃণালিনী দেবীর সাথে, কনের বয়স: ৯ বৎসর ৯ মাস
১৮৮৪, ২১ এপ্রিল	বউদি কাদম্বরী দেবীর আত্মহত্যা
১৮৮৬, ২৫ অক্টোবর	প্রথম সন্তান বেলা বা মাধুরীলতার জন্ম
১৮৮৮, ২৭ নভেম্বর	দ্বিতীয় সন্তান রথীন্দ্রনাথের জন্ম
১৮৯১, ২৩ জানুয়ারি	তৃতীয় সন্তান রাণী বা রেণুকার জন্ম
১৮৯৩, ১২ জানুয়ারি	চতুর্থ সন্তান মীরার জন্ম
১৮৯৪, ১৩ ডিসেম্বর	শেষ সন্তান শমীন্দ্রনাথের জন্ম
১৯০১, ২২ ডিসেম্বর	শান্তিনিকেতন বিদ্যালয় স্থাপন
১৯০২, ২৩ নভেম্বর	স্ত্রী মৃণালিনীর (২৮ বছর) মৃত্যু
১৯০৪	মেজ মেয়ে রেণুকার (১৪ বছর) মৃত্যু
১৯০৫, ১৯ জানুয়ারি	পিতা মহর্ষি দেবেন্দ্রনাথের মৃত্যু
১৯০৭, ২৩ নভেম্বর	পুত্র শমীর (১১ বছর) মৃত্যু (কলেরা)
১৯১১, ৫ ডিসেম্বর	দৌহিত্র নীতুর জন্ম (মীরার পুত্র)
১৯১৩	রবীন্দ্রনাথের নোবেল পুরস্কার প্রাপ্তি
১৯১৬	দৌহিত্রী নন্দিতার জন্ম (মীরার কন্যা)
১৯১৮, ১৬ মে	বড়ো মেয়ে বেলার (৩১) মৃত্যু (যক্ষা)
১৯৩২, ৭ আগস্ট	দৌহিত্র নীতুর (২০) মৃত্যু (যক্ষা)
১৯৪১, ৭ আগস্ট ১৩৪৮, ২২ শ্রাবণ	রবীন্দ্রনাথ ঠাকুরের (৮০ বছর) মৃত্যু, কলকাতা

উদ্ধৃত চিঠিপত্রের প্রাপক পরিচিতি

মৃণালিনী দেবী ১৮৭৪-১৯০২	রবীন্দ্রনাথ ঠাকুরের স্ত্রী ১৯ বছরের সাংসারিক জীবন
রথীন্দ্রনাথ ঠাকুর ১৮৮৮-১৯৬১	জ্যেষ্ঠ পুত্র
মীরা দেবী ১৮৯৪-১৯৬৯	কনিষ্ঠা কন্যা
ইন্দিরা দেবী চৌধুরানী ১৮৭৩-১৯৬০	ভাতিজি, মেজদাদা সত্যেন্দ্রনাথ ঠাকুরের কন্যা
নগেন্দ্রনাথ গঙ্গোপাধ্যায় ১৮৮৯-১৯৫৪	জামাতা, মীরা দেবীর স্বামী
কাদম্বিনী দত্ত ১৮৭৮-১৯৪৩	অনাত্মীয়া: ভক্ত পাঠক পাবনার আইনজ্ঞ রায়বাহাদুর মহিমচন্দ্র সরকারের জ্যেষ্ঠা কন্যা।
হেমন্তবালা দেবী ১৮৯৪-১৯৭৬	অনাত্মীয়া: ভক্ত পাঠক; ময়মনসিংহের জমিদার ব্রজেন্দ্রকিশোর রায়চৌধুরীর কন্যা
নির্ঝরিণী সরকার ১৮৯১ -?	অনাত্মীয়া: ভক্ত পাঠক; আনন্দবাজার সম্পাদক প্রফুল্লকুমার সরকারের স্ত্রী
নির্মলকুমারী মহলানবিশ ১৯০০-১৯৮১	রবীন্দ্রনাথের অন্তরঙ্গ সহচর পরিসংখ্যানবিদ প্রশান্তচন্দ্রের স্ত্রী
প্রিয়নাথ সেন ১৮৫৪-১৯১৬	রবীন্দ্রনাথের প্রথম যৌবনের সাহিত্যসঙ্গী, বহুভাষাবিদ পন্ডিত
দীনেশচন্দ্র সেন ১৮৬৬-১৯৩৯	লোকসাহিত্যের পন্ডিত ও সংগ্রাহক, প্রথম পথিকৃৎ
অরুণচন্দ্র সেন ১৮৯২-১৯৭৪	সাহিত্যাচার্য দীনেশচন্দ্র সেনের পুত্র
সুফিয়া কামাল ১৯১১-১৯৯৯	বাংলাদেশের স্বনামধন্য কবি, নারী-প্রগতির নেতা ও 'বেগম' সম্পাদক।
মামুন মাহমুদ ১৯২৮-১৯৭১	কবি শামসুন্নাহার মাহমুদের সাড়ে পাঁচ বছরের শিশুপুত্র
জেব-উন-নেসা জামাল ১৯২৬ -?	বগুড়ার স্কুলছাত্রী, পরে চট্টগ্রাম গার্লস কলেজের অধ্যাপক

কৃতজ্ঞতা স্বীকার

সবার আগে অন্তরের অন্তঃস্থলে অন্তর্নিহিত আন্তরিক কৃতজ্ঞতা জানাই কবি রবীন্দ্রনাথ ঠাকুরকে - যাকে আমি পেয়েছি পান্থজনের সখা হিসাবে; যার গান আমার দুঃখের তিমিরে জ্বেলে দিয়ে গেছে মঙ্গল-আলোক; যার গান আমাকে জগৎব্যাপী বহমান আনন্দধারার সন্ধান দিয়েছে; যার গান বারবার আমাকে উদ্‌বুদ্ধ করেছে সকল অহংকার আমার চোখের জলে ডুবিয়ে দিতে; যার কবিতা আমাকে উজ্জীবিত করেছে সর্বক্ষণ - আনন্দ দিয়েছে অফুরান; যার প্রবন্ধ ও চিঠিপত্র আমার চিন্তায় যুগিয়েছে অন্তর্দৃষ্টির আলো - খুলে দিয়েছে এক নতুন করে দেখার দুয়ার।

কৃতজ্ঞতা জানাই আমার পিতাকে যিনি আমার সামনে খুলে দিয়েছিলেন বিশ্বসাহিত্যের অবারিত দুয়ার - কত রাতের কত আলোচনায় তাঁর কথা শুনে মুগ্ধ হয়েছি - উদ্‌বুদ্ধ হয়েছি দেশি বিদেশি জ্ঞান ভান্ডার আহরণে। তিনি আমাকে উৎসাহ দিয়েছেন বই কিনতে এবং বই পড়তে। আমি যখন ফারসি ভাষার গৃহশিক্ষক রাখার আবদার করেছি - তিনি সমর্থন দিয়েছেন। তাঁর কাছে শুনেছি কত গানের বিশেষ শব্দচয়নের গভীরতার ব্যাখ্যা - এবং শুনেছি গানের অন্তর্নিহিত ভাবের ব্যাখ্যা। আমার রুচি তৈরিতে তাঁর অবদানের কথা লিখে শেষ করা যাবে না।

কৃতজ্ঞতা জানাই আমার মা-কে যিনি আমার বই কেনার নেশার অর্থযোগানদাতা ছিলেন। কৃতজ্ঞতা জানাই আমার ভাইবোনদের - যাদের সাহচর্য কেবল আমার শৈশব ও কৈশোরকে সমৃদ্ধ করে নি - করেছে আমার মানসজগৎকে সমৃদ্ধ। বিশেষ করে কৃতজ্ঞতা জানাই আমার মেজভাই মহিউস সুন্নাহকে - আমার পাঠাভ্যাস তৈরি করতে এবং বৈচিত্র্যময় বইয়ের যোগান দিতে তাঁর অবদান ছিল অসীম। মেজভাইয়ের আরেক বইপাগল বন্ধু শেখ মোফাজ্জল হোসেনকেও জানাই কৃতজ্ঞতা - আমার বই পড়ার নেশার যোগানদার হিসাবে - অনেকসময়ই তার কেনা নতুন বই তিনি আমাকে আগে পড়তে দিতেন।

অনেক অনেক কৃতজ্ঞতা জানাই আমার স্ত্রী লুবনাকে তার অসীম ধৈর্য ও অফুরান ভালোবাসার জন্য। কত অসংখ্য সকাল সন্ধ্যা রাত

আমি তাকে রবীন্দ্রনাথের লিখা পড়ে শুনিয়েছি তার ইয়ত্তা নেই। আমি কখনো তাকে বিরক্ত হতে দেখিনি - বরঞ্চ উৎসাহের সঙ্গে সে আমার সাথে আলোচনায় যোগ দিয়েছে নিজের কাজকর্ম ফেলে। এই বইয়ের প্রুফ কপিও সে ধৈর্যের সাথে পড়ে আমাকে মতামত দিয়েছে ও উৎসাহ যুগিয়েছে।

সবশেষে কৃতজ্ঞতা জানাই আমার দুই কন্যা সামহিতা ও সামারাকে - আমার কাছে ওদের পাওনা সময় থেকে ওদেরকে বঞ্চিত করে আমি এই বই লিখার পেছনে ব্যয় করেছি। আমার স্ত্রী-কন্যার অকুন্ঠ সমর্থন না পেলে এই বই আলোর মুখ দেখতে পেত না।

এই বইয়ের ত্রুটিবিচ্যুতি সকলই আমার। সবাই ভালো থাকুন, সুস্থ থাকুন, এবং নিরাপদ থাকুন।

- এল ডোরাডো হিলস, ক্যালিফোর্নিয়া
এপ্রিল, ২০২৩

ভূমিকা

কেন এবং কীভাবে এই বই? এবং আমার রবীন্দ্রনাথ

"You can't cross the sea merely by standing and staring at the water."
- Rabindranath Tagore

একইভাবে আপনিও এই বই আস্বাদন করতে পারবেন না কেবল দাঁড়িয়ে দাঁড়িয়ে বইয়ের দিকে তাকিয়ে। বইটি পড়ুন। আপনার জীবন বদলে যাবে বলে আমার বিশ্বাস। কেন? কী আছে এই বইতে? কেনই বা এই বই লিখা?! আর কীভাবে রবীন্দ্রনাথ আমার জীবনে পান্থজনের সখা হয়ে এলেন? উত্তর চাইলে পড়তে থাকুন।

<u>এটি একটি কাজের বই:</u>
এই বইয়ের পৃষ্ঠায় পৃষ্ঠায় ছড়িয়ে আছে রবীন্দ্রবাগান থেকে তোলে আনা অনেক ফুল - যার সুরভি আপনার মন-প্রাণ শুধু ভরে দেবেই না, দিনযাপনের পরিশ্রমে ক্লান্ত অশান্ত বিক্ষিপ্ত আত্মাকে দিবে প্রশান্তি, চিত্তকে করবে বিকশিত, চিন্তাকে করবে উন্নত, এবং জীবনকে করবে আলোকিত। মন খারাপ, মন ভালো করার উপায় খুঁজছেন? প্রিয়তমকে মনের কথা বলতে চান, কিন্তু হৃদয়গ্রাহী ভাষা খুঁজে পাচ্ছেন না? তর্ক-বিতর্কের সুতীক্ষ্ণ যুক্তি খুঁজছেন? দাম্পত্য সম্পর্ক উন্নতির উপায় খুঁজছেন? হাসি-ঠাট্টার আসর জমানোর উপায় খুঁজছেন? শুভেচ্ছাবাণী কিংবা শোকবার্তার যুৎসই ভাষা খুঁজছেন? গভীর দুঃখে সান্ত্বনা খুঁজছেন কিন্তু সান্ত্বনা পাচ্ছেন না! ঈশ্বরকে খুঁজছেন? এই বইয়ের পাতা উল্টান, সন্ধান পেয়ে যাবেন।

এই বইটি এক ধাক্কায় বসে পড়ে শেষ করে ফেলার মত বই নয়, এই বই হবে নিত্যসঙ্গী, থাকবে আপনার হাতের কাছে, যখন তখন যে কোনো পৃষ্ঠা উল্টিয়ে আপনি পড়ে নিতে পারেন একটি, দুটি, বা তিনটি পৃষ্ঠা - আবার নিয়ম করে তারিখ মিলিয়েও প্রতিদিন একটি করে পৃষ্ঠা পড়ে নিতে পারেন।

মনে করতে পারেন এখানে উপস্থাপিত রবীন্দ্রবাণীগুলো যেন বস্তার ভিতরকার বীজ, যেগুলো কেবল আপনার মন ও মননের সক্রিয় কর্ষণভূমির মধ্যেই সার্থকতা পেতে পারে।

<u>এই বইটিকে কেন আমি "জীবন বদলানো গ্রন্থ" বলছি?</u>

একি কেবল একটি বাণিজ্যিক শ্লোগান? না, তা নয়। এই বই সত্যিই আপনার জীবন বদলে দিতে পারবে? কীভাবে? এই বইকে যদি আপনি নিত্যসাথী করেন তাহলে এই বই আপনার জীবন-ভাবনা (mindset) বদলে দিবে। আমাদের আত্মার অশান্তি এবং দুঃখের কারণ অধিকাংশ সময়ে আমাদের নিজেদের ভিতরেই তৈরি হয়। আমরা অনেক সময়ে নিজেকে ভালোভাবে জানি না বলেই আমাদের আশা কিংবা চাওয়া পাওয়া প্রায়শ:ই আকাশ ছুঁয়ে ফেলে। আর যখন সেই চাওয়া পাওয়ার সাধ আমাদের মেটে না, আমরা অশান্তিতে ভুগি, দুঃখ পাই, অপরকে দুঃখ দেই এবং জগৎজোড়া আনন্দরাশি থেকে নিজেদের বঞ্চিত করি।

গন্ডগোলটা লাগে আসলে আমাদের জীবনভাবনার (mindset) গোলমাল থেকে। নিজেকে পরিপূর্ণভাবে না জানার কারণে আমাদের দৃষ্টির কলুষ, আমাদের বুদ্ধির জড়তা এবং আমাদের চৈতন্যের সংকীর্ণতা দূর হয় না এবং সেখান থেকেই গোলমালের শুরু। নিজেকে সঠিকভাবে জানি না বলেই আমাদের অহং দিন দিন বড়ো হয়ে আমাদেরকে মানুষের কাছ থেকে দূরে সরিয়ে নেয়। এবং আত্ম-অভিমানে আমরা অন্ধ হয়ে জগতে নানা অবিচার ডেকে আনি - কখনো নিজের অজান্তে, আবার কখনো-বা নিজের জানামতেই। কারো মনে দুঃখ দেবার আগে আমরা কি ভাবি আমাদের এই নশ্বর জীবনের পথ আর কতটা বাকি আছে?

বিশ্বাস হচ্ছে না? ভাবছেন এ কেবল কথার কচ্‌কচি! ঠিক আছে, আমাকে কেবল ১০ মিনিট সময় দিন - আপনাকে এই বইয়ের মাত্র সাতটি পৃষ্ঠা পড়িয়ে নিয়ে আসি। প্রথমে পড়ুন পৃষ্ঠা জানুয়ারি ১ (ক্ষমা

করো আজিকার মতো) পৃষ্ঠার কবিতাটি - এবং দেখুন আপনার চিন্তা-ভাবনায় কোনও পরিবর্তন আসে কিনা। এবারে যথাক্রমে পড়ুন এই পৃষ্ঠাগুলি - জানুয়ারি ৯ (প্রত্যহ একটা কোনো মঙ্গল কর্ম করিয়ো), জানুয়ারি ২০ (বেসুর বাজে রে, তোরই আপন-মাঝে রে), মার্চ ৯ (সুখের উপায় বাহিরে নাই), মে ৭ (পৃথিবীতে যথার্থ সুখী হবার উপায়), জুন ৯ (সে ভেদ কাহার ভেদ? ধর্মের সে নয়) এবং সেপ্টেম্বর ১ (কত কলুষ কত ফাঁকি এখনো যে আছে বাকি)।

এই পৃষ্ঠাগুলো পড়ার পর কি আপনার মনে হয় না যে আপনার জীবন-ভাবনায় কিছুটা হলেও পরিবর্তনের সূচনা হয়েছে? অন্ততপক্ষে এই পৃষ্ঠাগুলোর লিখা যদি আপনার জীবন-ভাবনা নিয়ে আপনার মনে একটিও প্রশ্ন জাগাতে পারে, তাহলেই ধরে নেব এই বইয়ের মধ্যে পাঠক-পাঠিকার জীবন বদলানোর রসদ আছে, শক্তি আছে।

কেন এমন বই কোথাও খুঁজে পাবেন না?

এই বইটি কেবল রবীন্দ্রনাথের উদ্‌ধৃতিসংগ্রহের একটি বই নয় - তেমন বই বাজারে অনেক পাবেন। সেই সকল উদ্‌ধৃতি সংকলনের সাথে এই বইয়ের পার্থক্য অনেক।

প্রথম পার্থক্য হলো **বাণী বাছাই পদ্ধতি**। রবীন্দ্রবাণী বাছাই করতে যেয়ে আমার লক্ষ্য ছিল যে বাছাইকৃত প্রতিটি বাক্যসমষ্টির যেন প্রয়োগ থাকে আমাদের দৈনন্দিন জীবনে - নানান আঙ্গিকে। তাই এই বইটি থেকে প্রত্যেক পাঠক একটা ব্যবহারিক উপকারিতা পাবেন, কেবল পাঠের আনন্দ নয়।

দ্বিতীয় পার্থক্য হলো বইয়ের পৃষ্ঠায় পৃষ্ঠায় রবীন্দ্রবাণীর আগে কিংবা পরে দেয়া "**চিন্তা-কণিকা**" (Thought particle)। চায়ের কাপে চুমুক দিয়ে দিয়ে রবীন্দ্রনাথ পড়তে পড়তে আমার মাথায় যে চিন্তা বা ভাবনা উদয় হয়েছে সেটি শেয়ার করেছি আপনাদের সাথে। আশা করেছি আমার সাথে মতের মিল হলে আমার 'চিন্তা-কণিকা' আপনাদেরকেও উদ্‌বুদ্ধ করবে এবং জন্ম দেবে আরো ভিন্ন ভিন্ন চিন্তা-কণিকার। আর মতের মিল না হলেও আপনাদের নিজস্ব ভাবনা বা চিন্তা-কণিকা রবীন্দ্রনাথকে ভিন্ন আঙ্গিকে আবিষ্কার করবে। কোনো কোনো পৃষ্ঠায় আমার 'চিন্তা-কণিকা' দেবার

চিন্তা-কণিকা

কেন এবং কীভাবে এই বই? এবং আমার রবীন্দ্রনাথ

মত স্থান সংকুলান হয় নি - তাই আশা করছি আপনারা নিজেই ভেবে নিবেন যা ভাবার। আবার এটাও মনে হয়েছে আপনাদের ভাবনাকে জাগ্রত করতে রবীন্দ্রনাথের কথাগুলোই যথেষ্ট।

তৃতীয় পার্থক্য হলো এই বইয়ের **অধ্যায়বিন্যাস**। এরকমভাবে পাঠক-পাঠিকার জীবন বদলানোর প্রয়াসে মানুষের জীবনের নানান প্রশ্নের সাথে মিল রেখে ১৪টি অধ্যায় একটি নতুন ধারণা (দেখুন পৃষ্ঠা ১)। এযাবৎ প্রকাশিত আর কোনো বইতে এইরকমের জীবনবাদী অধ্যায় সমূহের (আত্মশুদ্ধি, ভালোবাসা, আনন্দ, ... আত্ম-উপলব্ধি, ধর্ম-উপলব্ধি, ... সম্পর্ক, প্রার্থনা, ... সুখ-দুঃখ) খোঁজ পাবেন না।

চতুর্থ পার্থক্য হলো এই বইয়ের প্রতিটি পৃষ্ঠায় **গাঢ় অক্ষরে (bold letters) কিছু বাক্য বা বাক্যাংশ** চিহ্নিত করে দেয়া হয়েছে আপনার বিশেষ মনোযোগ আকর্ষণের জন্য - কেননা আমার কাছে মনে হয়েছে ঐ অংশগুলো বার বার পড়লে তার থেকে নতুন নতুন অর্থ বেরিয়ে আসতে পারে। আর কীভাবে আপনার সৃজনশীলতা এই বইয়ের উদ্ধৃতিগুলোকে নতুন চমক দিতে পারে সেটা আলোচিত হয়েছে বইটির প্রারম্ভে "বইটির বিচিত্র ব্যবহার ও আপনার সৃজনশীলতার পরীক্ষা" (পৃষ্ঠা ২) শিরোনামে একটি আলোচনায়।

পঞ্চম পার্থক্য হলো রবীন্দ্রবাণীর সাথে এই বইতে পাবেন আংশিক বা পূর্ণাঙ্গ শতাধিক **নতুন ইংরেজি ভাবানুবাদ**। যারা দেশের বাইরে থাকেন বা যারা বিদেশিদের সাথে চলাফেরা করেন তাদের জন্য এই সকল অনুবাদ এই বইয়ের ব্যবহারিক উপযোগিতা বাড়িয়ে দেবে। এও আশাকরি যে - সকল পাঠককেই উজ্জীবিত করবে এই অনুবাদগুলো যেগুলো আর কোনো রবীন্দ্রবাণী সংকলনে পাবেন না।

ষষ্ঠ পার্থক্য হলো ক্যালেন্ডারের পাতার মতো করে পৃষ্ঠা বিন্যাস এবং মাত্র দুই মিনিটে পড়ে ফেলার মতো বিষয়বস্তু। এই বইয়ের আগে কখনো এমনভাবে রবীন্দ্রনাথের উদ্ধৃতি পরিবেশন করা হয় নি।

সপ্তম পার্থক্য হলো বইয়ের ভূমিকায় ও বিভিন্ন অধ্যায়ের শুরুতে গভীর চিন্তাশীল কিছু প্রবন্ধ যা সমৃদ্ধ করবে আপনার জীবন-ভাবনা।

রবীন্দ্রনাথ ও বাঙালির জীবন:

রবীন্দ্রনাথ বাঙালির জীবনে এক অবিচ্ছেদ্য উপস্থিতির নাম। আমাদের জাতীয় সংগীত থেকে শুরু করে আমাদের তাবৎ সাংস্কৃতিক অনুষ্ঠানে তিনি উপস্থিত তাঁর গান ও কবিতা নিয়ে। তাঁর অমর এবং কালজয়ী গান ও কবিতা না থাকলে আমরা কীভাবে পহেলা বৈশাখ, নবান্ন উৎসব, বসন্ত উৎসব ইত্যাদি পালন করতাম আমরা জানি না। তাই আমরা তাঁকে নিয়ে গর্ব করি বিশ্বময়।

রবীন্দ্রনাথের গানের আলোছায়াময় মায়াময় মধুর ধ্বনির মনমাতানো মোহনতানে প্রায়শঃই আমাদের মনপ্রাণ আচ্ছন্ন হয়ে যাই ("মধুর, মধুর ধ্বনি বাজে/ হৃদয়কমলবনমাঝে"), সন্ধ্যার অস্পষ্ঠ আলোকে তাঁর গান শুনতে শুনতে আমরা নিজেদেরকে হারিয়ে ফেলি এক অল্প-চেনা নাম না-জানা মোহময় ভুবনে - যেখানে গেলে খসে পড়ে আমাদের চারিদিক ঘিরে রাখা এক আমির আবরণ, সরে যায় আমাদের নিত্য-পরিচিত সাজিয়ে কথা বলার সংসার ("কোথাও আমার হারিয়ে যাবার নেই মানা মনে মনে/ মেলে দিলেম গানের সুরের এই ডানা মনে মনে"), তাঁর প্রেমের গান শুনতে শুনতে আমরা প্রেমভাবনায় উদ্বেল হয়ে উঠি ("আমি তোমার প্রেমে হবো সবার কলঙ্কভাগী" বা "কতবার ভেবেছিনু আপনা ভুলিয়া/ তোমার চরণে দিব হৃদয় খুলিয়া"), তাঁর পূজার গান শুনতে শুনতে আমাদের অনেকের মনপ্রাণ ভরে যায় এক অপার্থিব আধ্যাত্মিকতায় ("তুমি এবার আমায় লহো হে নাথ, লহো" বা "আগুনের পরশমণি ছোঁয়াও প্রাণে/ এ জীবন পুণ্য করো দহন-দানে"), তাঁর প্রকৃতির গান শুনতে শুনতে আমরা মিলেমিশে একাকার হয়ে যাই আকাশ-পৃথিবীর সাথে ("আকাশভরা সূর্যতারা, বিশ্বভরা প্রাণ" বা "শ্রাবণের ধারার মতো পড়ুক ঝরে পড়ুক ঝরে/ তোমারি সুরটি আমার মুখের 'পরে বুকের 'পরে")।

আমাদের মাঝে যারা বাস্তববাদী বা নাস্তিক তারা হয়ত বলবেন - এ হলো কেবল অনুভবকে রথে চড়ানো - আবেগের বাড়াবাড়ি। কিন্তু তাদেরকে প্রশ্ন করা যেতে পারে যে - Karl Marx এর অন্নবস্ত্র বাসস্থানের বাস্তবতার (reality) বাইরে কি আর কোনো বাস্তবতা নেই? সন্ধ্যাবেলা চারিদিকে মেঘ নেমে এলে তার নিবিড় বেষ্টনীর মধ্যে বসে আলোআঁধারির এক ছায়াময় মায়াময় পরিবেশে রবীন্দ্রনাথের গান শুনতে শুনতে আমাদের বুকের গভীরে ঘনিয়ে আসে যে অফুরন্ত ভালোবাসা, যে আত্মনিবেদনের এক অগোপন ব্যাকুলতা, সে কি

কেন এবং কীভাবে এই বই? এবং আমার রবীন্দ্রনাথ

অবাস্তব? এই ভালোবাসার হয়তো কোনো বস্তুপ্রতিরূপ (material manifestation) নেই, কিন্তু এই ভালোবাসাকেই তো নিপতিত হতে দেখেছি প্রেমাস্পদের বুকে ("আমার পরান যাহা চায়,/ তুমি তাই, তুমি তাই গো")। আবার কখনো সে ভালোবাসা লুটিয়ে পড়েছে পরাবাস্তব ঈশ্বরের আসনতলে ("ওই আসনতলের মাটির 'পরে লুটিয়ে রব/ তোমার চরণ-ধুলায় ধুলায় ধূসর হব"), কখনো অতিবাস্তব দেশমাতৃকার চরণতলে ("ও আমার দেশের মাটি, তোমার 'পরে ঠেকাই মাথা"), আবার কখনো বা সে ভালোবাসা স্থান খুঁজে পেয়েছে নিষ্ঠুর বাস্তবতায় জর্জরিত দীন-দরিদ্রের মাঝে -"সবার পিছে, সবার নীচে, সবহারাদের মাঝে।" গান ও কবিতার বাইরেও রবীন্দ্রনাথ রয়েছেন উজ্জ্বল এক নক্ষত্রের মতন - নাটকে, ধর্মচিন্তায়, রাজনীতিতে, চিত্রকলায়, শিক্ষায়, সমাজচেতনায়, বিজ্ঞানমনস্কতায়, নৈতিকতায়, ভাষাবিজ্ঞানে, মানবিক সম্পর্কের গভীরতা অনুসন্ধানে। এক অর্থে রবীন্দ্রনাথ নিজেই যেন একটা বিশ্ববিদ্যালয় - যেখান থেকে আমাদের শেখার আছে অনেক কিছু। অবাক হয়ে ভাবি - রবীন্দ্রনাথ মানবজীবনের কোথায় নেই, কোথায় থাকবেন না, অনেককাল?

রবীন্দ্রনাথ, এক বৃদ্ধ এবং তার বিধবা মেয়ে:

চারুচন্দ্র বন্দ্যোপাধ্যায় 'রবিরশ্মি'তে লিখেছেন তাঁর একদিনের অভিজ্ঞতার কথা। জোড়াসাঁকোর বাড়িতে রবীন্দ্রনাথের সঙ্গে দেখা করতে এসেছেন এক অন্ধ বৃদ্ধ। চারুচন্দ্র শুনলেন কবিকে অভিবাদন জানিয়ে সেই বৃদ্ধটি বলছেন: "আমি অন্ধ, আমার মেয়ে সম্প্রতি বিধবা হয়েছে। কিন্তু বিধবা হয়ে সে কয়েকদিন কান্নাকাটি করে হঠাৎ চুপ করে গেল। আমার কৌতূহল হলো জানতে যে তার কী হলো যে হঠাৎ কান্না বন্ধ হয়ে গেল। তাকে ডেকে আমি জিজ্ঞাসা করলাম। সে বল্লে-- আমি রবিবাবুর 'নৈবেদ্য' বই পড়ে পরম সান্ত্বনা পেয়েছি. আর আমার শোক দুঃখ কিছু নেই। আমি তাকে বললাম-- দারুণ শোক তাপ দূর হয়ে যায় এমন যে বই তুমি পেয়েছ, তা আমাকেও পড়ে শোনাও। মেয়ে আমাকে সে বই পড়ে পড়ে শোনালে। আমি তা শুনে মুগ্ধ হয়ে গেছি, আর বড়ো সান্ত্বনা লাভ করেছি। এই কথাটি বলে আপনাকে আমাদের কৃতজ্ঞতা জানিয়ে যাবার জন্য আমি কলকাতায় এসেছি"।

যে 'নৈবেদ্য' পড়ে এক স্বামীহারা মেয়ের অকালবৈধব্যের বেদনা সামান্য হলেও প্রশমিত হয়েছে - সেই 'নৈবেদ্য' রচনাকালে রবীন্দ্রনাথ নিজেও অশান্তি থেকে শান্তিতে আশ্রয় পেতেন। ১৯০০ সালের ২০

নভেম্বর বিজ্ঞানী জগদীশচন্দ্র বসুকে এক চিঠিতে রবীন্দ্রনাথ লিখছেন - "আমি আজকাল নানা গোলমালের মধ্যে 'নৈবেদ্য' বলে এক একটি কবিতা প্রত্যহ আমার কোন এক অবসরে লিখে ফেলে আমার অন্তর্যামীকে নিবেদন করে দিই। আমার জীবনের সমস্ত কৃত কর্ম্মের, সমস্ত চিন্তিত সংকল্পের, সমস্ত দুঃখসুখের কেন্দ্রস্থলে যিনি ধ্রুব নিশ্চলভাবে বিরাজ করচেন এবং সেই সঙ্গে সমস্ত অণুপরমাণু সমস্ত বিরাট জগৎমণ্ডলের যিনি একটিমাত্র ঐক্যস্থল— তার কাছে নির্জনে গোপনে প্রত্যহ জীবনের একটি একটি দিন সমর্পণ করে দিচ্চি।"

'নৈবেদ্য' পড়লে আপনারও মনে হবে

"আজকে শুধু একান্তে আসীন
চোখে চোখে চেয়ে থাকার দিন,
আজকে জীবন-সমর্পণের গান
গাব নীরব অবসরে॥"

(গীতবিতান: প্রেম: ৯৫)

<u>আমার জীবনে রবীন্দ্রনাথ:</u>

আমার জীবনে রবীন্দ্রনাথ কখন কীভাবে এলেন সে কথা আজ আর মনে নেই। আমাদের পরিবারে বই পড়ার ও গান শোনার চর্চা ছিল এবং একটু বেশিরকমেই ছিল। দেশি বিদেশি বইতে ঠাসা চমৎকার লাইব্রেরি ছিল ঘরের অনেকটা জুড়ে - আর ছিল অসংখ্য বাংলা গানের ডিস্ক। আরো ছিল প্রায় প্রতিরাতের পোস্ট-ডিনার পারিবারিক আড্ডা - সাহিত্য, সঙ্গীত, কাব্য ও দর্শনশাস্ত্র নিয়ে - বক্তা ছিলেন মূলতঃ আমার পিতা ও গৃহ-অতিথিরা। সদ্য কৈশোরে পা দেয়া আমি ছিলাম মূলতঃ শ্রোতা অন্যান্য ভাইবোনদের সাথে। আমার পিতার ছিল অসাধারণ স্মরণশক্তি - তিনি অনর্গল মুখস্থ উদ্‌ধৃতি দিতেন - কখনো Socrates, কখনো Plato, কখনো Shakespeare, কখনো Bertrand Russell, কখনো Jawaharlal Nehru, কখনো রবীন্দ্রনাথ, নজরুল, শরৎচন্দ্র - আবার কখনো-বা বঙ্কিমচন্দ্র কিংবা কখনো পবিত্র কোরান, আবার কখনো রুমী-হাফিজ-ওমর খাইয়াম বা হাকিম সানাঈ।

ফলে বিশ্বসাহিত্যের প্রতি আমার মনে ও প্রাণে জেগে উঠে এক বিষম আগ্রহ, যেটা পরবর্তীতে রূপ নেয় অন্ধ প্রেমে - কবি নজরুলের ভাষায় বলা যেতে পারে বিশ্বসাহিত্যের দেউড়িতে বেড়াতে আসিয়া "দিল ওহি মেরা ফঁস্ গয়ি"। মনের সেই বাঁধন (যেটা খোঁপার বাঁধনের চেয়েও মজবুত) আজও আলগা হয় নি - সাহিত্য, সঙ্গীত ও দর্শনের "বিনোদ

বেণীর জরীন ফিতায়/ আন্ধা ইশক্ মেরা কস্ গয়ি।"

সেই আন্ধা ইশ্কের পাল্লায় পড়ে অনেক ঘুরেছি আমি বিশ্বসাহিত্যের নানান অলিগলি, ঘুরেছি সংগীতভুবনের আনাচে কানাচে, মজেছি রবীন্দ্রনাথে ও নজরুলে, মজেছি জালালুদ্দিন রুমীর সুফিসাহিত্যে, মজেছি নানান ধর্মের নানান গ্রন্থের মানবতাময় মর্মবাণীতে, দেখেছি এক ঐশী অবিছিন্নসূত্রে গাঁথা আমরা সকলে - জাতি-ধর্ম-বর্ণ-গোত্র নির্বিশেষে সকল মানুষ। কবি জীবনানন্দ দাসের কবিতা থেকে ধার করে যদি বলি - তাহলে বলতে হয় - "হাজার বছর ধরে আমি পথ হাঁটিতেছি পৃথিবীর পথে/ সিংহল সমুদ্র থেকে/ নিশীথের অন্ধকারে মালয় সাগরে/ অনেক ঘুরেছি আমি/ বিম্বিসার অশোকের ধূসর জগতে/ সেখানে ছিলাম আমি/ আরো দূর অন্ধকারে বিদর্ভ নগরে।" সেই অবিশ্রাম চলার পথে পথে আমাকে দু-দন্ডের শান্তি দিয়েছেন রবীন্দ্রনাথ ঠাকুর - তাঁর গানে, কবিতায়, ও প্রবন্ধে।

মনে পড়ে, ড্রয়িং রুমের রেকর্ড প্লেয়ারে রবিঠাকুরের গানের ডিস্ক চড়িয়ে দিয়ে লুকিয়ে কাঁদতে বসতাম আমি - এক অতিশয় আনাড়ি অতি-রোমান্টিক তরুণ। দেবব্রত বিশ্বাসের ভারী গলায় "আমার মাথা নত করে দাও হে তোমার চরণধূলার তলে/ সকল অহংকার হে আমার ডুবাও চোখের জলে"-র সুরের মূর্চ্ছনায় আমি কেঁদে ভাসাতাম বুক। একই অনুভব হতো হেমন্ত মুখোপাধ্যায়ের গলায় "কেন চোখের জলে ভিজিয়ে দিলেম না/ শুকনো ধুলো যত" গানটি শুনতে শুনতে।

মনে পড়ে, সেই অপরিণত বয়সে রেকর্ড প্লেয়ার থেকে যখন ভেসে আসতো হেমন্ত মুখোপাধ্যায়ের গলায় রবীন্দ্রসংগীত –

> "তুই ফেলে এসেছিস কারে, মন, মন রে আমার।
> তাই জনম গেল, শান্তি পেলি না রে মন, মন রে আমার॥"

(গীতবিতান: প্রেম: ৩০৭)

তখন আমি মিলিয়ে নিতাম আমার সদ্য-শেখা ফারসি ভাষায় সুফি সাধক মাওলানা জালালুদ্দিন রুমীর (১২০৭-১২৭৩) কাব্যগ্রন্থ - 'মসনবী'-র প্রথম কয়টি লাইন –

> "বেশনু আয ন্যয় চুঁ হেকায়েত মী কুনাদ
> ওয়ায জুদাইহা শেকায়েত মী কুনাদ
> কায নায়েস্তা তা মারা বুবরীদা আন্দ
> আয নফীরম মরদ ও যন নলীদা আন্দ।"

(রুমী: মসনবী)

অর্থাৎ -

শুনো, কান পেতে শুনো, বাঁশির কাহিনী
বিরহ-বিচ্ছেদের বেদনায় সে কাঁদছে
সে বলছে - আমাকে বাঁশবন থেকে বিযুক্ত করা হয়েছে
আমার বিচ্ছেদের কান্নায় নারীপুরুষ সকলেই কাঁদছে।

এখানে বাঁশি রূপকার্থে আমাদের জীবাত্মা এবং বাঁশবন রূপকার্থে আমাদের পরমাত্মা। Sufism (সুফিবাদ) অনুযায়ী মানবজীবন হচ্ছে আমাদের পরমাত্মার সাথে আমাদের জীবাত্মার বিচ্ছেদের বিরহ-বেদনার এক করুণ উপাখ্যান। তাই সুফিরা বাঁশির সুরে শুনতে পান বাঁশির এক গোপন কান্না - যেন বাঁশিকে কেটে এনে বাঁশবনের সাথে তার বিচ্ছেদ ঘটানোর জন্য সে অবিরাম কেঁদেই চলেছে।

"আমার একটি কথা বাঁশি জানে, বাঁশিই জানে॥
ভরে রইল বুকের তলা, কারো কাছে হয় নি বলা,
কেবল বলে গেলেম বাঁশির কানে কানে॥" (গীতবিতান: প্রেম: ২৯৪)

সেই রূপকার্থে আমাদের জীবন যেন এক কান্নার কাহিনী - বিচ্ছেদের কান্নার। আমাদের আত্মা যাকে ফেলে এসেছে তার কাছেই ফিরে যেতে চায়। ("তুই ফেলে এসেছিস কারে মন মনরে আমার")। তাই ত' এত বিরহবেদনা - পথ বা সুর খুঁজে না পাওয়ার এত মর্মদাহী দুঃখ। আমরা সুর ভুলে ঘুরে বেড়াচ্ছি নানান কাজের ব্যস্ততায় -

"সুর ভুলে যেই ঘুরে বেড়াই কেবল কাজে
বুকে বাজে তোমার চোখের ভর্ৎসনা যে।" (গীতবিতান: পূজা: ২৫)

তাই ত' শত আমোদ প্রমোদের মধ্যেও আমরা শান্তি পাই না। তাই ত' রবীন্দ্রনাথ লিখেছিলেন -

"প্রমোদে ঢালিয়া দিনু মন, তবু প্রাণ কেন কাঁদে রে।
চারি দিকে হাসিরাশি, তবু প্রাণ কেন কাঁদে রে।"
(গীতবিতান: নাট্যগীতি: ৩৭)

মৃত্যুতে আমাদের জীবাত্মা (বাঁশি) আবার ফিরে যায় সেই পরমাত্মার আবাসস্থলে (বাঁশবন) এবং মিলিত হয় পরমাত্মার সাথে।

ছোটোবেলায় নামাজ পড়ে প্রার্থনার সময় আরবী মুখস্থ দোয়ার সাথে রবিঠাকুরের কত গান জুড়ে দিয়েছি সময় সময়। মনে হয়েছে রবিঠাকুরের কবিতা -

"তোমার পতাকা যারে দাও
তারে বহিবারে দাও শকতি
তোমার সেবার মহৎ প্রয়াস
সহিবারে দাও ভকতি...
যত দিতে চাও কাজ দিয়ো,
যদি তোমারে না দাও ভুলিতে।" (গীতবিতান: পূজা: ২৩১)

যেন বড্ড বেশি মিলে যায় চৌদ্দশত বছর আগের ঐশীবাণী পবিত্র কোরানের সূরা বাকারার সেই প্রার্থনার সাথে -"হে আমাদের প্রভু, এমন ভার আমাদের উপর অর্পণ করো না, যা বহন করার শক্তি আমাদের নেই। আমাদের পাপমোচন কর, আমাদের ক্ষমা কর, আমাদের প্রতি দয়া কর।" ("রাব্বানা ওয়ালা তুহাম্মিলনা মা লা ত্বাক্বাতালানা বিহি, ওআ'ফু আন্না, ওয়াগফির লানা, ওয়ারহামনা আনতা মাওলানা ফানসুরনা আলাল কাউমিল কাফিরীন।") (কোরান: ২: ২৮৬)

পবিত্র কোরান শরীফের সূরা ফাতিহার আত্মসমর্পণবাচক আয়াত সমূহের সাথে বড়ই মিল পেয়েছি রবিঠাকুরের গান "আমার মাথা নত করে দাও হে তোমার চরণধুলার তলে/সকল অহংকার হে আমার ডুবাও চোখের জলে/...তোমারি ইচ্ছা কর হে পূর্ণ আমার জীবনমাঝে"-র আত্মনিবেদনের আকুতির সাথে। এখানে উল্লেখযোগ্য যে বাংলাদেশের প্রখ্যাত কবি গোলাম মোস্তফা "আমার মাথা নত করে দাও হে তোমার চরণধূলার তলে" গানটির অনুকরণে পবিত্র কোরানের সূরা ফাতিহার বাংলা অনুবাদ প্রকাশ করেন। গোলাম মোস্তফা হলেন জনপ্রিয় জীবনীগ্রন্থ 'বিশ্বনবী'র রচয়িতা এবং প্রথম মুসলিম কবি যিনি রবীন্দ্রনাথকে নিয়ে একটি প্রশস্তিমূলক কবিতা লিখেন ১৯২২ সালে।

সেই সোনালী কৈশোরেই হিন্দু ধর্মগ্রন্থ 'গীতা'ও আমার পড়া হয়ে গিয়েছিলো। তখন রবিঠাকুরের "আলোয় আলোকময় করে হে এলে আলোর আলো" গানটি শুনতে শুনতে মনে মনে আমি চিন্তা করতাম পবিত্র 'গীতা'র অমোঘ বাণী আর ভাবতাম ধর্মে ধর্মে কতই না মিল -

"জ্যোতিষামপি তজজ্যোতিস্তমস: পরমচ্যুতে
জ্ঞানম জ্ঞানম জ্ঞান-গম্যম হৃদি সর্বস্য বিষষ্ঠিতম্।" (গীতা: ১৩: ১৮)

অর্থাৎ "তিনি জ্যোতিসকলেরও জ্যোতি, তিনি তমের অর্থাৎ অবিদ্যারূপ অন্ধকারের অতীত। তিনি পূর্ণজ্ঞানস্বরূপ, পূর্ণজ্ঞাতা, জ্ঞাতব্য এবং জ্ঞান দ্বারাই তাঁকে লাভ করা যায়।"

আবার কখনো-বা পবিত্র কোরানের বাণী

"আলাহু নুরুস সামাওয়াতি ওয়াল আরদ;
মাছালু নুরীহি কামিশকা-তিন
ফীহা মিসবাহ;
আল মিসবাহু ফিল যুজাজ্জাহ।
আজ-যুজাজ্জাতু কা-আন্নাহু কাউকাবুন।" (কোরান: ২৪: ৩৫)

অর্থাৎ

আল্লাহ আকাশ ও পৃথিবীর আলো
তাঁর আলোর উপমা যেন এমন একটি কুলুঙ্গি (niche or nook),
যাতে আছে একটি প্রদীপ,
প্রদীপটি একটি কাঁচপাত্রে স্থাপিত,
এবং কাঁচপাত্রটি উজ্জ্বল নক্ষত্র-সদৃশ্। - (লেখকের অনুবাদ)

মূল আরবীতে পড়তে পড়তে আমার মনে পড়েছে রবিঠাকুরের গান –

"আলো আমার, আলো ওগো, আলো ভুবন-ভরা।
আলো নয়ন-ধোওয়া আমার, আলো হৃদয়-হরা॥
নাচে আলো নাচে, ও ভাই, আমার প্রাণের কাছে--
বাজে আলো বাজে, ও ভাই হৃদয়বীণার মাঝে
জাগে আকাশ, ছোটে বাতাস, হাসে সকল ধরা।
আলোর স্রোতে পাল তুলেছে হাজার প্রজাপতি
আলোর ঢেউয়ে উঠল মেতে মল্লিকা মালতী।"

(গীতবিতান: বিচিত্র: ৪৬)

পবিত্র কোরানের আরো অনেক মর্মবাণীর সাথে মিল খুঁজে পেয়েছি রবীন্দ্রনাথের অনেক গানে সৃষ্টিকর্তার প্রতি আত্মনিবেদনের আকুতির।

আবার কখনো কখনো রবিঠাকুরের সাথে মিলিয়ে পড়েছি আরেক মহাকবি মাওলানা জালালুদ্দিন রুমীর অমর কবিতা –

"নূর বা দর য়মন ও য়সর ও তাহ ত ও ফওক
বর সর ও বর গরদনম মানিন্দ তওক।" - (রুমী: মসনবী)

অর্থাৎ

আলো আমার ডানে এবং বামে , উপরে ও নিচে
আলো আমার মাথার উপরে,
আলো বেষ্টন করে আছে
আমার কণ্ঠদেশ, মালার মত।

- (লেখকের অনুবাদ)

কেন এবং কীভাবে এই বই? এবং আমার রবীন্দ্রনাথ

রবীন্দ্রনাথ পড়তে পড়তে আমি পেয়েছি এক অমৃতময় আনন্দলোকের সন্ধান। জেনেছি বিশ্বের আদিসত্তা 'আলো' (বা নূর কিংবা জ্যোতি)-র সঙ্গে যোগ রয়েছে আমার আপন চৈতন্যের - জেনেছি 'পরম-আমি'র সাথে আমার মেলবন্ধন -

> "আলোকের অন্তরে যে আনন্দের পরশন পাই,
> জানি আমি তার সাথে আমার আত্মার ভেদ নাই
> এক আদি জ্যোতি-উৎস হতে
> চৈতন্যের পুণ্যস্রোতে
> আমার হয়েছে অভিষেক,
> ললাটে দিয়েছে জয়লেখ,
> জানায়েছে অমৃতের আমি অধিকারী ;
> পরম-আমির সাথে যুক্ত হতে পারি
> বিচিত্র জগতে
> প্রবেশ লভিতে পারি আনন্দের পথে।" (আরোগ্য: ৩২)

মনে পড়েছে ইংরেজ কবি William Wordsworth এর কবিতা - ব্যক্তিপ্রাণ ও বিশ্বপ্রাণের মধ্যে এক অখণ্ড প্রাণধারার একাত্মতার উপলব্ধির অসামান্য প্রকাশ -

> "There I beheld the emblem of a mind
> That feeds upon infinity, that broods
> Over the dark abyss, intent to hear
> Its voices issuing forth to silent light
> In one continuous stream; a mind sustained
> By recognitions of transcendent power,
> In sense conducting to ideal form,
> In soul of more than mortal privilege."
> (The Prelude: Book Fourteenth)

এর সাথে মিলিয়ে পড়েছি রবীন্দ্রনাথের অমর কবিতা -

> "এ আমার শরীরের শিরায় শিরায়
> যে প্রাণ-তরঙ্গমালা রাত্রিদিন ধায়
> সেই প্রাণ ছুটিয়াছে বিশ্বদিগ্বিজয়ে,
> সেই প্রাণ অপরূপ ছন্দে তালে লয়ে
> নাচিছে ভুবনে ; সেই প্রাণ চুপে চুপে
> বসুধার মৃত্তিকার প্রতি রোমকূপে

লক্ষ লক্ষ তৃণে তৃণে সঞ্চারে হরষে,
বিকাশে পল্লবে পুষ্পে — বরষে বরষে
বিশ্বব্যাপী জন্মমৃত্যুসমুদ্রদোলায়
দুলিতেছে অন্তহীন জোয়ার-ভাটায়।
করিতেছি অনুভব, সে অনন্ত প্রাণ
অঙ্গে অঙ্গে আমারে করেছে মহীয়ান।
সেই যুগযুগান্তের বিরাট স্পন্দন
আমার নাড়ীতে আজি করিছে নর্তন।" (নৈবেদ্য: ২৬)

এভাবেই আমি রবীন্দ্রনাথে মগ্ন হয়েছি - হয়েছি আরো অনেক লেখকের লিখায় - কিন্তু রবীন্দ্রনাথ দখল করে নিয়েছেন এবং রেখেছেন আমার মানস-ভূমির অনেকটা।

আমার শৈশবে ব্যবহারিক রবীন্দ্রনাথ:

তখন আমি ক্লাস নাইন-টেনের ছাত্র। মার্কিন রাষ্ট্রপ্রতিষ্ঠার এক মহানায়ক বেঞ্জামিন ফ্রাঙ্কলিনের আত্মজীবনী পড়ে উদ্‌বুদ্ধ হয়ে আমি তারই মত ১৩টি গুণাবলী অভ্যেস করার খাতা বানিয়েছিলাম। ফ্রাঙ্কলিনের সেই ১৩টি গুণ ছিল - ১.সংযম (Temperance), ২.স্বল্পভাষিতা (Silence), ৩.শৃঙ্খলা (Order), ৪.স্থিরসঙ্কল্প (Resolution), ৫.মিতব্যয় (Frugality), ৬.পরিশ্রম (Industry), ৭.সততা (Sincerity), ৮.ন্যায়বিচার (Justice), ৯.মিতাচার (Moderation), ১০.পরিচ্ছন্নতা (Cleanliness), ১১.সুস্থিরতা (Tranquility), ১২.পবিত্রতা (Chastity) এবং ১৩.বিনয় (Humility)। আমার সেই খাতার প্রতিটি গুণের নির্ধারিত পৃষ্ঠার উপরে লিখা ছিল রবিঠাকুরের নানান গান ও কবিতার চার-ছ' লাইন – "আমার মাথা নত করে দাও হে তোমার চরণধূলার তলে/ সকল অহংকার হে আমার ডুবাও চোখের জলে", "অন্তর মম বিকশিত কর অন্তরতর হে", "বিপদে মোরে রক্ষা করো এ নহে মোর প্রার্থনা", "আগুনের পরশমণি ছোঁয়াও প্রাণে", "এই করেছো ভালো নিঠুর, এই করেছো ভালো", "অন্যায় যে করে আর অন্যায় যে সহে/ তব ঘৃণা যেন তারে তৃণসম দহে" ইত্যাদি। ফ্রাঙ্কলিনের উপদেশ অনুযায়ী প্রতি সপ্তাহে প্রধানত একটি করে গুণকে চর্চা করার মাধ্যমে অন্য সবগুলো গুণেরও দৈনন্দিন প্রতিপালনের হিসাব রাখতাম নিজের চরিত্রগঠনের জন্য। প্রতিটি বিচ্যুতির জন্য খাতায় একটি করে বিন্দু (dot) দিয়ে লিখে রাখতাম সেই গুণের পাশে। এইভাবে তেরো সপ্তাহে ঘুরে আসতো একটি পূর্ণ চক্র (cycle) তারপর আবার শুরু হতো নতুন

কেন এবং কীভাবে এই বই? এবং আমার রবীন্দ্রনাথ

তেরো সপ্তাহের আত্মপরীক্ষা এই সাধনায় রবীন্দ্রনাথের গান ও কবিতা আমাকে যোগাত অনুপ্রেরণা। তাই কৈশোরে আমার ব্যক্তিগত চরিত্রগঠনে এবং মন-মানসের বিকাশে বেঞ্জামিন ফ্রাঙ্কলিন ও রবীন্দ্রনাথের ঋণ অপরিসীম।

১৯৮৩ সালে যখন উচ্চশিক্ষার্থে আমেরিকা আসি - তখন আমার স্যুটকেসের একটা অংশ জুড়ে ছিল - রবীন্দ্রসংগীতের অনেকগুলো ক্যাসেট এবং গীতবিতান। রবীন্দ্রনাথ আছেন আমার জীবনকে আবিষ্ট করে - যখনই মন খারাপ হয় - তখনই তাঁর গানে শান্তি খুঁজি, যখন উপযুক্ত কোনো বাক্যসমুদয় খুঁজি শুভেচ্ছা কার্ডে লিখার জন্য নানান উপলক্ষ্যে - তখন খুলে বসি সঞ্চয়িতা বা গীতবিতান, যখন রচনা করি প্রবন্ধ ধ্বংসাত্মক ধর্ম-মোহ কিংবা সমাজচেতনা নিয়ে - তখন খুলে বসি রবীন্দ্র-রচনাবলী কিংবা তাঁর চিঠিপত্রের ভান্ডার। সেখান থেকে পেয়ে যাই অনেক মণিমুক্তা যা আমার হৃদয়কে আলোকিত করে।

রবীন্দ্রনাথ কি গুরু?

এতদসত্ত্বেও রবীন্দ্রনাথকে অহেতুক বড়ো করে দেখার সুযোগ নেই। দোষ ত্রুটি অসম্পূর্ণতা নিয়ে তিনি ছিলেন এই পৃথিবীর মানুষ। তাঁর প্রতিভা ছিল বিস্ময়কর এবং অতুলনীয়। কিন্তু তাই বলে ভক্তিগদগদ চিত্তে তাঁকে সকল বিষয়ে 'গুরু' মানার কোনো প্রয়োজনীয়তা নেই।

ভক্তরা রবীন্দ্রনাথকে গুরু মানতে চাইত এবং আদেশ উপদেশের জন্য লিখত। রবীন্দ্রনাথের চিঠিপত্রে এ ব্যাপারে তার নিজস্ব মত স্পষ্টভাবে প্রকাশ পেয়েছে। ১৯১৪ সালের ৪ মার্চ বোলপুর থেকে কাদম্বিনী দত্তকে রবীন্দ্রনাথ চিঠিতে লিখেছেন - "মা, তোমার সঙ্গে দেখা হইলে হয়ত কথা বুঝাইয়া বলা সহজ হইত কিম্বা হয়ত হইত না। ঈশ্বর ত' আমাকে গুরুর আসনে বসান নাই - আমি ত কাহাকেও পথ দেখাইবার শক্তি রাখি না - কেন না আমি কবি মাত্র- আমি পথ চলিতে চলিতে গান গাহি - গম্যস্থানের খবর লইও না কাহাকে দিইও না। কেহ যখন জিজ্ঞাসা করে কেমন করিয়া সাধনা করিব আমি বলি আমি ত সাধনা করি নাই।"

হেমন্তবালা দেবীকে ১৯৩১ সালের এপ্রিলে শান্তিনিকেতন থেকে আরেক চিঠিতে রবীন্দ্রনাথ লিখেছেন - "আমি চিন্তা করি, তর্ক করি আলাপ করি বলেই নিজেকে তোমার চেয়ে সাধনায় শ্রেষ্ঠ বলে মনে

করি নে - কেননা সাধনার চেয়ে আমার ভাবনা ও কল্পনাই বেশি। ... আমার কাছে আদেশ উপদেশের দাবী করলেই বুঝতে পারি আমাকে ভুল বুঝেচ। যখন মনে করো আমার কথা না শুনলে রাগ করি তখন জানি আমাকে চেন না। চিরদিন আমি গুরুমশায়কে এড়িয়ে এসেচি, ইস্কুল পালানো আমার অভ্যাস - অবশেষে আমি নিজেই গুরুমশায় সেজে বসব এর চেয়ে প্রহসন কিছু হতে পারে না। বলা বাহুল্য গুরুমশায় আর গুরু এক জাতের নয়। গুরু যাঁরা তাঁরা স্বভাবসিদ্ধ গুরু - আর গুরুমশায় সেই, যে চোখ রাঙিয়ে টঙে চড়ে' গুরুগিরি করে। আমি উক্ত দুই জাতেরই বার।"

ভক্ত পাঠিকার গুরু মানার অতি আগ্রহের পরিপ্রেক্ষিতে একমাস পরে ১৯৩১ সালের মে মাসে রবীন্দ্রনাথ আবার হেমন্তবালা দেবীকে চিঠিতে লিখেছেন - "আমি সবাইকে বারবার করে বলি, দোহাই তোমাদের, হঠাৎ আমাকে গুরু বলে ভুল কোরো না। ... আমি কবিতা লিখি, গান লিখি, গল্প লিখি, নাট্যমঞ্চে অভিনয় করি, নাচি নাচাই, ছবি আঁকি, হাসি, হাসাই, একান্তে কোনো একটামাত্র আসনেই প্রতিষ্ঠিত হয়ে বসবার উপায় রাখি নে। যারা আমাকে ভক্তি করতে চায় তাদের পদে পদে খট্‌কা লাগে। আমার এই চঞ্চলতা যদি না থাকত তবে কোন্ দিন হয় তো হাল আমলের একজন অবতার হয়ে উঠে ভক্তব্যুহের মধ্যে বন্দী হয়ে পড়তুম। অবতার শিকারে যাদের সখ তারা কাছাকাছি এসে নাক শিটকে চলে যায়।"

এই চিঠি লিখার বছর খানিক পরে ১৯৩২ সালের অক্টোবরে হেমন্তবালা দেবীকে আরেক চিঠিতে তিনি লিখেছেন - "বারবার বলেচি গুরুর পদ আমার নয়। আমি কবি, নানাভাবে নানা দিকে আমার মন সঞ্চরণ করে - আমার স্বভাবের বৈচিত্র্যবশত নিজেকেও নিজে বুঝি না, অন্যেও আমাকে বোঝে না। আমার প্রধান সার্থকতা সব কিছু প্রকাশ করা - বাণীর দ্বারা করেচি, কর্ম্মের দ্বারাও করচি।"

<u>সমগ্র করে দেখা:</u>
১৯৩২ সালের ১৮ সেপ্টেম্বর হেমন্তবালা দেবীকে আরেক চিঠিতে রবীন্দ্রনাথ লিখেছেন - "আমাকে দূর থেকে নানা লোকে নানা রকম মনে করে নেয়, তার একটা কারণ, আমার নানা অংশকে মিলিয়ে সমগ্র করে দেখবার অবকাশ সকলের ঘটে না। আর যাই হোক আমি ভয়ঙ্কর নই।"

এদিকে প্রখ্যাত সাহিত্যিক ও রবীন্দ্রনাথের সাক্ষাৎ ছাত্র সৈয়দ মুজতবা আলী তাঁর "গুরুদেব ও শান্তিনিকেতন" বইতে লিখেছেন - "রবীন্দ্রনাথকে সমগ্রভাবে গ্রহণ করার শক্তি আমাদের নেই। তিনি জ্ঞানী ছিলেন; শব্দতত্ত্ব, রাজনীতি, অর্থনীতি নিয়ে বিস্তর আলোচনা করেছেন। তিনি কর্মী ছিলেন; গ্রামোন্নয়ন, কৃষির ঔৎকর্ষ্য, সমবায় সমিতি, শ্রীনিকেতন বিদ্যালয় তিনি নির্মাণ করেছিলেন। তিনি রসের সাধক ছিলেন - এটাকে ভক্তিমার্গ বলা যেতে পারে - তিনি তাঁর ভগবানকে প্রধানতঃ রসস্বরূপেই কাব্যে, নাট্যে, গানে প্রকাশ করেছেন। অথচ কোনো স্থলেই তিনি খণ্ডিত বা বিচ্ছিন্ন নন। ...সমগ্রভাবে রবীন্দ্রনাথকে দেখতে হলে আমাদের যতখানি দূরে যেতে হয়_ততখানি দূরে গেলে আমাদের সব কিছু ধোঁয়া লাগে।"

<u>পান্থজনের সখা:</u>

রবীন্দ্রনাথকে সমগ্রভাবে দেখতে পেরেছিলেন এমনি এক মনীষী, বিখ্যাত রবীন্দ্রসমালোচক আবু সয়ীদ আইয়ুব, রবীন্দ্রনাথকে 'পান্থজনের সখা' আখ্যায়িত করেছিলেন। উর্দুভাষী আবু সয়ীদ আইয়ুব ছিলেন সৈয়দ মুজতবা আলীর ঘনিষ্ট বন্ধু। তিনি রবীন্দ্রনাথের 'গীতাঞ্জলি'র প্রেমে পড়ে বাংলা শিখেন এবং কালক্রমে বাংলা ভাষার অন্যতম লেখক হয়ে উঠেন এবং স্বয়ং রবীন্দ্রনাথের প্রশংসা কুড়ান। আইয়ুব তাঁর 'পান্থজনের সখা' গ্রন্থে লিখেছিলেন - "রবীন্দ্রনাথকে আমি মর্মে মর্মে পরম আত্মীয় বলে জেনেছি, 'চিরসখা' ব'লে ভালোবেসেছি, তাঁরই কথা বলতে উৎসাহ বোধ করেছি এখানে। জানি আমার রসবোধ ও মূল্যবিচারের পরিপ্রেক্ষিতে রবীন্দ্রনাথের সবখানি ধরা দেয়নি। আমি রবীন্দ্রনাথের যতোটুকু পেয়েছি আমার ভাবনায় ও বেদনায় তাতেই আমি ধন্য হয়েছি। সে-ধন্যতা যদি আরো পাঁচজনের সঙ্গে ভাগ করে নিতে পারি তবে আমার পরিশ্রম সার্থক হবে। এই অনেকান্ত কবির অন্যান্য অন্ত (aspect) ইতিপূর্বে আলোচিত হয়েছে, পরেও হবে। সেইখানে তাঁর ঐশ্বর্য, আমাদের সৌভাগ্য। ... রবীন্দ্রনাথ কেবল শুভ ও সুন্দরকেই দেখেননি, কেবল 'আনন্দ, মঙ্গল, ও ঔপনিষদিক মোহ' বিস্তার করেননি তাঁর ষাট বছরের কাব্যরচনায়, আরো অনেক-কিছু দেখেছিলেন এবং দেখিয়েছেন আমাদের।"

আমি আইয়ুবের সাথে একমত - কেননা আমরা সকলেই ত' জীবন পথের পথিক - জন্ম থেকে মৃত্যু পর্যন্ত চলেছি কেবল এ পথ থেকে ও পথে। আইয়ুবের ভাষায় "সাধুসন্তরা, আউল-বাউলরা, সুফি-দরবেশরা,

মরমিয়া কবিরা নিজেদেরকে চরম প্রেমের করুণ-রঙিন অথচ প্রাণান্ত-কঠিন পথের পথিক ব'লে জেনেছেন বহুকাল যাবৎ।" সাধুসন্তদের পর্যায়ের মানুষ না হলেও আমরা সকলেই খুঁজে বেড়াচ্ছি সঠিক চলার পথ। সেই পথ খুঁজে পাওয়া সহজ কাজ নয়। তাই সেই পথের সন্ধান-কাজে যদি কোনো সাথী পাই - যাকে 'পান্থজনের সখা' বলতে পারি তাহলে মন্দ হয় না। আর তিনি যদি গানে কবিতায় সুরে আমাদের পথ-চলা আনন্দ-মুখর করে দিতে পারেন তাহলে ত' কথাই নেই।

জীবনের অমসৃণ পথ চলতে চলতে আমাদের যখন ভেঙে পড়বার উপক্রম হয় তখন যদি আমরা পাই রবীন্দ্রনাথের মত এক পান্থজনের সখাকে, যার বাণীর পরশ আমাদের মনে জাগায় আশা, লাঘব করে দেয় দুর্বিষহ দুঃখের নৈরাশ্য - তখন মনে হয়

"আমি তোমার সঙ্গে বেঁধেছি আমার প্রাণ সুরের বাঁধনে--
তুমি জান না, আমি তোমারে পেয়েছি অজানা সাধনে॥"

(গীতবিতান: প্রেম: ২২২)

এই যে রবীন্দ্রনাথকে সমগ্র করে দেখা কিংবা পান্থজনের সখা ভাবা – এ কী কেবল ভক্তি-গদগদ চিত্তের মূঢ় কল্পনা?! দেখা যাক বাংলা সাহিত্যের আরেক নক্ষত্র কবি কাজী নজরুল ইসলাম কী বলেন।

নজরুলের বর্ণনায় আশা-জাগানিয়া দুঃখ-হরা রবীন্দ্রবাণী:

কাজী নজরুল ইসলাম রবীন্দ্রনাথকে নিয়ে আটটি কবিতা লিখেছেন। রবীন্দ্রনাথের প্রতি নজরুলের ভক্তি-শ্রদ্ধার অনেক উদাহরণের মধ্যে একটি হল নজরুলের 'রবি-হারা' কবিতাটি - যেটি নজরুল রবীন্দ্রনাথের মৃত্যুর (২২ শ্রাবণ, ১৩৪৮) খবর পেয়ে ঐ দিনই লিখেন এবং আকাশবাণী বেতারে সেটির আবৃত্তির রেকর্ড করেন -

"তোমার গরবে গরব করেছি, ধরারে ভেবেছি সরা;
ভুলিয়া গিয়াছি ক্লৈব্য দীনতা উপবাস ক্ষুধা জরা।
মাথার উপরে নিত্য জ্বলিতে তুমি সূর্যের মত,
তোমারি গরবে ভাবিতে পারিনি আমরা ভাগ্যহত।" (রবি-হারা)

আরেকটি কবিতায় রবীন্দ্রনাথকে উদ্দেশ্য করে নজরুল লিখেন

"তুমি স্রষ্টার শ্রেষ্ঠ সৃষ্টি বিশ্বের বিস্ময়, ---
তবে গুণ-গানে ভাষা-সুর যেন সব হয়ে যায় লয়। ...
প্রার্থনা মোর, যদি আরবার জন্মি এ ধরণীতে,
আসি যেন শুধু গাহন করিতে তোমার কাব্য-গীতে।" (তীর্থ-পথিক)

রবীন্দ্রনাথের মৃত্যুর অল্প কয়দিন পরে (আশ্বিন ১৩৪৮) নজরুল কিশোরদের জন্য রবীন্দ্রনাথকে নিয়ে 'মৃত্যুহীন রবীন্দ্র' নামে একটি কবিতা লিখেন - যেখানে তিনিও বর্ণনা করেন রবীন্দ্র-রচনা কীভাবে যেকোনো মানুষকে দুঃখে দুর্দশায় প্রেরণা যোগাতে পারে।

"রবীন্দ্রনাথ তোমাদের তরে নিত্য আছেন জাগি,
তরুণ, কিশোর, শিশুরা দুঃখ করোনা তাহার লাগি।
দেহ শুধু তার গিয়াছে, যায়নি তার স্নেহ ভালোবাসা,
যখনি পড়িবে ভাষা তার, প্রাণে জাগিবে বিপুল আশা।
নীরস জীবন রসায়িত হবে তার কবিতায় সুরে
তাহার অভয়বাণীতে সর্ব ভয় চলে যাবে দূরে।
যখন শক্তি পাবে না, নিজেরে দুর্বল মনে হবে,
তার লেখা পড়ো, শক্তি সাহসে নতুন জন্ম লবে।
যখনি পৃথিবী ভালো লাগিবে না দারিদ্র্য ব্যাধি দুখে
পড়িও রবির 'গীতালী' 'গীতাঞ্জলি', বল পাবে বুকে।
রবির বিপুল যশ শুনে শুধু শ্রদ্ধা ক'রো না তাঁরে,
হবে যশস্বী বিদ্বান তাঁর লেখা পড়ো বারেবারে।
রবীন্দ্রনাথ বলেছেন তাঁর লেখায়, কিশোর, শোনো,
- সেই থাকে ছোটো, বড়ো হইবার তৃষা নাই যার কোনো।
নিত্য ভাবিও শয়নে স্বপনে, ক্ষুদ্র হব না আমি,
মোর স্রষ্টা যে নিত্য পূর্ণ সর্বজগৎ স্বামী।
তারই বরে কোনো অভাব রবে না, আমি পূর্ণতা পাব
পূর্ণজ্ঞান ও শক্তি লভিব, ধ্যানে তার কাছে যাব।
...
বড়ো হইবার তৃষ্ণা রাখিও, নিশ্চয় বড়ো হবে,
রবীন্দ্রনাথ না-ই হ'লে, আরো কত দিকে নাম রবে।
...
এই ছিল কবি-গুরুর মন্ত্র, সে মন্ত্র যদি লহ,
উর্দ্ধ হইতে তাঁহার আশীর্বাদ পাবে অহরহ।"

(মৃত্যুহীন রবীন্দ্র: কাজী নজরুল ইসলাম)

অর্থাৎ রবীন্দ্রনাথকে পান্থজনের সখা হিসাবে শুধু আমি কিংবা আবু সয়ীদ আইয়ুব পান নি, বাংলা সাহিত্যের পুরোধা কবি কাজী নজরুল ইসলামও পেয়েছেন। সত্যি কথা বলতে কি, শিক্ষিত বাঙালিমাত্রই রবীন্দ্রনাথকে ছাড়া দুই কদমও এগোতে পারেন না - কী কাব্য-সুষমা উপভোগে, কী গান ও সুরের বিহ্বলতায়, কী মননের আলোকদীপ্তিতে।

বিদেশিদের পান্থজনের সখা:
ইংরেজ নোবেল-বিজয়ী কবি William Butler Yates রবীন্দ্রনাথের ইংরেজি গীতাঞ্জলির ভূমিকায় ১৯১৩ সালে লিখেন – "I have carried the manuscript of these translations about with me for days, reading it in railway trains, or on the top of omnibuses and in restaurants, and I have often had to close it lest some stranger would see how much it moved me." অর্থাৎ "এই অনুবাদগুলোর পাণ্ডুলিপিটি আমি কিছুদিন আমার সঙ্গে সঙ্গে বয়ে বেড়িয়েছি - কখনো ট্রেনে, বাসে অথবা রেস্তোরাঁয় বসে বসে পড়েছি, আর মাঝে মাঝে তা বন্ধও করতে হয়েছে, পাছে কেউ দেখে ফেলে এগুলো আমাকে কী রকম আবেগ-বিহ্বল করে তুলেছে।"

লন্ডনপ্রবাসী এক বাঙালি ডাক্তারকে ইয়েটস বলেছিলেন তাঁর অনুভূতির কথা- "These prose translations from Rabindranath Tagore have stirred my blood as nothing has for years" - রবীন্দ্রনাথ ঠাকুরের এই গদ্যানুবাদগুলো আমার রক্তের মধ্যে অভূতপূর্ব আলোড়ন সৃষ্টি করেছে। সেই বাঙালি ডাক্তার অবাক হননি ইয়েটস-এর মুগ্ধতায় এবং কবি ইয়েটসকে তিনি তার কথার উত্তরে বলেছিলেন – "আমি প্রত্যেক দিন রবীন্দ্রনাথ পড়ি। তাঁর একেকটি ছত্র পড়া মানে জগতের সব দুঃখ ভুলে যাওয়া।"

আর্জেন্টিনা ভ্রমণকালে (১৯২৪) রবীন্দ্রনাথ আতিথেয়তা গ্রহণ করেছিলেন আর্জেন্টিনার বিদুষী নারী ও লেখক, ধনাঢ্য ভিক্টোরিয়া ওকাম্পোর সান ইসিদ্রোর পাহাড়চূড়ার বাড়ীতে। ওকাম্পোর নিজের জবানবন্দিতেই জানা যায় রবীন্দ্রনাথের সাথে দেখা হওয়া ছিল তার জীবনের সেরা ঘটনা - "এখানে তাঁর আবির্ভাব সে-বছরের সব-সেরা ব্যাপার। আর আমার পক্ষে তো এটা জীবনেরই সবচেয়ে বড়ো ঘটনা।" ওকাম্পো আরো লিখেছিলেন - "রবীন্দ্ররচনায় প্রবেশ করবার আনন্দই হচ্ছে সবচেয়ে উপাদেয়, হৃদয়ের স্বাস্থ্যের পক্ষে সবচেয়ে তৃপ্তিজনক। ... অন্ধকারের উৎস থেকে উৎসারিত এই আলোই তো আনন্দ। রবীন্দ্রনাথের কবিতার কাছে আমরা ঋণী, অন্তত আমি, কেননা তাঁর কবিতা আবিষ্কার করেছে এই রশ্মি, তার তাৎপর্য, আনন্দের তাৎপর্য। ... পশ্চিমবাসীদের অনেকেই তাঁর কাছে কত-যে পেয়েছেন, আজ এই শতবর্ষে সেকথা প্রকাশ্যে স্মরণ করবার প্রয়োজন আছে। ... গোলাপে-ভরা সে বসন্তদিনের মতো আজও তিনি আমার খুব একান্তে, কেননা

তিনি আমাকে নিয়ে গেছেন মায়া থেকে সত্যে, পৌঁছে দিয়েছেন এক আত্মিকতার ভূমিতে।" রবীন্দ্রনাথের 'নৈবেদ্য' যেমন এক সদ্য-বিধবা কিশোরীর মনকে শান্ত করেছিল - তেমনি তাঁর 'গীতাঞ্জলি' শান্তি দিয়েছিলো এই বিদেশিনীর অশান্ত চিত্তে। ওকাম্পোর নিজের জবানবন্দিতেই শোনা যাক - "অল্প বয়সে আমাদের সবারই জীবনে এমনসব সংকটকাল আসে, যার থেকে আর বেরুতে পারব বলে মনে হয় না। ঠিক তেমনি এক সময়ে 'গীতাঞ্জলি' এল আমার হাতে, এই বই পড়ে ওঠা আমার পক্ষে তাই দ্বিগুণ মূল্যবান হলো। ছোটো এই বইটির সান্নিধ্য পাবার এর চেয়ে ভালো সময় আর কী হতে পারত ! ... কবির কণ্ঠস্বর আমাকে আপন-অশ্রুর অমূল্য উপহার এনে দিয়েছিল। প্রিয়তম বন্ধুর স্নেহ-আলিঙ্গনও আমায় দিতে পারেনি সে উপহার। যেসব ছবি আজও আমার স্মৃতির মধ্যে তুফান তোলে সে সবই খুব সহজে অবারণীয়ভাবে মিলিয়ে যাবে একদিন, যেমন শূন্যতায় মিলিয়ে গেছে আরো সব ছবি। কিন্তু থেকে যাবে 'গীতাঞ্জলি', যে গীতাঞ্জলি এমন করে সেদিন কাঁদিয়েছিল আমায়।"(শঙ্খ ঘোষ: ওকাম্পোর রবীন্দ্রনাথ)

<u>এই বইয়ের প্রেরণা:</u>
আমি রবীন্দ্রনাথকে আমার জীবনেও পেয়েছি পান্থজনের সখা হিসাবেই। দুঃখের দিনে, সুখের দিনে, দুশ্চিন্তার দিনে তার সান্নিধ্য আমার জীবনকে সমৃদ্ধ করেছে - চিন্তা ও মননের ক্ষেত্রে তার সান্নিধ্য আমাকে দিয়েছে অফুরান আনন্দ। মনে হয় যেন সকলের সাথে শেয়ার করি অফুরন্ত এই আনন্দ-ভান্ডার। সেই প্রেরণা থেকেই এই বইয়ের জন্ম। এই বইয়ের মাধ্যমে আমার আনন্দ শেয়ার করে যদি একটাও মানবপ্রাণকে স্পর্শ করতে পারি, তাহলে আমার পরিশ্রম সার্থক হবে।

<u>এই বইয়ের বাণী নির্বাচন ও বাণী বিন্যাস:</u>
নজরুল-কথিত আশা-জাগানিয়া, দুঃখ-হরা, ভয়-হরা, বোধ-জাগানিয়া রবীন্দ্রবাণী মাথায় রেখে 'প্রতিদিন রবীন্দ্রনাথ' বইটি রচিত। বছরের বারোটি মাসকে মোট বারোটি বিষয়ভিত্তিক অধ্যায়ে বিভক্ত করেছি নিয়মবিহীন প্ররোচনায় সম্পূর্ণ random ভাবে, কেবল শত সহস্র বাণীকে যূথবদ্ধ করার জন্য; না হলে, বাণী নির্বাচন করা বেশ কঠিন হয়ে পড়ছিলো। এটা মানতে আমার কোনো দ্বিধা নেই যে, কখনো কখনো বিষয় বিভাজন সঠিক হয় নি - কেননা একই বাণী একাধিক

বিষয়ের সাথে সম্পৃক্ত। তাই এই বইয়ের অধ্যায়ের নামগুলোকে বেশি গুরুত্ব না দিলেই ভালো হবে। আবার এটাও সত্যি যে এই বইয়ে জীবনযাপনের অনেক উপযোগী বিষয়ও বাদ পড়ে গিয়েছে - ফলে সমগ্র রবীন্দ্রনাথ এই বইতে বিধৃত হয়েছেন এরকম দাবী একদম খাটে না। বারো মাসের শেষে এসে দুটি বাড়তি বোনাস অধ্যায় যোগ করেও রবীন্দ্রনাথকে সমগ্রভাবে দেখা বা দেখানো সম্ভব হয়ে ওঠে নি। কখনো কখনো এক পৃষ্ঠায় স্থানসংকুলানের জন্য উদ্‌ধৃতির কিছু অংশ "..." চিহ্ন দিয়ে বাদ দিতে বাধ্য হয়েছি। আশাকরি আগ্রহী পাঠক প্রয়োজন বোধ করলে পুরো অংশটুকুন রবীন্দ্র-রচনাবলী থেকে খোঁজ করে বের করে পড়ে নিবেন। আবার এটাও সত্য যে এই বইয়ের জন্য রবীন্দ্রবাণী বাছাই করতে যেয়ে রবীন্দ্ররচনার অনেক মণিমুক্তাকে বাদ দিতে হয়েছে গভীর বেদনায়। ৩২ খন্ড রবীন্দ্র-রচনাবলী এবং ১৯ খন্ড চিঠিপত্রের হাজার হাজার পৃষ্ঠা ঘেঁটে রবীন্দ্ররচনার সবচেয়ে মূল্যবান ও প্রায়োগিক মণিমুক্তাগুলো আহরণ করা মোটেই সহজ কাজ ছিল না।

ইংরেজি অনুবাদ:

রবীন্দ্রবাণীর সাথে আমি কখনো-বা আমার নিজস্ব ইংরেজি অনুবাদ জুড়ে দিয়েছি আপনাদেরকে খানিকটা উজ্জীবিত করতে। ইংরেজি অনুবাদে ভাবের প্রকাশ অনেক সময়ই মূল উদ্‌ধৃতিতে ভিন্ন মাত্রা নিয়ে আসে ভিন্ন ভাষার মোড়কে। অনস্বীকার্য যে, অনুবাদে কখনো মূলের ভাব খর্ব হয়, এবং আবার কখনো-বা মূলের ভাব সমৃদ্ধ হয় - তার উদাহরণ রবীন্দ্রনাথের নিজের ইংরেজি অনুবাদেই পাওয়া যায়। তাই সাহস করে আমি কখনো কখনো আংশিক ইংরেজি অনুবাদে প্রবৃত্ত হয়েছি অনেক গান ও কবিতার পছন্দসই ইংরেজি অনুবাদ পাইনি বলে। আশাকরি আমার সে সকল অনুবাদ আপনাদেরকে হতাশ করবে না এবং আপনাদের কেউ কেউ সেগুলো বিদেশে বা দেশে ব্যবহার করতে পারবেন সময় এবং সুযোগ মোতাবেক। অনুবাদ সম্পর্কে রবীন্দ্রনাথের মতামত জানা যায় কান্তিচন্দ্র ঘোষের অনূদিত "রোবাইয়াৎ-ই-ওমর খৈয়াম" (১৯১৯) পড়ে রবীন্দ্রনাথের মন্তব্য থেকে -"এ-রকম কবিতা এক ভাষা থেকে অন্য ভাষার ছাঁচে ঢেলে দেওয়া কঠিন। কারণ এর প্রধান জিনিসটা বস্তু নয়, গতি। ... ভাল কবিতা মাত্রকেই তর্জ্জমায় নূতন করে সৃষ্টি করা দরকার।... কবিতা লাজুক বধূর মত এক ভাষার অন্ত:পুর থেকে অন্য ভাষার অন্ত:পুরে আসতে গেলে আড়স্ট হয়ে যায়। তোমার তর্জ্জমায় তুমি তার লজ্জা ভেঙেছ, তার ঘোমটার ভিতর থেকে হাসি দেখা যাচ্চে।"

তাই রবীন্দ্রনাথের গান ও কবিতা ইংরেজিতে অনুবাদ করার সময়ে আমি গতির দিকে নজর দিয়েছি - ফলে অর্থের দিক থেকে হয়ত' এক-আধটুকুন কমতি বা ঘাটতি হয়েছে - কিন্তু আশাকরি গতির বেগ লাজুক বধূর মুখে অল্প হলেও হাসি ফোটাতে পেরেছে। রবীন্দ্রনাথের নিজের ইংরেজি অনুবাদকে চিহ্নিত করেছি (Translation by Rabindranath Tagore) দিয়ে এবং আমার ইংরেজি অনুবাদকে চিহ্নিত করেছি (Translation by NS) দিয়ে।

<u>এই বইটি পড়বেন কীভাবে?:</u>

এ প্রসঙ্গে হেমন্তবালা দেবীকে লিখা রবীন্দ্রনাথের একটি চিঠি থেকে উদ্‌ধৃত করার লোভ সামলাতে পারছি না। ১৯৩১ সালের ২ মে রবীন্দ্রনাথ হেমন্তবালা দেবীকে লিখছেন - "আমাকে তুমি মনে মনে অনেকখানি বাড়িয়ে নিয়ে নিজের পছন্দসই করবার চেষ্টা করচ। ... তুমি লিখেচ এখন থেকে আমার বই খুব করে পড়বে - এমন কাজ কোরো না - অত্যন্ত বেশি করে পড়তে গেলে কম করে পাবে। হঠাৎ মাঝে মাঝে একখানা বই তুলে নিয়ে সাতের পাতা কি সতেরোর পাতা কি সাতাশের পাতা থেকে যদি পড়তে শুরু করে দাও হয়ত তোমার মন বলে উঠবে বাঃ বেশ লিখেচে তো। রীতিমত পড়া অভ্যাস করো যদি তাহলে স্বাদ নষ্ট হতে থাকবে - কিছুদিন বাদে মনে হবে এমনিই কি।" রবীন্দ্রনাথের এই উপদেশ রইল এই বইয়ের পাঠক-পাঠিকার জন্য। যখন মনে হবে নিজের খুশীমত একটি পাতা উল্টে নিবেন এবং পড়বেন। পছন্দ না হলে, অন্য একটি পৃষ্ঠা খুলে পড়ুন। কোনো কোনো বিশেষ দিনের জন্য কিছু পড়তে চান - ক্যালেন্ডারের পাতা উল্টানোর মতো করে বইটির পাতা উল্টিয়ে সেই বিশেষ দিনের পাতায় চলে যান এবং পড়ুন - ভালো লাগতেও পারে - নাও লাগতে পারে।

<u>এই বইটি থেকে কী প্রত্যাশা করা উচিত?:</u>

হেমন্তবালা দেবীকে লিখা পূর্বোক্ত চিঠি থেকে আরো খানিকটা পড়া যাক - রবীন্দ্রনাথ লিখছেন – "তোমার প্রকৃতিকে সর্বতোভাবে পরিতৃপ্তি দিতে পারে আমার রচনা থেকে এমন প্রত্যাশা কোরো না। কিছু তোমার ভালো লাগবে, কিছু অন্যের ভালো লাগবে - কিছু তোমার মনের সঙ্গে মিলবে না, কিন্তু আরেকজন ভাববে সেটা তারি মনের কথা। নানা ভাবে নানা সুরে নানা কথাই বলেছি - যেটুকু তোমার পছন্দ হয় বাছাই করে নিয়ো। পাঠকেরও রসগ্রহণ করবার একটা সীমা আছে; তোমার মন অনুভূতির একটা বিশেষ অভ্যাসে প্রবলভাবে

অভ্যস্ত, সেই অভ্যাস সব কিছু থেকে নিজের যোগান খোঁজে। ... তুমি খুঁজছ তোমার মনের একটি বিশেষ ভাবকে তৃপ্তি দিতে পারে এমন কোনো একটা রূপ - অন্যগুলোও রূপের মূল্যে মূল্যবান হলেও হয়তো তুমি গ্রহণ করতে চাইবে না। কিন্তু কাব্যের যারা যথার্থ রসজ্ঞ, তারা নিজের ভাবকে কাব্যে খোঁজে না - তারা যে কোনো ভাব রূপবান হয়ে উঠেচে তাতেই আনন্দ পায়। তোমার চিঠি পড়তে পড়তে আমার মনে হয়েচে একটা বিশেষ খাদে তোমার চিত্তধারা প্রবাহিত - সেইটেই তোমার সাধনা। আমরা কবিরা কেবল সাধকদের জন্য লিখি নে, বিশেষ রসের রসিকদের জন্যেও না। আমরা লিখি রূপদ্রষ্টার জন্যে - তিনি বিচার করেন সৃষ্টির দিক থেকে - যাচাই করে দেখেন রূপের আবির্ভাব হোলো কিনা। ... তুমি আমার লেখা পড়তে চেয়েছো পোড়ো - কিন্তু কবির লেখা বলেই পোড়ো। অর্থাৎ আমি সকলেরই বন্ধু, সকলেরই সমবয়সী, সকলেরই সহযাত্রী। আমি কিন্ত পন্ডিত নই। পথ চল্‌তে চল্‌তে আমার যা কিছু সংগ্রহ। যা কিছু জানি তার অনেকখানি আন্দাজ। যতখানি পড়ি তার চেয়ে গড়ি অনেক বেশি।"

এই বইতে আমার বাছাই করা রবীন্দ্ররচনা আপনাদের উপহার দিলাম। সেখান থেকে আপনারা নিজেদের ভালো লাগার অংশটুকুন বাছাই করে নিবেন - এইটাই আশা রাখি।

<u>যদি মতের মিল না হয়</u> ...

রবীন্দ্রনাথ যে যুগের মানুষ ছিলেন সে যুগ আমরা পেরিয়ে এসেছি অনেকদিন। প্রযুক্তির অভাবনীয় উন্নতির সাথে সাথে বিশ্বব্যাপী অবাধ তথ্যপ্রবাহের কল্যাণে আমাদের মন-মানসিকতায় অনেক পরিবর্তন এসেছে। তাই রবীন্দ্রনাথের মতের সাথে সবসময় আমাদের মতের মিল হবে এরকম ধারণা করার কোনো কারণ নেই। তাছাড়া এটাও ভুলে যাওয়া উচিত নয় যে রবীন্দ্রনাথের গল্প উপন্যাস নাটকে বিভিন্ন চরিত্রের মতামত বা মুখের কথা সবসময় রবীন্দ্রনাথের ব্যক্তিগত মতামত ছিল এমন মনে করার কোনো যুক্তিসঙ্গত কারণ নেই।

ভিন্নদিকে রবীন্দ্রনাথের যুগেও তাঁর মতের সাথে অনেকের মতের মিল হয় নি। তাহলে তার মতের সাথে আমাদের মত মিলল না বলেই কি এই বইকে দূরে ছুঁড়ে ফেলে দেব? এব্যাপারে শুনে নেয়া যাক রবীন্দ্রনাথ নিজে কী বলছেন এক ভক্ত পাঠিকা পত্রলেখককে - "তুমি মনে নিশ্চিত জেনো তোমার বিশ্বাস নিয়ে তুমি দৃঢ়তার সঙ্গে কথা বলেচ

বলে আমি তিলার্দ্ধ ক্ষুব্ধ হই নি। আমি কথার যাচনদার, কথা যেখানে অকৃত্রিম ও সুন্দর সেখানে আমি মত বিচার করি নে - সেখানে আমি প্রকাশের রূপটিকে রসটিকে সম্ভোগ করতে জানি।" (হেমন্তবালা দেবীকে লিখিত পত্র: ৩০ এপ্রিল, ১৯৩১)। আশাকরি এই বইয়ের পাঠকেরাও রবীন্দ্রনাথের ভাবপ্রকাশের রূপ ও রস সম্ভোগ করতে সচেষ্ট হবেন।

দেবার ও নেবার ক্ষমতা:

রবীন্দ্রনাথ বলেছিলেন - "Everything comes to us that belongs to us if we create the capacity to receive it." অর্থাৎ আমাদের কাছে আমাদের প্রাপ্য সবকিছুই আসে যদি আমরা গ্রহণ করবার শক্তি তৈরি করতে পারি। তাই রবীন্দ্রনাথ আমাদের যা দিয়েছেন তা নেবার মত শক্তি আমাদের মধ্যে তৈরি করতে হবে। কাদম্বিনী দত্তকে শান্তিনিকেতন থেকে ১৯২৮ সালে লিখা এক চিঠিতে রবীন্দ্রনাথ বলেছিলেন -"দেবার মতো জিনিস আমরা কিছুই দিতে পারি নে যদি নেবার শক্তি জাগ্রত না থাকে। মেঘ বারবার আকাশে আসে তার পরে ভেসে চলে যায়, যেবার পৃথিবীর গ্রহণশক্তি অনুকূল হয় মেঘের বৃষ্টিশক্তি সেইবারই সার্থক হয়।"

তাই আমাদের মনকে উন্মুক্ত করতে হবে, প্রস্তুত করতে হবে রবীন্দ্রনাথের বাণী থেকে কিছু মনের মধ্যে গ্রহণ করতে হলে। তার মানে এই নয় যে – সকল বিষয়ে তার মতামতকেই দেববাক্য হিসাবে গ্রহণ করতে হবে। আমাদের মনে রাখতে হবে তিনি ছিলেন একজন সর্বদা-পরিবর্তনশীল অসীম সৃজনশীল মানুষ - যিনি তার যুগ ও সমাজ-মানসের টানাপোড়েন এবং ভাঙা-গড়ার মধ্য দিয়ে গড়ে উঠেছেন। এ কথা তিনি তার নিজের লিখায় বহুবার স্বীকার করেছেন। অতএব অতিভক্তির তাড়নায় রবীন্দ্রনাথের মধ্যে দেবত্ব ও অভ্রান্তি আরোপ করলে তার অফুরান চিত্তশক্তিকে অবমাননা করা হবে। তার লিখাগুলো পড়তে হবে, এবং সেগুলো নিয়ে ভাবতে হবে। এতে আমাদের চিত্তের ও চিন্তাশক্তির বিকাশ ঘটবে। মতের মিল হোক বা না হোক তার চিন্তা ও ভাব প্রকাশের রূপ ও রস আমাদেরকে সম্ভোগ করতে শিখতে হবে। তাহলেই আমরা রবীন্দ্রনাথকে সমগ্রভাবে জানা ও বুঝার সুযোগ পাব।

১

আত্মশুদ্ধি

Praise shames me, for I secretly beg for it.
— Rabindranath Tagore

প্রশংসা আমাকে লজ্জা দেয়; কেননা, গোপনে আমি প্রশংসার কাঙাল।

"বাক্যের দ্বারা ক্ষণিক উত্তেজনা ও উৎসাহ সঞ্চার করার উপর আমার কোনো বিশ্বাস নেই। **আমি জানি প্রত্যেকের জীবন নিজের ভিতর থেকে নিজের শক্তিকে উপলব্ধি করতে না পারলে বক্তৃতা বা উপদেশে কোনো ফললাভ হয় না। প্রতি দিনের সাধনায় শক্তিকে জাগ্রত করে তবে আমরা মুক্তি পাব।**"

-রবীন্দ্রনাথ: শান্তিনিকেতন: সৃষ্টির ক্রিয়া

আত্মশুদ্ধি কেন? কী লাভ? তাছাড়া আমাকে শোধরানোরই বা কী আছে? আমি ত' ভাল আছি, ঠিক আছি। এই প্রশ্নগুলি আপনার মনে আসতেই পারে। হয়ত আপনি সঠিক, আপনার শোধরানোর কিছু নেই।

অন্যদিকে হয়ত আপনাদের মধ্যে কেউ কেউ আছেন যারা জানেন না যে তারা নিজেরা আদৌ ঠিক আছেন কিনা - তাদের ভিতরে ভিতরে কেমন একটা অনুভূতি জাগে যে আমি যা হতে পারতাম তা কি হয়েছি? আবার কেউ কেউ শত সচ্ছলতা কিংবা প্রাচুর্যের মধ্যে থেকেও অনুভব করছেন - কী একটা যেন নাই তাদের জীবনে এবং তারা অশান্তিতে ভুগছেন অহরহ এক অজানা বিপন্নতার বোধ থেকে।

জানুয়ারি

আত্মশুদ্ধি

কবির ভাষায় -

"জানি-তবু জানি
নারীর হৃদয়-প্রেম -শিশু -গৃহ-নয় সবখানি;
অর্থ নয়,কীর্তি নয়, সচ্ছলতা নয়-
আরো এক বিপন্ন বিস্ময়
আমাদের অন্তর্গত রক্তের ভিতরে
খেলা করে;
আমাদের ক্লান্ত করে;
ক্লান্ত ক্লান্ত করে।"

-(জীবনানন্দ দাস: আট বছর আগের এক দিন)

এই বিপন্নতাবোধের প্রধান কারণ আমরা সকলেই জীবনের মানে খুঁজে বেড়াচ্ছি। প্রখ্যাত মনোবিজ্ঞানী Viktor Frankl তাঁর Man's Search for Meaning গ্রন্থে লিখেছেন - "Man's search for meaning is the primary motivation in his life and not a 'secondary rationalization' of instinctual drives. This meaning is unique and specific in that it must and can be fulfilled by him alone; only then does it achieve a significance which will satisfy his own will to meaning." অর্থাৎ জীবনের অর্থ বা মানে সন্ধান করা মানুষের একটি প্রাথমিক ও প্রধান প্রেরণা; এটি তার সহজাত প্রবৃত্তিগত 'অপ্রধান চাহিদা' নয়। কোনো মানুষের জন্য জীবনের অর্থ বা মানে এমনি একটি অনন্য ও সুনির্দিষ্ট জিনিস যা কেবল সে নিজেই খুঁজে পেতে পারে - এবং কেবল তখনই জীবনের অর্থ তার জন্য একটি তাৎপর্য অর্জন করে এবং তাকে সন্তুষ্ট করতে পারে।

মহাকবি William Shakespeare ত' এক ঘোষণায় বলেই দিলেন - জীবন এক চলমান ছায়া - যার কোনো মানে (meaning) নেই। 'ম্যাকবেথ' নাটকে তিনি নায়কের মুখে কথা জুড়ে দিলেন –

"Life's but a walking shadow, a poor player,
That struts and frets his hour upon the stage,
And then is heard no more. It is a tale
Told by an idiot, full of sound and fury,
Signifying nothing." (Macbeth)

আমাদের জীবন ত' এক চলমান প্রতিচ্ছায়া।
যেন এক নগণ্য অভিনেতা

মঞ্চে লম্ফ ঝম্প দিচ্ছে নির্দিষ্ট সময়ের জন্য।
তারপর, তারপর - তার আর কোনো সাড়াশব্দ নেই।
এই জীবন এক আহাম্মক-রচিত কাহিনী
হাঁকডাক আর উন্মত্ততায় পরিপূর্ণ
অথচ অর্থ নেই কোনো। - (লেখকের অনুবাদ)

কিন্তু রবীন্দ্রনাথ সেটা মানতে রাজী নন - কেননা সৃষ্টির এই ছেলেমানুষী তার কাছে গ্রহণযোগ্য নয় - -

"এই অপরিণত অপ্রকাশিত আমি,
এ কার জন্যে, এ কিসের জন্যে?
যা নিয়ে এল কত সূচনা, কত ব্যঞ্জনা,
বহু বেদনায় বাঁধা হতে চলল যার ভাষা,
পৌঁছল না যা বাণীতে,
তার ধ্বংস হবে অকস্মাৎ নিরর্থকতার অতলে,
সইবে না সৃষ্টির এই ছেলেমানুষি।"

- (রবীন্দ্রনাথ: শেষ সপ্তক: নয়)

এত কাজ, এত কীর্তি সবই যদি কালের গর্ভে বিলীন হয়ে যাবে - তাহলে এই জীবনের অর্থ কী?

Viktor Frankl তাঁর Man's Search for Meaning গ্রন্থে আরো লিখেছিলেন - "Ultimately, man should not ask what the meaning of his life is, but rather must recognize that it is he who is asked. In a word, each man is questioned by life; and he can only answer to life by answering for his own life; to life he can only respond by being responsible." অর্থাৎ শেষ মূল্যবিচারে মানুষের উচিত হবে না জিজ্ঞেস করা যে জীবনের কী অর্থ - বরঞ্চ তার অনুধাবন করা উচিত যে তাকেই আসলে প্রশ্ন করা হচ্ছে যে সে তার জীবনকে কী অর্থ প্রদান করবে। এক কথায়, আসলে জীবনই তার কাছে প্রশ্ন রাখছে এবং কেবল সে-ই এ প্রশ্নের উত্তর দিতে পারে শুধুমাত্র নিজের জীবনের জন্য - দায়িত্ত্ববান হয়ে নিজ জীবনের প্রতি।

"Every day, every hour, offered the opportunity to make a decision, a decision which determined whether you would or would not submit to those powers which threatened to rob you of your very self, your inner freedom; which determined whether or not you would become the plaything of circumstance, renouncing freedom and dignity to become molded into the form of the typical inmate." অর্থাৎ প্রতিদিন, প্রতি ঘণ্টায়, জীবন আপনাকে একটি সিদ্ধান্ত নেওয়ার সুযোগ দেয়, এমন একটি সিদ্ধান্ত যা নির্ধারণ করে যে আপনি সেই ক্ষমতার কাছে নতি স্বীকার করবেন - নাকি করবেন না - যা আপনার নিজের সত্তাকে এবং আপনার অন্তরের স্বাধীনতাকে হরণ করার হুমকি দেয়; যা নির্ধারণ করে যে নিজের স্বাধীনতা ও মর্যাদা বিসর্জন দিয়ে সাধারণ বন্দীর মত আপনি পরিস্থিতির ক্রীড়নকে পরিণত হবেন নাকি হবেন না।

"Everything can be taken from a man but one thing: the last of the human freedoms — to choose one's attitude in any given set of circumstances, to choose one's own way." অর্থাৎ কেবল একটি জিনিস ছাড়া সবকিছুই একজন মানুষের কাছ থেকে ছিনিয়ে নেয়া যায় - সেটা হচ্ছে মানুষের শেষ স্বাধীনতা - যে সে কোনও নির্দিষ্ট পরিস্থিতির সম্মুখে কী মনোভাব (attitude) বেছে নেবে বা তার নিজের জন্য কোন্ পথ বেছে নেবে।

জীবনকে আমরা কীভাবে নিব এবং গ্রহণ করব সেই মনোবৃত্তির বা মনোভাবের (attitude) নিয়ন্ত্রণ সম্পূর্ণরূপে আমাদের হাতে। এই অর্থে এই অধ্যায়ে আত্মশুদ্ধি বলতে বোঝানো হয়েছে - নিজের দিকে নিজের ফিরে তাকানোর কথা। মানুষের শক্তির ও স্বাধীনতার সীমা নেই, কিন্তু আমাদের চারিদিক ঘিরে রেখেছে এক 'আমি'র আবরণ এবং প্রতিনিয়ত খর্ব করছে মানুষের অসীম শক্তিকে ও অনন্ত এবং অন্তর্নিহিত মহত্বকে। আত্মশুদ্ধির পথে এগুতে থাকলে এটা আশা করা যেতে পারে যে আমরা নিজের মুখোমুখি দাঁড়িয়ে নিজের স্বরূপ উপলব্ধি করতে পারব এবং অহংকারের সংকীর্ণতা, জাতীয়তার আবরণ, এবং সাম্প্রদায়িক সংকীর্ণতা থেকে মুক্তিলাভ করতে পারব।

এই অধ্যায়ের উদ্ধৃতিগুলো নির্বাচন করা হয়েছে এমনভাবে যেন প্রতিদিনের পঠনে এগুলো আমাদেরকে শক্তি যোগায় অহংকারের সংকীর্ণতা এবং দৃষ্টির কলুষ থেকে মুক্তি পাবার জন্য। এই বাক্যগুলোর সাথে চিন্তা-কণিকা অংশের আলোচনা আপনাকে আমাকে সকলকে আশাকরি ভাবিয়ে তুলবে।

আমাদের প্রতিদিনের ধর্মীয় উপাসনায় (তা' আমরা যে ধর্মেরই অনুসারী হই না কেন) কিংবা নাস্তিক ধ্যানে আমরা যদি এই বাক্যগুলো মনের মধ্যে গুঞ্জরিত করে তুলি - তাহলে আমাদের বিশ্বভাবনায় (worldview) পরিবর্তন আসবে। এই বইয়ের 'ভূমিকা' পড়লে আপনি বুঝতে পারবেন কীভাবে রবীন্দ্রবাণী বিদ্রোহী কবি কাজী নজরুল ইসলাম সহ দেশ-বিদেশের অনেক বড়ো মাপের মানুষকে প্রভাবিত করেছে।

কিন্তু এই অধ্যায়ে উদ্‌ধৃত বাক্যগুলোকে যদি কেবল উপদেশ হিসাবে দেখা হয়, তাহলে কোনো ফললাভ হবে না। চোখ মুদে অন্তর দিয়ে অনুভব করতে হবে এই বাক্যগুলোকে। তবেই আত্মশুদ্ধির মাধ্যমে আমরা আমাদের মানবীয় শক্তি ও মহত্বের পূর্ণ বিকাশ এবং প্রকাশ দেখতে পাব আমাদের জীবনে। মনে রাখতে হবে এ আত্মশুদ্ধির সাধনা একমাসের বা এক বছরের কাজ নয়, - এ সারা জীবনের সাধনা - প্রতিদিনের এক সংগ্রাম- নিজের অহং (ego) -এর সাথে নিজের সংগ্রাম। আজকে জয়, ত' কালকে পরাজয়; কিন্তু হার মানা যাবে না।

"What you are you do not see, what you see is your shadow."

- Rabindranath Tagore: Stray Birds

আত্মশুদ্ধি

জানুয়ারি

আত্মশুদ্ধি

জানুয়ারি ১

ক্ষমা করো আজিকার মতো

চিন্তা-
কণিকা

আত্ম-অভিমানকে বিসর্জন দিয়ে ক্ষমা চাওয়া দিয়ে কি আমরা শুরু করতে পারি আমাদের নতুন বছর!? নতুন বছরের নতুন ভোরের আলোকে সাক্ষী রেখে আমরা কি প্রতিজ্ঞা করতে পারি আগামী দিনগুলি ভরে দেব ভালোবাসায় ও মঙ্গলকাজে - নিজের সুখের জন্য আমরা সংসারের মধ্যে তুলব না কোনো হাহাকার।

বন্ধু হও, শত্রু হও,   যেখানে যে কেহ রও,
ক্ষমা করো আজিকার মতো
পুরাতন বরষের সাথে
পুরাতন অপরাধ যত। ...
... আপন সুখের লাগি সংসারের মাঝে
তুলি হাহাকার!
আত্ম-অভিমানে অন্ধ জীবনের কাজে
আনি অবিচার!
... জীবনের এই পথ, কে বলিতে পারে
বাকি আছে কত?
মাঝে কত বিঘ্নশোক, কত ক্ষুরধারে
হৃদয়ের ক্ষত?
পুনর্বার কালি হতে   চলিব সে তপ্ত পথে,
ক্ষমা করো আজিকার মতো--
পুরাতন বরষের সাথে
পুরাতন অপরাধ যত।
...ওই এল এ জীবনে নূতন প্রভাতে
নূতন বরষ--
মনে কার প্রীতিভরে বাঁধি হাতে হাতে,
না পাই সাহস।
নব অতিথিরে তবু   ফিরাইতে নাই কভু--
এসো এসো নূতন দিবস!
ভরিলাম পুণ্য অশ্রুজলে
আজিকার মঙ্গলকলস।

- চিত্রা: নববর্ষে (১৮৯৪)

জানুয়ারি ২

সকল অহঙ্কার হে আমার ডুবাও চোখের জলে

চিন্তা-কণিকা

বছরের শুরুতে আমাদের প্রতিজ্ঞা কী হতে পারে? আগামী দিনগুলি কি কাটিয়ে দিব আত্মপ্রচারে কিংবা আত্ম-অহমিকায় বিভোর হয়ে? শান্তি কি পাবো তাতে? না কি, নতুন এই প্রভাতে প্রার্থনা করব – "সকল অহংকার হে আমার ডুবাও চোখের জলে" কিংবা "আমারে না যেন করি প্রচার, আমার আপন কাজে।" আসুন, এই অঙ্গীকার ঘোষণা করে আমরা শুরু করি আমাদের **আত্মশুদ্ধি**। গাঢ় (bold) অক্ষরের বাক্যগুলো মনোযোগ দিয়ে পড়ুন এবং ভাবুন কীভাবে আমরা আমাদের সকল অহংকারকে পরিত্যাগ করতে পারি।

আমার মাথা নত করে দাও হে
তোমার চরণধুলার তলে।
সকল অহঙ্কার হে আমার
ডুবাও চোখের জলে,
নিজেরে করিতে গৌরব দান
নিজেরে কেবলই করি অপমান,
আপনারে শুধু ঘেরিয়া আমার
ঘুরে মরি পলে আমার।
সকল অহঙ্কার হে আমার
ডুবাও চোখের জলে॥
আমারে না যেন করি প্রচার
আমার আপন কাজে,
তোমারি ইচ্ছা করো হে পূর্ণ
আমার জীবনমাঝে।

- গীতাঞ্জলি: ১

Let my head be bowed down at your feet
May I drown all my pride in my tears.
To lavish honor on myself, all I do is insult my soul
Encircling myself, each moment I spiral to death.
May I not advertise myself in my work
Let only your will be fulfilled in my life.

- (Translation by NS)

জানুয়ারি ৩

মিথ্যার মধ্যে জড়িয়ে আছি ...

 বোধের দ্বারা আমাদের দৃষ্টির কলুষ, আমাদের বুদ্ধির জড়তা, আমাদের চৈতন্যের সংকীর্ণতা দূর হয়ে যাক। এ তো কোনো উপদেশের দ্বারা হবার জো নেই। **যেমন করে ছোটো অঙ্গার থেকে বৃহৎ অগ্নি জ্বলে উঠতে পারে** তেমনি করে এই ছোটো কথাটি থেকে বোধের অগ্নি জ্বলে উঠুক; দগ্ধ হোক সকল মলিনতা ও সংকীর্ণতা। যদি সমস্ত ইচ্ছাকে জাগ্রত করে আমরা এই সত্যকে গ্রহণ করি তবেই এই বোধ উদ্বোধিত হবে, যদি না করি তবে হবে না। **মিথ্যার মধ্যে জড়িয়ে আছি-- যদি বলি তাই নিয়েই কাটবে, কাটাও, কেউ কোনো বাধা দেবে না।** সংসারে কেউ তার থেকে উদ্ধার করতে পারবে না। **কোনো উপদেশ কোনো উত্তেজনায় ফল হবে না।**

- শান্তিনিকেতন: সৃষ্টির ক্রিয়া

চিন্তা-কণিকা

কেবল উপদেশের দ্বারা আমাদের বোধ জাগ্রত হবে এমনটা আশা করা বৃথা। বোধ জাগিয়ে তুলতে হয় নিজের প্রচেষ্টায়। এই বইয়ে গ্রন্থিত বাণীগুলো হয়ত আমাদের বোধকে জাগ্রত করতে অনুপ্রাণিত করবে এবং আমাদেরকে সচেতন করে তুলবে। কিন্তু, আন্তরিক প্রচেষ্টা ছাড়া আমাদের বিবেক বা বোধ জাগ্রত হবে না।

আমাদের সাজিয়ে কথা বলার সংসারে মিথ্যা অনেক সময়ই আমাদেরকে চারিদিক থেকে ঘিরে ফেলে। সেই সকল মিথ্যাকে চিনতে শিখুন এবং মিথ্যা অহংকারের জাল থেকে বেরিয়ে আসার চেষ্টা প্রতিনিয়ত অব্যাহত রাখুন। তাহলেই আপনার জীবন সরল হবে, সহজ হবে, সুখের হবে।

(আরো দেখুন মে ৮)

আত্মশুদ্ধি

জানুয়ারি ৪
মোর আমি ডুবে যাক নেমে

চিন্তা-কণিকা

অন্ধকারে আমরা শুধু হাতের কাছের জিনিসকে একটুখানি জায়গার মধ্যে দেখতে পারি। কিন্তু একটু আলো পড়বামাত্র বুঝতে পারি যে দৃষ্টির সংকীর্ণতা, হৃদয়ের দ্বিধা-দ্বন্দ্ব, অবিশ্বাস ও ভয়ভাবনা সবকিছুই অন্ধকার থেকে হয়েছে। আমাদের নয়নে যত আলো পড়ে আমরা তত বেশি দেখতে পাই, এবং আমাদের মনের অন্ধকার দূর হয়ে যায়। আমরা বেরিয়ে আসতে পারি আত্ম-অহমিকার জঙ্গল থেকে। কেবল তখনই আমরা গেয়ে উঠতে পারি "আরো প্রেমে আরো প্রেমে/ মোর আমি ডুবে যাক নেমে।"

গাঢ় (bold) অক্ষরের বাক্যগুলো মনোযোগ দিয়ে পড়ুন এবং ভাবুন কীভাবে আমরা আমাদের এই 'আমিত্বের' বন্ধন থেকে মুক্তি পেতে পারি।

আরো আলো আরো আলো
    এই নয়নে, প্রভু, ঢালো।
...
আরো প্রেমে আরো প্রেমে
    মোর আমি ডুবে যাক নেমে।
...
প্রাণ ভরিয়ে তৃষা হরিয়ে
মোরে আরো আরো আরো দাও প্রাণ।
    তব ভুবনে তব ভবনে
মোরে আরো আরো আরো দাও স্থান।

- গীতিমাল্য: ২৮

More light, and more light
Pour, my Lord, in my eyes
...
Let more love, my Lord
And yet more love
Drown my ego down.

- (Partial translation by NS)

আত্মশুদ্ধি

জানুয়ারি ৫

দুঃখে যেন করিতে পারি জয়

চিন্তা-
কণিকা

বিপদ আপদ সুখ দুঃখ শান্তি অশান্তি নিয়েই আমাদের এই জীবন। বিপদে ভেঙে পড়লে চলবে না। নিজের শক্তিতে বিশ্বাস রাখতে হবে; ভরসা রাখতে হবে যে এক সময় এই বিপদ কেটে যাবে। নিজের সর্বশক্তি নিয়োগ করতে হবে বিপদ আপদ কাটানোর জন্য। মনে ক্ষয় বা পরাজয় মেনে নিলে বিপদ আরো বড়ো হয়ে দেখা দিবে। "সহায় মোর না যদি জুটে   নিজের বল না যেন টুটে/ সংসারেতে ঘটিলে ক্ষতি, লভিলে শুধু বঞ্চনা/ নিজের মনে না যেন মানি ক্ষয়।" দুঃখ আপদে আমরা যেন বিশ্বপ্রভুর উপর বিশ্বাস না হারাই - "দুখের রাতে নিখিল ধরা যেদিন করে বঞ্চনা/ তোমারে যেন না করি সংশয়।"

বিপদে মোরে রক্ষা করো এ নহে মোর প্রার্থনা--
বিপদে আমি না যেন করি ভয়।
দুঃখতাপে ব্যথিত চিতে নাই-বা দিলে সান্ত্বনা,
দুঃখে যেন করিতে পারি জয়॥ ...
আমার ভার লাঘব করি নাই-বা দিলে সান্ত্বনা,
বহিতে পারি এমনি যেন হয়।
নম্রশিরে সুখের দিনে তোমারি মুখ লইব চিনে--
দুখের রাতে নিখিল ধরা যেদিন করে বঞ্চনা
তোমারে যেন না করি সংশয়।

- গীতাঞ্জলি: ৪

Protect me from danger is not my prayer
But may I be fearless in the face of danger
Thou may not console my aching soul
But may I conquer my sorrows.
Thou may not lessen my burden
But may my burden be such that I can carry.
In the days of happiness, I will humbly recognize you
In the nights of sadness, when the world abandons me
May I not doubt you, my Lord.

- (Translation by NS)

জানুয়ারি ৬

নয়নের দৃষ্টি হতে ঘুচাও কালো

নয়নের দৃষ্টি হতে ঘুচবে কালো,
যেখানে পড়বে সেথায় দেখবে আলো ।
ব্যথা মোর উঠবে জ্বলে ঊর্ধ্ব-পানে
...
আগুনের পরশমণি ছোঁয়াও প্রাণে
এ জীবন পুণ্য করো দহন-দানে।

- গীতালি: ১৮

May darkness in my eyes vanish away
And wherever I look, I see light.
Let my sorrows burn into ashes and vanish ...
My Lord, touch my soul with the light of thy fire
Purify this life of mine with thy gift of burning.

- (Translation by NS)

চিন্তা-কণিকা

আমাদের মনোভাব (Mindset) তৈরি করে আমাদের নয়নের দৃষ্টি। তাই অনেক সময়ই আমরা ভালোর মধ্যেও কালো দেখি। বিশ্ববিখ্যাত Stanford Universityর প্রফেসর Carol Dweck তাঁর Mindset: The New Psychology of Success গ্রন্থে বলেছেন দুই রকমের মনোভাব বা মনোভঙ্গির (mindset) কথা - Fixed Mindset (**বদ্ধ মনোভাব**) এবং Growth Mindset (**বর্ধনশীল মনোভাব**)। বদ্ধ মনোভাব হলো তাই যা ভাবে বর্তমান অবস্থাটাই চিরস্থায়ী - এর চেয়ে ভালো কিছু সম্ভব নয় - একে অনেকে বলেন negative energy (না-শক্তি) - এর ফলে সবকিছুই কালো বা অন্ধকার দেখায়। পাল্টাদিকে, বর্ধনশীল মনোভাব আমাদের দেখতে শেখায় সবকিছুর মধ্যে সম্ভাবনার আলো - একে অনেকে বলেন positive energy (হ্যাঁ-শক্তি) - এর ফলে ঘুচে যায় সকল অন্ধকার-চিন্তা।

তাই আজকের প্রার্থনা হোক - আমরা যেন সবকিছুতে আলো (বা ভালো) দেখতে পাই - আমাদের দৃষ্টি হতে যেন 'কু' বা অন্ধকার ঘুচে যায়।

জানুয়ারি ৭

মনের কোণের সব দীনতা মলিনতা ধুইয়ে দাও

চিন্তা-কণিকা

ধন-সম্পত্তির দিক থেকে যে দীন - সে গরীব নয়; মনের দিক থেকে যে দীন - সেই আসল গরীব। মনের দীনতাই সবচেয়ে বড়ো দীনতা। মনের দিক থেকে বড়ো হবার সাধনাই মানুষের সবচেয়ে বড়ো সাধনা। আমাদের সকলের প্রাণের মধ্যে লুকিয়ে আছে এক অমৃতময় গান - কিন্তু সংসারের তুচ্ছতা, লোভ-লালসা এবং আত্ম-অহমিকার ধুলায় ঢাকা পড়ে আছে সেই অমৃতবাণীর সুর ও ছন্দ। তাই আজকের প্রচেষ্টা হোক লোভ-লালসা এবং আত্মঅহমিকার ঊর্ধ্বে উঠে মনের কোণের সব ময়লা ঝেড়েমুছে ফেলার এবং আমাদের হৃদয়কে নুইয়ে ফেলার। আত্মশুদ্ধির পথে এভাবেই শুরু হোক আমাদের যাত্রা।

গাঢ় (bold) অক্ষরের বাক্যগুলোকে আপনার দৈনন্দিন প্রার্থনার অংশ করে তুলুন।

আলোকের এই ঝর্ণাধারায় ধুইয়ে দাও।
আপনাকে এই লুকিয়ে-রাখা ধুলার ঢাকা ধুইয়ে দাও॥
...
আজ নিখিলের আনন্দধারায় ধুইয়ে দাও,
মনের কোণের সব দীনতা মলিনতা ধুইয়ে দাও।
আমার পরান-বীণায় ঘুমিয়ে আছে অমৃতগান--
তার নাইকো বাণী, নাইকো ছন্দ, নাইকো তান।
তারে আনন্দের এই জাগরণী ছুঁই'য়ে দাও।
বিশ্বহৃদয়-হতে-ধাওয়া প্রাণে-পাগল গানের হাওয়া,
সেই হাওয়াতে **হৃদয় আমার নুইয়ে দাও**॥

- গীতবিতান: পূজা: ৯২

Wash my soul with tis springshower of lights
Wash the dirt-cover that is concealing me
Wash me today in the joy streams of this world
Wash all dirt and pettiness hiding in a corner of my soul.

- (Partial translation by NS)

জানুয়ারি ৮

দয়া দিয়ে হবে গো মোর জীবন ধুতে

দয়া দিয়ে হবে গো মোর
    জীবন ধুতে।
নইলে কি আর পারব তোমার
    চরণ ছুঁতে॥
...
তোমায় দিতে পূজার ডালি
    বেরিয়ে পড়ে সকল কালি,
পরাণ আমার পারি নে তাই
    পায়ে থুতে॥

- গীতবিতান: পূজা: ৪৮৮

With kindness, my Lord, I need to wash myself
    Else, how could I ever touch your feet.
...
When I come to worship you
    All my faults come out in the open
    And I fail to put down my soul at thy feet.

- (Translation by NS)

চিন্তা-কণিকা

Kindness is the greatest virtue of all - দয়া হচ্ছে সবচেয়ে বড়ো গুণ। দয়া আমাদের হৃদয়কে নরম করে, অহংকারকে দমন করে, সম্পর্কগুলোকে সুন্দর করে, আত্মাকে পরিশুদ্ধ করে, এবং মনকে প্রশান্ত করে। আমাদের জীবনের মূল্য ধনসম্পত্তির পরিমাপে নির্ণয় হয় না, সেটা নির্ণয় হয় আমরা কতগুলো হৃদয়কে স্পর্শ করতে পেরেছি তাই দিয়ে। ঈশ্বর দয়াময় এবং আমরা ঈশ্বরের দয়া সবসময় প্রার্থনা করি। কিন্তু সেই ঈশ্বরের পূজারী হিসাবে আমরা আমাদের দৈনন্দিন জীবনে কতটা দয়া দেখাই। তাইত আমাদের পূজার ডালি কিংবা এবাদত বিশ্বপ্রভুর কাছে যেয়ে পৌঁছায় না। আসুন হাজার কাজের মাঝে প্রতিদিন অন্ততঃ একটি দয়ার কাজ (act of kindness) করি - দেখবেন দিনটা উজ্জ্বলতর হয়ে উঠবে।

(আরো দেখুন জানুয়ারি ৯)

জানুয়ারি ৯

প্রত্যহ একটা কোনো মঙ্গল কর্ম করিয়ো

চিন্তা-কণিকা

প্রতিদিন একটি মঙ্গলকাজ শুধু প্রাপক বা গ্রহীতা নয়, আমাদেরও উপকার করে। মঙ্গলকাজটা যে বড়ো কিছু হতে হবে প্রতিদিন তা নয় - ছোটোখাটো কাজের মধ্য দিয়ে আপনি এই লক্ষ্য পূরণ করতে পারেন। যেমন, আপনার বাসায় ব্যবহার-উপযোগী যে জিনিস পড়ে আছে কিন্তু আপনার প্রয়োজন নেই, সেটা দান করুন; একজন বয়স্ক মানুষকে রাস্তা পার হতে সাহায্য করুন কিংবা বাস/ট্রেনের সিট ছেড়ে দিন; একটি বৃক্ষ রোপণ করুন; একজন অনাহারী মানুষকে খাবার দিন; অপরিচিত মানুষকে হেসে অভিবাদন জানান; সকলকে ধন্যবাদ দিন। আত্মশুদ্ধির শুরু এখান থেকেই।

****

আমি গুরুর ন্যায় উপদেশ দিবার অধিকারী নহি - হিতৈষীর ন্যায় তোমাকে পরামর্শ দিতেছি যে **জীবনে প্রত্যহ একটা কোনো মঙ্গল কর্ম করিয়ো যাহা নিতান্তই তাঁহারই উদ্দেশে করা হইবে।** যাহার জন্য যশ চাহিবেনা; যাহার প্রতিদান পাইবেনা, যাহা সম্পূর্ণ নিঃস্বার্থভাবে **গোপনে সম্পন্ন করিবে**। তখন মনে মনে এই বলিয়ো, '**ভগবান, এই কাজটি সম্পূর্ণ তোমাকেই দিলাম - ইহা তুমিই জানিলে আর আমিই জানিলাম**'।

দিনের মধ্যে অন্তত একটা কোনো কাজ যদি ইচ্ছাপূর্বক, বাধ্য না হইয়া, সমস্ত ফলকামনা নিঃশেষে ত্যাগ করিয়া তাঁহাকে সম্পূর্ণ সমর্পন করিতে পার তবে সেই কর্মের মধ্যে তোমার পূজা সমাধা হইবে তোমার জীবন কৃতার্থ হইবে।

... কর্মে ভগবানের যে পূজা তাহাই শ্রেষ্ঠ।

- চিঠিপত্র, কাদম্বিনী দত্তকে লিখিত, ১৯০৩

(আরো দেখুন সেপ্টেম্বর ১৭। এই বইয়ের 'ভূমিকা'-য় 'রবীন্দ্রনাথ কি গুরু?' অংশটুকুনও পড়ে দেখতে পারেন।)

আত্মশুদ্ধি

জানুয়ারি ১০
অহংকারের মিথ্যা হতে বাঁচাও

চিন্তা-কণিকা

অহংকারের মিথ্যা প্রাচীর আমাদেরকে ঘিরে রেখেছে চারিদিক থেকে। অহংকার আমাদেরকে অসত্যভাবে অসম্ভব বড়ো করে তুলে এবং পরস্পরের চারদিকে পাঁচিল তুলে পরস্পরকে দূর করে রাখে, মিলতে দেয় না ভালোবাসায়। আমরা নিজেকে গৌরব দান করতে যেয়ে পদে পদে শুধু যে নিজেকে অপমানিত করি তা নয়, মানুষের শুভবুদ্ধিকেও অপমানিত করি।

অহংকারের মিথ্যা হতে বাঁচাও দয়া করে
রাখো আমায় যেথা আমার স্থান।
আর-সকলের দৃষ্টি হতে সরিয়ে দিয়ে মোরে
করো তোমার নত নয়ন দান।

- গীতাঞ্জলি: ১১১

Please save me from the lie of pride
And put me where I belong.
Remove me from the sight of all others
And keep me in thy loving sight.

- (Translation by NS)

চিন্তা-কণিকা

আরো চিন্তার খোরাক: গভীর ধর্মবিশ্বাস এবং ঈশ্বরের প্রতি আত্মনিবেদন আমাদেরকে অহংকারের হাত থেকে মুক্তি দিতে পারে। কিন্তু অতি-ধার্মিকতার বাহ্য প্রকাশ আবার অহংকারকে বাড়িয়েও দিতে পারে, কেননা আমাদের আচার-আচরণে বা বেশভূষায় "আমি ঈশ্বরকে পেয়েছি" এরকম একটা ভাব প্রকাশ হতে পারে। ঈশ্বরের সাধনার পথে যে আমরা অনেক পেছনে পড়ে আছি সেটা যেন আমরা নিত্যদিন মনে রাখি। তাই আত্মশুদ্ধির জন্য আজকের প্রার্থনা হোক –

গর্ব করে নিই নে ও নাম, জান অন্তর্যামী,
আমার মুখে তোমার নাম কি সাজে।...
তোমা হতে অনেক দূরে থাকি
সে যেন মোর জানতে না রয় বাকি।

- গীতাঞ্জলি: ১১১

আত্মশুদ্ধি

জানুয়ারি ১১

অন্তর মম বিকশিত করো

চিন্তা-
কণিকা

প্রতিদিন ভোরে যদি আমরা এই প্রার্থনা দিয়ে দিনটা শুরু করি তাহলে কেমন হয়?

গাঢ় (bold) অক্ষরের বাক্যগুলো মনোযোগ দিয়ে পড়ুন এবং এই বাক্যগুলোকে আপনার দৈনন্দিন প্রার্থনার অংশ করে তুলুন।

**অন্তর মম বিকশিত করো
    অন্তরতর হে।
নির্মল করো উজ্জ্বল করো,
    সুন্দর করো হে।
জাগ্রত করো, উদ্যত করো,
    নির্ভয় করো হে।
মঙ্গল করো,
    নিরলস নিঃসংশয় করো হে।**

Broaden my soul, oh my Lord
　　Cleanse it, enlighten it,
And make it beautiful, oh my Lord
Awaken it, lift it,
　　And make it fearless, oh my Lord
Bless my soul, my Lord
　　And make it tireless and doubtless.

- (Translation by NS)

...
যুক্ত করো হে সবার সঙ্গে,
    মুক্ত করো হে বন্ধ
**অন্তর মম বিকশিত করো,
    অন্তরতর হে।**

- গীতাঞ্জলি: ৫

জানুয়ারি ১২

অহংকার তো পায় না নাগাল যেথায় তুমি ফের

যেথায় থাকে সবার অধম দীনের হতে দীন
    সেইখানে যে চরণ তোমার রাজে
সবার পিছে, সবার নীচে,
    সব-হারাদের মাঝে।
- গীতাঞ্জলি: ১০৭

চিন্তা-কণিকা

ঈশ্বরকে আমরা অনেকেই খুঁজে বেড়াই মন্দিরে মসজিদে বা চার্চে; পূজা-অর্চনায় কিংবা এবাদত-জিকির বা জপমালায়। কেউবা ছুটে যাই কাবায়, কেউবা কাশীতে, কেউবা জেরুজালেম। কিন্তু ঈশ্বর বিরাজ করেন দরিদ্র অসহায় মানুষদের মধ্যে - যেখানে যেতে গেলে আমাদের অহংকারকে বিসর্জন দিতে হয়। সেটা এক কঠিন প্রচেষ্টা।

তাই আত্মশুদ্ধির জন্য আজকের প্রার্থনা হোক আমরা যেন অসহায় মানুষকে সাহায্য করার মধ্য দিয়ে প্রতিনিয়ত ঈশ্বরকে খুঁজে পাবার প্রচেষ্টায় নিরলস থাকি–

যখন তোমায় প্রণাম করি আমি,
প্রণাম আমার **কোন্‌খানে যায় থামি,**
    তোমার চরণ যেথায় নামে অপমানের তলে
        সেথায় আমার প্রণাম নামে না যে
অহংকার তো পায় না নাগাল যেথায় তুমি ফের
রিক্তভূষণ দীনদরিদ্র সাজে
সবার পিছে, সবার নীচে, সব-হারাদের মাঝে॥
- গীতাঞ্জলি: ১০৭

জানুয়ারি ১৩

মুখের কথায় ঈশ্বরকে স্বীকার করার ফাঁকি

চিন্তা-কণিকা

আস্তিকতার অহংকার আমাদেরকে অনেকসময় সৎপথ থেকে দূরে সরিয়ে নেয় এবং আত্মশুদ্ধির পথে বাধা হয়ে দাঁড়ায়। আমরা পাপকর্মে লিপ্ত হই যেন ঈশ্বর নেই বা থাকলেও দেখতে পাচ্ছেন না, অথবা দেখলেও পরে গঙ্গায় ডুব দিয়ে বা কাবাশরীফে গিয়ে সব পাপ ধুয়ে মুছে আসবো। কেমন একটা ফাঁকি দেবার বন্দোবস্থ! এই ফাঁকির কাজে লিপ্ত থাকলে কি আত্মশুদ্ধি সম্ভব!?

আসুন রবীন্দ্রনাথের সাহায্য নিয়ে আজ ঈশ্বরবিশ্বাসের এই ফাঁকির দিকটা নিয়ে আমাদের চেতনাকে জাগ্রত করি।

****

আমরা মনে করি যে ব্যক্তি নাস্তিক সেই সংশয়ী কিন্তু আমরা যেহেতু ঈশ্বরকে স্বীকার করি অতএব আমরা আর সংশয়ী নই। বাস্, এই বলে আমরা নিশ্চিন্ত হয়ে বসে আছি–এবং ঈশ্বর সম্বন্ধে যাদের সঙ্গে আমাদের মতে না মেলে তাদেরই আমরা পাষণ্ড বলি, নাস্তিক বলি, সংশয়াত্মা বলি। এই নিয়ে সংসারে **কত দলাদলি, কত বিবাদ বিরোধ, কত শাসন পীড়ন** তার আর অন্ত নাই।

আমাদের দল এবং আমাদের দলের বাহির এই দুইভাগে মানুষকে বিভক্ত করে আমরা ঈশ্বরের অধিকারকে **নিজের দলের বিশেষ সম্পত্তি** বলে গণ্য করে আরামে বসে আছি। এসম্বন্ধে কোনো চিন্তা নেই সন্দেহ নেই। এই বলে **কেবল কথাটুকুর মধ্যে ঈশ্বরকে স্বীকার করে** আমরা সমস্ত সংসার থেকে তাঁকে নির্বাসিত করে দেখছি। আমরা এমনভাবে গৃহে এবং সমাজে বাস করছি যেন সে গৃহে সে সমাজে ঈশ্বর নেই।

...

এই মুখের কথায় ঈশ্বরকে স্বীকার করার মতো নিজেকে ফাঁকি দেবার আর কি কিছু আছে।

- শান্তিনিকেতন: সংশয়

জানুয়ারি ১৪

তোমার পূজার ছলে তোমায় ভুলেই থাকি

কাজ কী আমার মন্দিরেতে আনাগোনায়--
পাতব আসন আপন মনের একটি কোণায়,
সরল প্রাণে নীরব হয়ে তোমায় ডাকি ॥
...
তোমার পূজার ছলে তোমায় ভুলেই থাকি।

- গীতিমাল্য: ৮১

চিন্তা-কণিকা

কেউ যদি একটি শব্দ (**"মন্দিরেতে"**) বদলে দিয়ে বলে - **কাজ কী আমার মসজিদেতে আনাগোনায়** তাহলে কি ভুল বলবে? আমরা মন্দিরে বা মসজিদে ভগবান কিংবা আল্লাহর খোঁজ করি; কিন্তু নিজের অন্তরে কি বিশ্বপ্রভুকে স্থান দিতে পেরেছি? ঈশ্বরপ্রদত্ত সৎ ও মহৎ জীবনযাপনের নির্দেশনা অধিকাংশ সময় অমান্য করে আমরা কেবল আচার-সর্বস্ব পূজা এবং নিয়মকানুন-সর্বস্ব এবাদতের মধ্যে ডুবে আছি। এটা এমন এক ধাঁধা যে আমাদের জানতেও দেয় না যে আমরা জানি না -

তোমার পূজার ছলে তোমায় ভুলেই থাকি।
বুঝতে নারি কখন্ তুমি দাও-যে ফাঁকি ॥
ফুলের মালা দীপের আলো ধূপের ধোঁওয়ার
পিছন হতে পাই নে সুযোগ চরণ-ছোঁওয়ার,
স্তবের বাণীর আড়াল টানি তোমায় ঢাকি ॥

- গীতিমাল্য: ৮১

পুণ্য সঞ্চয়ের নেশায় আমরা ধর্মের মর্মবাণীর কথা ভুলে গিয়ে ধর্মের বাহ্যিকতার দিকে বেশি মনোনিবেশ করি বলেই আমরা এটাও জানি না যে আমরা ঈশ্বরকে ফেলে পুণ্য-সঞ্চয়ের ধ্যানে ব্যস্ত আছি। এটা অনেকটা যেমন সুখের সন্ধানে টাকার পেছনে ছোটা। অথচ আর্ত মানবতার সেবা করাই সবচেয়ে বড়ো ঈশ্বর-পূজা এবং এর মাধ্যমে সুখের সন্ধানও পাওয়া যায়।

তাই আজকের প্রার্থনা হোক সরল প্রাণে নীরব হয়ে ঈশ্বরকে ডাকি এবং মানবতার সেবায় আত্মনিবেদন করি।
(আরো দেখুন জুন ১৭)

জানুয়ারি ১৫

অন্ধকার হইতে জ্যোতিতে লইয়া যাও

"He brings them out of darkness and into light." - Quran
"Lead me from darkness into the light." – Upanisad
""You, LORD, keep my lamp burning; my God turns my darkness into light." - Bible

চিন্তা-কণিকা

আমাদের অন্ধকার কিসের অন্ধকার? আমরা দেখেও দেখি না, কেননা লোভ ও অহংকারের আবরণ আমাদের দৃষ্টিকে ঢেকে রেখেছে। মনের এই অন্ধকার থেকে আলোতে নিয়ে যাবার কথা আছে কোরানে, উপনিষদে, এবং বাইবেলে। আজকের প্রার্থনা হোক সেই প্রার্থনাই যেটি এই পৃষ্ঠার উদ্‌ধৃতির শেষে আছে।

****

যে ব্যক্তি ঈশ্বরের দ্বারা সমস্ত সংসারকে আচ্ছন্ন দেখে সংসার তাহার নিকট একমাত্র মুখ্যবস্তু নহে— সে যাহা ভোগ করে তাহা ঈশ্বরের দান বলিয়া ভোগ করে— সেই ভোগে সে ধর্মের সীমা লঙঘন করে না, নিজের ভোগমত্ততায় পরকে পীড়া দেয় না। সংসারকে যদি ঈশ্বরের দ্বারা আবৃত না দেখি, সংসারকেই যদি একমাত্র মুখ্য লক্ষ্য বলিয়া জানি, তবে সংসারসুখের জন্য আমাদের লোভের অন্ত থাকে না, তবে **প্রত্যেক তুচ্ছ বস্তুর জন্য হানাহানি কাড়াকাড়ি পড়িয়া যায়, দুঃখ হলাহল মথিত হইয়া উঠে**।

...

ঈশ্বর আমাদিগকে সংসারের কর্ত্তব্য কর্ম্মে স্থাপিত করিয়াছেন। সেই কর্ম যদি আমরা ঈশ্বরের কর্ম বলিয়া না জানি, তবে পরমার্থের উপর স্বার্থ বলবান হইয়া উঠে এবং আমরা অন্ধকারে পতিত হই।

...**সংসারী জীবের পক্ষে একটি মাত্র প্রার্থনা আছে-- সে প্রার্থনা, অসৎ হইতে আমাকে সত্যে লইয়া যাও, অন্ধকার হইতে আমাকে জ্যোতিতে লইয়া যাও, মৃত্যু হইতে আমাকে অমৃতে লইয়া যাও।**

- ব্রহ্মমন্ত্র: শান্তিনিকেতনে দশম সাম্বৎসরিক ব্রহ্মোৎসব উপলক্ষ্যে শ্রীযুক্ত রবীন্দ্রনাথ ঠাকুর কর্ত্তৃক পঠিত।

(দেখুন জানুয়ারি ৪)

জানুয়ারি ১৬

পাপের চিন্তা মরে যেন দহি দুঃসহ লাজে

চিন্তা-কণিকা

আমাদের চিন্তা সকল কিছুর উৎসভূমি - সে চিন্তা আমাদের কথায় ও কাজে প্রকাশ পায়। কারো অমঙ্গল চিন্তা, কাউকে মনে মনে ঈর্ষা করা, কারো ধনে লোভ করা - এসকলই পাপের চিন্তা। আজকের প্রতিজ্ঞা হোক আমাদের মনে যে সকল পাপচিন্তা উদয় হবে সেগুলি আমরা লজ্জার আগুন দিয়ে পুড়িয়ে ফেলব।

আজি প্রণমি তোমারে চলিব, নাথ, সংসারকাজে
তুমি আমার নয়নে নয়ন রেখো অন্তরমাঝে ।।
হৃদয়দেবতা রয়েছে প্রাণে মন যেন তাহা নিয়ত জানে
পাপের চিন্তা মরে যেন দহি দুঃসহ লাজে ।।
... **নিমেষে নিমেষে নয়নে বচনে,**
সকল কর্মে, সকল মননে
সকল হৃদয়তন্ত্রে যেন মঙ্গল বাজে।

- গীতবিতান: পূজা: ৪৯৫

I will bow to you, my Lord, in all my worldly endeavors
Let your constant glance be on my eyes and soul
Be it always known to me that you are there in my heart
And let evil thoughts burn and die in unbearable shame.
... From moment to moment in my eyes, in my words
And in my work, and in my thoughts,
And in all reeds of my heart, let goodness ring, my Lord.

- (Translation by NS)

চিন্তা-কণিকা

<u>**আরো চিন্তার খোরাক:**</u> মহাত্মা গৌতম বুদ্ধের সমসাময়িক চীনা দার্শনিক লাও জু (Lao Tzu) বলেছিলেন –

Watch your thoughts, for they become words;
Watch your words, for they become actions;
Watch your actions, for they become habits;
Watch your habits, for they become character;
Watch your character, for it becomes your destiny.

জানুয়ারি ১৭

ক্ষমা যেথা ক্ষীণ দুর্বলতা ...

ক্ষমা যেথা ক্ষীণ দুর্বলতা,
হে রুদ্র, নিষ্ঠুর যেন হতে পারি তথা
তোমার আদেশে। যেন রসনায় মম
সত্যবাক্য ঝলি উঠে খরখড়্গসম
তোমার ইঙ্গিতে। **যেন রাখি তব মান**
তোমার বিচারাসনে লয়ে নিজস্থান।
অন্যায় যে করে আর অন্যায় যে সহে
তব ঘৃণা যেন তারে তৃণসম দহে।

- নৈবেদ্য: ৭০

চিন্তা-কণিকা

আমরা সর্বক্ষণ শুনে এসেছি ক্ষমা মহত্বের লক্ষণ। তাহলে এখানে নোবেলবিজয়ী কবি কী বুঝাতে চেয়েছেন? অনেক সময়ই আমরা কেবল নিজেদের সুবিধা-অসুবিধার কথা চিন্তা করে অন্যায়ের প্রতিবাদ করি না। বিশেষ করে যখন আমাদের এক বন্ধু আরেক বন্ধুর উপর ঘোরতর অন্যায় করে বা ক্ষতির কারণ হয়, তখন আমরা নিজের সুবিধার কথা ভেবে চুপ করে থাকি - বলি আমরা 'নিরপেক্ষ'। এটা আমাদের চারিত্রিক দুর্বলতার ফসল। এই দুর্বলতাকে দমন করতে না পারলে **আত্মশুদ্ধির পথ পরিষ্কার হবে না**।

সত্যিকার অর্থে, অন্যায়ের বিরুদ্ধে কথা না বলা অন্যায়ের পক্ষ অবলম্বন করার শামিল। নোবেলবিজয়ী ধর্মযাজক Desmond Tutu বলেছিলেন – "If you are neutral in situations of injustice, you have chosen the side of the oppressor." অর্থাৎ আপনি যদি অন্যায়ের সামনে 'নিরপেক্ষ' থাকেন, তবে আপনি নিপীড়কের পক্ষ বেছে নিয়েছেন। আরেক নোবেলবিজয়ী ধর্মযাজক Martin Luther King বলেছিলেন - "In the End, we will remember not the words of our enemies, but the silence of our friends." অর্থাৎ শেষ কথা হল এই যে আমরা আমাদের শত্রুদের কথা মনে রাখব না, আমরা মনে রাখব আমাদের বন্ধুদের নীরবতা। আসুন আমরা স্বার্থপর না হয়ে সবসময় সত্যের পক্ষে দাঁড়ানোর সাহস সঞ্চয় করি।

জানুয়ারি ১৮

যেন ভুলে না যাই, বেদনা পাই শয়নে স্বপনে

চিন্তা-
কণিকা

পৃথিবীতে আমাদের আগমন কেবল ধন সম্পদ অর্জনের জন্য নয় - এ কথাটি ভুলে গেলেই আমাদের আত্মশুদ্ধির পথ বাধাগ্রস্ত হয়। তাই যারা কেবল ধন সম্পদ আহরণ করে ভেবেছেন 'সবকিছুই পেয়েছি', তাদের অধিকাংশই জীবনের শেষপ্রান্তে এসে নিরাশ হন - তখন মনে হয় এ জীবন বৃথা। মানবজীবনের উদ্দেশ্য নিজে নিজেকে পেরিয়ে যাওয়া, নিজের লোভ লালসাকে পেরিয়ে যাওয়া, পরের জন্য আত্মবিসর্জন দেয়া। সেটা ঈশ্বরের নামে হোক বা না হোক, তাতে কিছু যায় আসে না।

আজকের প্রতিজ্ঞা হোক যতই আমাদের দু'হাত ভরে উঠুক ধনে, আমরা যেন ভুলে না যাই যে কিছুই পাই নি, যতক্ষণ না আমরা আরেকজন মানুষের উপকারে আসতে পারি - কেননা মানুষের সেবার মধ্য দিয়েই আমরা ঈশ্বরের দেখা পাই।

এ সংসারের হাটে
আমার যতই দিবস কাটে,
আমার যতই দু হাত ভরে ওঠে ধনে,
তবু কিছুই আমি পাই নি যেন
সে কথা রয় মনে।
যেন ভুলে না যাই, বেদনা পাই
শয়নে স্বপনে।
...
যদি তোমার দেখা না পাই, প্রভু,
এবার এ জীবনে

- গীতবিতান: পূজা: ১৩৯

As my days pass in the crowded market of this world and my hands grow full with the daily profits, let me ever feel that I have gained nothing – let me not forget for a moment, let me carry the pangs of this sorrow in my dreams and in my wakeful hours.

- (Translation by Rabindranath Tagore)

(আরো দেখুন জুন ৫)

আত্মশুদ্ধি

জানুয়ারি ১৯

আমার এ নাম যাক না চুকে

চিন্তা-
কণিকা

নাম ধাম খ্যাতি এসকলের জন্য আমরা কী না করি। আমার নাম হবে বলে আমরা অন্য মানুষকে মাড়িয়ে যেতে দ্বিধা করি না। একেই ত' বলে অহংকার, যে অহংকারকে চোখের জলে ডুবিয়ে দেবার প্রার্থনা দিয়ে আমরা শুরু করেছিলাম আমাদের বছর (দেখুন জানুয়ারি ২)। কিন্তু সেকি সহজ কাজ?! প্রথমে আমাদের চিনে নেয়া দরকার অহংকারটা কী? অহংকার হল তাই যেটা আমাদের কানে কানে এসে বার বার বলে – "তুমি আর সকলের চেয়ে বড়ো।"

গাঢ় (bold) অক্ষরের বাক্যগুলো মনোযোগ দিয়ে পড়ুন এবং ভাবুন কীভাবে নাম ধাম খ্যাতির লোভ সম্বরণ করা যেতে পারে।

নামটা যেদিন ঘুচাবে, নাথ,
    বাঁচব সেদিন মুক্ত হয়ে —
আপনগড়া স্বপন হতে
    তোমার মধ্যে জনম লয়ে।
...
সবার সজ্জা হরণ করে
    আপনাকে সে সাজাতে চায়।
সকল সুরকে ছাপিয়ে দিয়ে
    আপনাকে সে বাজাতে চায়।
আমার এ নাম যাক না চুকে,
    তোমারি নাম নেব মুখে,
সবার সঙ্গে মিলব সেদিন
    বিনা-নামের পরিচয়ে।

- গীতাঞ্জলি: ১৪৪

Let my name be nowhere
I will utter your name day and night
I will then unite with everyone
Without the fame of a name.

- (Partial translation by NS)

(আরো দেখুন জানুয়ারি ২০)

জানুয়ারি ২০

বেসুর বাজে রে, তোরই আপন-মাঝে রে

বেসুর বাজে রে,
আর কোথা নয়,
কেবল তোরই আপন-মাঝে রে ॥
মেলে না সুর এই প্রভাতে
আনন্দিত আলোর সাথে,
সবারে সে আড়াল করে,
    মরি লাজে রে ॥

- গীতিমাল্য: ৫৮

There is disharmony
Nowhere else
But only inside of you.

- (Partial translation by NS)

চিন্তা-
কণিকা

অহংকার যতদিন আমাদের মধ্যে প্রবল, ততদিন আমরা বিশ্বের সকলের সাথে সাথে মিলতে পারি না। আমাদের সবকিছুতেই বেসুর বাজে - কেননা অহংকারের চরিত্রটাই এমন যে "সকল সুরকে ছাপিয়ে দিয়ে আপনাকে সে বাজাতে চায়।" (দেখুন জানুয়ারি ১৯)। মার্কিন লেখক Ryan Holiday তাঁর Ego is the Enemy গ্রন্থে লিখেছিলেন - "Ego is the whisper in your ear that tells you that you are inherently better than others. Ego operates out of self-interest, seeks praise, ignores feedback, takes all credit, and tends to do everything himself/herself." অর্থাৎ অহং হল তাই যা আমাদের কানে কানে এসে বার বার বলে – "তুমি আর সকলের চেয়ে সহজাতভাবে বড়ো।" অহং চলে নিজের স্বার্থে, চায় প্রশংসা, উপেক্ষা করে ভিন্নমত, নিজের জন্য দাবী করে সমস্ত কৃতিত্ব, এবং নিজেই সবকিছু করতে চায়। ফলে বিশ্বতানের সাথে আমাদের সুর মেলে না, আমরা মিলতে পারি না আর সকলের সাথে, আমরা অন্যের দুঃখ বেদনায় মথিত হতে পারি না বা হলেও নিজের স্বার্থ বিসর্জন দিতে পারি না। তাই আজকের প্রতিজ্ঞা হোক অহংকে দমন করার, অহংকারকে চূর্ণ করার।
(আরো দেখুন জানুয়ারি ২১)

আত্মশুদ্ধি

জানুয়ারি ২১

অহঙ্কার চূর্ণ করো

অহঙ্কার চূর্ণ করো, প্রেমে মন পূর্ণ করো,
হৃদয় মন হরণ করি রাখো তব সাথ হে॥

...
কেন বাণী তব নাহি শুনি নাথ হে?

- গীতবিতান: পূজা: ৩৯৬

চিন্তা-
কণিকা

অহংকারকে চূর্ণ করব বলা যতটা সহজ, কাজটা তত সহজ নয়। ইংরেজিতে একটি কথা আছে - "The most poisonous three letter word is EGO." অহং বা Ego আমাদের সবচেয়ে বড়ো শত্রু এবং আত্মশুদ্ধির পথে সবচেয়ে বড়ো বাধা। অহং আমাদের সকল ব্যক্তিগত সংঘাতের মূল কারণ। অহং বা Ego-কে দমন করার জন্য চারটি পরামর্শ আমি দিয়েছিলাম আমার DEEP PACT গ্রন্থে। সেগুলি হলো:

1. Practice saying 'Sorry' (কেননা, 'Sorry' বলার অর্থ এই নয় যে আপনি ভুল বা আপনি দোষী, 'Sorry' বলা মানে আপনি আপনার ব্যক্তিগত সম্পর্ককে আপনার নিজের চেয়ে বেশি মূল্যবান মনে করেন)।

2. Remove the word 'I' from your emails and speech, use 'We' (কেননা 'আমরা' শব্দটি 'আমি' শব্দের চেয়ে অনেক বেশি শক্তিশালী)।

3. At the end of each day, reflect on all the people who were part of making you successful on that day (কেননা আমাদের সকল সাফল্য অনেক মানুষের অবদান, প্রত্যক্ষভাবে কিংবা পরোক্ষভাবে)।

4. Practice humility everyday (প্রতিদিন একটি বিনয়কাজ করলে আত্মশুদ্ধির পথে অগ্রসর হবেন)।

জানুয়ারি ২২

মনে মনে যে মনেরে ছলি

গরব মম হরেছ, প্রভু, দিয়েছ বহু লাজ।
    কেমন মুখ সমুখে তব তুলিব আমি আজ ॥
**তোমারে আমি পেয়েছি বলি
    মনে মনে যে মনেরে ছলি,
ধরা পড়িনু সংসারেতে করিতে তব কাজ।**
    কেমনে মুখ সমুখে তব তুলিব আমি আজ ॥

- গীতবিতান: পূজা: ৪৯৩

চিন্তা-
কণিকা

অতি-ধার্মিকতার অহংকার আমাদের কীভাবে ভিতর থেকে ফুলিয়ে ফাঁপিয়ে তোলে সেটা আমরা নিজেরাও জানিনা। বেশভূষায় এবং বাহ্যিক আচার-আচরণে আমরা এমন একটা ধার্মিকতার আবরণ তৈরি করি যে আমরা নিজেদেরকে অন্য সাধারণ মানুষদের থেকে পৃথক ও উচ্চ ভাবতে শুরু করি। আমরা প্রতি কথায় 'ইনশা-আল্লাহ' কিংবা 'মাশা-আল্লাহ' বলি, বা হরিনাম জপ করি, কিন্তু আমাদের কাজে-কর্মে ঈশ্বর স্বতঃপ্রকাশিত (self-evident) নন বলে এসকল উচ্চারণ কেবল মুখের কথায় পর্যবসিত হয়।

লোকচক্ষুর সামনে আমরা এমনভাবে চলি যে ঈশ্বর সর্বত্র আছেন এবং একটু বেশিই আছেন; কিন্তু লোকচক্ষুর অগোচরে আমরা এমনভাবে চলি যে ঈশ্বর কোথাও নেই। লোকে যখন আমাদেরকে বলে 'তিনি অতিশয় ধার্মিক মানুষ' তখন আমরা খুশী হই এবং আমাদের অহং আরেক ধাপ এগিয়ে যায়। যারা আমাদের মতন বাহ্যিক ধর্ম-আচার পালন করে না, তাদের আমরা সমালোচনা করি, 'নাস্তিক' বা 'অ-ধার্মিক' বলি। আমাদের ভাবখানা এমন যে আমরা ঈশ্বরের sole agent বা একমাত্র প্রতিনিধি, এবং আমরা ঈশ্বরকে পেয়েছি।

আজকের প্রতিজ্ঞা হোক এই রকমের আত্মছলনা বন্ধ করার।

জানুয়ারি ২৩

তুচ্ছ আচারের মরুবালুরাশি

চিন্তা-কণিকা

প্রথা বা আচার যখন আমাদের বিচারবুদ্ধিকে গ্রাস করে ফেলে তখন আমরা জ্ঞান থেকে বিযুক্ত হই। আমরা যেন এমন দেশ বা সমাজ গড়তে পারি যেখানে মানুষ ভয়শূন্য মনে মাথা উঁচু করে দাঁড়িয়ে জ্ঞান-বিজ্ঞানের উপর ভর করে সিদ্ধান্ত নিতে পারে।

চিত্ত যেথা ভয়শূন্য, উচ্চ যেথা শির,
জ্ঞান যেথা মুক্ত, যেথা গৃহের প্রাচীর
আপন প্রাঙ্গণতলে দিবসশর্বরী
বসুধারে রাখে নাই খন্ড ক্ষুদ্র করি,
যেথা বাক্য হৃদয়ের উৎসমুখ হতে
উচ্ছ্বসিয়া উঠে, যেথা নির্বারিত স্রোতে
দেশে দেশে দিশে দিশে কর্মধারা ধায়
অজস্র সহস্রবিধ চরিতার্থতায় —
যেথা তুচ্ছ আচারের মরুবালুরাশি
বিচারের স্রোতঃপথ ফেলে নাই গ্রাসি,
পৌরুষেরে করে নি শতধা ; নিত্য যেথা
তুমি সর্ব কর্ম চিন্তা আনন্দের নেতা —
নিজ হস্তে নির্দয় আঘাত করি, পিতঃ,
ভারতেরে সেই স্বর্গে করো জাগরিত।

- নৈবেদ্য: ৭২

Where the mind is without fear and the head is held high
Where knowledge is free
Where the world has not been broken up into fragments
By narrow domestic walls
Where words come out from the depth of truth
Where tireless striving stretches its arms towards perfection
Where the clear stream of reason has not lost its way
Into the dreary desert sand of dead habit
Where the mind is led forward by thee
Into ever-widening thought and action
Into that heaven of freedom, my Father, let my country awake.

- (Translation by Rabindranath Tagore)

জানুয়ারি ২৪

তাই কেঁদে ফিরি, তাই তোমারে না পাই

চিন্তা-কণিকা

আমরা আমাদের লজ্জা-ভয় সুখ-দুঃখ মান -অপমান কেন্দ্রিক জীবন নিয়ে কি সুখী? যদি না হই, তাহলে আমাদের কিসের অভাব? মনোবিজ্ঞানী ও লেখক Viktor Frankl এর উত্তর দিতে গিয়ে লিখেছিলেন - "We needed to stop asking about the meaning of life, and instead to think of ourselves as those who were being questioned by life—daily and hourly. Our answer must consist, not in talk and meditation, but in right action and in right conduct... Happiness cannot be pursued, it must ensue." অর্থাৎ "জীবনের অর্থ কী' এই প্রশ্ন করা বন্ধ করে আমাদের ভাবতে হবে জীবনই আমাদের কাছে এই প্রশ্ন রাখছে প্রতিদিন প্রতি ঘন্টায়। আমাদের উত্তরটি অবশ্যই হতে হবে কথায় বা ধ্যানে নয়, সঠিক কর্মে এবং সঠিক আচরণে। ... সুখকে অনুসন্ধান করে পাওয়া যায় না, সে নিজে থেকেই প্রতিভাত হয়।"

আজকের প্রতিজ্ঞা হোক আমাদের যা কিছু আছে তার সকলই আমরা ঈশ্বরের উদ্দেশ্যে নিবেদন করব।

আমার যা আছে
আমি সকল দিতে পারি নি তোমারে নাথ
আমার লাজ ভয়,
আমার মান অপমান, সুখ দুখ ভাবনা ॥
মাঝে রয়েছে আবরণ কত শত, কতমতো
তাই কেঁদে ফিরি, তাই তোমারে না পাই,
মনে থেকে যায় তাই হে মনের বেদনা ॥
যাহা রেখেছি তাহে কী সুখ
তাহে কেঁদে মরি, তাহে ভেবে মরি।
তাই দিয়ে যদি তোমারে পাই
কেন তা দিতে পারি না?
আমার জগতের সব তোমারে দেব,
দিয়ে তোমায় নেব-- বাসনা ॥

- গীতবিতান: পূজা: ১৮১

আত্মশুদ্ধি

জানুয়ারি ২৫

আমার হিয়ার মাঝে লুকিয়ে ছিলে

চিন্তা-কণিকা

"Verily in the heavens and the earth are signs for those who believe." – Quran

"I am seated in the hearts of all living beings." - Bhagavad Gita

**আমার হিয়ার মাঝে লুকিয়ে ছিলে
দেখতে আমি পাই নি।**
তোমায় দেখতে আমি পাই নি।
**বাহির-পানে চোখ মেলেছি,
আমার হৃদয়-পানে চাই নি ॥**
আমার সকল ভালোবাসায়
সকল আঘাত সকল আশায়
তুমি ছিলে আমার কাছে, তোমার কাছে যাই নি
তুমি মোর আনন্দ হয়ে ছিলে আমার খেলায়--
আনন্দে তাই ভুলেছিলেম, কেটেছে দিন হেলায়।
গোপন রহি গভীর প্রাণে আমার দুঃখসুখের গানে
সুর দিয়েছ তুমি, আমি তোমার গান তো গাই নি ॥

- গীতিমাল্য: ৯২

You were hidden in my heart
I didn't see you; I didn't find you.
I have looked outward for you
But never have I looked inward into my heart.
In all my sufferings and in all my hopes
You were there, but I didn't go to you
You were there as my delight in all my plays
Immersed in joy, I forgot you and wasted my days.
Yet you remained in the depths of my heart
And lent your melody to my songs of joys and sorrows
But I did not sing your song.

- (Translation by NS)

জানুয়ারি ২৬

অহংকারে লোকের পতন হয় কেন?

চিন্তা-কণিকা

দার্শনিক Socrates বলেছিলেন Know Thyself - নিজেকে জানো। নিজেকে পরিপূর্ণ রূপে জানা মানে অন্যকেও জানা - সমাজের কাছে, অন্যের কাছে, পৃথিবীর কাছে যে আমরা প্রত্যেকে কোনো না কোনোভাবে ঋণী সেটা জানা - যাতে অহংকার আমাদেরকে ডুবিয়ে না দেয়।

আসুন আজকের প্রতিজ্ঞা হোক আমরা নিজেকে পরিপূর্ণরূপে জানি এবং সেই জানার মাধ্যমে আমাদের সকল অহংকারকে বর্জন করি।

****

অহংকারের কুফল সম্বন্ধে নীতিশাস্ত্রমাত্রেই আমাদিগকে সতর্ক করিয়া রাখে। অহংকারে লোকের পতন হয় কেন। প্রথম কারণ, **নিজের বড়োত্ব সম্বন্ধে অতিবিশ্বাস থাকাতে সে পরকে ঠিকমত জানিতে পারে না**; যে-সংসারে পাঁচজনের সহিত বাস করিতে ও কাজ করিতে হয় সেখানে নিজের তুলনায় অন্যকে যথার্থরূপে জানিতে পারিলে তবেই সকল বিষয়ে সফলতা লাভ করা সম্ভব।

...

ইংরাজিতে একটা প্রবাদ আছে, জ্ঞানই বল। কী গৃহে কী কর্মক্ষেত্রে পরের সম্বন্ধে ঠিকমত জ্ঞানই আমাদের প্রধান বল। অহংকার সেই সম্বন্ধে অজ্ঞতা আনয়ন করিয়া আমাদের দুর্বলতার প্রধান কারণ হইয়া থাকে। **অহংকারের আর-এক বিপদ, তাহা সংসারকে আমাদের প্রতিকূলে দাঁড় করায়। যিনি যত বড়ো লোকই হোন-না কেন, সংসারের কাছে নানা বিষয়ে ঋণী**; যে-লোক সবিনয়ে সেই ঋণ স্বীকার করিতে না চাহে তাহার পক্ষে ঋণ পাওয়া কঠিন হয়। কিন্তু সর্বাপেক্ষা বিপদ আর-একটি আছে। বড়োকে বড়ো বলিয়া জানায় একটি আধ্যাত্মিক আনন্দ আছে। আত্মার বিস্তার হয় বলিয়া সে-আনন্দ। অহংকার আমাদিগকে নিজের সংকীর্ণতার মধ্যে বদ্ধ করিয়া রাখে।

- সমাজ: অযোগ্য ভক্তি

আত্মশুদ্ধি

জানুয়ারি ২৭
ক্ষুদ্রতম ইচ্ছাগুলোকেই আমরা বড় দেখি

 আমরা ত বাল্যকাল থেকে কেবল নিজের ইচ্ছা চরিতার্থ করার দিকেই মন দিয়েছি - তার ফল হয়েছে বড় idea র চেয়ে, পরমার্থের চেয়ে, মনুষ্যত্বের চেয়ে, এমনকি প্রেম ও মঙ্গলের চেয়েও আমাদের ক্ষুদ্রতম ইচ্ছাগুলোকেই আমরা **বড় দেখি** - কোনমতেই কারো জন্যেই কিছুর জন্যেই তাকে অল্পমাত্র পরাস্ত হতে দিতে পারি না। ... নিজের ইচ্ছাকেই এইরূপ জয়ী হতে দেওয়া এটা বস্তুত নিজেকেই পরাস্ত করা, নিজের উচ্চতর মনুষ্যত্বকে নিজের দীনতার কাছে বলিদান দেওয়া - এতে যথার্থ সুখ নেই কেবল গর্বমাত্র আছে। ... আমরা আমাদের সমস্ত উচ্ছৃঙ্খল ইচ্ছাকে কঠিনভাবে সংযত করে ঈশ্বরের নিগূঢ় ধর্মনিয়মের যেন সহায়তা করি - পদেপদেই যেন তাকে প্রতিহত করে আপনার অভিমানকেই অহোরাত্রি জয়ী করবার চেষ্টা না করি। এতেও যদি নিষ্ফল হই তবে আমার সমস্ত জীবন নিষ্ফল হল বলে জানব।
-স্ত্রী মৃণালিনী দেবীকে লিখা রবীন্দ্রনাথের শেষ চিঠি: শিলাইদহ, ১৯০২

চিন্তা-কণিকা

আমরা যখন কেবল নিজেদের কথা ভাবি তখন আমাদের চিন্তা-জগৎ সংকীর্ণ হয়ে আসে। Emotional Intelligence (আবেগ-মেধা) তত্ত্বের গুরু মার্কিন মনোবিজ্ঞানী Daniel Goleman বলেছিলেন – "Self-absorption in all its forms kills empathy, let alone compassion. When we focus on ourselves, our world contracts as our problems and preoccupations loom large. But when we focus on others, our world expands. Our own problems drift to the periphery of the mind and so seem smaller, and we increase our capacity for connection - or compassionate action." অর্থাৎ সব ধরনের আত্ম-কেন্দ্রিকতা কেবল দয়ানুভূতিকে নয়, সহমর্মিতাকেও ধ্বংস করে। যখন আমরা শুধু নিজেদের নিয়ে ভাবি, তখন আমাদের নিজেদের সমস্যাবলী এবং তৎজনিত ব্যস্ততা বড় হওয়ার সাথে সাথে আমাদের বিশ্ব সংকুচিত হয়ে যায়। কিন্তু যখন আমরা অন্যদের নিয়ে ভাবি, তখন আমাদের বিশ্ব বিস্তার লাভ করে এবং নিজস্ব সমস্যাগুলি ছোটো হয়ে একপাশে সরে গিয়ে আমাদের সম্পর্ক-গঠনের ও সহমর্মিতার ক্ষমতা বাড়িয়ে দেয়।

জানুয়ারি ২৮

প্রতাপের তাপ ও নম্রতা

চিন্তা-কণিকা

জীবনে যা কিছু বড়ো তা পেতে হলে 'মরিয়া পুড়িয়া' পেতে হয়, কোনোকিছুই 'চেষ্টাহীন বাসনায়' লাভ করা সম্ভব নয়। এমনকি আধ্যাত্মিক ব্যাপারেও সেটা সত্য (দেখুন জানুয়ারি ২৯)। আমরা নত হলেই ছোটো হয়ে যাই না - যে গাছ যত বড়ো তার শাখাপ্রশাখা ততই নোয়ানো। যে মানুষ যত বড়ো, সে তত বিনয়ী।

আসুন আজকের প্রতিজ্ঞা হোক - ঈর্ষা পরিত্যাগ করে আমরা বিনয়ী হবো।

<u>**প্রতাপের তাপ**</u>

ভিজা কাঠ অশ্রুজলে ভাবে রাত্রিদিবা,
জ্বলন্ত কাঠের আহা দীপ্তি তেজ কিবা।
অন্ধকার কোণে পড়ে মরে ঈর্ষারোগে—
বলে, আমি হেন জ্যোতি পাব কী সুযোগে।
জ্বলন্ত অঙ্গার বলে, কাঁচা কাঠ ওগো,
চেষ্টাহীন বাসনায় বৃথা তুমি ভোগো।
আমরা পেয়েছি যাহা মরিয়া পুড়িয়া,
তোমারি হাতে কি তাহা আসিবে উড়িয়া?
ভিজা কাঠ বলে, বাবা, কে মরে আগুনে!
জ্বলন্ত অঙ্গার বলে, তবে খাক ঘুণে।

- কণিকা

<u>**নম্রতা**</u>

কহিল কঞ্চির বেড়া, ওগো পিতামহ
বাঁশবন, **নুয়ে কেন পড় অহরহ**?
আমরা তোমারি বংশে ছোটো ছোটো ডাল,
তবু মাথা উঁচু করে থাকি চিরকাল।
বাঁশ কহে, ভেদ তাই ছোটোতে বড়োতে,
নত হই, ছোটো নাহি হই কোনোমতে।

- কণিকা

আত্মশুদ্ধি

জানুয়ারি ২৯

আমার এ ধূপ না পোড়ালে

চিন্তা-কণিকা

ধূপ শুধু গন্ধ ছড়ায় যখন সে পুড়ে - তেমনি দীপ তখনই আলো দেয় যখন সে প্রজ্জ্বলিত হয়। লোহা আগুনে পুড়লেই সে ব্যবহারযোগ্য হয়। তেমনি আমরাও মানুষ হয়ে উঠে সুগন্ধ এবং আলো ছড়াই তখনি যখন আমরা আমাদের অহংকে পুড়িয়ে ফেলি, যখন আমরা দুঃখ-শোকের মধ্য দিয়ে লোহাপেটা হয়ে শক্ত হয়ে উঠি, আমাদের দৃষ্টি খুলে যায় - তখনই আমরা গেয়ে উঠতে পারি - "দুঃখের তিমিরে যদি জ্বলে মঙ্গল-আলোক, তবে তাই হোক।"

আজকের প্রতিজ্ঞা হোক - সকল দুঃখকষ্ট আমরা নতমস্তকে মেনে নিবো।

    আমার এ ধূপ না পোড়ালে
        গন্ধ কিছুই নাহি ঢালে,
    আমার এ দীপ না জ্বালালে
        দেয় না কিছুই আলো।
    ...
    এই করেছ ভালো, নিঠুর,
        এই করেছ ভালো।
    এমনি করে হৃদয়ে মোর
        তীব্র দহন জ্বালো।

                - গীতাঞ্জলি: ৯১

    This incense of mine, if not burnt
        Doesn't yield any fragrance,
    This lamp of mine, if not lit
        Doesn't spread any light.

            - (Partial translation by NS)

(আরো দেখুন সেপ্টেম্বর ১০)

জানুয়ারি ৩০

ভগবানকেও কিছু দাও

চিন্তা-কণিকা

দানের অভ্যাস তৈরি করতে হয় প্রতিদিন দান করে, তা যতই অল্প হোক না কেন। আসুন আমাদের সন্তান-সন্ততিদের ছেলেবেলা থেকেই দান করার চর্চা করাই - তাহলে দানের অভ্যাসটা ধীরে ধীরে গড়ে উঠবে। আমরা যেন ভুলে না যাই দানের সার্থকতা তার গোপনীয়তায়। না হলে দানের মধ্য দিয়ে আমাদের অহংকার প্রকাশ হয়ে পড়তে পারে। পবিত্র বাইবেলে আছে – "তুমি যখন দান করবে, তখন যেন তোমার বাম হাত জানতে না পারে ডান হাত কী করছে, যাতে তোমার দান গোপন থাকে। এবং বিশ্বপ্রভু যিনি আড়াল থেকে তোমায় দেখছেন, তিনি তখন তোমায় যথার্থ প্রতিদান দেবেন।"

****

সংসারকে তো আমরা অহোরাত্র সমস্তই দিই, **ভগবানকেও কিছু দাও--প্রতিদিন একবার অন্তত মুষ্টিভিক্ষা দাও**--সেই নিস্পৃহ ভিখারি তাঁর ভিক্ষাপাত্রটি হাতে হাসিমুখে প্রতিদিনই আমাদের দ্বারে আসছেন এবং প্রতিদিনই ফিরে যাচ্ছেন। **তাঁকে যদি একমুঠো করে দান করা আমরা অভ্যাস করি তবে সেই দানই আমাদের সকলের চেয়ে বড়ো হয়ে উঠবে**। ক্রমে সে আর আমাদের মুঠোয় ধরবে না, ক্রমে কিছুই আর হাতে রাখতে পারব না।

কিন্তু **তাঁকে যেটুকু দেব সেটুকু গোপনে দিতে হবে, তাঁর জন্যে কোনো মানুষের কাছে এতটুকু খ্যাতি চাইলে চলবে না। কেননা লোককে দেখিয়ে দেওয়া সেটুকু এক রকম করে দিয়ে অন্যরকম করে হরণ করা।** সেই মহাভিক্ষুকে যা দিতে হবে তা অল্প হলেও নিঃশেষে দেওয়া চাই। তার হিসেব রাখলে হবে না, তার রসিদ চাইলে চলবে না। দিনের মধ্যে আমাদের একটা কোনো দান যেন এইরূপ পরিপূর্ণ দান হতে পারে--সে যেন সেই পরিপূর্ণ স্বরূপের কাছে পরিপূর্ণ ত্যাগ হয় এবং সংসারের মধ্যে এইটুকু ব্যাপারে কেবল তাঁরই সঙ্গে একাকী আমার প্রত্যহ একটি গোপন সাক্ষাতের অবকাশ ঘটে।

- শান্তিনিকেতন: ত্যাগের ফল

চিন্তা-
কণিকা

জানুয়ারি ৩১

Thy will is ever unfolding in my life

আমাদের জীবনে বিচিত্ররূপে ঈশ্বরের ইচ্ছা প্রকাশ পাচ্ছে যেমন - তেমনি ঈশ্বরও প্রকাশিত হচ্ছেন আমাদের মধ্য দিয়ে। এই উপলব্ধি আমাদের ঈশ্বরবোধকে জাগ্রত করে আমাদেরকে তাঁর আরো কাছে নিয়ে যায়।

আজকের প্রতিজ্ঞা হোক - আমাদের ঈশ্বর-উপলব্ধিকে আরো জাগ্রত করবো।

Thy will
Is ever unfolding
In my life
In myriad ways.

- (Partial translation by NS)

মোর জীবনে বিচিত্ররূপ ধরে
তোমার ইচ্ছা তরঙ্গিছে॥
তাই তো তুমি রাজার রাজা হয়ে
তবু আমার হৃদয় লাগি
ফিরছ কত মনোহরণ-বেশে
প্রভু, নিত্য আছ জাগি।
তাই তো, প্রভু, হেথায় এল নেমে,
তোমারি প্রেম ভক্তপ্রাণের প্রেমে,
মূর্তি তোমার যুগল-সম্মিলনে
সেথায় পূর্ণ প্রকাশিছে॥
...
তাই তোমার আনন্দ আমার 'পর
তুমি তাই এসেছ নীচে।
আমায় নইলে ত্রিভুবনেশ্বর,
তোমার প্রেম হত যে মিছে।

- গীতাঞ্জলি: ১২১

******* জানুয়ারি বোনাস *******

আমার মনে অহংকার কতদিকে কত মোটা

চিন্তা-কণিকা

অহংকারকে চোখের জলে ডুবিয়ে দেবার জন্য আসুন আমরা বছরের প্রথম মাসটা শেষ করি কিছু রবীন্দ্রচিঠি পাঠ করে। আসুন আমরা নয়নের দৃষ্টি থেকে কালোকে ঘুচিয়ে দিয়ে দুই নয়ন মেলে দেখি আমাদের সম্মুখের এক সৌন্দর্যময় আনন্দময় বিশাল সুবিস্তীর্ণ জগৎকে – "হৃদয় আজি মোর কেমনে গেল খুলি!/ জগৎ আসি সেথা করিছে কোলাকুলি!/ ধরায় আছে যত মানুষ শত শত/ আসিছে প্রাণে মোর, হাসিছে গলাগলি।" (প্রভাতসংগীত: প্রভাত-উৎসব)

****

নিজেকে সংসারে সকলের চেয়ে নীচে রাখ, সুখ পাইবে - সেই তোমার দীনতার আসনে ভগবান তোমাকে সঙ্গ দিবেন। এসকল উপদেশ মুখে বলা সহজ - কাজে অত্যন্ত শক্ত। আমার মনে অহংকার কতদিকে কত মোটা ও সূক্ষ্ম শিকড় বিস্তার করিয়াছে তাহার ঠিকানা নাই - সেইজন্যই কথায় কথায় কত অসহিষ্ণু হই - ভিতরে ভিতরে কত রাগ করি, কিন্তু ঈশ্বরের কাছে প্রতিদিন আমি এই প্রার্থনা করিতেছি তিনি আমাকে এইসকল বন্ধন হইতে নিষ্কৃতি দিন।

- নির্ঝরিণী দেবীকে লিখিত চিঠি, ১ অক্টোবর, ১৯০৯

বিদ্বেষে কোন সুখ নাই, কোন শ্লাঘা নাই। সেইজন্য বিদ্বেষ্টার প্রতিও যাহাতে বিদ্বেষ না আসে আমি তাহার জন্য বিশেষ যত্ন করিয়া থাকি। জীবনপ্রদীপের তেল ত খুব বেশি নয় সবই যদি রোষে দ্বেষে হূহু: শব্দে জ্বালাইয়া ফেলি তবে ভালোবাসার কাজে এবং ভগবানের আরতির বেলায় কি করিব? ... বাজে কলহে কাজের ক্ষতি করিলে বিপক্ষের কিছুই হয় না, নিজেরই বিপক্ষতা করা হয়।

- দীনেশচন্দ্র সেনকে লিখিত চিঠি, ৩ মে, ১৯০২

অহমিকার বাইরে একবার পদক্ষেপ করবামাত্রই দেখা যায় সম্মুখে আনন্দময় প্রকাণ্ড জগৎ জীবনে যৌবনে সৌন্দর্যে সুবিস্তীর্ণ হয়ে রয়েছে - তখন মনে হয় আমি এ জগতে জন্মগ্রহণ করেছি বলে ধন্য।

- ইন্দিরা দেবীকে লিখিত পত্র, ২২ নভেম্বর, ১৮৯৫

২

ভালোবাসা

"দেবতারে যাহা দিতে পারি, দিই তাই
প্রিয়জনে-- প্রিয়জনে যাহা দিতে পাই,
তাই দিই দেবতারে; আর পাব কোথা!
দেবতারে প্রিয় করি, প্রিয়েরে দেবতা।"

- সোনার তরী: বৈষ্ণব কবিতা

Whatever I can give to my God
I give that to my beloved
What I can give to my beloved
I give that to my God
What else I can do!
I make my God the beloved
And the beloved my God.

- (Translation by NS)

এই অধ্যায়ের উদ্‌ধৃতিগুলো কখনো কখনো রহস্যময় - দেবতার উদ্দেশ্যে যেমন নিবেদন করা যায় - তেমনি প্রিয়তমের উদ্দেশ্যেও বলা যায়। কখনো সংক্ষিপ্ত ,আবার কখনো দীর্ঘ উদ্‌ধৃতির মধ্য থেকে আপনি বাছাই করে নিতে পারেন দুটো কিংবা চারটে লাইন এবং কাজে লাগাতে পারেন বিভিন্ন উপলক্ষ্যে, বিভিন্ন সময়ে।

এই অধ্যায়ে উদ্‌ধৃত রবীন্দ্রবাক্যগুলি কখনো আপনাকে প্রেমে উদ্বেল করবে, কখনো করবে ভক্তিতে উদ্বেল। বাক্যগুলো কখনো

মনে হবে ঈশ্বরকে মনে রেখে লিখা হয়েছে - কখনো মনে হবে - না, বাক্যগুলো কোনো মর্ত্যমানবীর উদ্দেশ্যে লিখা হয়েছে।

এই বোঝা না-বোঝা বা আধা-বোঝার রহস্যময়তাই ভালোবাসাকে করেছে মোহনীয়। মওলানা জালালুদ্দিন রুমী বলেছিলেন - ভালোবাসা হল এক অন্তহীন রহস্য, ভালোবাসা ছাড়া তাকে আর কোনো কিছু দিয়ে অনুধাবন করা যায় না (দেখুন ফেব্রুয়ারি ৬)। সাধক কবীর বলেছিলেন - "প্রেম হদ্দ তজী জব ভাঈ,/ সত্তলোক কী হদ্দ পুনি আঈ" - অর্থাৎ প্রেম যখন সমস্ত বিধিবিধান ত্যাগ করে তখনি সে সত্যের কাছে পৌঁছায়।"

তাই এই ভালোবাসার মাসে হৃদয়কে বিধিবিধানের হাত থেকে মুক্ত করে হৃদয় খুলে কেবল ভালোবাসুন। সাধক কবীর বলেছিলেন - "বাতৌ মুক্তি না হোই হৈ /ছাঁড়ই চতুরাঈ হো / এক প্রেম জানে বিনা / ভুলা দুনিয়াঈ হো"- অর্থাৎ "চতুরতা ত্যাগ কর, বাক্যদ্বারা মুক্তিলাভ করা সম্ভব নয়। একমাত্র প্রেমকে যতদিন না জানিবে ততদিন এই বিশ্বজগতে ভ্রান্ত হইয়া ঘুরিবে।" (ক্ষিতিমোহন সেনের অনুবাদ)

প্রেমকে কেউ কখনো পুরোপুরি বুঝে নি - প্রেমের অন্তহীন রহস্যই প্রেমকে করেছে মধুময়। রবীন্দ্রনাথ এই আদি-অন্তহীন রহস্যময় প্রেমকে নিয়ে লিখেছিলেন এক অসাধারণ কবিতা - যেটির দীর্ঘতা দিনলিপির এক পৃষ্ঠায় ধরা যাবে না বলে এখানে উদ্‌ধৃত করলাম -

তুমি মোরে পার না বুঝিতে?
প্রশান্ত বিষাদভরে
দুটি আঁখি প্রশ্ন ক'রে
অর্থ মোর চাহিছে খুঁজিতে,
চন্দ্রমা যেমন ভাবে স্থিরনতমুখে
চেয়ে দেখে সমুদ্রের বুকে।

কিছু আমি করি নি গোপন।
যাহা আছে সব আছে
তোমার আঁখির কাছে
প্রসারিত অবারিত মন।

ভালোবাসা

দিয়েছি সমস্ত মোর করিতে ধারণা,
তাই মোরে বুঝিতে পার না?

এ যদি হইত শুধু মণি,
শত খণ্ড করি তারে
সযত্নে বিবিধাকারে
একটি একটি করি গণি
একখানি সূত্রে গাঁথি একখানি হার
পরাতেম গলায় তোমার।

এ যদি হইত শুধু ফুল,
সুগোল সুন্দর ছোটো,
উষালোকে ফোটো-ফোটো,
বসন্তের পবনে দোদুল,
বৃন্ত হতে সযতনে আনিতাম তুলে--
পরায়ে দিতেম কালো চুলে।

এ যে সখী, সমস্ত হৃদয়।
কোথা জল, কোথা কূল,
দিক হয়ে যায় ভুল,
অন্তহীন রহস্যনিলয়।
এ রাজ্যের আদি অন্ত নাহি জান রানী--
এ তবু তোমার রাজধানী।

কী তোমারে চাহি বুঝাইতে?
গভীর হৃদয়-মাঝে
নাহি জানি কী যে বাজে
নিশিদিন নীরব সংগীতে--
শব্দহীন স্তব্ধতায় ব্যাপিয়া গগন
রজনীর ধ্বনির মতন।

এ যদি হইত শুধু সুখ,
কেবল একটি হাসি
অধরের প্রান্তে আসি
আনন্দ করিত জাগরূক।

মুহূর্তে বুঝিয়া নিতে হৃদয়বারতা,
    বলিতে হত না কোনো কথা।

এ যদি হইত শুধু দুখ,
    দুটি বিন্দু অশ্রুজল
    দুই চক্ষে ছলছল,
    বিষণ্ন অধর, ম্লান মুখ,
প্রত্যক্ষ দেখিতে পেতে অন্তরের ব্যথা,
    নীরবে প্রকাশ হত কথা।

এ যে সখী, হৃদয়ের প্রেম,
    সুখদুঃখবেদনার
    আদি অন্ত নাহি যার--
চিরদৈন্য চিরপূর্ণ হেম।
নব নব ব্যাকুলতা জাগে দিবারাতে,
    তাই আমি না পারি বুঝাতে।

নাই বা বুঝিলে তুমি মোরে!
    চিরকাল চোখে চোখে
    নূতন নূতনালোকে
    পাঠ করো রাত্রি দিন ধরে।
বুঝা যায় আধো প্রেম, আধখানা মন--
    সমস্ত কে বুঝেছে কখন?

- সোনার তরী: দুর্বোধ

এই কবিতাটি পড়ে ভিক্টোরিয়া ওকাম্পো একটি চমৎকার মন্তব্য করেছিলেন রবীন্দ্রনাথের কবিতা নিয়ে - "যাকে আমরা ভালোবাসি, তার হৃদয় সম্পূর্ণ করে না জানবার সান্ত্বনাতীত বেদনা, আমাদের হৃদয় সম্পূর্ণ করে জানতে না পারবার বেদনা - এসব যখন রবীন্দ্রনাথের কাছে শুনি, তখন, কেন সেটা হয়ে ওঠে না তিক্ত দুঃখের বিষয়? তিক্ততার পরিবর্তে কী অসীম প্রত্যয় ! দুঃখের পরিবর্তে কী কমনীয় প্রলেপ !" (শঙ্খ ঘোষ: ওকাম্পোর রবীন্দ্রনাথ)

ভালোবাসাই পারে আমাদের সব দুঃখ-বেদনা ভুলিয়ে দিতে। তাই আসুন এই ভালোবাসার মাসে ভালোবাসারই কাছে আমরা সকলে

ভালোবাসা

আত্মসমপর্ণ করে কবির ভাষায় বলে উঠি –

এসো আজি সখা বিজন পুলিনে
বলিব মনের কথা;
মরমের তলে যা-কিছু রয়েছে
লুকানো মরম-ব্যথা।
সুচারু রজনী, মেঘের আঁচল
চাপিয়া অধরে হাসিছে শশি,
বিমল জোছনা সলিলে মজিয়া
আঁধার মুছিয়া ফেলেছে নিশি,
কুসুম কাননে বিনত আননে
মুচকিয়া হাসে গোলাপবালা,
...আজি, খুলিয়া ফেলিব প্রাণ
আজি, গাইব কত গান,
আজি, নীরব নিশীথে,চাঁদের হাসিতে
মিশাব অফুট তান!
দুই হৃদয়ের যত আছে গান
এক সাথে আজি গাইব,
দুই হৃদয়ের যত আছে কথা
দুইজনে আজি কহিব;
... কতদিন পরে পেয়েছি তোমারে,
ভুলেছি মরমজ্বালা;
দুজনে মিলিয়া সুখের কাননে
গাঁথিব কুসুমমালা!
দুজনে মিলিয়া পূরণিমা রাতে
গাইব সুখের গান
যমুনা পুলিনে করিব দুজনে
সুখ নিশা অবসান,
আমার এ মন সঁপিয়া তোমারে
লইব তোমার মন
হৃদয়ের খেলা খেলিয়া খেলিয়া
কাটাইব সারাক্ষণ!
এইরূপে সখা কবিতার কোলে
পোহায়ে যাইবে প্রাণ
সুখের স্বপন দেখিয়া দেখিয়া
গাহিয়া সুখের গান।

- কবিতা: এসো আজি সখা

ভালোবাসা

প্রেম অসীম রহস্যময়, সেইজন্যেই প্রেম সুন্দর। রবীন্দ্রনাথ বলেছিলেন - "সুন্দর আপনি সুন্দর এবং অন্যকে সুন্দর করে। কারণ, সৌন্দর্য্য হৃদয়ে প্রেম জাগ্রত করিয়া দেয় এবং প্রেমই মানুষকে সুন্দর করিয়া তুলে। শারীরিক সৌন্দর্য্যও প্রেমে যেমন দীপ্তি পায় এমন আর কিছুতে না।" (আলোচনা: সৌন্দর্য্য ও প্রেম) আমাদের মধ্যে যে সুন্দর চিত্তবৃত্তি আছে সেটাকে প্রেমই পরিস্ফুট করে তোলে, জাগিয়ে তোলে।

আসুন এই ভালোবাসার মাসে আমাদের অন্তর্নিহিত সৌন্দর্যকে জাগিয়ে তুলে আমরা আকাশে আকাশে ছড়ানো প্রেমকে নিজের ভিতরে গ্রহণ করে ভিন্ন এক মানুষ হয়ে উঠি।

ভালোবাসা

ফেব্রুয়ারি ১

ভালোবেসে সখী নিভৃতে যতনে

চিন্তা-কণিকা

ফেব্রুয়ারি ভালোবাসার মাস। এই মাসের বা এমনকি বছরেরও যে কোনও দিনে এই গানের যে কোনো দুই লাইন বা চার লাইন আপনার ভালোবাসার মানুষের কাছে প্রকাশ করতে পারেন - লিখে বা মুখের কথায়। গাঢ় (bold) অক্ষরের বাক্যগুলো একটু মনোযোগ দিয়ে পড়ুন এবং আপনার "আকুল জীবনমরণ টুটিয়া লুটিয়া" নেবার মত কাউকে খুঁজে বের করুন। কেননা ভালোবাসাই জীবনের সারাৎসার।

ভালোবেসে সখী নিভৃতে যতনে
       আমার নামটি লিখো তোমার মনের মন্দিরে,
আমার পরানে যে গান বাজিছে
       তাহার তালটি শিখো তোমার চরণমঞ্জীরে,
ধরিয়া রাখিয়ো সোহাগে আদরে
       আমার মুখর পাখি তোমার প্রাসাদপ্রাঙ্গণে,
মনে করে সখী বাঁধিয়া রাখিয়ো
       আমার হাতের রাখী তোমার কনককঙ্কণে..
আমার লতার একটি মুকুল
       ভুলিয়া তুলিয়া রেখো তোমার অলকবন্ধনে..
আমার স্মরণ শুভ সিন্দুরে
       একটি বিন্দু এঁকো তোমার ললাটচন্দনে,
আমার মনের মোহের মাধুরী
       মাখিয়া রাখিয়া দিয়ো তোমার অঙ্গসৌরভে..
আমার আকুল জীবনমরণ
       টুটিয়া লুটিয়া নিয়ো তোমার অতুল গৌরবে।

       - গীতবিতান: প্রেম: ৩৪

With love and secret care, my sweetheart
Etch my name in your heart's temple,
The melody that is ringing in my heart
Capture its beats, sweetheart, in your ankle bells.

       - (Partial translation by NS)

ভালোবাসা

ফেব্রুয়ারি ২

ধায় যেন মোর সকল ভালোবাসা

চিন্তা-কণিকা

ভালোবাসার মাসে আমাদের সকল ভালোবাসা যে শুধু ভালোবাসার মানুষের দিকে নিপতিত হবে তা নয়, আমাদের কাজে কর্মে চিন্তায় যেন বিশ্বপ্রভুর দিকেও আমাদের ভালোবাসা ধাবিত হয়। গাঢ় (bold) অক্ষরের বাক্যগুলো একটু মনোযোগ দিয়ে পড়ুন এবং ভাবুন কী করে আমরা আমাদেরকে এমনভাবে গড়ে তুলতে পারি যে যখন যেখানে যে কাজেই ব্যস্ত থাকি না কেন, আমরা যেন বিশ্বপ্রভুর ডাকে সাড়া দিতে পারি।

ধায় যেন মোর সকল ভালোবাসা
প্রভু, তোমার পানে, তোমার পানে, তোমার পানে ...
যায় যেন মোর সকল গভীর আশা
প্রভু, তোমার কানে, তোমার কানে, তোমার কানে।
চিত্ত মম যখন যেথা থাকে
সাড়া যেন দেয় সে তব ডাকে,
যত বাঁধন সব টুটে গো যেন
প্রভু, তোমার টানে, তোমার টানে, তোমার টানে
বাহিরের এই ভিক্ষাভরা থালি
এবার যেন নিঃশেষে হয় খালি,
অন্তর মোর গোপনে যায় ভরে
প্রভু, তোমার দানে, তোমার দানে, তোমার দানে।
হে বন্ধু মোর, হে অন্তরতর,
এ জীবনে যা-কিছু সুন্দর
সকলই আজ বেজে উঠুক সুরে
প্রভু, তোমার গানে, তোমার গানে, তোমার গানে

— গীতবিতান: পূজা: ৯৪

May all my love flow
My Lord, toward you, toward you, toward you
Wherever my mind might be
May it answer your call always, my Lord.
May my soul be filled secretly
With your blessings, my Lord, with your blessings.

— (Partial translation by NS)

ফেব্রুয়ারি ৩

ভালোবাসতে পারাটাই সব চেয়ে দুর্লভ

চিন্তা-কণিকা

যে সংসারে বা সম্পর্কে ভালোবাসা আছে সেই সংসার ও সম্পর্ক সার্থক। ভালোবাসা এমনি এমনি তৈরি হয় না - সেটাকে তৈরি করে নিতে হয় সকর্মক প্রচেষ্টায়। প্রতিদিনের কাজের মধ্যে ও আচার আচরণে নিজের অহমিকার আবরণকে ছিন্ন করতে পারলেই ভালোবাসার ফুল ফুটে।

আসুন আমরা ভালোবাসা দিয়ে আমাদের জীবনে ভালোবাসার ফুল ফোটাই।

****

তোমার কত ভাগ্যি ভাই, কত পুণ্যি করেছিলে, ঠাকুরপোকে এমন সমস্ত মনটা দিয়ে ভালোবাসতে পেরেছ। **আগে মনে করতুম, ভালোবাসাই সহজ— সব স্ত্রী সব স্বামীকে আপনিই ভালোবাসে। আজ দেখতে পাচ্ছি ভালোবাসতে পারাটাই সব চেয়ে দুর্লভ, জন্মজন্মান্তরের সাধনায় ঘটে। ...**
আজ বুঝতে পেরেছি **সংসারে ভালোবাসাটা উপরি-পাওনা**। ওটাকে বাদ দিয়ে ধর্মকে আঁকড়ে ধরে সংসারসমুদ্রে ভাসতে হবে। ধর্ম যদি সরস হয়ে ফুল না দেয়, ফল না দেয়, অন্তত শুকনো হয়ে যেন ভাসিয়ে রাখে।

- যোগাযোগ: কুমুর উক্তি

ভালোবাসা অর্থে আত্মসমর্পণ করা নহে, ভালোবাসা অর্থে ভাল বাসা, অর্থাৎ অন্যকে ভালো বাসস্থান দেওয়া, অন্যকে মনের সর্ব্বাপেক্ষা ভালো জায়গায় স্থাপন করা।

- বিচিত্র প্রবন্ধ

****

চিন্তা-কণিকা

আরো চিন্তার খোরাক: সুফি সাধক মাওলানা জালালুদ্দিন রুমী বলেছিলেন: "তোমার কাজ নয় যে ভালোবাসাকে খুঁজে বেড়াও, বরঞ্চ তোমার কাজ হলো তোমার নিজের মধ্যে ভালোবাসার পথের যে সকল বাধা তুমি নিজে তৈরি করেছো সেগুলি খুঁজে বের করা।"

ভালোবাসা

ফেব্রুয়ারি ৪

আমার প্রাণের মাঝে সুধা আছে, চাও কি?

চিন্তা-
কণিকা

বিশ্বচরাচরে প্রেম-ভালোবাসা ব্যাপ্ত হয়ে আছে সর্বত্র - আমাদের মন অনেক সময়ই সে ভালোবাসার খবর পায় না - কেননা আত্ম-অহমিকার এক আবরণ আমাদেরকে ঘিরে রেখেছে।

আসুন, পরান মেলে দিয়ে ভালোবাসার ডাকে সাড়া দিই এবং আমাদের মনের ময়ূরকে নাচাই।

**আমার প্রাণের মাঝে সুধা আছে, চাও কি
হায় বুঝি তার খবর পেলে না**
পারিজাতের মধুর গন্ধ পাও কি
হায় বুঝি তার নাগাল মেলে না
**প্রেমের বাদল নামল,
তুমি জানো না হায় তাও কি**
আজ মেঘের ডাকে
তোমার মনের ময়ূরকে নাচাও কি
ডাক উঠেছে বারে বারে,
**তুমি সাড়া দাও কি
আমার প্রাণের মাঝে সুধা আছে, চাও কি**

- গীতবিতান: প্রেম: ১১০

My heart contains nectar of love
Do you want it, dear!
Do you smell the scent of flowers, dear!
Alas! Perhaps that joy is beyond your reach.
Love is pouring down like rain, my dear
Do you not even notice that
Today, as the rain rumbles
Do you let the peacock in your soul dance, dear?

- (Partial translation by NS)

ফেব্রুয়ারি ৫

আমার নিখিল পেয়েছে তার অন্তরের মিল

চিন্তা-কণিকা

প্রিয় মানুষটি দূরদেশে - সাত সমুদ্দুর দূরে - বহুদূরে ! এমনি একটি মুহূর্তে কি গেয়ে উঠতে পারেন এই গানটি, কিংবা এই গানের দুটো লাইন কি লিখে পাঠাতে পারেন প্রিয় মানুষটিকে যে নয়নের সামনে না থাকলেও সে আপনার নয়ন জুড়েই রয়েছে সর্বক্ষণ। গাঢ় (bold) অক্ষরের বাক্যগুলো মনোযোগ দিয়ে পড়ুন এবং ভাবুন কে সেই মানুষ যার মধ্যে আপনার সমস্ত নিখিল তার অন্তরের মিল খুঁজে পেল কিংবা পেতে পারে।

নয়ন-সমুখে তুমি নাই
নয়নের মাঝখানে নিয়েছ যে ঠাঁই
আজি তাই শ্যামলে শ্যামল তুমি,
নীলিমায় নীল
আমার নিখিল
তোমাতে পেয়েছে তার অন্তরের মিল
নাহি জানি, কেহ নাহি জানে
তব সুর বাজে মোর গানে
কবির অন্তরে তুমি কবি
নও ছবি, নও ছবি, নও শুধু ছবি
...
তুমি কি কেবলই ছবি?

- গীতবিতান: বিচিত্র: ৭৬

Before my eyes, you are not
But there you are, inside my eyes.
You are greener than earth's greeneries
Bluer than the blue sky.
My whole world resonates
With you as its solo soul mate.
I do not know, nor anyone knows
Your melodies echo in my songs
You are the poet in a poet's heart
You are not only a picture ...

- (Translation by NS)

ফেব্রুয়ারি ৬

বহুক-না প্রেমের তুফান

চিন্তা-কণিকা

ভালোবাসা খুলে দেয় এক হৃদয়দুয়ার - সেটা হোক মানবিক ভালোবাসা কিংবা আধ্যাত্মিক ভালোবাসা। তাই আজকের দিনে আমাদের প্রার্থনা হোক প্রেম ভালোবাসার তুফান যেন আমাদের আত্ম-অহমিকার চার দেয়াল ভেঙ্গে দিয়ে যায়।

আমার হৃদয় সদা আমার মাঝে
বন্দী হয়ে থাকে।
তোমার আপন পাশে নিয়ে তুমি
মুক্ত করো তাকে।
...
আমার প্রাণের মাঝে যেমন করে
নাচে তোমার প্রাণ
আমার প্রেমে তেমনি তোমার প্রেমের
বহুক-না তুফান।

- গীতিমাল্য: ১১০

চিন্তা-কণিকা

<u>**আরো চিন্তার খোরাক:**</u> সুফি সাধক মাওলানা জালালুদ্দিন রুমী বলেছিলেন -

"ভালোবাসার সামনে
যুক্তি-তর্ক একেবারে ক্ষমতাহীন
জেনে রাখো,
শুধুমাত্র ভালোবাসাই পারে
বিশুদ্ধ সত্যের সন্ধান দিতে তোমাকে।
আমাদের নবীদের দেখানো রাস্তাই
হলো সঠিক রাস্তা
যদি বাঁচতে চাও,
তাহলে মরে যাও ভালোবাসায়।
ভালোবাসায় মরে গিয়েই
নতুন করে বেঁচে উঠবে তুমি।"

- (লেখকের অনুবাদ)

ফেব্রুয়ারি ৭

প্রাণের আলাপ কেবলমাত্র গানে গানে ...

চিন্তা-কণিকা

একটি গানের অনেক কথা না দিয়ে কয়েকটি গানের কিছু কথা দিলাম এই পৃষ্ঠায়। গাঢ় অক্ষরের (bold letters) বাক্যগুলো আশাকরি বাস্তবে বা কল্পনায় কাউকে বলবার সুযোগ কেউ কেউ পেয়ে যাবেন বা বের করে নিতে পারবেন ভালোবাসার মাসে কিংবা বছরের যে কোনো সময়ে।

****

কোলাহল তো বারণ হল, এবার কথা কানে কানে।
এখন হবে প্রাণের আলাপ কেবলমাত্র গানে গানে॥

- গীতিমাল্য: ৮

****

অনেক কথা বলেছিলেম কবে তোমার কানে কানে
কত নিশীথ-অন্ধকারে, কত গোপন গানে গানে॥
সে কি তোমার মনে আছে   তাই শুধাতে এলেম কাছে—

- গীতবিতান: প্রেম: ৭৩

****

চাই গো আমি তোমারে চাই   তোমায় আমি চাই —
এই কথাটি সদাই মনে   বলতে যেন পাই ।
আর যা-কিছু বাসনাতে   ঘুরে বেড়াই দিনে রাতে
মিথ্যা সে-সব মিথ্যা ওগো   তোমায় আমি চাই ।

- গীতাঞ্জলি: ৮৮

****

তোমায় আমায় মিলন হবে ব'লে   আলোয় আকাশ ভ'রা।
তোমায় আমায় মিলন হবে ব'লে   ফুল্ল শ্যামল ধরা।
তোমায় আমায় মিলন হবে বলে রাত্রি জাগে জগৎ লয়ে কোলে
ঊষা এসে পূর্বদুয়ার খোলে কলকণ্ঠস্বরা।

- গীতিমাল্য: ৫২

****

আমি   চিনি গো চিনি   তোমারে ওগো বিদেশিনী।
তুমি   থাক সিন্ধুপারে   ওগো বিদেশিনী॥
তোমায় দেখেছি শারদপ্রাতে,   তোমায়   দেখেছি মাধবী রাতে,
তোমায় দেখেছি হৃদি-মাঝারে   ওগো বিদেশিনী।

- গীতবিতান: প্রেম: ৮৬

ভালোবাসা

ফেব্রুয়ারি ৮
তুমি আমারি, তুমি আমারি

চিন্তা-
কণিকা

ফেব্রুয়ারি ভালোবাসার মাস। এই মাসের, বা এমনকি বছরের, যে কোনো দিনে এই গানের যে কোনো দুই বা চার লাইন আপনার ভালোবাসার মানুষের কাছে প্রকাশ করতে পারেন - লিখে বা মুখের কথায়। গাঢ় (bold) অক্ষরের বাক্যগুলো মনোযোগ দিয়ে পড়ুন এবং ভাবুন কে সেই মানুষ যাকে আপনি বলতে পারেন যে আপনি তাকে আপনার মনের মাধুরী দিয়ে রচনা করেছেন বা করতে চান।

তুমি সন্ধ্যার মেঘমালা,
তুমি আমার সাধের সাধনা,
    মম   শূন্যগগনবিহারী।
আমি আপন মনের মাধুরী মিশায়ে
তোমারে করেছি রচনা
    তুমি   আমারি, তুমি আমারি,
    মম   অসীমগগনবিহারী॥
... মম মোহের স্বপন-অঞ্জন
তব নয়নে দিয়েছি পরায়ে,
    অয়ি   মুগ্ধনয়নবিহারী॥

- গীতবিতান: প্রেম: ৩৬

You are a cluster of clouds
Drifting in the twilight sky,
You are my heart's desire
Ever-present in my empty sky.
I have created you, my dear
    With the color of my love
You are mine, you are mine,
Ever-present in my boundless universe.
I decorated your eyes
With the dreamy color of my admiration
O, Ever-present in my love-struck eyes!

- (Translation by NS)

ফেব্রুয়ারি ৯

তব নয়নের নিবিড় ছায়ায় মনের কথার ...

চিন্তা-কণিকা

ভালোবাসার মাস মানেই এ মাস প্রেম নিবেদনের মাস। এ মাসে আমরা সকলেই হৃদয়ের কথা বলিতে ব্যাকুল। কিংবা হয়ত আপনি কারো ডাগর নয়নের নিবিড় ছায়ায় আপনার মনের কথার অস্ফুট বাণী খুঁজে বেড়াচ্ছেন। তাই এই গানের গাঢ় অক্ষরে (bold letters) চিহ্নিত লাইনের যে কোনো দুটি বা চারটি লাইন আপনি বলতে পারেন আপনার প্রিয় মানুষটিকে।

আমার নয়ন তব নয়নের নিবিড় ছায়ায়
মনের কথার কুসুমকোরক খোঁজে
সেথায় কখন অগম গোপন গহন মায়ায়
পথ হারাইল ও যে॥

...

আমার হৃদয়ে যে কথা লুকানো তার আভাষণ
ফেলে কভু ছায়া তোমার হৃদয়তলে?

...

তব কুঞ্জের পথ দিয়ে যেতে যেতে
বাতাসে বাতাসে ব্যথা দিই মোর পেতে--
বাঁশি কী আশায় ভাষা দেয় আকাশেতে
সে কি কেহ নাহি বোঝে॥

- গীতবিতান: প্রেম: ৪৮

চিন্তা-কণিকা

<u>আরো চিন্তার খোরাক:</u>

অথবা যদি মুখের ভাষায় প্রকাশ করতে না পারেন আপনার মনের কথা - তাহলে অন্তত লিখে পাঠাতে পারেন - রবিঠাকুরের আরেকটি গান -

আমার না-বলা বাণীর ঘন যামিনীর মাঝে
তোমার ভাবনা তারার মতন রাজে ॥

...

তুমি অলখ আলোকে নীরবে দুয়ার খুলে
প্রাণের পরশ দিয়ে যাও মোর কাজে ॥

- গীতবিতান: পূজা: ৫৬

ফেব্রুয়ারি ১০

বিধি ডাগর আঁখি যদি দিয়েছিল

চিন্তা-কণিকা

যুগে যুগে কবিরা নারীর চোখ নিয়ে লিখেছেন কবিতা। জীবনানন্দ দাসের বর্ণিত বনলতা সেনের "পাখীর নীড়ের মত চোখ" আমাদের স্মৃতিতে অম্লান। এই চোখ মনের কথা বলতে পারে, বুঝতেও পারে - "চোখের সে ভাষা বুঝতে হলে/ চোখের মতো চোখ থাকা চাই" (গাজী মাজহারুল আনোয়ার)। জাভেদ আখতার তার একটি গজলে লিখেছিলেন - "প্রিয়ার চোখের দিকে তাকালে/ কেবল তাকিয়েই থাকি/ মনে হয় যেন মদির দুটো চোখ/ প্রেমের আগুনে জ্বল জ্বল করছে।" নিচের গাঢ় (bold) অক্ষরের বাক্যগুলো একটু মনোযোগ দিয়ে পড়ুন এবং ভাবুন কাকে কখন এই কথাগুলো বলা যায়।

বিধি ডাগর আঁখি যদি দিয়েছিল
সে কি আমারি পানে ভুলে পড়িবে না॥
...
তব কণ্ঠ 'পরে হয়ে দিশাহারা
বিধি অনেক ঢেলেছিল মধুধারা।
যদি ও মুখ মনোরম শ্রবণে রাখি মম
নীরবে অতি ধীরে ভ্রমরগীতিসম
দু কথা বল যদি 'প্রিয়' বা 'প্রিয়তম',
তাহে তো কণা মধু ফুরাবে না।
হাসিতে সুধানদী উছলে নিরবধি,
নয়নে ভরি উঠেঅমৃতমহোদধি--
এত সুধা কেন সৃজিল বিধি,
যদি আমারি তৃষাটুকু পুরাবে না॥

- গীতবিতান: প্রেম ও প্রকৃতি: ৫৭

If God has gifted you those beautiful large eyes
Would they not glance at me even by mistake ...
If you utter two words like "My love" or "Beloved"
Not a drop of your love-nectar will be lost. ...
Why did God create so much love
If it doesn't quench my thirst.

- (Partial translation by NS)

ফেব্রুয়ারি ১১

ভাষাহারা মম বিজন রোদনা

চিন্তা-কণিকা

ভালোবাসার মাসে আমরা সকলে হৃদয়ের কথা বলিতে ব্যাকুল ("আমি হৃদয়ের কথা বলিতে ব্যাকুল, শুধাইল না কেহ")। কিন্তু কেউ শুধাক বা না শুধাক, বলতে চাইলেও অনেকসময়ই আমরা মনের ভাব প্রকাশের ভাষা খুঁজে পাই না, আমাদের অব্যক্ত প্রেম ভালোবাসা নিজের মনের মধ্যেই গুমরে কাঁদে।

রবীন্দ্রনাথের গান কথা প্রধান গান। তাই গানের গাঢ় অক্ষরের কথাগুলো মনোযোগ দিয়ে পড়ুন এবং ভাবুন কোথায় কখন কাজে লাগানো যেতে পারে এই বাক্যগুলো। চতুর্থ লাইনের 'দোঁহার' শব্দটির জায়গায় যদি 'তোমার' শব্দটি লাগিয়ে প্রথম চারটি লাইন প্রিয়তম মানুষের কাছে লিখে পাঠান, তাহলে কেমন হবে।

ভাষাহারা মম বিজন রোদনা
প্রকাশের লাগি করেছে সাধনা,
চিরজীবনেরি বাণীর বেদনা
মিটিল দোঁহার নয়নে॥
...
কেটেছে একেলা বিরহের বেলা
আকাশকুসুম-চয়নে।
সব পথ এসে মিলে গেল শেষে
তোমার দুখানি নয়নে।
দেখিতে দেখিতে নূতন আলোকে
কি দিল রচিয়া ধ্যানের পুলকে
নূতন ভুবন নূতন দ্যুলোকে
মোদের মিলিত নয়নে॥
বাহির আকাশে মেঘ ঘিরে আসে,
এল সব তারা ঢাকিতে।
হারানো সে আলো আসন বিছালো
শুধু দুজনের আঁখিতে।

- গীতবিতান: প্রেম: ৭০

ভালোবাসা

ফেব্রুয়ারি ১২

কেমনে প্রকাশি কব কত ভালোবাসি

চিন্তা-
কণিকা

প্রেমের কথা প্রকাশ করে বলা সহজ কাজ নয়। আমরা অনেকেই সে পরিস্থিতির সম্মুখীন হয়েছি। তখন মুশকিল-তরান হয়ে আসেন কবিরা - যাদের গানের বা কবিতার কথা আমাদের সাহায্য করে গানের ছলে বা কবিতার ছলে নিজের মনের কথাটি প্রকাশ করতে। বাঙালির জীবনে রবীন্দ্রনাথ সেরকম এক বিশাল মুশকিল-তরান কবি - যার গানে ও কবিতায় এত অসংখ্য অসাধারণ বাক্য আছে যেগুলো আমাদেরকে মুক্তি দেয় "ভাষাহারা মম বিজন রোদনা" থেকে। এই গ্রন্থের 'ভালোবাসা' অধ্যায়ে সেই সুবিশাল রচনার একটি অতি ক্ষুদ্র অংশ ধরা পড়েছে।

নিচের গাঢ় (bold) অক্ষরের বাক্যগুলো মনোযোগ দিয়ে পড়ুন এবং ভাবুন আপনার জীবনে এই কথাগুলো কখন কাজে আসতে পারে।

ভেবেছিনু কোথা তুমি স্বর্গের দেবতা,
কেমনে তোমারে কব প্রণয়ের কথা।
ভেবেছিনু মনে মনে দূরে দূরে থাকি
চিরজন্ম সঙ্গোপনে পূজিব একাকী--
**কেহ জানিবে না মোর গভীর প্রণয়,
কেহ দেখিবে না মোর অশ্রুবারিচয়।
আপনি আজিকে যবে শুধাইছ আসি,
কেমনে প্রকাশি কব কত ভালোবাসি॥**

...
**কতবার ভেবেছিনু আপনা ভুলিয়া
তোমার চরণে দিব হৃদয় খুলিয়া।**
চরণে ধরিয়া তব কহিব প্রকাশি
গোপনে তোমারে, সখা, কত ভালোবাসি।

- গীতবিতান: প্রেম ও প্রকৃতি: ২০

Many a time have I thought to undo myself
And hand over my soul to thee
Sitting beside you in total surrender
Tell how much I love you in secrecy.

- (Partial translation by NS)

ভালোবাসা

ফেব্রুয়ারি ১৩

নাই-বা তোমার থাকল প্রয়োজন

চিন্তা-
কণিকা

আগামীকাল (১৪ই ফেব্রুয়ারি) ভালোবাসা দিবস। আমাদের প্রিয়জনদের কিছু আমরা দিতে চাই আগামী কাল, তাদের প্রয়োজন থাক বা না থাক। জীবনকে যদি শুধু প্রয়োজনের করে তোলেন - তাহলে জীবন শ্বাসরুদ্ধকর হয়ে উঠবে। সূর্যালোক যেমন প্রয়োজনের চেয়ে বেশি আসে পৃথিবীতে - তেমনি ভালোবাসা কিংবা ভালোবাসার প্রকাশ বা উপহার সবই যেন প্রয়োজনকে ছাপিয়ে যায়। তখনই সেটা যথার্থ হয়।

আসুন, শুধু আজ নয়, বছরের সকল দিনেই, প্রয়োজন ছাপিয়ে আপনার ভালোবাসাকে প্রকাশ করার সংকল্প করুন।

তোমায় কিছু দেব ব'লে চায় যে আমার মন,
  নাই-বা তোমার থাকল প্রয়োজন ॥
যখন তোমার পেলেম দেখা,   অন্ধকারে একা একা
  ফিরতেছিলে বিজন গভীর বন।
ইচ্ছা ছিল একটি বাতি জ্বালাই তোমার পথে,
  নাই-বা তোমার থাকল প্রয়োজন ॥
...
ইচ্ছা ছিল বরণমালা পরাই তোমার গলে,
  নাই-বা তোমার থাকল প্রয়োজন ॥- গীতবিতান: পূজা: ৫৯

My heart longs to give you something
Whether you need it or not.
I met you alone in the dark
When you were returning
Through the solitary dense woods
I wished I had lit a lamp on your path
Whether you needed it or not.
...
I had longed to put a garland on your neck
Whether you need it or not.

- (Partial translation by NS)

ভালোবাসা

ফেব্রুয়ারি ১৪

আমার   পরান যাহা চায়

চিন্তা-কণিকা

আজ বিশ্ব ভালোবাসা দিবস। সকল প্রয়োজন ছাপিয়ে যে ভালোবাসা, যে ভালোবাসা আমাদের ভুলিয়ে দেয় আপনাকে, সেই ভালোবাসাকে উদযাপন করার দিন এটি। আজ আমাদের সকলের হৃদয়ে এই গানটি গুঞ্জরিত হয়ে উঠুক।

গানের গাঢ় (bold) অক্ষরের কথাগুলো খেয়াল করুন এবং ভাবুন কে এমন আছে যার কাছে আপনি এই কথাগুলো প্রকাশ করতে পারেন।

আমার   পরান যাহা চায়
তুমি   তাই, তুমি তাই গো।
তোমা   ছাড়া আর এ জগতে
মোর   কেহ নাই কিছু নাই গো॥
তুমি   সুখ যদি নাহি পাও,
যাও   সুখের সন্ধানে যাও--
**আমি   তোমারে পেয়েছি হৃদয়মাঝে,
আর কিছু নাহি চাই গো॥**

- গীতবিতান: প্রেম: ১৪২

What my heart desires
You are that, oh, you are that!
I have no one except you in this world
Oh, I have no one; nor have I anything.
If you are not happy
Then go, go out in search of happiness
I have found you in my heart
And I desire nothing more!

- (Translation by NS)

ফেব্রুয়ারি ১৫

তুমি রবে নীরবে হৃদয়ে মম

চিন্তা-কণিকা

আপনার দুঃখ-বেদনা, সফলতা অসফলতা সবকিছুকেই কেউ একজন যদি নীরবে কেবল ভালোবাসার প্রাণময় সৌরভে ভরে দেয় তাহলে আপনি সত্যি ভাগ্যবান। সেখানে থাকবে না কোনো প্রতিদানের প্রত্যাশা, কেবল থাকবে ভালোবাসা - অফুরান ভালোবাসা।

তুমি রবে নীরবে হৃদয়ে মম
নিবিড় নিভৃত পূর্ণিমানিশীথিনী-সম॥
মম জীবন যৌবন মম অখিল ভুবন
তুমি ভরিবে গৌরবে নিশীথিনী-সম॥
জাগিবে একাকী তব করুণ আঁখি,
তব অঞ্চলছায়া মোরে রহিবে ঢাকি।
মম দুঃখবেদন মম সফল স্বপন
তুমি ভরিবে সৌরভে নিশীথিনী-সম॥

- গীতবিতান: প্রেম: ৬২

You will reside in my heart in silence
Akin to a dense lonely night aglow in full moon.
My life, my youth and my whole universe
You shall fill with glory like a silent night.
Your tender eyes will be awake in watchfulness
And shelter me in the safety of your loving shade.
My sorrows and pains and my materialized dreams
You will fill with fragrance like a silent night.

- (Translation by NS)

ফেব্রুয়ারি ১৬

আমি রূপে তোমায় ভোলাব না

চিন্তা-কণিকা

রূপ ক্ষণস্থায়ী - কিন্তু ভালোবাসা চিরস্থায়ী। কেবল রূপ দিয়ে যদি কেউ কাউকে ভুলায় তাহলে সেই প্রেম চিরস্থায়ী হয় না। অফুরান ভালোবাসা দিয়ে কাউকে বাঁধলে সেই বাঁধন চিরস্থায়ী হয়।

আমি রূপে তোমায় ভোলাব না,
ভালোবাসায় ভোলাব।
আমি হাত দিয়ে দ্বার খুলব না গো,
গান দিয়ে দ্বার খোলাব॥
ভরাব না ভূষণভারে,
সাজাব না ফুলের হারে--
প্রেমকে আমার মালা করে
গলায় তোমার দোলাব॥

- গীতবিতান: প্রেম: ৯০

I shall not bemuse you with beauty
But with love I shall bemuse.
I shall not open the doors of my heart with hands
But with my songs I shall open the doors.
Shall I not beautify myself with ornaments
Neither shall I adorn myself with garlands
I shall I make a garland made of my love
And put it on you to beautify you.

- (Translation by NS)

চিন্তা-কণিকা

আরো চিন্তার খোরাক: বিশ্ববিখ্যাত নাট্যকার William Shakespeare লিখেছিলেন -

Beauty is but a vain and doubtful good,
A shining gloss that fadeth suddenly,
A flower that dies when first it gins to bud,
A brittle glass that's broken presently,
A doubtful good, a gloss, a glass, a flower,
Lost, faded, broken, dead within an hour.

- (The Passionate Pilgrim)

ফেব্রুয়ারি ১৭

ওগো মৌন , না যদি কও, না-ই কহিলে কথা

চিন্তা-কণিকা

যদি আপনার সাথে আপনার প্রিয়তম কথা বলা বন্ধ করে দেয় তাহলে এই কথাগুলো কি তার অভিমান ভাঙাতে পারবে?!

ওগো মৌন , না যদি কও
না-ই কহিলে কথা ।
বক্ষ ভরি বইব আমি
তোমার নীরবতা ।
স্তব্ধ হয়ে রইব পড়ে ,
রজনী রয় যেমন করে
জ্বালিয়ে তারা নিমেষহারা
ধৈর্যে অবনতা । - গীতাঞ্জলি: ৭১

If thou speakest not I will fill my heart with thy silence and endure it. I will keep still and wait like the night with starry vigil and its head bent low with patience.

- (Translation by Rabindranath Tagore)

চিন্তা-কণিকা

<u>আরো চিন্তার খোরাক</u>: অথবা যদি কেবল কথা নয় - দুয়ারও বন্ধ করে দেয় - তাহলে বন্ধ দুয়ারের সামনে দাঁড়িয়ে বলুন:

"খোলো খোলো দ্বার, রাখিয়ো না আর
বাহিরে আমায় দাঁড়ায়ে।
দাও সাড়া দাও, এই দিকে চাও
এসো দুই বাহু বাড়ায়ে।" - গীতবিতান: প্রেম: ১১৪

এরপরও যদি করুণাময়ী দুয়ার না খুলেন, তাহলে বলুন -

"মোর হৃদয়ের গোপন বিজন ঘরে
একেলা রয়েছ নীরব শয়ন-'পরে--
প্রিয়তম হে, জাগো জাগো জাগো ॥ (*বা খোলো, খোলো, খোলো*)
রুদ্ধ দ্বারের বাহিরে দাঁড়ায়ে আমি।" গীতবিতান: পূজা: ৩৯

কিংবা যদি রাগ-অভিমান একেবারেই ভাঙাতে না পারেন - তাহলে আরেকটি ভিন্ন গান চেষ্টা করে দেখুন –

বঁধু, মিছে রাগ কোরো না, কোরো না।
মম মন বুঝে দেখো মনে মনে--মনে রেখো, কোরো করুণা॥"

- গীতবিতান: প্রেম ও প্রকৃতি: ৫৮

ফেব্রুয়ারি ১৮

সৃষ্টির শাশ্বতবাণী--"ভালোবাসি।"

চিন্তা-কণিকা

সৃষ্টির শাশ্বতবাণী—'ভালোবাসি'। এখানে স্মরণ করা যেতে পারে রবীন্দ্রনাথের জন্ম-শতবার্ষিকীতে বিদেশিনী Victoria Ocampo-র পাঠানো বাণী– "During his stay at San Isidro, Tagore taught me a few words of Bengali. I have retained only one, which I shall always repeat to India: Bhalobasha."

আসুন, এই শাশ্বতবাণীকে আমাদের জীবনে প্রতিফলিত করি।

আকাশে চেয়ে দেখি
অবকাশের অন্ত নেই কোথাও।
... তাই ওগো বনস্পতি,
তোমার সম্মুখে এসে বসি সকালে বিকালে,
... তোমার নবকিশলয়ের মর্মে এসে মেলে--
বিশ্বহৃদয়ের সেই আনন্দমন্ত্র-- "ভালোবাসি।"
ঊর্ধ্বলোক থেকে কানে আসে
সৃষ্টির শাশ্বতবাণী--"ভালোবাসি।"
সৃষ্টিযুগের প্রথম লগ্নে প্রাণসমুদ্রের মহাপ্লাবনে
তরঙ্গে তরঙ্গে দুলেছিল এই মন্ত্র-বচন।
.... আজ দিনান্তের অন্ধকারে
এজন্মের যত ভাবনা যত বেদনা
নিবিড় চেতনায় সম্মিলিত হয়ে
সন্ধ্যাবেলার একলা তারার মতো
জীবনের শেষবাণীতে হোক উদ্ভাসিত--
"ভালোবাসি।"

- শেষ সপ্তক: ছাব্বিশ

চিন্তা-কণিকা

<u>আরো চিন্তার খোরাক</u>: রবীন্দ্রনাথ আরেকটি গানে লিখেছিলেন -
"ভালোবাসি, ভালোবাসি--
এই সুরে কাছে দূরে জলে স্থলে বাজায় বাঁশি॥ ...
সেই সুরে বাজে মনে অকারণে
ভুলে-যাওয়া গানের বাণী, ভোলা দিনের কাঁদন-হাসি॥"

- গীতবিতান: প্রেম: ১২৯

ভালোবাসা

ফেব্রুয়ারি ১৯

প্রেমের জোয়ারে   ভাসাবে দোঁহারে

চিন্তা-
কণিকা

সুফি সাধক মাওলানা জালালুদ্দিন রুমী বলেছিলেন - "Your heart knows the way. Run in that direction - তোমার হৃদয় রাস্তা চিনে, তুমি সেই দিকে দৌঁড়াতে থাকো।" অর্থাৎ প্রেম-ভালোবাসার রাস্তায় চলতে শিখো।

তাই বলি কী - সকল দুঃখ-ভাবনাকে পেছনে ফেলে প্রেমের জোয়ারে ভেসে যেতে দ্বিধা করবেন না - তাহলেই জীবনের মানে খুঁজে পাবেন, আনন্দকে খুঁজে পাবেন, সুখকে খুঁজে পাবেন। রুমী আরো বলেছিলেন – "Love is a bridge between you and everything else - প্রেম হচ্ছে একটি সেতু তোমার এবং আর সকল কিছুর মাঝে।"

****

প্রেমের জোয়ারে   ভাসাবে দোঁহারে
        বাঁধন খুলে দাও, দাও দাও দাও।
ভুলিব ভাবনা,   পিছনে চাব না,
        পাল তুলে দাও, দাও দাও দাও॥
প্রবল পবনে তরঙ্গ তুলিল,
        হৃদয় দুলিল, দুলিল দুলিল
পাগল হে নাবিক,   ভুলাও দিগ্‌বিদিক,
        পাল তুলে দাও, দাও দাও দাও॥

- গীতবিতান: প্রেম: ৩৩৯

High tides of love will float you two away
        Unchain your anchor, unchain, unchain, unchain.
No more worries, no looking back
        Lift your sail, lift, lift, lift.
Strong wind lifted the waves high
        My heart trembles and shivers
O mad sailor, put your compass away
        And lift the sail towards unknown,
        Lift, lift, lift

- (Translation by NS)

ভালোবাসা

ফেব্রুয়ারি ২০

যদি পার্শ্বে রাখ মোরে, সংকটে সম্পদে

চিন্তা-কণিকা

চিত্রাঙ্গদা রাজার মেয়ে। আরেক দেশের মহারাজ অর্জুন তাকে দেখে মুগ্ধ হলেও চিত্রাঙ্গদা কেবল মহারাজের প্রেয়সী হতে রাজী নয়। সহধর্মিনী বলতে এখানে সে চাচ্ছে মানুষ হিসাবে তার স্বীকৃতি - সে চায় স্বামীর পাশে থেকে সকল কর্মের সহায় হতে - হেলা করে তাকে পিছনে ফেলে দেয়া হোক সেটা সে যেমন চায় না, তেমনি চায় না দেবী বানিয়ে তাকে তার স্বামী পূজা করুন। আধুনিক যুগের স্বামীস্ত্রীর সম্পর্কের একটি চিত্র যেন ফুটে উঠেছে এখানে।

আমি চিত্রাঙ্গদা, আমি রাজেন্দ্রনন্দিনী।
নহি দেবী, নহি সামান্যা নারী।
পূজা করি মোরে রাখিবে ঊর্ধ্বে
সে নহি নহি,
হেলা করি মোরে রাখিবে পিছে
সে নহি নহি।
যদি পার্শ্বে রাখ মোরে সংকটে সম্পদে,
সম্মতি দাও যদি কঠিন ব্রতে সহায় হতে,
পাবে তবে তুমি চিনিতে মোরে।

- চিত্রাঙ্গদা (গীতবিতান): ৪৬

I am Chitrangada, daughter of the King of kings
Not a goddess am I, nor an ordinary woman.
I am not someone
Thou shall worship and keep at bay.
Nor I am someone you can ignore
And push to the backside.
However, if you keep me by your side
In good times and bad times
If you let me assist you in hard times
Then you will truly know me.

- (Translation by NS)

(আরো দেখুন অধ্যায় ৮ (সম্পর্ক)-এর ভূমিকা)

ফেব্রুয়ারি ২১

বাঙালির কাজ, বাঙালির ভাষা -- সত্য হউক

চিন্তা-কণিকা

আজ একুশে ফেব্রুয়ারি - বাঙালির দুঃখের দিন যেমন - তেমনি গর্বের দিন। ১৯৫২ সালের এই দিনে মাতৃভাষার স্বীকৃতি আদায়ের জন্য ঢাকার রাজপথ রঞ্জিত হয়েছিল সংগ্রামরত বাঙালিদের উপর পাকিস্তানী শাসকদলের গুলিবর্ষণে। প্রাণ দিয়েছিলো রফিক, জাব্বার, বরকত, সালাম এবং আরো অনেকে। সে ছিল আমাদের দুঃখের দিন। আমাদের দুঃখের সেই স্মৃতিকে স্মরণ করে জাতিসংঘ একুশে ফেব্রুয়ারিকে ঘোষণা করেছে 'আন্তর্জাতিক মাতৃভাষা দিবস' (International Mother Language Day)। সে হিসাবে এই দিনটি বাঙালির গর্বেরও দিন বইকি।

আজকের এই দিনে আমাদের প্রতিজ্ঞা হউক 'বাঙালির ঘরে যত ভাই বোন', মুসলমান-হিন্দু-বৌদ্ধ-খ্রীষ্টান-নাস্তিক-আস্তিক সকলে 'এক হউক' এবং একত্রে কাজ করুক এবং আমাদের দেশকে সাম্প্রদায়িকতার বিষবাষ্প থেকে রক্ষা করতে ব্রতী হোক।

বাংলার মাটি, বাংলার জল,
বাংলার বায়ু, বাংলার ফল--
পুণ্য হউক, পুণ্য হউক, পুণ্য হউক হে ভগবান ॥
বাংলার ঘর, বাংলার হাট,
বাংলার বন, বাংলার মাঠ--
পূর্ণ হউক, পূর্ণ হউক, পূর্ণ হউক হে ভগবান ॥
বাঙালির পণ, বাঙালির আশা,
বাঙালির কাজ, বাঙালির ভাষা--
সত্য হউক, সত্য হউক, সত্য হউক হে ভগবান ॥
বাঙালির প্রাণ, বাঙালির মন,
বাঙালির ঘরে যত ভাই বোন--
এক হউক, এক হউক, এক হউক হে ভগবান ॥

- গীতবিতান: স্বদেশ: ২০

Let all brothers and sisters of Bengal
Be united and work in unison, my Lord.

- (Partial translation by NS)

ফেব্রুয়ারি ২২

'সে আসিবে' আমার মন বলে

চিন্তা-কণিকা

বৃষ্টির দিনে সন্ধ্যাবেলায় যখন চারিদিক অন্ধকার হয়ে আসে এবং একাকীত্ব চারিদিক থেকে আমাদেরকে ঘিরে ধরে তখন কেন জানি মনে হয় সেই প্রিয় মানুষটি যদি আজ আমাদের বাড়ীতে বেড়াতে আসতো - তা হলে কী না ভালোই হত। মন বার বার বলে সে আসবে আর সেই খুশীতে চোখের তারায় তারায় আনন্দ নেচে উঠে।

আজি গোধূলিলগনে এই বাদলগগনে
তার চরণধ্বনি আমি হৃদয়ে গণি-
'সে আসিবে' আমার মন বলে সারাবেলা,
অকারণ পুলকে আঁখি ভাসে জলে।।
অধীর পবনে তার উত্তরীয় দূরের পরশন দিল কি ও-
রজনীগন্ধার পরিমলে 'সে আসিবে' আমার মন বলে।

- গীতবিতান: প্রেম: ৫২

In this hour of cloud-filled twilight sky
I count his footsteps in my heartbeats
"He will come" whispers my mind nonstop
And an unreasoned joy floods my eye with tears.

- (Partial translation by NS)

চিন্তা-কণিকা

<u>আরো চিন্তার খোরাক:</u> এ প্রসঙ্গে স্মরণীয় নাম না জানা এক উর্দুভাষী কবির বৃষ্টির কাছে প্রার্থনা -

"এ বাদল তু ইতনা না বরস
যো উয়ো আ না সকে
উয়ো আ যায়ে তো ইতনা বরস
যো উয়ো যা না সকে।"

অর্থাৎ
হে বৃষ্টি এত বেশি ঝরো না যে
ও আসতে না পারে।
ও এসে যাওয়ার পরে এত বেশি ঝরো
যেন ও যেতে না পারে।

ভালোবাসা

ফেব্রুয়ারি ২৩

আর কি কখনো কবে   এমন সন্ধ্যা হবে

চিন্তা-
কণিকা

ধরে নিন কোনো এক সন্ধ্যায় আপনি আপনার প্রিয়তমের বাসায় গেলেন আপনার এতদিনের গোপন ভালোবাসার কথা জানাতে। সেদিন কালো মেঘ করেছিল আকাশে এবং অঝোর ধারায় বৃষ্টি পড়ছিলো। আপনি আপনার মনের কথাটি বললেন, কিন্তু বৃষ্টির শব্দ আপনার কথাগুলোকে ছাপিয়ে দিল - আপনি জানতে পারলেন না আপনার সব কথা আপনার প্রিয়তমা শুনতে পেলো কি পেলো না। আর মেঘাচ্ছন্ন সন্ধ্যার আলো-আঁধারিতে আপনি প্রিয়তমার মুখের রেখাবলীও স্পষ্ট দেখতে পেলেন না, যে বুঝতে পারবেন সে খুশী হলো, নাকি নাখোশ হলো। আপনার কথা শেষ হয়ে এলো এবং আপনি ফিরে এলেন স্পষ্ট কোনো উত্তর বা আভাস না পেয়ে।

▶   গোধূলিগগনে মেঘে ঢেকেছিল তারা।
    আমার যা কথা ছিল হয়ে গেল সারা ॥
হয়তো সে তুমি শোন নাই,
সহজে বিদায় দিলে তাই--
    আকাশ মুখর ছিল যে তখন,
    ঝরোঝরো বারিধারা ॥
        চেয়েছিনু যবে মুখে তোলো নাই আঁখি,
        আঁধারে নীরব ব্যথা দিয়েছিল ঢাকি।
    আর কি কখনো কবে   এমন সন্ধ্যা হবে--
        জনমের মতো হায় হয়ে গেল হারা ॥

- গীতবিতান: প্রেম: ১০৯

The clouds covered the twilight sky
        And I finished all that I wanted to say.
Perhaps you haven't heard me clearly
        And bid me farewell with ease
The sky was then clamoring clattering
        With incessant trails of rain.
When I gazed at your face, your eyes were down
        Darkness of dusk veiled your unspoken pain
Will there be such an evening again
        Alas, it may have been lost forever.   (Tr. by NS)

ভালোবাসা

ফেব্রুয়ারি ২৪

বিদায়কালে কী বল নাই

চিন্তা-
কণিকা

গতকাল পড়েছিলাম গোধূলিলগনে প্রিয়তমার বাড়ী থেকে অনিশ্চয়তার বেদনা নিয়ে প্রেমিকের ফিরে আসার কাহিনী। আজ পড়বো প্রিয়তমার বেদনার গল্প - প্রেমিক বিদায় কালে কী না বলে চলে গেলো। গাঢ় (bold) অক্ষরের বাক্যগুলো মনোযোগ দিয়ে পড়ুন এবং আপনার মানসপটে সেই বেদনাভরা বিদায়ক্ষণের একটি ছবি আঁকতে চেষ্টা করুন।

মনে কী দ্বিধা রেখে গেলে চলে
    সে দিন ভরা সাঁঝে,
**যেতে যেতে দুয়ার হতে
    কী ভেবে ফিরালে মুখখানি--
কী কথা ছিল যে মনে॥**
    তুমি সে কি হেসে গেলে আঁখিকোণে--
আমি বসে বসে ভাবি
    নিয়ে কম্পিত হৃদয়খানি,
... বারেক তোমায় শুধাবারে চাই
**বিদায়কালে কী বল নাই,
সে কি রয়ে গেল গো সিক্ত যূথীর গন্ধবেদনে॥**

- গীতবিতান: প্রেম: ২৭৭

With what doubts had you left
In the darkness of the nightfall the other day.
On your way, from the doorsteps
You looked back as if to say something
I wonder what was in your mind.
Did you leave with a smile in your eyes
I wonder with a trembling heart
... I want to ask you only once
What did you not say as you parted
Was that hidden in the scent of wet jasmines?

- (Partial translation by NS)

ফেব্রুয়ারি ২৫

সেদিন দুজনে দুলেছিনু বনে

চিন্তা-কণিকা

প্রেমিক প্রেমিকার প্রথম সাক্ষাতের মুহূর্তটি অবিস্মরণীয় - কেননা সেই মুহূর্তের দ্বিধা-থরথর চূড়ায় সাত সাতটি অমরাবতী (বা স্বর্গলোক) এসে ভর করেছিল - বলা ও না-বলা অনেক মনের কথা সেদিন ভাষা পেয়েছিল চোখের ভাষায়। সেই স্মৃতিময় মুহূর্ত কী ভোলা যায়?

যেতে যেতে পথে পূর্ণিমারাতে
চাঁদ উঠেছিল গগনে
দেখা হয়েছিল তোমাতে আমাতে
কী জানি কী মহা লগনে।

...

বাঁধিনু যে রাখী পরানে তোমার
সে রাখী খুলো না, খুলো না ॥

...

সেদিন দুজনে দুলেছিনু বনে,
ফুলডোরে বাঁধা ঝুলনা।
সেই স্মৃতিটুকু কভু খনে খনে
যেন জাগে মনে, ভুলো না ॥

- গীতবিতান: প্রেম: ১৮৯

In our path on that night
Full moon was glowing in the sky
You and I locked our eyes
Oh, what an auspicious moment that was!
...
The friendship band that I tied to your heart
Untie it not, untie it not.
It was but a while ago
We swung in the woods
In a flower-draped swing.
Let those memories surface in our minds
From time to time
Forget it not, forget it not.

- (Translation by NS)

ভালোবাসা

ফেব্রুয়ারি ২৬

ন্যায় অন্যায় জানি নে, জানি নে, জানি নে

চিন্তা-কণিকা

গভীর ভালোবাসা আমাদেরকে ভালোবাসার মানুষের দোষত্রুটি ভুলে যেতে শিখায় - আমরা প্রতিমুহূর্তে তাদের বিচার করি না - কেননা ভালোবাসার পরশে আমরা সবকিছুকেই সুন্দর দেখি। এই গানের যে কোনো দুই বা চার লাইন আপনার ভালোবাসার মানুষের কাছে বলতে পারেন আপনার ভালোবাসার গভীরতা প্রকাশের জন্য।

মার্কিন রাষ্ট্রপ্রতিষ্ঠার এক মহানায়ক Benjamin Franklin বলেছিলেন – "Keep your eyes wide open before marriage, but half shut afterwards."- যার সারমর্ম হলো এই যে - বিয়ের আগে চোখ কান খোলা রেখে দেখেশুনে জীবনসাথী বেছে নিন, কিন্তু বিয়ের পরে চোখ অর্ধেক বুঁজে থাকবেন যাতে জীবনসাথীর দোষত্রুটি চোখে না পড়ে।

ন্যায় অন্যায় জানি নে, জানি নে, জানি নে,
  শুধু তোমারে জানি
    ওগো সুন্দরী।
  চাও কি প্রেমের চরম মূল্য-- দেব আনি,
    দেব আনি ওগো সুন্দরী।
  ন্যায় অন্যায় জানি নে, জানি নে, জানি নে।

- শ্যামা (গীতবিতান): ২০

I am not aware of
What is just or unjust (in love)
All I know is you alone
O my beautiful!
Do you want me to pay
The ultimate price of love, my dear
I will pay, I will pay, O my beautiful!

- (Partial translation by NS)

ফেব্রুয়ারি ২৭

তুমি আছ আমি আছি

চিন্তা-কণিকা

মানুষ যখন প্রেমে পড়ে, তখন সে অসাধারণ সাহসী এবং শক্তিশালী হয়ে উঠে। প্রেমের নিশান উড়িয়ে দিয়ে সে সকল বাধা-বিপত্তি, সকল শোক-দুঃখকে জয় করতে পারে। প্রেম এমনি এক মোহিনী শক্তি। "তুমি আছ, আমি আছি" এই জানাটুকুই তখন যথেষ্ট।

ভাগ্যের পায়ে দুর্বল প্রাণে ভিক্ষা না যেন যাচি।
কিছু নাই ভয়, জানি নিশ্চয় তুমি আছ আমি আছি।
উড়াব ঊর্ধ্বে প্রেমের নিশান দুর্গমপথমাঝে
দুর্দম বেগে দুঃসহতম কাজে।
রুক্ষ দিনের দুঃখ পাই তো পাব--
চাই না শান্তি, সান্ত্বনা নাহি চাব।
পাড়ি দিতে নদী হাল ভাঙে যদি, ছিন্ন পালের কাছি,
মৃত্যুর মুখে দাঁড়ায়ে জানিব তুমি আছ আমি আছি। ...
এ বাণী, প্রেয়সী, হোক মহীয়সী
"তুমি আছ আমি আছি" ॥
...
আমরা দুজনা স্বর্গ-খেলনা গড়িব না ধরণীতে।

- গীতবিতান: প্রেম: ৪৯

This message, my love, be glorified
That you are, and I am, together, forever."

- (Partial translation by NS)

চিন্তা-কণিকা

<u>আরো চিন্তার খোরাক:</u> এই গানের সাথে মিশিয়ে পড়তে পারেন ইংরেজ কবি Lord Byron এর "If that high world" কবিতার লাইন

"If that high world—which lies beyond
Our own, surviving love endears;
... To soar from earth and find all fears
Lost in thy light—eternity!
... Oh! in that future let us think
To hold each heart the heart that shares;
With them the immortal waters drink,
And soul in soul grow deathless theirs!"

- Lord Byron: If that High World

ভালোবাসা

ফেব্রুয়ারি ২৮
জীবনপাত্র উচ্ছলিয়া মাধুরী করেছ দান

চিন্তা-কণিকা

আসুন, ভালোবাসার মাসের এই দিনে ভালোবাসার মানুষকে স্বীকৃতি দেই – এই গানের যে কোনো দুই বা চার লাইন আপনার ভালোবাসার মানুষের কাছে প্রকাশ করতে পারেন - লিখে বা মুখের কথায়। গানের কথার দিকে খেয়াল করুন - রজনীগন্ধা কীভাবে রাতের অগোচরে নীরবে সুগন্ধে ভরপূর করে দেয় রাতকে - সেভাবে আপনার জীবনকেও যে একজন মানুষ ফুলে ফুলে ভরে দিয়েছে তাকে কি এই কথাগুলো বলা যায় না?!

আসুন, ভালোবাসার মানুষকে নিজের ভালোবাসার কথা অকপটে এবং অবিলম্বে জানাই। এবং শুধু আজ নয়, প্রতিদিন জানাই।

আমার জীবনপাত্র উচ্ছলিয়া মাধুরী করেছ দান,
তুমি জান নাই, তুমি জান নাই,
তুমি জান নাই তার মূল্যের পরিমাণ॥
রজনীগন্ধা অগোচরে
যেমন রজনী স্বপনে ভরে সৌরভে,
তুমি জান নাই, তুমি জান নাই,
তুমি জান নাই,
মরমে আমার ঢেলেছ তোমার গান॥

- গীতবিতান: প্রেম: ৪৩

You bestowed love and sweetness
Overfilling my life-cup
Never would you know, never would you know
The worth of that priceless gift.
The way a rose secretly fills the night
With scents and sweet dreams
Never would you know that
In the same way, you poured
Your songs in the depths of my soul.

- (Translation by NS)

ভালোবাসা

ফেব্রুয়ারি ২৯

না চাহিলে তোমার মুখপানে

চিন্তা-
কণিকা

ভালোবাসার মধ্যে চাই commitment - একে অপরকে সঙ্গ ও সময় দেয়ার commitment, অর্থাৎ এমন মানসিকতা যে - 'আজি হাতে আমার যা কিছু কাজ আছে/ আমি সাঙ্গ করব পরে।' কেউ যদি সারাক্ষণ নিজের কাজ নিয়ে ব্যস্ত থাকে এবং প্রিয় মানুষটিকে সময় না দেয়, তাহলে ধীরে ধীরে ভালোবাসার প্রদীপ ধীরে ধীরে নিভে যাবে। কেননা ভালোবাসা হচ্ছে গাছের মত - তাকে সতেজ ও সজীব রাখতে হলে প্রতিদিন পানি-সিঞ্চন করতে হবে এবং ভালোবাসার রৌদ্রালোক লাগাতে হবে। আসুন, শত ব্যস্ততার মধ্যেও আমরা আমাদের স্ত্রী-কন্যা-পুত্রদের সময় দেই।

তুমি   একটু কেবল বসতে দিয়ো কাছে
             আমায় শুধু ক্ষণেক তরে।
আজি   হাতে আমার যা কিছু কাজ আছে
             আমি   সাঙ্গ করব পরে।
না চাহিলে তোমার মুখপানে
             হৃদয় আমার বিরাম নাহি জানে,
কাজের মাঝে ঘুরে বেড়াই যত
             ফিরি   কূলহারা সাগরে॥
...
আজকে শুধু একান্তে আসীন
             চোখে চোখে চেয়ে থাকার দিন,
আজকে জীবন-সমর্পণের গান
             গাব   নীরব অবসরে॥

               - গীতবিতান: প্রেম: ৯৫

I ask for a moment's indulgence to sit by thy side. The works that I have in hand I will finish afterwards. Away from the sight of thy face my heart knows no rest nor respite, and my work becomes an endless toil in a shoreless sea of toil. ... Now it is time to sit quiet, face to face with thee, and to sing dedication of life in this silent and overflowing leisure.

            - (Translation by Rabindranath Tagore)

******* ফেব্রুয়ারি বোনাস *******

আমি হৃদয়ের কথা বলিতে ব্যাকুল ...

চিন্তা-কণিকা

ভালোবাসার মাস শেষ হয়ে গেলো। আপনি কি আপনার হৃদয়ের কথা আপনার মনের মানুষের কাছে ব্যক্ত করেছেন? যদি না করে থাকেন, তাহলে রবীন্দ্রনাথের সাহায্য নিয়ে আপনার মনের কথা মনের মানুষের কাছে বলে ফেলুন। "না-বলা বাণীর ঘন যামিনীর" নিকষ কালো আঁধারে বসে থাকবেন না। সময় ফুরিয়ে যাবে। ভুলে যাবেন না সুফি সাধক রুমীর কথা (দেখুন ফেব্রুয়ারি ৩)।

আমি হৃদয়ের কথা বলিতে ব্যাকুল, শুধাইল না কেহ।
সে তো এল না, যারে সঁপিলাম এই প্রাণ মন দেহ॥
সে কি মোর তরে পথ চাহে, সে কি বিরহগীত গাহে
যার বাঁশরিধ্বনি শুনিয়ে আমি ত্যজিলাম গেহ॥

- গীতবিতান: প্রেম: ৩৭৯

****

অনেক কথা যাও যে ব'লে কোনো কথা না বলি।
তোমার ভাষা বোঝার আশা দিয়েছি জলাঞ্জলি॥
যে আছে মম গভীর প্রাণে ভেদিবে তারে হাসির বাণে,
চকিতে চাহ মুখের পানে তুমি যে কুতূহলী।

- গীতবিতান: প্রেম: ১৪৭

****

কবে আমি বাহির হলেম তোমারি গান গেয়ে--
সে তো আজকে নয় সে আজকে নয়।
ভুলে গেছি কবে থেকে আসছি তোমায় চেয়ে
সে তো আজকে নয় সে আজকে নয়।

...

পুষ্প যেমন আলোর লাগি
না জেনে রাত কাটায় জাগি,
তেমনি তোমার আশায় আমার
হৃদয় আছে ছেয়ে--
সে তো আজকে নয় সে আজকে নয়॥

- গীতাঞ্জলি: ৬৫

৩

আনন্দ

"আনন্দধারা বহিছে ভুবনে,
দিনরজনী কত অমৃতরস উথলি যায় অনন্ত গগনে॥"

- গীতবিতান: পূজা: ৩২৬

"সুখের বিপরীতে দুঃখ, কিন্তু আনন্দের বিপরীত নয়।; বস্তুতঃ দুঃখ আনন্দেরই অন্তর্ভুক্ত। কথাটা শুনতে স্বতোবিরুদ্ধ, কিন্তু সত্য।"

- সাহিত্যতত্ত্ব: সাহিত্যের পথে

"দুঃখকে আমরা দুর্বলতাবশত খর্ব করিব না, অস্বীকার করিব না, দুঃখের দ্বারাই আনন্দকে আমরা বড়ো করিয়া এবং মঙ্গলকে আমরা সত্য করিয়া জানিব।... আনন্দ আপনাতে বদ্ধ হইয়া সম্পূর্ণ হয় না, আনন্দ আপনাকে ত্যাগ করিয়াই সার্থক।"

- ধর্ম: দুঃখ

আনন্দ আর সুখ এক জিনিস নয় যদিও প্রায়শ:ই আমরা আনন্দের সাথে সুখকে গুলিয়ে ফেলি। আমাদের চারিদিকে আনন্দ ছড়িয়ে ছিটিয়ে আছে। আনন্দের শক্তি এমনই যে দুঃখ এসে সুখকে ছিনিয়ে নিলেও আনন্দকে হরণ করতে পারে না। মা যেমন, সে যেখানে মা সেখানে সন্তানের জন্য তার দুঃখ-ঝঞ্ঝাট যত বেশিই হোক না কেন - সেখানে তবুও তার আনন্দ। মহাপুরুষেরা মানবসেবায় দুঃখভোগ করেও আনন্দ পান।

বিশ্বচরাচরব্যাপী আনন্দেরই জয়গান হচ্ছে, কিন্তু সেই আনন্দকে

দেখার এবং গ্রহণ করার শক্তি অনেকসময়ই আমাদের থাকে না। যখন আমরা সেই বিপুল আনন্দভান্ডারের সন্ধান পাই - তখন আমাদের সামনে খুলে যায় ভিন্ন এক হৃদয় দুয়ার।

এই অধ্যায়ের উদ্‌ধৃতিগুলো নির্বাচন করা হয়েছে এমনভাবে যেন চারিদিককার আনন্দ আমরা প্রতিদিন দেখতে পাই, অনুভব করতে পারি, এবং গ্রহণ করতে পারি। প্রতিদিনের পঠনে বাক্যগুলো আমাদেরকে নতুন করে আনন্দময় এক বিশ্বজগৎকে দেখতে শিখাবে, জানতে শিখাবে এবং বুঝতে শিখাবে।

মার্চ ১

তবু কোমর কেন টন্ টন্ করে রে

চিন্তা-কণিকা

নিজের গানের কথাকে নিজেই সামান্য বদলে দিয়ে রবীন্দ্রনাথের রসিকতার একটি উজ্জ্বল উদাহরণ ভাইঝি ইন্দিরা দেবী চৌধুরানীর কাছে লিখিত এই চিঠি। রবিঠাকুরের বয়স তখন ২৬, ভাইঝির বয়স ১৪। ইন্দিরাকে লিখিত রবীন্দ্রনাথের পত্রাবলী 'ছিন্নপত্র' নামে গ্রন্থাকারে প্রকাশিত হয়। মূল গানটি পরের পৃষ্ঠায় দেয়া আছে।

প্রমোদে ঢালিয়া দিনু মন,
তবু কোমর কেন টন্ টন্ করে রে।
চারি দিকে চলা ফেরা
আমার কোমর কেন টন্ টন্ করে রে।

হৃদয় ভেঙে গেলে লোকে সান্ত্বনালাভের জন্য পাহাড়ে বেড়াতে আসে, কিন্তু কোমর ভেঙে গেলে সমতল ক্ষেত্রেই সকলের চেয়ে ভালো। এ সময়ে পার্ক স্ট্রীটের সেই তাকিয়াগুলো মনে পড়ছে এবং তার সঙ্গে সঙ্গে আরও গোটাকতক পূর্বস্মৃতি মনে আসছে - কিন্তু থাক - কোমরের কোনো প্রসঙ্গ আর পাড়বো না - পূর্বে কবে কোমরে ব্যথা হয়েছিল সে একেবারে ভুলে যাব, কিন্তু এখন যে কোমরের ব্যথা হয়েছে সেটা ভুলি কী করে? –

বীণা তবে রেখে দে, গান আর গাস নে,
কেমনে যাবে বেদনা !

- ছিন্নপত্র

চিন্তা-কণিকা

আরো চিন্তার খোরাক: রবীন্দ্রনাথের রসিকতার সাথে তাল মিলিয়ে আপনিও এরকম গান ঘরের মধ্যে গুন্ গুন্ করতে পারেন ব্যথা বেদনার মধ্যে আনন্দে থাকার জন্য। দু-একটি লাইন আপনিও চাইলে বদলে দিতে পারেন, যেমন –

প্রমোদে ঢালিয়া দিনু মন,
তবু কেন গা-টা ম্যাজ ম্যাজ করে রে।
চারি দিকে চলা ফেরা
আমার গা-টা ম্যাজ ম্যাজ করে রে ।

অথবা - তবু কেন মনটা খচ খচ করে রে - ইত্যাদি। মনে রাখবেন - যারা বেশি আনন্দ-ফূর্তি করে - তারা বেশিদিন বাঁচে।

মার্চ ২

প্রমোদে ঢালিয়া দিনু মন

চিন্তা-কণিকা

শত আনন্দ-প্রমোদের মাঝেও আমাদের আত্মা মাঝে মধ্যে কেঁদে উঠে - কিসের জন্য - তা আমরা সঠিক জানি না। আমাদের মন অশান্ত হয়ে উঠে - আমরা নিজেরাই জানি না আমরা কী চাই। শান্তির সন্ধানে আমরা ছুটে বেড়াই। সুফি সাধক মাওলানা জালালুদ্দিন রুমী বলেছিলেন - বাঁশের বাঁশি যেমন বাঁশবন থেকে চলে আসার বিচ্ছেদবেদনার কথা আমাদের জানায় বাঁশীতে করুণ সুর তুলে - তেমনি আমাদের আত্মাও পরমাত্মার আবাস থেকে বিচ্ছিন্ন হয়ে কাঁদে। (আরো পড়ুন এই বইয়ের 'ভূমিকা')।

প্রমোদে ঢালিয়া দিনু মন, তবু প্রাণ কেন কাঁদে রে।
চারি দিকে হাসিরাশি, তবু প্রাণ কেন কাঁদে রে॥
আন্ সখী, বীণা আন্, প্রাণ খুলে কর্ গান,
নাচ্ সবে মিলে ঘিরি ঘিরি ঘিরিরে—
তবু প্রাণ কেন কাঁদে রে॥
বীণা তবে রেখে দে, গান আর গাস নে—
কেমনে যাবে বেদনা।
কাননে কাটাই রাতি, তুলি ফুল মালা গাঁথি,
জোছনা কেমন ফুটেছে—
তবু প্রাণ কেন কাঁদে রে॥

- গীতবিতান: নাট্যগীতি: ৩৭

I indulge myself into fun and festivities,
Still, why my soul keeps crying.
Laughter floods all around me,
Still, why my soul keeps crying.
Come dear, bring the flute,
And play songs to the heart's desire
Dance, let us all dance round and round
Still, why my soul keeps crying.

- (Partial translation by NS)

মার্চ ৩

জগতে আনন্দযজ্ঞে আমার নিমন্ত্রণ

চিন্তা-
কণিকা

পৃথিবীতে দুঃখ আছে, সুখ আছে; আছে আনন্দ। কিন্তু আপনার দৃষ্টি কোথায় বেশি নিপতিত হবে সেটি আপনার মনোভঙ্গির (mindset) ব্যাপার। পৃথিবীর রূপ যদি দেখেন আপনি নয়নভরে - পৃথিবীজুড়ে সকাল-সন্ধ্যা যে সুর ঘনিয়ে উঠছে তা যদি আপনি কান পেতে শুনেন - তাহলে দেখতে পাবেন সকল সুখদুঃখকে ছাড়িয়ে জগতে এক অসীম আনন্দ চারিদিকে ব্যাপ্ত হয়ে আছে।

আসুন, আজকের প্রতিজ্ঞা হোক - আমরা বর্ধনশীল মনোভঙ্গির (growth mindset) চর্চা করে জগদব্যাপী আনন্দকে উপভোগ করি।

জগতে আনন্দযজ্ঞে আমার নিমন্ত্রণ।
ধন্য হল ধন্য হল মানবজীবন।
নয়ন আমার রূপের পুরে
সাধ মিটায়ে বেড়ায় ঘুরে,
শ্রবণ আমার গভীর সুরে
হয়েছে মগন॥
তোমার যজ্ঞে দিয়েছ ভার
বাজাই আমি বাঁশি।
গানে গানে গেঁথে বেড়াই
প্রাণের কান্নাহাসি।

- গীতবিতান: পূজা: ৩১৭

I have had my invitation
To this world's festival.
And thus my life has been blessed.
My eyes have seen
And my ears have heard.
It was my part at this feast
To play upon my instrument
And I have done all I could.

- (Translation by Rabindranath Tagore)

মার্চ ৪

দিকে দিগন্তে যত আনন্দ

চিন্তা-কণিকা

পৃথিবীতে আনন্দ ছড়িয়ে আছে সর্বত্র। আকাশ আলো ফুল ফল সবই আনন্দ বিলিয়ে যাচ্ছে। পৃথিবীর এই অকৃপণ দানের প্রতি কৃতজ্ঞতা প্রকাশ করলে সেই আনন্দ আমাদের মধ্যে জাগ্রত হবে। আসুন, শত দুঃখ-বেদনার মাঝেও আনন্দকে আমাদের জীবনে সর্বান্তকরণে গ্রহণ করি।

দিকে দিগন্তে যত আনন্দ
লভিয়াছে এক গভীর গন্ধ,
আমার চিত্তে মিলি একত্রে
তোমার মন্দিরে উছাসে।
...
আজি   যত তারা তব আকাশে
সবে   মোর প্রাণ ভরি প্রকাশে॥
নিখিল তোমার এসেছে ছুটিয়া,
মোর মাঝে আজি পড়েছে টুটিয়া হে,
তব নিকুঞ্জের মঞ্জরী যত
আমারি অঙ্গে বিকাশে॥

- গীতবিতান: পূজা: ৬৬

Unbounded joy from all directions
Has gathered a special scent today
Mingling and merging in my soul
They gush forth in thy praise.
...
All the stars that light thy sky
They shine within my soul tonight
The world today has come running
And broken in waves in my soul
All the blossoms in your grove
Blooms forth fully in me.

- (Translation by NS)

(আরো দেখুন মার্চ ৩ এবং নভেম্বর ৯)

আনন্দ

মার্চ ৫

মুরতি ধরিয়া জাগিয়া উঠে আনন্দ

চিন্তা-
কণিকা

আমাদের চারিদিকে ব্যাপ্ত আলো-হাওয়া তরু-লতা পশু-পাখী এক বিশেষ আশীর্বাদ তথা বিশ্বপ্রভুর দান। আমরা সেই সকল আশীর্বাদ দেখতে পাইনা কেননা আমাদের অলস আঁখির উপর রয়েছে এক 'আমি'-র আবরণ। আসুন, আজকের এই দিনে, এই সকল আশীর্বাদগুলোকে চোখ মেলে দেখি ও ঈশ্বরকে কৃতজ্ঞতা জানাই।

প্রেমে প্রাণে গানে গন্ধে আলোকে পুলকে
    প্লাবিত করিয়া নিখিল দ্যুলোকে ভূলোকে
তোমার অমল অমৃত পড়িছে ঝরিয়া॥
    দিকে দিকে আজি টুটিয়া সকল বন্ধ
**মুরতি ধরিয়া জাগিয়া উঠে আনন্দ,
জীবন উঠিল নিবিড় সুধায় ভরিয়া॥**

- গীতবিতান: পূজা: ৩১৬

চিন্তা-
কণিকা

আরো চিন্তার খোরাক: বাংলার বিদ্রোহী কবি কাজী নজরুল ইসলাম খোদার এই আশীর্বাদ নিয়ে লিখেছিলেন -
"এই সুন্দর ফুল সুন্দর ফল মিঠা নদীর পানি
খোদা তোমার মেহেরবানী।
শস্য-শ্যামল ফসল-ভরা মাঠের ডালিখানি
খোদা তোমার মেহেরবানী।
তুমি কতই দিলে রতন
ভাই বেরাদর পুত্র স্বজন
ক্ষুধা পেলেই অন্ন জোগাও মানি চাই না মানি।।
খোদা তোমার হুকুম তরক করি আমি প্রতি পায়
তবু আলো দিয়ে বাতাস দিয়ে বাঁচাও এ বান্দায়।"

এখানে মনে করা যেতে পারে সৃষ্টির বিস্ময় নিয়ে বাংলা আধুনিক গানের কথা - "বনতল ফুলে ফুলে ঢাকা/দূর নীলিমায় ওঠে চাঁদ বাঁকা/বাতাসের ফাল্গুনী গান/ ভরে তোলে আঙিনা বিতান/ দুলে ওঠে মাধবীর প্রাণ/ কি অনুরাগে/ ...কপোতের বুকে ওই/কত সুখে কপোতী ঘুমায়/লীলাছলে বনলতা/ কি সোহাগে তরুরে জড়ায়।"

মার্চ ৬

তোমার আশীর্বাদ, হে প্রভু, তোমার আশীর্বাদ

চিন্তা-
কণিকা

গতকাল রবীন্দ্রনাথের গানের সাথে পড়েছিলাম বিশ্বপ্রভুর আশীর্বাদ নিয়ে কবি নজরুলের অসাধারণ গান এবং একটি আধুনিক বাংলা গানের কিছু কথা। সেই বিশ্বপ্রভুর আশীর্বাদ নিয়ে রবীন্দ্রনাথের আজকের গানটি পড়তে পড়তে কৃতজ্ঞতা (gratitude) প্রকাশ করুন ঈশ্বরের কাছে। এবং এই কৃতজ্ঞতা প্রকাশকে প্রতিদিনের প্রার্থনার অংশ করে ফেলুন কেননা এতে আমাদের অহং (ego) দমিত হয় এবং আত্ম-উপলব্ধি বাড়ে।

সারা জীবন দিল আলো সূর্য গ্রহ চাঁদ
  তোমার আশীর্বাদ, হে প্রভু, তোমার আশীর্বাদ ॥
মেঘের কলস ভ'রে ভ'রে   প্রসাদবারি পড়ে ঝ'রে,
সকল দেহে প্রভাতবায়ু ঘুচায় অবসাদ--
  তোমার আশীর্বাদ, হে প্রভু, তোমার আশীর্বাদ ॥
তৃণ যে এই ধুলার 'পরে পাতে আঁচলখানি,
  এই-যে আকাশ চিরনীরব অমৃতময় বাণী,
ফুল যে আসে দিনে দিনে   বিনা রেখার পথটি চিনে,
  এই-যে ভুবন দিকে দিকে পুরায় কত সাধ--
  তোমার আশীর্বাদ, হে প্রভু, তোমার আশীর্বাদ ॥

- গীতবিতান: পূজা: ৩৫৫

Sun, moon, and stars light the earth endlessly
They are all your blessings, my Lord, your blessings.
Clouds spill and spread bounteous rain over and over
Morning breeze refreshes my body and soul forever
They are all your blessings, my Lord, your blessings.
Green grass spreads its raiment over the dust
This sky that speaks the ever-silent heavenly speech
Flowers bloom day after day tracing untraceable trails
This world that fulfills all desires from everywhere
They are all your blessings, my Lord, your blessings.

- (Translation by NS)

মার্চ ৭

পাখির কণ্ঠে আপনি জাগাও আনন্দ

চিন্তা-কণিকা

পাখি নিজের আনন্দে গান গায় - সেটা তার সহজাত প্রবৃত্তি। কিন্তু, চারিদিকে পরিব্যাপ্ত আনন্দকে দেখার শক্তি মানুষের সহজাত নয়। নিজেকে নিয়ে ব্যস্ত থাকার কারণে আমরা চোখ মেলে আনন্দকে দেখি না, হৃদয় খুলে আনন্দকে অনুভব করি না, কান পেতে আনন্দের জয়ধ্বনি শুনতে পাই না।

আসুন আজ প্রার্থনা করি বিশ্বপ্রভু যেন আমাদেরকে সেই আনন্দসাগরে জাগ্রত করেন।

পাখির কণ্ঠে আপনি জাগাও আনন্দ,
তুমি ফুলের বক্ষে ভরিয়া দাও সুগন্ধ,
তেমনি করে আমার হৃদয়ভিক্ষুরে
কেন দ্বারে তোমার নিত্য প্রসাদ পাওয়াও না?

...
নিত্য তোমার যে ফুল ফোটে ফুলবনে
তারি মধু কেন মনমধুপে খাওয়াও না?

...
আকাশে ধায় রবি-তারা-ইন্দুতে,
তোমার বিরামহারা নদীরা ধায় সিন্ধুতে,
তেমনি করে সুধাসাগর-সন্ধানে
আমার   জীবনধারা নিত্য কেন ধাওয়াও না?

- গীতবিতান: পূজা: ৩৫৯

পাখি আকাশকে জানে বলেই সে জানে যে আকাশ পার হওয়া গেল না। আকাশ পার হওয়া গেল না জানে বলেই তার আনন্দ, এইজন্যেই সে আকাশে উড়ে বেড়ায়। কোনো প্রাপ্তি নয়, কোনো সমাপ্তি নয়, কোনো প্রয়োজন নয়, কিন্তু উড়েই তার আনন্দ।

- শান্তিনিকেতন: পাওয়া ও না-পাওয়া

আনন্দ

মার্চ ৮

সুখের সঙ্গে আনন্দের প্রভেদ

চিন্তা-কণিকা

আমরা সকলেই জানি যে সুখের বিপরীত শব্দ দুঃখ; কিন্তু আনন্দের বিপরীত কোনো শব্দ কি আছে? দুঃখকে আত্মসাৎ করেই সুখদুঃখের মাঝে আনন্দের উত্থান। তাই যারা আনন্দের সন্ধান পান - পৃথিবীর বা জীবনযাপনের সুখদুঃখ তাদেরকে আর স্পর্শ করতে পারে না। তারা দুঃখের তিমিরেও মঙ্গল-আলোক দেখতে পান। সুখ ও আনন্দের প্রভেদ বুঝতে পারলে আমাদের জীবনভাবনা আলোকিত হবে।

****

 সুখের সঙ্গে আনন্দের প্রভেদ এই যে, সুখের বিপরীত দুঃখ, কিন্তু আনন্দের বিপরীত দুঃখ নহে। ... দুঃখের দ্বারাই আনন্দ আপনাকে সার্থক করে, আপনার পূর্ণতাকে উপলব্ধি করে। ... সুখ প্রতিদিনের সামগ্রী, আনন্দ প্রত্যহের অতীত। সুখ শরীরের কোথাও পাছে ধুলা লাগে বলিয়া সংকুচিত, আনন্দ ধুলায় গড়াগড়ি দিয়া নিখিলের সঙ্গে আপনার ব্যবধান ভাঙিয়া চুরমার করিয়া দেয়। এইজন্য সুখের পক্ষে ধুলা হেয়, আনন্দের পক্ষে ধুলা ভূষণ। **সুখ, কিছু পাছে হারায় বলিয়া ভীত। আনন্দ, যথাসর্বস্ব বিতরণ করিয়া পরিতৃপ্ত।** এইজন্য সুখের পক্ষে রিক্ততা দারিদ্র্য, আনন্দের পক্ষে দারিদ্র্যই ঐশ্বর্য।

সুখ, ব্যবস্থার বন্ধনের মধ্যে আপনার শ্রীটুকুকে সতর্কভাবে রক্ষা করে। আনন্দ, সংহারের মুক্তির মধ্যে আপন সৌন্দর্যকে উদারভাবে প্রকাশ করে। এইজন্য সুখ বাহিরের নিয়মে বদ্ধ, আনন্দ সে বন্ধন ছিন্ন করিয়া আপনার নিয়ম আপনিই সৃষ্টি করে। সুখ, সুধাটুকুর জন্য তাকাইয়া বসিয়া থাকে। আনন্দ, দুঃখের বিষয়কে অনায়াসে পরিপাক করিয়া ফেলে। এইজন্য, কেবল ভালোটুকুর দিকেই সুখের পক্ষপাত — আর, আনন্দের পক্ষে ভালোমন্দ দুই-ই সমান।

- বিচিত্র প্রবন্ধ: পথের সঞ্চয়

(আরো দেখুন মার্চ ৯ এবং এই অধ্যায়ের ভূমিকা)

মার্চ ৯

সুখের উপায় বাহিরে নাই

চিন্তা-কণিকা

ভেবে দেখুন আমরা কি কেবল ছুটাছুটিতে ব্যস্ত নই - সুখের সন্ধানে কেবল ছুটেই চলেছি দিক-বিদিক জ্ঞানশূন্য হয়ে। 'সুখ', 'সুখ' করে ছুটছি, কিন্তু সুখ পাচ্ছি না - কেবল অস্থিরতা বাড়ছে। তাই আমাদের আনন্দের সন্ধানে বেরুতে হবে এবং সেজন্যে প্রয়োজন সুখ ও আনন্দের মধ্যে প্রভেদ বুঝা। নিজেকে অন্যের মধ্যে প্রেম-ভালোবাসায় বিলিয়ে দিয়েই আনন্দকে পাওয়া সম্ভব।

****

সুখের উপায় বাহিরে নাই, তাহা অন্তরেই আছে--তাহা উপকরণজালের বিপুল জটিলতার মধ্যে নাই, তাহা সংযত চিত্তের নির্মল সরলতার মধ্যে বিরাজমান। উপকরণসঞ্চয়ের আদি-অন্ত নাই, বাসনাবহ্নিতে যত আহুতি দেওয়া যায়, সমস্ত ভস্ম হইয়া ক্ষুধিতশিখা ক্রমশই বিসৃতৃত হইতে থাকে, ক্রমেই সে নিজের অধিকার হইতে পরের অধিকারে যায়, তাহার লোলুপতা ক্রমেই বিশ্বের প্রতি দারুণভাব ধারণ করে। সুখকে বাহিরে কল্পনা করিয়া বিশ্বকে মৃগয়ার মৃগের মতো নিষ্ঠুরবেগে তাড়না করিয়া ফিরিলে জীবনের শেষমুহূর্ত পর্যন্ত কেবল ছুটাছুটিই সার হয় ।

...

এইরূপ উন্মত্তভাবে যখন আমরা ছুটিতে থাকি, তখন আমাদের আগ্রহের অসহ্যবেগে সমস্ত জগৎ অস্পষ্ট হইয়া যায়। আমাদের চারিদিকে পদে পদে যে-সকল অযাচিত আনন্দ প্রভূত প্রাচুর্যের সহিত অহরহ প্রতীক্ষা করিয়া আছে, তাহাদিগকে অনায়াসেই আমরা লঙ্ঘন করিয়া, দলন করিয়া, বিচ্ছিন্ন করিয়া চলিয়া যাই। জগতের অক্ষয় আনন্দের ভাণ্ডারকে আমরা কেবল ছুটিতে ছুটিতেই দেখিতে পাই না।

- ধর্ম. ধর্মের সরল আদর্শ

(আরো দেখুন মার্চ ৮ এবং অধ্যায় ১১ (সুখ-দুঃখ) এর ভূমিকা)

মার্চ ১০

পরম ঐক্যের পরম আনন্দকে সন্ধান

True knowledge is that which perceives the unity of all things in God.

– Rabindranath Tagore

চিন্তা-কণিকা

আমাদের জীবনে অনেক অসামঞ্জস্য ও অসংগতি আছে - তাই আমরা আধ্যাত্মিকতার মাধ্যমে এসকল অসামঞ্জস্যের মধ্যে ঐক্য স্থাপন করতে চাই। মনে হয় যেন কোনো এক বৃহৎ শক্তির কাছে আত্মসমর্পণের মাধ্যমে আমরা সকল অসংগতির উত্তর খুঁজে পাব।

নিচে উদ্‌ধৃত রবীন্দ্রনাথের মতামতটি পড়ুন এবং ভাবুন কীভাবে আমরা জীবনের নানান অসামঞ্জস্যের মধ্যেও পরম ঐক্য খুঁজে পেতে পারি এবং প্রশান্তি লাভ করতে পারি। ।

****

বিশ্বজগতের মধ্যে যে অপ্রমেয় ধ্রুব রহিয়াছেন, তিনি বাহ্যত একভাবে কোথাও প্রতিভাত নহেন—মনই নানার মধ্যে সেই এককে দেখে, সেই একেকে প্রার্থনা করে, সেই একেকে আশ্রয় করিয়া আপনাকে চরিতার্থ করে। নানার মধ্যে সেই একেকে না পাইলে মনের সুখশান্তিমঙ্গল নাই, তাহার উদ্‌ভ্রান্ত-ভ্রমণের অবসান নাই। সে ধ্রুব একের সহিত মন আপনাকে দৃঢ়ভাবে যুক্ত করিতে না পারিলে, সে অমৃতের সহিত যুক্ত হয় না—সে খণ্ডখণ্ড মৃত্যুদ্বারা আহত তাড়িত বিক্ষিপ্ত হইয়া বেড়ায়।

মন আপনার স্বাভাবিকধর্মবশতই কখনো জানিয়া, কখনো না জানিয়া, কখনো বক্রপথে কখনো সরলপথে, সকল জ্ঞানের মধ্যে—সকল ভাবের মধ্যে অহরহ সেই পরম ঐক্যের পরম আনন্দকে সন্ধান করিয়া ফিরে। যখন পায়, তখন একমুহূর্তেই বলিয়া উঠে—আমি অমৃতকে পাইয়াছি।

- ধর্ম: প্রাচীন ভারতের "একঃ"

আনন্দ

মার্চ ১১

আমার এই পথ-চাওয়াতেই আনন্দ

চিন্তা-
কণিকা

প্রিয়তমের আসার অপেক্ষায় যে আনন্দ সেটা কি ভাষায় বর্ণনা করা যায়? "সারাদিন আঁখি মেলে দুয়ারে রব একা"। ধরুন, আপনার প্রিয়তম সংবাদ (message) পাঠালো যে তার আসতে একটু দেরী হচ্ছে - আপনি যদি তার উত্তরে লিখেন - "আমার এই পথ-চাওয়াতেই আনন্দ/ সারাদিন আঁখি মেলে দুয়ারে রব একা/ শুভখন হঠাৎ এলে তখনি পাব দেখা", তখন কেমন হবে সেটা।

আমার এই পথ-চাওয়াতেই আনন্দ।
খেলে যায় রৌদ্র ছায়া, বর্ষা আসে বসন্ত ॥
কারা এই সমুখ দিয়ে আসে যায় খবর নিয়ে,
খুশি রই আপন মনে-- বাতাস বহে সুমন্দ ॥
সারাদিন আঁখি মেলে দুয়ারে রব একা,
শুভখন হঠাৎ এলে তখনি পাব দেখা।
ততখন ক্ষণে ক্ষণে হাসি গাই আপন-মনে,
ততখন রহি রহি ভেসে আসে সুগন্ধ ॥
                           - গীতবিতান: পূজা: ৫৫৯

This is my delight, thus to wait and watch at the wayside where shadow chases light and the rain comes in the wake of the summer.

Messengers, with tidings from unknown skies, greet me and speed along the road. My heart is glad within, and the breath of the passing breeze is sweet.

From dawn till dusk I sit here before my door, and I know that of a sudden the happy moment will arrive when I shall see.

In the meanwhile I smile and I sing all alone. In the meanwhile the air is filling with the perfume of promise.
               - (Translation by Rabindranath Tagore)

আনন্দ

মার্চ ১২

জীবনে আমার যত আনন্দ

চিন্তা-
কণিকা

আমাদের জীবনের আনন্দ-উৎসবের মাঝে যেন আমরা স্মরণ করি বিশ্বপ্রভুকে। তাঁর অশেষ কৃপায় আমাদের জীবনে আনন্দ আসে - সেই কৃপার জন্য কৃতজ্ঞতা বোধ আমাদেরকে সাহায্য করে নিজেকে ছাপিয়ে যেতে, নিজের আত্ম-অহমিকার আবরণকে ছিন্ন করতে। তখন অনাবিল এক শান্তির পরশ আসবে জীবনে।

আসুন, আমাদের জীবনচর্চায় বিশ্বপ্রভুকে প্রতিদিন অন্তত একবার হলেও স্মরণ করার অভ্যাস গড়ে তুলি।

**জীবনে আমার যত আনন্দ
পেয়েছি দিবস-রাত
সবার মাঝারে আজিকে
তোমারে স্মরিব জীবননাথ ॥**
বারে বারে তুমি আপনার হাতে
স্বাদে সৌরভে গানে
বাহির হইতে পরশ করেছ
অন্তরমাঝখানে।
পিতা মাতা ভ্রাতা সব পরিবার,
মিত্র আমার, পুত্র আমার,
সকলের সাথে প্রবেশি হৃদয়ে
তুমি আছ মোর সাথ ॥

- গীতবিতান: পূজা: ৪৯৮

All the joys that I have in my life
    Throughout nights and days
Amidst all of those joys, my Lord
    Today, I remember your blessings.
Again and again with your own hand
    In taste, smell, and songs
From outside, my Lord, you touched
    The very core of my being.

- (Partial translation by NS)

মার্চ ১৩

জাগো প্রাতে আনন্দে, করো কর্ম আনন্দে

চিন্তা-কণিকা

জীবনের সবকিছুতেই আনন্দকে সাথী করতে পারলে দেখবেন জীবনটা বদলে যাবে। যে কাজ করবেন বা করতে হবে, তা সেটা যতই কষ্টসাধ্য হোক না কেন - নিজের কর্তব্য মনে করে সে কাজের মধ্যে আনন্দকে খুঁজে নিন। চিত্তকে নির্মল রাখুন এবং প্রতিদিন ভোরে জেগে উঠুন আনন্দের পথযাত্রার আশা বুকে নিয়ে।

প্রায়োগিক দৃষ্টিভঙ্গি থেকে এই রবীন্দ্রাবাক্যগুলো নিজেকে মনে করিয়ে দিতে পারেন ক্ষণে ক্ষণে কিংবা কারো প্রতি শুভেচ্ছাবাণী হিসাবে লিখে পাঠাতে পারেন।

সদা থাকো আনন্দে, সংসারে নির্ভয়ে নির্মলপ্রাণে
জাগো প্রাতে আনন্দে, করো কর্ম আনন্দে
সন্ধ্যায় গৃহে চলো হে আনন্দগানে ॥
সঙ্কটে সম্পদে থাকো কল্যাণে,
থাকো আনন্দে নিন্দা-অপমানে।
সবারে ক্ষমা করি থাকো আনন্দে,
চির-অমৃতনির্ঝরে শান্তিরসপানে ॥

- গীতবিতান: পূজা: ৩২৩

Always stay joyful in life, unafraid with pure soul
Wake up with joy in the morning, and do all work in joy
In the evening, return home singing a joyful tune.
Stay blessed in times of crisis or abundance
Stay joyful in calumny and slander.
Stay joyful by forgiving everyone
Walking towards an ever-joytul fountain of bliss.

- (Translation by NS)

মার্চ ১৪

নিন্দার দুঃখ থেকে আনন্দে উত্তরণ

চিন্তা-কণিকা

আমাদের জীবনে দুঃখের একটি প্রধান কারণ - অন্য মানুষের নিন্দা। আমরা অধিকাংশ সময়ই নিন্দা সহ্য করতে পারি না বলে দুঃখ পাই। কিন্তু নিন্দার ব্যাপারে যদি আমরা আমাদের মনোভঙ্গি (mindset) বদলাতে পারি তখন সেই দুঃখের মধ্যেও আমরা আনন্দের সন্ধান পাব।

মৃত্যু কহে, পুত্র নিব; চোর কহে ধন।
ভাগ্য কহে, সব নিব যা তোর আপন।
নিন্দুক কহিল, লব তব যশোভার।
কবি কহে, কে লইবে আনন্দ আমার?

- কণিকা: অপরিহরণীয়

Death says, I will take your child; thief says, wealth
Fate says I will take everything that you call yours
Slanderer says I will take away your reputation
Poet says, who wants to share my joy. - (Translation by NS)

"তোরে সবে নিন্দা করে গুণহীন ফুল"
শুনিয়া নীরবে হাসি কহিল শিমূল,
যতক্ষণ নিন্দা করে, আমি চুপে চুপে
ফুটে উঠি আপনার পরিপূর্ণ রূপে।

- কণিকা: বিফল নিন্দা

Everyone speaks ill of you, O the useless flower
Hearing this, the flower smiles silently and says,
During the time that they speak ill of me
I silently bloom to my fullest beauty. - (Translation by NS)

সূর্য দুঃখ করি বলে নিন্দা শুনি স্বীয়,
কী করিলে হব আমি সকলের প্রিয়।
বিধি কহে, ছাড়ো তবে এ সৌর সমাজ,
দু-চারি জনেরে লয়ে করো ক্ষুদ্র কাজ।

- কণিকা: মহতের দুঃখ

(আরো দেখুন মে ১৯)

আনন্দ

মার্চ ১৫

নব আনন্দে জাগো আজি নবরবিকিরণে

চিন্তা-
কণিকা

প্রতিদিন ভোরের নতুন সূর্যালোকে আমরা যেন আমাদের জীবনকে সুন্দর ও নির্মল করে গড়ে তোলার শপথ ফিরে ফিরে নিতে পারি। বিগত দিনের দুঃখকষ্ট যন্ত্রণা ব্যর্থতাকে পিছনে ফেলে আমরা যেন নতুন আশা নিয়ে এগিয়ে যেতে পারি।

নব আনন্দে জাগো
    আজি নবরবিকিরণে
শুভ্র সুন্দর প্রীতি-উজ্জ্বল
    নির্মল জীবনে ॥
উৎসারিত নব জীবননির্ঝর
    উচ্ছ্বাসিত আশাগীতি,
অমৃতপুষ্পগন্ধ বহে
    আজি এই শান্তিপবনে ॥

- গীতবিতান: পূজা: ৩২৭

Awake, arise! with new joy
    Today with new sunlight
To a bright and beautiful life
    Aglow with love and purity.
Spurts forth a new fountain of life
    Overflowing with hope
Today's peaceful wind carries
    Smell of flowers from heaven.

- (Translation by NS)

মার্চ ১৬

আরম্ভ করো জীবনের কাজ আনন্দমনে

চিন্তা-কণিকা

এই আহ্বান বাণীটি আপনি ব্যবহার করতে পারেন আপনার জীবনে কিংবা পাঠাতে পারেন আপনার সমাজসেবক সংগঠনের সহকর্মীদের। আনন্দ নিয়ে সমাজের জন্য কাজ করার মধ্যে রয়েছে সার্থকতা।

হেরো আশার আলোকে জাগে
শুকতারা উদয়-অচল-পথে,
কিরণকিরীটে তরুণ তপন উঠিছে অরুণরথে
চলো যাই কাজে মানবসমাজে,
চলো বাহিরিয়া জগতের মাঝে
থেকো না অলস শয়নে, থেকো না মগন স্বপনে
যায় লাজ ত্রাস, আলস বিলাস কুহক মোহ যায়।
ওই দূর হয় শোক সংশয় দুঃখ স্বপনপ্রায়।
ফেলো জীর্ণ চীর, পরো নব সাজ,
আরম্ভ করো জীবনের কাজ
সরল সবল আনন্দমনে, অমল অটল জীবনে ॥
...
আনন্দধ্বনি জাগাও গগনে।

- গীতবিতান: স্বদেশ: ১৯

Begin the work of life
With a simple, strong and joyous mind,
In a sparkling unwavering life
...
Let the sound of joy fill the sky.

- (Partial translation by NS)

মার্চ ১৭

আনন্দধারা বহিছে ভুবনে

চিন্তা-কণিকা

আমরা যদি প্রেম দিয়ে আমাদের জীবনপাত্রকে ভরে দিতে পারি তাহলে আমরা জগতের আনন্দধারার সাথে নিজেকে যুক্ত করতে পারব। মনোবিজ্ঞানী Viktor Frankl তাঁর Man's Search for Meaning গ্রন্থে লিখেছিলেন - "For the first time in my life I saw the truth as it is set into song by so many poets, proclaimed as the final wisdom by so many thinkers. The truth - that Love is the ultimate and highest goal to which man can aspire. Then I grasped the meaning of the greatest secret that human poetry and human thought and belief have to impart: The salvation of man is through love and in love."

বসিয়া আছ কেন আপন-মনে,
স্বার্থনিমগন কী কারণে?
চারি দিকে দেখো চাহি হৃদয় প্রসারি,
ক্ষুদ্র দুঃখ সব তুচ্ছ মানি
প্রেম ভরিয়া লহো শূন্য জীবনে ॥
...
আনন্দধারা বহিছে ভুবনে,
দিনরজনী কত অমৃতরস
উথলি যায় অনন্ত গগনে ॥

- গীতবিতান: পূজা: ৩২৬

Why are you sitting all alone
Why are you immersed in selfish thoughts
Open up your heart and look around
Ignore all the trivial miseries
Let love fill the void in your life.
This world is overflowing with joy
Day and night the nectar
Is spilling over the infinite sky.

- (Translation by NS)

মার্চ ১৮

যা ফুরিয়ে যায়, তাতে আনন্দ নেই

চিন্তা-কণিকা

প্রিয়জনকে আমরা প্রতিদিন নতুন করে আবিষ্কার করতে পারলেই আমাদের আনন্দ। তাই প্রতিদিন প্রিয়জনকে নতুন করে দেখার ও পাবার সাধনা করতে হবে - যাতে অভ্যাসের দৈনন্দিনতা আমাদের প্রিয়জনকে আমাদের কাছ থেকে দূরে সরিয়ে না নেয়।

আসুন, আজকের শপথ হোক - নিজের জড়তা মূঢ়তা অভ্যাস ও সংস্কার দূরে ঠেলে দিয়ে জীবনের গভীর সত্যকে আমরা প্রতিদিন উপলব্ধি করব।

****

এই যে সকালবেলাটি প্রতিদিন আমাদের কাছে প্রকাশিত হয় এতে আমাদের আনন্দ অল্পই। এই সকাল আমাদের অভ্যাসের দ্বারা জীর্ণ হয়ে গেছে। **অভ্যাস আমাদের নিজের মনের তুচ্ছতা-দ্বারা সকল মহৎ জিনিসকেই তুচ্ছ করে দেয়।** সে নাকি নিজে বদ্ধ, এইজন্যে সে সমস্ত জিনিসকেই বদ্ধ করে দেয়। ... যে আমাদের প্রিয়, অভ্যাস তাকে সহজে বেষ্টন করতে পারে না। এইজন্যই প্রিয়জন চিরদিনই অভাবনীয়কে অনন্তকে আমাদের কাছে প্রকাশ করতে পারে। তাকে যে আমরা দেখি সেই দেখাতেই আমাদের দেখা শেষ হয় না-- সে আমাদের দেখা শোনা আমাদের সমস্ত বোধকেই ছাড়িয়ে বাকি থাকে। এইজন্যেই তাতে আমাদের আনন্দ। তাই উপনিষৎ-- আনন্দরূপমমৃতং-- ঈশ্বরের আনন্দরূপকে অমৃত বলেছেন।

আমাদের কাছে যা মরে যায়, যা ফুরিয়ে যায়, তাতে আমাদের আনন্দ নেই-- যেখানে আমরা সীমার মধ্যে অসীমকে দেখি, অমৃতকে দেখি, সেইখানেই আমাদের আনন্দ। এই অসীমই সত্য-- তাঁকে দেখাই সত্যকে দেখা। যেখানে তা না দেখবে সেইখানেই বুঝতে হবে আমাদের নিজের জড়তা মূঢ়তা অভ্যাস ও সংস্কারের দ্বারা আমরা সত্যকে অবরুদ্ধ করেছি, সেইজন্যে তাতে আমরা আনন্দ পাচ্ছি নে।

- শান্তিনিকেতন: ৮

আনন্দ

মার্চ ১৯

জগৎ জুড়ে উদার সুরে আনন্দগান বাজে

চিন্তা-কণিকা

বাতাস জল আকাশ আলো সবই মানুষের প্রতি ঈশ্বরের আশীর্বাদ এবং তারা সকলেই জগতের আনন্দগান গাইছে। সেই আশীর্বাদকে মনের গভীরে গ্রহণ করতে পারলেই জগতের আনন্দগানের সাথে আমাদের জীবনের সুর মিলবে।

জগৎ জুড়ে উদার সুরে
        আনন্দগান বাজে,
সে গান কবে গভীর রবে
        বাজিবে হিয়া-মাঝে।
বাতাস জল আকাশ আলো
        সবারে কবে বাসিব ভালো,
হৃদয়সভা জুড়িয়া তারা
        বসিবে নানা সাজে।
...
রয়েছ তুমি, এ কথা কবে
        জীবন-মাঝে সহজ হবে,
আপনি কবে তোমারি নাম
        ধ্বনিবে সব কাজে।

- গীতবিতান: পূজা: ১৪৪

Song of joy is playing
    Across the world in countless ways
When will that tune
    Resonate deeply in my heart.
Air water sky and light
    When shall I love them all
Then they will fill my heart
    In various ways and means.
... The fact that You are everywhere
    When will that ease into my life
When will your name reverberate
    In everything that I do.

- (Translation by NS)

মার্চ ২০

আনন্দগান উঠুক তবে বাজি

চিন্তা-কণিকা

আমরা সকলেই জানি যে রবীন্দ্রনাথের গান কথাপ্রধান গান। এই পৃষ্ঠায় উদ্‌ধৃত গানের কথাগুলো খেয়াল করুন - ব্যথার বাঁশীতে আনন্দগান বাজানো কিংবা অশ্রুজলের ঢেউয়ের মধ্যেও পারের আশা-তরী ভাসিয়ে রাখার ইচ্ছা। ভেবে দেখুন - কী আশ্চর্য মনোভঙ্গি (mindset)? দুঃখ-বেদনা আমাদের জীবনে অপরিহার্য - কিন্তু আমরা সেই দুঃখকে সেই বেদনাকে কীভাবে গ্রহণ করলাম তার উপরে নির্ভর করবে আমাদের জীবনযাত্রার মান। রবীন্দ্রনাথ লিখেছিলেন - “We read the world wrong and say that it deceives us.” (Stray Birds)।

আনন্দগান উঠুক তবে বাজি
এবার আমার ব্যথার বাঁশিতে।
অশ্রুজলের ঢেউয়ের 'পরে আজি
পারের তরী থাকুক ভাসিতে ॥
যাবার হাওয়া ওই-যে উঠেছে, ওগো, ওই-যে উঠেছে,
সারারাত্রি চক্ষে আমার ঘুম যে ছুটেছে।

- গীতবিতান: পূজা: ৩০৯

Let the song of joy
Play in my flute of pain.
Today, in the sea of tears
Let me sail my boat to the shore.
The wind of parting has begun puffing and huffing
And sleep has left me for the whole night.

- (Translation by NS)

চিন্তা-কণিকা

<u>আরো চিন্তার খোরাক:</u> আবার প্রায়োগিক দিক থেকে যদি দেখেন, তাহলে এই উদ্‌ধৃতির শেষ দুটো লাইন ব্যবহার করতে পারেন আপনার প্রিয়তমের বিদায়বেলায় আপনার ঘুম টুটে যাওয়ার বর্ণনায়।

(আরো দেখুন জানুয়ারি ৫)

মার্চ ২১

কোন্ আলোতে প্রাণের প্রদীপ জ্বালিয়ে

চিন্তা-কণিকা

শান্তিনিকেতনের প্রাক্তন ছাত্র রবীন্দ্রগবেষক অমিতাভ চৌধুরী তার 'ইসলাম ও রবীন্দ্রনাথ' গ্রন্থে লিখেছেন – "হজরত মহম্মদের জন্মদিনে মন্দিরের অনুষ্ঠানে 'কোন আলোতে প্রাণের প্রদীপ জ্বালিয়ে তুমি ধরায় এসো' গানটিও গাওয়া হত।"

গাঢ় অক্ষরে (bold letters) লিখা বাক্যাংশগুলো খেয়াল করুন এবং ভাবুন আমরা যদি আমাদের জীবনদৃষ্টি এমনিভাবে বদলাতে পারি তাহলে আমরা আমাদের জীবনযাত্রাকে কতটা উন্নীত করতে পারবো।

কোন্ আলোতে প্রাণের প্রদীপ জ্বালিয়ে তুমি ধরায় আস--
সাধক ওগো, প্রেমিক ওগো,
পাগল ওগো, ধরায় আস।
এই অকুল সংসারে
দুঃখ-আঘাত তোমার প্রাণে বীণা ঝংকারে।
ঘোর বিপদ-মাঝে
কোন্ জননীর মুখের হাসি দেখিয়া হাস॥
তুমি কাহার সন্ধানে
সকল সুখে আগুন জ্বেলে বেড়াও কে জানে।
এমন ব্যাকুল করে
কে তোমারে কাঁদায় যারে ভালোবাস।
তোমার ভাবনা কিছু নাই--
কে যে তোমার সাথের সাথি ভাবি মনে তাই।
তুমি মরণ ভুলে
কোন্ অনন্ত প্রাণসাগরে আনন্দে ভাস॥

- গীতাঞ্জলি: ৫১

মার্চ ২২

আনন্দের রকমফের ...

চিন্তা-কণিকা

জগৎজুড়ে যে আনন্দগান বেজে চলেছে তার মূলে কিন্তু জ্ঞান নয়, প্রেম। প্রেম পেলেই মানুষ সেই আনন্দের সন্ধান পায়। প্রেমে মানুষ ত্যাগ করেও আনন্দ পায়। তখন ব্যথার বাঁশীতেও বেজে উঠে আনন্দের গান। প্রেমে জগৎ হয়ে উঠে আনন্দে একাকার।

আসুন, আজকের শপথ হোক - আমরা নিজেদের মনের মধ্যে একটা বৃহৎ প্রেমের সঞ্চার করি - তা সে কোনো মানবীর প্রতি হোক কিংবা আর্ত মানবতার প্রতি হোক অথবা ঈশ্বরের জন্য হোক - তাতে কিছু যায় আসে না। কেননা প্রেমেই আনন্দ, প্রেমেই সুখ, এবং প্রেমেই জীবনের সার্থকতা।

****

জ্ঞান পেলে নিজেকে জ্ঞানী বলে গর্ব হয় কিন্তু প্রেম পেলে নিজেকে অধম বলে জেনেও আনন্দ হয়। ... এইজন্যে প্রেম যখন লাভ করি তখন নিজেকে বড়ো করে জানাবার কোনো ইচ্ছাই হয় না–বরঞ্চ নিজের অত্যন্ত দীনতা নিজেকে অত্যন্ত সুখ দেয়।

- শান্তিনিকেতন: ৩

****

মনে যখন একটা প্রবল আনন্দ, একটা বৃহৎ প্রেমের সঞ্চার হয় তখন মানুষ মনে করে আমি সব করিতে পারি। তখন হঠাৎ একটা আত্মবিসর্জনের ইচ্ছা বলবতী হইয়া উঠে। স্রোতের উচ্ছ্বাস যেমন কঠিন তটের উপর আপনাকে সবেগে মূর্ছিত করে, তেমনি প্রেমের আবেগ, আনন্দের উচ্ছ্বাস একটা মহৎ ত্যাগ একটা বৃহৎ দুঃখের উপর আপনাকে যেন নিক্ষেপ করিতে চাহে।

- গল্পগুচ্ছ: মধ্যবর্তিনী

****

গায়ে আমার পুলক লাগে, চোখে ঘনায় ঘোর--
হৃদয় মোর কে বেঁধেছে রাঙা রাখীর ডোর?
আনন্দ আজ কিসের ছলে কাঁদিতে চায় নয়নজলে,
বিরহ আজ মধুর হয়ে করেছে প্রাণ ভোর॥

- গীতবিতান: পূজা: ৩১৮

আনন্দ

মার্চ ২৩

আকাশ বোঝে আনন্দ তার

চিন্তা-
কণিকা

এই পৃষ্ঠার গানটিতে নদী ও বৃক্ষের রূপকে প্রত্যক্ষ চলার ও আপাতঃ না-চলার পার্থক্যের বর্ণনায় কথাগুলো খেয়াল করুন, যেমন - 'গভীর চলা গোপন রাখি', কিংবা 'আলোর পানে প্রাণের চলা' অথবা 'আমার চলা যায় না বলা'। বাইরে থেকে আমরা যা দেখি তাই সবসময় শেষ কথা নয়। এই বাক্যাংশগুলোর প্রায়োগিক দিকের কথা ভাববার দায়িত্ব আপনার উপরেই ছেড়ে দিলাম। কেননা আপনি বুঝবেন সেই ভাবনার আনন্দ, যেমন – "আকাশ বোঝে আনন্দ তার, বোঝে নিশার নীরব তারা।"

ওগো নদী, আপন বেগে পাগল-পারা,
আমি স্তব্ধ চাঁপার তরু   গন্ধভরে তন্দ্রাহারা॥
আমি সদা অচল থাকি, **গভীর চলা গোপন রাখি,**
আমার চলা নবীন পাতায়, আমার চলা ফুলের ধারা॥
ওগো নদী, চলার বেগে পাগল-পারা,
পথে পথে বাহির হয়ে আপন-হারা--
আমার চলা যায় না বলা-- আলোর পানে প্রাণের চলা--
আকাশ বোঝে আনন্দ তার, বোঝে নিশার নীরব তারা॥
                              - গীতবিতান: বিচিত্র: ৮০

O, the river is frantic with its ceaseless motion
I, a standstill Magnolia tree, sleepless with fragrance.
I am ever unmoved, keeping my profound moves a secret
My moves are in new leaves and in blossoming flowers.
O, the river is frantic with its ceaseless motion
Traversing course to course it loses itself
My moves can't be spoken – a journey of soul towards light
The sky can fathom its joy, and so can the silent night stars.
                              - (Translation by NS)

মার্চ ২৪

দশদিকে তিনি আনন্দরূপে ...

চিন্তা-কণিকা

আমাদের মনের চোখ খুলে দিলেই আমরা চারিদিকে ঈশ্বরকে দেখতে পাই তাঁর অপার মহিমায় এবং আনন্দে।

****

সত্যং জ্ঞানমনন্তম্। **তিনি সত্য, তিনি জ্ঞান, তিনি অনন্ত। এই অনন্ত সত্যে, অনন্ত জ্ঞানে তিনি আপনাতে আপনি বিরাজিত। সেখানে আমরা তাঁহাকে কোথায় পাইব? সেখান হইতে যে বাক্যমন নিবৃত্ত হইয়া আসে। ...**

তিনি বাক্যের মনের অতীত। কিন্তু অতীত হইয়া রহিলেন কই? এই যে দশদিকে তিনি আনন্দরূপে আপনাকে একেবারে দান করিয়া ফেলিতেছেন। তিনি তো লুকাইলেন না। যেখানে আনন্দে অমৃতে তিনি অজস্র ধরা দিয়াছেন, সেখানে প্রাচুর্যের অন্ত কোথায়, সেখানে বৈচিত্র্যের যে সীমা নাই; সেখানে কী ঐশ্বর্য, কী সৌন্দর্য। সেখানে আকাশ যে শতধা বিদীর্ণ হইয়া আলোকে আলোকে নক্ষত্রে নক্ষত্রে খচিত হইয়া উঠিল, সেখানে রূপ যে কেবলই নূতন নূতন, সেখানে প্রাণের প্রবাহ যে আর ফুরায় না। তিনি যে আনন্দরূপে নিজেকে নিয়তই দান করিতে বসিয়াছেন--লোকে-লোকান্তরে সে-দান আর ধারণ করিতে পারিতেছে না--যুগে-যুগান্তরে তাহার আর অন্ত দেখিতে পাই না। **কে বলে, তাঁহাকে দেখা যায় না; কে বলে, তিনি শ্রবণের অতীত; কে বলে, তিনি ধরা দেন না। তিনিই যে প্রকাশমান**--আনন্দরূপ-মমৃতং যদ্বিভাতি। সহস্র চক্ষু থাকিলেও যে দেখিয়া শেষ করিতে পারিতাম না, সহস্র কর্ণ থাকিলেও শোনা ফুরাইত কবে। যদি ধরিতেই চাও, তবে বাহু কতদূর বিস্তার করিলে সে-ধরার অন্ত হইবে। এ যে আশ্চর্য। মানুষজন্ম লইয়া এই নীল আকাশের মধ্যে কী চোখই মেলিয়াছি। এ কী দেখাই দেখিলাম। দুটি কর্ণপুট দিয়া অনন্ত রহস্যলীলাময় স্বরের ধারা অহরহ পান করিয়া যে ফুরাইল না। সমস্ত শরীরটা যে আলোকের স্পর্শে বায়ুর স্পর্শে স্নেহের স্পর্শে প্রেমের স্পর্শে কল্যাণের স্পর্শে বিদ্যুৎতন্ত্রীখচিত অলৌকিক বীণার মতো বারংবার স্পন্দিত-ঝংকৃত হইয়া উঠিতেছে। **ধন্য হইলাম, আমরা ধন্য হইলাম**—এই প্রকাশের মধ্যে প্রকাশিত হইয়া ধন্য হইলাম।

- ধর্ম: আনন্দরূপ

মার্চ ২৫

'পাইনি', 'পাইনি' বলে আর কাঁদিব না

চিন্তা-কণিকা

তিনটি উদ্‌ধৃতি পড়ুন এবং ভাবুন কীভাবে আমরা আমাদের জীবনে 'পাইনি' এবং 'পেয়েছি'-র মধ্যে সামঞ্জস্য সাধন করতে পারি।

হা ঈশ্বর, আমি কিছু চাহি নাকো আর,
ঘুচাও আমার এই ভিক্ষার বাসনা।
মাথায় বহিয়া লয়ে চির ঋণভার
'পাইনি' 'পাইনি' বলে আর কাঁদিব না।
তোমারেও মাগিব না, অলস কাঁদনি —
আপনারে দিলে তুমি আসিবে আপনি।

- কড়ি ও কোমল: প্রত্যাশা

ঘর বলে, পেয়েছি; পথ বলে, পাই নি। মানুষের কাছে "পেয়েছি" তারও একটা ডাক আছে, আর "পাই নি" তারও ডাক প্রবল। ঘর আর পথ নিয়েই মানুষ। **শুধু ঘর আছে পথ নেই সেও যেমন মানুষের বন্ধন, শুধু পথ আছে ঘর নেই সেও তেমনি মানুষের শাস্তি। শুধু "পেয়েছি" বদ্ধ গুহা, "পাই নি" অসীম মরুভূমি।** যাকে আমরা ভালোবাসি তারই মধ্যে সত্যকে আমরা নিবিড় করে উপলব্ধি করি। কিন্তু, সেই সত্য-উপলব্ধির লক্ষণ হচ্ছে পাওয়ার সঙ্গে না-পাওয়াকে অনুভব করা।

- পশ্চিম-যাত্রীর ডায়ারি

যে-সুখ কেবলমাত্র পাওয়ার দ্বারাই আমাদের উন্মত্ত করে তোলে না-- অনেকখানি না-পাওয়ার মধ্যে যার স্থিতি আছে বলেই যার ওজন ঠিক আছে, সেইজন্যেই যাকে আমরা গভীর সুখ বলি--অর্থাৎ, যে-সুখের সকল অংশই একেবারে সুস্পষ্ট সুব্যক্ত নয়, যার এক অংশ নিগূঢ়তার মধ্যে অগোচর, যা প্রকাশের মধ্যেই নিঃশেষিত নয়, তাকেই আমরা উচ্চ শ্রেণীর সুখ বলি। ... আমাদের আত্মা যে পেতেই চাচ্ছে তা নয়, সে না পেতেও চায়। ... এইজন্যেই সে বলছে **কেবলই পেয়ে পেয়ে আমি শ্রান্ত হয়ে গেলুম, আমার না-পাওয়ার ধন কোথায়**? সেই চিরদিনের না-পাওয়াকে পেলে যে আমি বাঁচি।

- শান্তিনিকেতন: পাওয়া ও না-পাওয়া

মার্চ ২৬

আমার সোনার বাংলা, আমি তোমায় ভালোবাসি
(বাংলাদেশের জাতীয় সংগীত)

আজ ২৬ মার্চ, বাংলাদেশের স্বাধীনতা দিবস। আসুন গান ধরি-

আমার সোনার বাংলা, আমি তোমায় ভালোবাসি।
চিরদিন তোমার আকাশ, তোমার বাতাস,
আমার প্রাণে বাজায় বাঁশি ॥
ও মা, ফাগুনে তোর আমের বনে ঘ্রাণে পাগল করে,
       মরি হায়, হায় রে--
ও মা, অঘ্রানে তোর ভরা ক্ষেতে
আমি কী দেখেছি   মধুর হাসি ॥
কী শোভা, কী ছায়া গো,   কী স্নেহ, কী মায়া গো--
কী আঁচল বিছায়েছ বটের মূলে,   নদীর কূলে কূলে।
মা, তোর মুখের বাণী আমার কানে লাগে সুধার মতো,
     মরি হায়, হায় রে--
মা, তোর বদনখানি মলিন হলে,   ও মা,
আমি নয়নজলে ভাসি ॥

- গীতবিতান: স্বদেশ: ১

My golden Bengal, I love you.
Forever thy skies, thy air set my heart in tune as if it were a flute,
O mother! The aroma of the mango orchard in Falgun drives me crazy,
Ah, what a thrill!
O mother! In Ogrohayon time sees sweet smiles all through mature fields of paddy.
What beauty, what shades, what affection, what tenderness!
What a quilt have thee spread at the feet of banyan trees and along the bank of every river,
Oh mother mine, words from thy lips are like nectar to my ears.
Ah, what a thrill!
If sadness, O mother! casts a gloom on your face, my eyes are filled with tears!

মার্চ ২৭

আমার যে সব দিতে হবে সে তো আমি জানি

চিন্তা-কণিকা

রবীন্দ্রনাথ লিখেছিলেন – "Life is given to us, we earn it by giving it." আমরা জীবনকে, জীবনের সৌন্দর্যকে, জীবনের আনন্দকে হারিয়ে ফেলি যখন আমরা সবকিছুকে আমার করে নিতে চাই। কিন্তু আমরা যখন আমাদের সবকিছু বিলিয়ে দেই, তখনই খুলে যায় আমাদের হৃদয়দুয়ার - এবং কেবলমাত্র সঞ্চয়ের ও জমা করার বাসনা থেকে আমরা মুক্ত হই।

আসুন, আজকের শপথ হোক - সবকিছুকে নিজের করে নেবার বাসনা থেকে মুক্ত হয়ে অল্প করে হলেও নিজের সৌভাগ্যকে অন্যের সাথে ভাগাভাগি (share) করার আনন্দে মাতি।

আমার যে সব দিতে হবে সে তো আমি জানি--
আমার যত বিত্ত, প্রভু, আমার যত বাণী ॥
...
তোমারি আনন্দ আমার দুঃখে সুখে ভ'রে
আমার ক'রে নিয়ে তবে নাও যে তোমার ক'রে।
আমার ব'লে যা পেয়েছি শুভক্ষণে যবে
তোমার ক'রে দেব তখন তারা আমার হবে--
সব দিতে হবে ॥

- গীতবিতান: পূজা: ৪৮২

I must give all, this much I know
All my wealth, my Lord, all my words.
...
Your blessings fills my sorrows and joys
They first become mine and then yours.
Whatever I received as mine in good times
I will make those thine so that they become truly mine
I must give all, this much I know.

- (Translation by NS)

(আরো দেখুন মার্চ ৯)

মার্চ ২৮

দুঃখগুলিকেও একটা বৃহৎ আনন্দসূত্রের মধ্যে ...

চিন্তা-কণিকা

সুখদুঃখ কেবল আমাদের জীবনে নয় - সকলের জীবনে আছে। তাই বিশ্বের বড়ো পটভূমিতে দেখলে আমাদের জীবনের দুঃখগুলো ছোটো হয়ে যায় এবং সুখগুলো বড়ো হয়ে উঠে। এখান থেকে কিছু বাক্যাংশ আপনি ব্যবহার করতে পারবেন নিজেকে কিংবা অন্য কাউকে শোক-দুঃখে বিপদে-আপদে সান্ত্বনা দেবার জন্য।

****

 জীবনের সমস্ত সুখদুঃখকে যখন বিচ্ছিন্ন ক্ষণিকভাবে অনুভব করি তখন আমাদের ভিতরকার এই অনন্ত সৃজনরহস্য ঠিক বুঝতে পারি নে— প্রত্যেক কথাটা বানান করে পড়তে হলে যেমন সমস্ত পদটার অর্থ এবং ভাবের ঐক্য বোঝা যায় না; কিন্তু নিজের ভিতরকার এই সৃজনশক্তির অখণ্ড ঐক্যসূত্র যখন একবার অনুভব করা যায় তখন এই সৃজ্যমান অনন্ত বিশ্বচরাচরের সঙ্গে নিজের যোগ উপলব্ধি করি; বুঝতে পারি, যেমন গ্রহনক্ষত্র-চন্দ্রসূর্য জ্বলতে জ্বলতে ঘুরতে ঘুরতে চিরকাল ধরে তৈরি হয়ে উঠেছে, আমার ভিতরেও তেমনি অনাদিকাল ধরে একটা সৃজন চলছে; আমার সুখ-দুঃখ বাসনা-বেদনা তার মধ্যে আপনার আপনার স্থান গ্রহণ করছে। এই থেকে কী হয়ে উঠবে জানি নে, কারণ আমরা একটি ধূলিকণাকেও জানি নে। কিন্তু **নিজের প্রবহমান জীবনটাকে যখন নিজের বাইরে অনন্ত দেশকালের সঙ্গে যোগ করে দেখি তখন জীবনের সমস্ত দুঃখগুলিকেও একটা বৃহৎ আনন্দসূত্রের মধ্যে গ্রথিত দেখতে পাই।**

- আত্মপরিচয়: ১

মার্চ ২৯

আনন্দ আপনাকে ত্যাগ করিয়াই সার্থক

চিন্তা-কণিকা

দুঃখ ছাড়া কোনও মহৎ কাজ হয় না। দুঃখকে মেনে নিয়েই জীবন চালনার শক্তি আমাদেরকে সঞ্চয় করতে হবে।

****

আনন্দ আপনাতে বদ্ধ হইয়া সম্পূর্ণ হয় না, **আনন্দ আপনাকে ত্যাগ করিয়াই সার্থক**।... দুঃখই জগতে একমাত্র সকল পদার্থের মূল্য। মানুষ যাহা কিছু নির্মাণ করিয়াছে তাহা দুঃখ দিয়াই করিয়াছে। দুঃখ দিয়া যাহা না করিয়াছে তাহা তাহার সম্পূর্ণ আপন হয় না। সেইজন্য **ত্যাগের দ্বারা দানের দ্বারা তপস্যার দ্বারা দুঃখের দ্বারাই আমরা আপন আত্মাকে গভীররূপে লাভ করি—সুখের দ্বারা আরামের দ্বারা নহে।** দুঃখ ছাড়া আর কোনো উপায়েই আপন শক্তিকে আমরা জানিতে পারি না। এবং আপন শক্তিকে যতই কম করিয়া জানি আত্মার গৌরবও তত কম করিয়া বুঝি যথার্থ আনন্দও তত অগভীর হইয়া থাকে। ... মানুষের ইতিহাসে যত বীরত্ব যত মহত্ত্ব সমস্তই দুঃখের আসনে প্রতিষ্ঠিত।

...আজ ঈশ্বরের শস্যকে কর্ষণের দুঃখের দ্বারা আমরা আমার করিতেছি, ঈশ্বরের পানীয় জলকে বহনের দুঃখের দ্বারা আমার করিতেছি, ঈশ্বরের অগ্নিকে ঘর্ষণের দুঃখের দ্বারা আমার করিতেছি। **ঈশ্বর আমাদের অত্যন্ত প্রয়োজনের সামগ্রীকেও সহজে দিয়া আমাদের অসম্মান করেন নাই**—ঈশ্বরের দানকেও বিশেষরূপে আমাদের করিয়া লইলে তবেই তাহাকে পাই নহিলে তাহাকে পাই না।

... আমি তোমার কাছে সেই শক্তি প্রার্থনা করি যাহাতে তোমার দয়াকে দুর্বলভাবে নিজের আরামের নিজের ক্ষুদ্রতার উপযোগী করিয়া না কল্পনা করি—তোমাকে অসম্পূর্ণরূপে গ্রহণ করিয়া নিজেকে না প্রবঞ্চিত করি। কম্পিত হৃৎপিণ্ড লইয়া অশ্রুসিক্ত নেত্রে তোমাকে দয়াময় বলিয়া নিজেকে ভুলাইব না—তুমি যে মানুষকে যুগে যুগে অসত্য হইতে সত্যে অন্ধকার হইতে জ্যোতিতে মৃত্যু হইতে অমৃতে উদ্ধার করিতেছ, সেই যে উদ্ধারের পথ সে তো আরামের পথ নহে সে যে পরম দুঃখেরই পথ।

- ধর্ম: দুঃখ

মার্চ ৩০

তাঁহারা জগতের সর্বত্রই অমঙ্গল দেখেন

চিন্তা-কণিকা

আপনারা সাবধান থাকুন তাদের থেকে যারা জগতের মন্দটাকে বেশি দেখেন, কেননা তারা বদ্ধ মনোভঙ্গির (fixed mindset) মানুষ।

****

অনেক লোক আছেন, তাঁহারা জগতের সর্বত্রই অমঙ্গল দেখেন। তাঁহাদের মুখে জগতের অবস্থা যেরূপ শুনা যায়, তাহাতে তাহার আর এক মুহূর্ত টিঁকিয়া থাকিবার কথা নহে। সর্বত্রই যে শোক-তাপ দুঃখ-যন্ত্রণা দেখিতেছি এ কথা অস্বীকার করা যায় না, কিন্তু তবুও তো জগতের সঙ্গীত থামে নাই। তাহার কারণ, **জগতের প্রাণের মধ্যে গভীর আনন্দ বিরাজ করিতেছে**। সে আনন্দ-আলোক কিছুতেই আচ্ছন্ন করিতে পারিতেছে না, বরঞ্চ যত কিছু শোক তাপ সেই দীপ্ত আনন্দে বিলীন হইয়া যাইতেছে।

...একজন বলিতেছেন, যখন প্রকৃতির মধ্যে সর্বত্রই নৃশংসতা দেখিতেছি, তখন নিষ্‌ঠুরতা যে জগতের ধর্ম নহে এ কে বলিতেছে? জগতের অস্তিত্বই স্বয়ং বলিতেছে। নিষ্‌ঠুরতাই যদি জগতের মূলগত নিয়ম হইত, হিংসাই যদি জগতের আশ্রয়স্থল হইত, তবে জগৎ এক মুহূর্ত বাঁচিত না। উপর হইতে যাহা দেখি তাহা ধর্ম নহে। উপর হইতে আমরা ত চতুর্দিকে পরিবর্তন দেখিতেছি, কিন্তু জগতের মূল ধর্ম কি অপরিবর্তনীয়তা নহে? **আমরা চারি দিকেই ত অনৈক্য দেখিতেছি, কিন্তু তাহার মূলে কি ঐক্য বিরাজ করিতেছে না?** তাহা যদি না করিত, তাহা হইলে এ জগৎ বিশৃঙ্খলার নরকরাজ্য হইত, সৌন্দর্য্যের স্বর্গরাজ্য হইত না। তাহা হইলে কিছু হইতেই পারিত না, কিছু থাকিতেই পারিত না।

... **আমরা যে কিছুই জানিতে পারি না তাহার প্রধান কারণ আমরা নিজেকে জগৎ হইতে বিচ্ছিন্ন করিয়া দেখি**; যখনি হৃদয়ের উন্নতি-সহকারে জগতের সহিত অনন্ত ঐক্য মর্মের মধ্যে অনুভব করিতে থাকিব, তখনি জগতের হৃদয়-সমুদ্র সমস্ত বাঁধ ভাঙ্গিয়া আমার মধ্যে উথলিত হইয়া উঠিবে, আমি কতখানি জানিব কতখানি পাইব তাহার সীমা নাই। **একটুখানি বুদ্‌বুদের মত অহঙ্কারে ফুলিয়া উঠিয়া স্বাতন্ত্র্য-অভিমানে জগতের তরঙ্গে তরঙ্গে ভাসিয়া বেড়াইলে মহত্ত্বও নাই, সুখও নাই।**

- আলোচনা: ধর্ম

মার্চ ৩১

আলোকের পথে, প্রভু, দাও দ্বার খুলে

চিন্তা-কণিকা

অন্ধজনেরা আলো দেখতে পায় না, কথাটি ঠিক, কিন্তু অন্তরের আলোয় তাঁরা যা দেখে তার খবর কি আমরা রাখি। বিপরীত দিকে আমরা চক্ষুস্মানরা আলো দেখতে পেলেও আমাদের মধ্যে অনেকের নয়নকে ঘিরে আছে অহমিকার এক আঁধার আবরণ। তাই আমরা আলোকপিয়াসী হলেও আলো দেখতে পাই না - কেননা আমাদের অন্তর অহমিকার কালিমালিপ্ত এবং আমাদের মানসচক্ষু কিংবা বাইরের চক্ষু কোনোটাই আলো দেখার জন্য প্রশিক্ষণপ্রাপ্ত নয়।

তাই আজকের প্রার্থনা হোক আলোকের পথে যেন আমাদের উত্থান হয় এবং আমাদের অহমিকার আবরণ যেন ছিন্ন হয়ে যায়।

আলোকের পথে, প্রভু, দাও দ্বার খুলে–
আলোক-পিয়াসী যারা আছে আঁখি তুলে,
প্রদোষের ছায়াতলে হারায়েছে দিশা,
সমুখে আসিছে ঘিরে নিরাশার নিশা।
নিখিল ভুবনে তব যারা আত্মহারা
আঁধারের আবরণে খোঁজে ধ্রুবতারা,
তাহাদের দৃষ্টি আনো রূপের জগতে–
আলোকের পথে॥

- গীতবিতান: আনুষ্ঠানিক সংগীত: ১৫
কলকাতায় অন্ধজনের দুঃখলাঘব শিবির
(Blind Relief Camp) প্রতিষ্ঠা উপলক্ষ্যে লিখিত বাণী

******* মার্চ বোনাস *******

আনন্দ-অমৃতরূপে বিশ্বের প্রকাশ

চিন্তা-
কণিকা

"আনন্দ" অধ্যায়ের শেষে এসে আসুন প্রার্থনা করি যেন জগতের আনন্দযজ্ঞকে দেখার ও উপভোগ করার মত চোখ আমরা তৈরি করতে পারি। শত দুঃখের মধ্যেও যেন আমরা এই বিশ্বাস নিয়ে চলতে পারি যে বিশ্বের বৃহৎ পটভূমিতে আমাদের নিজস্ব দুঃখগুলো নিতান্তই ক্ষুদ্র - দুঃখের শক্তিতে যেন আমরা বিশ্বময় ছড়িয়ে থাকা আনন্দ-অমৃতলোকের সন্ধান পাই।

****

জীবনের দুঃখে শোকে তাপে
ঋষির একটি বাণী চিত্তে মোর দিনে দিনে হয়েছে উজ্জ্বল--
আনন্দ-অমৃতরূপে বিশ্বের প্রকাশ।
ক্ষুদ্র যত বিরুদ্ধ প্রমাণে
মহানেরে খর্ব করা সহজ পটুতা।
অন্তহীন দেশকালে পরিব্যাপ্ত সত্যের মহিমা
যে দেখে অখণ্ড রূপে
এ জগতে জন্ম তার হয়েছে সার্থক।   - রোগশয্যায়: ২৫

****

আমারই চেতনার রঙে পান্না হল সবুজ,
চুনি উঠল রাঙা হয়ে।
আমি চোখ মেললুম আকাশে,
জ্বলে উঠল আলো
পুবে পশ্চিমে।
গোলাপের দিকে চেয়ে বললুম 'সুন্দর',
সুন্দর হল সে।   - শ্যামলী: আমি

****

Our life, like a river, strikes its banks not to find itself closed in by them, but to realize anew every moment that it has its unending opening towards the sea. It is a poem that strikes its meter at every step not to be silenced by its rigid regulations, but to give expression every moment to the inner freedom of its harmony.

- Sadhana: Realization of Life

৪

শুভেচ্ছা ও শোক বাণী

এই অধ্যায়ের উদ্ধৃতিগুলো বাছাই করা হয়েছে বিভিন্ন অনুষ্ঠানে (বিবাহ, বিবাহ-বার্ষিকী, জন্মদিন, Graduation ইত্যাদি) শুভেচ্ছাবাণী পাঠানোর কথা মনে রেখে। তবে এসকল উদ্ধৃতির পুরোটা বা অংশবিশেষ আপনি আপনার প্রয়োজনমত আরো নানান উপলক্ষ্যে বা বিনা উপলক্ষ্যে ব্যবহার করতে পারবেন।

যারা বিদেশে থাকেন বা বিদেশিদের সাথে চলাফেরা করেন তাদের ব্যবহারের জন কোথাও কোথাও ইংরেজি ভাবানুবাদও দেয়া হয়েছে।

শুভেচ্ছা ও শোক বাণী

এপ্রিল

এপ্রিল ১

দুইটি হৃদয়ে একটি আসন পাতিয়া বসো

চিন্তা-কণিকা

কোনো বিয়েতে বা বিবাহবার্ষিকীতে এই গানের দুটো বা চারটে লাইনের চেয়ে উপযুক্ত কোনো উদ্‌ধৃতি বাংলা ভাষায় দুর্লভ।

দুইটি হৃদয়ে একটি আসন
পাতিয়া বসো হে হৃদয়নাথ।
কল্যাণকরে মঙ্গলডোরে
বাঁধিয়া রাখো হে দোঁহার হাত॥
প্রাণেশ, তোমার প্রেম অনন্ত
জাগাক হৃদয়ে চিরবসন্ত,
যুগল প্রাণের মধুর মিলনে
করো হে করুণনয়নপাত॥
সংসারপথ দীর্ঘ দারুণ,
বাহিরিবে দুটি পান্থ তরুণ,
আজিকে তোমার প্রসাদ-অরুণ
করুক প্রকাশ নব প্রভাত।
তব মঙ্গল, তব মহত্ত্ব,
তোমারি মাধুরী, তোমারি সত্য--
দোঁহার চিত্তে রহুক নিত্য
নব নব রূপে দিবস-রাত॥

- গীতবিতান: আনুষ্ঠানিক: ১

Take a single seat, my Lord
In the two hearts of this couple
And tie the two hands together
With your band of blessings.
...
Thy blessings, Thy greatness,
Thy sweetness, Thy truth
May stay forever in two hearts
Day and night in new anew forms.

- (Translation by NS)

এপ্রিল ২

কাণ্ডারী কোরো তাঁহারে যিনি এ ভবের কাণ্ডারী

চিন্তা-কণিকা

কোনো নবীন দম্পতির প্রতি এই গানের দুটো বা চারটে লাইন হতে পারে চমৎকার শুভেচ্ছাবাণী। শুভেচ্ছাবাণী লিখতে যেয়ে আপনি জোড়াও দিতে পারেন দুজায়গা থেকে দুই বা চার লাইন; যেমন প্রথম দুই লাইনের সাথে জুড়ে দিতে পারেন শেষের দুই লাইন - দেখবেন একটা চমৎকার কবিতা হয়ে গিয়েছে।

যে তরণীখানি ভাসালে দুজনে আজি,
হে নবীন সংসারী,
কাণ্ডারী কোরো তাঁহারে তাহার
যিনি এ ভবের কাণ্ডারী॥
কালপারাবার যিনি চিরদিন
করিছেন পার বিরামবিহীন
শুভযাত্রায় আজি তিনি দিন
প্রসাদপবন সঞ্চারি॥
নিয়ো নিয়ো চিরজীবনপাথেয়,
ভরি নিয়ো তরী কল্যাণে।
সুখে দুখে শোকে আঁধারে আলোকে
যেয়ো অমৃতের সন্ধানে।
বাঁধা নাহি থেকো আলসে আবেশে,
ঝড়ে ঝঞ্ঝায় চলে যেয়ো হেসে,
তোমাদের প্রেম দিয়ো দেশে দেশে
বিশ্বের মাঝে বিস্তারি॥

- গীতবিতান: আনুষ্ঠানিক: ৮

The boat you two sailed today, o newly-weds
Make Him your captain, who steers the universe
...
In happiness and in sorrow, in darkness and in light
Always search for the eternal bliss ...
Spread your wings of love from land to land
And into the whole universe.

- (Partial translation by NS)

শুভেচ্ছা ও শোক বাণী

এপ্রিল ৩

সুখে থাকো আর সুখী করো সবে

চিন্তা-কণিকা

কারো বিয়েতে কিংবা কারো বিবাহ-বার্ষিকীতে অথবা যে কোনো শুভ-অনুষ্ঠানে আপনি এই কবিতা থেকে দুই বা চার লাইন ধার করে রচনা করতে পারেন একটি অসাধারণ শুভেচ্ছাবাণী।

**সুখে থাকো আর সুখী করো সবে,
তোমাদের প্রেম ধন্য হোক ভবে॥**
মঙ্গলের পথে থেকো নিরন্তর,
মহত্ত্বের 'পরে রাখিয়ো নির্ভর--
ধ্রুবসত্য তাঁরে ধ্রুবতারা কোরো
সংশয়নিশীথে সংসার-অর্ণবে॥
**চিরসুধাময় প্রেমের মিলন
মধুর করিয়া রাখুক জীবন,**
দুজনার বলে সবল দুজন
জীবনের কাজ সাধিয়ো নীরবে॥
কত দুঃখ আছে, কত অশ্রুজল--
প্রেমবলে তবু থাকিয়ো অটল।
**তাঁহারি ইচ্ছা হউক সফল
বিপদে সম্পদে শোকে উৎসবে॥**

  - গীতবিতান: আনুষ্ঠানিক: ৫

Be happy and make everyone happy
Let your love be blessed in this world.
Stay on the path of goodness always
And have faith that greatness will win.
...
Let ever lovely union of love
Keep your life sweet
Let strengths of one another
Silently guide your life's work.
...Let His wishes come to fruition
In danger, in wealth, in sorrow, and in happiness.

  - (Translation by NS)

শুভেচ্ছা ও শোক বাণী

এপ্রিল ৪

হৃদয়ে মিলাবে হৃদি তোমারে হৃদয়ে রাখি

চিন্তা-
কণিকা

আপনি এই গানের দুই বা চার লাইন কারো বিয়েতে শুভেচ্ছাবাণী হিসাবে ব্যবহার করতে পারেন।

দুটি প্রাণ এক ঠাঁই তুমি তো এনেছ ডাকি,
শুভকার্যে জাগিতেছে তোমার প্রসন্ন আঁখি॥
এ জগতচরাচরে   বেঁধেছ যে প্রেমডোরে
সে প্রেমে বাঁধিয়া দোঁহে স্নেহছায়ে রাখো ঢাকি॥
তোমারি আদেশ লয়ে সংসারে পশিবে দোঁহে,
তোমারি আশিস বলে এড়াইবে মায়ামোহে।
সাধিতে তোমার কাজ   দুজনে চলিবে আজ,
হৃদয়ে মিলাবে হৃদি তোমারে হৃদয়ে রাখি॥

- গীতবিতান: আনুষ্ঠানিক: ৪

You have brought two souls in one place,
May this auspicious moment be blessed by you, my Lord.
You have tied the two souls with thy bonds of love
May you keep them in thy shade of protection.
May the two souls begin their journey together
While remembering your command.
May they avoid all temptations with thy blessings
And walk together to do your bidding.
May one heart melt in another
While keeping you in their hearts.

- (Translation by NS)

শুভেচ্ছা ও শোক বাণী

চিন্তা-কণিকা

এপ্রিল ৫

ব্যক্ত হোক তোমামাঝে অসীমের চিরবিস্ময়

আপনি এই গানের দুই বা চার লাইন কারো জন্মদিনে শুভেচ্ছাবাণী হিসাবে ব্যবহার করতে পারেন। শুধুমাত্র গাঢ় (bold) অক্ষরের বাক্যাংশগুলো দিয়ে রচনা করতে পারেন সংক্ষিপ্ত একটি শুভেচ্ছাবাণী।

হে নূতন,
দেখা দিক আর-বার জন্মের প্রথম শুভক্ষণ ।।
তোমার প্রকাশ হোক কুহেলিকা করি উদঘাটন
সূর্যের মতন ।
রিক্ততার বক্ষ ভেদি আপনারে করো উন্মোচন ।
ব্যক্ত হোক জীবনের জয়,
ব্যক্ত হোক তোমামাঝে অসীমের চিরবিস্ময় ।

- গীতবিতান: আনুষ্ঠানিক সংগীত: ১৭

O the New
Let the auspicious moment of birth
Emerge once again.
May you appear like the Sun
Tearing asunder the haze of fog.
Sprout yourself
Piercing through the emptiness.
Let the victory of life be proclaimed in you
Let the eternal wonder of the Infinite
Be expressed in you.

- (Translation by NS)

এপ্রিল ৬

খুশি থাকো, থেকো ভালো

চিন্তা-কণিকা

আপনি এই গানের দুই বা চার লাইন কারো জন্মদিনে শুভেচ্ছাবাণী হিসাবে ব্যবহার করতে পারেন।

তোমার জন্মদিনে আমার
কাছের দিনের নেই তো সাঁকো।
দূরের থেকে রাতের তীরে
বলি তোমায় পিছন ফিরে
"খুশি থাকো"।
দিনশেষের সূর্য যেমন
ধরার ভালে বুলায় আলো,
ক্ষণেক দাঁড়ায় অস্তকোলে,
যাবার আগে যায় সে ব'লে
"থেকো ভালো"।

- বীথিকা: সংযোজন

On your birthday
I do not have the bridge of nearness
From far away on a distant shore of night
Let me turn back and say to you,
"Be happy."
Like the Sun at the end of the day
Touches the earth with a soft light
And stops for a moment
Before it disappears in the horizon
To say, "Stay well."

- (Translation by NS)

চিন্তা-
কণিকা

এপ্রিল ৭

মন হোক ক্ষুদ্রতামুক্ত

কারো জন্মদিনে আপনি এই কবিতাগুলোর দুটো বা চারটে লাইন কিংবা এই চিঠিটির উপদেশটি শুভেচ্ছাবাণী হিসাবে পাঠাতে পারেন।

নবজীবনের যাত্রাপথে দাও দাও এই বর
হে হৃদয়েশ্বর–
প্রেমের বিত্ত পূর্ণ করিয়া দিক চিত্ত ;
যেন এ সংসারমাঝে তব দক্ষিণমুখ রাজে ;
সুখরূপে পাই তব ভিক্ষা, দুখরূপে পাই তব দীক্ষা ;
মন হোক ক্ষুদ্রতামুক্ত, নিখিলের সাথে হোক যুক্ত,
শুভকর্মে যেন নাহি মানে ক্লান্তি
শান্তি শান্তি শান্তি॥

- গীতবিতান: আনুষ্ঠানিক সংগীত: ৯

যে অবস্থার মধ্যেই থাকো জীবনের উদ্দেশ্যকে ছোটো করিয়ো না, নিজেকে ক্ষুদ্র বলিয়া জানিয়ো না। বিষয়ী লোকেরা যে সমস্ত সংকীর্ণতার জালে জড়াইয়া থাকে তাহাকে শ্রদ্ধা করিয়ো না।

- চিঠিপত্র ১০। অরুণচন্দ্র সেনকে, পত্র ১

জীবনযাত্রার পথে
ক্লান্তি ভুলি, তরুণ পথিক,
চলো নির্ভীক।
আপন অন্তরে তব
আপন যাত্রার দীপালোক
অনির্বাণ হোক।

- স্ফুলিঙ্গ :৯২

শুভেচ্ছা ও শোক বাণী

এপ্রিল ৮

সকল অশুভ হইতে তাহারে তুমি ঢাকো

চিন্তা-কণিকা

আপনি এই গানের দুই বা চার লাইন কারো বিয়েতে কিংবা বিবাহ-বার্ষিকীতে শুভেচ্ছাবাণী হিসাবে ব্যবহার করতে পারেন। আপনি গানটির প্রথম দুই লাইনের সাথে শেষ দুই লাইন জুড়ে দিয়ে তৈরি করতে পারেন চার লাইনের একটি চমৎকার শুভেচ্ছাবাণী।

দুজনে যেথায় মিলিছে সেথায়
    তুমি থাকো, প্রভু, তুমি থাকো।
দুজনে যাহারা চলেছে তাদের
    তুমি রাখো, প্রভু, সাথে রাখো ॥
যেথা দুজনের মিলিছে দৃষ্টি
    সেথা হোক তব সুধার বৃষ্টি--
দোঁহে যারা ডাকে দোঁহারে তাদের
    তুমি ডাকো, প্রভু, তুমি ডাকো ॥
দুজনে মিলিয়া গৃহের প্রদীপে
    জ্বালাইছে যে আলোক
তাহাতে, হে দেব, হে বিশ্বদেব,
    তোমারি আরতি হোক॥
মধুর মিলনে মিলি দুটি হিয়া
    প্রেমের বৃন্তে উঠে বিকশিয়া,
সকল অশুভ হইতে তাহারে
    তুমি ঢাকো, প্রভু, তুমি ঢাকো ॥

- গীতবিতান: আনুষ্ঠানিক: ৭

The place and time where the two souls met
My Lord, may you be present there with thy blessings.
The couple who are walking together in life
My Lord, may you keep them with you.
Together, the lamp they are lighting in their house
In it, my Lord, the Lord of the world, may thy praise ring.
The two hearts blooming with love in a sweet union
From all evils, my Lord, may you protect them, my Lord.

- (Partial translation by NS)

শুভেচ্ছা ও শোক বাণী

এপ্রিল ৯

এসো এসো প্রাণের উৎসবে

চিন্তা-
কণিকা

কোনো একটি উৎসবের আমন্ত্রণ পত্রে যদি লিখা থাকে এমন কথা, তাহলে কেমন হয়? অথবা যদি দেশে বা বিদেশে কোনো নতুন সমাজসেবী সংগঠনের শুরুতে সকলকে আহবান করে এমন বাণী পাঠানো হয়, তাহলে কেমন হয়।

এসো এসো প্রাণের উৎসবে,
দক্ষিণবায়ুর বেণুরবে॥
পাখির প্রভাতী গানে
এসো এসো পুণ্যস্নানে
আলোকের অমৃতনির্ঝরে॥
পথের কণ্টক দলি
এসো চলি, এসো চলি
ঝটিকার মেঘমন্দ্রস্বরে॥

- গীতবিতান: আনুষ্ঠানিক: ১৮

Come, come, to the festival of soul,
As the south wind blows music
And the birds chirp in the morning.
Come, come, to the holy bath
In the shower of heavenly lights
Crushing the thorns on the roadside
Come on, come on
As the storm rumbles loud.

- (Translation by NS)

এপ্রিল ১০

যে প্রেম সমান ভাবে রবে চিরদিন

চিন্তা-কণিকা

কারো বিয়েতে এই গানের দুটো বা চারটে লাইন শুভেচ্ছাবাণী হিসাবে কেমন শোনাবে? আপনি চাইলে শুধুমাত্র গাঢ় (bold) অক্ষরের বাক্যাংশগুলো দিয়ে রচনা করতে পারেন সংক্ষিপ্ত একটি শুভেচ্ছাবাণী।

শুভদিনে এসেছে দোঁহে চরণে তোমার,
শিখাও প্রেমের শিক্ষা, কোথা যাবে আর॥
**যে প্রেম সুখেতে কভু মলিন না হয়, প্রভু,
যে প্রেম দুঃখেতে ধরে উজ্জ্বল আকার॥**
যে প্রেম সমান ভাবে রবে চিরদিন,
নিমেষে নিমেষে যাহা হইবে নবীন।
যে প্রেমের শুভ্র হাসি   প্রভাতকিরণরাশি,
যে প্রেমের অশ্রুজল শিশির উষার॥
যে প্রেমের পথ গেছে অমৃতসদনে
সে প্রেম দেখায়ে দাও পথিক-দুজনে।
যদি কভু শ্রান্ত হয়   কোলে নিয়ো দয়াময়--
যদি কভু পথ ভোলে দেখায়ো আবার॥

- গীতবিতান: আনুষ্ঠানিক: ৯

শুভেচ্ছা ও শোক বাণী

এপ্রিল ১১
তোমারেই যেন ভালোবাসিয়াছি শত বার

চিন্তা-
কণিকা

আপনার নিজের বিবাহবার্ষিকীতে এই গানের দুটো বা চারটে লাইন, বিশেষ করে গাঢ় অক্ষরে (bold letters) চিহ্নিত বাক্যাংশগুলো, একটি কার্ডে লিখে দিতে পারেন আপনার জীবনসাথীকে কিংবা পুরো কবিতাটিই পড়ে শোনাতে পারেন প্রিয়তমকে।

**তোমারেই যেন ভালোবাসিয়াছি
শত রূপে শত বার
জনমে জনমে, যুগে যুগে অনিবার।**
চিরকাল ধরে মুগ্ধ হৃদয়
গাঁথিয়াছে গীতহার,
কত রূপ ধরে পরেছ গলায়,
নিয়েছ সে উপহার
জনমে জনমে যুগে যুগে অনিবার।

...

**আমরা দুজনে ভাসিয়া এসেছি
যুগল প্রেমের স্রোতে
অনাদিকালের হৃদয়-উৎস হতে।**
আমরা দুজনে করিয়াছি খেলা
কোটি প্রেমিকের মাঝে
বিরহবিধুর নয়নসলিলে,
মিলনমধুর লাজে--
পুরাতন প্রেম নিত্যনূতন সাজে।

...

নিখিলের সুখ, নিখিলের দুখ,
নিখিল প্রাণের প্রীতি,
**একটি প্রেমের মাঝারে মিশেছে
সকল প্রেমের স্মৃতি--
সকল কালের সকল কবির গীতি।**

- মানসী: অনন্ত প্রেম

এপ্রিল ১২

চিন্তা-কণিকা

তোদের দুজনের জীবন নবীন ও নির্মল হোক

এরকম একটি উপদেশ যদি আপনি আপনার পুত্র বা কন্যার বিয়ের পরে নব-দম্পতিকে লিখে পাঠান, তাহলে সেটা একটি অসাধারণ আশীর্বাণী হয়ে উঠতে পারে। অথবা সম্বোধন ও কিছু শব্দ একটু অদল বদল করে স্নেহভাজন কোনো নব-দম্পতিকে লিখে পাঠাতে পারেন এই উপদেশবাণী।

তোদের দুজনের জীবন নবীন ও নির্মল হোক, তোদের মিলন পবিত্র ও কল্যাণময় হোক - তোদের পুণ্য সম্মন্ধ সংসারের নীচের তলাকার সমস্ত পঙ্ক ভেদ করে উঠে পদ্মের মত মুক্ত আকাশের আলোর দিকে আপনাকে পূর্ণ বিকশিত করে তুলুক এই আমি একান্ত মনে কামনা করচি।

দিনরাত্রির মধ্যে এক মুহূর্তও যদি তোরা আপনার চেয়ে বড়োর কাছে আপনাকে উৎসর্গ না করিস, যদি ঘুরে ফিরে সমস্তক্ষণ কেবল আপনাকেই দেখতে থাকিস তাহলে ভয়ানক ঠকা ঠকবি - আপনার সমস্ত সম্পদকে তাহলে জীর্ণ করে নিঃশেষে ফুরিয়ে ফেলবি - নিজের হৃদয়কে প্রাণকে অনন্তের ভান্ডার থেকে প্রতিদিনই ভরে নিতে হবে।

- পুত্র রথীন্দ্রনাথ ঠাকুরকে লিখিত পত্র, ১৯১২,
প্রতিমা দেবীর সাথে পুত্র রথীন্দ্রনাথের বিয়ের পরে

এপ্রিল ১৩

পাতে বসে পতি যেন নাহি করে ক্রন্দন

চিন্তা-কণিকা

হাস্যচ্ছলে লিখা এই হালকা মেজাজের কবিতাটির দুটো বা চারটে লাইন আপনি রসালো উপদেশবাণী হিসাবে পাঠাতে পারেন এমন কাউকে যার সঙ্গে আপনার সম্পর্ক রসিকতার। তবে সাবধান, এই আত্মগরিমার যুগে এমন রসিকতা মানানসই নাও হতে পারে। সত্যি কথা বলতে কি, প্রণয়ের সেরা বন্ধন রন্ধন নয় - পারস্পরিক সম্মানবোধ। একজন আরেকজনকে সম্মান না করলে দাম্পত্য জীবনে ভালোবাসা দীর্ঘস্থায়ী হয় না।

তোমাদের বিয়ে হল ফাগুনের চৌঠা,
অক্ষয় হয়ে থাক্ সিঁদুরের কৌটা।
সাত চড়ে তবু যেন কথা মুখে না ফোটে,
নাসিকার ডগা ছেড়ে ঘোমটাও না ওঠে;
শাশুড়ি না বলে যেন "কী বেহায়া বৌটা'।

'পাক প্রণালী'র মতে কোরো তুমি রন্ধন,
জেনো ইহা প্রণয়ের সব-সেরা বন্ধন।
চামড়ার মতো যেন না দেখায় লুচিটা,
স্বরচিত ব'লে দাবি নাহি করে মুচিটা;
পাতে বসে পতি যেন নাহি করে ক্রন্দন।

যা-ই কেন বলুক-না প্রতিবেশী নিন্দুক
খুব ক'ষে আঁটা যেন থাকে তব সিন্দুক।
বন্ধুরা ধার চায়, দাম চায় দোকানি,
চাকর-বাকর চায় মাসহারা-চোকানি--
ত্রিভুবনে এই আছে অতি বড়ো তিন দুখ।

বই-কেনা শখটারে দিয়ো নাকো প্রশ্রয়;
ধার নিয়ে ফিরিয়ো না, তাতে নাহি দোষ রয়।
বোঝ আর না-ই বোঝ কাছে রেখো গীতাটি,
মাঝে মাঝে উলটিয়ো মনুসংহিতাটি;
"স্ত্রী স্বামীর ছায়াসম' মনে যেন হোঁশ রয়।

- প্রহাসিনী: পরিণয়মঙ্গল

এপ্রিল ১৪

মুছে যাক গ্লানি, ঘুচে যাক জরা

চিন্তা-কণিকা

আজ ১৪ এপ্রিল, বাংলা নববর্ষ। সকলের জন্য আজকের শুভেচ্ছাবাণী হোক- "মুছে যাক গ্লানি, ঘুচে যাক জরা/অগ্নিস্নানে শুচি হোক ধরা।" যারা বিদেশে পহেলা বৈশাখ উদযাপনে ব্যাপৃত আছেন, তারা ইংরেজি অনুবাদটি ব্যবহার করতে পারেন।

এসো, এসো, এসো হে বৈশাখ।
তাপসনিশ্বাসবায়ে মুমূর্ষুরে দাও উড়ায়ে,
বৎসরের আবর্জনা দূর হয়ে যাক॥
যাক পুরাতন স্মৃতি, যাক ভুলে-যাওয়া গীতি,
অশ্রুবাষ্প সুদূরে মিলাক॥
মুছে যাক গ্লানি, ঘুচে যাক জরা,
অগ্নিস্নানে শুচি হোক ধরা।
রসের আবেশরাশি শুষ্ক করি দাও আসি,
আনো আনো আনো তব প্রলয়ের শাঁখ।
মায়ার কুজ্ঝটিজাল যাক দূরে যাক॥

- গীতবিতান: প্রকৃতি: ১৪

Come, come, come, O Boishakh.
Bring a breath of fresh air and blow away all that is dying,
And let the remnants of the past go away.
Let go the old memories, let go the past melodies,
Let all tears vaporize into the far away sky.
Let weariness be wiped away and debility end
And earth be purified with a fresh bath of fire.
Come and clear away the fog of impassioned emotions,
Bring, bring, bring your conch of destruction.
And let the black mist of illusions vanish.

- (Translation by NS)

শুভেচ্ছা ও শোক বাণী

এপ্রিল ১৫

সুখী হও, সুখী রহো

চিন্তা-
কণিকা

নোবেলবিজয়ী অর্থনীতিবিদ অমর্ত্য সেনের মাসী শান্তিনিকেতনের ছাত্রী মমতা সেনের বিয়েতে জাহাজে বসে লিখিত রবীন্দ্রনাথের আশীর্বাণীটি কি আপনিও কাজে লাগাতে পারেন কারো বিয়েতে?!

**নবীন সংসারখানি
রচিতে হবে যে জানি
মাধুরীতে মিশায়ে কল্যাণ,**
প্রেম দিয়ে প্রাণ দিয়ে
কাজ দিয়ে গান দিয়ে
ধৈর্য দিয়ে, দিয়ে তব ধ্যান, --
সে তব রচনা-মাঝে
সব ভাবনায় কাজে
তারা যেন উঠে রূপ ধরি,
তারা যেন দেয় আনি
তোমার বাণীতে বাণী
তোমার প্রাণেতে প্রাণ ভরি।
**সুখী হও, সুখী রহো
পূর্ণ করো অহরহ
শুভকর্মে জীবনের ডালা,
পুণ্যসূত্রে দিনগুলি
প্রতিদিন গেঁথে তুলি
রচি লহো নৈবেদ্যের মালা।**
সমুদ্রের পার হতে
পূর্বপবনের স্রোতে
ছন্দের তরণীখানি ভ'রে
এ প্রভাতে আজি তোরি
পূর্ণতার দিন স্মরি
আশীর্বাদ পাঠাইনু তোরে।

- পরিশেষ: আশ্রমবালিকা

এপ্রিল ১৬

আজি তব জন্মদিনে এই কথা করাব স্মরণ

চিন্তা-কণিকা

আপনার প্রিয় কোনো নাতি বা নাতনির জন্মদিনে এই কবিতার দুটো বা চারটে লাইন শুভেচ্ছাবাণী হিসাবে কেমন শোনাবে? 'উত্তিষ্ঠত নিবোধত' সংস্কৃত শব্দাবলীর অর্থ হচ্ছে - উঠো এবং জানো।

আসুন আজকের প্রতিজ্ঞা হোক আমরা যেন জেগে উঠি এবং নিজেকে ও অন্যকে জানতে চেষ্টা করি। আমরা যতই ক্ষুদ্র হই না কেন, আমরা যেন প্রদীপ হয়ে সত্যের পথকে অল্প হলেও আলোকিত করতে পারি।

আজি তব জন্মদিনে এই কথা করাব স্মরণ --
জয় করে নিতে হয় আপনার জীবন মরণ
আপন অক্লান্ত বলে দিনে দিনে; যা পেয়েছ দান
তার মূল্য দিতে হবে, দিতে হবে তাহারে সম্মান
নিত্য তব নির্মল নিষ্ঠায়। নহে ভোগ, নহে খেলা
এ জীবন, নহে ইহা কালস্রোতে ভাসাইতে ভেলা
খেয়ালের পাল তুলে। আপনারে দীপ করি জ্বালো,
দুর্গম সংসারপথে অন্ধকারে দিতে হবে আলো,
সত্যলক্ষ্যে যেতে হবে অসত্যের বিঘ্ন করি দূর,
জীবনের বীণাতন্ত্রে বেসুরে আনিতে হবে সুর--
দুঃখেরে স্বীকার করি; অনিত্যের যত আবর্জনা
পূজার প্রাঙ্গণ হতে নিরালস্যে করিবে মার্জনা
প্রতিক্ষণে সাবধানে, এই মন্ত্র বাজুক নিয়ত
চিন্তায় বচনে কর্মে তব -- উত্তিষ্ঠত নিবোধত।

- বড়োভাই দ্বিজেন্দ্রনাথ ঠাকুরের নাতনি রমা দেবীর জন্মদিনে প্রেরিত আশীর্বাদবাণী।

(আরো দেখুন জুন ২১)

এপ্রিল ১৭

ক্লান্তিহীন নব আশা সেই তো শিশুর ভাষা

চিন্তা-কণিকা

অমল হোমের কন্যা অমলিনার প্রথম জন্মবার্ষিকীতে পাঠানো কবিতাটির দুটো বা চারটে লাইন কি আপনি কারো প্রথম বা দ্বিতীয় বা তৃতীয় জন্মবার্ষিকীতে শুভেচ্ছাবাণী হিসাবে পাঠাতে পারেন?!

অকারণ কলরোলে তাই তব অঙ্গ দোলে,
ভঙ্গি তার নিত্য নব নব।
চিন্তা-আবরণ-হীন নগ্নচিত্ত সারাদিন
লুটাইছে বিশ্বের প্রাঙ্গণে, ...
কী হাসি বাতাসে ভেসে তোমারে লাগিছে এসে,
হাসি বেজে ওঠে খিলিখিলি।
গ্রহ তারা শশী রবি সমুখে ধরেছে ছবি
আপন বিপুল পরিচয়।
কচি কচি দুই হাতে খেলিছ তাহারি সাথে,
নাই প্রশ্ন, নাই কোনো ভয়। ...
ক্লান্তিহীন নব আশা সেই তো শিশুর ভাষা
সেই ভাষা প্রাণদেবতার,
জরার জড়ত্ব ত্যেজে নব নব জন্মে সে যে
নব প্রাণ পায় বারম্বার।
নৈরাশ্যের কুহেলিকা উষার আলোকটিকা
ক্ষণে ক্ষণে মুছে দিতে চায়,
বাধার পশ্চাতে কবি দেখে চিরন্তন-রবি
সেই দেখা শিশুচক্ষে ভায়।
শিশুর সম্পদ বয়ে এসেছ এ লোকালয়ে,
সে সম্পদ থাক্ অমলিনা।
যে-বিশ্বাস দ্বিধাহীন তারি সুরে চিরদিন
বাজে যেন জীবনের বীণা।

- পরিশেষ: আশীর্বাদী

এপ্রিল ১৮

চিন্তা-
কণিকা

দুঃখ সেথা দিক বীর্য, সুখ দিক সৌন্দর্যের সুধা

এই কবিতার দুটো বা চারটে লাইন কি আপনি কাজে লাগাতে পারেন স্নেহধন্য কোনো আত্মীয়-আত্মীয়ার শুভ-বিবাহের দিনে?! যে যুগলের হৃদয়তন্ত্রীর তারে তারে চিরন্তন সত্যের সুরে বাজে গভীর বিশ্বাসের বীণাযন্ত্র, সেই যুগলের চেয়ে বেশি আশীর্বাদপ্রাপ্ত আর কারা হতে পারে। পারস্পরিক বিশ্বাসের ভিত্তিভূমি ছাড়া ভালোবাসার বৃক্ষ বেশিদিন বাঁচতে পারে না।

আসুন, কেবল অন্যকে আশীর্বাদ নয়, নিজের জীবনেও রচনা করি বিশ্বাসের বীণাযন্ত্র।

নবজীবনের ক্ষেত্রে দুজনে মিলিয়া একমান
যে নব সংসার তব প্রেমমন্ত্রে করিছ রচনা
দুঃখ সেথা দিক বীর্য, সুখ দিক সৌন্দর্যের সুধা,
মৈত্রীর আসনে সেথা নিক স্থান প্রসন্ন বসুধা,
হৃদয়ের তারে তারে অসংশয় বিশ্বাসের বীণা
নিয়ত সত্যের সুরে মধুময় করুক আঙিনা।
সমুদার আমন্ত্রণে মুক্তদ্বার গৃহের ভিতরে
চিত্ত তব নিখিলেরে নিত্য যেন আতিথ্য বিতরে
প্রত্যহের আলিম্পনে দ্বারপথে থাকে যেন লেখা
সুকল্যাণী দেবতার অদৃশ্য চরণচিহ্নরেখা।
শুচি যাহা, পুণ্য যাহা, সুন্দর যা, যাহা-কিছু শ্রেয়,
নিরলস সমাদরে পায় যেন তাহাদের দেয়।
তোমার সংসার ঘেরি, নন্দিতা, নন্দিতা তব মন
সরল মাধুর্যরসে নিজেরে করুক সমর্পণ।
তোমাদের আকাশেতে নির্মল আলোর শঙ্খনাদ,
তার সাথে মিলে থাক্ দাদামশায়ের আশীর্বাদ।

- দৌহিত্রী নন্দিতা গাঙ্গুলীর (মীরা দেবীর কন্যা) সাথে কৃষ্ণ কৃপালনির শুভ বিবাহ উপলক্ষ্যে এই আশীর্বাণীটি লিখে তার 'পত্রপুট' কাব্যগ্রন্থটি এই নবদম্পতিকে উৎসর্গ করেন।

এপ্রিল ১৯

অন্নহারা গৃহহারা চায় ঊর্ধ্বপানে

চিন্তা-কণিকা

এটি কোনো শুভেচ্ছাবাণী নয়, এটি একটা আবেদন-বাণী। নেতাজী সুভাষচন্দ্র বসুর অনুরোধে রবীন্দ্রনাথ বাংলায় একটি ফ্লাড রিলিফ কমিটির সভাপতিত্ব গ্রহণ করেন। দেশবাসীর উদ্দেশ্যে সাহায্যের আবেদন জানিয়ে ১৯৩১ সালে রবীন্দ্রনাথ এই আবেদন বাণীটি প্রচার করেন বাংলায় ও ইংরেজিতে। ১৯৩১ সালের ৬ সেপ্টেম্বর সেটা Liberty পত্রিকায় প্রকাশিত হয়।

যুগে যুগে বন্যা খরা এবং যুদ্ধ এসে মানুষকে করেছে এবং করছে অন্নহারা, গৃহহারা। সেই আর্ত মানবতার সেবায় যুগে যুগে এগিয়ে এসেছেন হাজার হাজার মানুষ। আমাদের কাছে প্রায়ই এসে পৌঁছুয় এরকম কর্তব্যের ডাক। এরকম আবেদন-বাণী কি এই সময়ে আমরা পাঠাতে পারি কিংবা কিংবা এই বাণী কি আমাদেরকে শক্তি ও উৎসাহ যোগাতে পারে?!

অন্নহারা গৃহহারা চায় ঊর্ধ্বপানে,
    ডাকে ভগবানে।
যে দেশে সে ভগবান মানুষের হৃদয়ে হৃদয়ে
    সাড়া দেন বীর্যরূপে দুঃখে কষ্টে ভয়ে,
সে দেশের দৈন্য হবে ক্ষয়,
    হবে তার জয়।

- স্ফুলিঙ্গ

The famished, the homeless
Raise their hands towards heaven
And utter the name of God
Their call will never be in vain
In the land where God's response
Comes through the heart of man
In heroic service and love.

- (Translation by Rabindranath Tagore)

এপ্রিল ২০

মরণে তাহাই তুমি করি গেলে দান

চিন্তা-কণিকা মৃত্যু অবধারিত। কিন্তু মৃত্যুই জীবনের শেষকথা নয়। শোকবাণী হিসাবে এই উদ্‌ধৃতিগুলো ব্যবহার করতে পারেন।

এনেছিলে সাথে করে মৃত্যুহীন প্রাণ,
মরণে তাহাই তুমি করি গেলে দান।

- দেশবন্ধু চিত্তরঞ্জন দাসের মৃত্যুতে শোকবাণী

****

স্বদেশের যে ধূলিরে শেষ স্পর্শ দিয়ে গেলে তুমি
বক্ষের অঞ্চল পাতে সেথায় তোমার জন্মভূমি।
দেশের বন্দনা বাজে শব্দহীন পাষানের গীতে —
এসো দেহহীন স্মৃতি মৃত্যুহীন প্রেমের বেদিতে।

- দেশবন্ধু চিত্তরঞ্জন দাসের প্রথম মৃত্যুবার্ষিকীতে বাণী

****

জীবন-ভাণ্ডারে তব ছিল পূর্ণ অমৃত পাথেয়,
সংসার-যাত্রায় ছিল বিশ্বাসের আনন্দ অমেয়।
দৃষ্টি যবে আঁধারিল, ছিল তবে আত্মার আলোক,
জরা -আচ্ছাদন তলে, চিত্তে ছিল নিত্য যে বালক।
নির্বিচল ছিলে সত্যে, হে নির্ভীক, তুমি নির্বিকার
তোমারে পরালো মৃত্যু অম্লান বিজয়মাল্য তার।

- নির্মলকুমারী মহলানবীশকে তার পিতৃবিয়োগে পাঠানো শোকবাণী

****

যাহার অমর স্থান প্রেমের আসনে
ক্ষতি তার ক্ষতি নয় মৃত্যুর শাসনে
দেশের মাটির থেকে নিল যারে হরি'
দেশের হৃদয় তারে রাখিয়াছে বরি'।

- কথাসাহিত্যিক শরৎচন্দ্রের মৃত্যুতে শোকবাণী

****

হে রামমোহন, আজি শতেক বৎসর করি পার
মিলিল তোমার নামে দেশের সকল নমস্কার।
মৃত্যু-অন্তরাল ভেদি দাও তবে অন্তহীন দান
যাহা কিছু জরাজীর্ন তাহাতে জাগাও নব প্রাণ।
যাহা কিছু মূঢ় তাহে চিত্তের পরশমণি তব
এনে দিক উদ্‌ বোধন, এনে দিক শক্তি অভিনব।

- রাজা রামমোহন রায়ের মৃত্যু শতবার্ষিকীতে বাণী

এপ্রিল ২১

আয় চলে আয়, রে ধূমকেতু

আয় চলে আয়, রে ধূমকেতু,
 আঁধারে বাঁধ্‌ অগ্নিসেতু,
দুর্দিনের এই দুর্গশিরে
 উড়িয়ে দে তোর বিজয়-কেতন।
অলক্ষণের তিলক-রেখা
 রাতের ভালে হোক-না লেখা—
**জাগিয়ে দে রে চমক মেরে
 আছে যারা অর্ধচেতন।**
  - বিদ্রোহী কবি নজরুলকে পাঠানো আশীর্বাণী

চিন্তা-কণিকা

কাজী নজরুল ইসলাম সম্পাদিত 'ধূমকেতু' নামক অর্ধ-সাপ্তাহিক পত্রিকাটি ১৯২২ সালের ১১ আগস্ট প্রথম প্রকাশিত হয়। নজরুলের অনুরোধে রবীন্দ্রনাথ একটি আশীর্বাণী লিখে দেন যেটি পত্রিকার প্রথম সংখ্যা থেকেই প্রতি সংখ্যায় মুদ্রিত হত।

এই বাণীটি আজও আপনি প্রয়োগ করতে পারেন কোনো আশীর্বাণী হিসাবে যথাযথ স্থানে কিংবা যথাযথ উপলক্ষ্যে।

নজরুলের অনুরোধে রবীন্দ্রনাথ আবার ১৯২৫ সালে নজরুল-পরিচালিত 'লাঙ্গল' পত্রিকার জন্য একটি আশীর্বচন লিখেছিলেন -
"ধর হাল বলরাম আন তব মরু-ভাঙা হল
বল দাও ফল দাও স্তব্ধ হোক ব্যর্থ কোলাহল।"

এই আশীর্বচনের শেষ লাইনটি অনেক ক্ষেত্রেই আজও প্রযোজ্য।

এপ্রিল ২২

নবীন বটে ছিলেম কোনো কালে

চিন্তা-
কণিকা

আপনি যদি প্রবীণ হন, তাহলে প্রথম কবিতাটির দুই বা চার লাইন প্রয়োগ করতে পারেন কোনো অনুষ্ঠানে বক্তৃতা দেবার সময় কিংবা কোনো জন্মদিনের শুভেচ্ছাবাণীর উত্তর হিসাবে। আর দ্বিতীয় কবিতাটি হতে পারে কারো জন্মদিনে শুভেচ্ছা।

আমরা তো আজ পুরাতনের কোঠায়,
    নবীন বটে ছিলেম কোনো কালে।
বসন্তে আজ কত নূতন বোঁটায়
    ধরল কুঁড়ি বাণীবনের ডালে।
কত ফুলের যৌবন যায় চুকে
    একবেলাকার মৌমাছিদের প্রেমে,
মধুর পালা রেণুকণার মুখে
    ঝরা পাতায় ক্ষণিকে যায় থেমে।

    - পরিশেষ: সংযোজন

****

আলোর আশীর্বাদ জাগিল
    তোমার সকাল বেলায়,
ধরার আশীর্বাদ লাগিল
    তোমার সকল খেলায়,
বায়ুর আশীর্বাদ বহিল
    তোমার আয়ুর সনে--
**কবির আশীর্বাদ রহিল
    তোমার বাক্যে মনে।**

    - স্ফুলিঙ্গ: সংযোজন: ১৯

- ১৯৩৩ সালে রবীন্দ্রনাথ দার্জিলিঙে নীলরতন সরকারের বাড়ীতে থাকাকালীন তার দৌহিত্রী ঈশিতা চট্টোপাধ্যায়ের জন্মদিন উপলক্ষ্যে এই বাণীটি লিখে দেন।

শুভেচ্ছা ও শোক বাণী

এপ্রিল ২৩

জয় জয় সত্যের জয়, জয় জয় মঙ্গলময়

চিন্তা-কণিকা

এই কথাগুলো কি আপনি সম্পূর্ণভাবে কিংবা আংশিকভাবে কাজে লাগাতে পারেন - কোনো সমাজসেবী সংগঠনের আহ্বানবাণী হিসাবে?! এর আংশিক প্রয়োগও আপনাকে এবং অন্যদেরকে করবে অনুপ্রাণিত।

মোরা সত্যের 'পরে মন আজি করিব সমর্পণ।
    জয় জয় সত্যের জয়।
মোরা বুঝিব সত্য, পূজিব সত্য, খুঁজিব সত্যধন।
    জয় জয় সত্যের জয়।
যদি দুঃখে দহিতে হয় তবু মিথ্যাচিন্তা নয়।
যদি দৈন্য বহিতে হয় তবু মিথ্যাকর্ম নয়।
যদি দণ্ড সহিতে হয় তবু মিথ্যাবাক্য নয়।
    জয় জয় সত্যের জয়॥
মোরা মঙ্গলকাজে প্রাণ আজি করিব সকলে দান।
    জয় জয় মঙ্গলময়।
মোরা লভিব পুণ্য, শোভিব পুণ্যে, গাহিব পুণ্যগান।
    জয় জয় মঙ্গলময়।
...
আনন্দ চিত্ত-মাঝে আনন্দ সর্বকাজে,
  আনন্দ সর্বকালে দুঃখে বিপদজালে,
  আনন্দ সর্বলোকে মৃত্যুবিরহে শোকে--
    জয় জয় আনন্দময়॥

- গীতবিতান: বিচিত্র: ৪০

শুভেচ্ছা ও শোক বাণী

এপ্রিল ২৪

সংসারপথ হোক বাধাহীন

চিন্তা-
কণিকা

এই কবিতাটির দুই বা চার লাইন প্রয়োগ করতে পারেন নবীন কাউকে শুভেচ্ছা বাণী পাঠাতে গিয়ে। যেমন আপনার নাতি নাতনিদের জন্য আপনার কাছ থেকে এই শুভেচ্ছাবাণী প্রযোজ্য হবে।

আমার জীবনে সন্ধ্যা ঘনায়,
   পথ হয় অবসান,
তোমার লাগিয়া রেখে যাই মোর
   শুভকামনার দান।
সংসারপথ হোক বাধাহীন,
   নিয়ে যাক কল্যাণে,
নব নব ঐশ্বর্য আনুক
   জ্ঞানে কর্মে ও ধ্যানে।
মোর স্মৃতি যদি মনে রাখ কভু
   এই বলে রেখো মনে —
ফুল ফুটায়েছি, ফল যদিও-বা
   ধরে নাই এ জীবনে।

          - পরিশেষ: পথসঙ্গী

The dusk of my life draws near,
   And the path ends
Let me leave you with
   The gift of my best wishes.
May your path be unhindered,
   And take you to blessedness
May it bring new riches
   In knowledge, thought, and action.
If my memories ever come to you
   Remember me by keeping this in mind —
That flowers bloomed, though the fruit
   May not have appeared.

          - (Translation by NS)

চিন্তা-
কণিকা

এপ্রিল ২৫

সমুখে সংসারপথ, বিঘ্নবাধা কোরো না ভয়

এই কবিতার দুটো বা চারটে লাইন কি আপনি কাজে লাগাতে পারেন স্নেহধন্য কোনো আত্মীয়-আত্মীয়ার শুভ-বিবাহের দিনে?!

দুজনে এক হয়ে যাও, মাথা রাখো একের পায়ে–
দুজনের হৃদয় আজি মিলুক তাঁরি মিলন-ছায়ে।
তাঁহারি প্রেমের বেগে দুটি প্রাণ উঠুক জেগে–
যা-কিছু শীর্ণ মলিন টুটুক তাঁরি চরণ-ঘায়ে।
সমুখে সংসারপথ, বিঘ্নবাধা কোরো না ভয়–
দুজনে যাও চলে যাও– গান করে যাও তাঁহারি জয়।
ভকতি লও পাথেয়, শকতি হোক অজেয়–
অভয়ের আশিসবাণী আসুক তাঁরি প্রসাদ-বায়ে॥

- গীতবিতান: আনুষ্ঠানিক সংগীত: ৭

Let two souls be one and submit to the One
Let two hearts be united in His shade of blessings.
Let the force of His love awaken the two souls
And crush under His feet all that is weak and dusty.
Family life ahead of you, be not afraid of obstacles
Go forward, two of you, and sing His praise, sing.
Take faith as your currency, and may you be invincible
Let the wind of His blessings carry a message of unfear.

- (Translation by NS)

শুভেচ্ছা ও শোক বাণী

এপ্রিল ২৬

সকল বাধা যাক তোমাদের ঘুচে

চিন্তা-কণিকা

এই কবিতার দুটো বা চারটে লাইন আপনি কাজে লাগাতে পারেন স্নেহধন্য কোনো আত্মীয়-আত্মীয়ার শুভ-বিবাহের দিনে অথবা বিবাহ-বার্ষিকীতে।

**সকল বাধা যাক তোমাদের ঘুচে,
নামুক তাঁহার আশীর্বাদের ধারা।**
মলিন ধুলার চিহ্ন সে দিক মুছে,
শান্তিপবন বহুক বন্ধহারা।
**নিত্যনবীন প্রেমের মাধুরীতে
কল্যাণফল ফলুক দোঁহার চিতে,**
সুখ তোমাদের নিত্য রহুক দিতে
নিখিলজনের আনন্দ বাড়ায়ে॥

- গীতবিতান: আনুষ্ঠানিক সংগীত: ৮

May all your obstacles disappear
May His blessings come pouring down.
And wipe away all signs of dust and dirt
And the wind of peace blow unfettered.
May the new and renewed sweetness of love
Make the fruit of goodness grow in two hearts
May Happiness be with you two forever
And increase the happiness of all around.

- (Translation by NS)

চিন্তা-কণিকা

এপ্রিল ২৭

শুভ কর্মপথে ধর' নির্ভয় গান

এই উদ্দীপনামূলক গানটি আপনি ব্যবহার করতে পারেন কোনো বড়ো কাজের শুরুতে সকলকে অনুপ্রাণিত করার জন্য।

শুভ কর্মপথে ধর' নির্ভয় গান।
সব দুর্বল সংশয় হোক অবসান।
চির- শক্তির নির্ঝর নিত্য ঝরে
লহ' সে অভিষেক ললাট'পরে।
তব জাগ্রত নির্মল নূতন প্রাণ
ত্যাগব্রতে নিক দীক্ষা,
বিঘ্ন হতে নিক শিক্ষা--
নিষ্ঠুর সঙ্কট দিক সম্মান।
দুঃখই হোক তব বিত্ত মহান।
চল' যাত্রী, চল' দিনরাত্রি--
কর' অমৃতলোকপথ অনুসন্ধান।
জড়তাতামস হও উত্তীর্ণ,
ক্লান্তিজাল কর' দীর্ণ বিদীর্ণ--
দিন-অন্তে অপরাজিত চিত্তে
মৃত্যুতরণ তীর্থে কর' স্নান ॥

- গীতবিতান: স্বদেশ: ৪০

এপ্রিল ২৮

জগতের শত শত অসমাপ্ত কথা যত

চিন্তা-কণিকা

এই ছোটো ছোটো কবিতাগুলি যতবার পড়বেন তত বেশি করে কবিতাগুলোর গূঢ়ার্থ অনুধাবন করবেন। গভীরভাবে ভাবলে আপনি দেখতে পাবেন কবিতাগুলোর মধ্যে লুকিয়ে আছে অসাধারণ কিছু ভাবনা। কেবল শুভেচ্ছাবাণী নয়, বোধ-জাগরণী বাণী হিসাবেও এগুলো ব্যবহার করতে পারেন।

সমালোচক
কানা-কড়ি পিঠ তুলি কহে টাকাটিকে,
তুমি ষোলো আনা মাত্র, নহ পাঁচ সিকে।
টাকা কয়, আমি তাই, মূল্য মোর যথা,
তোমার যা মূল্য তার ঢের বেশি কথা।।

- কণিকা

আদিরহস্য
বাঁশি বলে, মোর কিছু নাহিকো গৌরব,
কেবল ফুঁয়ের জোরে মোর কলরব।
ফুঁ কহিল, আমি ফাঁকি, শুধু হাওয়াখানি—
যে জন বাজায় তারে কেহ নাহি জানি।

- কণিকা

অদৃশ্য কারণ
রজনী গোপনে বনে ডালপালা ভ'রে
কুঁড়িগুলি ফুটাইয়া নিজে যায় স'রে।
ফুল জাগি বলে, মোরা প্রভাতের ফুল—
মুখর প্রভাত বলে, নাহি তাহে ভুল।

- কণিকা

অসম্ভব ভালো
যথাসাধ্য-ভালো বলে, ওগো আরো-ভালো,
কোন্ স্বর্গপুরী তুমি ক'রে থাকো আলো।
আরো-ভালো কেঁদে কহে, আমি থাকি হায়,
অকর্মণ্য দাম্ভিকের অক্ষম ঈর্ষায়।

- কণিকা

শুভেচ্ছা ও শোক বাণী

এপ্রিল ২৯

ভালমন্দের আদর্শ তোর নিজের মনের মধ্যে

চিন্তা-
কণিকা

আমাদের সকলের সন্তান সন্ততিদের জন্য রবীন্দ্রনাথের এই কালোত্তীর্ণ উপদেশটি আজও খুব প্রযোজ্য।
****

 ভালমন্দের আদর্শ তোর নিজের মনের মধ্যে সুদৃঢ় করিয়া রাখিস - অন্য লোকে কি বলে কি করে তাহাতে যেন তোকে বিক্ষিপ্ত করিয়া না দেয়। এখনকার বাবুয়ানার বিলাসিতার ধনাভিমানের মোহ তোকে যেন স্পর্শ না করে। তোর জীবনযাত্রা যেন বেশ সাদাসিদা হয় - রাজবাড়িতেই তোর নিমন্ত্রণ থাক আর দীনদরিদ্রের কুটীরেই তুই পদার্পণ করিস, সর্বত্রই বিনা আড়ম্বরে যাইতে তোর যেন লজ্জাবোধ না হয়।

... নিজেকে হাল্কা করিস না - যাহা-তাহা ও যে-সে তোকে যেন বিচলিত না করে যখন যাহার কাছে থাকিস তাহারই মত হোসনে - তোর নিজের মধ্যে নিজের যেন প্রতিষ্ঠা থাকে।

... এখনকার দোলে না মিশিয়ে মহৎ লক্ষ্য হৃদয়ে রাখিয়া আপনাকে মহৎ ভার গ্রহণের সর্বপ্রকারে উপযুক্ত করিতে হইবে। তাহার জন্য শিক্ষা চাই, চেষ্টা চাই, সংযম চাই, ত্যাগ স্বীকার চাই। আমাদের দেশ মহৎ, তুই যে পরিবারে জন্মিয়াছিস সেও মহৎ, আমাদের ঋষি পিতামহগণ মহৎ এই কথা সর্বদা স্মরণ রাখিয়া নিজেকে যোগ্য করিবার চেষ্টা করিস - ঈশ্বর তোর সহায় হইবেন।
- পুত্র রথীন্দ্রনাথ ঠাকুরকে লিখিত পত্র, ১৯০৩, আলমোড়া, পুত্রের বয়স তখন চৌদ্দ।

শুভেচ্ছা ও শোক বাণী

এপ্রিল ৩০

সম্মুখেতে চলবে যত পূর্ণ হবে নদীর মতো

চিন্তা-কণিকা

এই ছোটো কবিতাগুলো বা তাদের নির্বাচিত অংশ আপনি যে কোনো প্রীতিভাজন কাউকে পাঠাতে পারেন শুভেচ্ছাবাণী হিসাবে।

****

অমলধারা ঝরনা যেমন
স্বচ্ছ তোমার প্রাণ,
পথে তোমার জাগিয়ে তুলুক
আনন্দময় গান।
**সম্মুখেতে চলবে যত
পূর্ণ হবে নদীর মতো,
দুই কূলেতে দেবে ভ'রে
সফলতার দান।**

- স্ফুলিঙ্গ: ১৪

প্রভাতের 'পরে দক্ষিণ করে
রবির আশীর্বাদ--
**নূতন জনমে নব নব দিন
তোমার জীবন করুক নবীন**
অমল আলোকে দূরে হোক লীন
রজনীর অবসাদ।

- স্ফুলিঙ্গ: সংযোজন: ৬৫

রবীন্দ্রজীবনীকার প্রভাতকুমার মুখোপাধ্যায়ের বাইশ বছরের জন্মদিনে আশীর্বাদস্বরূপ রবীন্দ্রনাথের পাঠানো বাণী।

******* এপ্রিল বোনাস *******

তুমি যদি না দেখা দাও, কর আমায় হেলা

চিন্তা-কণিকা

গানটি উপভোগ করুন, এবং ভাবুন গাঢ় অক্ষরের (bold letters) বাক্যাংশগুলো কোথায় কখন ব্যবহার করার সুযোগ পাওয়া যেতে পারে।

তুমি যদি না দেখা দাও, কর আমায় হেলা,
কেমন করে কাটে আমার এমন বাদল-বেলা।
দূরের পানে মেলে আঁখি কেবল আমি চেয়ে থাকি,
পরান আমার কেঁদে বেড়ায় দুরন্ত বাতাসে॥
...
মেঘের 'পরে মেঘ জমেছে, আঁধার করে আসে।
আমায় কেন বসিয়ে রাখ একা দ্বারের পাশে।
কাজের দিনে নানা কাজে থাকি নানা লোকের মাঝে,
আজ আমি যে বসে আছি তোমারি আশ্বাসে॥

- গীতাঞ্জলি: ১৬

Clouds heap upon clouds and it darkens. Ah, love, why dost thou let me wait outside at the door all alone?

In the busy moments of the noontide work I am with the crowd, but on this dark lonely day it is only for thee that I hope.

If thou showest me not thy face, if thou leavest me wholly aside, I know not how I am to pass these long, rainy hours.

I keep gazing on the far-away gloom of the sky, and my heart wanders wailing with the restless wind.

- (Translation by Rabindranath Tagore)

শুভেচ্ছা ও শোক বাণী

এপ্রিল

৫

আত্ম-উপলব্ধি

"আপনাকে এই জানা আমার
ফুরাবে না।
এই জানারই সঙ্গে সঙ্গে
তোমায় চেনা।"

- গীতবিতান: পূজা: ৭৫

এই অধ্যায়ের উদ্ধৃতিগুলো বাছাই করা হয়েছে আমাদের নিজের সম্মন্ধে এবং সমাজ পরিবেশের সাথে আমাদের ধারণাকে স্বচ্ছ ও শক্তিশালী করতে। গ্রীক দার্শনিক Socrates বলেছিলেন - "An unexamined life is not worth living - অর্থাৎ একটি অপরীক্ষিত জীবন নিয়ে বেঁচে থাকার অর্থ নেই।" Socrates আরো উপদেশ দিয়েছিলেন Know Thyself - অর্থাৎ নিজেকে জানো। কেননা, নিজেকে জানার মাধ্যমেই আমরা জানতে পারি বিশ্বকে, এবং আমরা বুঝতে পারি যে আমাদের জীবনে সুখ দুঃখের বিবর্তন নিয়েই এই পৃথিবী। নিজেকে আমরা যত ভালোভাবে জানতে পারি - ততই অপসৃত হয় আমাদের চারিদিককার 'আমি'-র আবরণ, আমাদের অন্তর্নিহিত অহংসত্তাকে তখন আমরা দমন করে জেগে উঠতে পারি এক আনন্দময় জগতে - যেখানে প্রেম ও ভালোবাসা সর্বত্র বিরাজমান এক অপার শান্তি নিয়ে।

নোবেলবিজয়ী দার্শনিক Bertrand Russell লিখেছিলেন - "The good life is one inspired by love and guided by knowledge.

Neither love without knowledge nor knowledge without love can produce a good life." অর্থাৎ সুন্দর জীবন হল তাই যা প্রেমের দ্বারা অনুপ্রাণিত এবং জ্ঞানের দ্বারা পরিচালিত। জ্ঞান-ব্যতীত প্রেম অথবা প্রেম-ব্যতীত জ্ঞান কোনোটাই একটি সুন্দর জীবন তৈরি করতে পারে না।

এ যেন একটি পাখীর দুটো ডানা - একটি প্রেম, আরেকটি জ্ঞান। কেবল একটি পাখা নিয়ে যেমন পাখী উড়তে পারে না, তেমনি আমরা কেবল জ্ঞান বা কেবল প্রেম নিয়ে উড়তে পারি না।

নিজেদের সম্পর্কে আমাদের জ্ঞানের অভাব যেমন আমাদেরকে ভুল পথে বা কষ্টের পথে নিয়ে যায়, তেমনি অন্যকে বা অন্যের দৃষ্টিভঙ্গিকে বুঝতে পারার মত জ্ঞান না থাকার কারণে আমরা অহেতুক কষ্ট পাই। রবীন্দ্রনাথ ১৮৯৮ সালে বাংলাদেশের শিলাইদহ থেকে কলকাতা নিবাসী স্ত্রী মৃণালিনী দেবীকে এক চিঠিতে লিখেছিলেন - "আমাদের অধিকাংশ দুঃখই স্বেচ্ছাকৃত" (দেখুন আগস্ট ১৩)। এই কথাটি যে কতটা সত্য সেটা আপনি বুঝতে পারবেন যখন আপনার আত্ম-উপলব্ধিকে এক উন্নত স্তরে নিয়ে যেতে পারবেন। সক্রেটিস যে বলেছিলেন - "নিজেকে জানো", সেটা কেবল জ্ঞানের পিপাসা নিবারণের জন্য নয়। মহামতি সক্রেটিস জানতেন নিজেকে জানার মধ্য দিয়েই আমরা সুখের সন্ধান পেতে পারি এবং নিজেকে অহেতুক দুঃখ-কষ্ট থেকে রক্ষা করতে পারি। এই যে রবীন্দ্রনাথ লিখলেন - "মনে যদি কোনো কারণে একটা অসন্তোষ এসে পড়ে সেটাকে যতই পোষণ করবে ততই সে অন্যায় রূপে বেড়ে উঠতে থাকে" (দেখুন মে ৭) - এটা কি আপনার আত্ম-উপলব্ধিকে জাগ্রত করবে - একটু ভেবে দেখুন।

ধর্ম আমাদের জীবনকে জড়িয়ে রেখেছে আষ্টেপৃষ্টে - সে আমরা ধর্মে বিশ্বাস করি বা না করি। তাই আমাদের আত্ম-উপলব্ধির সাথে অঙ্গাঙ্গিভাবে জড়িয়ে আছে আমাদের ধর্ম-উপলব্ধি (দেখুন অধ্যায় ৬)। তাই আত্ম-উপলব্ধিকে পুরোপুরি জাগ্রত করতে হলে আমাদের ধর্ম-উপলব্ধিকেও শাণিত করতে হবে। তাই বলব মনোযোগ দিয়ে এই অধ্যায় ও পরবর্তী অধ্যায় মিলিয়ে পড়ুন এবং ভাবুন।

আত্ম-উপলব্ধি

মে ১

কে তুমি?

চিন্তা-
কণিকা

'কে তুমি' কিংবা 'কে আমি?' - যুগ যুগান্তরের এই প্রাচীন প্রশ্নের উত্তর পাওয়াটা বড়ো কথা নয়, বড়ো কথা হল প্রতিনিয়ত এই প্রশ্নের উত্তর খোঁজা। এই অনুসন্ধানের মধ্য দিয়েই আমরা পৌঁছে যাই আত্ম-উপলব্ধির আলোময় জগতে - যেখানে জ্ঞান ও প্রেম উভয়ের সম্মিলনে উদ্ভাসিত হয়ে উঠে আমাদের সত্তা।

প্রথম দিনের সূর্য প্রশ্ন করেছিল
সত্তার নূতন আবির্ভাবে--
কে তুমি,
মেলে নি উত্তর।
বৎসর বৎসর চলে গেল,
দিবসের শেষ সূর্য
শেষ প্রশ্ন উচ্চারিল পশ্চিম-সাগরতীরে,
নিস্তব্ধ সন্ধ্যায়--
কে তুমি,
পেল না উত্তর।

- শেষ লেখা: ১৩

The sun of the first day had asked
When Being newly emerged--
Who are you,
Came no answer.
Year after year went by,
Day's last sun
Uttered the last question on the western sea-shore,
In a hushed evening --
Who are you,
Found no answer.

- (Translation by NS)

মে ২

জ্ঞান ও প্রেম

চিন্তা-কণিকা

নিচের উদ্‌ধৃতিটি এই অধ্যায়ের ভূমিকার সাথে মিলিয়ে পড়ুন এবং ভাবুন। মনে রাখবেন নোবেলবিজয়ী দার্শনিক Bertrand Russell এর অমর বাণী - "সুন্দর জীবন হল তাই যা প্রেমের দ্বারা অনুপ্রাণিত এবং জ্ঞানের দ্বারা পরিচালিত। জ্ঞান-ব্যতীত প্রেম অথবা প্রেম-ব্যতীত জ্ঞান কোনোটাই একটি সুন্দর জীবন তৈরি করতে পারে না।"

****

জ্ঞানে প্রেমে অনেক প্রভেদ। **জ্ঞানে আমাদের ক্ষমতা বাড়ে, প্রেমে আমাদের অধিকার বাড়ে**। জ্ঞান শরীরের মত, প্রেম মনের মত। জ্ঞান কুস্তি করিয়া জয়ী হয়, প্রেম সৌন্দর্য্যের দ্বারা জয়ী হয়। **জ্ঞানের দ্বারা জানা যায় মাত্র, প্রেমের দ্বারা পাওয়া যায়**। জ্ঞানেতেই বৃদ্ধ করিয়া দেয়, প্রেমেতেই যৌবন জিয়াইয়া রাখে। জ্ঞানের অধিকার যাহার উপরে তাহা চঞ্চল, প্রেমের অধিকার যাহার উপরে তাহা ধ্রুব। জ্ঞানীর সুখ আত্মগৌরব-নামক ক্ষমতার সুখ, প্রেমিকের সুখ আত্মবিসর্জ্জন-নামক স্বাধীনতার সুখ। **জ্ঞান যাহা জানে তাহা প্রকৃত জানাই নয়, প্রেম যাহা জানে তাহাই যথার্থ জানা**।

...পারস্য কবি এইরূপ একটি ছবি দিতেছেন যে, বৃদ্ধ জ্ঞান তাহার লোহার সিন্দুকে চাবি লাগাইয়া বসিয়া আছে; হৃদয় "নগদ কড়ি দাও" "নগদ কড়ি দাও" বলিয়া তাহারই কাছে গিয়া উপস্থিত হইয়াছে, প্রেম এক পাশে বসিয়াছিল, সে হাসিয়া বলিতেছে "মুশকিল!" অর্থাৎ, জ্ঞান নগদ কড়ি পাইবে কোথায়! সে তো কতকগুলো নোট দিতে পারে মাত্র, কিন্তু সেই নোট ভাঙ্গাইয়া দিবে এমন পোদ্দার কোথায়! জ্ঞানে তো কেবল কতকগুলো চিহ্ন দিতে পারে মাত্র, কিন্তু সেই চিহ্নের অর্থ বলিয়া দিবে কে? ... যেমন শরীরের দ্বারা শরীরকেই আয়ত্ত করা যায়, তেমনি **জ্ঞানের দ্বারা বাহ্যবস্তুর উপরেই ক্ষমতা জন্মে, মর্ম্মের মধ্যে তার প্রবেশ নিষেধ**।

- আলোচনা: সৌন্দর্য ও প্রেম

আত্ম-উপলব্ধি

মে ৩

চোখের দৃষ্টি ও মনের দৃষ্টি

চিন্তা-কণিকা

মনের দৃষ্টি খুলে দেবার সবচেয়ে কার্যকরী পদক্ষেপ হলো প্রতিদিন কৃতজ্ঞতা (gratitude) প্রকাশ করা। এতে আমাদের অহং (ego) দমিত হয় প্রতিনিয়ত। তখন কৃতজ্ঞতার পরশমণির স্পর্শে আমাদের "নয়নের দৃষ্টি হতে ঘুচবে কালো/ যেখানে পড়বে সেথায় দেখবে আলো।"

****

শুধু চোখের দৃষ্টি নহে, তাহার পিছনে মনের দৃষ্টি যোগ না দিলে সৌন্দর্যকে বড়ো করিয়া দেখা যায় না। এই মনের দৃষ্টি লাভ করা বিশেষ শিক্ষার কর্ম। মনেরও আবার অনেক স্তর আছে। কেবল বুদ্ধিবিচার দিয়া আমরা যতটুকু দেখিতে পাই তাহার সঙ্গে হৃদয়ভাব যোগ দিলে ক্ষেত্র আরো বাড়িয়া যায়, ধর্মবুদ্ধি যোগ দিলে আরো অনেক দূর চোখে পড়ে, অধ্যাত্মদৃষ্টি খুলিয়া গেলে দৃষ্টিক্ষেত্রের আর সীমা পাওয়া যায় না।

অতএব যে দেখাতে আমাদের মনের বড়ো অংশ অধিকার করে সেই দেখাতেই আমরা বেশি তৃপ্তি পাই। ফুলের সৌন্দর্যের চেয়ে মানুষের মুখ আমাদিগকে বেশি টানে, কেননা, মানুষের মুখে শুধু আকৃতির সুষমা নয়, তাহাতে চেতনার দীপ্তি, বুদ্ধির স্ফূর্তি, হৃদয়ের লাবণ্য আছে; তাহা আমাদের চৈতন্যকে বুদ্ধিকে হৃদয়কে দখল করিয়া বসে। তাহা আমাদের কাছে শীঘ্র ফুরাইতে চায় না।

... ভালো আমাদের মনকে একরকম করিয়া টানে, সুন্দর আমাদের মনকে আর-একরকম করিয়া টানে। ...**যাহা ভালো তাহার প্রয়োজনীয়তা আমাদিগকে মুগ্ধ করে, আর যাহা সুন্দর তাহা যে কেন মুগ্ধ করে সে আমরা জানি না।**

- সাহিত্য: সৌন্দর্যবোধ

(আরো দেখুন জানুয়ারি ৬)

মে ৪

কর্মহীন উত্তেজনা ও জব্দ করিবার প্রবৃত্তি

চিন্তা-কণিকা

নিচের উদ্‌ধৃতিগুলো বার বার পড়ুন এবং ভাবুন এ কথাগুলো আমাদের জীবনে আজও কতটা প্রযোজ্য। আমাদের সমাজজীবনে নিত্যদিন আমরা আমাদের এইসকল সীমাবদ্ধতার মুখোমুখি হই। এইসকল সীমাবদ্ধতাকে কাটিয়ে উঠতে পারলে আমরা অনেকদূর এগিয়ে যেতে পারবো। আমাদের প্রথম পদক্ষেপ হবে এই সকল সীমাবদ্ধতা সম্পর্কে গভীর সচেতনতা।

****

যে-কাজ নিজে করতে পারি সে-কাজ সমস্তই বাকি ফেলে, অন্যের উপরে অভিযোগ নিয়েই অহরহ কর্মহীন উত্তেজনার মাত্রা চড়িয়ে দিন কাটানোকে আমি রাষ্ট্রীয় কর্তব্য বলে মনে করি নে। আপন পক্ষের কথাটা সম্পূর্ণ ভুলে আছি বলেই অপর পক্ষের কথা নিয়ে এত অত্যন্ত অধিক করে আমরা আলোচনা করে থাকি।

- কালান্তর: "রবীন্দ্রনাথের রাষ্ট্রনৈতিক মত"

জবাব দিবার, জব্দ করিবার প্রবৃত্তি আমাদিগকে যথার্থ কর্তব্য হইতে, সফলতা হইতে ভ্রষ্ট করে। ... আমরা যদি সেইরূপ মনস্তাপের উপর কেবলই উষ্ণবাক্যের ফুঁ দিয়া নিজেকে রাগাইয়া তুলিবারই চেষ্টা করি, তাহা হইলে ফললাভের লক্ষ্য দূরে দিয়া ক্রোধের পরিতৃপ্তিটাই বড়ো হইয়া উঠে। যথার্থভাবে গভীরভাবে দেশের স্থায়ী মঙ্গলের দিকে লক্ষ্য রাখিতে হইলে এই ক্ষুদ্র প্রবৃত্তির হাত হইতে নিজেকে মুক্তি দিতে হইবে। নিজেকে ক্রুদ্ধ এবং উত্ত্যক্ত অবস্থায় রাখিলে সকল ব্যাপারের পরিমাণবোধ চলিয়া যায়—ছোটো কথাকে বড়ো করিয়া তুলি—প্রত্যেক তুচ্ছতাকে অবলম্বন করিয়া অসংগত অমিতাচারের দ্বারা নিজের গাম্ভীর্য নষ্ট করিতে থাকি। এইরূপ চাঞ্চল্য দ্বারা দুর্বলতার বৃদ্ধিই হয়—ইহাকে শক্তির চালনা বলা যায় না, ইহা অক্ষমতার আক্ষেপ। এই-সকল ক্ষুদ্রতা হইতে নিজেকে উদ্ধার করিয়া দেশের প্রতি প্রীতির উপরেই দেশের মঙ্গলকে প্রতিষ্ঠিত করিতে হইবে—স্বভাবের দুর্বলতার উপরে নহে, পরের প্রতি বিদ্বেষের উপর নহে এবং পরের প্রতি অন্ধ নির্ভরের উপরেও নহে।

- আত্মশক্তি: সফলতার সদুপায়

মে ৫

অল্প লইয়া থাকি,তাই ...

চিন্তা-কণিকা

মনোবিজ্ঞানে দুটো মানসিকতার কথা বলা হয় - একটি Scarcity (স্বল্পতা) মানসিকতা, আরেকটি Abundance (প্রাচুর্য) মানসিকতা। Scarcity মানসিকতার মানুষরা ভাবে সবকিছুই স্বল্প - তাই তারা কাড়াকাড়ি করে নিজের ভাগটা আগেভাগে বড়ো করে নিতে চায় - আর Abundance মানসিকতার মানুষরা ভাবে সবকিছুই প্রচুর - তাই তারা কাড়াকাড়ি করে না। কাড়াকাড়ি করার মানসিকতা মানুষকে বেশি স্বার্থপর করে তোলে - কেবল সঞ্চয়ের নেশায় মানুষ তার মনুষ্যত্বকে জলাঞ্জলি দেয়। তাই নিজের মধ্যে সর্বক্ষণ প্রাচুর্য মানসিকতার চর্চা করা উচিত।

অল্প লইয়া থাকি,তাই মোর যাহা যায় তাহা যায়—
কণাটুকু যদি হারায় তা লয়ে প্রাণ করে হায়-হায়।
নদীতটসম কেবলই বৃথাই প্রবাহ আঁকড়ি রাখিবারে চাই,
একে একে বুকে আঘাত করিয়া ঢেউগুলি কোথা ধায় ॥যাহা যায়
আর যাহা-কিছু থাকে সব যদি দিই সঁপিয়া তোমাকে তবে
নাহি ক্ষয়, সবই জেগে রয় তব মহা মহিমায়।

- গীতবিতান: পূজা: ৫৯৫

My possession are meagre
So, when I lose a little, I lose all I have
Even when I lose a tiny bit
My heart sinks with despair.
Like the riverbank I try in vain
To contain the water flow
But one by one the waves
Run away by shattering my grip.
All that is left
If I surrender to you
I see there is no loss
All things remains forever blessed by you.

- (Translation by NS)

মে ৬

যে বলে 'আমি দরিদ্র' সে বিনয়ী নহে

চিন্তা-কণিকা

বিনয়টা আসলে কী - সেটা বুঝা খুব কঠিন। রবীন্দ্রনাথ লিখেছিলেন – "We come nearest to the great when we are great in humility - আমরা মহত্বের সবচেয়ে নিকটবর্তী হই যখন আমরা বিনয়ে মহত্তম হই।"

নিচের উদ্‌ধৃতিগুলো বারবার পড়ে দেখুন আর ভাবুন আমরা যেটাকে বিনয় বলে ভাবি সেটা কি আসলে বিনয় - নাকি চুপ করে থাকাই বিনয়।

****

আসল কথা এই যে, 'বিনয়বচন' বলিয়া একটা পদার্থ মূলেই নাই। বিনয়ের মুখে কথা নাই, বিনয়ের অর্থ চুপ করিয়া থাকা। **বিনয় একটা অভাবাত্মক গুণ**। আমার যে অহংকারের বিষয় আছে এইটে না মনে থাকাই বিনয়, আমাকে যে বিনয় প্রকাশ করিতে হইবে এইটে মনে থাকার নাম বিনয় নহে। **যে বলে 'আমি দরিদ্র' সে বিনয়ী নহে; যে স্বভাবতই প্রকাশ করে না যে 'আমি ধনী' সেই বিনয়ী।**

...

বড়মানুষ গৃহকর্ত্তা নিমন্ত্রিতদিগকে বলেন, "মহাশয়, দরিদ্রের কুটীরে পদার্পণ করিয়াছেন; আপনাদিগকে আজ বড় কষ্ট দেওয়া হইল" ইত্যাদি। সকলে বলে, "আহা মাটির মানুষ!" কিন্তু ইহারা কি সামান্য অহংকারী! অপ্রস্তুত হইলে লোকে যে কারণে কাঁদে না, হাসে, ইহারাও সেই কারণে বিনয়বাক্য বলিয়া থাকে। ইহারা কোনোমতেই ভুলিতে পারে না যে, ইহাদের বাসস্থান প্রাসাদ, কুটীর নহে। এ অহংকার সর্বদাই ইহাদের মনে জাগরূক থাকে। এই নিমিত্ত ইহাদিগকে সারাক্ষণ শশব্যস্ত হইয়া থাকিতে হয়, পাছে বিনয়ের অভাব প্রকাশ পায়।

- বিবিধ প্রসঙ্গ: খাঁটি বিনয়

মে ৭

পৃথিবীতে যথার্থ সুখী হবার উপায়

আমরা যদি সকল অবস্থাতেই দৃঢ় বলের সঙ্গে সরল পথে সত্য পথে চলি তা হলে অন্যের অসাধু ব্যবহারে মনের অশান্তি হবার কোনো দরকার নেই - বোধ হয় একটু চেষ্টা করলেই মনটাকে তেমন করে তৈরি করে নেওয়া যেতে পারে।

...

মনে যদি কোনো কারণে একটা অসন্তোষ এসে পড়ে সেটাকে যতই পোষণ করবে ততই সে অন্যায় রূপে বেড়ে উঠতে থাকে - সেটা যে কিছুই নয় এই রকম ভাবতে চেষ্টা করা উচিত - তার যতটুকু প্রতিকার করা আমার সাধ্য তা অবশ্য করব - যতটুকু অসাধ্য তা ঈশ্বরের মঙ্গল-ইচ্ছা স্মরণ করে অপরাজিত চিত্তে বহন করবার চেষ্টা করব. পৃথিবীতে এ ছাড়া যথার্থ সুখী হবার আর কোনো উপায় নেই।

- স্ত্রী মৃণালিনী দেবীকে লিখিত পত্র,
২৬ জুন, ১৮৯২, সাজাদপুর, বাংলাদেশ

চিন্তা-কণিকা

অন্যের বিরূপ মন্তব্য বা সমালোচনা আমাদের সকলকে প্রভাবিত করে, দুঃখ-ভারাক্রান্ত করে। অন্য মানুষের কথাকে বেশি গুরুত্ব দিলে মনঃকষ্ট বাড়ে বই কমে না। এই মন:কষ্টের হাত থেকে রেহাই পাবার একমাত্র উপায় আমাদের মনোভঙ্গির (mindset) পরিবর্তন। অন্যের কথা বা কাজ আমার সম্মতি ছাড়া আমাকে অপমান করতে পারে না। মার্কিন ফার্স্ট লেডী Eleanor Roosevelt বলেছিলেন - "No one can make you feel inferior without your consent."
১৯৩২ সালে রবীন্দ্রনাথ এক চিঠিতে হেমন্তবালা দেবীকে লিখেছিলেন - "কারো প্রতি মনের মধ্যে বিরোধ জমিয়ে রাখতে অত্যন্ত লজ্জাবোধ করি - আমি জানি সেটা আত্মাবমাননা। কিন্তু মানুষের অহমিকা প্রবল, সেখানে নিরন্তর আঘাত লাগলে মনকে শান্ত রাখা কঠিন, সে জন্যে এই সম্পর্কীয় প্রসঙ্গ থেকে মনকে সরিয়ে রেখে দিই।"

আসুন, আজকের শপথ হোক - যতই কঠিন হোক না কেন, আমরা সর্বদা চেষ্টা করবো অন্যের কথায় মনে কষ্ট না নিতে বা অন্যের উপর অসন্তোষ পোষণ না করতে।

আত্ম-উপলব্ধি

মে ৮

প্রতিদিন মিথ্যার জাল

চিন্তা-কণিকা

মিথ্যার জালে যে আমরা চারিদিক থেকে জড়িয়ে আছি সেটা অনুধাবন করা আত্মোপলব্ধির প্রথম ধাপ। গাঢ় (bold) অক্ষরে চিহ্নিত বাক্যাংশগুলো একটু বেশি মনোযোগ দিয়ে পড়ুন ও ভাবুন।

****

সরলরেখা আঁকা সহজ নহে, সত্য বলাও সহজ ব্যাপার নহে। সত্য বলিতে গুরুতর সংযমের আবশ্যক। দৃঢ় নির্ভর দৃঢ় নিষ্ঠার সহিত **তোমাকেই সত্যের অনুসরণ করিতে হইবে, সত্য তোমার অনুসরণ করিবে না।** ... **আমরা যখন মিথ্যাপথে চলি, তখন আমরা দুর্বল হইয়া পড়ি।** ...সত্যের প্রভাবে আমরা বাড়িতে থাকি, মিথ্যার বশে আমরা কমিয়া আসি। ... মিথ্যা আমাদিগকে এই বৃহৎ জগতের অধিকার হইতে বঞ্চিত করিতে চাহিতেছে। সত্যের আশ্রয়ে আমরা বিশ্বজগতে ব্যাপ্ত হইয়া পড়ি, মিথ্যা তাহার কুঠারাঘাতে প্রতিদিন আমাদিগকে ছেদন করিতে থাকে। ... আমরা মিথ্যাচারীর দল, আমরা প্রতিদিন প্রতি ক্ষুদ্র কাজে কি মনে করি না যে, ন্যূনাধিক প্রবঞ্চনা ব্যতীত পৃথিবীর কাজ চলিতে পারে না, ... **প্রতিদিন মিথ্যার জাল রচনা করিয়া আমরা সত্যকে এমনই আচ্ছন্ন** করিয়া তুলিয়াছি যে, আমাদের স্থূলে ভুল, মূলে অবিশ্বাস জন্মায়-- মনে হয় জগতের গোড়ায় গলদ। এইজন্যই আমাদের ধারণা হয় যে, কেবল কৌশল করিয়াই টিকিতে হইবে।... সত্যের অপেক্ষা প্রথাকে আমরা অধিক সত্য বলিয়া জানি। প্রথা আমাদের চক্ষু আচ্ছন্ন করিয়া ধরিয়াছে, -- বাল্যকাল হইতে আমাদিগকে মিথ্যা মান, মিথ্যা মর্যাদার কাছে পদানত করিতেছে; মিথ্যা কথন, মিথ্যাচরণ আমাদের কর্তব্যের মতো করিয়া শিক্ষা দিতেছে। **আমরা বলি এক, করি এক; জানি এক, মানি এক--** ...আমরা অতি গুরুতর এবং অতি সামান্য বিষয়েও অকাতরে মিথ্যা বলি। আমরা ছেলেদের সযত্নে ক খ শেখাই, কিন্তু সত্যপ্রিয়তা শেখাই না-- এমনকি, আমরা নিজে তাহাদিগকে ও তাহাদের সাক্ষাতে মিথ্যাকথা বলি ও স্পষ্টত তাহাদিগকে মিথ্যাকথা বলিতে শিক্ষা দিই। আমরা মিথ্যাবাদী বলিয়াই তো এত ভীরু!

- সমাজ: সত্য

আত্ম-উপলব্ধি

মে ৯

The daily process of surrendering ourselves

চিন্তা-কণিকা

মানুষের সুখ শুধু উপকরণ বা পুণ্য সঞ্চয়ের মধ্যে নেই - তা আছে ত্যাগের মধ্যে – "... in giving himself up to what is greater than himself."

আসুন, রবীন্দ্রনাথের এই ইংরেজি লিখাগুলো পড়ি এবং ভাবি কীভাবে আমরা আমাদের চাইতে বড়ো কোনো মহৎ কাজে নিজেদেরকে নিয়োজিত করতে পারি।

****

Our daily worship of God is not really the process of gradual acquisition of him, but the daily process of surrendering ourselves, removing all obstacles to union and extending our consciousness of him in devotion and service, in goodness and in love.

...
The object of education is to give man the unity of truth... I believe in a spiritual world - not as anything separate from this world - but as its innermost truth. With the breath we draw we must always feel this truth, that we are living in God.

The pious sectarian is proud because he is confident of his right of possession in God. The man of devotion is meek because he is conscious of God's right of love over his life and soul.

Man's abiding happiness is not in getting anything but in giving himself up to what is greater than himself, to ideas which are larger than his individual life, the idea of his country, of humanity, of God.

— English Writings of Rabindranath Tagore

(আরো দেখুন অধ্যায় ১১ (সুখ দুঃখ)-এর ভূমিকা অংশ)

মে ১০

আত্মার দৃষ্টি

চিন্তা-কণিকা

আত্মার দৃষ্টিকে খুলে দেবার সাধনা প্রতিদিনের সাধনা। এই সাধনায় সফল হতে হলে আমাদের আধ্যাত্মিকতার চর্চা করতে হবে – কেননা আধ্যাত্মিকতা আমাদের ঔদাসীন্য ও অসাড়তা ঘুচিয়ে দেয়।

****

বাল্যকালে আমার দৃষ্টিশক্তি ক্ষীণ হয়ে গিয়েছিল কিন্তু আমি তা জানতুম না। আমি ভাবতুম দেখা বুঝি এই রকমই--সকলে বুঝি এই পরিমাণেই দেখে। একদিন দৈবাৎ লীলাচ্ছলে আমার কোনো সঙ্গীর চশমা নিয়ে চোখে পরেই দেখি, সব জিনিস স্পষ্ট দেখা যাচ্ছে। তখন মনে হল আমি যেন হঠাৎ সকলের কাছে এসে পড়েছি, সমস্তকে এই যে স্পষ্ট দেখা ও কাছে পাওয়ার আনন্দ, এর দ্বারা বিশ্বভুবনকে যেন হঠাৎ দ্বিগুণ করে লাভ করলাম--অথচ এতদিন যে আমি এত লোকসান বহন করে বেড়াচ্ছি তা জানতুমই না। এ **যেমন চোখ দিয়ে কাছে আসা, তেমনি আত্মা দিয়ে কাছে আসা আছে। ...আধ্যাত্মিকতায় আমাদের আর কিছু দেয় না - আমাদের ঔদাসীন্য আমাদের অসাড়তা ঘুচিয়ে দেয়। অর্থাৎ তখনই আমরা চেতনার দ্বারা চেতনাকে, আত্মার দ্বারা আত্মাকে পাই।** ...**মানুষকেও আমার আত্মা দিয়ে দেখি নে-- ইন্দ্রিয় দিয়ে যুক্তি দিয়ে স্বার্থ দিয়ে সংসার দিয়ে সংস্কার দিয়ে দেখি**--তাকে পরিবারের মানুষ, বা প্রয়োজনের মানুষ, বা নিঃসম্পর্ক মানুষ বা কোনো একটা বিশেষ শ্রেণীভুক্ত মানুষ বলেই দেখি--সুতরাং সেই সীমাতেই গিয়ে আমার পরিচয় ঠেকে যায়--সেইখানেই দরজা রুদ্ধ--তার ভিতরে আর প্রবেশ করতে পারি নে--তাকেও আত্মা বলে আমার আত্মা প্রত্যক্ষ ভাবে সম্ভাষণ করতে পারে না। যদি পারত তবে পরস্পর হাত ধরে বলত, তুমি এসেছ! ...এই যে সর্বত্র প্রবেশ করবার ক্ষমতাই শেষ ক্ষমতা। ..**যখন সমস্ত পাপের সমস্ত অভ্যাসের সংস্কারের আবরণ থেকে মুক্ত হয়ে আমাদের আত্মা সর্বত্রই আত্মার সঙ্গে যুক্ত হয় তখনই সে সর্বত্র প্রবেশ করে।**

- শান্তিনিকেতন: আত্মার দৃষ্টি

মে ১১

ততক্ষণ বুকের পাঁজর জ্বলবে আগুনে

চিন্তা-কণিকা

আমরা যতক্ষণ 'আমার, আমার' বলে সবকিছু অন্যের কাছ থেকে আগলে রাখতে চাই, ততক্ষণই আমাদের দুঃখ-যন্ত্রণা। যখন সেটা ছেড়ে দেই - তখন আমাদের অন্তরাত্মা থেকে বস্তুর ভার, আবেগের ভার হালকা হয়ে যায় - আমরা ভিন্ন এক প্রশান্তি খুঁজে পাই আমাদের জীবনে।

****

নীরজা: যখন চোখের জলে ভিতরে ভিতরে বুক ভেসে যায় তখন ঐ পরমহংসদেবের ছবির দিকে তাকিয়ে থাকি। **কিন্তু ওঁর বাণী তো হৃদয়ে পৌঁছয় না। আমার মন ছোটো।** যেমন করে পার আমাকে গুরুর সন্ধান দাও। না হলে কাটবে না বন্ধন। আসক্তিতে জড়িয়ে পড়ব।

...

রমেন: বউদি, একটা কথা বলি শোনো। **যতক্ষণ মনে করবে তোমার ধন কেউ কেড়ে নিতে যাচ্ছে ততক্ষণ বুকের পাঁজর জ্বলবে আগুনে। পাবে না শান্তি।** কিন্তু স্থির হয়ে বসে বলো দেখি একবার, "দিলেম আমি। সকলের চেয়ে যা দুর্মূল্য তাই দিলেম তাঁকে যাঁকে সকলের চেয়ে ভালোবাসি।" তা হলে সব ভার যাবে এক মুহূর্তে নেমে। **মন ভরে উঠবে আনন্দে**। গুরুকে দরকার নেই; এখনি বলো-- "দিলেম দিলেম, কিছুতেই হাত রাখলেম না, আমার সব-কিছু দিলেম। নির্মুক্ত হয়ে নির্মল হয়ে যাবার জন্যে প্রস্তুত হলেম, কোনো দুঃখের গ্রন্থি জড়িয়ে রেখে গেলেম না সংসারে।"

- মালঞ্চ

আত্ম-উপলব্ধি

মে ১২

Man can destroy and plunder

চিন্তা-কণিকা

আমরা যখন খ্যাতি এবং যশের জন্য প্রেমকে ভালোবাসাকে পাশ কাটিয়ে ছুটে বেড়াই - তখন আমরা আমাদের আত্মার সাথে সংযোগ হারাই - এর চেয়ে বড়ো সত্য আর বুঝি নেই।

আসুন, আজকের প্রতিজ্ঞা হোক - আধুনিক জীবনযাত্রার ইঁদুর-দৌড়ে যোগ না দিয়ে আমরা মানুষকে ভালোবেসে মানবতার সেবায় নিজেকে নিয়োজিত করবো।

****

Man can destroy and plunder, earn and accumulate, invent and discover, but he is great because his soul comprehends all. **It is dire destruction for him when he envelopes his soul in a dead shell of callous habits, and when a blind fury of works whirls round him like an eddying dust storm, shutting out the horizon.** That indeed kills the very spirit of his being, which is the spirit of comprehension.

Essentially man is not a slave either of himself or of the world; but he is a lover. His freedom and fulfilment is in love, which is another name for perfect comprehension. By this power of comprehension, this permeation of his being, he is united with the all-pervading Spirit, who is also the breath of his soul.

Where a man tries to raise himself to eminence by pushing and jostling all others, to achieve a distinction by which he prides himself to be more than everybody else, there he is alienated from that Spirit.

- Sadhana: The Realization of Life

(আরো দেখুন মে ১০)

মে ১৩

আপন হতে বাহির হয়ে বাইরে দাঁড়া

চিন্তা-কণিকা

আমাদের চারিদিক ঘিরে রেখেছে 'আমি'-র এক আবরণ। সেই আবরণ ছিন্ন করে আমরা যদি আত্মমুখীনতা থেকে বাইরে এসে নিজেকে বিশ্বপৃথিবীর সাথে সংযুক্ত দেখতে পাই, তাহলে আমরা বুঝতে পারি বিশ্বলোকের দৃষ্টিভংগীতে আমার 'আমি' কত ক্ষুদ্র, কত ছোটো, কত নগণ্য। আর তখনই আমাদের চিত্তে আমরা অনুভব করতে পারি বিশ্বলোকের ডাক।

আপন হতে বাহির হয়ে বাইরে দাঁড়া,
বুকের মাঝে বিশ্বলোকের পাবি সাড়া॥
এই-যে বিপুল ঢেউ লেগেছে
তোর মাঝেতে উঠুক নেচে,
সকল পরাণ দিক-না নাড়া॥

- গীতবিতান: পূজা: ৩৫৬

Step out of yourself and stand out
You will feel world's rhythm in your heart.
The large waves that are whirling
May they dance inside of you
And awaken the core of your existence.

- (Translation by NS)

মে ১৪

তপ্ত তপ্ত নামটা চাই

চিন্তা-কণিকা

নিজেকে প্রশ্ন করুন - নিচের উদ্‌ধৃতিতে রবীন্দ্রনাথ কি যথার্থভাবে বাঙালি চরিত্রের বর্ণনা করতে পেরেছেন? আমাদের নিজেদের সাথে এই বাঙালি চরিত্রের মিল কতখানি? কিংবা আমাদের কয়জন বন্ধু এই চরিত্রের ঊর্ধ্বে। সকলে মিলে আত্মশুদ্ধি সম্পর্কে সচেতন হলে এবং সজ্ঞান প্রচেষ্টা চালালে এর ঊর্ধ্বে উঠা সম্ভব। যাদের সাথে সামাজিক কল্যাণমূলক কাজে হাত দিবেন তাদেরকে এমন চরিত্রের মানুষের ব্যাপারে সতর্ক করুন। না হলে কোনো বড়ো কাজ সমাধা করতে পারবেন না।

****

আমরা দলাদলি ঈর্ষা ক্ষুদ্রতায় জীর্ণ। আমরা একত্র হইতে পারি না, পরস্পরকে বিশ্বাস করি না, আপনাদের মধ্যে কাহারো নেতৃত্ব স্বীকার করিতে চাহি না। আমাদের বৃহৎ অনুষ্ঠানগুলি বৃহৎ বুদ্‌বুদের মতো ফাটিয়া যায়; আরম্ভে ব্যাপারটা খুব তেজের সহিত উদ্‌ভিন্ন হইয়া উঠে, দুইদিন পরেই সেটা প্রথমে বিচ্ছিন্ন, পরে বিকৃত, পরে নির্জীব হইয়া যায়।

...

যতক্ষণ-না যথার্থ ত্যাগস্বীকারের সময় আসে ততক্ষণ আমরা ক্রীড়াসক্ত বালকের মতো একটা উদ্‌যোগ লইয়া উন্মত্ত হইয়া থাকি, তার পরে কিঞ্চিৎ ত্যাগের সময় উপস্থিত হইলেই আমরা নানান ছুতায় স্ব স্ব গৃহে সরিয়া পড়ি। আত্মাভিমান কোনো কারণে তিলমাত্র ক্ষুণ্ণ হইলে উদ্দেশ্যের মহত্ত্ব সম্বন্ধে আমাদের আর কোনো জ্ঞান থাকে না। **যেমন করিয়া হউক, কাজ আরম্ভ হইতে না-হইতেই তপ্ত তপ্ত নামটা চাই। বিজ্ঞাপন রিপোর্ট ধুমধাম এবং খ্যাতিটা যথেষ্ট পরিমাণে হইলেই আমাদের এমনি পরিপূর্ণ পরিতৃপ্তি বোধ হয়** যে, তাহার পরেই প্রকৃতিটা নিদ্রালস হইয়া আসে; ধৈর্যসাধ্য শ্রমসাধ্য নিষ্ঠাসাধ্য কাজে হাত দিতে আর তেমন গা লাগে না।

- রাজাপ্রজা: ইংরাজ ও ভারতবাসী

(আরো দেখুন মে ১৫, ১৬, ১৭)

মে ১৫

আমরা আরম্ভ করি, শেষ করি না

 আমরা আরম্ভ করি, শেষ করি না; আড়ম্বর করি, কাজ করি না; যাহা অনুষ্ঠান করি তাহা বিশ্বাস করি না; যাহা বিশ্বাস করি তাহা পালন করি না; ভূরিপরিমাণ বাক্যরচনা করিতে পারি, তিলপরিমাণ আত্মত্যাগ করিতে পারি না; আমরা অহংকার দেখাইয়া পরিতৃপ্ত থাকি, যোগ্যতালাভের চেষ্টা করি না; আমরা সকল কাজেই পরের প্রত্যাশা করি, অথচ পরের ত্রুটি লইয়া আকাশ বিদীর্ণ করিতে থাকি; পরের অনুকরণে আমাদের গর্ব, পরের অনুগ্রহে আমাদের সম্মান, পরের চক্ষে ধূলিনিক্ষেপ করিয়া আমাদের পলিটিকস্, এবং **নিজের বাক্চাতুর্যে নিজের প্রতি ভক্তিবিহ্বল হইয়া উঠাই আমাদের জীবনের প্রধান উদ্দেশ্য।**
- চারিত্রপূজা। বিদ্যাসাগর-চরিত

চিন্তা-কণিকা

বাঙালি চরিত্রের এমন যথার্থ বর্ণনা সত্যি দুর্লভ। তাই বলে কি আমরা বসে থাকব - নাকি চরিত্র সংশোধনের চেষ্টা করব। সংশোধনের আগে আমাদের সমস্যাটা কোথায় সেটা বোঝা দরকার। সেই দুরূহ কাজটি রবীন্দ্রনাথ করে দিয়ে গেছেন। তাই কোনো সমাজসেবামূলক কাজে দলবদ্ধভাবে হাত দেয়ার আগে আমাদের সতর্ক করে দিতে হবে সকলকে এসকল চারিত্রিক দুর্বলতার ব্যাপারে এবং সবার কাছ থেকে প্রতিশ্রুতি আদায় করতে হবে যে আমরা প্রত্যেকে এসকল দোষের ঊর্ধ্বে থাকার প্রচেষ্টা করব প্রতিদিন।

(আরো দেখুন মে ১৪, ১৬, ১৭)

আত্ম-উপলব্ধি

মে ১৬

আমরা না পড়িয়া পণ্ডিত

চিন্তা-কণিকা

বাঙালি চরিত্রের আরেকটি অপূর্ব বর্ণনা - যা আমাদের আত্মোপলব্ধিতে সাহায্য করবে। আমাদের অনেকেই কেবল পরামর্শ দিতে পছন্দ করেন - কিন্তু হাত গুটিয়ে কাজে না নামলে কাজটা সম্পূর্ণ হয় না। আমরা জ্ঞান অর্জনের চেষ্টা না করে জ্ঞানের ভান করি - এমনভাবে কথা বলি যে আমরা সকলেই সকল বিষয়ে বিশেষজ্ঞ। ফলে আমরা অনেকসময়ই দিকভ্রান্ত হয়ে ছুটোছুটি করে বেড়াই।

****

আমরা ব্যক্তির জন্য আত্মবিসর্জন করিতেও পারি, কিন্তু মহৎ ভাবের জন্য সিকি পয়সাও দিতে পারি না। **আমরা কেবল ঘরে বসিয়া বড়ো কথা লইয়া হাসিতামাশা করিতে পারি, বড়ো লোককে লইয়া বিদ্রূপ করিতে পারি**, তার পরে ফুড়ফুড় করিয়া খানিকটা তামাক টানিয়া তাস খেলিতে বসি। আমাদের কী হবে তাই ভাবি।

অথচ ঘরে বসিয়া আমাদের অহংকার অভিমান খুব মোটা হইতেছে। আমরা ঠিক দিয়া রাখিয়াছি আমরা সমুদয় সভ্য জাতির সমকক্ষ। **আমরা না পড়িয়া পণ্ডিত, আমরা না লড়িয়া বীর, আমরা ধাঁ করিয়া সভ্য, আমরা ফাঁকি দিয়া পেট্রিয়ট**—আমাদের রসনার অদ্ভুত রাসায়নিক প্রভাবে জগতে যে তুমুল বিপ্লব উপস্থিত হইবে আমরা তাহারই জন্য প্রতীক্ষা করিয়া আছি; সমস্ত জগৎও সেই দিকে সবিস্ময়ে নিরীক্ষণ করিয়া আছে। ... **আমরা এগোইব না, অনুসরণ করিব; কাজ করিব না, পরামর্শ দিব।**

- চিঠিপত্র, ৪

(আরো দেখুন মে ১৪, ১৫, ১৭)

মে ১৭

আমরা ভারি ভদ্র, ভারি বুদ্ধিমান

চিন্তা-কণিকা

মহৎ আশা, মহৎ ভাব, মহৎ উদ্দেশ্য ছাড়া কোনো বড়ো ধরণের কাজ হয় না। তাই বড়ো কাজ করতে হলে আমাদেরকে বেশি সাবধানী হলে চলবে না। এমনকি সাবধানী লোকদের সতর্কবাণীও উপেক্ষা করতে হবে - কেননা মহত্ত্বের বাষ্প বড়ো কাজের চালিকাশক্তি। বড়ো বড়ো স্বপ্ন দেখুন এবং মহৎ কাজে উৎসাহ নিয়ে নেমে পড়ুন। সমালোচকদের কথা শুনে বেশি সতর্কতা অবলম্বন করলে কোনো বড়ো কাজ হয় না।

****

আমরা ভারি ভদ্র, ভারি বুদ্ধিমান, কোনো বিষয়ে পাগলামি নাই। আমরা পাশ করিব, রোজগার করিব, ও তামাক খাইব। **আমরা এগোইব না, অনুসরণ করিব; কাজ করিব না, পরামর্শ দিব;** দাঙ্গাহাঙ্গামাতে নাই, কিন্তু মকদ্দমা মামলা ও দলাদলিতে আছি। অর্থাৎ, হাঙ্গামের অপেক্ষা হুজ্জতটা আমাদের কাছে যুক্তিসিদ্ধ বোধ হয়। লড়াইয়ের অপেক্ষা পলায়নেই পিতৃযশ রক্ষা হয় এইরূপ আমাদের বিশ্বাস।

... বায়ুর মাহাত্ম্য কে বর্ণনা করিতে পারে? যে-সকল জাত ঊনবিংশ শতাব্দীর পরে ঊনপঞ্চাশ বায়ু লাগাইয়া চলিয়াছেন, আমরা সাবধানীরা কবে তাঁহাদের নাগাল পাইব? **আমাদের যে অল্প একটু বায়ু আছে, সভার নিয়ম রচনা করিতে ও বক্তৃতা দিতেই তাহা নিঃশেষিত হইয়া যায়।**

মহৎ আশা, মহৎ ভাব, মহৎ উদ্দেশ্যকে সাবধান বিষয়ী লোকেরা বাষ্পের ন্যায় জ্ঞান করেন। কিন্তু এই বাষ্পের বলেই উন্নতির জাহাজ চলিতেছে। এই বাষ্পকে খাটাইতে হইবে, এই বায়ুকে পালে আটক করিতে হইবে। এমন তুমুল শক্তি আর কোথায় আছে? **আমাদের দেশে এই বাষ্পের অভাব, বায়ুর অভাব। আমরা উন্নতির পালে একটুখানি ফুঁ দিতেছি, যতখানি গাল ফুলিতেছে ততখানি পাল ফুলিতেছে না।**

- চিঠিপত্র ৫

(আরো দেখুন মে ১৪, ১৫, ১৬)

মে ১৮

রেখেছ বাঙালী করে, মানুষ কর নি

চিন্তা-কণিকা

মানুষের মনুষ্যত্ব বিকাশ হয় সংগ্রামের মধ্য দিয়ে - সহজ রাস্তায় গা বাঁচিয়ে চললে মনুষ্যত্ব পূর্ণতা প্রাপ্ত হয় না। আমাদের সমাজে অনেক পিতামাতা সন্তানদেরকে ভালো ছেলে বানাতে যেয়ে তাদেরকে আগলে রাখেন কঠিন সংগ্রামের পথ থেকে, ফলে তাদের বিবেক-বুদ্ধি জাগ্রত হয় না, তারা স্বার্থপর মানুষে পরিণত হয়, যাকে বিশ্বলোকের প্রেক্ষাপটে মানুষ হওয়া বলা যায় না।

পূণ্যে পাপে দুঃখে সুখে পতনে উত্থানে
মানুষ হইতে দাও তোমার সন্তানে
হে স্নেহার্ত বঙ্গভূমি, তব গৃহক্রোড়ে
চিরশিশু করে আর রাখিয়ো না ধরে।
দেশদেশান্তর-মাঝে যার যেথা স্থান
খুঁজিয়া লইতে দাও করিয়া সন্ধান।
পদে পদে ছোটো ছোটো নিষেধের ডোরে
বেঁধে বেঁধে রাখিয়ো না ভালোছেলে করে।
প্রাণ দিয়ে, দুঃখ স'য়ে, আপনার হাতে
সংগ্রাম করিতে দাও ভালোমন্দ-সাথে।
শীর্ণ শান্ত সাধু তব পুত্রদের ধরে
দাও সবে গৃহছাড়া লক্ষ্মীছাড়া ক'রে।
সাত কোটি সন্তানেরে, হে মুগ্ধ জননী,
রেখেছ বাঙালী করে, মানুষ কর নি।

- চৈতালি: বঙ্গমাতা

চিন্তা-
কণিকা

মে ১৯

নিন্দা কাকে বলে?

নিন্দা নিয়ে রবীন্দ্রনাথের গভীর বিশ্লেষণ পড়ুন ও উপভোগ করুন।

****

নিন্দা কাকে বলে জিজ্ঞাসা করলেই লোকে বলে, পরের নামে দোষারোপ করাকে নিন্দা বলে। লোকে তাই বলে বটে, কিন্তু লোকে তাই মনে করে না। কে এমন আছে বলো দেখি যে, সে তার জীবনের প্রতিদিনই পরের নামে দোষারোপ না করে? পর যত দিন দোষ করতে ক্ষান্ত না হবে, তত দিন দোষারোপের মুখ বন্ধ হবে না। যে হিসেবে সকল মানুষই স্বার্থপর, সে হিসেবে সকল মানুষই নিন্দুক। ... স্বার্থ যখন স্বার্থপরতার সাধারণ সীমা ছাপিয়ে ওঠে, তখনই আমরা তাকে স্বার্থপরতা বলি। নিন্দাও ঠিক তাই। যদি বল যে, মিথ্যা দোষারোপ করাকেই নিন্দা বলে, তা হলে নিন্দার অর্থ অসম্পূর্ণ থেকে যায়! মিথ্যা নিন্দা নিন্দার একটা অংশ মাত্র। নিন্দুক ব্যক্তি ... সহস্র সত্য কথা বলুক-না কেন, তবুও নিন্দুক বলে তার উপর কেমন এক প্রকার ঘৃণা জন্মে। কিন্তু কেন? সত্যি কথা বলছে, তবু কেন তাকে নিন্দুক বল? তার একটা কারণ আছে। **সত্য হোক, মিথ্যা হোক, আমরা উদ্দেশ্য বুঝে নিন্দার নিন্দা করি।** সকলেই স্বীকার করেন পরের প্রশংসা করা মাত্রকেই খোশামোদ বলে না। যখন কারও সদ্‌গুণ দেখে আমাদের উচ্ছ্বসিত হৃদয় থেকে প্রশংসা বেরোয় তখন, অবিশ্যি তাকে কেউ খোশামোদ বলে না। কিন্তু যখন তুমি তোমার নিজের স্বার্থ বা অন্য কোনো উদ্দেশ্য সাধনের জন্য প্রশংসা কর, সে প্রশংসা সত্য হলেও তাকে খোশামোদ বলে। নিন্দার সম্বন্ধেও ঠিক এই কথাগুলি খাটে। তুমি একজনের কুকার্য দেখে ঘৃণায় অভিভূত হয়ে যদি বজ্রকণ্ঠে তার বিরুদ্ধে তোমার স্বর উত্থাপন কর, তা হলে নিন্দিত ব্যক্তি ছাড়া আর কেউ তোমাকে নিন্দুক বলবে না। কিন্তু যখন দেখছি নিন্দা করতে আমোদ পাচ্ছে বলে তুমি নিন্দা করছ, যখন তুমি সত্য কথা বলবার জন্য নিন্দা কর না, কেবল নিন্দা করবার জন্য সত্য কথা বল, তখন তোমার সে সত্য কথা নীতির বাজারে মিথ্যা কথার সমান দরেই প্রায় বিক্রি হবে। ...**বিনা উদ্দেশ্যে বা হীন উদ্দেশ্যে পরের নামে সত্য বা মিথ্যা দোষারোপ করাকে নিন্দা বলে।**

– সমাজ: নিন্দা-তত্ত্ব

(নিন্দা নিয়ে আরো পড়ুন জুলাই ২৭ ও নভেম্বর ১৯)

মে ২০

সঙ্কোচের বিহ্বলতা নিজেরে অপমান

চিন্তা-কণিকা

এক অপূর্ব আত্মজাগরণের গান এটি। কথাগুলো খেয়াল করে বারবার পড়ুন এবং ভালো সময়ে এবং খারাপ সময়ে নিজেকে মনে করিয়ে দিন - যে সংকটের কল্পনাতে সংকট আসার আগেই ভেঙে পড়লে চলবে না - সংকটকে সাহসের সাথে মোকাবেলা করতে হবে।

নিজেকে জয় না করতে পারলে সংকট জয় করা যাবে না। আমাদের দায়িত্ব দুর্বলকে রক্ষা করা এবং দুর্জনকে প্রতিরোধ করা ও প্রতিরোধে সাহায্য করা এবং নিজেকে কখনো অসহায় না ভাবা ও নিজের উপর ভরসা রাখা। "নিশিদিন ভরসা রাখিস, ওরে মন, হবেই হবে/ যদি পণ করে থাকিস সে পণ তোমার রবেই রবে।"

সঙ্কোচের বিহ্বলতা নিজেরে অপমান।
সঙ্কটের কল্পনাতে হোয়ো না ম্রিয়মাণ।
মুক্ত করো ভয়, আপনা-মাঝে শক্তি ধরো, নিজেরে করো জয়।
দুর্বলেরে রক্ষা করো, দুর্জনেরে হানো,
নিজেরে দীন নিঃসহায় যেন কভু না জানো।
মুক্ত করো ভয়, নিজের 'পরে করিতে ভর না রেখো সংশয়।
ধর্ম যবে শঙ্খরবে করিবে আহ্বান
নীরব হয়ে নম্র হয়ে পণ করিয়ো প্রাণ।
মুক্ত করো ভয়, দুরূহ কাজে নিজেরি দিয়ো কঠিন পরিচয়॥

- গীতবিতান: স্বদেশ: ১১

(আরো দেখুন জানুয়ারি ৫)

মে ২১

পার্থক্যের উপর সামঞ্জস্যের আস্তরণ

চিন্তা-কণিকা

অপেক্ষাকৃত দরিদ্রের প্রতি অপেক্ষাকৃত ধনীর দায়িত্ব ভালো করে বুঝতে পারা সহজ কথা নয়। আমরা অনেকসময়ই খেয়ালে বেখেয়ালে সমাজের পার্থক্যটাকে বেশি প্রকট করে প্রকাশ করি - ফলে মানুষে মানুষে সহজ প্রীতির সম্পর্কে ব্যাঘাত ঘটে।

আসুন, আমাদের আজকের প্রতিজ্ঞা হোক - আমরা আমাদের প্রতিদিনকার কথায়-বার্তায় ও আচার-আচরণে ধনী-দরিদ্রের পার্থক্যটাকে যতটা গোপন রাখা যায় সেই চেষ্টায় নিজেদেরকে ব্যাপৃত রাখবো।

****

এক মানুষের সঙ্গে আর-এক মানুষের, এক সম্প্রদায়ের সঙ্গে আর-এক সম্প্রদায়ের তো পার্থক্য থাকেই, কিন্তু সাধারণ সামাজিকতার কাজই এই-- সেই পার্থক্যটাকে রূঢ়ভাবে প্রত্যক্ষগোচর না করা।

ধনী-দরিদ্রে পার্থক্য আছে, কিন্তু দরিদ্র তাহার ঘরে আসিলে ধনী যদি সেই পার্থক্যটাকে চাপা না দিয়া সেইটেকেই অত্যুগ্র করিয়া তোলে তবে আর যাই হউক দায়ে ঠেকিলে সেই দরিদ্রের বুকের উপর ঝাঁপাইয়া পড়িয়া অশ্রুবর্ষণ করিতে যাওয়া ধনীর পক্ষে না হয় সত্য, না-হয় শোভন। ... সমাজের অপমানটা গায়ে লাগে না, হৃদয়ে লাগে। কারণ, **সমাজের উদ্দেশ্যই এই যে, পরস্পরের পার্থক্যের উপর সুশোভন সামঞ্জস্যের আস্তরণ বিছাইয়া দেওয়া।**

- কালান্তর: লোকহিত

(আরো দেখুন মে ৬)

মে ২২

কী হবে এই নিজ্জীবতার শান্তি দিয়ে

চিন্তা-কণিকা

ভেবে দেখুন আমরা কীভাবে আনুষ্ঠানিকতা ও আচারের মধ্যে ডুবে আছি। আমরা ধর্ম-কর্ম করছি অন্ধভাবে - আমাদের পূর্বপুরুষদের নিয়ম মেনে। কিন্তু ধর্মের মহৎ আদর্শ নিয়ে ভাবছি না; ধর্মগ্রন্থ পড়ছি কিন্তু বুঝছি না; মন্ত্র কিংবা দোয়া পড়ছি কিন্তু তার মর্মবাণী অন্তরে গ্রহণ করছি না। এই প্রাণহীন ধর্মাচারে শান্তি খুঁজে কী হবে?

****

যারা নিজেকে ধর্মকর্ম্মের পুতুল করে তোলে তারাই **আনুষ্ঠানিক অভ্যাসের প্রতিদিন পুনরাবর্ত্তনের দ্বারা নিজের শূন্যতাকে ভরাট করে মনে করে জীবন সার্থক হোলো**। যে সকল ক্রিয়াকর্ম্মে বুদ্ধির অন্ধতা এবং হৃদয়ের জড়তা, সেই সমস্ত নিরর্থকতার জালে নিজেকে নিয়ত জড়িয়ে রাখা ভুলিয়ে রাখার মত দুর্গতি আর নেই। এই সমস্ত চিত্তহীন আচারে জীবন অসাড় হয়ে যায়। এই অসাড়তায় সুখ দুঃখের বোধকে কমিয়ে দেয় বলে অনেকে একে শান্তি বলে ভ্রম করে। **কী হবে এই নিজ্জীবতার শান্তি দিয়ে**। তুমি তোমার অতৃপ্ত হৃদয়কে পূর্ণতা দেবে বলে ঘুরে বেড়িয়েছ, আজও শান্তি পাও নি। যার মন সজীব, যে চিন্তা করতে পারে, ভালোবাসতে পারে, সেকি দিনের পর দিন অনুষ্ঠানের কলের চাকা ঘুরিয়ে বাঁচে।

...জ্ঞান প্রেম ও কর্ম্মের মধ্যে নিজেকে বড়ো করে পাওয়ার মধ্যেই মুক্তি। জ্ঞান প্রেম কর্ম্মের পরিধিকে ছেঁটে ছোটো করে আত্মোপলব্ধির ক্ষেত্রকে অপ্রশস্ত করা আত্মহত্যার রূপান্তর। **সংসারের খাঁচায় যারা কষ্ট পাচ্ছে ধর্ম্মের খাঁচা বানিয়ে তারা নিষ্কৃতি পাবে এ কখনো হয় না - মাদকসেবীর মতো তারা অচেতনতার মধ্যে পালিয়ে রক্ষা পেতে চায়**, অর্থাৎ তারা মরে' বাঁচতে ইচ্ছা করে। এক রকম আধমরা স্বভাব আছে তাদের পক্ষেই এটা সম্ভব, কিন্তু যাদের হৃদয় বুদ্ধি সজীব সচল, নিজেকে বলপূর্বক আড়ষ্ট করে' তারা কখনোই সুখী হতে পারে না।

- হেমন্তবালা দেবীকে লিখিত চিঠি,
দার্জিলিং, ১৩ অক্টোবর, ১৯৩২

মে ২৩

তাহার অক্ষর গণনা করিয়া জীবনযাপন করি

চিন্তা-কণিকা

মহাপুরুষদেরকে দেবতাজ্ঞানে তাঁহাদের কথাকে সর্বযুগে প্রযোজ্য ও অপরিবর্তনীয় ভাবলে সমাজের অগ্রগতি যে কীভাবে রহিত হয় - এবং সমাজে কীভাবে পচন ধরে তার ভুরি ভুরি প্রমাণ প্রাচ্যের ধর্মসমাজে পাওয়া যায়। আমাদের এই ভক্তিগদগদ চিত্তের প্রশ্নহীন অনুকরণ থেকে কি বেরিয়ে আসা উচিত - সেটা আপনিই ভাবুন।

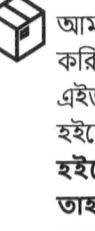

****

আমাদের পূর্বাঞ্চলে প্রবলা প্রকৃতির পদতলে অভিভূতভাবে বাস করিয়া প্রত্যেক মানুষ নিজের অসারতা ও ক্ষুদ্রতা অনুভব করে; এইজন্য কোনো মহৎ লোকের অভ্যুদয় হইলে তাঁহাকে স্বশ্রেণী হইতে সম্পূর্ণ পৃথক করিয়া দেবতা-পদে স্থাপিত করে। **তাহার পর হইতে তিনি যে-কয়টি কথা বলিয়া গিয়াছেন বসিয়া বসিয়া তাহার অক্ষর গণনা করিয়া জীবনযাপন করি ;** তিনি সাময়িক অবস্থার উপযোগী যে-বিধান করিয়া গিয়াছেন তাহার রেখামাত্র লঙঘন করা মহাপাতক জ্ঞান করিয়া থাকি। পুনর্বার যুগান্তরে দ্বিতীয় মহৎলোক দেবতাভাবে আবির্ভূত হইয়া সময়োচিত দ্বিতীয় পরিবর্তন প্রচলিত না করিলে আমাদের আর গতি নাই। **আমরা যেন ডিম্ব হইতে ডিম্বান্তরে জন্মগ্রহণ করি**। একজন মহাপুরুষ প্রাচীন প্রথার খোলা ভাঙিয়া যে-নূতন সংস্কার আনয়ন করেন তাহাই আবার দেখিতে দেখিতে শক্ত হইয়া উঠিয়া আমাদিগকে রুদ্ধ করে। পৃথিবীতে ভূমিষ্ঠ হইয়া নিজের যত্নে নিজের উপযোগী খাদ্যসংগ্রহ আমাদের দ্বারা আর হইয়া উঠে না। **মহম্মদ প্রাচীন আরব কুপ্রথা কিয়ৎপরিমাণে দূর করিয়া তাহাদিগকে যেখানে দাঁড় করাইলেন তাহারা সেইখানেই দাঁড়াইল, আর নড়িল না।** কোনো সংস্কারকার্য বীজের মতো ক্রমশ অঙ্কুরিত হইয়া যে পরিপুষ্টতা লাভ করিবে, আমাদের সমাজ সেরূপ জীবনপূর্ণ ক্ষেত্র নহে। মনুষ্যত্বের মধ্যে যেন প্রাণধর্মের অভাব। **এইজন্য উত্তরোত্তর উৎকর্ষ লাভ না করিয়া বিশুদ্ধ আদর্শ ক্রমশই বিকৃতি লাভ করিতে থাকে। যেমন পাখি তা' না দিলে ডিম পচিয়া যায়, সেইরূপ কালক্রমে মহাপুরুষের জীবন্ত প্রভাবের উত্তাপ যতই দুরবর্তী হয় ততই আবরণবদ্ধ সমাজের মধ্যে বিকৃতি জন্মিতে থাকে।**

- সমাজ: প্রাচ্য সমাজ

মে ২৪

বিশেষ শব্দসমষ্টির মধ্যে অলৌকিক শক্তি

চিন্তা-কণিকা

অধিকাংশ সময়েই বিপদ আপদে কিংবা নানান সাধ বা প্রলোভনে আমরা না বুঝে আরবী দোয়া কিংবা সংস্কৃত মন্ত্র পড়ে ঈশ্বরের সাহায্য প্রার্থনা করি। মন্ত্রের কিংবা পবিত্র ধর্মগ্রন্থের অন্তর্নিহিত বাণী আমাদের মনকে বা চিন্তাকে উন্নত করার কোনো কাজে আসে না।

****

মন্ত্রের সার্থকতা সম্মন্ধে আমার মনে কোনো সন্দেহ নাই। **মন্ত্রের যথার্থ উদ্দেশ্য মননে সাহায্য করা**। ... মন্ত্র যখন তাহার উদ্দেশ্যকে অভিভূত করিয়া নিজেই চরম পদ অধিকার করিতে চায় তখন তাহার মতো মননের বাধা আর কী হইতে পারে। **কতকগুলি বিশেষ শব্দসমষ্টির মধ্যে কোনো অলৌকিক শক্তি আছে এই বিশ্বাস যখন মানুষের মনকে পাইয়া বসে, সে তখন আর ওই শব্দের উপরে উঠিতে চায় না - তখন মনন ঘুচিয়া গিয়া সে উচ্চারণের ফাঁদেই জড়াইয়া পড়ে। তখন চিত্তকে মুক্ত করিবে বলিয়া যাহা রচিত তাহাই চিত্তকে বদ্ধ করে এবং ক্রমে দাঁড়ায় এই, মন্ত্র পড়িয়া দীর্ঘজীবন লাভ করা, মন্ত্র পড়িয়া শত্রু জয় করা ইত্যাদি নানাপ্রকার নিরর্থক দুশ্চেষ্টায় মানুষের মন প্রলুব্ধ হইয়া ঘুরিতে থাকে**। এইরূপে মন্ত্রই যখন মননের স্থান অধিকার করিয়া বসে তখন মানুষের পক্ষে তাহা অপেক্ষা শুষ্ক জিনিস আর কী হইতে পারে। যেখানে মন্ত্রের এরূপ ভ্রষ্টতা সেখানে মানুষের দুর্গতি আছেই। সেই সমস্ত কৃত্রিম বন্ধন-জাল হইতে মানুষ আপনাকে উদ্ধার করিয়া ভক্তির সজীবতা ও সরলতা লাভের জন্য ব্যাকুল হইয়া উঠে, ইতিহাসে বারংবার ইহার প্রমাণ দেখা গিয়াছে। যাগযজ্ঞ মন্ত্রতন্ত্র যখনই অত্যন্ত প্রবল হইয়া মানুষের মনকে চারি দিকে বেষ্টন করিয়া ধরে তখনই তো মানবের গুরু মানবের হৃদয়ের দাবি মিটাইবার জন্য দেখা দেন; তিনি বলেন, পাথরের টুকরা দিয়া রুটির টুকরার কাজ চালানো যায় না, **বাহ্য অনুষ্ঠানকে দিয়া অন্তরের শূন্যতা পূর্ণ করা চলে না**। কিন্তু তাই বলিয়া এ কথা কেহই বলে না যে, মন্ত্র যেখানে মননের সহায়, বাহিরের অনুষ্ঠান যেখানে অন্তরের ভাবস্ফুর্তির অনুগত, সেখানে তাহা নিন্দনীয়।

- "অচলায়তন" নাটকের সমালোচনার উত্তরে
অধ্যাপক ললিতকুমার বন্দ্যোপাধ্যায়কে লিখিত পত্র, অগ্রহায়ণ, ১৩১৮

মে ২৫

জলে যখন ঢেউ উঠিতে থাকে

চিন্তা-কণিকা

উত্তেজনার সময় আমাদের ব্যবহারে ও আমাদের কথায় বার্তায় সংযত না থাকলে আমাদের কাজ পথভ্রস্ট হয় - আমরা একটি করতে যেয়ে আরেকটি করে বসি - আমরা কাজ ফেলে একে অপরের বিচার করতে বসি ও অযথা অকাজে সময় নষ্ট করি। তাই আমাদের সংযত থাকতে হবে এবং আত্ম-উপলব্ধি বাড়াতে হবে - তাহলেই আমরা মহৎ কাজে সফল হব।

****

জলে যখন ঢেউ উঠিতে থাকে তখন ছায়াটা আপনি বিকৃত হইয়া যায়, সেজন্য কাহাকেও দোষ দিতে পারি না। অত্যন্ত ভয় এবং ভাবনার সময় আমাদের চিন্তা ও বাক্যের মধ্যে সহজেই বিকলতা ঘটে, অথচ ঠিক এইরূপ সময়েই অবিচলিত এবং নির্বিকার সত্যের প্রয়োজন সকলের চেয়ে বেশি। প্রতিদিন অসত্য ও অর্ধসত্য আমাদের তত গুরুতর অনিষ্ট করে না, কিন্তু সংকটের দিনে তাহার মতো শত্রু আর কেহ নাই।

অতএব ঈশ্বর করুন, আজ যেন আমরা ভয়ে, ক্রোধে, আকস্মিক বিপদে, দুর্বল চিত্তের অতিমাত্র আক্ষেপে আত্মবিস্মৃত হইয়া নিজেকে বা অন্যকে ভুলাইবার জন্য কেবল কতকগুলা ব্যর্থ বাক্যের ধুলা উড়াইয়া আমাদের চারি দিকের আবিল আকাশকে আরো অস্বচ্ছ করিয়া না তুলি। **তীব্র বাক্যের দ্বারা চাঞ্চল্যকে বাড়াইয়া তোলা হয়, ভয়ের দ্বারা সত্যকে কোনোপ্রকারে চাপা দিবার প্রবৃত্তি জন্মে।** অতএব, অদ্যকার দিনে হৃদয়াবেগ-প্রকাশের উত্তেজনা সম্বরণ করিয়া যথাসম্ভব শান্তভাবে যদি বর্তমান ঘটনাকে বিচার না করি, সত্যকে আবিষ্কার ও প্রচার না করি, তবে আমাদের আলোচনা কেবল যে ব্যর্থ হইবে তাহা নহে, তাহাতে অনিষ্ট ঘটিবে।

- রাজা প্রজা: পথ ও পাথেয়

মে ২৬

দৃষ্টিভঙ্গি

চিন্তা-কণিকা

রবীন্দ্রনাথের বিভিন্ন রচনা থেকে গ্রন্থিত ছোটো ছোটো কথাগুলো মন দিয়ে পড়ুন এবং ভাবুন আপনার জীবনে এসকলের প্রয়োগ কোথায় হতে পারে কিংবা প্রীতিভাজন কারো সাথে এগুলো শেয়ার করে কিছু বুদ্ধিদীপ্ত কথা পড়ার আনন্দ ভাগাভাগি করে নিতে পারেন কিনা।

****

একটু দূরে আসিয়া দাঁড়াইতে না পারিলে কোনো বড়ো জিনিসকে ঠিক বড়ো করিয়া দেখা যায় না। ... কাছে থেকে কেবল অংশকে দেখা যায়, দূরে না দাঁড়ালে সমগ্রকে দেখা যায় না।

- সঞ্চয়

****

পৃথিবীতে বড়ো হওয়া শক্ত, কিন্তু **আপনাকে বড়ো মনে করা সকলের চেয়ে সহজ**।

- সাহিত্য: বাংলা সাহিত্যের প্রতি অবজ্ঞা

****

বিদ্বেষে কোনো সুখ নাই, কোনো শ্লাঘা নাই। সেইজন্য বিদ্বেষ্টার প্রতিও যাহাতে বিদ্বেষ না আসে আমি তাহার জন্য বিশেষ যত্ন করিয়া থাকি।

- চিঠিপত্র, দীনেশচন্দ্র সেনকে

****

সংসারে যখন সুখ পাই তখন দুঃখের আবির্ভাবে বিস্মিত হইবার কোনো কারণ নাই। যত রকম দুঃখ ও অপ্রিয় সংসারে সম্ভবপর আমি সমস্তই মাঝে মাঝে মনে মনে প্রত্যাশা করিয়া মনকে সকল অবস্থার জন্য সম্পূর্ণ প্রস্তুত রাখিতে চেষ্টা করি।

- চিঠিপত্র, প্রিয়নাথ সেনকে লিখিত

****

জ্যোতির্বিদের কাছে সূর্যের কলঙ্ক ঢাকা পড়ে না, তবু সাধারণ লোকের কাছে তার আলোটাই যথেষ্ট। **সূর্যকে কলঙ্কী বললে মিথ্যা বলা হয় না, তবুও সূর্যকে জ্যোতির্ময় বললেই সত্য বলা হয়।**

- জাভা যাত্রীর পত্র: ১২

মে ২৭

সিন্দুকে ভরিবার জিনিস পাই নাই

চিন্তা-কণিকা

মোমের বাতি যেন একটি ক্ষুদ্র চিন্তা - যা জোৎস্নার আলোকের মতো বড়ো চিন্তাকে আমাদের মনে আসতে দেয় না। মোমবাতি নিভানোর ফলেই পূর্ণিমার আলো যেমন রবীন্দ্রনাথের ঘরকে আলোকিত করেছিল - তেমনি আমরা যদি ক্ষুদ্র চিন্তাকে মন থেকে নিভিয়ে দেই তাহলেই মহৎ চিন্তা আমাদের অন্তঃকরণে জাগ্রত হতে পারে। সচেতনভাবে সেই প্রচেষ্টার নামই আত্ম-উপলব্ধি ও আত্ম-শুদ্ধি।

****

দিনের আলোক যেমন কেবলমাত্র চক্ষু মেলিবার অপেক্ষা রাখে, ব্রহ্মোর আনন্দ সেইরূপ হৃদয় উন্মীলনের অপেক্ষা রাখে মাত্র।

আমি একদা একখানি নৌকায় একাকী বাস করিতেছিলাম। একদিন সায়াহ্নে একটি মোমের বাতি জ্বালাইয়া পড়িতে পড়িতে অনেক রাত হইয়া গেল। শ্রান্ত হইয়া যেমনি বাতি নিবাইয়া দিলাম, অমনি একমুহূর্তেই পূর্ণিমার চন্দ্রালোক চারিদিকের মুক্ত বাতায়ন দিয়া আমার কক্ষ পরিপূর্ণ করিয়া দিল। **আমার স্বহস্তজ্বালিত একটিমাত্র ক্ষুদ্র বাতি এই আকাশপরিপ্লাবী অজস্র আলোককে আমার নিকট হইতে অগোচর করিয়া রাখিয়াছিল।** এই অপরিমেয় জ্যোতিঃসম্পদ লাভ করিবার জন্য আমাকে আর কিছুই করিতে হয় নাই, কেবল সেই বাতিটি এক ফুৎকারে নিবাইয়া দিতে হইয়াছিল। তাহার পরে কী পাইলাম। বাতির মতো কোনো নাড়িবার জিনিস পাই নাই, **সিন্দুকে ভরিবার জিনিস পাই নাই**--**পাইয়াছিলাম আলোক আনন্দ সৌন্দর্য শান্তি**। **যাহাকে সরাইয়াছিলাম, তাহার চেয়ে অনেক বেশি পাইয়াছিলাম--অথচ উভয়কে পাইবার পদ্ধতি সম্পূর্ণ স্বতন্ত্র**।.

- ধর্ম: ধর্মের সরল আদর্শ

মে ২৮

প্রেমে সুখ দুখ ভুলে তবে সুখ পায়

চিন্তা-কণিকা

প্রেম মানেই আত্মত্যাগ। নিজেকে বিসর্জন না করতে পারলে সঠিক প্রেম জাগ্রত হয় না। সুখের লোভে যারা প্রেম চায়, তারা প্রেম ত' পায়-ই না, বরঞ্চ সুখ-ও হারায়।

এরা সুখের লাগি চাহে প্রেম, প্রেম মেলে না,
শুধু সুখ চলে যায়।
এমনি মায়ার ছলনা।
এরা ভুলে যায়, কারে ছেড়ে কারে চায়।
তাই কেঁদে কাটে নিশি, তাই দহে প্রাণ,
তাই মান অভিমান,
তাই এত হায় হায়।
প্রেমে সুখ দুখ ভুলে তবে সুখ পায়।

- মায়ার খেলা (গীতবিতান): ৬৩

চিন্তা-কণিকা

<u>আরো চিন্তার খোরাক:</u> সুফি সাধক মাওলানা জালালুদ্দিন রুমী বলেছিলেন -

"নিজেকে সমর্পণ করো ভালোবাসার কাছে,
হারিয়ে ফেলো নিজেকে ভালোবাসার কাছে
তাহলেই তুমি সবকিছু খুঁজে পাবে।
ভয় পেয়ো না তুমি বিলীন হতে ভালোবাসায়
তাহলেই ঘটবে তোমার উত্তরণ
মাটির পৃথিবী থেকে বেহেশতে।
হারিয়ে ফেলো নিজেকে ভালোবাসায়
মুক্তি দাও নিজেকে
তোমাকে ঘিরে থাকা অন্ধকার মেঘপুঞ্জ থেকে।
তাহলেই তুমি দেখতে পাবে
তোমার নিজের আলো
পূর্ণচাঁদের মতো দীপ্তিমান।"

- (লেখকের অনুবাদ)

মে ২৯

কোন্ ধর্মটি আমাদের আসল ধর্ম?

চিন্তা-কণিকা

নিজের জন্মগত ধর্মপরিচয় নিয়ে গর্ব করার আগে বা অন্য ধর্মকে ছোটো করে দেখার আগে আত্ম-উপলব্ধির মানদন্ডে দেখে নিন আপনার কাজে কর্মে আপনার আসল ধর্ম কোনটি স্বতঃপ্রকাশমান (self-evident) !

****

সকল মানুষেরই "আমার ধর্ম" বলে একটা বিশেষ জিনিস আছে। কিন্তু সেইটিকেই সে স্পষ্ট করে জানে না। সে জানে আমি খ্রিষ্টান, আমি মুসলমান, আমি বৈষ্ণব, আমি শাক্ত ইত্যাদি। কিন্তু **সে নিজেকে যে ধর্মাবলম্বী বলে জন্মকাল থেকে মৃত্যুকাল পর্যন্ত নিশ্চিন্ত আছে সে হয়তো সত্য তা নয়।** নাম গ্রহণেই এমন একটা আড়াল তৈরি করে দেয় যাতে নিজের ভিতরকার ধর্মটা তার নিজের চোখেও পড়ে না।... **কোন্ ধর্মটি তার? যে ধর্ম মনের ভিতরে গোপনে থেকে তাকে সৃষ্টি করে তুলছে। এই প্রাণের ভিতরকার সৃজনীশক্তিই হচ্ছে তার ধর্ম।** এইজন্যে আমাদের ভাষায় 'ধর্ম' শব্দ খুব একটা অর্থপূর্ণ শব্দ। জলের জলত্বই হচ্ছে জলের ধর্ম, আগুনের আগুনত্বই হচ্ছে আগুনের ধর্ম। তেমনি মানুষের ধর্মটিই হচ্ছে তার অন্তরতম সত্য।... যেটা বাইরে থেকে দেখা যায় সেটা আমার সাম্প্রদায়িক ধর্ম। সেই সাধারণ পরিচয়েই লোকসমাজে আমার ধর্মগত পরিচয়। **সেটা যেন আমার মাথার উপরকার পাগড়ি।** কিন্তু যেটা আমার মাথার ভিতরকার মগজ, যেটা অদৃশ্য, যে পরিচয়টি আমার অন্তর্যামীর কাছে ব্যক্ত, হঠাৎ বাইরে থেকে কেউ যদি বলে, সেটা বেরিয়ে পড়েছে, তা হলে চমকে উঠতে হয়... **সাম্প্রদায়িক সাধারণ নাম গ্রহণ করে আমি যতই মনে করি না যেন যে, আমি সম্প্রদায়ের সকলেরই সঙ্গে সমান ধর্মের, তবু আমার অন্তর্যামী জানেন মনুষ্যত্বের মূলে আমার ধর্মের একটি বিশিষ্টতা বিরাজ করছে।**

- আত্মপরিচয়: ৩

আত্ম-উপলব্ধি

মে ৩০

দেবতার সহিত দেনা - পাওনার সম্বন্ধ

চিন্তা-কণিকা

ধর্ম একটি ব্যবসা হয়ে দাঁড়িয়েছে। পাপ-পুণ্যের আয়-ব্যয়ের হিসাবে আমরা ব্যস্ত - কোন্ কাজ করলে - কোন্ তীর্থস্থানে গেলে বেশি পুণ্য হবে কিংবা বেশি পাপ ধুয়ে মুছে যাবে - সে হিসাব-নিকাশ আমাদের ধর্ম- কর্মকে নিয়ন্ত্রণ করছে। আমাদের ভাবটা এই যে ঈশ্বরও এরকম একটা হিসাবের খাতা খুলে রেখেছেন - যাতে আমাদের Investment Portfolio-র কমতি-বাড়তি নিত্যদিন লিপিবদ্ধ হচ্ছে। ভেবে দেখুন ত' আমরা কয়জন এই ধর্ম-ব্যবসার আওতার বাইরে?! এই দেনা-পাওনার হিসাব নিকাশে কি আমাদের আধ্যাত্মিক সত্তা জাগ্রত হতে পারে?! একটু ভাবুন।

****

দেবতার সহিত দেনা - পাওনার সম্বন্ধ আমাদের মনে এমনই বদ্ধমূল হইয়া গিয়াছে যে, পূজার দ্বারা ঈশ্বরের যেন একটা বিশেষ উপকার করিলাম এবং তাহার পরিবর্তে একটা প্রত্যুৎপকার আমার পাওনা রহিল, ইহাই ভুলিতে না পারিয়া আমরা **দেবভক্তি সম্বন্ধে এমন দোকানদারির কথা বলিয়া থাকি।**

পূজাটা দেবতার হস্তগত হওয়াই যখন বিষয়, এবং সেটা ঠিকমত তাঁহার ঠিকানায় পৌঁছিলেই যখন আমার কিঞ্চিৎ লাভ আছে, তখন **যত অল্প ব্যয়ে অল্প চেষ্টায় সেটা চালান করা যায় ধর্ম-ব্যবসায়ে ততই আমার জিত।** দরকার কী ঈশ্বরের স্বরূপ ধারণার চেষ্টায়, দরকার কী কঠোর সত্যানুসন্ধানে; **সম্মুখ কাষ্ঠ প্রস্তর যাহা উপস্থিত থাকে তাহাকে ঈশ্বর বলিয়া পূজা নিবেদন করিয়া দিলে যাঁহার পূজা তিনি আপনি ব্যগ্র হইয়া আসিয়া হাত বাড়াইয়া লইবেন।**

- সমাজ: অযোগ্য ভক্তি

মে ৩১

সমস্ত পূজা ঈশ্বরকে দেওয়া

চিন্তা-
কণিকা

আমাদের পূজা উপাসনা এবাদত যদি বিশ্বপ্রভুর জন্য না হয়ে পুণ্যলাভের আশায় হয় - তাহলে সেই পূজায় আমাদের আত্মগরিমা কমে না - কেননা পুণ্য সঞ্চয়ের ব্যাংক হিসাব আমাদেরকে নিঃস্বার্থ হতে দেয় না। আমরা মনে মনে ভাবি ও হিসাব করি আমাদের পুণ্যের সঞ্চয়ী ব্যাংকে না জানি কত লক্ষ কোটি পুণ্য জমা হয়ে আছে। তাই যখন লোকে বলে ভাই আপনি ত' পুণ্যবান মানুষ - তখন আমরা গর্ব অনুভব করি। আমাদের অহং আরো কয়েক ডিগ্রী বাড়ে বইকি - কিন্তু এতে কি আমাদের ধর্মচেতনা সমৃদ্ধ হয়, নাকি ক্ষতিগ্রস্ত হয়?! একটু ভেবে দেখুন।

****

আমরা যদি কোনো পুণ্যকে মনে করি যে ভবিষ্যৎ কোনো একটা ফললাভের জন্যে তাকে জমাচ্ছি, তা হলে জমানোটাই আমাদের পেয়ে বসে--তার সম্বন্ধে আমরা কৃপণের মতো হয়ে উঠি--তার সম্বন্ধে আমাদের স্বাভাবিকতা একেবারে চলে যায়; **সব কথাতেই কেবল আমরা সুদের দিকে তাকাই, লাভের হিসাব করতে থাকি।**

এমন অবস্থায় পুণ্য আমাদের আনন্দকে উপবাসী করে রাখে এবং মনে করে উপবাস করেই সেই পুণ্যের বৃদ্ধিলাভ হচ্ছে। এইরূপ আধ্যাত্মিক সাধনাক্ষেত্রেও অনেক কৃপণ আহারকে জমিয়ে তুলে প্রাণকে নষ্ট করে। ...

যদি আমরা মনে করি তাঁর উপাসনা করে আমার পুণ্য হচ্ছে তাহলে সমস্ত পূজা ঈশ্বরকে দেওয়া হয় না, পুণ্যের জন্যেই তার অনেকখানি জমানো হয়। যদি মনে করতে আরম্ভ করি ঈশ্বরের যে কাজ করছি তার থেকে লোকহিত হবে তাহলে লোকহিতের উত্তেজনাটা ক্রমেই ঈশ্বরের প্রসাদলাভকে খর্ব করে দিয়ে বেড়ে উঠতে থাকে।

- শান্তিনিকেতন: ২

******* মে বোনাস *******

পান্থ তুমি, পান্থজনের সখা হে ...

চিন্তা-কণিকা

রবীন্দ্রনাথকে বহু মানুষ তাদের জীবন চলার পথে 'পান্থজনের সখা' হিসাবে পেয়েছেন। পড়ে দেখুন এই বইয়ের 'ভূমিকা'-য় 'পান্থজনের সখা" শিরোনামের অংশবিশেষ। নির্ভরযোগ্য পান্থজনের সখা পেলে জীবন চলার পথ মসৃণ ও সহনীয় হয়ে যায়। তখন আর মনে হয় না - "পথের শেষ কোথায়, শেষ কোথায়, কী আছে শেষে!"

পান্থ তুমি, পান্থজনের সখা হে,
পথে চলাই সেই তো তোমায় পাওয়া।
যাত্রাপথের আনন্দগান যে গাহে
তারি কণ্ঠে তোমারি গান গাওয়া।
চায় না সে জন পিছন-পানে ফিরে,
বায় না তরী কেবল তীরে তীরে,
তুফান তারে ডাকে অকূল নীরে
যার পরানে লাগল তোমার হাওয়া।
পথে চলাই সেই তো তোমায় পাওয়া।
...
বিপদ বাধা কিছুই ডরে না সে,
রয় না পড়ে কোনো লাভের আশে,
যাবার লাগি মন তারি উদাসে--
যাওয়া সে যে তোমার পানে যাওয়া।
পথে চলাই সেই তো তোমায় পাওয়া।

- গীতালি: ৯৫

****

পথের শেষ কোথায়, শেষ কোথায়, কী আছে শেষে!
এত কামনা, এত সাধনা কোথায় মেশে।
ঢেউ ওঠে পড়ে কাঁদার, সম্মুখে ঘন আঁধার,
পার আছে গো পার আছে-- পার আছে কোন্ দেশে।
আজ ভাবি মনে মনে মরীচিকা-অন্বেষণে হায়
বুঝি তৃষ্ণার শেষ নেই। মনে ভয় লাগে সেই--
হাল-ভাঙা পাল-ছেঁড়া ব্যথা চলেছে নিরুদ্দেশে ॥

- গীতবিতান: পূজা: ৬১৫

৬

ধর্ম-উপলব্ধি

"ধর্মবিষয়ে তার্কিকতায় কোনো ফল হয় না, বরঞ্চ অনিষ্ট হয়।"
- কাদম্বিনী দত্তকে লিখিত চিঠি, ৪ জুলাই, ১৯১০

"আমরা বাহিরের শাস্ত্র থেকে যে ধর্ম পাই সে কখনো আমার ধর্ম হয়ে ওঠে না, তার সঙ্গে কেবল একটা অভ্যাসের যোগ দৃঢ় হয়ে আসে - যে ধর্ম আমার জীবনের ভিতরে দুঃসহ তাপে ক্রিস্টালাইজড হয়ে ওঠে সেই আমার যথার্থ ধর্ম।"
- ছিন্নপত্র

ধর্ম-উপলব্ধির মানে কী? কিংবা এর দরকারই বা কি? কেউ কেউ বলতে পারেন - আমি ত' আমার ধর্ম সম্পর্কে যথেষ্ট জানি - নতুন করে জানার আর কীই বা বাকি আছে? মুসলমান পাঠকদের মধ্য থেকে কেউ বলতে পারেন - রবিঠাকুর ত' হিন্দু ছিলেন - তার কাছ থেকে আমি ধর্ম-উপলব্ধি সম্পর্কে কী শুনব, জানব বা শিখব - আমার ধর্ম ত' ইসলাম। আবার হিন্দু পাঠকদের মধ্য থেকে কেউ বলতে পারেন রবিঠাকুর ত' হিন্দু ছিলেন না, ছিলেন তিনি ব্রাহ্ম - তিনি আবার হিন্দু ধর্ম-উপলব্ধি নিয়ে কীই-বা বলতে পারেন। নাস্তিক কেউ হয়তো বলবেন ধর্মটা একটা বিভেদসৃষ্টিকারী হানাহানিকারী বস্তু - একটি আফিম - তাই ধর্ম-বিষয়ক এই অধ্যায়ই এই বইয়ে রাখা উচিত হয় নি; বরঞ্চ, তাদের মতে ধর্মটাকে এই পৃথিবী থেকে একেবারে তাড়িয়ে দিতে পারলেই মানবজাতির সমূহ মঙ্গল। ধর্ম নিয়ে রবীন্দ্রনাথের লিখালিখি আমাদের ধর্ম-উপলব্ধিকে কতটা সমৃদ্ধ করতে পারে সেটা জানতে হলে এই ভূমিকাটি পড়ে দেখুন।

নানান গোষ্ঠীর নানান মতের প্রেক্ষিতে কেবল এটুকু বলা যায় যে অধিকাংশ মানুষের ধর্ম-উপলব্ধি জন্মগত এবং বহুদিনের আচারে সংস্কারে আবদ্ধ। আমাদের নানান সামাজিক সাংস্কৃতিক অনুষ্ঠানের সাথে জড়িয়ে আছে ধর্ম। তাই মানুষের সামাজিক গোষ্ঠীপরিচয়ের এই চাহিদাকে সঠিক পথে প্রবাহিত না করলে সেটা ভুল পথে এগুবে।

সেনসিটিভ বিষয় বলে এড়িয়ে গিয়ে আর কতদিন?:
ধর্ম একটি সেনসিটিভ বা সংবেদনশীল বিষয় বলে ধর্ম ও ধার্মিকতা নিয়ে অনেক অস্বস্তিকর প্রশ্নের মুখোমুখি আমরা নিজেরাই হতে চাই না। "আমি যা বা যতটুকু করছি সেটাই ঠিক" এইরকম ভাবনা আমাদেরকে বুঝতেও দেয় না যে আমরা ঠিক নেই। কেননা আমাদের অনেকেরই ধর্ম-উপলব্ধি সুচিন্তা বা সুযুক্তির উপরে প্রতিষ্ঠিত নয়। আমরা নিজ নিজ গর্তে বাস করতে করতে অন্যদের সাথে মানবিক যোগাযোগ হারিয়ে ফেলছি। দুনিয়াতে মানুষে মানুষে এতো ঘৃণা, এতো হানাহানির প্রধান কারণ এই যোগোযোগহীনতা। ধর্মব্যবসায়ীদের সাথে তর্ক না হয় বাদ দিলাম - অন্তত আমাদের গৃহে গৃহে মানসিক পরিবর্তন ত' আনতে পারি এবং বন্ধুতে বন্ধুতে খোলামেলা সংলাপ করতে পারি। আমরা যদি নিজেদের ধার্মিকতা ও বৈজ্ঞানিকতার মুখোমুখি নিজেরাই না দাঁড়াই - তাহলে অবস্থার পরিবর্তন হবে না। দিন দিন ধর্মে-ধর্মে এবং ধর্মে-অধর্মে হানাহানি বাড়বে - আমরা কেবল বন্ধু হারাতেই থাকবো। তাই আমাদের ধর্ম-উপলব্ধি যত সমৃদ্ধ হবে, ততই আমরা ভালো সমাজ গড়তে পারবো।

জ্ঞানের আলোক দিয়ে ধর্মবিকার রোধ:
রবীন্দ্রনাথের মতে, "ধর্ম আমাদের পক্ষে সর্বশ্রেষ্ঠ আবশ্যক সন্দেহ নাই - কিন্তু সেইজন্যই তাহাকে নিজের উপযোগী করিয়া লইতে গেলেই তাহার সেই সর্বশ্রেষ্ঠ আবশ্যকতা নষ্ট হইয়া যায়।"

তবে ধর্ম অনেকসময়ই addictive - অর্থাৎ ধর্মের প্রতি অতিরিক্ত আসক্তি বা ধর্মাচারের মাদকতা আমাকে আপনাকে সকলকে অন্ধ করে দিতে পারে। আমাদের যথার্থ ধর্ম-উপলব্ধির অভাবের কারণেই ধর্মের নামে এতো আধ্যাত্মিক ফাঁকিবাজি, এতো মানসিক ও জাগতিক অশান্তি, এতো ধর্মবিকার, এতো সাম্প্রদায়িকতার অভিশাপ, এতো ধর্ম-উন্মাদনা, এতো ধর্ম-মত্ততা, এতো বিভেদ, এতো হানাহানি সম্ভব হয়ে উঠেছে।

ধর্ম-উপলব্ধি

রবিঠাকুর লিখেছিলেন –
"ধর্মের বেশে মোহ যারে এসে ধরে
অন্ধ সে জন মারে আর শুধু মরে।

..
হে ধর্মরাজ, ধর্মবিকার নাশি
ধর্মমূঢ়জনেরে বাঁচাও আসি।
--
ধর্মকারার প্রাচীরে বজ্র হানো,
এ অভাগা দেশে জ্ঞানের আলোক আনো।"
- (পরিশেষ: ধর্মমোহ)

জ্ঞানের আলোক দিয়ে ধর্মবিকার রোধ করতে হলে একচেটিয়াভাবে ধর্মকে দোষারোপ করলে বা ধর্মকে বাদ দিলে চলবে না, সেটা হবে মাথা ব্যথার নিরসনে মাথা কেটে ফেলার মত কাজ। বরঞ্চ মানুষের মধ্যে যথার্থ ধর্ম-উপলব্ধি জাগাতে হবে, মানুষের মনুষ্যত্বকে জাগ্রত করতে হবে। তাই ধর্ম-উপলব্ধির এই অধ্যায়টি খুবই জরুরী।

ধর্ম পৃথিবীতে থাকবে - ঈশ্বরও থাকবেন:

ধর্ম পৃথিবীতে থাকবে - ঈশ্বরও থাকবেন পৃথিবীতে - আমেরিকার neuroscientist দের মতে "As long as our brains are arranged the way they are, as long as our minds are capable of sensing this deeper reality, spirituality will continue to shape the human experience, and God, however we define that majestic, mysterious concept, will not go away." অর্থাৎ যতদিন আমাদের মস্তিষ্ক এখন যেমন আছে তেমনি সাজানো থাকবে – যতদিন আমাদের মন এক গভীরতর অস্তিত্বকে অনুভব করার ক্ষমতা রাখবে - ততদিন আধ্যাত্মিকতা মানুষের অভিজ্ঞতাকে প্রভাবিত করতে থাকবে এবং ততদিন ঈশ্বর, তা যেভাবেই আমরা এই মহিমান্বিত রহস্যময় ধারণাটিকে সংজ্ঞায়িত করি না কেন, পৃথিবীতে থাকবেন। ("Why God Won't Go Away: Brain Science and the Biology of Belief" by Andrew Newberg, Eugene D'Aquill, and Vince Rause, 2001)

ইতিহাস আমাদের শিক্ষা দেয় যে আমরা ধর্মকে বাদ দিয়ে এগুতে পারবো না, কেননা ধর্ম একটি অতি-প্রাচীন মানবিক প্রয়োজন - অনেকটা মানুষের জীবনে পানির প্রয়োজনীয়তার মতন। ধরুন

একজন তৃষ্ণার্ত মানুষ দুর্গন্ধযুক্ত বিষাক্ত পানি পান করতে চাইছে , তার হাত থেকে সেই পানির গ্লাস ধাক্কা মেরে ফেলে দিলেই চলবে না, তাকে প্রথমে বুঝাতে হবে যে পানি তার জন্য দরকার হলেও এই বিষাক্ত পানি তার জন্য ক্ষতিকর। তার চাইতেও গুরুত্বপূর্ণ হলো তাকে পরিষ্কার পানি দেয়া। না হলে সেই তৃষ্ণার্ত মানুষ সেই বিষাক্ত পানিই পান করবে। অর্থাৎ তাকে শুধু যুক্তির স্তরে নিরস্ত্র করলেই হবে না, তাকে ইতিবাচক বিকল্প দিতে হবে। একইভাবে, শুধু আইন দিয়ে জঙ্গিবাদকে রোধ করা যাবে না, যদি ইতিবাচক বিকল্প না দেয়া হয়। সেই বিকল্পটা কী? সেটা হলো মানুষের ধর্মবিশ্বাসকে হেয় না করে সেটাকে শুভ ও কল্যাণময় ঐতিহ্যের ধারায় নিয়ে আসার প্রচেষ্টা।

শক্তি গুণক (Force Multiplier) হিসাবে ধর্ম:

২০১২ সালে প্রকাশিত আমার বই "God's Facebook: Creating a Friendship of Civilizations in a Terror-ridden World" এর শেষ চ্যাপ্টার 'God of the Future' – এ আমি লিখেছিলাম "God and religion would stay forever with us in our sociopolitical arena, despite the efforts by secular humanists to push God and religion into the 'private sphere.' ... If properly guided, God and religion can become partners of peace building rather than the cause of instability and conflict, as the rational intellectuals of the twentieth century have accused. ... It is an opportunity for us to utilize God and religion as 'force multipliers' for peacemaking, reconciliation, and social justice."

অর্থাৎ ধর্মনিরপেক্ষ মানবতাবাদীদের দ্বারা ঈশ্বর এবং ধর্মকে 'ব্যক্তিগত গোলক'-এ ঠেলে দেওয়ার প্রচেষ্টা সত্ত্বেও ঈশ্বর এবং ধর্ম আমাদের সামাজিক-রাজনৈতিক অঙ্গনে আমাদের সাথে চিরকাল থাকবে। ... সঠিকভাবে পরিচালিত হলে, ঈশ্বর ও ধর্ম, বিংশ শতাব্দীর যুক্তিবাদী বুদ্ধিজীবীরা যেমন অভিযোগ করেছেন তেমন অস্থিরতা ও সংঘাতের কারণ না হয়ে, শান্তি প্রতিষ্ঠার অংশীদার হতে পারে। ... শান্তি স্থাপন, পুনর্মিলন এবং সামাজিক ন্যায়বিচারের জন্য ঈশ্বর এবং ধর্মকে 'শক্তি গুণক' (force multiplier) হিসাবে ব্যবহার করার এটি একটি সুযোগ। (God's Facebook: Najmus Saquib, 2012)

সেজন্যে কী দরকার? দরকার আমাদের নিজেদের মানসিক পরিবর্তন। আমাদের সন্তানদের বিজ্ঞান শিক্ষায় আমরা নিয়োজিত

করি উচ্চশিক্ষিত বেশিদামী শিক্ষকদের - অথচ তাদের ধর্ম বা মানবিকতা শিক্ষার ভার আমরা ছেড়ে দেই অল্পশিক্ষিত কমদামী মোল্লা পুরোহিতদের হাতে। সেই ধর্মব্যবসায়ীরা যদি স্রেফ ব্যবসায়িক কারণে আমাদের সন্তানদের ২০১৪ সালে মুক্তিপ্রাপ্ত ভারতীয় চলচ্চিত্র PK -তে উল্লেখিত (দেখুন জুন ২৪) নকল ভগবানকে (Duplicate God) বিশ্বাস করতে শিখায় - অন্য ধর্মকে ছোটো করে দেখতে শেখায় - এবং সেই সন্তানেরা যদি বিষাক্ত পানি পান করে তৃষ্ণা মেটায় ও ঈশ্বরকে অসহায় ভেবে তাঁকে রক্ষা করার জন্য জঙ্গিবাদের আশ্রয় নেয় - তা'হলে কাকে দোষ দেবেন? তাই আমাদের সকলের ধর্ম-উপলব্ধি বাড়িয়ে আমাদেরকে মনোযোগ দিতে হবে ধর্মের শাশ্বত আদর্শের দিকে - সেটাই হলো পরিষ্কার পানি। ধর্মপ্রবর্তকদের প্রধান বাণী - "ভালোবাসো, অন্তর হতে বিদ্বেষবিষ নাশো" - সেটাই পরিষ্কার পানি। নিশ্চিত করুন যে আপনার সন্তানেরা পরিষ্কার পানি পাচ্ছে। ধর্মব্যবসায়ী ও রাজনীতিবিদদের দেয়া বিষাক্ত পানির গ্লাস তাদের হাত থেকে নিয়ে নিন।

আমরা সকলে জানি যে ধর্ম সমাজে একটি বড়ো প্রভাবশালী শক্তি। আমাদের নিজেদের ধর্ম-উপলব্ধি বাড়িয়ে এই শক্তিকে সমাজের কল্যাণের কাজে লাগাতে হবে 'শক্তি গুণক' হিসাবে। রবীন্দ্রনাথের নানান লিখায় আমরা সেই প্রচেষ্টার স্বাক্ষর পাই। কিন্তু তাঁর গান ও কবিতার জনপ্রিয়তার কারণে ধর্ম বিষয়ক লিখাগুলো পেছনে পড়ে গিয়েছে। কিন্তু সে-সকল লিখা থেকে আমরা যে কীভাবে উপকৃত হতে পারি ব্যক্তিগতভাবে ও সামাজিকভাবে, তা বলে শেষ করা যাবে না।

<u>**মানুষের তৈরি খুদে খুঁতখুঁতে এক সংকীর্ণ ঈশ্বর:**</u>

ধর্মব্যবসায়ীরা - তা সে যে ধর্মেরই হোন না কেন - মানুষের তৈরি এক ক্ষুদ্র ঈশ্বরকে আমাদের সামনে দাঁড় করিয়ে দিয়ে তারই পূজায় ব্যস্ত রাখতে চাইছেন আমাদের - কেননা এতে ব্যবসাটা ভালো চলে। PK চলচ্চিত্রে উল্লেখিত মানুষের গড়া (দেখুন জুন ২৪) নকল ঈশ্বরের হাত থেকে রবীন্দ্রনাথের 'গীতাঞ্জলি'-র সাহায্যে কীভাবে এক বিদেশিনী নারী নিজের ধর্ম-উপলব্ধিকে সমৃদ্ধ করে মুক্তির পথ খুঁজে পেলেন তার বর্ণনা আমরা শুনতে পাই শঙ্খ ঘোষের অনূদিত ভিক্টোরিয়া ওকাম্পোর 'সান ইসিদ্রোর শিখরে রবীন্দ্রনাথ' গ্রন্থে -

> "নির্দয় আঘাতশীল খুদে খুঁতখুঁতে এক সংকীর্ণ ঈশ্বরকে চাপিয়ে দেওয়া হয়েছিল আমার ওপর, সে ঈশ্বরে আমার বিশ্বাস ছিল না

একেবারে। জীবনের একটা মস্ত অংশ জুড়ে বসেছিল এই অবিশ্বাস, আর সেই মস্ত অংশে ব্যাপ্ত এক বিশাল শূন্যতা, ঈশ্বর তাঁর নাস্তিত্ব নিয়েই সেখানে বিরাজ করছেন। ... মনের এই অবস্থায় মেলে ধরলাম 'গীতাঞ্জলি':

বিধিবিধান-বাঁধনডোরে
ধরতে আসে, যাই সে সরে,
তার লাগি যা শাস্তি নেবার
নেব মনের তোষে।
প্রেমের হাতে ধরা দেব
তাই রয়েছি বসে। - গীতাঞ্জলি: ১৫১

... নিতান্ত তুচ্ছ মৃন্ময় আমার অস্তিত্ব, এ আমি জানতাম। আর সেই জন্যেই এত দূরের অধিজগৎ থেকে এলেও কবিতাগুলিকে আমার বিদেশি মনে হয়নি, সেইজন্যেই এগুলি পড়ে আমি মথিত হয়ে উঠছিলাম আনন্দেবেদনায়:

সংসারেতে আর-যাহারা
আমায় ভালোবাসে
তারা আমায় ধরে রাখে
বেঁধে কঠিন পাশে।
তোমার প্রেম যে সবার বাড়া
তাই তোমারি নূতন ধারা,
বাঁধ নাকো, লুকিয়ে থাক'
ছেড়েই রাখ দাসে। - গীতাঞ্জলি: ১৫২

রবীন্দ্রনাথের ভগবান! তুমি কিছুই লুকোতে চাও না আমার থেকে, ভয় পাও না যে তোমায় আমি ভুলে যাব, তোমাকে উপেক্ষা দিলেও তুমি আমাকে আঘাত করো না। এ ঈশ্বর জানেন, যে-কোনো স্বাধীন পথ দিয়েই চলি না কেন আমি, তা ঠিক পৌঁছে দেয় তাঁরই কাছে। এই এক ঈশ্বর, যিনি আমাকে সবটাই বোঝেন আর আমি যাঁকে বুঝি না কিছুই:

তোমার তরবারি আমার
করবে বাঁধন ক্ষয়
আমি ছাড়ব সকল ভয়।" - খেয়া: দান

ওকাম্পোর এই অসাধারণ বর্ণনা থেকে বোঝা যায় দেশে বিদেশে নানান জাতির মানুষ নানান ধর্মের বিধি-বিধানের মধ্যে বন্দী হয়ে আছে মানুষের গড়া এক ক্ষুদ্র নকল ঈশ্বরের কাছে। এই বন্দীশালা থেকে

মুক্তি পাবার একমাত্র উপায় নিজের ধর্ম-উপলব্ধিকে সচেতন প্রশ্ন-উত্তরের মধ্য দিয়ে সমৃদ্ধ করা এবং মানুষের প্রতি মানুষ হিসাবে ভালোবাসার উন্মেষ ঘটানো।

<u>রবীন্দ্রনাথ, ধর্মতন্ত্র ও সাম্প্রদায়িকতা:</u>
রবীন্দ্রনাথ ধর্ম ও ধর্মতন্ত্রের (বা ধর্মব্যবসা) মধ্যে ফারাক করেছিলেন (দেখুন জুন ১৮)। ধর্ম নিয়ে মানুষে মানুষে হানাহানি তাঁকে খুবই ব্যথিত করেছে। তাঁর বিরুদ্ধেও উঠেছে সাম্প্রদায়িকতার মিথ্যা অভিযোগ। সেই অভিযোগ যে একেবারে অমূলক সে প্রমাণ পাওয়া যাবে ভূঁইয়া ইকবালের "রবীন্দ্রনাথ ও মুসলমান সমাজ" (২০১০) গ্রন্থটি পড়লে।

আমরা যে কেবল কথা-সর্বস্ব, আচার-সর্বস্ব ধর্ম নিয়ে গর্ব করি, মারামারি করি, কাটাকাটি করি, সে নিয়ে রবীন্দ্রনাথের গভীর চিন্তা তাঁর বিভিন্ন লেখায় প্রকাশ পেয়েছে। এই অধ্যায়ে তার কিছু নিদর্শন পাবেন।

"তুচ্ছ আচারের মরুবালিরাশি"(জানুয়ারি ২৩) কীভাবে আমাদের স্বাভাবিক বিচারবুদ্ধি এবং ধর্মবুদ্ধি দুটোই হরণ করতে পারে তার উদাহরণ দিতে গিয়ে রবীন্দ্রনাথ লিখেছেন - "আমরা জানি, বাংলাদেশের অনেক স্থানে এক ফরাশে হিন্দু-মুসলমানে বসে না– ঘরে মুসলমান আসিলে জাজিমের এক অংশ তুলিয়া দেওয়া হয়, হুঁকার জল ফেলিয়া দেওয়া হয়। তর্ক করিবার বেলায় বলিয়া থাকি, কী করা যায়, শাস্ত্র তো মানিতে হইবে। অথচ শাস্ত্রে হিন্দু-মুসলমান সম্বন্ধে পরস্পরকে এমন করিয়া ঘৃণা করিবার তো কোনো বিধান দেখি না। যদি-বা শাস্ত্রের সেই বিধানই হয় তবে সে শাস্ত্র লইয়া স্বদেশ-স্বজাতি-স্বরাজের প্রতিষ্ঠা কোনোদিন হইবে না। মানুষকে ঘৃণা করা যে দেশে ধর্মের নিয়ম, প্রতিবেশীর হাতে জল খাইলে যাহাদের পরকাল নষ্ট হয়, পরকে অপমান করিয়া যাহাদিগকে জাতিরক্ষা করিতে হইবে, পরের হাতে চিরদিন অপমানিত না হইয়া তাহাদের গতি নাই।"

পাবনার সিরাজগঞ্জের পত্রিকা সম্পাদক ও 'সেবক' সংঘের প্রতিষ্ঠাতা আবুল মনসুর এলাহী বক্সকে ১৯৩৩ সালের ১৩ জুলাই রবীন্দ্রনাথ এক চিঠিতে লিখেন - "তোমরা যে সেবক সংঘের প্রতিষ্ঠা করেছ তার উদ্দেশ্য মহৎ। ঈশ্বর তার সহায় হবেন। মানুষের দুঃখ দূর ঈশ্বরের উপাসনার শ্রেষ্ঠ অঙ্গ। ... বোগদাদের মরুভূমিতে একজন বেদুয়িন

দলপতি আমাকে এই বলেছিলেন যে, যাঁর বাক্যের দ্বারা, কর্মের দ্বারা, কোনো মানুষ পীড়িত হয় না, তিনিই যথার্থ মুসলমান। যাঁর বাক্য অসহায়ের সহায়, নিরাশ্রয়ের আশ্রয়, দুঃখীর সান্ত্বনা তিনিই সত্য ধর্মের দূত।" রবীন্দ্রনাথ সেই মানবিক ধর্মকে সবসময় শ্রদ্ধা করেছেন - তা সে যে নামেই বাজারে চালু থাকুক না কেন! (দেখুন জুন ৭)।
রবীন্দ্রনাথ জানতেন যে - ধর্মে ধর্মে হানাহানি সম্প্রদায়ে সম্প্রদায়ে মারামারি-কাটাকাটির উদ্ভব মূলত একের সঙ্গে অন্যের পরিচয়ের কমতি থেকে, জানার কমতি থেকে। ১৯৩১ সালের ৬ সেপ্টেম্বর হেমন্তবালা দেবীকে চিঠিতে রবীন্দ্রনাথ লিখেন - "আমার অভিজ্ঞতা থেকে এ আমি নিশ্চিত জানি মোটের উপরে ভালোমত পরিচয়ের অভাব থেকেই আমাদের পরস্পর আত্মীয়তার ব্যাঘাত ঘটে।"

১৯৩৬ সালে মুসলিম স্টুডেন্ট ফেডারেশনের একটি প্রতিনিধিদল শান্তিনিকেতন গেলে রবীন্দ্রনাথ অসুস্থ শরীরে তাঁদের সাক্ষাৎ দেন এবং বলেন - "মুসলমান ছাত্রগণ মাঝে মাঝে শান্তিনিকেতন গিয়ে যদি একটি সংস্কৃতিগত ভাবধারার সৃষ্টি করিতে পারেন তবে উহাতে দেশের বিশেষ উপকার হইবে।" মানুষে মানুষে যতটা পরিচয় ঘনিষ্ট হয়ে ওঠে, ততটাই পরস্পরের প্রতি সম্প্রীতি জন্ম নেয়। ওই প্রতিনিধিদলকে রবীন্দ্রনাথ একটি কবিতাও পড়ে শোনান -

তোমার আমার মাঝে ঘন হল কাঁটার বেড়া এ
　　কখন সহসা রাতারাতি--
স্বদেশের অশ্রুজলে তারেই কি তুলিবে বাড়ায়ে
　　ওরে মূঢ়, ওরে আত্মঘাতী?
ওই সর্বনাশটাকে ধর্মের দামেতে কর দামী,
　　ঈশ্বরের কর অপমান--
আঙিনা করিয়া ভাগ দুই পাশে তুমি আর আমি
　　পূজা করি কোন্ শয়তান!
ও কাঁটা দলিতে গেলে দুই দিকে ধর্মধ্বজী দলে
　　ধিক্‌কারিবে তাহে ভয় নাই--
এ পাপ আড়ালখানা উপাড়ি ফেলিব ধূলিতলে,
　　জানিব আমরা দোঁহে ভাই।
দুই হাত মেলে নাই এত কাল ধরে তাই
　　বার বার বিধাতার দান
ব্যর্থ হল--অবশেষে আশীর্বাদ কাছে এসে
　　অভিশাপে হল অবসান।

তবুও মানবদ্রোহে স্পর্ধাভরে সমারোহে
চল যদি অন্ধতার পথে,
এই কথা জেনে যেয়ো বাঁচাবে যে মূঢ়কেও
হেন শক্তি নাই এ জগতে।

- স্ফুলিঙ্গ: সংযোজন: ৪৭

১৯৩১ সালে সর্ববঙ্গ মুসলিম ছাত্রসম্মিলনীর আয়োজকদের অনুরোধে রবীন্দ্রনাথ একটি বাণী লিখে পাঠান। সেখানে তিনি লিখেন - "আচার-ভেদ, স্বার্থভেদ, মতভেদ, ধর্মভেদের সমস্ত ব্যবধানকে বীরতেজে উত্তীর্ণ হয়ে তারা ভ্রাতৃপ্রেমের আহ্বানে নবযুগের অভ্যর্থনায় সকলে মিলিত হোক।"

১৯৩১ সালে বাংলায় হিন্দু-মুসলমান দাঙ্গার ব্যাপারে রবীন্দ্রনাথ একটি বিবৃতি দেন - যেটা আনন্দবাজার পত্রিকায় ৬ সেপ্টেম্বর ১৯৩১ প্রথম প্রকাশ পায়। সেখানে তিনি লিখেন - "বাঙ্গালার বিভিন্ন স্থানে পর পর যে সকল নৃশংস অত্যাচার-উৎপীড়ন অনুষ্ঠিত হইতেছে, উহা কেবল যে আমাদিগকে দুঃখিতই করিয়াছে তাহা নহে, অসহনীয় লজ্জার বোঝাও আমাদের ঘাড়ে চাপাইয়া দিয়াছে। ... আমাদের নিজেদের মধ্যেরই কোনো দলবিশেষকে যখন আমরা আমাদেরই মধ্যে বিদ্বেষের আগুন উস্কাইয়া তুলিতে ও আমাদের জাতীয় ইতিহাসকে চিরদিনের মত কলংকিত করিতে দেখি, তখন লজ্জায় সংকোচে আমরা নির্ব্বাক হইয়া পড়ি। এতদ্‌সম্পর্কে আমি সমবেত চেষ্টাদ্বারা নিজদিগকে রক্ষা করিবার কার্যকর ব্যবস্থা অবলম্বন করিতে হইবে বলিতে ইহাই বুঝাইতে চাই যে, একটি কার্যতৎপর নীতিসঙ্ঘ গঠন করিয়া আমাদের দেশের সকল সম্প্রদায় জনসাধারণকে রক্ষার ব্যবস্থা করিতে হইবে। উত্তেজনা-অন্ধ আত্মঘাতীদল এই সকল নৃশংস অত্যাচার উৎপীড়ন দ্বারা আমাদের দেশের সকল সম্প্রদায়েরই - অত্যাচারী ও অত্যাচারিত - সকলেরই সর্বনাশ সাধন করিয়া থাকি। শান্তি ও সভ্যতার ভিত্তিমূল বিধ্বস্ত করিয়া থাকি।"

উগ্র ধর্মবাদীদের বিরুদ্ধে রবীন্দ্রনাথ সবসময়ই সোচ্চার ছিলেন। কখনো কখনো তিনি সে নিয়ে তির্যক মন্তব্য করেছেন বিদ্রূপের মাধ্যমে (দেখুন অধ্যায় ১৩ - হাস্যকৌতুক)। আবার উগ্র যুক্তিবাদের বিরুদ্ধেও তাঁর অবস্থান ছিল পরিষ্কার। উগ্র ধর্মবাদ কিংবা উগ্র যুক্তিবাদ কোনোটাই তিনি গ্রহণ করতে পারেন নি।

ধর্ম-উপলব্ধি

উগ্র যুক্তিবাদ ও বিশ্বাস অবিশ্বাসের দ্বন্দ্ব:
উগ্র ধর্মবাদীরা যেমন আছেন, তেমনি আছেন উগ্র যুক্তিবাদীরা। তারা পদে পদে সুযোগে অসুযোগে ধর্মকে হেয় করতে পারলে স্বস্তি পান - শান্তি পান - আত্মপ্রসাদ লাভ করেন। তারা মনে করেন যুক্তির উপরে কোনো কথা নেই - পৃথিবীতে বিশ্বাস একটি বাড়তি ও অপ্রয়োজনীয় ধারণা। আমাদের ধর্ম-উপলব্ধি অনেক সময়েই এদের দ্বারা প্রভাবিত হয়। তর্ক-বিতর্কের ধোঁয়ায় আমরা আচ্ছন্ন হয়ে পড়ি এবং স্পষ্ট করে একে অপরকে দেখতে পাই না।

দেখা যাক এই পরম যুক্তিবাদীদের নিয়ে রবীন্দ্রনাথ কী বলেন - কেননা আমাদের ধর্ম-উপলব্ধিকে বিস্তৃত করতে হলে তাদের দিকটাও দেখে আসতে হবে। রবীন্দ্রনাথ মাত্র বিশ বৎসর বয়সে 'ভারতী' পত্রিকায় প্রকাশিত এক প্রবন্ধে লিখেছিলেন - "আমরা মনে করি, বিশ্বাসের উপর কিছুমাত্র নির্ভর না করিয়া কেবলমাত্র যুক্তির হাত ধরিয়া আমরা জ্ঞানের পথে চলিতে পারি। অনেক ন্যায়রত্ন এই বলিয়া গর্ব করেন যে- - সমস্ত জীবনে তাঁহারা যত কাজ করিয়াছেন, তাহাতে বিশ্বাসের কোনো হাত নাই। ইঁহারা ইহা বুঝেন না যে, বিশ্বাস না থাকিলে যুক্তি এক দণ্ড টিকিয়া থাকিতে পারে না। যুক্তিকে বিশ্বাস করি বলিয়াই তাহার এত জোর, নহিলে সে কোথাকার কে? যুক্তিকে কেন বিশ্বাস করি, তাহার একটা যুক্তি কেহ দেখাইতে পারে? কেহই না। অতএব দেখা যাইতেছে যুক্তির উপর আমাদের একটা যুক্তিহীন বিশ্বাস, অন্ধ বিশ্বাস আছে। আমরা দৃশ্যমান পদার্থকে বিশ্বাস করি কোন্ যুক্তি অনুসারে? স্পৃশ্যমান বস্তুর উপরে অটল বিশ্বাস স্থাপন করি কোন্ যুক্তি অনুসারে? তথাপি আমাদের বিশ্বাস, যুক্তিই সর্বেসর্বা, বিশ্বাস কেহই নয়। ইহা হইতে একটা তুলনা আমার মনে পড়িতেছে। যুক্তি হচ্ছে, স্টিম-এঞ্জিন, আর বিশ্বাস হচ্ছে রেলের রাস্তা। বিশ্বসুদ্ধ লোকের নজর এঞ্জিনের উপরে; সকলে বলিতেছে— 'বাহবা, কী কল বাহির হইয়াছে। অত বড়ো গাড়িটাকে অবাধে টানিয়া লইয়া যাইতেছে।' নীচে যে একটা রেল পাতা রহিয়াছে, ইহা কাহারো চোখে পড়ে না, মনেও থাকে না। বিশ্বাসের রেলের উপর একটা বাধা স্থাপন করো, একটা গাছের গুঁড়ি ফেলিয়া রাখো, অমনি গাড়ি থামিয়া যায়; দুটি ক্ষুদ্র নুড়ি রাখিয়া দেয়, অমনি গাড়ি উল্টাইয়া পড়ে, ইহা কেহ মনে ভাবিয়া দেখে না কেন? যেখানে বিশ্বাসের রেল, সেইখানেই যুক্তির গাড়ি চলে, যে রাস্তায় রেল পাতা নাই, সে রাস্তায় চলে না, ইহা কাহারো মনে হয় না কেন? তাহার কারণ আর-কিছু নয়; স্টিম-এঞ্জিনটা বিষম শব্দ করে,

তাহার একটা সারথি আছে, তাহার শরীর প্রকাণ্ড, তাহার মধ্যে কত-কী কল উঠিতেছে, পড়িতেছে, এগোইতেছে, পিছাইতেছে; তাহার চোখ দিয়া আলো, নাক দিয়া ধোঁয়া বাহির হইতেছে, পদভরে মেদিনী কম্পমান। আর, রেল কত দিন হইতে পাতা রহিয়াছে, কে পাতিয়াছে, তাহার ঠিকানা নাই; অধিক শব্দ করে না, বরঞ্চ শব্দ নিবারণ করে; নিঃশব্দে রাস্তা দেখাইয়া দেয়, বহন করিয়া লইয়া যায়। সে পথ, সে বিঘ্ন-অপহারক সে ধ্রুব,নিশ্চল, পুরাতন, ভারবহ। সে কাহারো নজরে পড়ে না; আর,একটা ধূমন্ত, ফুঁসন্ত, জ্বলন্ত, চলন্ত পদার্থকে সকলে সর্বেসর্বা বলিয়া দেখে।" (বিবিধ: রেল গাড়ি)

রবীন্দ্রনাথের এই অসাধারণ যুক্তি-প্রতিমা আমাদের মনে করিয়ে দেয় যে বিজ্ঞান-মনস্কতার দাবীদার 'অবিশ্বাসী'(?!) যুক্তিবাদীদের অবিশ্বাসটাও একটা 'বিশ্বাস' বই অন্য কিছু নয়। জ্ঞান কিংবা যুক্তির আত্মগরিমায় যুক্তিবাদীদের এরকম ভাবার কোনো যৌক্তিক ভিত্তি নেই যে সাধারণ মানুষের ধর্মীয় বিশ্বাস একেবারেই অসার ও অশ্রদ্ধেয়, যত সার কেবল তাদের অবিশ্বাসে। দুঃখের বিষয় হলো এই যে যুক্তিবাদীদের ধর্ম নিয়ে ব্যঙ্গ-বিদ্রূপ ও তাচ্ছিল্য সেটাই পক্ষান্তরে ধর্মীয় মৌলবাদকেই সহায়তা করে। তাছাড়া এরকম 'আমিই ঠিক' মনোভাব যে কোনো মানুষের মনে একধরণের মৌলবাদের বীজ রোপণ করে নিজের অজান্তেই। এই একচোখা বিশ্বাস নাস্তিকদেরকেও যে মৌলবাদী করে তুলতে পারে তার প্রমাণ আছে ইতিহাসে এবং তাদের গ্রন্থসমূহে। যেমন নাস্তিকদের মধ্যে অতীব জনপ্রিয় গ্রন্থ 'The End of Faith' -এ পুরস্কারপ্রাপ্ত আমেরিকান লেখক ও স্বঘোষিত নাস্তিক Sam Harris মুসলমানদের বিরুদ্ধে বিষোদগার করে লিখেছেন- "আমাদের বিশেষ ভাবে খেয়াল রাখা উচিত যে মুসলমানদের ধর্মবিশ্বাস পারমাণবিক প্রতিবন্ধকতার (nuclear deterrence) পথে একটি বিশেষ বাধা। ... পরিস্থিতির মুখে, প্রয়োজন মত আমাদের নিরাপত্তা নিশ্চিত করার একমাত্র উপায় হবে মুসলমানদের উপর পারমাণবিক প্রথম আঘাত (nuclear first strike)। সত্য যে - সেটা হবে অচিন্ত্যনীয় এক অপরাধ - কেননা এতে করে কোটি কোটি নিরীহ নিরপরাধ নাগরিকের মৃত্যু হবে - কিন্তু মুসলমানরা যা বিশ্বাস করে তার প্রেক্ষিতে এছাড়া আমাদের আর কোনো উপায় নেই।" এক যুক্তিবাদীর কী অসাধারণ যুক্তি একটি বিশেষ জনগোষ্ঠীর বিরুদ্ধে! ভেবে দেখুন ধর্মহীনতার মধ্যেও জঙ্গিবাদী উগ্র চিন্তা কত ভয়াবহ রূপ নিতে পারে। নাস্তিকতা এখানে নতুন 'দেবতা' হয়ে উঠেছে এবং মানুষ মনুষ্যত্ব হারিয়েছে।

যুক্তিবাদের এই মহাপ্রবক্তার সাথে ধর্মান্ধ জঙ্গিবাদীর পার্থক্য তাহলে রইলো কোথায়!?

ইতিহাস থেকে ধর্মহীন গোষ্ঠীর চরমপন্থার আরেকটি উদাহরণ দেয়া যেতে পারে। ১৯৩১ সালে রাশিয়ার মস্কো শহরে রাষ্ট্রীয় নাস্তিক্যবাদের পূজারীরা একটি প্রাচীন খ্রিষ্টান গীর্জা বুলডোজার দিয়ে গুঁড়িয়ে দেয় এই বিশ্বাসে যে চিরকালের জন্য মুছে ফেলা গেলো ঈশ্বর আর ধর্মবিশ্বাস। তাদের পরিকল্পনা ছিল সেখানে তারা গড়বে সোভিয়েত পার্লামেন্ট ভবন, নির্মাণ কাজও শুরু হয়েছিল ১৯৩৭ সালে - কিন্তু দ্বিতীয় বিশ্বযুদ্ধের কারণে পরিত্যক্ত হয় সে পরিকল্পনা। ভাগ্যের নির্মম পরিহাস যে সমাজতান্ত্রিক সোভিয়েত সাম্রাজ্য ভেঙে পড়ার পরে ২০০০ সালে আবার সেই বিশাল গীর্জাটি একই জায়গায় পুনর্নির্মিত হয়।

মানুষের ইতিহাসে শুধু এক ধর্মের ধর্মান্ধরাই অন্য ধর্মের মসজিদ মন্দির গীর্জা ধ্বংস করেছে এমন যে নয় - যুক্তিবাদী নাস্তিকরাও ধর্মহীনতায় অন্ধ হয়ে নানান অপকর্মে লিপ্ত হয়েছেন।

ঈশ্বর কি মৃত?:
বিজ্ঞান ও যুক্তিবাদের অভাবনীয় প্রগতির সাথে সাথে সহজ সরল মানুষের অপরিশীলত ও অপরিপক্ক ধর্মজ্ঞানকে অবজ্ঞা করাটা শুধু বাঙালি বুদ্ধিজীবীদের মধ্যে নয়, সারা দুনিয়ার বুদ্ধিজীবীদের মধ্যে জনপ্রিয়তা পেয়েছে পাশ্চাত্য দর্শন ও বিজ্ঞানের প্রভাবে। উনবিংশ শতাব্দীর শেষ দিকে বিজ্ঞানের প্রচুর উন্নতির মুখে জার্মান দার্শনিক ফ্রিডরিখ নীটসে ১৮৮৮ সালে (রবীন্দ্রনাথের বয়স তখন ৩৭) ঘোষণা দিলেন – 'ঈশ্বর মৃত' (God is Dead)। চারদিকে রব উঠলো ধর্মকে পরিত্যাগ করা ছাড়া সামাজিক মুক্তি মিলবে না। বিশ্বময় বুদ্ধিজীবীরা উচ্ছসিত হয়ে বললেন - তাই ত'! এই বিজ্ঞানের যুগে আমাদের আর ঈশ্বরের প্রয়োজন নেই। ধর্মের বর্বর মুখচ্ছবিকে সবার সামনে তুলে ধরে বলা হলো - যুগে যুগে ধর্মের কারণে হাজার হাজার মানুষের অকারণ মৃত্যু হয়েছে, যা অন্য আর কোনো কারণে হয় নি। মজার ব্যাপার হলো অনেক বুদ্ধিজীবী আজও সেই একই দাবী প্রচার করেন গলা উঁচিয়ে - কেননা, তাঁরা সেটা করে প্রতিপক্ষকে ঘায়েল করতে পারেন। তাছাড়া এই কথাটি এতই ভালো প্রচার পেয়েছে যে অনেক ধর্মপ্রেমী মানুষও এই ঘোরতর অসত্য কথাটি মেনে নেয়।

অথচ, পরিসংখ্যান বিজ্ঞান বলে যে ধর্ম ছাড়া অন্যান্য কারণে যত মানুষ হত্যা করা হয়েছে, তা ধর্মীয় কারণে মানুষ হত্যার চেয়ে অনেক অনেক গুনে বেশি। তিন খন্ডের সুবিশাল 'Encyclopedia of Wars' (2004) এর হিসাব অনুযায়ী পৃথিবীর ১৭৬৩টি যুদ্ধ/বিগ্রহের মধ্যে মাত্র ১২৩টি (৭%) হয়েছে ধর্মীয় কারণে, বাকি ১৬৪০টি (৯৩%) হয়েছে অন্যান্য কারণে।

'The Great Big Book of Horrible Things: The Definitive Chronicle of History's 100 Worst Atrocities' এর তথ্যমতে পৃথিবীর ১০০টি ভয়াবহতম যুদ্ধ/নৃশংসতা/গণহত্যার মধ্যে মাত্র ১১টির কারণ ধর্ম। পরিসংখ্যান বিজ্ঞান নিয়ে বিতর্ক বাদ দিলামই বা - কেবল দ্বিতীয় বিশ্বযুদ্ধে সাড়ে আট কোটি মানুষ যে হত্যা করলাম আমরা, এর কোনো তুলনা কি সকল ধর্মীয় যুদ্ধ আর সাম্প্রদায়িক দাঙ্গার হতাহত যোগ করলেও পাবো? কোনো ধর্মীয় কারণ, প্রেরণা বা উন্মাদনা কাজ করেনি এই নৃশংসতার পেছনে। বিজ্ঞানের সাহায্যেই ত' আমরা হিরোশিমায় পারমাণবিক বোমার এক আঘাতে কয়েক সেকেন্ডে এক লাখেরও বেশি মানুষ মেরেছি। এটাকে কি বিজ্ঞানের বর্বর মুখচ্ছবি বলবো? নাস্তিকতার নামে বিংশ শতাব্দীতে মাও সে তুং চীনে হত্যা করেছেন চার কোটি মানুষকে, স্টালিন রাশিয়ায় হত্যা করেছেন দুই কোটি মানুষকে - কোনো ধর্মনেতার বিরুদ্ধে এমন বিশাল হত্যাযজ্ঞের অভিযোগ কি তোলা যাবে? গণতন্ত্র ও স্বাধিকার প্রচারের নামে আমরা গত বিশ বছরে মধ্যপ্রাচ্যে কত মানুষ হত্যা করেছি - তার কি হিসাব আছে? - কিন্তু গণতন্ত্র ত' কোনো ধর্ম নয় - অথচ যুক্তিবাদের উপরে স্থাপিত এই মতবাদে আমাদের বিশ্বাস কখনো কখনো আমাদের ধর্মবিশ্বাসকেও হার মানায় এবং মানুষ হত্যায় প্ররোচিত করে।

ধর্মের না মানুষের বর্বর মুখচ্ছবি?:
আজকের যুগে এই মিথ্যা ধারণার বেশ প্রসার ও প্রভাব দেখা যায় - যে ধর্ম কেবল হত্যা করে, আর বিজ্ঞান মানুষকে বাঁচায়। কিন্তু বিজ্ঞান আর ধর্মকে এভাবে সম্মুখ সমরে অবতীর্ণ করাটা যুক্তিযুক্ত নয়। এটা সত্য যে বিজ্ঞান কোটি কোটি মানুষকে বাঁচিয়েছে রোগ বালাই থেকে - কিন্তু একইভাবে বিজ্ঞানের অপব্যবহার কোটি কোটি মানুষের হত্যার কারণ হয়েছে - কিন্তু সে ত' বিজ্ঞানের বর্বর মুখচ্ছবি নয় - সেটা মানুষের বর্বর মুখচ্ছবি। একইভাবে ধর্ম কোটি কোটি মানুষকে বেঁচে থাকার মানে যুগিয়েছে - মানবিকতা ও নৈতিকতার শিক্ষা দিয়েছে।

একইসাথে ধর্মের অপব্যবহার কোটি কোটি মানুষের হত্যার কারণ হয়েছে - কিন্তু সে ত' ধর্মের বর্বর মুখচ্ছবি নয় - সেটা মানুষের বর্বর মুখচ্ছবি। একইভাবে ধর্মনিরপেক্ষ (secular) দর্শন-ভাবনা কোটি কোটি মানুষকে মানবিকতা ও নৈতিকতার শিক্ষা দিয়েছে - কিন্তু কোনো একটি বিশেষ মতবাদকে মানুষের উপর চাপিয়ে দেবার উন্মাদনা কোটি কোটি মানুষের হত্যার কারণ হয়েছে - কিন্তু সে ত' ধর্মনিরপেক্ষ দর্শন-ভাবনার বা মতবাদের বর্বর মুখচ্ছবি নয় - সেটা মানুষের বর্বর মুখচ্ছবি।

কিন্ত আমাদের ভুলে গেলে চলবে না যে - মানুষের বর্বর মুখচ্ছবি নয়, বরঞ্চ - মানুষের মানবিক মুখচ্ছবিই চিরন্তন ও স্বত:প্রকাশিত - যুগে যুগে মানুষের মানবিকতাই মানুষের বর্বরতাকে হার মানিয়ে এগিয়ে নিয়ে গিয়েছে মানবসভ্যতা। 'ভালোবাসা' নামের এক বিস্ময়কর আবেগ (কেউ কেউ বলেন ঈশ্বরপ্রদত্ত - তবে বিজ্ঞানপ্রদত্ত নয় সেটা সুনিশ্চিত) মানুষকে মানুষের পাশে দাঁড় করায়। ধর্ম-অধর্মের বাধা পেরিয়ে - দেশের গণ্ডী পেরিয়ে - বৈজ্ঞানিকতাকে পাশ কাটিয়ে - একে অপরের দিকে সাহায্যের হাত বাড়িয়ে দেয়ার নামই মনুষ্যত্ব - তার উপরে আর কিছু নেই।

<u>বিজ্ঞানের সাথে ধর্মবিশ্বাসের কোনো সংঘর্ষ নেই:</u>
যে সকল যুক্তিবাদীরা ভাবেন যে - বিজ্ঞান এসেছে ধর্মের বিদায়-ঘন্টা বাজানোর জন্যে, তাদের জন্য খারাপ খবর আছে। নোবেল পুরস্কার বিজয়ী বিজ্ঞানীদের প্রায় ৯০% ঈশ্বরে ও ধর্মে বিশ্বাসী, যদিও সাহিত্যে নোবেল পুরস্কার প্রাপ্তদের মধ্যে প্রায় ৩৫% নাস্তিক। পদার্থবিদ্যায় নোবেল বিজয়ী রবার্ট মিলিকান (১৮৬৮ - ১৯৫৩) ত' ঘোষণা দিয়ে বললেন - "আমি ভাবতেই পারিনা কি করে একজন বৈজ্ঞানিক নাস্তিক হতে পারে।" আরেক বিশ্ববিখ্যাত বৈজ্ঞানিক আলবার্ট আইনস্টাইন (১৮৭৯ -১৯৫৫) বলেছিলেন - "আমি নাস্তিক নই - আমি সেই ঈশ্বরে বিশ্বাস করি - যিনি পৃথিবীর নিয়মনিষ্ঠ সামঞ্জস্যের মধ্যে সদা প্রকাশমান; ওই ঈশ্বরে নয়, যিনি কেবল মানুষের ভাগ্য আর ক্রিয়াকর্মের হিসাব নিকাশে ব্যস্ত।" আইনস্টাইন আরো বললেন - "প্রকৃতির রহস্যের যত গভীরে যে ঢুকবে - তত বেশি তাঁর শ্রদ্ধা বাড়বে ঈশ্বরের প্রতি।" তবে এ সকল তথ্য থেকে ধার্মিকদের ভাবার কোনো কারণ নেই যে - নাস্তিক্যবাদের বিদায়-ঘন্টা বুঝি বেজেই গেলো। কারণ, ব্যক্তিগত বিশ্বাস দ্বারা কোনো বৈজ্ঞানিক সত্যই প্রমাণিত হয়

ধর্ম-উপলব্ধি

না, কিংবা মাথা গণনা করেও সত্যের বিচার করা যায় না। আমি এ তথ্যগুলো দিচ্ছি এটা বুঝাতে যে বিজ্ঞানের সাথে ধর্মবিশ্বাসের কোনো সংঘর্ষ নেই।

ধর্মে ধর্মে বিদ্বেষ অমূলকঃ
বিজ্ঞানের সাথে ধর্মের সংঘর্ষ যেমন অমূলক, তেমনি ধর্মে ধর্মে বিদ্বেষও আমাদের ধর্ম-উপলব্ধির দুর্বলতার কারণে বিস্তার লাভ করতে পেরেছে। ভারতীয় সিনেমা PK (২০১৪)-র একটি দৃশ্যে আমরা দেখি কীভাবে এক হিন্দু ধর্মব্যবসায়ী এক হিন্দু যুবতীর মনে বিষ ঢুকিয়ে দেন এই বলে যে - 'মুসলমানরা ধোঁকা দেয়'। অন্য ধর্মের মানুষ সম্মন্ধে সেই ভুল বিশ্বাস ঐ যুবতীর জীবনকে তছনছ করে দেয়। এরকম কত ভুল বিশ্বাস ও ভুল ধারণা আমাদের মনে সাম্প্রদায়িক বিষবাষ্প হয়ে জমাট হয়ে আছে - তার হিসাব কি আমরা রাখি? একবার আয়নার সামনে দাঁড়িয়ে দেখুন ত' আপনার আমার মনে অন্য ধর্মের মানুষ সম্পর্কে কত ভুল ধারণা আছে - মুসলমানের মনে হিন্দুর বা নাস্তিকের বা খ্রিষ্টানের সম্মন্ধে, - হিন্দুর মনে মুসলমানের সম্মন্ধে, - কিংবা নাস্তিকদের মনে ধার্মিকদের সম্মন্ধে - ইত্যাদি। সেই সকল ধারণা আমাদের মন থেকে ছড়িয়ে পড়ে আমাদের সন্তানসন্ততিদের মনে এবং সমাজে একটি বিষাক্ত পরিবেশের তৈরি হয়। যুক্তির তরবারির নিচে সে সকল ভুল ধারণাকে আগে ভাগে বিসর্জন দিতে হবে আমাদের সকলের। তাহলেই আমাদের ধর্ম-উপলব্ধি সমৃদ্ধ হবে।

রবীন্দ্রনাথ লিখেছিলেন - "এমন কোনো জাতি নাই যার হীনতা বা শ্রেষ্ঠতাকে স্বতন্ত্র করিয়া দেখানো যায় না। অথচ ইহাই নিশ্চিত সত্য যে, সকল জাতিকেই তাহার শ্রেষ্ঠতার দ্বারা বিচার করিলেই তাহাকে সত্যরূপে জানা যায়। হৃদয়ে প্রেমের অভাব এবং আত্মগরিমাই এই বিচারের বাধা। যাঁহারা ভগবানের প্রেমে জীবনকে উৎসর্গ করেন তাঁহারা এই বাধাকে অতিক্রম করিবেন, ইহাই আশা করা যায়। কিন্তু, অন্য জাতিকে হীন করিয়া দেখাইয়া পাদ্রিরা খ্রিষ্টান অখ্রিষ্টানের মধ্যে যতবড়ো প্রবল ভেদ ঘটাইয়াছে এমন বোধহয় আর-কেহই করে নাই।" (আরো দেখুন জুলাই ২৫)

অবিভক্ত ভারতে হিন্দু মুসলমানের মধ্যে বিদ্বেষবিষও সৃষ্টি করেছে এবং ছড়িয়েছে ইংরেজ শাসকেরা - নিজেদের রাজনৈতিক স্বার্থ উদ্ধারের জন্য। তারা উদ্দেশ্যমূলকভাবে বিকৃত করেছে ভারতে

মুসলিম শাসনের ইতিহাস এবং সেই ভুল হীনতা-কেন্দ্রিক ইতিহাসকেই ইচ্ছাকৃতভাবে এখন ব্যবহার করছে ভারতের হিন্দুত্ববাদীরা মুসলমানদের বিরুদ্ধে হিন্দুদেরকে তাতিয়ে দেবার জন্য। ধর্মব্যবসায়ীরা ও রাজনীতিবিদরা শুধু যে এক ধর্মের লোকদের অন্য ধর্মের লোকদের বিরুদ্ধে তাতিয়ে তুলছে তাই নয়, তারা আবার বুদ্ধিজীবীদের ফুসলাচ্ছে সময় বিশেষে কোনো কোনো বিশেষ ধর্মের বিরুদ্ধে বিষোদগার করতে। বুদ্ধিজীবীরা সেই হীনতা-কেন্দ্রিক বিচারের ফাঁদে পা দিবেন - নাকি তারা ইতিহাসের নিবিড় পাঠের মাধ্যমে একটি জাতি বা ধর্মের বিচার করবেন সে জাতির বা সে ধর্মের শ্রেষ্ঠতার বিচারে - সেটা তাদেরকেই ভেবে দেখতে হবে।

<u>জঙ্গিবাদের বিরুদ্ধে আমাদের কী করণীয়?:</u>
সাম্প্রতিক কালে দেশে দেশে ধর্মাশ্রয়ী উগ্র জঙ্গিবাদের অভাবনীয় উত্থানের মুখে আমাদের ধর্ম-উপলব্ধির গুরুত্ব দিন দিন বেড়েই চলেছে। আমাদের অসচেতনতা এবং ধর্ম-উপলব্ধির দুর্বলতা কেবল জঙ্গিদেরই হাতকে মজবুত করে। অযোগ্য ধর্মবক্তৃতা (দেখুন জুন ১) শুনে আমরা ধর্মের সঠিক রাস্তা থেকে যত দূরে সরে যাব - ততই ধর্ম নিয়ে উগ্র এবং একদেশদর্শী মতবাদের প্রচার আমরাই সহজ করে দেব। আমরা চুপ করে বসে থাকলে এই জঙ্গিবাদ আমাদেরকে গ্রাস করে ফেলবে। অথচ ধার্মিক, অধার্মিক, বৈজ্ঞানিক, অবৈজ্ঞানিক, নাস্তিক, আস্তিক, বা অজ্ঞেয়বাদী আমরা সকলেই জঙ্গিবাদের হাত থেকে রেহাই চাই। উদ্দেশ্যের এতো মিল থাকা সত্ত্বেও অগ্রগতি না হবার একটা প্রধান কারণ আমাদের ধর্ম-উপলব্ধির দুর্বলতা এবং আমাদের বৈজ্ঞানিক আত্মগরিমা ও ধার্মিক আত্মগরিমা। একে অপরকে ছোটো করে বা বাদ দিয়ে আমরা এগুতে পারব না। বৈজ্ঞানিক যুক্তিবাদ ও ধর্মীয় বিশ্বাস দুটোরই চাহিদা আছে মানুষের মনে। একজন আরেকজনকে হঠাতে গেলে সমূহ বিপদ।

যতদিন আমরা মানুষের প্রতি মানুষের সম্প্রীতিকে যুক্তি-তর্ক, আইন-কানুন ইত্যাকার সবকিছুর চেয়ে বড়ো করে প্রতিষ্ঠিত করতে না পারবো - ততদিন পর্যন্ত PK সিনেমাতে উল্লেখিত Duplicate God (নকল ভগবান) আর তার চেলা চামুন্ডারা রাজত্ব করবে। সুতরাং আপনার সন্তানের ধর্মীয় শিক্ষার দেখাশোনা করুন। শুধু বিজ্ঞান দিয়ে তার মনের চাহিদা পূর্ণ হবে না, কেননা সামাজিকভাবে তার একটা গোষ্ঠীপরিচয় আছে। ধর্মের শাশ্বত আদর্শ তার কাছে তুলে ধরুন - এবং

ধর্ম-দেশ-জাতি নির্বিশেষে সকল মানুষকে ভালোবাসতে শেখান এবং সকল জাতিকে ও ধর্মকে তাদের শ্রেষ্ঠতার ইতিহাসের নিরিখে বিচার করতে শেখান। সকল ধর্মের ইতিহাস ঘাঁটলে শ্রেষ্ঠতার ইতিহাস যেমন পাওয়া যাবে, তেমনি পাওয়া যাবে হীনতার ইতিহাস। বিজ্ঞানের ক্ষেত্রেও এক - সৃষ্টি আর মরণযজ্ঞের কাহিনী ওতপ্রোতভাবে জড়িত। ধর্মনিরপেক্ষতার ইতিহাসও তেমনি - অসাধারণ শ্রেষ্ঠতার কাহিনীর সাথে মিশে রয়েছে হীনতার কাহিনী। কিন্তু বন্ধুত্ব করতে গেলে হীনতার ইতিহাসকে পেছনে ফেলে শ্রেষ্ঠতার ইতিহাসকে সামনে রাখতে হবে। অতএব অন্য ধর্ম বা মতবাদের হীনতার ইতিহাসের দিকে আঙ্গুল তোলার আগে নিজের ধর্ম ও মতবাদের হীনতার ইতিহাসের কথা মনে করুন - তাহলে হয়তো আমরা মনোযোগ দিতে পারবো সকলের শ্রেষ্ঠতার ইতিহাসের দিকে।

<u>Clash of Civilizations না কি Friendship of Civilizations?:</u>
১৯৯৬ সালে হার্ভার্ড বিশ্ববিদ্যালয়ের রাষ্ট্রবিজ্ঞানের প্রফেসর Samuel Huntington একটি বই প্রকাশ করেন - তার নাম – 'The Clash of Civilizations and the Remaking of the World Order'। এ বইতে তিনি দাবী করেন যে পৃথিবীর আগামী দিনের যুদ্ধগুলো হবে এক ধর্মের বা সংস্কৃতির সাথে আরেক ধর্মের বা সংস্কৃতির। তার এই তত্ত্বের কিছু ভয়াবহ নমুনা আমরা সম্প্রতি দেখতে পেলেও মানুষের ইতিহাসে এটাই শেষকথা সেটা আমি মানতে রাজী নই। কেননা সম্প্রতি যে যুদ্ধগুলো আমরা দেখেছি - তার ফলাফল হয়েছে ভয়াবহ এবং এভাবে চলতে দিলে মনুষ্যত্ব পৃথিবী থেকে বিদায় নেবে। PK সিনেমার নায়কের কথায় নকল ভগবান নিয়ে এই যুদ্ধ শেষে মানুষ নয়, কেবল জুতাই থাকবে পৃথিবীতে। অথচ দুঃখের বিষয় হলো এই যে দেশে দেশে রাজনীতিবিদেরা ও ধর্ম-ব্যবসায়ীরা এই মরণতত্ত্বকে গ্রহণ করে নিয়েছেন - কারণ এতে তাদের ব্যবসা প্রসার লাভ করে।

এই বিপজ্জনক তত্ত্বকে খণ্ডন করে আমার 'God's Facebook: Creating a Friendship of Civilizations in a Terror-ridden World' (2012) বইতে আমি একটা নতুন তত্ত্ব প্রকাশ করি – 'Friendship of Civilizations' বা সভ্যতায় সভ্যতায় বন্ধুত্ব। পাঁচ হাজার বছরের আস্তিক, নাস্তিক, কবি, দার্শনিক, বৈজ্ঞানিকদের ইতিহাস ঘেঁটে আমি আমার বইতে দেখাই যে সভ্যতায় সভ্যতায় বন্ধুত্ব কিংবা এক ধর্মের মানুষের সাথে অন্য ধর্মের মানুষের বন্ধুত্ব না হবার কোনো কারণ নেই।

ধর্ম-উপলব্ধি

"এসো এসো আমার ঘরে, এসো আমার ঘরে" (রবীন্দ্রনাথ):
আমার এই নতুন তত্ত্বের প্রাণ হলো একটি House of Friendship of Civilizations বা সভ্যতায় সভ্যতায় বন্ধুত্ব-নিবাস যেটা আমরা সকলে মিলে তৈরি করতে হবে। সেই নিবাসে আহ্বান করতে হবে সকল ধর্মের সকল জাতির সকল শ্রেণীর মানুষকে। আমাদের মনের মধ্যে কিছু পরিবর্তন আনলে আমরা এরকম একটা সুন্দর ঘর বানিয়ে জঙ্গিবাদের হাত থেকে সমগ্র মানবজাতিকে রেহাই দিতে পারব বলে আমার বিশ্বাস। এই ক্ষুদ্র প্রচেষ্টা কেবল একটি কাঠামো (framework) - যেটা শিক্ষাঙ্গনে ও গৃহে গৃহে পরিবর্তন আনতে সহায়তা করবে।

"মোরা একই বৃন্তে দুটি কুসুম, হিন্দু-মুসলমান" (নজরুল):
এই বন্ধুত্ব-নিবাস বা ঘরের ভিত্ (Foundation) হচ্ছে Dignity of Difference - জাতি বৈচিত্র্যের মধ্যেই মর্যাদা - যার মূলকথা হলো আমরা সকলে যে দেখতে বা ভাবনাচিন্তায় এক নই - সেটাই সুন্দর, সেটাই শক্তি। এই ভিতের (Foundation) উপর দাঁড়িয়ে আমরা একে অপরের মধ্যেকার জাতিগত বা ধর্মীয় পার্থক্যকে মর্যাদা দিতে শিখবো - প্রত্যেক মানুষকে বিশ্ব পুষ্প উদ্যানের একেকটি বিচিত্র ও অনন্য ফুল হিসাবে দেখতে শিখব। মুসলমান পাঠকরা এখানে মনে করতে পারেন পবিত্র কোরানের বাণী - "তোমাদেরকে বিভিন্ন জাতি ও গোত্রে বিভক্ত করেছি, যাতে তোমরা পরস্পরকে জানতে পারো।" (সূরা হুজ্জুরাত, আয়াত ১৩)।

"আপনাকে এই জানা আমার ফুরাবে না" (রবীন্দ্রনাথ):
House of Friendship of Civilizations এর চারটি খুঁটি (pillar) রয়েছে রয়েছে এবং একেকটি খুঁটি প্রতিনিধিত্ব করছে একটি করে ধারণার - যা আমাদের ধর্ম-উপলব্ধির সাথে সম্পৃক্ত।। এই খুঁটিগুলি বন্ধুত্বের এই ঘরকে টিকিয়ে রাখে - কেননা এসকল ধারণা আমাদের সাহায্য করে অন্য ধর্মের মানুষকে ভালোভাবে জানতে যেটা আমাদের মনের মধ্যে পরিবর্তন আসার পথকে প্রশস্ত করে।

"সকল অহংকার হে আমার ডুবাও চোখের জলে" (রবীন্দ্রনাথ):
ঘরের প্রথম খুঁটি হলো - Geographic Luck - ভৌগলিক ভাগ্য - অর্থাৎ অধিকাংশ মানুষই কোন্ দেশে বা কোন্ ধর্মে জন্মগ্রহণ করেছে তার উপরই নির্ভর করে সে কোন্ ধর্মের অনুসারী হবে। অতএব নিজের ধর্ম নিয়ে গর্ব করার কিছু নেই, কেননা সেটা জন্মসূত্রে পাওয়া।

এই মনোভঙ্গি (mindset) আমাদের ধার্মিক অহংকারকে কমাবে। মুসলিম পাঠকরা এখানে মনে করতে পারেন পবিত্র কোরানের অমোঘ বাণী - "অহংকারবশে তুমি মানুষকে অবজ্ঞা করো না এবং পৃথিবীতে গর্বভরে পদচারণ করো না। নিশ্চয় আল্লাহ কোন দাম্ভিক অহংকারীকে পছন্দ করেন না।" [সূরা লোকমান, আয়াত ১৮]। হিন্দু পাঠকরা পড়ে নিতে পারেন গীতার ষোড়শ অধ্যায়ের চতুর্থ শ্লোক - "ঔদ্ধত্য, অহংকার, আত্মাভিমান, রূঢ়তা, অজ্ঞানতা - এসকল অসুর প্রকৃতির মানুষের গুণাবলী।"

"অন্তর মম বিকশিত করো অন্তরতর হে" (রবীন্দ্রনাথ):
House of Friendship of Civilizations এর দ্বিতীয় খুঁটি হলো - **Personal Character - ব্যক্তিগত চরিত্র** - এর মূল কথা হলো নিজ নিজ আচার আচরণের শ্রেষ্ঠত্ব অর্জনই হওয়া উচিত আমাদের সাধনা। অন্য জাতির বা অন্য ধর্মের বা নাস্তিক্যবাদের দোষ-ত্রুটি খোঁজা বন্ধ করে নিজের চারিত্রিক উন্নতির সাধনা করলে আমরা মানুষের মত মানুষ হয়ে উঠতে পারব - সেটাই ত' সকল ধর্মের কিংবা নিরীশ্বর নীতিবাদের প্রধান শিক্ষা। নিজ নিজ ধর্মগ্রন্থে (বা ধর্মবিহীন নীতিগ্রন্থে) নিজের চরিত্র বিকাশের জন্য যে সকল নির্দেশাবলী দেয়া হয়েছে - সেগুলি আগে নিজের জীবনে প্রতিফলিত করি - তারপরে না হয় অন্য ধর্মের অনুসারীকে বিচারের কাঠগড়ায় তোলার কথা ভাবা যায়। আমরা চাই না, মানুষ আমাদের সম্প্রদায়গত ধর্মীয় পরিচয়ে আমাদেরকে বিচার করুক। আমরা চাই আমাদের ব্যক্তিগত চারিত্রিক গুণাবলীর আলোকে আমাদের বিচার করা হউক।

"সত্য যে কঠিন, কঠিনেরে ভালোবাসিলাম" (রবীন্দ্রনাথ):
ঘরের তৃতীয় খুঁটি - Honest Communication - সৎ যোগাযোগ বা আদান-প্রদান - নিজ নিজ ধর্মের অস্বস্তিকর বচন বা বিজ্ঞান-সম্মত নয় এমন কাহিনীকে জোর করে নৈতিক বা বৈজ্ঞানিক বলে দাবী করা থেকে বিরত থাকলে অনেক কুতর্ক এড়ানো যায় - কেননা মানুষের নৈতিক বোধ এবং বৈজ্ঞানিকতা একটি চলমান প্রক্রিয়া - ধর্মের শাশ্বত আদর্শকে একটি চলমান প্রক্রিয়ার পরিবর্তনশীল আদর্শের নিরিখে বিচার করায় সমূহ বিপদ আছে। কেননা যুগে যুগে ধর্মগ্রন্থের কালোপযোগী ব্যাখ্যা ও বর্ণনার বিস্তার ধর্মান্তরিত মানুষের কল্পনায় নানান গতি ও মোড় নিয়ে স্থান পেয়েছে অনির্ভরযোগ্য অনেক ব্যাখ্যাগ্রন্থে - জোরজবরদস্তির যুক্তিবাদে সে সকল বচন বা কাহিনী

হয়েছে আরও দুর্বল - তাই সততার সাথে মতের আদান প্রদান আমাদেরকে একের প্রতি অপরের সম্মান রক্ষা করতে সহায়তা করবে।

"নয়নের দৃষ্টি হতে ঘুচাও কালো" (রবীন্দ্রনাথ):

House of Friendship of Civilizations এর চতুর্থ খুঁটি হলো - Religious Pluralism - ধর্মীয় বহুত্ববাদ - যার মূল কথা হলো প্রত্যেক ধর্মের প্রতি সম্মান দেখানো। এই মানসিকতা আমাদেরকে ধার্মিক আত্মগরিমার কুফল থেকে বাঁচায় এবং অন্য ধর্মের মানুষকে ভালোবাসতে শেখায়। আমরা যদি প্রত্যেক ধর্মকে তার শ্রেষ্ঠতার ইতিহাসের নিরিখে বিচার করতে শিখি, তাহলে সেটা বিভিন্ন ধর্মের লোকদের আরো কাছাকাছি আনবে। মুসলমান পাঠকরা এখানে মনে করতে পারেন পবিত্র কোরানের বাণী - "তোমার ধর্ম তোমার জন্য - আমার ধর্ম আমার" (সূরা কাফিরুন, আয়াত ৯)। হিন্দু পাঠকরা মনে করতে পারেন পবিত্র ঋগবেদের অমর বাণী - "সত্য এক, ঋষিরা তাকে ভিন্ন ভিন্ন নামে পরিচয় দেয়।"

"আরো আলো আরো আলো" (রবীন্দ্রনাথ):

সভ্যতায় সভ্যতায় বন্ধুত্ব-নিবাসের (House of Friendship of Civilizations) এই চারটি খুঁটিকে ধরে রেখেছে যে বন্ধনী (brace) - সেটা হলো Overlapping Consensus - সর্বজনীন মতৈক্য - যার মূল কথা হলো আমাদের বিভিন্ন ধর্মীয় বা ধর্মনিরপেক্ষ মতামতের যেখানে যেখানে মতৈক্য আছে - সে সব বিষয়ে সমাজের সকল ধর্মের মানুষ, আস্তিক নাস্তিক সকলে ঐক্যবদ্ধ হয়ে কাজ করা - যেমন মানবসেবা। এখানে প্রাক্তন মার্কিন প্রেসিডেন্ট John F. Kennedyর দেয়া ভাষণের কয়েকটি কথা খুব প্রণিধানযোগ্য: "Let both sides explore what problems unite us instead of belaboring those problems which divide us... Let both sides seek to invoke the wonders of science instead of its terrors." আসুন, আমরা উভয় পক্ষের লোকেরা যে সকল সমস্যা আমাদেরকে বিভক্ত করে সেগুলোর পরিবর্তে যে সকল সমস্যা আমাদের ঐক্যবদ্ধ করে সেগুলি নিয়ে কাজ করি। আসুন আমরা বিজ্ঞানের বিস্ময়কে আবাহন করি, বিজ্ঞানের বীভৎসতার পরিবর্তে।"

আপনার সন্তানদেরকে কেবল পড়াশোনায় ব্যাপৃত রাখবেন না -

ধর্ম-উপলব্ধি

তাদেরকে সাথে নিয়ে বা আলাদাভাবে নানান মানবসেবামূলক কর্মকান্ডে জড়িয়ে পড়ুন - এসব কর্মকান্ডে মানুষকে হিন্দু, মুসলমান, বৌদ্ধ, বা খ্রিষ্টান পরিচয়ে দলে দলে ভাগাভাগি করার সুযোগ নেই। ভিন্ন ধর্মের মানুষের সাথে কাজের ও ভাবের আদান প্রদান যত হবে তত আমরা মানুষের ভিতরকার শ্রেষ্ঠতাকে দেখার সুযোগ পাবো - মানুষকে মানুষ হিসাবে ভালোবাসতে শিখবো এবং এতে করে আমাদের মধ্যে অন্য ধর্মের প্রতি বিদ্বেষভাব জন্মানোর সুযোগ পাবে না। অন্যথায় আপনার সন্তানদের ধর্মব্যবসায়ীদের খপ্পরে পড়ে নকল ভগবানের পূজারী হওয়ার সম্ভাবনা উড়িয়ে দিতে পারবেন না।

"দয়া দিয়ে হবে গো মোর জীবন ধুতে" (রবীন্দ্রনাথ):

সর্বোপরি, এই সভ্যতায় সভ্যতায় বন্ধুত্ব-নিবাসের (House of Friendship of Civilizations) ছাদ (roof) হলো Compassionate God - এক দয়াময় ঈশ্বর - যিনি আমাদের সকলকে সৃষ্টি করেছেন। তিনি PK সিনেমায় উল্লেখিত নকল ভগবান নন, তিনি আসল ভগবান - তিনি আমাদের ঘরে ঘরে বন্দী দলীয় ও ক্ষুদ্র খুঁতখুঁতে সংকীর্ণ ঈশ্বর নন - তিনি মানবতার ঈশ্বর। মানুষের সেবা করেই আমরা সেই ঈশ্বরের সেবা করতে পারি। ঈশ্বরকে রক্ষা করার জন্য হিংসা নয়, বিদ্বেষ নয়, - দয়া দরকার, তার সৃষ্টিকে রক্ষা করা দরকার।

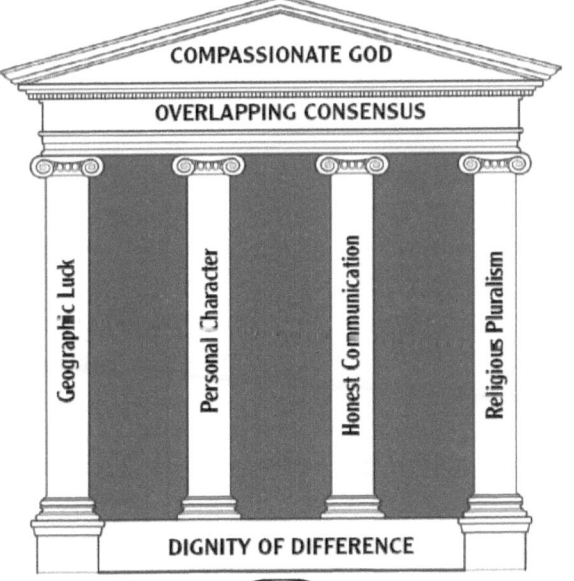

জুন

আমি বিশুদ্ধ সত্যের পক্ষের লোক!:
রবীন্দ্রনাথ আমার ধর্ম-উপলব্ধিকে সমৃদ্ধ করেছেন আরো অনেকের সাথে। তাই আমি "বিশুদ্ধ সত্যের" পক্ষের লোক হয়ে ওঠার চেষ্টা সবসময় অব্যাহত রাখি - তা' তার নাগাল পাই বা না পাই - তবু তাকেই খুঁজে বেড়াই। ধর্ম, বিজ্ঞান, এবং নাস্তিক্যবাদ নিয়ে যা সত্য বলে জেনেছি - সেটাই এখানে লিখেছি এবং অনেক অস্বস্তিকর প্রশ্ন তুলেছি সততার সাথে। উদ্দেশ্য ছিল পাঠক-পাঠিকার মনকে জাগ্রত করা। সব প্রশ্নের উত্তর আমার জানা নেই - তাই আংশিক উত্তর দিয়েই অনেকসময়ে ক্ষান্ত হয়েছি। কেননা অনেক প্রশ্নের উত্তর আমাদের নিজেদের মধ্যে থেকে নিজেকেই বের করে নিতে হয় - অন্যের দেয়া তথ্য ও উত্তর কেবল আমাদের পূর্ব-সংস্কারের আবিলতা, দৃষ্টিভঙ্গির সীমাবদ্ধতা এবং ইতিহাস বিষয়ক খণ্ডদৃষ্টি সম্পর্কে আমাদেরকে সচেতন করে তুলতে পারে; কিন্তু কোনো চূড়ান্ত (Final) উত্তরে পৌঁছে দিতে পারে না।

রবীন্দ্রনাথ প্রভাবিত আমার ব্যক্তিগত ধর্ম-উপলব্ধির নিরিখে আমি মূলতঃ তিনটি সিদ্ধান্তে উপনীত হয়েছি।

১. ধর্ম ও বিজ্ঞান যাবার জন্য আসে নি, থাকার জন্য এসেছে। তাদের প্রাপ্য সম্মান তাদেরকে দিয়ে আমাদেরকে বরঞ্চ ভাবতে হবে আমাদের নিজ নিজ আসল ধর্মটা কী? ভাবতে হবে - আমাদের নিজ নিজ যুক্তিবাদ কতটা তর্কে জেতার আত্মগরিমাময় প্রবণতা আর কতটা বিশুদ্ধ সত্যকে অনুধাবন করার প্রচেষ্টা?
২. জঙ্গিবাদকে ঠেকাতে হলে বৈজ্ঞানিক ক্রোধ নিয়ে ধর্মের বিরুদ্ধে বিষোদ্গার করে ধর্ম-ব্যবসায়ীদের দেয়া বিষাক্ত পানির গ্লাসে আরো বিষ ঢাললে চলবে না। একইভাবে নাস্তিক্যবাদের বা যুক্তিবাদের বিরুদ্ধে বিষোদ্গার করে ধর্মের বিষবাষ্প বাড়তে দেয়া উচিত হবে না। বরঞ্চ, মানুষের ধর্মবিশ্বাসকে হেয় না করে সেটাকে শুভ ও কল্যাণময় ঐতিহ্যের ধারায় নিয়ে আসার জন্য যুক্তিবাদকে কাজে লাগিয়ে বিকল্প তৈরি করতে হবে – যেমন House of Friendship of Civilizations.
৩. সব কথার শেষ কথা হলো - মানুষের প্রতি মানুষের ভালোবাসা সদা জাগ্রত রাখতে হবে। ভালোবাসা আমাদের উদার হতে শেখায়, অন্যকে তার শ্রেষ্ঠতার নিরিখে দেখতে শিখায়, এবং আমাদের আত্মগরিমাকে ভুলতে শেখায়।

এই তিনটি সিদ্ধান্তের সাথে পাঠকদের মত মিলতেও পারে, নাও মিলতে পারে। কিন্তু আমার বিশ্বাস এই অধ্যায়ের ভূমিকার এই সুদীর্ঘ আলোচনা এবং এর সাথে এই বইয়ে উদ্‌ধৃত নানান ধরণের রবীন্দ্রবাণী পাঠক-পাঠিকার ধর্ম-উপলব্ধিকে সমৃদ্ধ করবে।

পথভ্রান্ত ঈশ্বরচর্চা:
ধর্মচর্চার নাম আমাদের ঈশ্বরচর্চাও যে পথভ্রান্ত হয়ে পড়েছে সে নিয়েও রবীন্দ্রনাথ সরব ছিলেন। ঈশ্বরকে আমরা খুঁজে বেড়াই সর্বত্র - যাই মসজিদে মন্দিরে - যাই গয়া-কাশী কিংবা মক্কায় - অথচ আমরা আমাদের অন্তরের দিকে তাকাই না - সেখানেই রয়েছেন রবীন্দ্রনাথের "প্রাণের মানুষ" (আমার প্রাণের মানুষ আছে প্রাণে) - কিংবা লালন শাহের "মনের মানুষ" ("মিলন হবে কত দিনে/ আমার মনের মানুষেরও সনে")। আমাদের মনের ভিতরে লুকিয়ে থাকেন ঈশ্বর (দেখুন জানুয়ারি ২৫) এবং দরিদ্ররূপে তিনি বারবার দেখা দেন আমাদের (দেখুন জুন ২); কিন্তু আমরা পুণ্য-অর্জনের এবং স্বর্গলাভের লোভে মত্ত হয়ে তাঁকে দেখেও দেখিনা - আমাদের অহংকার ও লোভ লালসা তাঁকে আড়াল করে রাখে (দেখুন জানুয়ারি ১২ এবং জানুয়ারি ২৫)। তাই রবীন্দ্রনাথ বলেন যে ঈশ্বরকে খুঁজতে হবে মানুষের মাঝে - কেননা মানুষের সেবার মধ্য দিয়েই ঈশ্বরকে খুঁজে পাওয়া যাবে।

কে তোরা খুঁজিস তারে কাঙাল-বেশে দ্বারে দ্বারে
দেখা মেলে না, মেলে না
তোরা আয় রে ধেয়ে দেখ রে চেয়ে
আয় রে ধেয়ে দেখ রে চেয়ে আমার বুকে
ওরে দেখ রে আমার দুই নয়ানে
দেখ রে আমার দুই নয়ানে
প্রাণের মানুষ আছে প্রাণে
তাই হেরি তায় সকল খানে ...
আছে সে নয়নতারায়
আছে সে নয়নতারায় আলোকধারায়, তাই না হারায়
আমি তাই দেখি তায় যেথায় সেথায়
তাকাই আমি যে দিক-পানে
প্রাণের মানুষ আছে প্রাণে
তাই হেরি তায় সকল খানে।

- গীতবিতান: পূজা: ৫৪৯

কবি কাজী নজরুল ইসলামও একই কথা বলেছেন

কোথায় তুই খুঁজিস্ ভগবান
সে যে রে তোরি মাঝারে রয়।
চেয়ে দেখ সে তোরি মাঝারে রয়।
সাজিয়া যোগী ও দরবেশ
খুঁজিস্ যারে পাহাড়-জঙ্গলময়
সে যে রে তোরি মাঝারে রয়।
আঁখি খোল্ ইচ্ছা-অন্ধের দল,
নিজেরে দেখ রে আয়নাতে।।
দেখিবি তোরই এই দেহে
নিরাকার তাঁহার পরিচয়।

-কাজী নজরুল ইসলাম: বন-গীতি: ৩২

এই অধ্যায়ের উদ্‌ধৃতিগুলো বাছাই করা হয়েছে এমনভাবে যেন প্রতিদিনের পঠনে ও ভাবনায় আমাদের ধর্ম-উপলব্ধি প্রতিনিয়ত সমৃদ্ধ হয় - আমরা যেন ধর্মের মর্মবাণী বুঝতে পারি ও ধর্ম-বিকার বিনাশ করতে পারি ।

ব্রহ্মকে পাইবার জন্য সোনা পাইবার মতো চেষ্টা না করিয়া আলোক পাইবার মতো চেষ্টা করিতে হয়। সোনা পাইবার মতো চেষ্টা করিতে গেলে নানা বিরোধ-বিদ্বেষ-বাধাবিপত্তির প্রাদুর্ভাব হয়, আর, আলোক পাইবার মতো চেষ্টা করিলে সমস্ত সহজ সরল হইয়া যায়। আমরা জানি বা না জানি, ব্রহ্মের সহিত আমাদের যে নিত্য সম্বন্ধ আছে, সেই সম্বন্ধের মধ্যে নিজের চিত্তকে উদ্বোধিত করিয়া তোলাই ব্রহ্মপ্রাপ্তির সাধনা।

- ধর্ম: ধর্মের সরল আদর্শ

জুন ১

অনুপযুক্ত ধর্মবক্তৃতা শোনা ক্ষতিজনক

চিন্তা-কণিকা

আমরা কি কখনো ভেবে দেখেছি আমরা প্রতিনিয়ত মসজিদ মন্দিরে যে সকল ধর্মবক্তৃতা শুনি - তার কতটা যোগ্য লোকের কাছ থেকে?! অল্প-শিক্ষিত ইমাম-পুরোহিতের কাছে আমরা ধর্ম-শিক্ষা নিচ্ছি - এবং আবার কেউ কেউ Youtube বা ক্যাসেট টেপে শুনছি রেকর্ডকৃত ওয়াজ কিংবা ধর্ম-বক্তৃতা। ফল কী হচ্ছে - ভুল ধর্ম-জ্ঞান আমাদের মনে প্রবেশ করছে এবং আমাদের অজান্তেই বেসুরো হয়ে উঠছে আমাদের জীবন এবং সংকীর্ণ হয়ে আসছেই আমাদের জগৎ, দৃষ্টিভঙ্গি (perspective) ও মনোভঙ্গি (mindset)।

****

ব্রাহ্মসমাজের সাপ্তাহিক উপাসনায় এই জন্যেই যেতে ইচ্ছে করে না...যে-কেউ ধর্ম সম্বন্ধে যেমন তেমন করে বলুক তাই যে প্রতি সপ্তাহে ধৈর্যসহকারে শুনে যাওয়া একটা কর্তব্যের মধ্যে, তা কিছুতেই বলা যায় না। বিষয় যত উচ্চ, বলবার লোকের ক্ষমতাও তত বেশি হওয়া চাই। কিন্তু হয়ে পড়েছে এমনি যে, **প্রায় ধর্মবক্তৃতাই অযোগ্য বক্তার হাতে**। তার কারণ, **লোকে মনে করে ধর্মের কথা কানে উঠলেই যেন একটা পুণ্য আছে**, এইজন্য একটা উচ্চ প্রস্তরখণ্ডের উপরে চড়ে যে যেমন করে বলুক লোকে নীরবে শুনে কর্তব্য পালন করে যায়। এ জন্য ধর্মবক্তা সম্বন্ধে আর যোগ্যতাবিচার হয় না।... এ নিতান্ত অন্যায়। **যার যে বিষয়ে রসবোধ বেশি আছে সেই বিষয়ে সে গোঁজামিলন সইতে পারে না**। ... ভালো প্রসঙ্গ যদি কেউ ভালো করে ব্যক্ত না করে, তবে সেটা শোনা একটা মহৎ লোকশান। তাতে কেবল মানসিক স্বাদ খারাপ হয়ে যায়, **অন্তরের একটি স্বাভাবিক সচেতন বোধশক্তি নষ্ট হয়ে যায়। নিয়মিত বেসুরো গান শোনা মানুষের পক্ষে যেমন অশিক্ষা, নিয়মিত অনুপযুক্ত ধর্মবক্তৃতা শোনা মানুষের পক্ষে তেমনি একটা ক্ষতিজনক কাজ।**

- ছিন্নপত্রাবলী: ভাতিজি ইন্দিরা দেবী চৌধুরানীকে চিঠি, ১৮৯৩

জুন ২

জগতে দরিদ্ররূপে ফিরি দয়াতরে

চিন্তা-কণিকা

ধর্ম-ব্যবসায়ীরা আমাদের ধর্মালয় ও ধর্ম-চিন্তা উভয়ই দখল করে বসে আছে। দরিদ্র মানুষের সেবাই যে শ্রেষ্ঠ ধর্ম - এই ভাবনা কি আমাদের মনে সর্বদা জাগরুক থাকে?

দেবতামন্দিরমাঝে ভকত প্রবীণ
জপিতেছে জপমালা বসি নিশিদিন।
হেনকালে সন্ধ্যাবেলা ধুলিমাখা দেহে
বস্ত্রহীন জীর্ণ দীন পশিল সে গেহে।
কহিল কাতরকণ্ঠে "গৃহ মোর নাই
এক পাশে দয়া করে দেহো মোরে ঠাঁই।"
সসংকোচে ভক্তবর কহিলেন তারে,
"আরে আরে অপবিত্র, দূর হয়ে যারে।"
সে কহিল, "চলিলাম"--চক্ষের নিমেষে
ভিখারি ধরিল মূর্তি দেবতার বেশে।
ভক্ত কহে, "প্রভু, মোরে কী ছল ছলিলে!"
দেবতা কহিল, "মোরে দূর করি দিলে।
জগতে দরিদ্ররূপে ফিরি দয়াতরে,
গৃহহীনে গৃহ দিলে আমি থাকি ঘরে।

- চৈতালি: দেবতার বিদায়

চিন্তা-কণিকা

আরো চিন্তার খোরাক: এই কবিতার পাশাপাশি কাজী নজরুল ইসলামের 'মানুষ' কবিতার একটি অংশ পড়া যেতে পারে -

‘পুজারী, দুয়ার খোল,
ক্ষুধার ঠাকুর দাঁড়ায়ে দুয়ারে পুজার সময় হলো !’
স্বপ্ন দেখিয়া আকুল পূজারী খুলিল ভজনালয়
দেবতার বরে আজ রাজা-টাজা হয়ে যাবে নিশ্চয় !
জীর্ণ-বস্ত্র শীর্ণ-গাত্র, ক্ষুধায় কন্ঠ ক্ষীণ
ডাকিল পান্থ, ‘দ্বার খোল বাবা, খাইনা তো সাত দিন !’
সহসা বন্ধ হল মন্দির , ভুখারী ফিরিয়া চলে
তিমির রাত্রি পথ জুড়ে তার ক্ষুধার মানিক জ্বলে !
ভুখারী ফুকারি’ কয়,
‘ঐ মন্দির পুজারীর, হায় দেবতা, তোমার নয় !’

জুন ৩

ধর্মের আসনে সাম্প্রদায়িকতাকে বরণ

চিন্তা-কণিকা

গভীরভাবে ভেবে দেখুন আপনি কি ধর্মকে নিজের মধ্যে নিয়েছেন - নাকি সাম্প্রদায়িক পরিচয়টাকে নিজের মধ্যে নিয়েছেন!?

****

জগতে যে-সকল মহাপুরুষ ধর্মসমাজ স্থাপন করিয়া গিয়াছেন তাঁহারা যাহা দিতে চাহিয়াছেন তাহা আমরা নিতে পারি নাই, এ কথা স্বীকার করিতে হইবে। শুধু পারি নাই যে তাহা নয়, **আমরা এক লইতে হয়তো আর লইয়া বসিয়াছি। ধর্মের আসনে সাম্প্রদায়িকতাকে বরণ করিয়া হয়তো নিজেকে সার্থক জ্ঞান করিয়া নিশ্চিন্ত হইয়া আছি।**

... এক পথেই সব মানুষকে টানা আমরা জগতের একমাত্র মঙ্গল বলিয়া মনে করি। এই টানা-টানিতে কেহ আপত্তিপ্রকাশ করিলে আমরা আশ্চর্যবোধ করি, মনে করি–সে লোকটা হয় ইচ্ছা করিয়া নিজের হিত পরিত্যাগ করিতেছে, নয় তাহার মধ্যে এমন একটা হীনতা আছে যারা অবজ্ঞার যোগ্য। ... **গতির লক্ষ্য এক, কিন্তু তাহার পথ অনেক। সব নদীই সাগরের দিকে চলিয়াছে, কিন্তু সবাই এক নদী হইয়া চলে নাই। চলে নাই, সে আমাদের ভাগ্য।**

এইজন্য প্রত্যেক মানুষের মনের গভীরতর স্তরে ঈশ্বর একটি স্বাতন্ত্র্য দিয়াছেন; ... সহজের প্রলোভনে এই জায়গাটার দখল যে ব্যক্তি ছাড়িয়া দিতে চায় সে লাভে-মূলে সমস্তই হারায়। সেই ব্যক্তিই **ধর্মের বদলে সম্প্রদায়কে, ঈশ্বরের বদলে গুরুকে, বোধের বদলে গ্রন্থকে লইয়া চোখ বুজিয়া বসিয়া থাকে**। শুধু বসিয়া থাকিলেও বাঁচিতাম, দল বাড়াইবার চেষ্টায় পৃথিবীতে অনেক ব্যর্থতা এবং অনেক বিরোধের সৃষ্টি করে।

... **মহাপুরুষেরা ধর্মসম্প্রদায়ের প্রতিষ্ঠা করিয়া যান আর আমরা তাহার মধ্য হইতে সম্প্রদায়টাই লই, ধর্মটা লই না**।

- চারিত্রপূজা: মহাপুরুষ

(আরো দেখুন জুন ৬)

ধর্ম-উপলব্ধি

জুন ৪

আমাদের প্রধান পরিচয় হিন্দু বা মুসলমান

চিন্তা-
কণিকা

আপনি একটু ভেবে দেখুন আমাদের প্রধান পরিচয় কী হওয়া উচিত? মানুষ?!, নাকি - আমরা হিন্দু না মুসলমান, না খ্রিষ্টান সেটা?! আমরা যে ধর্ম-পরিচয় দিতে চাই সেই ধর্মের মর্মবাণীকে কি আমরা নিজের মধ্যে আত্মস্থ করেছি কিংবা পালন করছি? ভেবে দেখুন।

****

ধর্মের আদিপ্রবর্তকগণ দেবতার নামে মানুষকে মেলাবার জন্যে, **তাকে লোভ দ্বেষ অহংকার থেকে মুক্তি দেবার জন্যে উপদেশ দিয়েছিলেন।** তার পরে সম্প্রদায়ের লোক মহাপুরুষদের বাণীকে সংঘবদ্ধ করে বিকৃত করেছে, সংকীর্ণ করেছে; **সেই ধর্ম দিয়ে মানুষকে তারা যেমন ভীষণ মার মেরেছে এমন বিষয়বুদ্ধি দিয়েও নয়; মেরেছে প্রাণে মানে বুদ্ধিতে শক্তিতে, মানুষের মহোৎকৃষ্ট ঐশ্বর্যকে ছারখার করেছে ধর্মের নামে।** হিন্দুসমাজে আচার নিয়েছে ধর্মের নাম। এই কারণে আচারের পার্থক্যে পরস্পরের মধ্যে কঠিন বিচ্ছেদ ঘটায়। মৎস্যাশী বাঙালিকে নিরামিষ প্রদেশের প্রতিবেশী আপন বলে মনে করতে কঠিন বাধা পায়। ... যে চিত্তবৃত্তি বাহ্য আচারকে অত্যন্ত বড়ো মূল্য দিয়ে থাকে তার মমত্ববোধ সংকীর্ণ হতে বাধ্য। ...আমরা যে অলক্ষ্য ব্যবধান সঙ্গে করে নিয়ে বেড়াই তা সংস্কারগত অতি সূক্ষ্ম এবং সেইজন্য অতি দুর্লঙ্ঘ্য। আমরা যখন মুখে তাকে অস্বীকার করি তখনও নিজের অগোচরেও সেটা অন্তঃকরণের মধ্যে থেকে যায়। **ধর্ম আমাদের মেলাতে পারে নি,** বরঞ্চ হাজারখানা বেড়া গড়ে তুলে সেই বাধাগুলোকে ইতিহাসের অতীত শাশ্বত বলে পাকা করে দিয়েছে। ইংরেজ নিজের জাতকে ইংরেজ বলেই পরিচয় দেয়। যদি বলত খৃস্টান তা হলে যে-ইংরেজ বৌদ্ধ বা মুসলমান বা নাস্তিক তাকে নিয়ে রাষ্ট্রগঠনে মাথা ঠোকাঠুকি বেধে যেত। আমাদের প্রধান পরিচয় হিন্দু বা মুসলমান।

- কালান্তর: হিন্দুমুসলমান

(আরো দেখুন মে ২৯)

জুন ৫

দেবতা নাই ঘরে

চিন্তা-কণিকা

রুদ্ধদ্বার দেবালয়ে ঈশ্বর নাই - তিনি আছেন মানুষের মাঝখানে। মানুষের সেবাই তাঁর সেবা।

****

ভজন পূজন সাধন আরাধনা
সমস্ত থাক্ পড়ে।
রুদ্ধদ্বারে দেবালয়ের কোণে
কেন আছিস ওরে।
অন্ধকারে লুকিয়ে আপন মনে
কাহারে তুই পূজিস সংগোপনে,
নয়ন মেলে দেখ দেখি তুই চেয়ে
দেবতা নাই ঘরে।
তিনি গেছেন যেথায় মাটি ভেঙে
করছে চাষা চাষ —
পাথর ভেঙে কাটছে যেথায় পথ,
খাটছে বারো মাস।
রৌদ্রে জলে আছেন সবার সাথে,
ধুলা তাঁহার লেগেছে দুই হাতে;
তাঁরি মতন শুচি বসন ছাড়ি
আয় রে ধুলার প'রে।
মুক্তি? ওরে মুক্তি কোথায় পাবি,
মুক্তি কোথায় আছে।
আপনি প্রভু সৃষ্টিবাঁধন'পরে
বাঁধা সবার কাছে।
রাখো রে ধ্যান থাক্ রে ফুলের ডালি,
ছিঁড়ুক বস্ত্র, লাগুক ধুলাবালি,
কর্মযোগে তাঁর সাথে এক হয়ে
ঘর্ম পড়ুক ঝরে।

- গীতাঞ্জলি: ১১৯

(আরো দেখুন জুন ২)

জুন ৬

তাহা জল খাইবার পাত্র

চিন্তা-কণিকা

ভেবে দেখুন আপনার নিজের ধর্মটা আসলে কী! আপনি কি কেবল পাত্র হাতে নিয়েই গর্ব করছেন, নাকি জলের সন্ধানও পেয়েছেন? আপনার ধর্মবোধ কি মনে মনে আপনার মনকেই ছলনা করছে? ভেবে দেখুন এবং নিজের ধর্মের মর্মবাণী বুঝতে সচেষ্ট হোন।

****

মহাপুরুষেরা ধর্মসম্প্রদায়ের প্রতিষ্ঠা করিয়া যান আর আমরা তাহার মধ্য হইতে সম্প্রদায়টাই লই, ধর্মটা লই না। কারণ, বিধাতার বিধানে ধর্ম জিনিসটাকে নিজের স্বাধীন শক্তির দ্বারাই পাইতে হয়, অন্যের কাছ হইতে আরামে ভিক্ষা মাগিয়া লইবার জো নাই। কোনো সত্যপদার্থই আমরা আর-কাহারো কাছ হইতে কেবল হাত পাতিয়া চাহিয়া পাইতে পারি না। যেখানে সহজ রাস্তা ধরিয়া ভিক্ষা করিতে গিয়াছি সেখানেই ফাঁকিতে পড়িয়াছি। তেমন করিয়া যাহা পাইয়াছি তাহাতে আত্মার পেট ভরে নাই, কিন্তু আত্মার জাত গিয়াছে।

তবে ধর্মসম্প্রদায় ব্যাপারটাকে আমরা কী চোখে দেখিব? তাহাকে এই বলিয়াই জানিতে হইবে যে, **তাহা তৃষ্ণা মিটাইবার জল নহে, তাহা জল খাইবার পাত্র**। সত্যকার তৃষ্ণা যাহার আছে সে জলের জন্যই ব্যাকুল হইয়া ফিরে, সে উপযুক্ত সুযোগ পাইলে গণ্ডূষে করিয়াই পিপাসানিবৃত্তি করে। **কিন্তু যাহার পিপাসা নাই সে পাত্রটাকেই সব চেয়ে দামি বলিয়া জানে।** সেইজন্যই জল কোথায় পড়িয়া থাকে তাহার ঠিক নাই, **পাত্র লইয়াই পৃথিবীতে বিষম মারামারি লাগিয়া যায়**। তখন যে ধর্ম বিষয়বুদ্ধির ফাঁস আলগা করিবে বলিয়া আসিয়াছিল, তাহা জগতে একটা নূতনতর বৈষয়িকতার সূক্ষ্মতর জাল সৃষ্টি করিয়া বসে; সে জাল কাটানো শক্ত।

- চারিত্রপূজা: মহাপুরুষ

(আরো দেখুন জানুয়ারি ২২)

চিন্তা-কণিকা

জুন ৭

ইসলাম ও হজরত মুহাম্মদ (দ:)

ইসলাম ও হজরত মুহাম্মদ (দ:) সম্পর্কে রবীন্দ্রনাথের নানা সময়ের কিছু বাণী এখানে একত্রে দেয়া হয়েছে। পড়ুন এবং ভাবুন।

****

জগতে যে সামান্য কয়েকটি মহান ধর্ম আছে, ইসলাম ধর্ম তাদের মধ্যে অন্যতম। **মহান এ ধর্মমতের অনুগামীদের দায়িত্বও তাই বিপুল। ইসলামপন্থীদের মনে রাখা দরকার, ধর্মবিশ্বাসের মহত্ত্ব আর গভীরতা যেন তাদের প্রতিদিনের জীবনযাত্রার ওপর ছাপ রেখে যায়**। ...সত্য ও শাশ্বতকে যাঁরা জেনেছেন ও জানিয়েছেন, তারা ঈশ্বরের ভালোবাসার পাত্র এবং মানুষকেও চিরকাল ভালোবেসে এসেছেন।

- "ঈদে মিলাদুন্নবী" উপলক্ষ্যে প্রেরিত বাণী, ১৯৩৩

ইসলাম পৃথিবীর মহত্তম ধর্মের মধ্যে একটি, **এ কারণে তার অনুবর্তীগণের দায়িত্ব অসীম**। যেহেতু **আপন জীবনে এ ধর্মের মহত্ত্ব সম্পর্কে তাদের সাক্ষ্য দিতে হবে**। ... আমাদের নির্ভর করতে হবে সেই অনুপ্রেরণার প্রতি, যা ঈশ্বরের প্রিয় পাত্র ও মানবের বন্ধু সত্যদূতের অমর জীবন থেকে চির উৎসারিত। আজকের এ পুণ্যানুষ্ঠান উপলক্ষ্যে মুসলিম ভাইদের সঙ্গে একযোগে ইসলামের মহাঋষির উদ্দেশ্যে আমার ভক্তি উপহার অর্পণ করে উৎপীড়িত ভারতবর্ষের জন্য তার আশীর্বাদ ও সান্ত্বনা কামনা করি।'

- "ঈদে মিলাদুন্নবী" উপলক্ষ্যে কলকাতা বেতারে প্রচারিত বাণী, ১৯৩৪

যিনি বিশ্বের মহত্তমদের মধ্যে অন্যতম, সেই পবিত্র পয়গম্বর হজরত মুহাম্মদ সা.-এর উদ্দেশে আমি আমার অন্তরের গভীর শ্রদ্ধা নিবেদন করি। মানুষের ইতিহাসে এক নতুন সম্ভাবনাময় জীবনশক্তির সঞ্চার করেছিলেন হজরত মুহাম্মদ সা. - **পয়গম্বর এনেছিলেন নিখাঁদ, শুদ্ধ ধর্মাচরণের আদর্শ**। সর্বান্তকরণে প্রার্থনা করি, পবিত্র পয়গম্বরের প্রদর্শিত পথ যারা অনুসরণ করেছেন, ...তারা যেন জীবন সম্পর্কে তাদের গভীর শ্রদ্ধা এবং **পয়গম্বরের প্রদত্ত শিক্ষাকে যথাযথভাবে মর্যাদা দেন**।

- দিল্লীর জামে মসজিদের পয়গম্বর সংখ্যায় প্রেরিত শুভেচ্ছাবাণী, ১৯৩৬

জুন ৮

ভগবানের নাম করে পরস্পরকে ঘৃণা করেছি

চিন্তা-কণিকা

আমরা প্রায় সকলেই আমাদের ধর্মকে পেয়েছি জন্মসূত্রে। বিচারবুদ্ধি দিয়ে নানান ধর্মশাস্ত্র বিবেচনা করে শ্রেষ্ঠ ধর্মটি আমরা বেছে নিয়েছি এমন নয়। তবুও নিজ নিজ ধর্ম নিয়ে আমাদের শ্রেষ্ঠত্বের অহংকারের সীমা-পরিসীমা নাই। এবং সেখান থেকেই এক ধর্মের মানুষের প্রতি অন্য ধর্মের মানুষের অবজ্ঞা, ঘৃণা এবং বিদ্বেষের সূত্রপাত। ভেবে দেখুন, এটা কি ঠিক?

****

আমাদের দেশে ধর্মই মানুষের সঙ্গে মানুষের প্রভেদ ঘটিয়েছে। আমরাই ভগবানের নাম করে পরস্পরকে ঘৃণা করেছি, স্ত্রীলোককে হত্যা করেছি, শিশুকে জলে ফেলেছি, বিধবাকে নিতান্তই অকারণে তৃষ্ণায় দগ্ধ করেছি, নিরীহ পশুদের বলিদান করচি এবং সকল প্রকার বুদ্ধি-যুক্তিকে একেবারে লঙঘন করে এমন সকল নিরর্থকতার সৃষ্টি করেছি যাতে মানুষকে মূঢ় করে ফেলে। আমরা ধর্মের নামে অপরিচিত মুমূর্ষুকে পথের ধরে পড়ে মরে যেতে দিই পাছে জাত যায় (এ আমার জানা), অপরিচিত মৃতদেহকে সৎকার করিনে - মানুষের স্পর্শকে বীভৎস জন্তুর চেয়ে বেশি ঘৃণা করি। কেন এমন হয়েছে? **আমরা ধর্মকে আমাদের নিজের চেয়ে নেবে যেতে দিয়েছি।** ... আর যাই হোক, **সাধনাকে নীচের দিকে নামতে দিলে কোনো মতেই চলবে না। কল্পনাকে, হৃদয়কে, বুদ্ধিকে, কর্মকে কেবলি মুক্তির অভিমুখে আকর্ষণ করতে হবে** - তাকে কোনো কারণেই, কোনো সুযোগের প্রলোভনেই ভুলিয়ে রাখতে হবে না। আমি নিজের জন্য এবং দেশের জন্য সেই মুক্তি চাই। **মনে কোরো না সেই মুক্তি - জ্ঞানের মধ্যে মুক্তি, সে মুক্তি - প্রেমের মধ্যে মুক্তি**। তুমি মনে কোরো না প্রতিমা-পূজা ছাড়া প্রেম হতেই পারে না। **যদি সুফিদের প্রেমের সাধনার বিবরণ পড়ে থাক** তবে দেখবে তাঁরা কি আশ্চর্য বিশুদ্ধ জ্ঞানের সঙ্গে কি অপরিসীম প্রেমের মিলন সাধন করিয়েছেন। তাঁদের সেই প্রেম কেবল একটা শূন্য ভাবের জিনিস নয়, তা অত্যন্ত নিকট, অত্যন্ত প্রত্যক্ষ, অত্যন্ত অন্তরঙ্গ; অথচ তার সঙ্গে কোনো প্রকার কাল্পনিক জঞ্জালের আবর্জনা নেই।

- কাদম্বিনী দত্তকে লিখিত চিঠি, বোলপুর, ৪ জুলাই, ১৯১০

জুন ৯

সে ভেদ কাহার ভেদ? ধর্মের সে নয়

চিন্তা-কণিকা

মানুষের মধ্যে ভেদাভেদের হরেক রকম কারণ আছে - জাতি, বর্ণ, ভাষা, ধর্ম ইত্যাদি। 'সতী' নাটকের নায়িকা ব্রাহ্মণকন্যা অমাবাইর মুখে আমরা শুনতে পাই মানুষে মানুষে ভেদাভেদ ধর্ম তৈরি করেনি - করেছে মানুষ।

অমাবাই। পিতা!
বিনায়ক রাও। পিতা! আমি তোর পিতা! পাপীয়সী
স্বাতন্ত্র্যচারিণী! যবনের গৃহে পশি
ম্লেচ্ছগলে দিলি মালা কুলকলঙ্কিনী!
আমি তোর পিতা!

...

অমাবাই। **যবন ব্রাহ্মণ**
সে ভেদ কাহার ভেদ? ধর্মের সে নয়।
অন্তরের অন্তর্যামী যেথা জেগে রয়
সেথায় সমান দোঁহে।

- কাহিনী: সতী

চিন্তা-কণিকা

<u>**আরো চিন্তার খোরাক:**</u> ১৮৯৩ সালে শিকাগোতে অনুষ্ঠিত প্রথম বিশ্বধর্মসম্মেলনে স্বামী বিবেকানন্দ তাঁর বক্তৃতায় ধর্মগ্রন্থ গীতা থেকে যে একটি শ্লোক উচ্চারণ করেছিলেন সেটি ছিল - "Whosoever comes to Me, through whatsoever form, I reach him; all men are struggling through paths which in the end lead to Me." (গীতা: ৪:১১)
ভারতের হিন্দুত্ববাদীরা কি গীতার সেই সাম্যের বাণী মানে? তারা যখন ধর্মমোহে মাতোয়ারা হয়ে মুসলমানদের মসজিদ ও ঘরবাড়ী পুড়িয়ে দেয় তখন কি তারা ভাবে - "কাহারে করিছ ঘৃণা তুমি ভাই, কাহারে মারিছ লাথি?/ হয়ত উহারই বুকে ভগবান্ জাগিছেন দিবা-রাতি! " (কাজী নজরুল ইসলাম)। মুসলমান জঙ্গিরা কি কোরানের মানববৈচিত্রের বাণী মানে - যেখানে আল্লাহ বলেছেন - "আমি তোমাদেরকে বিভিন্ন জাতি ও গোত্রে বিভক্ত করেছি, যাতে তোমরা পরস্পরকে জানতে পারো।" (কোরান: ৪৯:১৩)
(আরো দেখুন জুন ১০)

জুন ১০

যে-মানুষ আমি, তুমিও সেই মানুষ

চিন্তা-কণিকা

জাতি-ধর্ম-বর্ণ নির্বিশেষে আমরা সবাই একই মনুষ্যপ্রজাতির - 'যে মানুষ আমি, তুমিও সেই মানুষ'। এই কথাটা ভুলে যাই বলে আমরা অন্য ধর্মের, অন্য জাতের, অন্য বর্ণের মানুষকে ঘৃণা করতে পারি।

****

প্রকৃতি। আমার মনের মধ্যে বাজিয়ে দিয়ে গেছে 'জল দাও'।
মা। পোড়া কপাল! তোকে বলেছে 'জল দাও'! কে শুনি। তোর আপন জাতের কেউ?
প্রকৃতি। তাই তো বললেন, তিনি আমার আপন জাতেরই।
মা। **জাত লুকোস নি? বলেছিলি যে তুই চণ্ডালিনী?**
প্রকৃতি। বলেছিলেম। **তিনি বললেন, মিথ্যে কথা। তিনি বললেন, শ্রাবণের কালো মেঘকে চণ্ডাল নাম দিলেই বা কী, তাতে তার জাত বদলায় না, তার জলের ঘোচে না গুণ। তিনি বললেন, নিন্দে কোরো না নিজেকে। আত্মনিন্দা পাপ, আত্মহত্যার চেয়ে বেশি।**
মা। তোর মুখে এ-সব কী শুনছি। তোর কি মনে পড়েছে পূর্বজন্মের কোনো কাহিনী।
প্রকৃতি। **এ কাহিনী আমার নতুন জন্মের।**
মা। হাসালি তুই। নতুন জন্ম! ঘটল কবে।
প্রকৃতি। সেদিন রাজবাড়িতে বাজল বেলা-দুপুরের ঘণ্টা, ঝাঁ ঝাঁ করছে রোদ্দুর। মা-মরা বাছুরটাকে নাওয়াচ্ছিলুম কুয়োর জলে। কখন সামনে দাঁড়ালেন বৌদ্ধ ভিক্ষু, পীত বসন তাঁর। **বললেন, জল দাও**। প্রাণটা উঠল চমকে, শিউরে উঠে প্রণাম করলেম দূর থেকে। ভোর বেলাকার আলো দিয়ে তৈরি তাঁর রূপ। বললেম, আমি চণ্ডালের মেয়ে, কুয়োর জল অশুদ্ধ। **তিনি বললেন, যে-মানুষ আমি তুমিও সেই মানুষ; সব জলই তীর্থজল যা তাপিতকে স্নিগ্ধ করে, তৃপ্ত করে তৃষিতকে।** প্রথম শুনলুম এমন কথা, প্রথম দিলুম এক গণ্ডূষ জল, যাঁর পায়ের ধুলোর এক কণা নিতে কেঁপে উঠত বুক।

- চণ্ডালিকা

(আরো দেখুন জুন ৯)

জুন ১১

ধর্মের দোহাই দিয়ে মুসলমানের সঙ্গে ঝগড়া

চিন্তা-কণিকা

'ঘরে বাইরে' উপন্যাসের এই অংশটুকু পড়ে ভাবুন যে - আমরা কীভাবে নিজ ধর্মের আচার আচরণকে যুক্তি দিয়ে বিচার করতে ভুলে যাই। অথচ, অন্য ধর্মের আচারকে হেয় বা বাধাগ্রস্ত করার জন্য আমরা কতরকমের যুক্তি-তর্ক হাজির করি।

****

আমার প্রধান প্রধান হিন্দু প্রজাকে ডাকিয়ে অনেক করে বোঝাবার চেষ্টা করলুম। **বললুম, নিজের ধর্ম আমরা রাখতে পারি, পরের ধর্মের উপর আমাদের হাত নেই।** আমি বোষ্টম বলে শাক্ত তো রক্তপাত করতে ছাড়ে না। উপায় কী? মুসলমানকেও নিজের ধর্মমতে চলতে দিতে হবে। তোমরা গোলমাল কোরো না।

তারা বললে, মহারাজ, এতদিন তো এ-সব উপসর্গ ছিল না। আমি বললুম, ছিল না, সে ওদের ইচ্ছা। আবার ইচ্ছা করেই যাতে নিবৃত্ত হয় সেই পথই দেখো। সে তো ঝগড়ার পথ নয়।

তারা বললে, না মহারাজ, সেদিন নেই, শাসন না করলে কিছুতেই থামবে না। আমি বললুম, **শাসনে গোহিংসা তো থামবেই না, তার উপরে মানুষের প্রতি হিংসা বেড়ে উঠতে থাকবে।**

এদের মধ্যে একজন ছিল ইংরেজি-পড়া; সে এখনকার বুলি আওড়াতে শিখেছে। সে বললে, দেখুন, এটা তো কেবল একটা সংস্কারের কথা নয়, আমাদের দেশ কৃষিপ্রধান, এ দেশে গোরু যে—

আমি বললুম, **এ দেশে মহিষও দুধ দেয় মহিষেও চাষ করে, কিন্তু তার কাটামুণ্ড মাথায় নিয়ে সর্বাঙ্গে রক্ত মেখে যখন উঠোনময় নৃত্য করে বেড়াই তখন ধর্মের দোহাই দিয়ে মুসলমানের সঙ্গে ঝগড়া করলে ধর্ম মনে মনে হাসেন, কেবল ঝগড়াটাই প্রবল হয়ে ওঠে। কেবল গোরুই যদি অবধ্য হয় আর মোষ যদি অবধ্য না হয় তবে ওটা ধর্ম নয়, ওটা অন্ধ সংস্কার।**

- ঘরে-বাইরে: নিখিলেশের আত্মকথা

জুন ১২

তুমি কি তাদের ক্ষমা করিয়াছ?

চিন্তা-কণিকা

যুগে যুগে মহাপুরুষেরা সৃষ্টিকর্তার বাণী নিয়ে এসেছেন সকল মানুষের শান্তি ও মঙ্গলসাধনের জন্য, মানুষের মধ্যে হানাহানি বাড়ানোর জন্য নয়। কিন্তু কোথায় ধর্মের সেই শাশ্বত ও চিরন্তন আদর্শ? কোথায় আজ মানুষের প্রতি মানুষের অকুণ্ঠিত ভালোবাসা?! কেন পৃথিবীতে এতো ঘৃণা? কেন জাতিতে জাতিতে এতো বিদ্বেষবিষ? এসবের কারণ কি আমাদের ধর্ম-উপলব্ধির দুর্বলতা?! ভাবুন এবং এই অধ্যায়ের ভূমিকা অংশটুকু আবার পড়ুন।

ভগবান, তুমি যুগে যুগে দূত, পাঠায়েছ বারে বারে
    দয়াহীন সংসারে,
তারা বলে গেল "ক্ষমা করো সবে',
বলে গেল "ভালোবাসো--
    অন্তর হতে বিদ্বেষবিষ নাশো।
বরণীয় তারা, স্মরণীয় তারা, তবুও বাহির-দ্বারে
আজি দুর্দিনে ফিরানু তাদের ব্যর্থ নমস্কারে।
আমি-যে দেখেছি গোপন হিংসা কপট রাত্রিছায়ে
    হেনেছে নিঃসহায়ে,
আমি-যে দেখেছি প্রতিকারহীন শক্তের অপরাধে
    বিচারের বাণী নীরবে নিভৃতে কাঁদে
আমি-যে দেখিনু তরুণ বালক উন্মাদ হয়ে ছুটে
কী যন্ত্রণায় মরেছে পাথরে নিষ্ফল মাথা কুটে।
কণ্ঠ আমার রুদ্ধ আজিকে, বাঁশি সংগীতহারা,
    অমাবস্যার কারা
লুপ্ত করেছে আমার ভুবন দুঃস্বপনের তলে,
    তাই তো তোমায় শুধাই অশ্রুজলে--
যাহারা তোমার বিষাইছে বায়ু, নিভাইছে তব আলো,
তুমি কি তাদের ক্ষমা করিয়াছ, তুমি কি বেসেছ ভালো।
                            - পরিশেষ: প্রশ্ন

ধর্ম-উপলব্ধি

জুন ১৩

I have nothing to say against it

চিন্তা-কণিকা

বন্ধু Pearson রবীন্দ্রনাথকে Institutional Religion নিয়ে তার মতামত ব্যক্ত করতে বললে ১৯২৩ সালের ৪ঠা জুলাই রবীন্দ্রনাথ পিয়ারসনের কাছে এক চিঠিতে যে কথাটি লিখেন - সেটি কি আজও আমাদের অধিকাংশের ধর্মের বা ধর্মচর্চার ক্ষেত্রেও প্রযোজ্য নয়?

****

As an abstract idea, I have nothing to say against it [institutional religion]. **It is extremely difficult to become truly a Christian in conduct and life; but by following the easy path of belonging to a Christian sect one seems to acquire the merit of being a Christian and also to have the right to despise even one's betters who by chance or by choice do not profess Christianity.**

This has proved to be true of all religions which crystallize themselves into sectarianism. **Religious communities are more often formed and established upon custom and the herd instinct than upon Truth.** The children born to a Christian family are included in the religious community, not because they have shown in any way their fitness to belong to it, but **because of the accident of birth**. They do not have the time or the opportunity to discover their own individual inclination towards the religion they profess. **They are persistently hypnotized into the belief that they are "Christians".**

— Letters to Pearson

জুন ১৪

ধর্মের নামে আমরা মানুষকে পৃথক করেছি

চিন্তা-কণিকা

২০১৪ সালে মুক্তি পাওয়া হিন্দি ছবি PK-তে ভিন্ গ্রহের বাসিন্দা PK আমির খানের মুখে ডায়ালগ ছিল -"আস্‌লি গড ফার্‌ক্ বানাতা তো ছাপ্পা লাগা কে ভেজ্‌তা – হ্যায় কুঁই, - ছাপ্পা বডি পে? - আসল ঈশ্বর ভেদাভেদ করতে চাইলে ত' ছাপ মেরেই পাঠাতেন - তা' আমাদের শরীরে কোনো ছাপ আছে কি?" ভাবুন - ধর্মের নামে আমরা কীভাবে মানুষের মধ্যে ভেদাভেদ তৈরি করেছি; শুধু তা নয়, বিদ্বেষেরও সঞ্চার ও চর্চা করেছি এবং করছি আজ অবধি।

****

ধর্মসম্প্রদায়ের মধ্যে যখন কাঠিন্যই বড়ো হয়ে ওঠে তখন সে মানুষকে মেলায় না, মানুষকে বিচ্ছিন্ন করে। এইজন্য কৃচ্ছ্রসাধনকে যখন কোনো ধর্ম আপনার প্রধান অঙ্গ করে তোলে, যখন সে আচারবিচারকেই মুখ্য স্থান দেয়, তখন সে মানুষের মধ্যে ভেদ আনয়ন করে; তখন তার নীরস কঠোরতা সকলের সঙ্গে তাকে মিলতে বাধা দেয়, সে আপনার নিয়মের মধ্যে নিজেকে অত্যন্ত স্বতন্ত্র করে আবদ্ধ করে রাখে; সর্বদাই ভয়ে ভয়ে থাকে পাছে নিয়মের ত্রুটিতে অপরাধ ঘটে – এইজন্যেই সবাইকে সরিয়ে সরিয়ে নিজেকে বাঁচিয়ে বাঁচিয়ে চলতে হয়। শুধু তাই নয়, নিয়মপালনের একটা অহংকার মানুষকে শক্ত করে তোলে, নিয়মপালনের একটা লোভ তাকে পেয়ে বসে এবং **এই-সকল নিয়মকে ধ্রুব ধর্ম বলে জানা তার সংস্কার হয়ে যায়** বলেই যেখানে এই নিয়মের অভাব দেখতে পায় সেখানে তার অত্যন্ত একটা অবজ্ঞা জন্মে।

...

যে-ধর্ম মানুষের সঙ্গে মানুষকে মেলায়, সেই ধর্মের দোহাই দিয়েই আমরা মানুষকে পৃথক করেছি। আমরা বলেছি মানুষের স্পর্শে, তার সঙ্গে একাসনে আহারে, তার আহরিত অন্নজল গ্রহণে, মানুষ ধর্মে পতিত হয়। **বন্ধনকে ছেদন করাই যার কাজ, তাকে দিয়েই আমরা বন্ধনকে পাকা করে নিয়েছি – তা হলে আজ আমাদের উদ্ধার করবে কে।**

- শান্তিনিকেতন: ১১

(আরো দেখুন জুন ৯)

ধর্ম-উপলব্ধি

জুন ১৫

ধর্মসাধনটা নিতান্তই দশজনের অনুকরণ

চিন্তা-কণিকা

পুণ্যের হিসাব নিকাশ করা এবং তদনুযায়ী মন্ত্র বা দোয়া পড়া কিংবা আচার অনুষ্ঠান করা পরলোকের বৈষয়িকতার প্রমাণ দেয় এবং আমাদেরকে ধর্মাচরণের আধ্যাত্মিকতা থেকে দূরে সরিয়ে নেয়। ভাবুন কথায় কথায় পুণ্যের হিসাব-নিকাশ আমাদেরকে কীভাবে আসলে ঈশ্বর থেকে দূরে সরিয়ে নিয়ে যাচ্ছে।

শাস্ত্র পড়েছি, লোকের কথাও শুনেছি, মুখে বলি হাঁ-হাঁ বটে বটে, কিন্তু মানবজীবনের যে একটা চরম লক্ষ্য আছে সে-প্রত্যয় নিশ্চিত বিশ্বাসে পরিণত হয় নি। এইজন্য **ধর্মসাধনটা নিতান্তই বাহ্যব্যাপার, নিতান্তই দশজনের অনুকরণ মাত্র হয়ে পড়ে। আমাদের সমস্ত আন্তরিক চেষ্টা তাতে উদ্বোধিত হয় নি।**

এই বিশ্বাসের জড়তা-বশতই লোককে ধর্মসাধনে প্রবৃত্ত করতে গেলে আমরা তাকে প্রতারণা করতে চেষ্টা করি, আমরা বলি এতে পুণ্য হবে। পুণ্য জিনিসটা কী? না, **পুণ্য হচ্ছে একটি হ্যান্ডনোট যাতে ভগবান আমাদের কাছে ঋণ স্বীকার করেছেন, কোনো একরকম টাকায় তিনি কোনো এক সময়ে সেটা পরিশোধ করে দেবেন।** এইরকম একটা সুস্পষ্ট পুরস্কারের লোভ আমাদের স্থূল প্রত্যয়ের অনুকূল। কিন্তু সাধনার লক্ষ্যকে এইরকম বহির্বিষয় করে তুললে তার পথও ঠিক অন্তরের পথ হয় না, তার লাভও অন্তরের লাভ হয় না। সে একটা পারলৌকিক বৈষয়িকতার সৃষ্টি করে। সেই বৈষয়িকতা অন্যান্য বৈষয়িকতার চেয়ে কোনো অংশে কম নয়।

- শান্তিনিকেতন: ৬

(আরো দেখুন জুন ৮)

জুন ১৬

তর্কের পরিহাস এবং মর্মের সত্য

চিন্তা-কণিকা

কবিতাটির উদ্‌ধৃত অংশটুকুন উপভোগ করুন এবং কথার দিকে খেয়াল রাখুন যে - কোনো বিশেষ পরিস্থিতিতে এর দু-এক লাইন ব্যবহার করা যায় কিনা। যেমন - বলা যেতে পারে প্রিয়তমকে - "প্রাণভরা ভাষাহরা দিশাহারা সেই আশা নিয়ে/ চেয়ে আছি তোমা পানে" অথবা সুদৃঢ় ঈশ্বরবিশ্বাসকে নিয়ে নাস্তিকদের উপহাসের উত্তরে বলা যেতে পারে - "প্রমাণের অগোচর, প্রত্যক্ষের বাহিরেতে বাসা/ তর্ক তারে পরিহাসে, মর্ম তারে সত্য বলে জানে,/ সহস্র ব্যাঘাত মাঝে তবুও সে সন্দেহ না মানে", ইত্যাদি।

মানবহৃদয়-সিন্ধুতলে
যেন নব মহাদেশ সৃজন হতেছে পলে পলে,
আপনি সে নাহি জানে। শুধু অর্ধ-অনুভব তারি
ব্যাকুল করেছে তারে, মনে তার দিয়েছে সঞ্চারি
আকারপ্রকারবিহীন তৃপ্তিহীন এক মহা আশা—
প্রমাণের অগোচর, প্রত্যক্ষের বাহিরেতে বাসা।
তর্ক তারে পরিহাসে, মর্ম তারে সত্য বলে জানে,
সহস্র ব্যাঘাত মাঝে তবুও সে সন্দেহ না মানে,
জননী যেমন জানে জঠরের গোপন শিশুরে,
প্রাণে যবে স্নেহ জাগে, স্তনে যবে দুগ্ধ উঠে পুরে।
প্রাণভরা ভাষাহরা দিশাহারা সেই আশা নিয়ে
চেয়ে আছি তোমা পানে; ...
হে জলধি, বুঝিবে কি তুমি
আমার মানবভাষা। ...
নাহি জানে কী যে চায়, নাহি জানে কিসে ঘুচে তৃষা,
আপনার মনোমাঝে আপনি সে হারেয়েছে দিশা
বিকারের মরীচিকা-জালে। অতল গম্ভীর তব
অন্তর হইতে কহ সান্ত্বনার বাক্য অভিনব
আষাঢ়ের জলদমন্দ্রের মতো।

- সোনার তরী: সমুদ্রের প্রতি

(আরো পড়ুন এই অধ্যায়ের ভূমিকা যেখানে আলোচনা করা হয়েছে মানুষের মস্তিষ্কের মধ্যেই বসানো ঈশ্বরভাবনার কথা।)

জুন ১৭

চাটুবাণী দিয়ে ভুলাইতে দেবতায়

ঐ দলে দলে ধার্মিক ভীরু
         কারা চলে গির্জায়
চাটুবাণী দিয়ে ভুলাইতে দেবতায়।
...
স্তূপাকার লোভ
         বক্ষে রাখিয়া জমা
কেবল শাস্ত্রমন্ত্র পড়িয়া
         লবে বিধাতার ক্ষমা।
সবে না দেবতা হেন অপমান
         এই ফাঁকি ভক্তির।

- নবজাতক: প্রায়শ্চিত্ত

চিন্তা-কণিকা

ভক্তির ফাঁকির দিকটা আমরা দেখেও দেখি না - আমরা জেনেও জানি না। শত লোভকে সাথে করে আমরা মন্দির মসজিদে ছুটে বেড়াই, কাবা কাশীতে যাই - মন্ত্র পড়ে, দোয়া পড়ে পাপের খাতা মুছে ফেলতে চাই। যতটা না পাপের চিন্তায় লজ্জিত হই - তার চেয়ে বেশি আশান্বিত হই পাপ করে পরে ক্ষমালাভের।

ঈশ্বর-ভক্তির ফাঁকির দিককে নিয়ে রবীন্দ্রনাথ কাদম্বিনী দত্তকে একটি চিঠিতে (৪ জুলাই, ১৯১০) লিখেন - "আমরা অনেক সময়ে যখন ঈশ্বরকে চাই বলি এবং বিশ্বাস করি তখন বস্তুত অন্যান্য বিষয়েরই মত আর একটা বিষয়কে চাই। যাদের চাওয়ার ঝোঁক ঘোচে নি তারা তাদের প্রার্থনার ফর্দের মধ্যে ঈশ্বরের নামটাও রাখে। হয় ত খুব বড়ো করে রাখে - কিন্তু ঐ তালিকাটার মধ্যেই তার স্থান।"

(আরো দেখুন জানুয়ারি ১৪ ও জানুয়ারি ১৬)

জুন ১৮

ধর্ম আর ধর্মতন্ত্র এক জিনিস নয়

চিন্তা-কণিকা

আমরা অনেক সময় 'ধর্ম' ও 'ধর্মতন্ত্রের' মধ্যেকার ফারাকটা বুঝতে পারি না বলে ধর্মকে যত্রতত্র দোষারোপ করে বসি। নিচের কথাগুলো মুসলমানদের বেলাও প্রযোজ্য - সকল পাপশোধনের (গুনাহমাফ) বহু সহজ রাস্তা আছে বলেই পাপ করে মানুষকে অপমান করতে ধর্মতন্ত্রের অনুসারীরা পিছপা হয় না - সে মুসলমান হোক, হিন্দু হোক, বা খ্রিষ্টান হোক।

****

মনে রাখা দরকার, ধর্ম আর ধর্মতন্ত্র এক জিনিস নয়। ও যেন আগুন আর ছাই। ধর্মতন্ত্রের কাছে ধর্ম যখন খাটো হয় তখন নদীর বালি নদীর জলের উপর মোড়লি করিতে থাকে। তখন স্রোত চলে না, মরুভূমি ধুধু করে।

... **ধর্ম বলে**, মানুষকে যদি শ্রদ্ধা না কর তবে অপমানিত ও অপমানকারী কারও কল্যাণ হয় না। **কিন্তু ধর্মতন্ত্র বলে**, মানুষকে নির্দয়ভাবে অশ্রদ্ধা করিবার বিস্তারিত নিয়মাবলী যদি নিখুঁত করিয়া না মান তবে ধর্মভ্রষ্ট হইবে। **ধর্ম বলে**, জীবকে নিরর্থক কষ্ট যে দেয় সে আত্মাকেই হনন করে। **কিন্তু ধর্মতন্ত্র বলে**, যত অসহ্য কষ্টই হ'ক, বিধবা মেয়ের মুখে যে বাপ মা বিশেষ তিথিতে অন্নজল তুলিয়া দেয় সে পাপকে লালন করে।

ধর্ম বলে, অনুশোচনা ও কল্যাণকর্মের দ্বারা অন্তরে বাহিরে পাপের শোধন। **কিন্তু ধর্মতন্ত্র বলে**, গ্রহণের দিনে বিশেষ জলে ডুব দিলে, কেবল নিজের নয়, চৌদ্দপুরুষের পাপ উদ্ধার। **ধর্ম বলে**, সাগরগিরি পার হইয়া পৃথিবীটাকে দেখিয়া লও, তাতেই মনের বিকাশ। **ধর্মতন্ত্র বলে**, সমুদ্র যদি পারাপার কর তবে খুব লম্বা করিয়া নাকে খত দিতে হইবে। **ধর্ম বলে**, যে মানুষ যথার্থ মানুষ সে যে-ঘরেই জন্মাক পূজনীয়। **ধর্মতন্ত্র বলে**, যে মানুষ ব্রাহ্মণ সে যতবড়ো অভাজনই হ'ক মাথায় পা তুলিবার যোগ্য। অর্থাৎ **মুক্তির মন্ত্র পড়ে ধর্ম আর দাসত্বের মন্ত্র পড়ে ধর্মতন্ত্র**।

- কর্তার ইচ্ছায় কর্ম

জুন ১৯

ভক্তিভাজন ও কীটের বিচার

চিন্তা-কণিকা

প্রথম কবিতাটি একটি অসাধারণ কবিতা। মনোযোগ দিয়ে পড়লে দেখবেন এই কবিতাটি আমাদের চিন্তাধারাকে বদলে দেবে। কীভাবে রথ, পথ এবং মূর্তি প্রত্যেকে নিজেকে দেবতা ভাবছে এবং সে সকল ভাবনা কী রকমের মিথ্যা। এরকম অনেক মিথ্যা ভাবনা ও ধারণা আমরাও পোষণ করি আমাদের নিজেদেরকে নিয়ে। সেই মিথ্যার জাল থেকে মুক্তি পেতে হলে নিজেকে সদা জাগ্রত রাখতে হবে।

দ্বিতীয় কবিতাটি তুলে ধরছে যে গ্রন্থের কথা আমি বুঝি না, বা বুঝতে চেষ্টা করি না, অথবা মানি না - সেই গ্রন্থের কি কোনো মূল্য আছে? এ তো কেবল কিছু কাগজে কিছু কালো কালি। তাই আমাদের উচিত নিজ নিজ ধর্মগ্রন্থ মন দিয়ে পড়া এবং তার মর্মবাণী বোঝার চেষ্টা করা।

ভক্তিভাজন

রথযাত্রা, লোকারণ্য, মহা ধুমধাম,
ভক্তেরা লুটায়ে পথে করিছে প্রণাম।
পথ ভাবে আমি দেব রথ ভাবে আমি,
মূর্তি ভাবে আমি দেব—হাসে অন্তর্যামী।

- কণিকা

কীটের বিচার

মহাভারতের মধ্যে ঢুকেছেন কীট,
কেটেকুটে ফুঁড়েছেন এপিঠ-ওপিঠ।
পণ্ডিত খুলিয়া দেখি হস্ত হানে শিরে;
বলে, ওরে কীট, তুই এ কী করিলি রে!
তোর দন্তে শান দেয়, তোর পেট ভরে,
হেন খাদ্য কত আছে ধূলির উপরে।
কীট বলে, হয়েছে কী, কেন এত রাগ,
ওর মধ্যে ছিল কী বা, শুধু কালো দাগ!
আমি যেটা নাহি বুঝি সেটা জানি ছার,
আগাগোড়া কেটেকুটে করি ছারখার।

- কণিকা

জুন ২০

ঈশ্বরের সঙ্গে মিলনসাধন

চিন্তা-কণিকা

আমরা ভিন্ন ধর্মের মানুষকে বা আমাদের একই ধর্মের বিভিন্ন মাযহাব বা গোত্রকে কীভাবে দেখি এবং কীভাবে আচার-অনুষ্ঠান এবং নিয়ম-কানুনকে মানুষের বা মনুষ্যত্বের উপরে স্থান দেই। আমার মতবাদের নিয়ম মানল না বলে তাকে আমি অমুসলিম বা অহিন্দু বলি, ধর্মভ্রষ্ট বলি - কিন্তু সেটা কি ঠিক? নিজের দৃষ্টিভঙ্গি পরিবর্তন করে আমি কি আত্মশুদ্ধির পথে হাঁটতে শুরু করব!

****

ধর্মের যখন চরম লক্ষ্যই হচ্ছে **ঈশ্বরের সঙ্গে মিলনসাধন,** তখন সাধককে এ-কথা মনে রাখতে হবে যে, **কেবল বিধিবদ্ধ পূজার্চনা আচার অনুষ্ঠান শুচিতার দ্বারা তা হতেই পারে না। এমন কি, তাতে মনকে কঠোর করে ব্যাঘাত আনে এবং ধার্মিকতার অহংকার জাগ্রত হয়ে চিত্তকে সংকীর্ণ করে দেয়।**

...

অনেকসময় ধর্মসাধনায় দেখা যায়, কঠিনতাই প্রবল হয়ে ওঠে– তার অবিচলিত দৃঢ়তা নিষ্ঠুর শুষ্কভাবেই আপনাকে প্রকাশ করে। সে আপনার সীমার মধ্যে **অত্যন্ত উদ্ধত হয়ে বসে থাকে**; সে **অন্যকে আঘাত করে**; তার মধ্যে কোনোপ্রকার নড়াচড়া নেই, এইটে নিয়েই সে গৌরব বোধ করে; নিজের স্থানটি ছেড়ে চলে না বলে কেবল সে একটা দিক দিয়েই সমস্ত জগৎকে দেখে, এবং যারা অন্য দিকে আছে, **তারা কিছুই দেখছে না এবং সমস্তই ভুল দেখছে** বলে কল্পনা করে। নিজের সঙ্গে অন্যের কোনোপ্রকার অনৈক্যকে এই কাঠিন্য ক্ষমা করতে জানে না; সবাইকে নিজের অচল পাথরের চারিভিতের মধ্যে জোর করে টেনে আনতে চায়।

- শান্তিনিকেতন: ১১

জুন ২১

উত্তিষ্ঠত, জাগ্রত - উঠো, জাগো

চিন্তা-কণিকা

আমাদের চিত্ত ঘুমিয়ে আছে এক আত্ম-গরিমার চাদর মুড়ি দিয়ে - সেই চিত্তকে জাগাতে হবে, উঠাতে হবে। কীভাবে? প্রতিদিনের সচেতন চেষ্টায় এবং জ্ঞানের ও প্রেমের চর্চার মাধ্যমে। Bertrand Russell বলেছিলেন – "The good life is one inspired by love and guided by knowledge. Neither love without knowledge nor knowledge without love can produce a good life." অর্থাৎ সুন্দর জীবন হল তাই যা প্রেমের দ্বারা অনুপ্রাণিত এবং জ্ঞানের দ্বারা পরিচালিত। জ্ঞান-ব্যতীত প্রেম অথবা প্রেম-ব্যতীত জ্ঞান কোনোটাই একটি সুন্দর জীবন তৈরি করতে পারে না।

****

দিন যখন নানা কর্ম নানা চিন্তা নানা প্রবৃত্তির ভিতর দিয়ে একটি একটি পাক আমাদের চারদিকে জড়াতে থাকে, বিশ্ব এবং আমার আত্মার মাঝখানে একটা আবরণ গড়ে তুলতে থাকে, সেই সময়েই যদি মাঝে মাঝে আমাদের চেতনাকে সতর্ক করতে না থাকি-- "উত্তিষ্ঠত, জাগ্রত" এই জাগরণের মন্ত্র যদি ক্ষণে ক্ষণে দিনের সমস্ত বিচিত্রব্যাপারের মাঝখানেই আমাদের অন্তরাত্মা থেকে ধ্বনিত হয়ে না উঠতে থাকে তাহলে **পাকের পর পাক পড়ে ফাঁসের পর ফাঁস লেগে শেষ কালে আমাদের অসাড় করে ফেলে; তখন আবল্য থেকে নিজেকে টেনে বের করতে আমাদের আর ইচ্ছাও থাকে না, নিজের চারিদিকের বেষ্টনকেই অত্যন্ত সত্য বলে জানি**-- তার অতীত যে উন্মুক্ত বিশুদ্ধ শাশ্বত সত্য তার প্রতি আমাদের বিশ্বাসই থাকে না, এমন কি **তার প্রতি সংশয় অনুভব করবারও সচেষ্টতা আমাদের চলে যায়**।

অতএব **সমস্ত দিন যখন নানা ব্যাপারের কলধ্বনি, তখন মনের গভীরতার মধ্যে একটি একতারা যন্ত্রে যেন বাজতে থাকে ওরে, "উত্তিষ্ঠত, জাগ্রত।"**

- শান্তিনিকেতন: ১

জুন ২২

গণ্ডিরক্ষাকেই ধর্মরক্ষা বলিয়া জ্ঞান করে

চিন্তা-কণিকা

আমাদের চারিদিকে রবীন্দ্রনাথ-কথিত ধর্মের গণ্ডিরক্ষার নানান উদাহরণ বিদ্যমান। শুধু যে এক ধর্মের সাথে আরেক ধর্মের গণ্ডির ব্যবধান তাই নয় - একই ধর্মের ভিতর আমরা দেখি নানান গণ্ডি-চিহ্ন (শিয়া-সুন্নী, বৈষ্ণব-শাক্ত, Catholic-Protestant, ব্রাহ্মণ-শূদ্র ইত্যাদি)। আমাদের গণ্ডির বাইরের লোকদেরকে আমরা ভাবি অপোগণ্ড মূর্খ এবং তাদের পারলৌকিক ভবিষ্যত অন্ধকার ভেবে তাদের সাথে ইহলোকে ভালো আচরণ করি না, তাদেরকে অবজ্ঞা করি, এবং তাদের প্রতি বিদ্বেষভাব পোষণ করি। এই রকমের ধর্ম-চিন্তার গড্ডলিকা প্রবাহ থেকে যেন আমরা বেরিয়ে আসতে পারি প্রতিদিন সেই প্রচেষ্টা সচেতনভাবে আমাদের করা উচিত - তাহলেই আমরা ধর্মের মহত্তম দিকটা অনুধাবন করতে পারব।

****

ধর্মকে যাহারা সম্পূর্ণ উপলব্ধি না করিয়া প্রচার করিতে চেষ্টা করে, তাহারা ক্রমশই ধর্মকে জীবন হইতে দূরে ঠেলিয়া দিতে থাকে। ইহারা **ধর্মকে বিশেষ গণ্ডি আঁকিয়া একটা বিশেষ সীমানার মধ্যে বন্ধ করে। ধর্ম বিশেষ দিনের বিশেষ স্থানের বিশেষ প্রণালীর ধর্ম হইয়া উঠে**। তাহার কোথাও কিছু ব্যত্যয় হইলেই সম্প্রদায়ের মধ্যে হুলুস্থূল পড়িয়া যায়।

বিষয়ী নিজের জমির সীমানা এত সতর্কতার সহিত বাঁচাইতে চেষ্টা করে না, ধর্মব্যবসায়ী যেমন প্রচণ্ড উৎসাহের সহিত ধর্মের স্বরচিত গণ্ডি রক্ষা করিবার জন্য সংগ্রাম করিতে থাকে। **এই গণ্ডিরক্ষাকেই তাহারা ধর্মরক্ষা বলিয়া জ্ঞান করে**।

বিজ্ঞানের কোনো নূতন মূলতত্ত্ব আবিষ্কৃত হইলে তাহারা প্রথমে ইহাই দেখে যে, সে-তত্ত্ব তাহাদের গণ্ডির সীমানায় হস্তক্ষেপ করিতেছে কিনা; যদি করে, তবে ধর্ম গেল বলিয়া তাহারা ভীত হইয়া উঠে। **ধর্মের বৃন্তটিকে তাহারা এতই ক্ষীণ করিয়া রাখে যে, প্রত্যেক বায়ুহিল্লোলকে তাহারা শত্রুপক্ষ বলিয়া জ্ঞান করে।**

- ধর্ম: ধর্মপ্রচার

জুন ২৩

আমাদের ধর্মজিজ্ঞাসার সেই গভীরতা নাই

চিন্তা-কণিকা

দুই ভিন্ন সূত্র থেকে নেয়া রবীন্দ্রনাথের উদ্‌ধৃতিগুলো আমাদেরকে সতর্ক করে দেয় আমাদের সহজাত প্রবণতার বিপদ সম্মন্ধে। আমরা যে রকম বিচার বিবেচনা না করে গেরুয়াধারী পুরোহিতকে কিংবা জোব্বাধারী ইমামকে তাদের বেশভূষার জন্য পূজনীয় করে তুলি - তাদের চারিত্রিক গুণাবলী আমলে আনি না- সেটা কি সঠিক? একটু ভেবে দেখুন।

****

যে ধর্ম স্বীকার করি সে ধর্ম বিশ্বাস না করিলেও আমাদের চলে, যে ধর্মে বিশ্বাস করি সে ধর্ম গ্রহণ না করিলেও আমাদের ক্ষতিবোধ হয় না - **আমাদের ধর্মজিজ্ঞাসার সেই স্বাভাবিক গভীরতা নাই বলিয়া সে সম্মন্ধে আমাদের এমন অভিনয়, এমন চাপল্য, এমন মুখরতা**।

- চারিত্রপূজা: ভারতপথিক রামমোহন রায়

আমরা ভক্তিপ্রবণ জাতি। ভক্তি করাকেই আমরা ধর্মাচরণ বলিয়া থাকি; - **কাহাকে ভক্তি করি তাহা বিচার করা আমাদের পক্ষে বাহুল্য**।...যাহাকে মহৎ বলিয়া ভক্তি করি, জ্ঞাত এবং অজ্ঞাতসারে তাহার অনুকরণে প্রবৃত্ত হই। যে-লোক প্রকৃত মহৎ নহে, কেবল আমাদের কল্পনায় ও বিশ্বাসে মহৎ, অন্ধভাবে তাহার আচরণের অনুকরণ আমাদের পক্ষে উন্নতিকর নহে। কিন্তু আমাদের দেশে, আশ্চর্যের বিষয় এই যে, আমরা ভুল বুঝিয়াও ভক্তি করি। আমরা যাহাকে হীন বলিয়া জানি, তাহার পদধূলি অকৃত্রিম ভক্তিভরে মস্তকে ধারণ করিতে ব্যগ্র হই।...আমাদের দেশে মোহান্তের মহৎ, পুরোহিতের পবিত্র এবং দেবচরিত্রের উন্নত হওয়ার প্রয়োজন হয় না, কারণ আমরা ভক্তি লইয়া প্রস্তুত রহিয়াছি। **যে-মোহান্ত জেলে যাইবার যোগ্য তাহার চরণামৃত পান করিয়া আমরা আপনাকে অপমানিত জ্ঞান করি না, যে-পুরোহিতের চরিত্র বিশুদ্ধ নহে এবং যে-লোক পূজানুষ্ঠানের মন্ত্রগুলির অর্থ পর্যন্তও জানে না** তাহাকে ইষ্ট গুরুদেব বলিয়া স্বীকার করিতে আমাদের মুহূর্তের জন্যও কুণ্ঠাবোধ হয় না।

- সমাজ: অযোগ্য ভক্তি

জুন ২৪

ধর্মের মধ্যে শয়তান প্রবেশ করে ...

মানুষের ধর্ম তাকে ভূমার সঙ্গ বড়োর সঙ্গে যোগযুক্ত করবে, সকলকে এক করবে, এই তো তার উদ্দেশ্য। কিন্তু, সেই **ধর্মের মধ্যে শয়তান প্রবেশ করে মানুষের ঐক্যকে খণ্ড খণ্ড করে দিচ্ছে; কত অন্যায়, কত অসত্য, কত সংকীর্ণতা সৃষ্টি করছে।**

ধর্ম যে কত বড়ো, বিশ্ব যে কত সত্য, মানুষ যে কত বড়ো, এই আশ্রম সে কথা নিয়তই স্মরণ করিয়ে দেবে। এইখানে আমরা মানুষের সমস্ত ভেদ জাতিভেদ ভুলব। আমাদের দেশে **চারি দিকে ধর্মের নামে যে অধর্ম চলছে, মানুষকে কত ক্ষুদ্র ক'রে তার মানবধর্মকে নষ্ট করবার আয়োজন চলছে, আমরা এই আশ্রমেই সেই বন্ধন থেকে মুক্ত হব**। এত বড়ো আমাদের কাজ।

- শান্তিনিকেতন: সৃষ্টির ক্রিয়া

চিন্তা-কণিকা

ধর্মের নামে মানুষকে ঘৃণা, মানুষকে হত্যা, ইত্যাদি মানুষের বর্বরতা। এগুলো ধর্মের কাজ নয় – বরঞ্চ অধর্মের কাজ। এগুলো মনগড়া এক নকল ঈশ্বরের ভক্তদের কাজ - যেমনটি বলেছিলো হিন্দি চলচ্চিত্র PK-তে ভিন্ গ্রহ থেকে আগত PK - "কোন্ ভগবানকে বিশ্বাস করবো? তোমরা বলো - ভগবান একজন। আমি বলি - না, ভগবান দুই জন। একজন যিনি আমাদের সকলকে বানিয়েছেন আর আরেকজন যাকে তোমরা বানিয়েছো। যিনি আমাদের বানিয়েছেন - তাঁর সম্মন্ধে আমরা কিছুই জানি না। আর তোমরা যাকে বানিয়েছো - সেই ভগবান একদম তোমাদেরই মতো - ক্ষুদ্র আত্মা - ঘুষ খায় - মিথ্যা প্রতিশ্রুতি দেয় - ধনীদের জলদি দেখা দেয় - গরীবকে লাইন-এ দাঁড় করিয়ে রাখে - প্রশংসা পেলে খুশী হয় - মানুষকে ভয়ের মধ্যে রাখে। আমি বলি কি যে, - যে ভগবান আমাদের সৃষ্টি করেছেন - তাঁকে বিশ্বাস করো। আর যে ভগবানকে তোমরা বানিয়েছো - সেই নকল ভগবানকে (Duplicate God) প্রত্যাখ্যান করো।"

ধর্ম-উপলব্ধি

জুন ২৫

এই না-থাকার মানে আমাদের প্রেমের অভাব

চিন্তা-কণিকা

আমাদের ঈশ্বরে বিশ্বাস আছে - আমরা মুখে সেটা বলি - কিন্তু আমাদের কাজে তার প্রমাণ মেলে না। আমরা তাঁকে বিশ্বাস করি - কিন্তু পদে পদে তাঁর নির্দেশ অমান্য করি। তিনি যে বলেছেন - "ভালোবাসো, অন্তর হতে বিদ্বেষবিষ নাশো" (জুন ১২) - তার কতটা আমরা পালন করি সে হিসাব করলে দেখা যাবে ঈশ্বরকে কেবল মুখের কথায় আমরা স্বীকার করি (জানুয়ারি ১৩)।

****

ঈশ্বর যে আছেন এবং সর্বত্রই আছেন এ-কথাটা যে আমার জানার অভাব আছে তা নয় কিন্তু **আমি অহরহ সম্পূর্ণ এমন ভাবেই চলি যেন তিনি কোনোখানেই নেই।** এর কারণ কী? তাঁর প্রতি আমার প্রেম জন্মে নি, সুতরাং তিনি থাকলেই বা কী, না থাকলেই বা কী? তাঁর চেয়ে আমার নিজের ঘরের অতি তুচ্ছ বস্তুও আমার কাছে বেশি করে আছে। প্রেম নেই বলেই তাঁর দিকে আমাদের সমস্ত চোখ চায় না, আমাদের সমস্ত কান যায় না, আমাদের সমস্ত মন খোলে না।

এইজন্যেই যিনি সকলের চেয়ে আছেন তাঁকেই সকলের চেয়ে পাই নে--তাই এমন একটা অভাব জীবনে থেকে যায় যা আর কিছুতেই কোনোমতেই পোরাতে পারে না। **ঈশ্বর থেকেও থাকেন না-- এতবড়ো প্রকাণ্ড না-থাকা আমাদের পক্ষে আর কী আছে।** এই না-থাকার ভারে আমরা প্রতিমুহূর্তেই মরছি। এই না-থাকার মানে আর কিছুই না, আমাদের প্রেমের অভাব। এই না-থাকারই শুষ্কতায় জগতের সমস্ত লাবণ্য মারা গেল, জীবনের সমস্ত সৌন্দর্য নষ্ট হল। যিনি আছেন তিনি নেই এতবড়ো ক্ষতি কী দিয়ে পূরণ হবে! কিছুতেই কিছু হচ্ছে না। দিনে রাত্রে এইজন্যেই যে গেলুম। সব জানি সব বুঝি, কিন্তু সমস্তই ব্যর্থ।

- শান্তিনিকেতন: সংশয়

ধর্ম-উপলব্ধি

জুন ২৬

সাম্প্রদায়িক ধর্মবুদ্ধি মানুষের অনিষ্ট করেছে

 সাম্প্রদায়িক ধর্মবুদ্ধি মানুষের যত অনিষ্ট করেছে এমন বিষয়বুদ্ধি করে নি। বিষয়াসক্তির মোহে মানুষ যত অন্যায়ী যত নিষ্ঠুর হয়, ধর্মমতে আসক্তি থেকে মানুষ তার চেয়ে অনেক বেশি ন্যায়ভ্রষ্ট অন্ধ ও হিংস্র হয়ে ওঠে, ইতিহাসে তার ধারাবাহিক প্রমাণ আছে; আর তার সর্বনেশে প্রমাণ ভারতবর্ষে আমাদের ঘরের কাছে প্রতিদিন যত পেয়ে থাকি এমন আর-কোথাও নয়।

- পারস্যে

****

চিন্তা-কণিকা

সাম্প্রদায়িক ঘৃণা ও দাঙ্গাহাঙ্গামা একটি ভয়াবহ ব্যাপার। এর পেছনে রয়েছে ধর্মকে নিয়ে ব্যবসা করার মানসিকতা। আমরা জানি - "দেবতার নামে মনুষ্যত্ব হারায় মানুষ।" অথচ এই ঘৃণা বা বিদ্বেষের কোনো কারণ নাই। আমরা ভুলে যাই যে আমাদের ধর্ম ও সম্প্রদায় মূলতঃ Geographic Luck বা ভৌগলিক ভাগ্যের ফলশ্রুতি - অর্থাৎ অধিকাংশ মানুষই কোন্ দেশে বা কোন্ ধর্মে জন্মগ্রহণ করেছে তার উপরই নির্ভর করে সে কোন্ ধর্মের অনুসারী হবে। তাই - ভৌগলিক ভাগ্যের সূত্রে পাওয়া ধর্ম বা সম্প্রদায় নিয়ে গর্ব করার কিছু নেই, কেননা সেটা জন্মসূত্রে পাওয়া। একইভাবে আমাদের জাতিগত পরিচয়ও জন্মগতভাবে পাওয়া। তাই জাতি, ধর্ম, সম্প্রদায় নিয়ে হানাহানি করার কোনো যুক্তি নেই - তবুও যুগে যুগে এই হানাহানিতে প্রাণ দিয়েছে কোটি কোটি মানুষ। ভেবে দেখুন কেন এই নিরর্থক রক্তক্ষয়। আসুন ধর্ম থেকে শয়তানকে তাড়িয়ে আমরা আমাদের ধর্ম-উপলব্ধিকে শক্তিশালী করি এবং বিশ্বময় শান্তি প্রতিষ্ঠার চেষ্টা করি।

জুন ২৭

ধর্মকে নিজের অনুরূপ করিবার চেষ্টা ...

চিন্তা-কণিকা

ধর্মকে আমরা যখন নিজের মত করে গড়ে তুলি - তখন সেটা ক্ষুদ্র হয়ে যায়। ঈশ্বরকে যখন আমরা নিজের মত করে গড়ি - তখন সে ঈশ্বর ক্ষুদ্র হয়ে যান - আমাদের মতো অল্পতেই তিনি বিক্ষুব্ধ হন।

****

বৃহৎ আলোক আমাদের মস্তকের উপরে আপনি বর্ষিত হইয়া থাকে--ক্ষুদ্র আলোকের জন্যই অনেক কলকারাখানা প্রস্তুত করিতে হয়। **যেমন এই আলোক, তেমনি ধর্ম। তাহাও এইরূপ অজস্র, তাহা এইরূপ সরল।** ...আমরা নিজে যাহা রচনা করিতে যাই, তাহা জটিল হইয়া পড়ে। আমাদের সমাজ জটিল, আমাদের সংসার জটিল, আমাদের জীবনযাত্রা জটিল।... জটিলতাই দুর্বলতা, তাহা অকৃতার্থতা,--পূর্ণতাই সরলতা। ধর্ম সেই পরিপূর্ণতার, সুতরাং সরলতার, একমাত্র চরমতম আদর্শ। **কিন্তু এমনি আমাদের দুর্ভাগ্য, সেই ধর্মকেই মানুষ সংসারের সর্বাপেক্ষা জটিলতা দ্বারা আকীর্ণ করিয়া তুলিয়াছে।** তাহা অশেষ তন্ত্রে-মন্ত্রে, কৃত্রিম ক্রিয়াকর্মে, জটিল মতবাদে, বিচিত্র কল্পনায় এমনি গহন দুর্গম হইয়া উঠিয়াছে যে, মানুষের সেই স্বকৃত অন্ধকারময় জটিলতার মধ্যে প্রত্যহ এক-একজন অধ্যবসায়ী এক-এক নূতন পথ কাটিয়া নব নব সম্প্রদায়ের সৃষ্টি করিতেছে। সেই ভিন্ন ভিন্ন সম্প্রদায় ও মতবাদের সংঘর্ষে জগতে বিরোধ-বিদ্বেষ অশান্তি-অমঙ্গলের আর সীমা নাই।

এমন হইল কেন? ইহার একমাত্র কারণ, সর্বান্তঃকরণে **আমরা নিজেকে ধর্মের অনুগত না করিয়া ধর্মকে নিজের অনুরূপ করিবার চেষ্টা করিয়াছি** বলিয়া। ধর্মকে আমরা সংসারের অন্যান্য আবশ্যকদ্রব্যের ন্যায় নিজেদের বিশেষব্যবহারযোগ্য কারিয়া লইবার জন্য আপন-আপন পরিমাপে তাহাকে বিশেষভাবে খর্ব করিয়া লই বলিয়া। **ধর্ম আমাদের পক্ষে সর্বশ্রেষ্ঠ আবশ্যক সন্দেহ নাই--কিন্তু সেইজন্যই তাহাকে নিজের উপযোগী করিয়া লইতে গেলেই তাহার সেই সর্বশ্রেষ্ঠ আবশ্যকতাই নষ্ট হইয়া যায়।**

- ধর্ম: ধর্মের সরল আদর্শ

জুন ২৮

আমারে ছাড়িয়া ভক্ত চলিল কোথায়?

চিন্তা-কণিকা সংসার ত্যাগ করে নয়, সংসারের মধ্যেই ঈশ্বরকে পাওয়া যাবে - কেননা সংসারের মায়ার বন্ধন সুখ-দুঃখ সবই ঈশ্বরের মহিমা।

কহিল গভীর রাত্রে সংসারে বিরাগী--
"গৃহ তেয়াগিব আজি ইষ্টদেব লাগি।
কে আমারে ভুলাইয়া রেখেছে এখানে?"
দেবতা কহিলা, "আমি।"--শুনিল না কানে।
সুপ্তিমগ্ন শিশুটিরে আঁকড়িয়া বুকে
প্রেয়সী শয্যার প্রান্তে ঘুমাইছে সুখে।
কহিল, "কে তোরা ওরে মায়ার ছলনা?"
দেবতা কহিলা, "আমি।"--কেহ শুনিল না।
ডাকিল শয়ন ছাড়ি, "তুমি কোথা প্রভু?"
দেবতা কহিলা, "হেথা।"--শুনিল না তবু।
স্বপনে কাঁদিল শিশু জননীরে টানি--
দেবতা কহিলা, "ফির।"--শুনিল না বাণী।
দেবতা নিশ্বাস ছাড়ি কহিলেন, "হায়,
আমারে ছাড়িয়া ভক্ত চলিল কোথায়?"

- চৈতালি: বৈরাগ্য

(আরো দেখুন জুন ২)

জুন ২৯

The God of humanity has arrived

চিন্তা-
কণিকা

বিশ্বায়নের সাথে সাথে তথ্য বিপ্লবের এই যুগে মানুষের মধ্যেকার এই ঈশ্বর-বিবাদ বা ধর্ম-বিবাদ থাকা কি উচিত? আমরা কি মানুষে মানুষে ভেদাভেদ ভুলে এক সর্বজনীন সর্ব-মানবিক ঈশ্বরের সাধনা করব?

****

The God of humanity has arrived at the gates of the ruined temple of the tribe. Though he has not yet found his altar, I ask the men of simple faith, wherever they may be in the world, to bring their offering of sacrifice to him, and to believe that **it is far better to be wise and worshipful than to be clever and supercilious**. I ask them to claim the right of manhood to be friends of men, and not the right of a particular proud race or nation which may boast of the fatal quality of being the rulers of men. We should know for certain that such rulers will no longer be tolerated in the new world, as it basks in the open sunlight of mind and breathes life's free air.

- Religion of Man

সর্ব-মানবতার ঈশ্বর জাতিগোষ্ঠীর ধ্বংসপ্রাপ্ত মন্দিরের দরজায় এসে দাঁড়িয়েছেন। যদিও তিনি এখনও তাঁর বেদী খুঁজে পাননি, তবুও আমি সরল বিশ্বাসী সকল মানুষদের অনুরোধ করছি, তারা বিশ্বের যে প্রান্তেই থাকুন না কেন, তাদের উৎসর্গের নৈবেদ্য সেই ঈশ্বরের কাছে নিয়ে আসতে এবং বিশ্বাস রাখতে যে জ্ঞানী এবং উপাসক হওয়া চতুর ও উন্নাসিক হওয়ার চেয়ে অনেক ভালো। আমি তাদের কাছে দাবী রাখছি তারা যেন মানবতার খাতিরে একে অপরের বন্ধু হওয়াকে প্রাধান্য দেন এবং এক গর্বিত জাতির অন্য জাতির প্রভু হওয়ার বাসনাকে দমন করেন। আমাদের এটা নিশ্চিতভাবে জানা উচিত যে নতুন এই পৃথিবীতে খোলা আলো হাওয়ায় পুষ্ট হয়ে ওঠা মন ও মনন এমন প্রভুত্বপরায়ণতা আর সহ্য করবে না।

- (Bengali translation by NS)

জুন ৩০

ধর্মকারার প্রাচীরে বজ্র হানো

চিন্তা-কণিকা ধর্ম একটি কারাগার হয়ে বন্দী করে রেখেছে আমাদের সকলকে।

ধর্মের বেশে মোহ যারে এসে ধরে
অন্ধ সে জন মারে আর শুধু মরে।
...
বিধর্ম বলি মারে পরধর্মেরে,
নিজ ধর্মের অপমান করি ফেরে,
পিতার নামেতে হানে তাঁর সন্তানে,
আচার লইয়া বিচার নাহিকো জানে,
পূজাগৃহে তোলে রক্তমাখানো ধ্বজা, --
দেবতার নামে এ যে শয়তান ভজা। ...
অনেক যুগের লজ্জা ও লাঞ্ছনা,
বর্বরতার বিকারবিড়ম্বনা
ধর্মের মাঝে আশ্রয় দিল যারা
আবর্জনায় রচে তারা নিজ কারা। --
...
যে আনিবে প্রেম অমৃত-উৎস হতে
তারি নামে ধরা ভাসায় বিষের স্রোতে,
...
হে ধর্মরাজ, ধর্মবিকার নাশি
ধর্মমূঢ়জনেরে বাঁচাও আসি।
যে পূজার বেদি রক্তে গিয়েছে ভেসে
ভাঙো ভাঙো, আজি ভাঙো তারে নিঃশেষে --
ধর্মকারার প্রাচীরে বজ্র হানো,
এ অভাগা দেশে জ্ঞানের আলোক আনো।

- পরিশেষ: ধর্মমোহ

চিন্তা-কণিকা **<u>আরো চিন্তার খোরাক:</u>** রবীন্দ্রনাথের মতো করেই কবি কাজী নজরুল ইসলাম লিখেছিলেন - "ভেঙ্গে ফেল ঐ ভজনালয়ের যত তালা-দেওয়া দ্বার !/ খোদার ঘরে কে কপাট লাগায় কে দেয় সেখানে তালা?/ সব দ্বার এর খোলা র'বে, চালা হাতুড়ি শাবল চালা ! / হায় রে ভজনালয়/ তোমার মিনারে চড়িয়া ভন্ড গাহে স্বার্থের জয় !"

******* জুন বোনাস *******

ধর্মমোহের চেয়ে নাস্তিকতা অনেক ভালো

চিন্তা-কণিকা

ঈশ্বরপ্রেমী রবীন্দ্রনাথের মুখে এ কী কথা - "ধর্মমোহের চেয়ে নাস্তিকতা অনেক ভালো" কিংবা "ধর্ম বিষকন্যার মত"। এই কবিই কি লিখেছেন বাংলা ভাষার শ্রেষ্ঠতম ঈশ্বর-প্রেমের গান - "প্রভু আমার, প্রিয় আমার পরম ধন হে/ চিরপথের সঙ্গী আমার চিরজীবন হে"! একইসাথে রবীন্দ্রনাথ দেখেছেন ধর্মমোহের বিভিষীকা - যা আজও পৃথিবীকে অশান্ত করে রেখেছে। তিনিই অনেক বেদনায় লিখেছেন -"ধর্মরাজ দিল যবে ধ্বংসের আদেশ/ আপন হত্যার ভার আপনিই নিল মানুষেরা।" রবীন্দ্রনাথের ধর্মচিন্তা নিয়ে আপনার নিজের মতামত গঠন করার আগে পড়ে নিন এই অধ্যায়ের ভূমিকাসহ অন্যান্য পৃষ্ঠাগুলো। তখনই বুঝতে পারবেন - ধর্ম নয়, ধর্মতন্ত্রের বিরুদ্ধে রবীন্দ্রনাথের এই প্রতিবাদী ঘোষণা।

****

যে ধর্ম মূঢ়তাকে বাহন করে মানুষের চিত্তের স্বাধীনতা নষ্ট করে, কোনো রাজাও তার চেয়ে আমাদের বড়ো শত্রু হতে পারে না— সে রাজা বাইরে থেকে প্রজাদের স্বাধীনতাকে যতই নিগড়বদ্ধ করুক-না। এ-পর্যন্ত দেখা গেছে, যে রাজা প্রজাকে দাস করে রাখতে চেয়েছে সে রাজার সর্বপ্রধান সহায় সেই ধর্ম যা মানুষকে অন্ধ করে রাখে। **সে ধর্ম বিষকন্যার মতো; আলিঙ্গন করে সে মুগ্ধ করে, মুগ্ধ করে সে মারে**। শক্তিশেলের চেয়ে ভক্তিশেল গভীরতর মর্মে গিয়ে প্রবেশ করে, কেননা তার মার আরামের মার।

সোভিয়েটরা রুশসম্রাট্‌কৃত অপমান এবং আত্মকৃত অপমানের হাত থেকে এই দেশকে বাঁচিয়েছে— অন্য দেশের ধার্মিকেরা ওদের যত নিন্দাই করুক আমি নিন্দা করতে পারব না। **ধর্মমোহের চেয়ে নাস্তিকতা অনেক ভালো**। রাশিয়ার বুকের 'পরে ধর্ম ও অত্যাচারী রাজার পাথর চাপা ছিল; দেশের উপর থেকে সেই পাথর নড়ে যাওয়ায় কী প্রকাণ্ড নিষ্কৃতি হয়েছে, এখানে এলে সেটা স্বচক্ষে দেখতে পেতে।

- রাশিয়ার চিঠি: ৩ অক্টোবর ১৯৩০

ধর্ম-উপলব্ধি

৭

স্বদেশ ও সমাজ

"দেশে জন্মালেই দেশ আপন হয় না। যতক্ষণ দেশকে না জানি ... ততক্ষণ সে দেশ আপনার নয়।"
- পল্লীপ্রকৃতি

"দেশকে ভালোবাসিবার প্রথম লক্ষণ ও প্রথম কর্তব্য দেশকে জানা।"
- সাহিত্য

"কর্মের ভূমিকাই জ্ঞান। যেখানে কাজ করিতে হইবে, সর্বাগ্রে তাহার সমস্ত অবস্থা জানা চাই।"
- সভাপতির অভিভাষণ: পাবনা প্রাদেশিক সম্মিলনী

রবীন্দ্রনাথ ছিলেন আরেক যুগের মানুষ - এক পরাধীন অনগ্রসর দেশের নাগরিক। এই আধুনিক ডিজিটাল যুগে তার স্বদেশ ও সমাজচেতনার মূল্য কী থাকতে পারে? তাছাড়া আমরা অনেকেই এখন রাজনীতি-বিমুখ। রাষ্ট্র-পরিচালনায় ও রাজনীতিতে নষ্টামি, ভণ্ডামি, নৈরাজ্য, নৈতিকতার স্খলন ইত্যাদি কারণে আমরা অনেকেই সক্রিয় রাজনীতি থেকে দূরে থাকলেও স্বদেশ ও সমাজ নিয়ে মাথা ঘামাই না, এমনটা বলা যায় না। আমাদের রাষ্ট্রীয় সংকটের সময়ে কিংবা সামাজিক অস্থিরতার সময়ে, আমরা ব্যক্তিগত আলাপ আলোচনায় ও লিখালিখিতে মতামত ব্যক্ত করি, চায়ের কাপে তর্কের ঝড় তুলি, এবং সমাধান খুঁজে বেড়াই। এর একটি কারণ সম্ভবত নিজের মনের মত দেশ ও সমাজে ভালোভাবে বেঁচে থাকার বাসনা।

তাই দল করি আর নাই করি, স্বদেশ ও সমাজ নিয়ে ভাবনা-চিন্তার হাত থেকে আমাদের রেহাই নেই। কিন্তু কেউ কেউ বলতে পারেন আমাদের রাষ্ট্র-পরিচালনা, সমাজ, সংস্কৃতি, ও অর্থনৈতিক সাম্যের সমস্যাবলী একান্তই একালের সমস্যা - রবীন্দ্রনাথ এখানে অপ্রাসঙ্গিক, যদিও তার গান ও কবিতা আমাদের বিভিন্ন রাজনৈতিক আন্দোলনে-সংগ্রামে উদ্দীপনা যুগিয়েছে। আশ্চর্য্যের বিষয় হল, রবীন্দ্রনাথকে আমরা প্রধানতঃ গান ও কবিতা রচয়িতা হিসাবে জানলেও, তিনি রাজনীতি-নিরপেক্ষ উচ্চ-মিনার-বাসী মানুষ ছিলেন না। রাজনৈতিক ও রাষ্ট্রনৈতিক অশান্তিতে তিনি বিক্ষিপ্ত হয়েছেন, অশান্ত হয়েছেন, মিছিল-মিটিংয়ে যোগ দিয়েছেন এবং প্রতিবাদ করে বেঁধেছেন কালজয়ী গান, লিখেছেন উদ্দীপনাময়ী কবিতা।

স্বদেশ ও সমাজ নিয়ে তাঁর চিন্তাভাবনার একটি প্রধান বৈশিষ্ট্য এই যে - তার বিচক্ষণতা ও অন্তর্দৃষ্টি সে যুগের অনেক বড়ো রাজনীতিবিদদের চেয়েও গভীর ছিল এবং অনেকসময়ই সময় ও কালকে উত্তীর্ণ করে যায়। ফলে রবীন্দ্রনাথ আমাদের সাহায্য করতে পারেন এযুগের সমস্যার গভীরে পৌঁছুতে, আমাদের চিন্তা-ভাবনাকে ঘষেমেজে নতুন আলোকে পরিষ্কারভাবে বুঝে নিতে, আমাদের অন্তর্দৃষ্টিকে সমৃদ্ধ করতে, এবং বাতুল বিতর্কের অ-গভীরতা অনুধাবন করতে।

একটি ছোটো উদাহরণ দেয়া যেতে পারে। ১৯৩৪ সালে বিহারে এক ভয়াবহ ভূমিকম্প হয় (৮.৪ রিখটার স্কেলে)। পাটনা শহরের সব দালানকোঠা ভেঙে যায় এবং বহু মানুষ মারা যায়। রাজনীতিবিদ মহাত্মা গান্ধী তখন হিন্দুসমাজের অস্পৃশ্যতার বিরুদ্ধে লড়াই করছেন। তাই তিনি ঘোষণা দিলেন - "এই ভূমিকম্প অস্পৃশ্যতার পাপের জন্য ঈশ্বরের প্রেরিত শাস্তি।" গান্ধীর আশা ছিল - যদি ঈশ্বরের শাস্তির ভয়ে মানুষ তাঁর অস্পৃশ্যতা-বিরোধী আন্দোলনে বেশি সমর্থন দেয়।

কোনো ধর্মনেতা ঈশ্বরের উপর এই দোষারোপের প্রতিবাদ করলেন না (হাজার হোক গান্ধী বলে কথা !)। প্রতিবাদ করলেন ঈশ্বরপ্রেমিক এক কবি রবীন্দ্রনাথ ঠাকুর - তিনি ঈশ্বরের সমর্থনে বললেন - "গান্ধী যে শুধু ঈশ্বরকে টেনে আনছেন তাই নয়, তিনি এমন এক ঈশ্বরের ধারণা প্রচার করেছেন যিনি পাপীকে শাস্তি দিতে গিয়ে নিষ্পাপকেও

সাজা দিয়ে ফেলেন। তার চেয়েও বড়ো কথা, গান্ধী সেই অন্ধত্বকেই শক্তিশালী করেছেন যা মানুষের দুর্ভোগের কারণ খুঁজে ঐশ্বরিক জগতে।" গান্ধী রবিঠাকুরের এই কথার উপযুক্ত জবাব দিতে পারেন নি - তবে তিনি অত্যন্ত বিরক্ত হয়েছিলেন।

২০২০-২০২২ সালে করোনার মরণ-আঘাতে যখন বিশ্ব বিপর্যস্ত, তখন উন্নত এবং অনুন্নত উভয় রকমের দেশেই ধর্মব্যবসায়ী মোল্লা পাদ্রী পুরোহিতরা বলেছেন যে এটা ঈশ্বরপ্রদত্ত শাস্তি। তাদের আশা ছিল বিপদের মধ্যে দিশেহারা হয়ে যদি মানুষ একটু বেশিমাত্রায় ঈশ্বরমুখী হয় - তাহলে তাদের ব্যবসা বাড়ে। একবিংশ শতাব্দীর বিজ্ঞান ও প্রযুক্তির অভাবনীয় উন্নতির এই যুগে প্রাচ্য ও পাশ্চাত্যের রাজনীতিবিদরাও পিছিয়ে নেই যত্রতত্র ঈশ্বরকে টেনে আনতে ভোট বাড়ানোর জন্য।

রবীন্দ্রনাথের গভীর বিশ্বাস ছিল অন্যায়ের পথে কোনো মহৎ উদ্দেশ্য সাধিত হয় না এবং হলেও সেটা দীর্ঘস্থায়ী হয় না। রাজনীতিতে যে একটা কথা প্রচলিত আছে - The end justifies the means - সেটার ঘোরবিরোধী ছিলেন তিনি কেননা তিনি বিশ্বাস করতেন নৈতিক স্খলনের মধ্য দিয়ে কোনো দীর্ঘস্থায়ী সুফল অর্জন সম্ভব নয়।

ভারতে এবং বাংলাদেশে হিন্দু-মুসলমানের মধ্যে সাম্প্রদায়িকতার বিভেদ রহিত করার উপায় নিয়ে রবীন্দ্রনাথের চিন্তা আজও আমাদের কাজে লাগতে পারে - যদি আমরা তাঁর কথা শুনি। তিনি মনে করতেন সম্প্রদায়ে সম্প্রদায়ে যত বেশি বেশি আনাগোনার চর্চা হবে ততই আমরা ধর্মমতকে ও আচারকে পেছনে ফেলে মানুষকে জানতে শিখব - ভালোবাসতে শিখব। (দেখুন জুলাই ৩০)। অপরিচয় ও আনাগোনার অভাবই আমাদের মধ্যে তৈরি করে ব্যবধান। "কালান্তর" গ্রন্থে তিনি লিখেছিলেন - "যে-সকল গ্রামের সঙ্গে শান্তিনিকেতনের সম্বন্ধ তার মধ্যে মুসলমান গ্রাম আছে। যখন কলকাতায় হিন্দু-মুসলমানের দাঙ্গা দূত-সহযোগে কলকাতার বাইরে ছড়িয়ে চলেছে তখন বোলপুর-অঞ্চলে মিথ্যা জনরব রাষ্ট্র করা হয়েছিল যে, হিন্দুরা মসজিদ ভেঙে দেবার সংকল্প করছে; এই সঙ্গে কলকাতা থেকে গুণ্ডার আমদানিও হয়েছিল। কিন্তু, স্থানীয় মুসলমানদের শান্ত রাখতে আমাদের কোনো কষ্ট পেতে হয় নি,

কেননা তারা নিশ্চিত জানত আমরা তাদের অকৃত্রিম বন্ধু। আমার অধিকাংশ প্রজাই মুসলমান। কোর্‌বানি নিয়ে দেশে যখন একটা উত্তেজনা প্রবল তখন হিন্দু প্রজারা আমাদের এলাকায় সেটা সম্পূর্ণ রহিত করবার জন্য আমার কাছে নালিশ করেছিল। সে নালিশ আমি সংগত বলে মনে করি নি, কিন্তু মুসলমান প্রজাদের ডেকে যখন বলে দিলুম কাজটা যেন এমনভাবে সম্পন্ন করা হয় যাতে হিন্দুদের মনে অকারণে আঘাত না লাগে তারা তখনই তা মেনে নিল। আমাদের সেখানে এপর্যন্ত কোনো উপদ্রব ঘটে নি। আমার বিশ্বাস তার প্রধান কারণ, আমার সঙ্গে আমার মুসলমান প্রজার সম্বন্ধ সহজ ও বাধাহীন। এ কথা আশা করাই চলে না যে, আমাদের দেশের ভিন্ন ভিন্ন সমাজের মধ্যে ধর্মকর্মের মতবিশ্বাসের ভেদ একেবারেই ঘুচতে পারে। তবুও মনুষ্যত্বের খাতিরে আশা করতেই হবে আমাদের মধ্যে মিল হবে। পরস্পরকে দূরে না রাখলেই সে মিল আপনিই সহজ হতে পারবে। সঙ্গের দিক থেকে আজকাল হিন্দু-মুসলমান পৃথক হয়ে গিয়ে সাম্প্রদায়িক অনৈক্যকে বাড়িয়ে তুলেছে, মনুষ্যত্বের মিলটাকে দিয়েছে চাপা। আমি হিন্দুর তরফ থেকেই বলছি, মুসলমানের ত্রুটিবিচারটা থাক্– আমরা মুসলমানকে কাছে টানতে যদি না পেরে থাকি তবে সেজন্যে যেন লজ্জা স্বীকার করি। অল্পবয়সে যখন প্রথম জমিদারি সেরেস্তা দেখতে গিয়েছিলুম তখন দেখলুম, আমাদের ব্রাহ্মণ ম্যানেজার যে তক্তপোষে গদিতে বসে দরবার করেন সেখানে এক ধারে জাজিম তোলা, সেই জায়গাটা মুসলমান প্রজাদের বসবার জন্যে; আর জাজিমের উপর বসে হিন্দু প্রজারা। এইটে দেখে আমার ধিক্কার জন্মেছিল। অথচ এই ম্যানেজার আধুনিক দেশাত্মবোধী দলের। ইংরেজরাজের দরবারে ভারতীয়ের অসম্মান নিয়ে কটুভাষা ব্যবহার তিনি উপভোগ করে থাকেন, তবু স্বদেশীয়কে ভদ্রোচিত সম্মান দেবার বেলা এত কৃপণ। এই কৃপণতা সমাজে ও কর্মক্ষেত্রে অনেক দূর পর্যন্ত প্রবেশ করেছে; অবশেষে এমন হয়েছে যেখানে হিন্দু সেখানে মুসলমানের দ্বার সংকীর্ণ, যেখানে মুসলমান সেখানে হিন্দুর বাধা বিস্তর। এই আন্তরিক বিচ্ছেদ যতদিন থাকবে ততদিন স্বার্থের ভেদ ঘুচবে না এবং রাষ্ট্রব্যবস্থায় এক পক্ষের কল্যাণভার অপর পক্ষের হাতে দিতে সংকোচ অনিবার্য হয়ে উঠবে।"(কালান্তর: সংযোজন)

আশাকরি এই অধ্যায়ের উদ্‌ধৃতিগুলো আমাদের স্বদেশ ও সমাজভাবনাকে সমৃদ্ধ করবে এবং আমাদেরকে নতুন ভাবে ভাবতে শেখাবে।

জুলাই ১

স্বদেশ ও স্বকাল

চিন্তা-কণিকা

আমরা দেশের কাজ করতে হলে সর্বাগ্রে দেশকে ভালোবাসতে হবে। দেশের নিন্দা করলে কিংবা সর্বত্র দেশের বা দেশের মানুষের দোষত্রুটি দেখলে দেশের কাজ করা যায় না। তখন দেশের কাজের নাম করে নিজের নাম কুড়ানোই সার হয়।

****

স্বদেশ যেমন একটা আছে স্বকালও তেমনি একটা আছে। স্বদেশকে ভালো না বাসিলে যেমন স্বদেশের কাজ করা যায় না, তেমনি স্বকালকেও ভালো না বাসিলে স্বকালের কাজও করা যায় না। **যদি ক্রমাগতই স্বদেশের নিন্দা করিতে থাক, স্বদেশের কোনো গুণই দেখিতে না পাও, তবে স্বদেশের উপযোগী কাজ তোমার দ্বারা ভালোরূপে সম্পন্ন হইতে পারে না।**

কেবলমাত্র কর্তব্য বিবেচনা করিয়া তুমি স্বদেশের উপকার করিতে চেষ্টা করিতে পারো, কিন্তু সে চেষ্টা সফল হয় না। **তোমার হৃদয়হীন কাজগুলো বিদেশী বীজের মতো স্বদেশের জমিতে ভালো করিয়া অঙ্কুরিত হইতে পারে না।** তেমনি স্বকালের যে কেবল দোষই দেখে, কোনো গুণ দেখিতে পায় না, সে চেষ্টা করিলেও স্বকালের কাজ ভালো করিয়া করিতে পারে না।

- চিঠিপত্র ২ , কল্পিতব্যক্তিকে লিখা চিঠি, "সমাজ" গ্রন্থে সন্নিবিষ্ট

জুলাই ২

সাহসী কর্ম - নাইটহুড খেতাব বর্জন

চিন্তা-কণিকা

একটি পরাধীন দেশের নাগরিক হয়ে সরকারী অন্যায় অত্যাচারের প্রতিবাদ করে ব্রিটিশ রাষ্ট্রীয় পদক ফিরিয়ে দিয়ে রবীন্দ্রনাথ অসীম সাহস দেখিয়েছিলেন সেইদিন। স্বাধীন দেশের রাষ্ট্রীয় পদক-প্রাপ্ত কয়জন নাগরিক আজ এমন সাহস দেখাতে পারবেন নিজের দেশে নিজ রাষ্ট্রের নাগরিকদের উপর সরকারের অত্যাচার নির্যাতনের প্রতিবাদে?! একটু ভাবুন।

****

The disproportionate severity of the punishments inflicted upon the unfortunate people and the methods of carrying them out, we are convinced, are without parallel in the history of civilized governments, barring some conspicuous exceptions, recent and remote. Considering that such treatment has been meted out to a population, disarmed and resourceless, by a power which has the most terribly efficient organization for destruction of human lives, we must strongly assert that it can claim no political expediency, far less moral justification. ... **The very least that I can do for my country is to take all consequences upon myself in giving voice to the protest of the millions of my countrymen, surprised into a dumb anguish of terror. The time has come when badges of honor make our shame glaring** in the incongruous context of humiliation, and I for my part wish to stand, shorn of all special distinctions, by the side of those of my countrymen, who, for their so-called insignificance, are liable to suffer degradation not fit for human beings. These are the reasons which have painfully compelled me to ask Your Excellency, with due reference and regret, **to relieve me of my title of Knighthood.**

- Letter to Lord Chelmsford returning his Knighthood in protest against Jallianwala Bagh Massacre, 1919

জুলাই ৩

যদি তোর ডাক শুনে কেউ না আসে

চিন্তা-কণিকা সত্যের পথে দৃঢ়চিত্তে একলা এগিয়ে যাওয়ার নামই সাহস।

যদি তোর ডাক শুনে কেউ না আসে
তবে একলা চলো রে।
একলা চলো, একলা চলো, একলা চলো,
একলা চলো রে ॥
যদি কেউ কথা না কয়, ওরে ওরে ও অভাগা,
যদি সবাই থাকে মুখ ফিরায়ে সবাই করে ভয়--
তবে পরান খুলে
ও তুই মুখ ফুটে তোর মনের কথা একলা বলো রে ॥
যদি সবাই ফিরে যায়, ওরে ওরে ও অভাগা,
যদি গহন পথে যাবার কালে কেউ ফিরে না চায়--
তবে পথের কাঁটা
ও তুই রক্তমাখা চরণতলে একলা দলো রে ॥
যদি আলো না ধরে, ওরে ওরে ও অভাগা,
যদি ঝড়-বাদলে আঁধার রাতে দুয়ার দেয় ঘরে--
তবে বজ্রানলে
আপন বুকের পাঁজর জ্বালিয়ে নিয়ে একলা জ্বলো রে ॥

- গীতবিতান: স্বদেশ: ৩

If no one answers your call, then walk alone
Walk alone, walk alone, walk alone.
If no one speaks to you, o unfortunate one
If everyone turns their face away, everyone is fearful
Then fearlessly speak out your mind, speak alone.
If everyone turns back, o unfortunate one
If no one cares as you pass through a difficult route
Then crush the thorns under your feet, crush alone.
If no one holds a lamp, o unfortunate one
If in a dark stormy night everyone shuts their doors
Then let the fire of lightning set your heart ablaze
And glow alone, glow alone. - (Translation by NS)

জুলাই ৪

ডিমক্রাসি ও ধনের শাসন

চিন্তা-কণিকা

এই রবীন্দ্রনাথকে কি আমরা চিনি? ১৯২৩ সালে তার লিখায় এ কী দূরদৃষ্টির প্রকাশ। বর্তমান (২০২২) আমেরিকায় ধনী-দরিদ্রের বৈষম্য সীমাহীন। টাকার জোর আছে যাদের তারাই দেশ চালাচ্ছে - আইন মূলতঃ তাদেরই পক্ষে। মানুষকে এখনও অত্যন্ত কম নূন্যতম মজুরীতে (minimum wage) কাজ করতে হয়। অথচ টাকার পাহাড় গড়ছে ধনীরা। ভোটের গণতন্ত্র থাকলেও ধন-অর্জনের বা সচ্ছল জীবনযাপনের গণতন্ত্র নাই। রবীন্দ্রনাথের লিখার প্রায় একশত বছর পরেও এই ২০২২ সালে আমেরিকায় স্বাধীনতা সর্বসাধারণের সম্পদ হয়ে উঠতে পারে নি। পদে পদে সম্পদহীনদের স্বাধীনতা খর্ব হচ্ছে।

****

রাজতন্ত্র উঠে গিয়ে আজ অনেক দেশে গণতন্ত্র বা ডিমক্রাসির প্রাদুর্ভাব হয়েছে। ...আমেরিকার যুক্তরাজ্য এই ডিমক্রাসির বড়াই করে থাকে। কিন্তু **যেখানে মূলধন ও মজুরির মধ্যে অত্যন্ত ভেদ আছে সেখানে ডিমক্রাসি পদে পদে প্রতিহত হতে বাধ্য। কেননা, সকল-রকম প্রতাপের প্রধান বাহক হচ্ছে অর্থ**।

... তাই য়ুনাইটেড স্টেট্‌স'এ রাষ্ট্রচালনার মধ্যে ধনের শাসনের পদে পদে পরিচয় পাওয়া যায়। **টাকার জোরে সেখানে লোকমত তৈরি হয়, টাকার দৌরাত্ম্যে সেখানে ধনীর স্বার্থের সর্বপ্রকার প্রতিকূলতা দলিত হয়।** একে জনসাধারণের স্বায়ত্তশাসন বলা চলে না। এইজন্যে, যথেষ্টপরিমাণ স্বাধীনতাকে সর্বসাধারণের সম্পদ্ করে তোলবার **মূল উপায় হচ্ছে ধন-অর্জনে সর্বসাধারণের শক্তিকে সম্মিলিত করা**। তা হলে ধন টাকা-আকারে কোনো এক জনের বা এক সম্প্রদায়ের হাতে জমা হবে না; কিন্তু লক্ষপতি ক্রোড়পতিরা আজ ধনের যে ফল ভোগ করবার অধিকার পায় সেই ফল সকলেই ভোগ করতে পারে।

- সমবায়নীতি: সমবায়

জুলাই ৫

দেশের দুঃখনিবারণের জন্য দুটো কাজ

চিন্তা-কণিকা

ধনের শোষক চরিত্র রবিঠাকুর বুঝতে পারতেন। তাই শিক্ষার প্রসার ও সমবায়নীতির সুষ্ঠু প্রয়োগের মধ্যেই তিনি মানুষের অর্থনৈতিক মুক্তি দেখেছিলেন।

****

এখনকার দিনে ব্যবসা-বাণিজ্যে মানুষ পরস্পর পরস্পরকে জিতিতে চায়, ঠকাইতে চায়; **ধনী আপন টাকার জোরে নির্ধনের শক্তিকে** সস্তা দামে কিনিয়া লইতে চায়; ইহাতে করিয়া টাকা এবং ক্ষমতা কেবল এক-এক জায়গাতেই বড়ো হইয়া উঠে এবং বাকি জায়গায় সেই বড়ো টাকার আওতায় ছোটো শক্তিগুলি মাথা তুলিতে পারে না।

... আজ আমাদের দেশে অনেক শিক্ষিত লোকে দেশের কাজ করিবার জন্য আগ্রহ বোধ করেন। কোন্ কাজটা বিশেষ দরকারি এ প্রশ্ন প্রায়ই শোনা যায়। অনেকে সেবা করিয়া, উপবাসীকে অন্ন দিয়া, দরিদ্রকে ভিক্ষা দিয়া দেশের কাজ করিতে চান। গ্রাম জুড়িয়া যখন আগুন লাগিয়াছে তখন ফুঁ দিয়া আগুন নেবানোর চেষ্টা যেমন ইহাও তেমনি। আমাদের দুঃখের লক্ষণগুলিকে বাহির হইতে দূর করা যাইবে না, দুঃখের কারণগুলিকে ভিতর হইতে দূর করিতে হইবে। তাহা যদি করিতে চাই তবে **দুটি কাজ আছে**। **এক**, দেশের সর্বসাধারণকে শিক্ষা দিয়া পৃথিবীর সকল মানুষের মনের সঙ্গে তাহাদের মনের যোগ ঘটাইয়া দেওয়া--, ভাবের দিকে তাহাদিগকে বড়ো মানুষ করিতে হইবে--**আর-এক**, জীবিকার ক্ষেত্রে তাহাদিগকে **পরস্পর মিলাইয়া** পৃথিবীর সকল মানুষের সঙ্গে তাহাদের কাজের যোগ ঘটাইয়া দেওয়া। বিশ্ব হইতে বিচ্ছিন্ন হইয়া সাংসারিক দিকে তাহারা দুর্বল ...অর্থের দিকে তাহাদিগকে বড়োমানুষ করিতে হইবে।

- সমবায়নীতি: সমবায় ১

জুলাই ৬

মুহূর্ত তুলিয়া শির একত্র দাঁড়াও দেখি সবে

এই-সব মূঢ় ম্লান মূক মুখে
দিতে হবে ভাষা-- এই-সব শ্রান্ত শুষ্ক ভগ্ন বুকে
ধ্বনিয়া তুলিতে হবে আশা-- ডাকিয়া বলিতে হবে--
মুহূর্ত তুলিয়া শির একত্র দাঁড়াও দেখি সবে,
যার ভয়ে তুমি ভীত সে অন্যায় ভীরু তোমা চেয়ে,
যখনি জাগিবে তুমি তখনি সে পলাইবে ধেয়ে;
... মুখে করে আস্ফালন, জানে সে হীনতা আপনার
মনে মনে।
কবি, তবে উঠে এসো-- যদি থাকে প্রাণ
তবে তাই লহো সাথে, তবে তাই করো আজি দান।
বড়ো দুঃখ, বড়ো ব্যথা-- সম্মুখেতে কষ্টের সংসার
বড়োই দরিদ্র, শূন্য, বড়ো ক্ষুদ্র, বদ্ধ, অন্ধকার।
অন্ন চাই, প্রাণ চাই, আলো চাই, চাই মুক্ত বায়ু,
চাই বল, চাই স্বাস্থ্য, আনন্দ-উজ্জ্বল পরমায়ু,
সাহসবিস্তৃত বক্ষপট। এ দৈন্যমাঝারে, কবি,
একবার নিয়ে এসো স্বর্গ হতে বিশ্বাসের ছবি।

- চিত্রা: এবার ফিরাও মোরে

চিন্তা-কণিকা

দেশে দেশে সাধারণ জনগণ আগেও যেরকম নির্যাতিত শোষিত ছিল এখনও সে-রকম। কেবল খোলস বদলেছে - গণতন্ত্র স্বাধিকার ইত্যাদির নামে ধনীর দৌরাত্ম্য এখনও বহাল আছে। আজকের এই যুগেও তৃতীয়ে বিশ্বের রাষ্ট্রগুলোতে নিজ দেশের সরকার সাধারণ নাগরিকদের অধিকার খর্ব করছে কেননা তারা দলবদ্ধ হয়ে প্রতিবাদ করতে পারছে না দীর্ঘ সময় ধরে - তাই হতাশ হয়ে সাধারণ মানুষ নিজের অবস্থাকে মেনে নিয়েছে। ভিন্নদিকে ধনী রাষ্ট্রগুলিতে সরকার ধনীদের সাথে হাত মিলিয়ে দেশের সাধারণ মানুষকে শোষণের রাস্তা উন্মুক্ত করে রেখেছে - মজুরী কম, চিকিৎসা ব্যয় অতিরিক্ত, নিরাপদ বাসস্থান নাগালের বাইরে - এবং সেইসাথে বিশ্বময় যুদ্ধ বহাল রেখে মানুষ মেরে অস্ত্রব্যবসা চালাচ্ছে।

(আরো দেখুন জুলাই ৪)

জুলাই ৭

স্বজাতিকে স্বাধীনতাপ্রিয় করিয়া তোলা

চিন্তা-কণিকা

আমাদের দেশে সচেতন স্বাধীনতার স্বাধিকারের সংগ্রাম সেই ব্রিটিশ আমল থেকে চলছে। কিন্তু আমরা কি স্বাধীনতা পেয়েছি। ব্রিটিশদের ফিরে যাওয়ার পরে ভারত উপমহাদেশের নানা দেশে যেই সরকার ক্ষমতায় এসেছে সেই সরকারই নানানভাবে সর্বসাধারণের স্বাধীনতা খর্ব করার চেষ্টা করেছে। এর কারণ কী? এর কারণ - আমাদের সমাজে স্বাধীনতার চর্চা নাই, আমাদের পরিবারে স্বাধীনতার চর্চা নাই। ফলে আমরা স্বাধীনতার মূল্য বুঝি না - ক্ষমতায় গেলে বা ক্ষমতা পেলে আমরা পদে পদে অধস্তনদের স্বাধীনতা খর্ব করি। তাই আমাদের মানসিকতা বদলানো দরকার - দরকার সমাজে, পরিবারে, এবং শিক্ষাঙ্গনে সর্বত্র স্বাধীনতার চর্চা করা।

****

যদি স্বজাতিকে স্বাধীনতাপ্রিয় করিয়া তুলিতে চাও, তবে সভা ডাকিয়া, গলা ভাঙিয়া, করতালি দিয়া একটা হট্টগোল করিবার তো আমি তেমন আবশ্যক দেখি না। তাহার প্রধান উপায়, প্রতি ক্ষুদ্র বিষয়ে স্বাধীনতা চর্চা করা।

জাতির মধ্যে স্বাধীনতার স্ফূর্তি ও পরিবারের মধ্যে অধীনতার শৃঙ্খল ইহা বোধ করি কোনো সমাজে দেখা যায় না। প্রতি পরিবারেই যদি কর্তৃপক্ষীয়েরা তাঁহাদের ভ্রাতাদের, পুত্রদের, ভৃত্যদের স্বাধীনতা অপহরণ না করেন, পরিবারের মধ্যে যদি কতকগুলি কৃত্রিম-প্রথার অষ্ট-পৃষ্ঠ বন্ধন না থাকে, তবেই আমাদের কিছু আশা থাকে। **যাঁহারা স্ত্রীকে শাসন করেন, কনিষ্ঠ ভ্রাতাদের ও সন্তানদের প্রহার করেন, ভৃত্যদিগকে নিতান্ত নীচজনোচিত গালাগালি দেন, তাঁহারা জাতীয় স্বাধীনতার কথা যত কম ক'ন ততই ভালো।**

- সমাজ: পারিবারিক দাসত্ব

জুলাই ৮

হিতৈষিতার দানে মানুষ অপমানিত হয়

চিন্তা-কণিকা

কথাগুলো বার বার পড়ুন এবং ভাবুন আমাদের লোকহিত করবার পথে দুর্বলতা ও বাধা কোথায়।

****

আমরা পরের উপকার করিব মনে করিলেই উপকার করিতে পারি না। **উপকার করিবার অধিকার থাকা চাই।** যে বড়ো সে ছোটোর অপকার অতি সহজে করিতে পারে কিন্তু **ছোটোর উপকার করিতে হইলে কেবল বড়ো হইলে চলিবে না, ছোটো হইতে হইবে**, ছোটোর সমান হইতে হইবে।

মানুষ কোনোদিন কোনো যথার্থ হিতকে ভিক্ষারূপে গ্রহণ করিবে না, ঋণরূপেও না, কেবলমাত্র প্রাপ্য বলিয়াই গ্রহণ করিতে পারিবে।

কিন্তু **আমরা লোকহিতের জন্য যখন মাতি তখন অনেক স্থলে সেই মত্ততার মূলে একটি আত্মাভিমানের মদ থাকে। আমরা লোকসাধারণের চেয়ে সকল বিষয়ে বড়ো এই কথাটাই রাজকীয় চালে সম্ভোগ করিবার উপায় উহাদের হিত করিবার আয়োজন।** এমন স্থলে উহাদেরও অহিত করি, নিজেদেরও হিত করি না। **হিত করিবার একটিমাত্র ঈশ্বরদত্ত অধিকার আছে, সেটি প্রীতি। প্রীতির দানে কোনো অপমান** নাই কিন্তু হিতৈষিতার দানে মানুষ অপমানিত হয়। মানুষকে সকলের চেয়ে নত করিবার উপায় তাহার হিত করা অথচ তাহাকে প্রীতি না-করা।

- কালান্তর: লোকহিত

জুলাই ৯

সকলের চেয়ে বড়ো দরকার শিক্ষার সাম্য

চিন্তা-কণিকা

বহুকাল পূর্বে উচ্চারিত "শ্রেষ্ঠত্বের উৎকর্ষে সকল মানুষের জন্মগত অধিকার" কি আধুনিক মানবাধিকার আন্দোলনের মর্মবাণী নয়?! শতবর্ষ পরেও শিক্ষার অসাম্যই (বাংলা স্কুল, ইংরেজি স্কুল, মাদ্রাসা) কি আমাদের সামাজিক পীড়ার একটি প্রধান কারণ নয়? গাঢ় (bold) অক্ষরে চিহ্নিত বাক্যাংশগুলো একটু বেশি মনোযোগ দিয়ে পড়ুন এবং ভাবুন।

****

আমি তাই যাঁরা এখানে গ্রামের কাজ করতে আসেন তাঁদের বলি, শিক্ষাদানের ব্যবস্থা যেন এমন ভাব মনে রেখে না করা হয় যে, **ওরা গ্রামবাসী, ওদের প্রয়োজন স্বল্প, ওদের মনের মতো করে যা-হয়-একটা গেঁয়ো ব্যবস্থা করলেই চলবে। গ্রামের প্রতি এমন অশ্রদ্ধা প্রকাশ যেন আমরা না করি**। দেশের মধ্যে এই-যে প্রকাণ্ড বিভেদ এ'কে দূর করে জ্ঞানবিজ্ঞান, কী পল্লী কী নগর, সর্বত্র ছড়িয়ে দিতে হবে— সর্বসাধারণের কাছে সুগম করে দিতে হবে। গ্রামের লোকেরা থাকুক তাদের ভূত-প্রেত-ওঝা, তাদের অশিক্ষা অস্বাস্থ্য নিরানন্দ নিয়ে, তাদের জন্য শিক্ষার একটুখানি যে-কোনোরকম আয়োজন করলেই যথেষ্ট, এরকম অসম্মান যেন গ্রামবাসীদের না করি। এই অসম্মান জন্মায় শিক্ষার ভেদ থেকে। মন অহংকৃত হয়; বলে, '**ওরা চালিত হবে, আমরা চালনা করব দূর থেকে, উপর থেকে।**'

... **আমাদের শিক্ষিত লোকদের জ্ঞান যে নিষ্ফল হয়, অভিজ্ঞতা যে পল্লীবাসীর কাজে লাগে না, তার কারণ আমাদের অহমিকা**, যাতে আমাদের মিলতে দেয় না, ভেদকে জাগিয়ে রাখে। ... **মনে রাখতে হবে শ্রেষ্ঠত্বের উৎকর্ষে সকল মানুষেরই জন্মগত অধিকার। গ্রামে গ্রামে আজ মানুষকে এই অধিকার ফিরিয়ে দিতে হবে। আজ আমাদের সকলের চেয়ে বড়ো দরকার শিক্ষার সাম্য।**

- পল্লীপ্রকৃতি: পল্লীসেবা

জুলাই ১০

চিন্তা-কণিকা

দেশের সবচেয়ে বড়ো শত্রু

আমাদের প্রকৃত স্বাধীনতালাভের পক্ষে বাধাগুলো কোথায় কোথায় একটু ভেবে দেখুন। এবং সেই সকল বাধা অপসারণের জন্য কাজ করতে সকলকে উদ্‌বুদ্ধ করুন।

****

আমাদের দেশের উপর সবচেয়ে বড়ো শত্রু প্রভুত্ব করিতেছে, তাহা হইতেছে অজ্ঞতা ও কুসংস্কার, জাতিভেদের গোঁড়ামি ও ধর্মের অন্ধতা। সমুদ্রপারের যে প্রভূত্ব বিদেশীদের মধ্য দিয়া আমাদের উপর শাসন করিতেছে, এই সমস্ত অজ্ঞতা ও সংস্কারের বিদ্বেষ তাহার অপেক্ষা অনেক বেশি কঠোরতর। **এই-সমস্ত অমঙ্গলের যতদিন মূলোচ্ছেদ না হইবে, ততদিন আমরা ভোটের অধিকার ও সুবিধা লাভের প্রত্যাশায় যতই বিবাদ করি-না-কেন, প্রকৃত স্বাধীনতা কিছুতেই পাইবো না।**

- ব্যক্তিপ্রসঙ্গ: পরিশিষ্ট

আমার মধ্যে এবং অন্যের মধ্যে মানুষে মানুষে তো আকাশগত ফাঁক আছে; যে লোক সেই ফাঁকটাকেই অত্যন্ত বেশি করে সত্য জানে সেই হল স্বার্থপর সেই হল অহংনিষ্ঠ। **সে বলে, ও আলাদা, আমি আলাদা**। মহাত্মা কাকে বলি যিনি সেই ফাঁককে আত্মীয়সম্বন্ধের দ্বারা পূর্ণ করে জানেন, জ্যোতির্বিৎ যেমন করে জানেন যে, পৃথিবী ও চন্দ্রের মাঝখানকার শূন্য পরস্পরের আত্মীয়তার আকর্ষণসূত্র বহন করছে।

... **এক দেশের মানুষের সঙ্গে আর-এক দেশের মানুষের ফাঁক আরো বড়ো**। শুধু আকাশের ফাঁক নয়, আচারের ফাঁক, ভাষার ফাঁক, ইতিহাসের ফাঁক। এই ফাঁককে যারা পূর্ণ করে দেখতে পারলে না তারা পরস্পর লড়াই করে পরস্পরকে প্রতারণা করে মরছে। **তারা প্রত্যেকেই 'আমরা বড়ো' 'আমরা স্বতন্ত্র' এই কথা গর্ব করে জয়ডঙ্কা বাজিয়ে ঘোষণা করে বেড়াচ্ছে। অন্ধ যদি বুক ফুলিয়ে বলে, 'আমি ছাড়া বিশ্বে আর কিছুই নেই' সে যেমন হয় এও তেমনি।**

- প্রবন্ধ> ব্যক্তিপ্রসঙ্গ

জুলাই ১১

প্রথার প্রতি আমাদের ভক্তি

চিন্তা-কণিকা

আমরা প্রচলিত প্রথা থেকে সরে আসতে চাই না - যদি সেটা ধর্ম-সংশ্লিষ্ট হয় তাহলে আর কোনো কথা নেই। আমরা ধরে নেই - এতদিন ধরে চলে আসা প্রথা - তা যতই অন্যায় মনে হোক না কেন - পাপ হলে কি আর এতদিন পালিত হত? ফলে ধর্ম-সংক্রান্ত কুসংস্কার আমাদেরকে পেয়ে বসে। প্রাচীনকাল থেকে চলে আসা বলিদান প্রথার সমর্থনে যে যুক্তি এখানে দেখানো হয়েছে - আজও সেই একই যুক্তি দেখানো হয় প্রাচীন অন্যায় প্রথাকে বহাল রাখার জন্য। সবাই বলে অন্যায় হলে কি এটা এতদিন ধরে চলতে পারতো? এ রকম যুক্তির ফাঁদ কি চেনা চেনা লাগছে?

পাপের কি এত পরমায়ু হবে?
কত শত বর্ষ ধরে যে প্রাচীন প্রথা
দেবতাচরণতলে বৃদ্ধ হয়ে এল,
সে কি পাপ হতে পারে?

...

পিতামহ এসেছে পালন করে যত্নে ভক্তিভরে
সনাতন রীতি। তাঁহাদের অপমান
তার অপমানে।

...

ভেবে দেখো মহারাজ,
যুগে যুগে যে পেয়েছে শতসহস্রের
ভক্তির সম্মতি, তাহারে করিতে নাশ
তোমার কী আছে অধিকার।

- নাটক: বিসর্জন

চিন্তা-কণিকা

<u>**আরো চিন্তার খোরাক:**</u> বিসর্জন নাটকে রাজা গোবিন্দমাণিক্য এইসকল যুক্তি মানতে অস্বীকার করে সাহসিকতার সাথে আদেশ দেন -

... থাক্ তর্ক!
যাও মন্ত্রী, আদেশ প্রচার করো গিয়ে —
আজ হতে বন্ধ বলিদান।

জুলাই ১২

পদে পদে বাঁধে তারে জীর্ণ লোকাচার

চিন্তা-কণিকা

পুরানো লোকাচার এবং পুরানো প্রথা আমাদের জাতীয় মুক্তির পথে এবং মনুষ্যত্ব অর্জনের পথে প্রধান বাধা।

যে নদী হারায়ে স্রোত চলিতে না পারে
সহস্র শৈবালদাম বাঁধে আসি তারে;
**যে জাতি জীবনহারা অচল অসাড়
পদে পদে বাঁধে তারে জীর্ণ লোকাচার।**
সর্বজন সর্বক্ষণ চলে যেই পথে
তৃণগুল্ম সেথা নাহি জন্মে কোনোমতে;
যে জাতি চলে না কভু তারি পথ-'পরে
তন্ত্র-মন্ত্র-সংহিতায় চরণ না সরে।

- চৈতালি: দুই উপমা

যে ক্ষমতার কাছে মস্তক নত করিলে মস্তকের অপমান হয়, যেমন টাকা, পদবী, গায়ের জোর এবং অমূলক প্রথা—যাহাকে ভক্তি করিলে ভক্তি নিষ্ফলা হয়, অর্থাৎ চিত্তবৃত্তির প্রসার না ঘটিয়া কেবল সংকোচ ঘটে তাহার দুর্দান্ত শাসন হইতে মনকে স্বাধীন ও ভক্তিকে মুক্ত করা মনুষ্যত্ব রক্ষার প্রধান সাধনা।

- সমাজ: অযোগ্য ভক্তি

জুলাই ১৩

মানুষের ধর্ম মানুষের পরিপূর্ণতা

চিন্তা-কণিকা

রবীন্দ্রনাথের লিখায় এবং চিঠিপত্রে বারবার এসেছে ধর্ম প্রসঙ্গ, বিশেষ করে হেমন্তবালা দেবী ও কাদম্বিনী দত্তকে লিখা চিঠিপত্রে। ধর্মান্ধদের বাড়াবাড়ি ও অজ্ঞতা রবীন্দ্রনাথকে বিষণ্ণ করেছে, ভাবিত করেছে এবং তিনি খোলামনে ধর্মতন্ত্রের বিরুদ্ধে কলম ধরেছেন সমাজকে ধর্মের হাত থেকে বাঁচানোর জন্য।

****

মানুষকে ঘৃণা করা যে দেশে ধর্মের নিয়ম, প্রতিবেশীর হাতে জল খাইলে যাহাদের পরকাল নষ্ট হয়, পরকে অপমান করিয়া যাহাদিগকে জাতিরক্ষা করিতে হইবে, পরের হাতে চিরদিন অপমানিত না হইয়া তাহাদের গতি নাই।

- সমূহ: পরিশিষ্ট

মানুষের ধর্ম মানুষের পরিপূর্ণতা। এই পরিপূর্ণতাকে কোনো এক অংশে বিশেষভাবে খণ্ডিত করে তাকে ধর্ম নাম দিয়ে আমরা মনুষ্যত্বকে আঘাত করি। এই জন্যেই ধর্মের নাম দিয়ে পৃথিবীতে যত নিদারুণ উপদ্রব ঘটেচে এমন বৈষয়িক লোভের তাগিদেও নয়। **ধর্মের আক্রোশে যদি বা উপদ্রব নাও করি তবে ধর্মের মোহে মানুষকে নির্জ্জীব করে রাখি, তার বুদ্ধিকে নিরর্থক জড় অভ্যাসের নাগপাশে অস্থিতে মজ্জাতে নিস্পিষ্ট করে ফেলি**- দৈবের প্রতি দূর্বল ভাবে আসক্ত করে, নানা কাল্পনিক বিভীষিকার বাধায় পদে পদে প্রতিহত করে তাকে লোকযাত্রায় অকৃতার্থ ও পরাভূত করে তুলি। ... মানুষের পরিপূর্ণতায় যে ধর্ম তার মধ্যে ত্যাগ আছে, ভোগ আছে, বুদ্ধি আছে, কল্পনা আছে, কর্ম আছে, চিন্তা আছে, সৌন্দর্য্য আছে, কঠোরতা আছে - এই সমস্ত কিছুর শ্রেয়স্করতা হচ্চে তার সর্বজনীনতায়, তার নিত্যতায় - অর্থাৎ এই সকলের মধ্য দিয়ে আমরা মহামানবের শাশ্বত অভিপ্রায়কে নিজের মধ্যে সার্থক করি।"

- হেমন্তবালা দেবীকে লিখিত চিঠি,
দার্জিলিং, ২৬ অক্টোবর, ১৯৩১

(আরো দেখুন অধ্যায় ৬)

জুলাই ১৪

শিক্ষার আনন্দ ও সম্পূর্ণতা

চিন্তা-কণিকা

শিক্ষার সাথে আনন্দের যোগ না থাকলে মানুষের সৃজনশীলতার পূর্ণ বিকাশ ঘটে না। যারা দেশের শিক্ষানীতি নির্ধারণে কোনো ভূমিকা রাখেন, তাদের এটা নিয়ে অনেক চিন্তা ভাবনা করা উচিত।

****

বাল্যকাল হইতে আমাদের শিক্ষার সহিত আনন্দ নাই। কেবল যাহা-কিছু নিতান্ত আবশ্যক তাহাই কণ্ঠস্থ করিতেছি। তেমন করিয়া কোনোমতে কাজ চলে মাত্র, কিন্তু বিকাশলাভ হয় না। হাওয়া খাইলে পেট ভরে না, আহার করিলে পেট ভরে, কিন্তু আহারটি রীতিমত হজম করিবার জন্য হাওয়া খাওয়ার দরকার। তেমনই একটা শিক্ষাপুস্তককে রীতিমত হজম করিতে অনেকগুলি পাঠ্যপুস্তকের সাহায্য আবশ্যক। আনন্দের সহিত পড়িতে পড়িতে পড়িবার শক্তি অলক্ষিতভাবে বৃদ্ধি পাইতে থাকে; গ্রহণশক্তি ধারণাশক্তি চিন্তাশক্তি বেশ সহজে এবং স্বাভাবিক নিয়মে বললাভ করে।

- শিক্ষা: শিক্ষার হেরফের

কাঠে অগ্নি সংস্পর্শ সার্থক হইয়াছে তখনি বুঝা যায় যখন কাঠ নিজে জ্বলিয়া উঠে। ছাত্রদের মনে শিক্ষা তখনি সম্পূর্ণ হইয়াছে বুঝি, যখন তাহারা কেবলমাত্র গ্রহণ করে এমন নহে, পরন্তু যখন তাহাদের সৃজনশক্তি উদ্যত হইয়া উঠে। সে শক্তি বিশেষ কোনো ছাত্রের যথেষ্ট আছে কি নাই, সে শক্তির সফলতার পরিমাণ অল্প কি বেশি, তাহা বিচার্য নহে, কিন্তু তাহা সচেষ্ট হইয়া ওঠাই আসল কথা।

... এই কারণে আমার মত এই যে, শিক্ষার প্রথম ভূমিকা সমাধা হইবার পরেই **ছাত্রদিগকে এমন পাঠ দিতে হইবে যাহা তাহাদের পক্ষে যথেষ্ট কঠিন**। অথচ শিক্ষক এই কঠিন পাঠ তাহাদিগকে এমন কৌশলে পার করাইয়া দিবেন যে, ইহা তাহাদের পক্ষে সম্পূর্ণ অসাধ্য না হয়। অর্থাৎ **শিক্ষাপ্রণালী এমন হওয়া উচিত, যাহাতে ছাত্রেরা পদে পদে দুরূহতা অনুভব করে, অথচ তাহা অতিক্রমও করিতে পারে**। ইহাতে তাহাদের মনোযোগ সর্বদাই খাটিতে থাকে এবং সিদ্ধিলাভের আনন্দে তাহা ক্লান্ত হইতে পায় না।

- ব্যক্তিপ্রসঙ্গ

চিন্তা-
কণিকা

জুলাই ১৫

দেখ্ বাবা, আমরা নাস্তিক

মিল-বেন্থামের অগ্নিকান্ড তখনি লাগবে যখন দার্শনিক John Stuart Mill ও Jeremy Bentham এর বুদ্ধিদীপ্ত লিখা পড়বেন।

****

আমি বলিয়া উঠিলাম, এরা যে বলে আপনি নাস্তিক, সে কি সত্য? শচীশ বলিল, হাঁ, আমি নাস্তিক। আমার মাথা নিচু হইয়া গেল। আমি মেসের লোকের সঙ্গে ঝগড়া করিয়াছিলাম যে, শচীশ কখনোই নাস্তিক হইতে পারে না।... জগমোহন শচীশের জ্যাঠা। তিনি তখনকার কালের নামজাদা নাস্তিক। তিনি ঈশ্বরে অবিশ্বাস করিতেন বলিলে কম বলা হয়, **তিনি না-ঈশ্বরে বিশ্বাস করিতেন**। যুদ্ধজাহাজের কাপ্তেনের যেমন জাহাজ চালানোর চেয়ে জাহাজ ডোবানোই বড়ো ব্যাবসা, তেমনি যেখানে সুবিধা সেইখানেই আস্তিক্যধর্মকে ডুবাইয়া দেওয়াই জগমোহনের ধর্ম ছিল। ঈশ্বরবিশ্বাসীর সঙ্গে তিনি এই পদ্ধতিতে তর্ক করিতেন-- **ঈশ্বর যদি থাকেন তবে আমার বুদ্ধি তাঁরই দেওয়া; সেই বুদ্ধি বলিতেছে, যে ঈশ্বর নাই; অতএব ঈশ্বর বলিতেছেন,যে ঈশ্বর নাই ।**... শচীশ দেখিতে দেখিতে অল্প বয়সেই ইংরেজি লেখায় পড়ায় পাকা হইয়া উঠিল। কিন্তু সেইখানেই তো থামিল না। তার মগজের মধ্যে মিল-বেন্থামের অগ্নিকাণ্ড ঘটিয়া সে যেন নাস্তিকতার মশালের মতো জ্বলিতে লাগিল। **জগমোহনের নাস্তিকধর্মের একটা প্রধান অঙ্গ ছিল লোকের ভালো করা।** সেই ভালো-করার মধ্যে অন্য যে-কোনো রস থাক্ একটা প্রধান রস এই ছিল যে, নাস্তিকের পক্ষে লোকের ভালো-করার মধ্যে নিছক নিজের লোকসান ছাড়া আর কিছুই নাই--**তাহাতে না আছে পুণ্য না আছে পুরস্কার, না আছে কোনো দেবতা বা শাস্ত্রের বক্‌শিশের বিজ্ঞাপন বা চোখ-রাঙানি**। যদি কেহ তাঁহাকে জিজ্ঞাসা করিত "প্রচুরতম লোকের প্রভূততম সুখসাধনে' আপনার গরজটা কী? তিনি বলিতেন, কোনো গরজ নাই, সেইটেই আমার সব চেয়ে বড়ো গরজ। তিনি শচীশকে বলিতেন, **দেখ্ বাবা, আমরা নাস্তিক, সেই গুমরেই একেবারে নিষ্কলঙ্ক নির্মল হইতে হইবে। আমরা কিছুকে মানি না বলিয়াই আমাদের নিজেকে মানিবার জোর বেশি।**

\- চতুরঙ্গ

জুলাই ১৬

কৃপণতা করিয়া কোনো বড়ো ফল ...

চিন্তা-কণিকা

শত বৎসর পূর্বে লিখা রবীন্দ্রনাথের এই বাক্যগুলো আজও প্রযোজ্য। গুনিয়া গুনিয়া দেশের বা সমাজের উপকার করা যায় না। বড়ো চিন্তা, মহৎ চিন্তা কৃপণ মনে জাগতে পারে না। তাই প্রথমে মনকে প্রশস্ত করতে হবে - যেটা হওয়া সহজ নয় - সেটাকেই লক্ষ্য করে এগুতে হবে এবং যতটুকু প্রয়োজন তার চেয়ে বেশি কাজ করার পরিকল্পনা নিতে হবে। রবীন্দ্রনাথ লিখেছিলেন "মহৎ আশা, মহৎ ভাব, মহৎ উদ্দেশ্যকে সাবধান বিষয়ী লোকেরা বাষ্পের ন্যায় জ্ঞান করেন। কিন্তু এই বাষ্পের বলেই উন্নতির জাহাজ চলিতেছে।" (দেখুন মে ১৭)। মহৎ আশা-উদ্দেশ্যকে যারা ছোটো করে দেখেন - তারা ভুল করেন। ইতিহাসের নিবিড় পথে জানা যায় যে জগতের সকল বড়ো কাজ সম্পন্ন হয়েছে মহৎ আশা ও আশাতীত উদ্দেশ্য দ্বারা।

****

মানুষের মন কৃপণতা করিয়া কোনো বড়ো ফল পাইতে পারে না। যেখানে ছড়াইয়া ফেলিবার যোগ্যতা নাই সেখানে ভালো করিয়া কাজে লাগাইবার যোগ্যতাও নাই।

প্রত্যেক বীজের হিসাব রাখিয়া টিপিয়া টিপিয়া পুঁতিতে গেলে বড়ো রকমের চাষ হয় না। দরাজ হাতে ছড়াইয়া ছাড়াইয়া চলিতে হয়, তাহাতে অনেকটা নিষ্ফল হইয়াও মোটের উপর লাভ দাঁড়ায়। এইজন্য চিন্তায় চর্চায় সেই আনন্দ থাকা চাই যাহাতে সে প্রয়োজনের চেয়ে অনেক বেশি হইয়া জন্মিতে পারে। আমাদের দেশে চিত্তের সেই আনন্দলীলার অভাবটাই সকল দৈন্যের চেয়ে বেশি বলিয়া ঠেকে।

- পথের সঞ্চয়

জুলাই ১৭

নারীর দুখের দশা অপমানে জড়ানো

চিন্তা-কণিকা

এই পৃষ্ঠা পড়তে পড়তে ভাবুন নারীদের উপর ঘরে ঘরে সজ্ঞানে অজ্ঞানে করা নানান অবিচার অসম্মান কীভাবে বন্ধ করা যায়।

নারীর দুখের দশা অপমানে জড়ানো
এই দেখি দিকে দিকে ঘরে ঘরে ছড়ানো।
জানো কি এ অন্যায় সমাজের হিসাবে
নিমেষে নিমেষে কত হলাহল মিশাবে?
পুরুষ জেনেছে এটা বিধিনির্দিষ্ট
তাদের জীবন-ভোজে নারী উচ্ছিষ্ট।
রোগ-তাপে সেবা পায়, লয় তাহা অলসে--
সুধা কেন ঢালে বিধি ছিদ্র এ কলসে!
সমসম্মান হেথা নাহি মানে পুরুষে,
নিজ প্রভুপদমদে তুলে রয় ভুরু সে।
অর্ধেক কাপুরুষ অর্ধেক রমণী
তাতেই তো নাড়ীছাড়া এ দেশের ধমণী।
বুঝিতে পারে না ওরা-- এ বিধানে ক্ষতি কার।
জানি না কী বিপ্লবে হবে এর প্রতিকার।
একদা পুরুষ যদি পাপের বিরুদ্ধে
দাঁড়ায়ে নারীর পাশে নাহি নামে যুদ্ধে
অর্ধেক-কালি-মাখা সমাজের বুকটা
খাবে তবে বারে বারে শনির চাবুকটা।
এত কথা বৃথা বলা--যে পেয়েছে ক্ষমতা
নিঃসহায়ের প্রতি নাই তার মমতা,
আপনার পৌরুষ করি দিয়া লাঞ্ছিত
অবিচার করাটাই হয় তার বাঞ্ছিত।

- জন্মদিনে: সংযোজন: অবিচার

চিন্তা-কণিকা

মনে পড়ে কি বিদ্রোহী কবি কাজী নজরুল ইসলামের কবিতা -

"সাম্যের গান গাই-
আমার চক্ষে পুরুষ-রমণী কোনো ভেদাভেদ নাই!
বিশ্বের যা কিছু মহান সৃষ্টি চির কল্যাণকর
অর্ধেক তার করিয়াছে নারী, অর্ধেক তার নর।"

জুলাই ১৮

বড় জিনিষকে গড়ে তুলতে ধৈর্য্য অবলম্বন

যখন কোনো বড় জিনিষকে গড়ে তুলতে হবে তখন মানুষের সম্মন্ধে একান্ত ধৈর্য্য অবলম্বন করা দরকার। সব মানুষ মনের মতো হতেই পারে না - বিচিত্র লোক বিচিত্র প্রকৃতির - সকলকে চাই, কাউকে ছাড়তে পারব না. অতএব বারম্বার ক্ষমা করতে হবে - এমন কি, অযোগ্য লোককেও যথার্থ ভালোবাসতে হবে, অত্যন্ত কঠোরভাবে কাউকে বিচার করলে চলবে না - কারণ, সে রকম কঠোর বিচার আমাদের নিজের উপর খাটালেও আমরা কোথাও টিঁকতে পারিনে। মনকে প্রশস্ত করে নানা লোকের হৃদয়কে ও জীবনকে এই সৃষ্টিকার্য্যে এক করে তোলো।

- জামাতা নগেন্দ্রনাথ গঙ্গোপাধ্যায়কে লিখা চিঠি ,
লন্ডন, ২৫ ভাদ্র ১৩১৯

****

চিন্তা-কণিকা

যারা সমাজের বা দেশের কাজ করতে চান তাদেরকে ধৈর্যশীল হতে হবে। আপনি যাদেরকে আপনার কাছে পাবেন, তাদের সকলেই আপনার মতন দক্ষ বা পরিশ্রমী বা অন্তর্দৃষ্টিসম্পন্ন না হবারই সম্ভাবনা বেশি; কেননা, তাহলে তারা নিজের উদ্যোগেই কাজে লেগে পড়তো - আপনার সাথে যোগ দেবার প্রয়োজন তাদের নাও থাকতে পারত। তাই সকলকে নিয়ে দেশের কাজে ধৈর্য সহকারে এগুতে হবে এবং কাজ করতে করতে দক্ষতা অর্জনের রাস্তা বেরিয়ে আসবে। আন্তরিকতা ও ভালোবাসা থাকলে দেশের কাজের সঠিক পথ আপনা আপনিই বেরিয়ে আসবে।

জুলাই ১৯

স্বার্থ জিনিসটা যে কেবল নিজে ক্ষুদ্র তা নয়

চিন্তা-কণিকা

দেশের কাজে নেমে যদি আমরা শুধু মানুষকে নিজের স্বার্থসিদ্ধির জন্য ব্যবহার করি কিন্তু তার সাথে আমার অন্তরের যোগ তৈরি না করি - তাহলে সে দেশের কাজ, সমাজের কাজ বেশিদিন চলবে না। ওই যে মহামূল্যবান কথাটা – "স্বার্থ জিনিসটা যে কেবল নিজে ক্ষুদ্র তা নয়, যার প্রতি সে হস্তক্ষেপ করে তাকেও ক্ষুদ্র করে তোলে।" অন্য মানুষকে ক্ষুদ্র করে তুললে শুধু তাকে দিয়ে বড়ো কাজ হয় না যে কেবল তাই নয় - যে ক্ষুদ্র করে তোলে সেও কোনো বড়ো কাজ করতে পারে না।

****

স্বার্থ জিনিসটা যে কেবল নিজে ক্ষুদ্র তা নয়, যার প্রতি সে হস্তক্ষেপ করে তাকেও ক্ষুদ্র করে তোলে। এমন কি, যে মানুষকে আমরা বিশেষভাবে প্রয়োজনে লাগাই, সে আমাদের কাছে তার মানবত্ব পরিহার করে বিশেষ যন্ত্রের শামিল হয়ে ওঠে। কেরানি তার আপিসের মনিবের কাছে প্রধানত যন্ত্র, রাজার কাছে সৈন্যেরা যন্ত্র, যে চাষা আমাদের অন্নের সংস্থান করে দেয় সে সজীব লাঙল বললেই হয়। কোনো দেশের অধিপতি যদি এ-কথা অত্যন্ত করে জানেন যে সেই দেশ থেকে তাঁদের নানাপ্রকার সুবিধা ঘটছে, তবে সেই দেশকে তাঁরা সুবিধার কঠিন জড় আবরণে বেষ্টিত করে দেখেন– প্রয়োজন-সম্বন্ধের অতীত যে চিত্ত তাকে তাঁরা দেখতে পারেন না। ... বোধশক্তিকে আর অলস রেখো না, দৃষ্টির পশ্চাতে সমস্ত চিত্তকে প্রেরণ করো। দক্ষিণে বামে, অধোতে ঊর্ধ্বে, সম্মুখে পশ্চাতে চেতনার দ্বারা চেতনার স্পর্শলাভ করো। তোমার মধ্যে অহোরাত্র যে ধীশক্তি বিকীর্ণ হচ্ছে, সেই ধীশক্তির যোগে ভূর্ভুবঃস্বর্লোকে সর্বব্যাপী ধীকে ধ্যান করো– নিজের তুচ্ছতা দ্বারা অগ্নি জলকে তুচ্ছ কোরো না। সমস্তই আশ্চর্য, সমস্তই পরিপূর্ণ। ... সর্বত্রই মাথা নত হোক, হৃদয় নম্র হোক এবং আত্মীয়তা প্রসারিত হয়ে যাক। যাকে বিনা মূল্যে পেয়েছ তাকে সচেতন সাধনার মূল্যে লাভ করো, যে অজস্র অক্ষয় বাহিরে রয়েছে তাকে অন্তরে গ্রহণ করে ধন্য হও।

- শান্তিনিকেতন: ৪

জুলাই ২০

মিলনের শক্তি

চিন্তা-কণিকা

আপনি যদি দেশের কাজে বা সমাজের কাজে আত্মোৎসর্গ করতে চান তাহলে গাঢ় অক্ষরে (bold letters) চিহ্নিত অক্ষরগুলো বার বার পড়ুন এবং মনের মধ্যে মানুষের প্রতি, সকল মানুষের প্রতি প্রেম ভালোবাসা জাগান, তাদের শত সহস্র দোষত্রুটির মধ্যেও। কেবল তাহলেই আপনি সফল হবেন।

****

মিলনের যে শক্তি, প্রেমের যে প্রবল সত্যতা, তাহার পরিচয় আমরা পৃথিবীতে পদে পদে পাইয়াছি। **পৃথিবীতে ভয়কে যদি কেহ সম্পূর্ণ অতিক্রম করিতে পারে, বিপদকে তুচ্ছ করিতে পারে, ক্ষতিকে অগ্রাহ্য করিতে পারে, মৃত্যুকে উপেক্ষা করিতে পারে, তবে তাহা প্রেম**।

স্বার্থপরতাকে আমরা জগতের একটা সুকঠিন সত্য বলিয়া জানিয়াছি, সেই **স্বার্থপরতার সুদৃঢ় জালকে অনায়াসে ছিন্নবিচ্ছিন্ন করিয়া দেয় প্রেম**। যে হতভাগ্য দেশবাসীরা পরস্পরের সুখে দুঃখে সম্পদে বিপদে এক হইয়া মিলিতে পারে না, তাহারা জগতের সর্বশ্রেষ্ঠ সত্য হইতে ভ্রষ্ট হইয়াছে।

... তাহারা পৃথিবীতে নিয়তই ভয়ে ভীত হইয়া, অপমানে লাঞ্ছিত হইয়া দীনপ্রাণে নতশিরে ভ্রমণ করে। ইহার কারণ কী? **ইহার কারণ এই যে, তাহারা সত্যকে পাইতেছে না, প্রেমকে পাইতেছে না, এইজন্যই কোনোমতেই বল পাইতেছে না।**

... **আমরা যে-সকল লোকের মাঝখানে জন্মগ্রহণ করিয়াছি, যথেষ্ট পরিমাণে যদি তাহাদের সত্যতা অনুভব করিতে না পারি, তবে তাহাদের জন্য আত্মোৎসর্গ করিতে পারিব না।**

- ধর্ম: উৎসব

(আরো দেখুন জুলাই ৮)

জুলাই ২১

যে জাতি অতীতের মধ্যে গৌরব স্থির করেছে

চিন্তা-কণিকা

গাঢ় অক্ষরের (bold letters) শব্দগুচ্ছগুলো একটু বেশি মনোযোগ দিয়ে পড়ুন এবং ভাবুন কথাগুলো কেমন সত্য এবং আপনার নিজের জাতিকে ও দেশকে অতীতচারিতার মোহ থেকে উদ্ধারের চেষ্টা করুন। ধর্মনেতারা এবং তাদের অনেক অনুসারীরাও অতীতচারিতার মধ্যে বন্দী হয়ে আছেন। অতীতের গর্ব, অতীতের প্রথা ইত্যাদি নিয়ে তারা ব্যস্ত আছেন এবং নিজের অজান্তেই সমাজের ও ধর্মের অগ্রগতি ব্যাহত করছেন।

****

আমাদের সমস্তই ভালো, ইহাই আমরা প্রাণপণে ঘোষণা করিবার চেষ্টা করিতেছি। এই চেষ্টার মধ্যে যেটুকু সত্য আশ্রয় করিয়াছে, তাহা আমাদের মঙ্গলকর, যেটুকু অন্ধভাবে অহংকারকে প্রশ্রয় দিতেছে, তাহাতে আমাদের ভালো হইবে না। **জীর্ণবস্ত্রকে ছিদ্রহীন বলিয়া বিশ্বাস করিবার জন্য যতক্ষণ চক্ষু বুজিয়া থাকিব, ততক্ষণ সেলাই করিতে বসিলে কাজে লাগে।**

যে জাতি মনে করে বসে আছে যে অতীতের ভাণ্ডারের মধ্যেই তার সকল ঐশ্বর্য, সেই ঐশ্বর্যকে অর্জন করবার জন্যে তার স্বকীয় উদ্ভাবনার কোনো অপেক্ষা নেই, তা পূর্বযুগের ঋষিদের দ্বারা আবিষ্কৃত হয়ে চিরকালের মতো সংস্কৃত ভাষায় পুঁথির শ্লোকে সঞ্চিত হয়ে আছে, সে জাতির বুদ্ধির অবনতি হয়েছে, শক্তির অধঃপতন হয়েছে। নইলে এমন বিশ্বাসের মধ্যে স্তব্ধ হয়ে বসে কখনোই সে আরাম পেত না। কারণ বুদ্ধি ও শক্তির ধর্মই এই যে, সে আপনার উদ্যমকেই বাধার বিরুদ্ধে প্রয়োগ করে যা অজ্ঞাত যা অলব্ধ তার অভিমুখে নিয়ত চলতে চায়; বহুমূল্য পাথর দিয়ে তৈরি কবরস্থানের প্রতি তার অনুরাগ নেই। **যে জাতি অতীতের মধ্যেই তার গৌরব স্থির করেছে, ইতিহাসে তার বিজয়যাত্রা স্তব্ধ হয়ে গেছে**, সে জাতি শিল্পে সাহিত্যে বিজ্ঞানে কর্মে শক্তিহীন ও নিষ্ফল হয়ে গেছে।

- ব্যক্তিপ্রসঙ্গ

(আরো দেখুন জুলাই ১২)

জুলাই ২২

ক্ষুদ্রের দম্ভ, মূল, উদারচরিতানাম্, ও স্তুতি নিন্দা

চিন্তা-কণিকা

এই ছোটো ছোটো কবিতাগুলো ভীষণ অন্তর্দৃষ্টিসম্পন্ন ও গভীর কবিতা। মনোযোগ দিয়ে যতবার পড়বেন ততবারই নতুন নতুন অর্থ তার থেকে বেরিয়ে আসবে। এই কবিতাগুলো গল্পগুজবে, তর্কসভায় যুক্তির প্রসারণে, কিংবা বক্তৃতায় ব্যবহার করতে পারবেন। রবীন্দ্রনাথ দুই লাইন বা চার লাইনে বিষয়বস্তুর নির্যাস ধরেছেন এবং প্রতিতুলনার (contrast) মাধ্যমে সত্য ও অসত্যের পার্থক্য আমাদের সামনে তুলে ধরেছেন।

ক্ষুদ্রের দম্ভ
শৈবাল দিঘিরে বলে উচ্চ করি শির,
লিখে রেখো, এক ফোঁটা দিলেম শিশির।

- কণিকা

মূল
আগা বলে, আমি বড়ো, তুমি ছোটো লোক।
গোড়া হেসে বলে, ভাই, ভালো তাই হোক।
তুমি উচ্চে আছ ব'লে গর্বে আছ ভোর,
তোমারে করেছি উচ্চ এই গর্ব মোর।

- কণিকা

উদারচরিতানাম্
প্রাচীরের ছিদ্রে এক নামগোত্রহীন
ফুটিয়াছে ছোটো ফুল অতিশয় দীন।
ধিক্ ধিক্ করে তারে কাননে সবাই—
সূর্য উঠি বলে তারে, ভালো আছ ভাই?

- কণিকা

স্তুতি নিন্দা
স্তুতি নিন্দা বলে আসি, গুণ মহাশয়,
আমরা কে মিত্র তব? গুণ শুনি কয়,
দুজনেই মিত্র তোরা শত্রু দুজনেই--
তাই ভাবি শত্রু মিত্র কারে কাজ নেই।

- কণিকা

জুলাই ২৩

যারে তুমি নীচে ফেল

চিন্তা-কণিকা

সমাজে বা রাষ্ট্রে যাকে আপনি অবজ্ঞাভরে অন্যায়ভাবে অপমান করবেন – সে-ই হয়ত একদিন আপনাকে ছাড়িয়ে যাবে। তাছাড়া কাউকে ছোটো করে দেখলে নিজের মন ধীরে ধীরে ছোটো হয়ে যায়। আমাদের অহংকার আমাদেরকে ভাবতে শেখায় যে আমি সকলের চেয়ে বড়ো। আর সে ফাঁদে পড়লে আমাদের জন্য আত্মশুদ্ধি কঠিন হয়ে পড়ে।

হে মোর দুর্ভাগা দেশ, যাদের করেছ অপমান,
অপমানে হতে হবে তাহাদের সবার সমান!
     মানুষের অধিকারে
     বঞ্চিত করেছ যারে,
সম্মুখে দাঁড়ায়ে রেখে তবু কোলে দাও নাই স্থান,
অপমানে হতে হবে তাহাদের সবার সমান।
...
যারে তুমি নীচে ফেল
সে তোমারে বাঁধিবে যে নীচে
পশ্চাতে রেখেছ যারে
সে তোমারে পশ্চাতে টানিছে।
     অজ্ঞানের অন্ধকারে
     আড়ালে ঢাকিছ যারে
তোমার মঙ্গল ঢাকি গড়িছে সে ঘোর ব্যবধান।
অপমানে হতে হবে তাহাদের সবার সমান।

- গীতাঞ্জলি: ১০৮

জুলাই ২৪

Our society exists to remind us

চিন্তা-কণিকা

ভদ্রতা (civility) আমাদের আচরণের সুন্দরতম প্রকাশ। মানুষের চূড়ান্ত সত্য তার বিদ্যা-বুদ্ধি বা ধন-সম্পদের মধ্যে নিহিত নয়; তার চূড়ান্ত সত্য নিহিত তার আলোকিত মন-মননে এবং জাতি-ধর্ম-বর্ণের গণ্ডি পেরিয়ে সকল জাতের সকল ধর্মের সকল বর্ণের মানুষের প্রতি ভালোবাসায়।

****

Civility is beauty of behavior. It requires for its perfection patience, self-control, and an environment of leisure. For genuine courtesy is a creation, like pictures, like music. It is a harmonious blending of voice, gesture and movement, words and action, in which generosity of conduct is expressed. It reveals the man himself and has no ulterior purpose. Our needs are always in a hurry. They rush and hustle, they are rude and unceremonious; they have no surplus of leisure, no patience for anything else but fulfilment of purpose. The instruments of our necessity assert that we must have food, shelter, clothes, comforts and convenience. And yet men spend an immense amount of their time and resources in contradicting this assertion, to prove that they are not a mere living catalogue of endless wants; that there is in them an ideal of perfection, a sense of unity, which is a harmony between parts and a harmony with surroundings.

...

Our society exists to remind us, through its various voices, that the ultimate truth in man is not in his intellect or his possessions; it is in his illumination of mind, in his extension of sympathy across all barriers of caste and colour; in his recognition of the world, not merely as a storehouse of power, but as a habitation of man's spirit, with its eternal music of beauty and its inner light of the divine presence.

- Creative Unity

জুলাই ২৫

শ্রেষ্ঠতার দ্বারা বিচার

চিন্তা-কণিকা

আজকের যুগের বুদ্ধিজীবীরা প্রায়শ:ই তাদের অপছন্দের জাতি বা ধর্মকে বিচার করতে প্রবৃত্ত হন সেই জাতির বা ধর্মের হীনতার ইতিহাস দিয়ে। এতে তাদের বিষোদগারের সুবিধা হয়। কিন্তু এই একদেশদর্শী বিচার আমাদেরকে সত্য থেকে দূরে সরিয়ে নেয়। তাই আমাদের এই হীনতা-কেন্দ্রিক বিচারের ফাঁদে পা দেয়া উচিত নয়।

****

সকল সময়েই মানুষ যে নিজের যোগ্যতা বিচার করিয়া বৃত্তি অবলম্বন করিবার সুযোগ পায় তাহা নেহ--সেইজন্য পৃথিবীতে কর্মরথের চাকা এমন কঠোর স্বরে আর্তনাদ করিতে করিতে চলে। যে মানুষের মুদির দোকান খোলা উচিত ছিল সে ইস্কুল-মাস্টারি করে, পুলিসের দারোগা হাওয়ার জন্য যে লোক সৃষ্ট হইয়াছে তাহাকে পাদ্রির কাজ চালাইতে হয়। অন্য ব্যবসায়ে এইরূপ উল্‌টাপাল্‌টাতে খুব বেশি ক্ষতি করে না, কিন্তু ধর্মব্যবসায়ে ইহাতে বড়োই অঘটন ঘটাইয়া থাকে। কারণ, ধর্মের ক্ষেত্রে মানুষ যথাসম্ভব সত্য হইতে না পারিলে তাহাতে কেবল যে ব্যর্থতা আনে তাহা নহে, তাহাতে অমঙ্গলের সৃষ্টি করে। ... খৃস্টান পাদ্রিরা অখৃস্টান জাতির ধর্ম সমাজ ও আচার-ব্যবহারকে যতদূর সম্ভব কালিমালিপ্ত করিয়া দেশের লোকের কাছে চিত্রিত করিয়াছে। **এমন কোনো জাতি নাই যাহার হীনতা বা শ্রেষ্ঠতাকে স্বতন্ত্র করিয়া দেখানো যায় না। অথচ ইহাই নিশ্চিত সত্য যে, সকল জাতিকেই তাহার শ্রেষ্ঠতার দ্বারা বিচার করিলেই তাহাকে সত্যরূপে জানা যায়।** হৃদয়ে প্রেমের অভাব এবং আত্মগরিমাই এই বিচারের বাধা। যাঁহারা ভগবানের প্রেমে জীবনকে উৎসর্গ করেন তাঁহারা এই বাধাকে অতিক্রম করিবেন, ইহাই আশা করা যায়। কিন্তু, **অন্য জাতিকে হীন করিয়া দেখাইয়া পাদ্রিরা খৃস্টান অখৃস্টানের মধ্যে যতবড়ো প্রবল ভেদ ঘটাইয়াছে এমন বোধহয় আর-কেহই করে নাই।** অন্যকে দেখিবার বেলায় তাহারা ধর্মব্যবসায়ে সম্প্রদায়িক কালো চশমা পরিয়াছে।

- পথের সঞ্চয়: ইংলন্ডের পল্লীগ্রাম ও পাদ্রি

জুলাই ২৬

নাস্তিক ভক্তদের আপন ধর্মভাই বলে জানি

চিন্তা-কণিকা

মানুষকে তার ধর্ম বিশ্বাস দিয়ে বিচার করা উচিত নয় - মানুষকে বিচার করা উচিত তার কাজের মধ্য দিয়ে। যারা ভালো কাজ করেন তারাই আমাদের শ্রদ্ধা পাবার যোগ্য।

****

আমি শহরের মানুষ, একদিন হঠাৎ এক পল্লীবাসী বাউল ভিখারীর মুখে গান শুন্‌লুম, "আমি কোথায় পাব তারে, আমার মনের মানুষ যে রে।" আমি যেন চম্‌কে উঠলুম, বুঝতে পারলুম, এই মনের মানুষকে, এই সত্য মানুষকেই আমরা দেবতায় খুঁজি, মানুষে খুঁজি, কল্পনায় খুঁজি, ব্যবহারে খুঁজি।... **কত লোক দেখেছি যারা নিজেকে নাস্তিক বলেই কল্পনা করে, অথচ সর্বজনের উদ্দেশে নিজেকে নিঃশেষে নিবেদন করচে, আবার এও প্রায়ই দেখা যায় যারা নিজেকে ধার্মিক বলেই মনে করে তারা সর্বজনের সেবায় পরম কৃপণ, মানুষকে তারা নানা উপলক্ষ্যেই পীড়িত করে বঞ্চিত করে**। বিশ্বকর্মার সঙ্গে কর্মের মিল আছে মহান আত্মার সঙ্গে আত্মার যোগ আছে কত নাস্তিকের, - তাদের সত্য পূজা জ্ঞানে ভাবে কর্মে, কত বিচিত্র কীর্তিতে জগতে নিত্য হয়ে আছে, তাদের নৈবেদ্যের ডালি কোনোদিন রিক্ত হবে না। মনের মানুষের শ্বাশত রূপ তারা অন্তরে দেখেচে, তাই তারা অনায়াসে মৃত্যুকে পর্যন্ত পণ করতে পারে।

... তারা বেঁচে থাকে সকল কালের সকল লোকের মধ্যে, যাঁর উপলব্ধির মধ্যে তাদের আত্মোপলব্ধি তাঁর বিরাট আয়ু ভূত ভবিষ্যৎ বর্তমানের সকল সত্তাকে নিয়ে। মানুষকে অন্ন, বস্ত্র, বিদ্যা, আরোগ্য, শক্তি, সাহস দিতে হবে এই সাধনায় যারা আত্মনিবেদন করেচে তারা কোনো দেবতাকে বিশেষ সংজ্ঞাদ্বারা মানুক বা না মানুক তারা সেই বেদ্য পুরুষকে জেনেচে, সেই মহান আত্মাকে, সেই বিশ্বকর্মাকে, যাঁকে জানলে মৃত্যুর অতীত হওয়া যায়। সম্প্রদায়ের গণ্ডীর ভিতরে থেকে বাঁধা অনুষ্ঠানের মধ্যে তাঁরা পূজাকে নিঃশেষিত করে তৃপ্তিলাভ করতে পারেন না, কেননা, তাঁরা মনের মানুষকে দেখেচেন মনের মধ্যে, মানুষের মধ্যে নিত্যকালের বেদীতে। **দেশ বিদেশের সেই সব নাস্তিক ভক্তদের আমি আপন ধর্মভাই বলে জানি**।

- হেমন্তবালা দেবীকে লিখিত চিঠি, দার্জিলিং, ২৩ জুন, ১৯৩১

চিন্তা-
কণিকা

জুলাই ২৭

পরনিন্দা

পরনিন্দা আমাদের জীবনের সাথে নুনের মত মিশে আছে।

****

হাউই কহিল, মোর কী সাহস, ভাই,
তারকার মুখে আমি দিয়ে আসি ছাই!
কবি কহে, তার গায়ে লাগে নাকো কিছু,
সে ছাই ফিরিয়া আসে তোরি পিছু পিছু

- কণিকা: স্পর্ধা

পরনিন্দা পৃথিবীতে এত প্রাচীন এবং এত ব্যাপক যে, সহসা ইহার বিরূদ্ধে একটা যে-সে মত প্রকাশ করা ধৃষ্টতা হইয়া পড়ে। নোনা জল পানের পক্ষে উপযোগী নহে এ কথা শিশুও জানে--কিন্তু যখন দেখি সাত সমুদ্রের জল নুনে পরিপূর্ণ, যখন দেখি এই নোনা জল সমস্ত পৃথিবীকে বেড়িয়া আছে, তখন এ কথা বলিতে কোনো মতেই সাহস হয় না যে, সমুদ্রের জলে নুন না থাকিলেই ভালো হইত। নিশ্চয়ই ভালো হইত না, হয়তো লবণ জলের অভাবে সমস্ত পৃথিবী পচিয়া উঠিত। তেমনি পরনিন্দা সমাজের কণায় কণায় যদি মিশিয়া না থাকিত তবে নিশ্চয়ই একটা বড়ো রকমের অনর্থ ঘটিত। উহা লবণের মতো সমস্ত সংসারকে বিকার হইতে রক্ষা করিতেছে। ... মানুষের চরিত্র, বিশেষত তাহার দোষগুলি, ঝোপঝাপের মধ্যেই থাকে এবং পায়ের শব্দ শুনিলেই দৌড় মারিতে চায়, এইজন্যই নিন্দার এত সুখ। আমি নাড়ী-নক্ষত্র জানি, আমার কাছে কিছুই গোপন নাই, নিন্দুকের মুখে এই কথা শুনিলেই বোঝা যায়, সে ব্যক্তি জাত-শিকারি। তুমি তোমার যে অংশটা দেখাইতে চাও না আমি সেইটাকেই তাড়াইয়া ধরিয়াছি। জলের মাছকে আমি ছিপ ফেলিয়া ধরি, আকাশের পাখিকে বাণ মারিয়া পাড়ি, বনের পশুকে জাল পাতিয়া বাঁধি--ইহা কত সুখের! যাহা লুকায় তাহাকে বাহির করা, যাহা পালায় তাহাকে বাঁধা, ইহার জন্য মানুষ কী না করে! ... দুর্লভতার প্রতি মানুষের একটা মোহ আছে। সে মনে করে যাহা সুলভ তাহা খাঁটি নহে, যাহা উপরে আছে তাহা আবরণমাত্র, যাহা লুকাইয়া আছে তাহাই আসল। ... এইজন্য মানুষের নিন্দা শুনিলেই মনে হয় তাহার প্রকৃত পরিচয় পাওয়া গেল।

- বিচিত্র প্রবন্ধ: পরনিন্দা

স্বদেশ ও সমাজ

চিন্তা-
কণিকা

জুলাই ২৮

We never can have a true view of man

প্রেম (love) এবং সুবিচার (justice) ছাড়া কোনো জাতির মুক্তি নাই।
****

 We never can have a true view of man unless we have a love for him. Civilization must be judged and prized, not by the amount of power it has developed, but by how much it has evolved and given expression to, by its laws and institutions, the love of humanity.

The first question and the last which it has to answer is, Whether and how far it recognizes man more as a spirit than a machine? Whenever some ancient civilization fell into decay and died, it was owing to causes which produced callousness of heart and led to the cheapening of man's worth; when either the state or some powerful group of men began to look upon the people as a mere instrument of their power; when, by compelling weaker races to slavery and trying to keep them down by every means, man struck at the foundation of his greatness, his own love of freedom and fair-play.

Civilization can never sustain itself upon cannibalism of any form. For that by which alone man is true can only be nourished by love and justice.

– Sadhana

জুলাই ২৯

দয়াহীন সভ্যতানাগিনী তুলেছে কুটিল ফণা

চিন্তা-কণিকা

দেশে দেশে জাতিতে জাতিতে যুদ্ধ যুদ্ধ মরণখেলা চলছে সেই আদিম কাল থেকে - যখন মানুষ তার নিজেকে, নিজের জাতিকে, নিজের ধর্মকে, নিজের দেশকে অন্যের চেয়ে বড়ো করে দেখেছে এবং ভুলে গিয়েছে সর্বমানবের সমতার কথা। এই যুদ্ধ থামার নয়। এখানে উদ্‌ধৃত কবিতাটি সেই সভ্যতা নাম্নী এক বিষদন্তময় নাগিনীর কথা বলছে।

শতাব্দীর সূর্য আজি রক্তমেঘ-মাঝে
অস্ত গেল, **হিংসার উৎসবে আজি বাজে**
অস্ত্রে অস্ত্রে মরণের উন্মাদ রাগিনী
ভয়ংকরী। দয়াহীন সভ্যতানাগিনী
তুলেছে কুটিল ফণা চক্ষের নিমেষে
গুপ্ত বিষদন্ত তার ভরি তীব্র বিষে।
স্বার্থে স্বার্থে বেধেছে সংঘাত, লোভে লোভে
ঘটেছে সংগ্রাম--প্রলয়মন্থনক্ষোভে
ভদ্রবেশী বর্বরতা উঠিয়াছে জাগি
পঙ্কশয্যা হতে। লজ্জা শরম তেয়াগি
জাতিপ্রেম নাম ধরি প্রচণ্ড অন্যায়
ধর্মেরে ভাসাতে চাহে বলের বন্যায়।
কবিদল চিৎকারিছে জাগাইয়া ভীতি
শ্মশানকুক্কুরদের কাড়াকাড়ি-গীতি।

- নৈবেদ্য: ৬৪

জুলাই ৩০

সর্বদা পরস্পরের সঙ্গ ও সাক্ষাৎ-আলাপ চাই

চিন্তা-কণিকা

নানান সময়ে ধর্মের নাম করে এক ধর্ম সম্প্রদায় আরেক ধর্মসম্প্রদায়ের উপর হামলা চালায় রাজনৈতিক উদ্দেশ্যে এবং সে প্রবণতা এখন কী বাংলাদেশে, কী ভারতে ক্রমবর্ধমান। এই অবস্থা কেন হল? বাংলাদেশে যখন হিন্দু মুসলমানদের মধ্যে মেলামেশা বেশি ছিল - তখন 'মানুষ' এগিয়ে থাকত - আর 'সম্প্রদায়'টা থাকত পিছিয়ে। এখন মেলামেশা কমে যাওয়ার কারণে একের সম্পর্কে অন্যের ধারণা অস্পষ্ট হয়ে উঠছে দিন দিন এবং সাম্প্রদায়িকতার বিষবাস্প ছড়ানো সহজ হয়ে পড়ছে। এই প্রবণতা কমাতে হলে সচেতনভাবে সম্প্রদায়ে সম্প্রদায়ে মেলামেশা প্রয়োজনের চেয়ে বেশি বাড়িয়ে দিতে হবে।

****

নানা উপলক্ষ্যে এবং বিনা উপলক্ষ্যে সর্বদা আমাদের পরস্পরের সঙ্গ ও সাক্ষাৎ-আলাপ চাই। যদি আমরা পাশাপাশি চলি, কাছাকাছি আসি, তা হলেই দেখতে পাব, মানুষ বলেই মানুষকে আপন বলে মনে করা সহজ। যাদের সঙ্গে মেলামেশা নেই তাদের সম্বন্ধেই মত প্রভৃতির অনৈক্য অত্যন্ত কড়া হয়ে ওঠে, বড়ো হয়ে দেখা দেয়। যখনই পরস্পর কাছাকাছি আনাগোনার চর্চা হতে থাকে তখনই মত পিছিয়ে পড়ে, মানুষ সামনে এগিয়ে আসে। শান্তিনিকেতনে মাঝে মাঝে মুসলমান ছাত্র ও শিক্ষক এসেছেন, তাঁদের সঙ্গে আমাদের কোনো প্রভেদ অনুভব করি নি এবং সখ্য ও স্নেহসম্বন্ধ-স্থাপনে লেশমাত্র বাধা ঘটে নি।

পাপপুণ্যের বিচার এতবড়ো বীভৎসতায় এসে ঠেকেছে। **মানুষকে ভালোবাসায় অশুচিতা, তাকে মনুষ্যোচিত সম্মান করায় অপরাধ। আর জলে ডুব দিলেই সব অপরাধের ক্ষালন।** এর থেকে মনে হয়, যে-অভাব মানুষের সকলের চেয়ে বড়ো অভাব সে প্রেমের অভাব। সে প্রেমের অভাবকে হৃদয়ে নিয়ে আমরা যাকে শুচিতা বলে থাকি তাকে রক্ষা করতে পারি কিন্তু মনুষ্যত্বকে বাঁচাতে পারি নে।

- কালান্তর: সংযোজন

জুলাই ৩১

আশা করিবার ক্ষেত্রে বড়ো হইলেই ...

চিন্তা-কণিকা

যারা দেশের বা সমাজের কাজ করতে চান - তাদেরকে দেশের উপরে সমাজের উপরে বিশ্বাস রাখতে হবে এবং সকলের মধ্যে আশা ও উদ্দীপনার সঞ্চার করতে হবে সচেতন প্রচেষ্টার মাধ্যমে। কেননা মানুষ আশা ছাড়া বাঁচতে পারে না বা উপরে উঠতে পারে না। আশা যখন সংঘবদ্ধ হয় তখন সে এক বিশাল শক্তিতে পরিণত হয়।

****

আশা করিবার ক্ষেত্রে বড়ো হইলেই মানুষের শক্তিও বড়ো হইয়া বাড়িয়া ওঠে। শক্তি তখন স্পষ্ট করিয়া পথ দেখিতে পায় এবং জোর করিয়া পা ফেলিয়া চলে। **কোনো সমাজ সকলের চেয়ে বড়ো জিনিস যাহা মানুষকে দিতে পারে তাহা সকলের চেয়ে বড়ো আশা।** সেই আশার পূর্ণ সফলতা সমাজের প্রত্যেক লোকেই যে পায় তাহা নহে। কিন্তু নিজের গোচরে এবং অগোচরে এই আশার অভিমুখে সর্বদাই একটা তাগিদ থাকে বলিয়াই প্রত্যেকের শক্তি তাহার নিজের সাধ্যের শেষ পর্যন্ত অগ্রসর হইতে পারে। একটা জাতির পক্ষে সেইটেই সকলের চেয়ে মস্ত কথা। লোকসংখ্যার কোনো মূল্য নাই-- কিন্তু, সমাজে যতগুলি লোক আছে তাহাদের অধিকাংশের যথাসম্ভব শক্তিসম্পদ কাজে খাটিতেছে, মাটিতে পোঁতা নাই, ইহাই সমৃদ্ধি। **শক্তি যেখানে গতিশীল হইয়া আছে সেইখানেই মঙ্গল, ধন যেখানে সজীব হইয়া খাটিতেছে সেইখানেই ঐশ্বর্য।**

- পথের সঞ্চয়: লক্ষ্য ও শিক্ষা

****

আশার আলোকে
জ্বলুক প্রাণের তারা,
আগামী কালের
প্রদোষ-আঁধারে
ফেলুক কিরণধারা।

- স্ফুলিঙ্গ: ৩৪

******* জুলাই বোনাস *******

ছোটো ছোটো কথা   নিতান্তই সহজ সরল

 মানুষের প্রতি বিশ্বাস হারানো পাপ।

- কালান্তর: সভ্যতার সংকট

 যেথা দয়া, সেথা ধর্ম।

- মালিনী

 দানেই ঐশ্বর্যের পূর্ণতা।

- ধর্ম: দুঃখ

 পাপকে ঠেকাবার জন্যে কিছু না করাই তো পাপ।

- তপতী

 ফ্যাশানটা হল মুখোশ, স্টাইলটা হল মুখশ্রী।

- শেষের কবিতা

 উপদেশ দেওয়া সহজ, উপায় বলিয়া দেওয়াই শক্ত।

- চোখের বালি

 আনন্দকে ভাগ করলে দুটি জিনিস পাওয়া যায়, একটি হচ্ছে জ্ঞান এবং আর একটি প্রেম।

- শান্তিনিকেতন: ৮

 অন্য ক্ষমতা যখন কম থাকে তখন খোঁচা দিবার ক্ষমতাটা খুব তীক্ষ্ম হইয়া উঠে।

- জীবনস্মৃতি: ভারতী

 সত্য ওজনদরে বা গজের মাপে বিক্রয় হয় না--তাহা ছোটো হইলেও তাহা বড়ো।

- পরিচয়: আত্মপরিচয়

 WHILE GOD waits for His temple to be built of love, men bring stones.

- Fireflies

৮

সম্পর্ক

"আপন সুখের লাগি সংসারের মাঝে
তুলি হাহাকার!
আত্ম-অভিমানে অন্ধ জীবনের কাজে
আনি অবিচার!
জীবনের এই পথ, কে বলিতে পারে
বাকি আছে কত?
...
করো সুখী, থাকো সুখে প্রীতিভরে হাসিমুখে
পুষ্পগুচ্ছ যেন এক গাছে।"

- চিত্রা: নববর্ষে

আমাদের জীবনের পরতে পরতে জড়িয়ে আছে সম্পর্ক - সম্পর্ক পরিবার-পরিজনের সাথে, সম্পর্ক অন্য মানুষের সাথে, সম্পর্ক প্রকৃতির সাথে, সম্পর্ক সমাজের সাথে, সম্পর্ক ঈশ্বরের সাথে, সম্পর্ক নিজের অন্তরাত্মার সাথে।

নানান সম্পর্কের মান নানান রকমের নানান সময়ে নানান অবস্থায়। স্থান-কাল-পাত্রভেদে এই সম্পর্কগুলোর মান-সমষ্টি আমাদের জীবনযাপনের মান নির্ণয় করে। আমাদের জীবনে সম্পর্ক খুব গুরুত্বপূর্ণ। তাই সম্পর্কগুলোকে সযত্নে লালন করতে হয় পারস্পরিক সম্মানবোধের সক্রিয় চর্চায় এবং রক্ষা করতে হয় আত্মাভিমানের ঝঞ্ঝাবায়ু থেকে।

সম্পর্ক

মানুষে মানুষে বিভেদ তখনই সৃষ্টি হয়, যখন আমরা সম্পর্কগুলোকে দেখতে পাই না বা বুঝতে পারি না। The Magus উপন্যাসে লেখক John Fowles লিখেছিলেন - "I will tell you what war is. War is a psychosis caused by an inability to see relationships. Our relationship with our fellowmen. Our relationship with our economic and historical situation. And above all our relationship to nothingness, to death."- বাংলা অনুবাদ করলে দাঁড়ায় – আমি তোমাকে বলব যুদ্ধ আসলে কী। যুদ্ধ হল একটা মনোবিকলন যা তৈরি হয় আমাদের সম্পর্কগুলো দেখার অক্ষমতা থেকে - আমাদের সম্পর্ক অন্য মানুষের সাথে, আমাদের সম্পর্ক আমাদের অর্থনৈতিক ও ইতিহাসগত অবস্থার সাথে; এবং সর্বোপরি আমাদের সম্পর্ক শূন্যতা এবং মৃত্যুর সাথে।

এটা আজ অনুধাবন করা যায় যে -

- পৃথিবীতে আজ যে যুদ্ধ-বিগ্রহ বা সাম্প্রদায়িক বিদ্বেষ তার প্রধান কারণ বৈশ্বিক সর্বমানবিক সম্পর্কের প্রতি আমাদের অবহেলা।
- পৃথিবীতে আজ যে পরিবেশগত সঙ্কট তার প্রধান কারণ প্রকৃতির সাথে মানুষের পারস্পরিক নির্ভরতার সম্পর্কের অধোগতি।
- পৃথিবীতে আজ নারী-পুরুষে যে সংঘাত তার প্রধান কারণ মানবমানবীর পারিবারিক সম্পর্ককে পারস্পরিক সম্মানবোধের সাহায্যে সযত্নে রক্ষা করার আন্তরিক প্রচেষ্টার নিতান্তই অভাব।
- এবং পৃথিবীতে আজ ক্রমবর্ধমান ব্যক্তিগত হতাশাবোধের প্রধান কারণ আমাদের আত্মার সাথে আমাদের সম্পর্কের ক্রমাবনতি - লোভ লালসা ও স্বার্থবুদ্ধির মোহজালে জড়ায়ে আছি বলেই।

সম্পর্কের উন্নতি তাহলে আমরা করব কীভাবে? স্বার্থবুদ্ধি ও আত্ম-অহমিকাকে আমাদের জীবন থেকে বিতাড়ন করে এবং প্রত্যেক মানুষকে, তা তার অর্থ-সামাজিক অবস্থা যাই হোক না কেন, সম্মানের চোখে দেখার অভ্যেস তৈরি করে।

সম্পর্ক নিয়ে রবীন্দ্রনাথের উদ্ধৃতি পড়া এবং তা নিয়ে চিন্তা ভাবনা করার আগে প্রশ্ন উঠতে পারে রবীন্দ্রনাথের সাথে তাঁর স্ত্রীর বা তাঁর আশপাশের মানুষগুলোর সম্পর্ক কেমন ছিল। রবীন্দ্রনাথ যে সকলের সাথে সম্পর্ককে খুব গুরুত্ব দিতেন সেটির বহু প্রমাণ তাঁর জীবনযাপনে, তাঁর কাব্যে এবং তাঁর চিঠিপত্রে পাওয়া যায় (দেখুন

আগস্ট ২, ১৩, ১৮)। তিনি স্ত্রীকে চিঠিতে লিখেছেন - "সকলেরই স্বতন্ত্র রুচি অনুরাগ এবং অধিকারের বিষয় আছে" (দেখুন আগস্ট ২)। আমাদের দাম্পত্য সম্পর্ককে মজবুত করার জন্য এই নিয়মপালন অবশ্যকর্তব্য।

মানুষের সাথে মানুষের সম্পর্কের সবচেয়ে বড়ো চাওয়া-পাওয়া কিন্তু মিলন নয়, মুক্তি। আমরা যদি একে অপরকে বেঁধে ফেলি কিংবা সংসারের কোনো বিশেষ ভূমিকায় সীমাবদ্ধ করে ফেলি তখনি দেখা দেয় বিরোধ ও দুঃখ। এ প্রসঙ্গে চলুন পড়ে নেই রবীন্দ্রনাথের উপন্যাস 'শেষের কবিতা'-র খানিকটা - "অমিত চলতে চলতে ভাবতে লাগল যে, লাবণ্য বুদ্ধির আলোতে সমস্তই স্পষ্ট করে জানতে চায়। মানুষ স্বভাবত যেখানে আপনাকে ভোলাতে ইচ্ছা করে ও সেখানেও নিজেকে ভোলাতে পারে না। লাবণ্য যে কথাটা বললে সেটার তো প্রতিবাদ করতে পারছি নে। অন্তরাত্মার গভীর উপলব্ধি বাইরে প্রকাশ করতেই হয়– কেউ-বা করে জীবনে, কেউ-বা করে রচনায়– জীবনকে ছুঁতে ছুঁতে, অথচ তার থেকে সরতে সরতে নদী যেমন কেবলই তীর থেকে সরতে সরতে চলে, তেমনি। আমি কি কেবলই রচনার স্রোত নিয়েই জীবন থেকে সরে সরে যাব। এইখানেই কি মেয়ে পুরুষের ভেদ। পুরুষ তার সমস্ত শক্তিকে সার্থক করে সৃষ্টি করতে, সেই সৃষ্টি আপনাকে এগিয়ে দেবার জন্যেই আপনাকে পদে পদে ভোলে। মেয়ে তার সমস্ত শক্তিকে খাটায় রক্ষা করতে, পুরানোকে রক্ষা করবার জন্যেই নতুন সৃষ্টিকে সে বাধা দেয়। রক্ষার প্রতি সৃষ্টি নিষ্ঠুর, সৃষ্টির প্রতি রক্ষা বিঘ্ন। এমন কেন হল। এক জায়গায় এরা পরস্পরকে আঘাত করবেই। যেখানে খুব ক'রে মিল সেইখানেই মস্ত বিরুদ্ধতা। তাই ভাবছি, আমাদের সকলের চেয়ে বড়ো যে পাওনা সে মিলন নয়, সে মুক্তি।"

দাম্পত্য জীবনে আমাদের অশান্তির কারণ অধিকাংশ সময়েই দেখা যায় আমাদের একের প্রতি অপরের প্রত্যাশার আবেগজড়িত আধিক্য এবং অবাস্তবতা। কোর্টশিপের বা বিবাহপূর্ব প্রেমের সময়ে আমরা একে অপরকে দেবতা বা দেবীর আসনে বসিয়ে দেই এবং বিয়ের পরে যখন দেখা যায় আমরা কেউই দেবতাও নই, দেবীও নই, তখনই লাগে গন্ডগোল। এ প্রসঙ্গে রবীন্দ্রনাথের 'চিত্রাঙ্গদা' নৃত্যনাট্যে চিত্রাঙ্গদার মুখে আমরা শুনতে পাই নিজের অপরূপ সৌন্দর্য্যের বাইরে বাস্তব একজন দোষ-ত্রুটিপূর্ণ রমণীর বর্ণনা - যাতে শুধু রূপের কারণে অর্জুন তাকে বিয়ে না করেন –

সম্পর্ক

যে ফুলে করেছি পূজা, নহি আমি কভু
সে ফুলের মতো, প্রভু, এত সুমধুর,
এত সুকোমল, এত সম্পূর্ণ সুন্দর।
দোষ আছে, গুণ আছে, পাপ আছে, পুণ্য
আছে; কত দৈন্য আছে; আছে আজন্মের
কত অতৃপ্ত তিয়াষা। সংসারপথের
পান্থ, ধূলিলিপ্তবাস বিক্ষতচরণ;
কোথা পাব কুসুমলাবণ্য, দু-দণ্ডের
জীবনের অকলঙ্ক শোভা। কিন্তু আছে
অক্ষয় অমর এক রমণী-হৃদয়।
দুঃখ সুখ আশা ভয় লজ্জা দুর্বলতা—
ধূলিময়ী ধরণীর কোলের সন্তান,
তার কত ভ্রান্তি, তার কত ব্যথা, তার
কত ভালোবাসা, মিশ্রিত জড়িত হয়ে
আছে একসাথে। আছে এক সীমাহীন
অপূর্ণতা, অনন্ত মহৎ। কুসুমের
সৌরভ মিলায়ে থাকে যদি, এইবার
সেই জন্মজন্মান্তের সেবিকার পানে
চাও।
... আমি চিত্রাঙ্গদা।
দেবী নহি, নহি আমি সামান্যা রমণী।
পূজা করি রাখিবে মাথায়, সেও আমি
নই; অবহেলা করি পুষিয়া রাখিবে
পিছে, সেও আমি নহি। যদি পার্শ্বে রাখ
মোরে সংকটের পথে, দুরূহ চিন্তার
যদি অংশ দাও, যদি অনুমতি কর
কঠিন ব্রতের তব সহায় হইতে,
যদি সুখে দুঃখে মোরে কর সহচরী,
আমার পাইবে তবে পরিচয়।

- নৃত্যনাট্য: চিত্রাঙ্গদা

এই অধ্যায়ের উদ্ধৃতিগুলো বাছাই করা হয়েছে নানান সম্পর্কে নতুন আলো ফেলতে যা সাহায্য করবে আমাদের দৃষ্টিভঙ্গি পাল্টাতে, আমাদের জীবনবোধ পাল্টাতে এবং যা সাহায্য করতে পারে নতুন ও উন্নত চিন্তা-চেতনার মধ্য দিয়ে আমাদের সম্পর্কগুলোকে উন্নত ও শক্তিশালী করতে।

আগস্ট ১

স্ত্রীপুরুষের পরস্পরের প্রতি সমান অধিকার

চিন্তা-কণিকা

দাম্পত্য জীবনে সুখী হবার উপায় কি নিচে উদ্‌ধৃত কথাগুলোর মধ্যে লুকিয়ে আছে?! পড়ুন এবং ভাবুন।

****

আমার স্বামী বরাবর বলে এসেছেন, স্ত্রীপুরুষের পরস্পরের প্রতি সমান অধিকার, সুতরাং তাদের সমান প্রেমের সম্বন্ধ। এ নিয়ে আমি তাঁর সঙ্গে কোনোদিন তর্ক করি নি।

...

আমাদের ভালোবাসার প্রদীপ যখন জ্বলে তখন তার শিখা উপরের দিকে ওঠে— প্রদীপের পোড়া তেলই নীচের দিকে পড়তে পারে। প্রিয়তম, তুমি আমার পূজা চাও নি সে তোমারই যোগ্য, কিন্তু পূজা নিলেভালো করতে। তুমি আমাকে সাজিয়ে ভালোবেসেছ, শিখিয়ে ভালোবেসেছ, **যা চেয়েছি তা দিয়ে ভালাবেসেছ, যা চাই নি তা দিয়ে ভালাবেসেছ**, আমার ভালোবাসায় তোমার চোখে পাতা পড়ে নি তা দেখেছি, আমার ভালোবাসায় তোমার লুকিয়ে নিশ্বাস পড়েছে তা দেখেছি। আমার দেহকে তুমি এমন করে ভালোবেসেছ যেন সে স্বর্গের পারিজাত, **আমার স্বভাবকে তুমি এমনি করে ভালোবেসেছ যেন সে তোমার সৌভাগ্য**! এতে আমার মনে গর্ব আসে, আমার মনে হয় এ আমারই ঐশ্বর্য যার লোভে তুমি এমন করে আমার দ্বারে এসে দাঁড়িয়েছ। তখন রানীর সিংহাসনে বসে মানের দাবি করি; সে দাবি কেবল বাড়তেই থাকে, কোথাও তার তৃপ্তি হয় না। ... আজ মনে পড়ছে সেদিন আমার সৌভাগ্যে সংসারে কত লোকের মনে কত ঈর্ষার আগুন ধিকিধিকি জ্বলেছিল। ঈর্ষা হবারই তো কথা— আমি যে অমনি পেয়েছি, ফাঁকি দিয়ে পেয়েছি। কিন্তু ফাঁকি তো বরাবর চলে না। দাম দিতেই হবে। নইলে বিধাতা সহ্য করেন না— **দীর্ঘকাল ধরে প্রতিদিন সৌভাগ্যের ঋণ শোধ করতে হয়, তবেই স্বত্ব ধ্রুব হয়ে ওঠে। ভগবান আমাদের দিতেই পারেন, কিন্তু নিতে যে হয় নিজের গুণে।** পাওয়া জিনিসও আমরা পাই নে এমনি আমাদের পোড়া কপাল।

- ঘরে-বাইরে: বিমলার আত্মকথা

আগস্ট ২

আন্তরিক ভালোবাসাই যথেষ্ট

চিন্তা-কণিকা

দাম্পত্য জীবনে সুখী হবার পথে প্রধান অন্তরায় হচ্ছে একজনের উপর আরেকজনের অধিকার খাটানো - এবং প্রত্যেকের স্বাতন্ত্র্যকে শ্রদ্ধা না করা।

****

আমাকে সুখী করবার জন্যে তুমি বেশি কোনো চেষ্টা কোরো না - আন্তরিক ভালোবাসাই যথেষ্ট। অবশ্য তোমাতে আমাতে সকল কাজ ও সকল ভাবেই যদি যোগ থাকত খুব ভাল হত - কিন্তু সে কারো ইচ্ছায়ত্ব নয়। যদি তুমি আমার সঙ্গে সকল রকম শিক্ষায় যোগ দিতে পার ত খুশী হই - আমি যা কিছু জানতে চাই তোমাকেও তা জানাতে পারি - আমি যা শিখতে চাই তুমিও আমার সঙ্গে শিক্ষা কর তাহলে খুব সুখের হয়। জীবনে দুজনে মিলে সকল বিষয়ে অগ্রসর হবার চেষ্টা করলে অগ্রসর হওয়া সহজ হয় - তোমাকে কোনো বিষয়ে আমি ছাড়িয়ে যেতে ইচ্ছা করিনি - কিন্তু জোর করে তোমাকে পীড়ন করতে আমার শঙ্কা হয়। **সকলেরই স্বতন্ত্র রুচি অনুরাগ এবং অধিকারের বিষয় আছে** - আমার ইচ্ছা ও অনুরাগের সঙ্গে তোমার সমস্ত প্রকৃতিকে সম্পূর্ণ মেলাবার ক্ষমতা তোমার নিজের হাতে নেই - সুতরাং সে সম্মন্ধে খুঁৎ খুঁৎ না করে ভালোবাসার দ্বারা যত্নের দ্বারা আমার জীবনকে মধুর - আমাকে অনাবশ্যক দুঃখকষ্ট থেকে রক্ষা করতে চেষ্টা করলে সে চেষ্টা আমার পক্ষে বহুমূল্য হবে।

- স্ত্রী মৃণালিনী দেবীকে লিখিত পত্র, ২১ ডিসেম্বর ১৯০০

তিনি আমাকে বরাবর বলে এসেছেন, "**স্ত্রী বলেই যে তুমি আমাকে কেবলই মেনে চলবে তোমার উপর আমার এ দৌরাত্ম্য আমার নিজেরই সইবে না।** আমি অপেক্ষা করে থাকব আমার সঙ্গে যদি তোমার মেলে তো ভালো, যদি না মেলে তো উপায় কী!"

- ঘরে-বাইরে

আগস্ট ৩

আমাদের জীবন সহজ এবং সরল হোক

চিন্তা-কণিকা

রবিঠাকুরের দাম্পত্য জীবনের এই আকাঙ্খাকে যদি আমরা আমাদের জীবনে প্রতিফলিত করতে পারি তবে হয়ত' আমাদের দাম্পত্য জীবন আরও সুন্দর হবে। জীবনকে সহজ ও সরল করে তোলা সহজ কাজ নয় - কারণ আমরা যা কিছু গড়ে তুলি তাই জটিল হয়ে যায় - কেননা এর মধ্যে মিশে থাকে আমাদের আত্ম-অহমিকা (ego) এবং নানাবিধ চাওয়া-পাওয়ার হিসাব (অর্থ, খ্যাতি ইত্যাদি)। রাশিয়ান লেখক Leo Tolstoy বলেছিলেন - "There is no greatness where there is not simplicity, goodness, and truth."

****

আজকাল আমার মনের একমাত্র আকাঙ্খা এই, **আমাদের জীবন সহজ এবং সরল হোক, আমাদের চতুর্দিক প্রশান্ত এবং প্রসন্ন হোক, আমাদের সংসারযাত্রা আড়ম্বরশূন্য এবং কল্যাণপূর্ণ হোক, আমাদের অভাব অল্প, উদ্দেশ্য উচ্চ, চেষ্টা নিঃস্বার্থ এবং দেশের কার্য্য আপনাদের কাজের চেয়ে প্রধান হোক**, - এবং যদি বা ছেলেমেয়েরাও আমাদের এই আদর্শ থেকে ভ্রষ্ট হয়ে ক্রমশঃ দূরে চলে যায় আমরা দুজনে শেষ পর্য্যন্ত পরস্পরের মনুষ্যত্বের সহায় এবং সংসারক্লান্ত হৃদয়ের একান্ত নির্ভরস্থল হয়ে জীবনকে সুন্দরভাবে অবসান করতে পারি।

- স্ত্রী মৃণালিনী দেবীকে লিখিত পত্র,
জুন, ১৮৯৮, শিলাইদহ, বাংলাদেশ

চিন্তা-কণিকা

<u>আরো চিন্তার খোরাক:</u> রবীন্দ্রনাথের দাম্পত্য সম্পর্ক যে কতটা সহজ সরল ছিল তার প্রমাণ মেলে স্ত্রীর স্মৃতিচারণ করতে গিয়ে মৈত্রেয়ী দেবীকে রবীন্দ্রনাথ যা বলেছিলেন তার থেকে - "**সব চেয়ে কী কষ্ট হত জান**? এমন কেউ নেই যাকে সব বলা যায়। সংসারে কথার পুঞ্জ অনবরত জমে উঠতে থাকে। ঠিক পরামর্শ নেবার জন্য নয়, শুধু বলা, বলার জন্য। এমন কাউকে পেতে ইচ্ছে করে যাকে সব বলা যায় - সে তো আর যাকে তাকে দিয়ে হয় না।"

আগস্ট ৪

স্ত্রী ও পুরুষের প্রেমে বিশেষত্ব

চিন্তা-কণিকা

এই লিখাটির সময় কবির বয়স ২৭ বছর। তার চিন্তাভাবনা পরে বদলে গিয়েছিল কিনা সেটা গবেষণার বিষয়। আপাতত আমরা একজন উনবিংশ শতাব্দীর যুবকের ভাবনার প্রকাশের রসটিকে সম্ভোগ করি।

****

আমার মনে হয় স্ত্রীলোকের প্রতি পুরুষের এবং পুরুষের প্রতি স্ত্রীলোকের ভালোবাসার মধ্যে মাত্রাভেদ নহে জাতিভেদ বর্তমান। **পুরুষের ভালোবাসা সৌন্দর্যপ্রিয়তার সহিত সংযুক্ত, আর স্ত্রীলোকের ভালোবাসা নির্ভরপরতা সুতরাং ক্ষমতার প্রতি আসক্তি হইতে উৎপন্ন**। পুরুষের যথার্থ ভালোবাসা Ideal-এর প্রতি এবং স্ত্রীলোকের যথার্থ ভালোবাসা Real-এর প্রতি। এ স্থলে Ideal এবং Real আমি হয়তো একটু বিশেষ অর্থে ব্যবহার করিতেছি। সৌন্দর্যের প্রতি অনুরাগ Ideality-র সহিতই বিশেষরূপে সম্বন্ধ এবং ক্ষমতার প্রতি অনুরাগ Reality-র মধ্যে নিবিষ্ট। ... সৌন্দর্যকে ধরা যায় না, তাহার প্রতি ভর দেওয়া যায় না, আমাদের পক্ষে তাহার যে কী উপযোগিতা তাহা সম্পূর্ণ জানি না, এই পর্যন্ত জানি যে, তাহার প্রতি আমাদের আত্মার একটি অনিবার্য আকর্ষণ আছে। ... পুরুষ যখন রমণীকে ভালোবাসে তখন সেই ভালোবাসার মধ্যে সে সম্পূর্ণ বিরাম পায় না; যদিও তাহার ভালোবাসার মধ্যে একটি অনির্বচনীয় সুখ থাকে তথাপি কী একটা আকাঙ্ক্ষাপূর্ণ সুগভীর বিষাদ ছায়ার ন্যায় তাহার অনুবর্তী হইয়া থাকে। ... যেমন ভালো গান শুনিলে প্রাণ উদাস হইয়া যায়, প্রকৃতির উদার সৌন্দর্য অনুভব করিলে হৃদয়ের মধ্যে ব্যাকুলতা জন্মে। ... রমণীর প্রেমের মধ্যে পরিতৃপ্তি আছে, বিশ্বাস আছে, নিষ্ঠা আছে, কিন্তু পুরুষের প্রেমের মধ্যে যে একটি চির অতৃপ্তিপূর্ণ অনির্বচনীয় সুখ আছে তাহা বোধ করি খুব অল্প রমণী উপভোগ করিয়াছে। সেই প্রেমে যেন মানবাত্মার অন্তর্নিহিত গভীর অমরতা হইতে এক অপূর্ব রাগিণীময় গান বাহিরের সৌন্দর্যময়ী অসীমতার দিকে কল্পিত হোমশিখার ন্যায় সর্বদা উত্থিত হইতে থাকে।

- সমাজ: স্ত্রী ও পুরুষের প্রেমে বিশেষত্ব: ১৮৮৮

আগস্ট ৫

ভালোবাসার বাঁশি ও ভালোবাসার ট্র্যাজেডি

চিন্তা-কণিকা

পরস্পরের স্বাতন্ত্র্য মেনে নেয়ার মধ্যেই নিহিত আছে দাম্পত্য জীবনের সুখের চাবিকাঠি।

****

 আমার পথের সঙ্গিনীকে এবার কোনো আইডিয়ার শিকল দিয়ে বাঁধতে চাইব না ; কেবল আমার ভালোবাসার বাঁশি বাজিয়ে বলব, তুমি আমাকে ভালোবাসো, সেই ভালোবাসার আলোতে তুমি যা তারই পূর্ণ বিকাশ হোক, আমার ফর্মাশ একেবারে চাপা পড়ুক, তোমার মধ্যে বিধাতার যে ইচ্ছা আছে তারই জয় হোক— আমার ইচ্ছা লজ্জিত হয়ে ফিরে যাক।

- ঘরে-বাইরে: নিখিলেশের কথা

 ভালোবাসার ট্র্যাজেডি ঘটে সেইখানেই যেখানে পরস্পরকে স্বতন্ত্র জেনে মানুষ সন্তুষ্ট থাকতে পারে নি, নিজের ইচ্ছেকে অন্যের ইচ্ছে করবার জন্যে যেখানে জুলুম, যেখানে মনে করি আপন মনের মতো করে বদলিয়ে অন্যকে সৃষ্টি করব। ... দুজনকে নিয়ে সংসার পাততে গেলে পরস্পর পরস্পরকে খানিকটা সৃষ্টি না করে নিলে চলেই না। ভালোবাসা যেখানে আছে সেখানে সেই সৃষ্টি সহজ, যেখানে নেই সেখানে হাতুড়ি পিটোতে গিয়ে, তুমি যাকে ট্র্যাজেডি বল, তাই ঘটে। সংসার পাতবার জন্যেই যে মানুষ তৈরি তার কথা ছেড়ে দাও। সে তো মাটির মানুষ। কিন্তু, যে মানুষ মাটির মানুষ একেবারেই নয় সে আপনার স্বাতন্ত্র্য কিছুতেই ছাড়তে পারে না। যে মেয়ে তা না বোঝে সে যতই দাবি করে ততই হয় বঞ্চিত, যে পুরুষ তা না বোঝে সে যতই টানাহেঁচড়া করে ততই আসল মানুষটাকে হারায়। আমার বিশ্বাস, অধিকাংশ স্থলেই আমরা যাকে পাওয়া বলি সে আর কিছু নয়, হাতকড়া হাতকে যেরকম পায় সেই আর-কি। ... বিয়ে করে দুঃখ দিতে চাই নে। **বিয়ে সকলের জন্যে নয়।** ... বিয়ের ফাঁদে জড়িয়ে প'ড়ে স্ত্রীপুরুষ যে বড়ো বেশি কাছাকাছি এসে পড়ে– মাঝে ফাঁক থাকে না, তখন একেবারে গোটা মানুষকে নিয়েই কারবার করতে হয় নিতান্ত নিকটে থেকে। কোনো-একটা অংশ ঢাকা রাখবার জো থাকে না। ...বিয়ে করলে মানুষকে মেনে নিতে হয়, তখন আর গড়ে নেবার ফাঁক পাওয়া যায় না।

- শেষের কবিতা: যোগমায়া ও লাবণ্যের সংলাপ

আগস্ট ৬

প্রেমেতে ত্যাগও যা লাভও তাই

চিন্তা-কণিকা

প্রেমে ত্যাগ ও লাভ এবং স্বাধীনতা ও অধীনতা নিয়ে এই যে ব্যাখ্যা এটা বারবার না পড়লে হৃদয়ঙ্গম করা যায় না। তাই হয়ত' প্রেম থাকলে স্বামী-স্ত্রীর সম্পর্কে স্বাধীনতা-অধীনতার প্রশ্ন কোথায় হারিয়ে যায় সেটা কেউ জানে না। নিচের উদ্‌ধৃতিগুলো পড়ুন এবং ভাবুন।

****

কর্মক্ষেত্রে ত্যাগ এবং লাভ ভিন্ন শ্রেণীভুক্ত–তারা বিপরীতপর্যায়ের। প্রেমেতে ত্যাগও যা লাভও তাই। যাকে ভালোবাসি তাকে যা দিই সেই দেওয়াটাই লাভ।

...

আনন্দের হিসাবের খাতায় জমা খরচ একই জায়গায়–সেখানে দেওয়াও যা পাওয়াও তাই। ভগবানও সৃষ্টিতে এই যে আনন্দের যজ্ঞ এই যে প্রেমের খেলা ফেঁদেছেন এতে তিনি নিজেকে দিয়ে নিজেকেই লাভ করছেন। এই দেওয়াপাওয়াকে একেবারে এক করে দেওয়াকেই বলে প্রেম।

...

একটি ক্ষেত্র আছে যেখানে অধীনতা এবং স্বাধীনতা ঠিক সমান গৌরব ভোগ করে একথা আমাদের ভুললে চলবে না। সে হচ্ছে প্রেমে। সেখানে অধীনতা স্বাধীনতার কাছে এক চুলও মাথা হেঁট করে না। **প্রেমই সম্পূর্ণ স্বাধীন এবং প্রেমই সম্পূর্ণ অধীন।** **...** স্বাধীনতা অধীনতা নিয়েও আমরা কথার খেলা করি। অধীনতাও যে স্বাধীনতার সঙ্গেই এক আসনে বসে রাজত্ব করে একথা আমরা ভুলে যাই। স্বাধীনতাই যে আমরা চাই তা নয়, অধীনতাও আমরা চাই। **যে চাওয়াতে আমাদের ভিতরকার এই দুই চাওয়ারই সম্পূর্ণ সামঞ্জস্য হয় সেই হচ্ছে প্রেমের চাওয়া।** বন্ধনকে স্বীকার করে বন্ধনকে অতিক্রম করব এই হচ্ছে প্রেমের কাজ। **প্রেম যেমন স্বাধীন এমন স্বাধীন আর দ্বিতীয় কেউ নেই আবার প্রেমের যে অধীনতা এতবড়ো অধীনতাই বা জগতে কোথায় আছে।**

- শান্তিনিকেতন: ১

আগস্ট ৭

অন্তরে ভুল ভাঙবে কি?

চিন্তা-কণিকা

ভুল বোঝাবুঝির শেষটা সাধারণত নয়নজলের আবেগেই শেষ হয় - তাই নয় কি। উল্লেখ্য এ গানের পাঠান্তর আছে - 'বাহিরে ভুল হানবে যখন'।

বাহিরে ভুল ভাঙবে যখন
অন্তরে ভুল ভাঙবে কি।
বিষাদ বিষে জ্বলে শেষে
রসের প্রসাদ মাঙবে কি।
রৌদ্রদাহ হলে সারা
নামবে কি ওর বর্ষাধারা,
লাজের রাঙা মিটলে হৃদয়
প্রেমের রঙে রাঙবে কি।
যতই যাবে দূরের পানে
বাঁধন ততই কঠিন হয়ে
টানবে না কি ব্যথার টানে।
অভিমানের কালো মেঘে
বাদল হাওয়া লাগবে বেগে,
নয়নজলের আবেগ তখন
কোনোই বাধা মানবে কি।

- শাপমোচন

When the misunderstanding clears up
Will there be a change of heart.
When the flames of agony are extinguished
Will there be a yearning for the grace of mercy.
...
When the black cloud of miff
Faces the gust of rain-soaked wind
Can the emotion of teardrops
Care any hurdles.

- (Partial translation by NS)

সম্পর্ক

আগস্ট ৮

প্রিয়ে, ভালোবাসা দিয়ে বোঝো

চিন্তা-কণিকা

ভালোবাসাকে ভালোবাসা দিয়ে বোঝাই একমাত্র উপায়।

****

গুণবতী। ভিক্ষা
রাখো নাথ!

গোবিন্দমাণিক্য। বলো দেবী!

গুণবতী। হোয়ো না পাষাণ।
রাজগর্ব ছেড়ে দাও। দেবতার কাছে
পরাভব না মানিতে চাও যদি, তবু
আমার যন্ত্রণা দেখে গলুক হৃদয়।
তুমি তো নিষ্ঠুর কভু ছিলে নাকো প্রভু,
কে তোমারে করিল পাষাণ! কে তোমারে
আমার সৌভাগ্য হতে লইল কাড়িয়া!
করিল আমারে রাজাহীন রানী!

গোবিন্দমাণিক্য। **প্রিয়ে,**
আমারে বিশ্বাস করো একবার শুধু,
না বুঝিয়া বোঝো মোর পানে চেয়ে। অশ্রু
দেখে বোঝো, আমারে যে ভালোবাস সেই
ভালোবাসা দিয়ে বোঝো — আর রক্তপাত
নহে। মুখ ফিরায়ো না দেবী, আর মোরে
ছাড়িয়ো না, নিরাশ কোরো না আশা দিয়ে।
যাবে যদি মার্জনা করিয়া যাও তবে।প্রিয়ে,
আমারে বিশ্বাস করো একবার শুধু,
না বুঝিয়া বোঝো মোর পানে চেয়ে। অশ্রু
দেখে বোঝো, আমারে যে ভালোবাস সেই
ভালোবাসা দিয়ে বোঝো!

- নাটক: বিসর্জন

আগস্ট ৯

যাহাকে তুমি ভালোবাস তাহাকে ফুল দাও

চিন্তা-
কণিকা

Benjamin Franklin বলেছিলেন - "Keep your eyes wide open before marriage, half shut afterwards." দাম্পত্য জীবনে অনেক দোষত্রুটি দেখেও না দেখা ভালো - কারণ, এতে তারা ম্রিয়মাণ হয়ে পড়ে এবং ভালোবাসার আগুনে পুড়ে তারা দিনে দিনে নিঃশেষ হয়ে যায়।

****

যাহাকে তুমি ভালোবাস তাহাকে ফুল দাও, কাঁটা দিও না; তোমার হৃদয়-সরোবরের পদ্ম দাও, পঙ্ক দিও না। হাসির হীরা দাও, অশ্রুর মুক্তা দাও; হাসির বিদ্যুৎ দিও না, অশ্রুর বাদল দিও না। ...

যাঁহাকে তুমি ভালোবাস তাঁহাকে তোমার হৃদয়ের সমস্তটা দেখাইও না। যেখানে তোমার হৃদয়ের পয়ঃপ্রণালী, যেখানে আবর্জনা, যেখানে জঞ্জাল, সেখানে তাঁহাকে লইয়া যাইও না; ... তাঁহাকে তোমার হৃদয়ের এমন অঞ্চলের ডিস্ট্রিক্ট্ জজ করিবে যেখানে ম্যালেরিয়া নাই, ওলাউঠা নাই, বসন্ত নাই। তাঁহাকে যে বাড়ি দিবে তাহার দক্ষিণ দিকে খোলা, বাতাস আনা গোনা করে, বড়ো বড়ো ঘর, সূর্যের আলোক প্রবেশ করে। ইহা যে করে সেই যথার্থ ভালোবাসে। এমন স্বার্থপর প্রণয়ী বোধ করি নাই যে মনে করে তাহার প্রণয়ীকে তাহার হৃদয়ের সমস্ত বাঁশঝাড়ে ঘুরাইয়া, সমস্ত পচাপুকুরে স্নান করাইয়া, না বেড়াইলে যথার্থ ভালোবাসা হয় না। ... অনেকে বলিয়া উঠিবেন, "এ কিরকম কথা; যাঁহাকে তুমি খুব ভালোবাস, যাঁহাকে নিতান্ত আত্মীয় মনে করা যায়, তাঁহার নিকটে মনের কোন ভাগ গোপন করা কি উচিত?" উচিত নহে তো কি? প্রকৃতি যাহাদের চক্ষে পাতা দেন নাই, যাহারা আবশ্যকমত চোখ বুজিতে পারে না, মনে যাহা কিছু আসে, যে অবস্থাতেই আসে, তাহাদের কুম্ভীরচক্ষে পড়িবেই, তাহাদের পক্ষে অত্যন্ত দুর্দ্দশা। **আমরা অনেক মনোভাব ভাল করিয়া চাহিয়া দেখি না, চোখ বুজিয়া যাই। এরূপ করিলে সে ভাবগুলিকে উপেক্ষা করা হয়, অনাদর করা হয়। ক্রমে তাহারা ম্রিয়মাণ হইয়া পড়ে।**

- বিবিধ প্রসঙ্গ: মনের বাগান-বাড়ি

আগস্ট ১০

সবচেয়ে অপমান সইতে হয় মেয়েদের

চিন্তা-কণিকা

ভেবে দেখুন, কী গভীর বেদনা নিয়ে রবীন্দ্রনাথ তার জামাতাকে এই কথাগুলো লিখেছেন - যা আজও সংসারজীবনে সত্য। একজনের প্রতি আরেকজনের সম্মান নষ্ট হয়ে গেলে সে সম্পর্ক জোড়া লাগানো কঠিন। লক্ষ্য করুন - কন্যা মীরা দেবীর ইচ্ছা-অনিচ্ছার প্রতি পিতা রবীন্দ্রনাথের কী অকুন্ঠ সমর্থন!

****

আমার বিশ্বাস, তোমরা কাছাকাছি থাকলে আবার তোমাদের মধ্যে নানা উপলক্ষ্যে সংঘাত প্রবল ও দুঃখকর হয় উঠবে। যখনি তোমাদের মধ্যে সামান্য বিষয়েও নতুন কোনো ক্ষোভের কারণ উঠবে **অমনি পুরোনো ক্ষোভ প্রবল হয়ে জেগে উঠবে**, - পরস্পরের প্রতি তোমাদের বিশ্বাস একবার ক্ষুণ্ণ হয়েচে বলেই নিতান্ত অকারণে বা তুচ্ছ কারণে তোমাদের সম্মন্ধ বারম্বার পীড়িত হতে থাকবে। **এ অবস্থায় সবচেয়ে অপমান সইতে হয় মেয়েদের - কেননা পুরুষের বাহুবল বেশি** এবং পুরুষ কঠোরতার দ্বারা আপন ইচ্ছাকে বলবান করে - চিরদিনই মেয়েদের উপর পুরুষের অধিকারের বাধা না থাকাতে আমাদের বাহ্য মত যাই হোক, **আমাদের অস্থিমাংসগত সংস্কার হচ্চে মেয়েদের দাসীর মতই নিজের সম্পূর্ণ ইচ্ছানুগত বলে মনে করা**; - এ সম্মন্ধে পুরুষানুক্রমিক মানসিক অভ্যাস তারাই অতিক্রম করতে পারে যারা যথার্থই মুক্ত এবং অন্যকে মুক্তি যারা ইচ্ছাপূর্বক দিতে পারে। **অন্যের ইচ্ছাকে নিজের ইচ্ছার দ্বারা সবলে পেষিত করা অধিকাংশ লোকের পক্ষে সহজ, বিশেষত নিজের স্ত্রী সম্মন্ধে** - বিশেষত যেখানে সমস্ত সমাজ ও আইন এই নির্মম দাসত্বের অনুকূল। ... **মীরা যখনই ইচ্ছা করবে, যখনি সে আমাকে বলবে, আমি যাবো, তখনি আমি তাকে যেতে বলব।**

- কন্যা মীরা দেবীর স্বামী নগেন্দ্রনাথ গঙ্গোপাধ্যায়কে, ২০ ফাল্গুন, ১৩২৬; মীরা দেবী স্বামীগৃহ ত্যাগ করে পিতার কাছে চলে আসেন।

(আরো দেখুন আগস্ট ৫)

আগস্ট ১১

কালের যাত্রার ধ্বনি শুনিতে কি পাও?

কালের যাত্রার ধ্বনি শুনিতে কি পাও।
    তারি রথ নিত্যই উধাও
জাগাইছে অন্তরীক্ষে হৃদয়স্পন্দন,
চক্রে-পিষ্ট আঁধারের বক্ষফাটা তারার ক্রন্দন।
... কোনোদিন কর্মহীন পূর্ণ অবকাশে   বসন্তবাতাসে
অতীতের তীর হতে যে রাত্রে বহিবে দীর্ঘশ্বাস,
    ঝরা বকুলের কান্না ব্যথিবে আকাশ,
সেই ক্ষণে খুঁজে দেখো--কিছু মোর পিছে রহিল সে
তোমার প্রাণের প্রান্তে;
        বিস্মৃতিপ্রদোষে হয়তো দিবে সে জ্যোতি,
হয়তো ধরিবে কভু নাম-হারা স্বপ্নের মুরতি।
        তবু সে তো স্বপ্ন নয়,
সব-চেয়ে সত্য মোর, সেই মৃত্যুঞ্জয়,
        সে আমার প্রেম।
তারে আমি রাখিয়া এলেম
অপরিবর্তন অর্ঘ্য তোমার উদ্দেশে।
পরিবর্তনের স্রোতে আমি যাই ভেসে কালের যাত্রায়।
        হে বন্ধু, বিদায়। ...
মোর লাগি করিয়ো না শোক,
    আমার রয়েছে কর্ম, আমার রয়েছে বিশ্বলোক।
        মোর পাত্র রিক্ত হয় নাই--
    শূন্যেরে করিব পূর্ণ, এই ব্রত বহিব সদাই।
উৎকণ্ঠ আমার লাগি কেহ যদি প্রতীক্ষিয়া থাকে
        সেই ধন্য করিবে আমাকে।
তোমারে যা দিয়েছিনু তার
        পেয়েছ নিঃশেষ অধিকার।
ওগো তুমি নিরুপম, হে ঐশ্বর্যবান,
        তোমারে যা দিয়েছিনু সে তোমারি দান--
গ্রহণ করেছ যত ঋণী তত করেছ আমায়।
        হে বন্ধু, বিদায়।

- শেষের কবিতা: লাবণ্যের শেষ চিঠি

আগস্ট ১২

সমস্ত কে বুঝেছে কখন?

চিন্তা-কণিকা

আমাদের ভালোবাসার মানুষের সবটা কি আমরা সবসময় বুঝতে পারি?! এই রহস্যময়তাই কি প্রেমকে করেছে মধুর?

তুমি মোরে পার না বুঝিতে?
প্রশান্ত বিষাদভরে
দুটি আঁখি প্রশ্ন ক'রে
অর্থ মোর চাহিছে খুঁজিতে,
... **কিছু আমি করি নি গোপন।**
যাহা আছে সব আছে
তোমার আঁখির কাছে
প্রসারিত অবারিত মন।
দিয়েছি সমস্ত মোর করিতে ধারণা,
তাই মোরে বুঝিতে পার না?
এ যে সখী, সমস্ত হৃদয়।
কোথা জল, কোথা কূল,
দিক হয়ে যায় ভুল,
অন্তহীন রহস্যনিলয়।
এ রাজ্যের আদি অন্ত নাহি জান রানী--
এ তবু তোমার রাজধানী।
... **এ যে সখী, হৃদয়ের প্রেম,**
সুখদুঃখবেদনার
আদি অন্ত নাহি যার--
চিরদৈন্য চিরপূর্ণ হেম।
নব নব ব্যাকুলতা জাগে দিবারাতে,
তাই আমি না পারি বুঝাতে।
নাই বা বুঝিলে তুমি মোরে!
চিরকাল চোখে চোখে
নূতন নূতনালোকে
পাঠ করো রাত্রি দিন ধরে ।
বুঝা যায় আধো প্রেম , আধখানা মন —
সমস্ত কে বুঝেছে কখন ?

- সোনার তরী: দুর্বোধ

আগস্ট ১৩

আমাদের অধিকাংশ দুঃখই স্বেচ্ছাকৃত

চিন্তা-কণিকা

ভেবে দেখুন, আমরা কি আসলেই আমাদের মনোভঙ্গি (mindset) বদলিয়ে আমাদের অনেক দুঃখ কমিয়ে আনতে পারি।

****

ভালবাসব এবং ভাল করব— এবং পরস্পরের প্রতি কর্তব্য সুমিষ্ট প্রসন্নভাবে সাধন করব— এর উপরে যখন যা ঘটে ঘটুক। জীবনও বেশি দিনের নয় এবং সুখদুঃখও নিত্য পরিবর্তনশীল। স্বার্থহানি, ক্ষতি, বঞ্চনা — এ সব জিনিষকে লঘুভাবে নেওয়া শক্ত, কিন্তু না নিলে জীবনের ভার ক্রমেই অসহ্য হতে থাকে এবং মনের উন্নত আদর্শকে অটল রাখা অসম্ভব হয়ে পড়ে। ...যদি দিনের পর দিন অসন্তোষে অশান্তিতে, অবস্থার ছোট ছোট প্রতিকূলতার সঙ্গে অহরহ সংঘর্ষেই জীবন কাটিয়ে দিই — তা হলে জীবন একেবারেই ব্যর্থ। বৃহৎ শান্তি, উদার বৈরাগ্য, নিস্বার্থ প্রীতি, নিষ্কাম কর্ম— এই হল জীবনের সফলতা। যদি তুমি আপনাতে আপনি শান্তি পাও এবং চার দিককে সান্তনা দান করতে পার, তাহলে তোমার জীবন সাম্রাজ্ঞীর চেয়ে সার্থক। ভাই ছুটি— মনকে যথেচ্ছ খুৎখুৎ করতে দিলেই সে আপনাকে আপনি ক্ষতবিক্ষত করে ফেলে। **আমাদের অধিকাংশ দুঃখই স্বেচ্ছাকৃত**। আমি তোমাকে বড় বড় কথায় বক্তৃতা দিতে বসেছি বলে তুমি আমার উপর রাগ করো না। ... তোমার সঙ্গে আমার প্রীতি, শ্রদ্ধা এবং সহজ সহায়তার একটি সুদৃঢ় বন্ধন অত্যন্ত নিবিড় হয়ে আসে, যাতে সেই নির্ম্মল শান্তি এবং সুখই সংসারের আর সকলের চেয়ে বড় হয়ে ওঠে, যাতে তার কাছে প্রতিদিনের সমস্ত দুঃখ নৈরাশ্য ক্ষুদ্র হয়ে যায়— আজ কাল এই আমার চোখের কাছে একটা প্রলোভনের মত জাগ্রত হয়ে আছে। ...মানুষের আত্মার চেয়ে সুন্দর আর কিছু নেই, যখনই তাকে খুব কাছে নিয়ে এসে দেখা যায়, যখনই তার সঙ্গে প্রত্যক্ষ মুখোমুখি পরিচয় হয় তখনই যথার্থ ভালবাসার প্রথম সূত্রপাত হয়। তখন কোন মোহ থাকে না, **কেউ কাউকে দেবতা বলে মনে করবার কোন দরকার হয় না**, মিলনে ও বিচ্ছেদে মত্ততার ঝড় বয়ে যায় না— কিন্তু দূরে নিকটে সম্পদে বিপদে অভাবে এবং ঐশ্বর্যে একটি নিঃসংশয় নির্ভরের একটি সহজ আনন্দের নির্ম্মল আলোক পরিব্যাপ্ত হয়ে থাকে।

- স্ত্রী মৃণালিনী দেবীকে লিখিত পত্র, ১৮৯৮, শিলাইদহ

আগস্ট ১৪

স্ত্রৈণ কাহাকে বলে

চিন্তা-কণিকা

রবীন্দ্রনাথের সাথে একমত হোন বা না হোন, তার দৃষ্টিভঙ্গিটি উপভোগ করুন এবং নিজেই ভাবুন স্ত্রৈণ আসলে কে - যে স্ত্রীকে ভালোবাসে ও সম্মান করে - নাকি যে স্ত্রীর উপর নির্ভরশীল।

****

আমি দেখিতেছি মহিলারা রাগ করিতেছেন, অতএব **স্ত্রৈণ কাহাকে বলে তাহার একটা মীমাংসা করা আবশ্যক বিবেচনা করিতেছি**। এই কথাটা সকলেই ব্যবহার করেন, কিন্তু ইহার অর্থ অতি অল্প লোকেই সর্বতোভাবে বুঝেন। যে ব্যক্তি স্ত্রীকে কিছু বিশেষরূপ ভালোবাসে সাধারণত লোকে তাহাকেই স্ত্রৈণ বলে। **কিন্তু বাস্তবিক স্ত্রৈণ কে**? না, যে ব্যক্তি স্ত্রীকে আশ্রয় দিতে পারে না,স্ত্রীর উপর নির্ভর করে। বলিষ্ঠ পুরুষ হইয়াও অবলা নারীকে ঠেসান দিয়া থাকে! যে ব্যক্তি পড়িয়া গেলে স্ত্রীকে ধরিয়া উঠে, মরিয়া গেলে স্ত্রীকে লইয়া মরে; যে ব্যক্তি সম্পদের সময় স্ত্রীকে পশ্চাতে রাখে ও বিপদের সময় স্ত্রীকে সম্মুখে ধরে; এক কথায় যে ব্যক্তি "আত্মানং সততং রক্ষেৎ দারৈরপি ধনৈরপি" ইহাই সার বুঝিয়াছে, সেই স্ত্রৈণ। অর্থাৎ ইহারা সমস্তই উল্টাপাল্টা করে। ইংরাজ জাতিরা স্ত্রৈণের ঠিক বিপরীত। কারণ, তাহারা স্ত্রীকে হাত ধরিয়া গাড়িতে উঠাইয়া দেয়, স্ত্রীর মুখে আহার তুলিয়া দেয়, স্ত্রীকে ছাতা ধরে ইত্যাদি। তাহারা স্ত্রীলোকদিগকে এতই দুর্বল মনে করে যে, সকল বিষয়েই তাহাদিগকে সাহায্য করে। **ইহাদিগকে দেখিয়া স্ত্রৈণ জাতি মুখে কাপড় দিয়া হাসে ও বলে "ইংরাজেরা কি স্ত্রৈণ। কোথায় গর্মি হইলে স্ত্রী সমস্ত রাত জাগিয়া তাহাকে বাতাস দিবে, না, সে স্ত্রীকে বাতাস দেয়**! কোথায় যতক্ষণ না বলিষ্ঠ পুরুষদের তৃপ্তিপূর্বক আহার নিঃশেষ হয় ততক্ষণ অবলা জাতিরা উপবাস করিয়া থাকিবে, না, বলীয়ান্ পুরুষ হইয়া অবলার মুখে আহার তুলিয়া দেয়! ছি ছি, কি লজ্জা! এমন যদি হইল তবে আর বল কিসের জন্য!"

- বিবিধ প্রসঙ্গ: স্ত্রৈণ

আগস্ট ১৫

বাঁধছিলে চুল আয়নার সামনে

চিন্তা-কণিকা

এমন করে কি কখনো দেখেছেন আপনার জীবনসঙ্গীনিকে?! আর দেখলেও কোথায় পাবেন এমন চমৎকার ভাষা। কবিতাটি যদি খেয়াল করে পড়েন তাহলে দেখবেন আমাদের প্রতিদিনের দেখার মধ্যে কত অদেখা আছে সেটা কবিতায় ধরা পড়েছে - অর্থাৎ কবিতার গুণ এই যে সে আমাদের চোখকে খুলে দিতে পারে - এবং আমাদের মনে ও চোখে নিত্য নতুন আলো ফেলতে পারে।

বসেছি বারান্দায়, রেলিঙে পা দুটো তোলা।
হঠাৎ চোখে পড়ল পাশের ঘরে
তোমার বৈকালিকী সাজের ধারা।
বাঁধছিলে চুল আয়নার সামনে
বেণী পাকিয়ে পাকিয়ে, কাঁটা বিঁধে বিঁধে।
এমন মন দিয়ে দেখি নি তোমাকে অনেক দিন;
দেখি নি এমন বাঁকা করে মাথা-হেলানো
চুল-বাঁধার কারিগরিতে,
এমন দুই হাতের মিতালি
চুড়িবালার ঠুনঠুনির তালে।
শেষে ওই ধানিরঙের আঁচলখানিতে
কোথাও কিছু ঢিল দিলে,
আঁট করলে কোথাও বা,
কোথাও একটু টেনে দিলে নীচের দিকে,
কবিরা যেমন ছন্দ বদল করে
একটু আধটু বাঁকিয়ে চুরিয়ে।
আজ প্রথম আমার মনে হল
অল্প মজুরির দিন-চালানো
একটা মানুষের জন্যে
নিজেকে তো সাজিয়ে তুলছে
আমাদের ঘরের পুরোনো বউ
দিনে দিনে নতুন-দাম দেওয়া রূপে।
এ তো নয় আমার আটপহুরে চারু।

- শ্যামলী: সম্ভাষণ

আগস্ট ১৬

স্ত্রীজাতি কড়া স্বামীই ভালোবাসে

চিন্তা-কণিকা

গল্পের খাতিরে এই কথাগুলো কবি লিখেছেন - এর মানে এটা নয় হে এ বিষয়ে এগুলো তার ব্যক্তিগত মত। ভিন্নমত উপভোগ করুন।

****

মহাশয় নিশ্চয়ই বিবাহিত, অতএব এ কথা আপনাকে বলাই বাহুল্য যে, **সাধারণত স্ত্রীজাতি কাঁচা আম, ঝাল লঙ্কা এবং কড়া স্বামীই ভালোবাসে। যে দুর্ভাগ্য পুরুষ নিজের স্ত্রীর ভালোবাসা হইতে বঞ্চিত সে-যে কুশ্রী অথবা নির্ধন তাহা নহে, সে নিতান্ত নিরীহ।**

... যাহার যা প্রবৃত্তি এবং ক্ষমতা সেটার চর্চা না করিলে সে সুখী হয় না। শিঙে শান দিবার জন্য হরিণ শক্ত গাছের গুঁড়ি খোঁজে, কলাগাছে তাহার শিং ঘষিবার সুখ হয় না। নরনারীর ভেদ হইয়া অবধি স্ত্রীলোক দুরন্ত পুরুষকে নানা কৌশলে ভুলাইয়া বশ করিবার বিদ্যা চর্চা করিয়া আসিতেছে। **যে স্বামী আপনি বশ হইয়া বসিয়া থাকে তাহার স্ত্রী-বেচারা একেবারেই বেকার**, সে তাহার মাতামহীদের নিকট হইতে শতলক্ষ বৎসরের শান-দেওয়া যে উজ্জ্বল বরুণাস্ত্র, অগ্নিবাণ ও নাগপাশবন্ধনগুলি পাইয়াছিল তাহা সমস্ত নিস্ফল হইয়া যায়। স্ত্রীলোক পুরুষকে ভুলাইয়া নিজের শক্তিতে ভালোবাসা আদায় করিয়া লইতে চায়, স্বামী যদি ভালোমানুষ হইয়া সে অবসরটুকু না দেয় তবে স্বামীর অদৃষ্ট মন্দ এবং স্ত্রীরও ততোধিক। নবসভ্যতার শিক্ষামন্ত্রে পুরুষ আপন স্বভাবসিদ্ধ বিধাতাদত্ত সুমহৎ বর্বরতা হারাইয়া আধুনিক দাম্পত্যসম্বন্ধটাকে এমন শিথিল করিয়া ফেলিয়াছে। অভাগা ফণিভূষণ আধুনিক সভ্যতার কল হইতে অত্যন্ত ভালোমানুষটি হইয়া বাহির হইয়া আসিয়াছিল—ব্যবসায়েও সে সুবিধা করিতে পারিল না, দাম্পত্যেও তাহার তেমন সুযোগ ঘটে নাই। ফণিভূষণের স্ত্রী মণিমালিকা বিনা চেষ্টায় আদর, বিনা অশ্রুবর্ষণে ঢাকাই শাড়ি এবং বিনা দুর্জয় মানে বাজুবন্ধ লাভ করিত। এইরূপে তাহার নারীপ্রকৃতি এবং সেইসঙ্গে তাহার ভালোবাসা নিশ্চেষ্ট হইয়া গিয়াছিল; সে কেবল গ্রহণ করিত, কিছু দিত না। তাহার নিরীহ এবং নির্বোধ স্বামীটি মনে করিত, দানই বুঝি প্রতিদান পাইবার উপায়। একেবারে উলটা বুঝিয়াছিল আর কি।

- গল্পগুচ্ছ: মণিহারা

চিন্তা-কণিকা

আগস্ট ১৭

কিছু কথা কিছু কবিতা

এই উদ্‌ধৃতিগুলো কেবল উপভোগের জন্য এবং সুযোগমত ব্যবহার করার জন্য।

****

লোকে ভুলে যায় দাম্পত্যটা একটা আর্ট, প্রতিদিন ওকে নতুন করে সৃষ্টি করা চাই।

- শেষের কবিতা

সোহাগের সঙ্গে রাগ না মিশিলে ভালবাসার স্বাদ থাকে না – তরকারীতে লঙ্কামরিচের মত।

- চোখের বালি

রমণীর মন
সহস্রবর্ষেরই, সখা, সাধনার ধন।

- বিদায়-অভিশাপ

আমি কিন্তু বিবাহসভাতেই বুঝিয়াছিলাম, দানের মন্ত্রে স্ত্রীকে যেটুকু পাওয়া যায় তাহাতে সংসার চলে, কিন্তু পনেরো-আনা বাকি থাকিয়া যায়। আমার সন্দেহ হয়, অধিকাংশ লোকে স্ত্রীকে বিবাহমাত্র করে, পায় না, এবং জানেও না যে পায় নাই; তাহাদের স্ত্রীর কাছেও আমৃত্যুকাল এ খবর ধরা পড়ে না।

- গল্পগুচ্ছ: হৈমন্তী

প্রেয়সীকে মনে হয়
সে আমার জন্মান্তরের জানা--
যে কালে স্বর্গ, যে কালে সত্যযুগ,
যে কাল সকল কালেরই
ধরা-ছোঁওয়ার বাইরে।

- পুনশ্চ: সুন্দর

আকাশ-ধরা রবিরে ঘেরি
যেমন করি ফেরে,
আমার মন ঘিরিবে ফিরি
তোমার হৃদয়েরে।

- রূপান্তর: বেদ: সংহিতা ও উপনিষৎ

আগস্ট ১৮

অসন্তোষকে মনের মধ্যে পালন কোরো না

চিন্তা-কণিকা

অসন্তোষ মনের মধ্যে পালন করলে সেটা ধীরে ধীরে বড়ো হয়ে আপনার এবং অন্যান্যদের সম্পর্কের ক্ষতিসাধন করে।

****

সংসারের সমস্তই ত নিজের সম্পূর্ণ আয়ত্তে নয়। যে অবস্থার মধ্যে অগত্যা থাকতেই হবে তার মধ্যে যতটা পারা যায় প্রাণপনে নিজের কর্তব্য করে যেতে হবে - তারই মধ্যে যতটা ভাল করা যায় তা ছাড়া মানুষ আর কী করতে পারে বল। **অসন্তোষকে মনের মধ্যে পালন কোরো না ছোট বৌ - ওতে মন্দ বই ভাল হয় না**। প্রফুল্ল মুখে সন্তুষ্ট চিত্তে অথচ একটা দৃঢ় সঙ্কল্প নিয়ে সংসারের ভিতর দিয়ে যেতে হবে - আমি নিজে ভারী অসন্তুষ্ট স্বভাবের, সেই জন্য আমি অনেক অনর্থক কষ্ট পাই - কিন্তু তোমাদের মনে অনেকখানি প্রফুল্লতা থাকা ভারী আবশ্যক। নইলে সংসার বড় অন্ধকার হয়ে আসে। যা চেষ্টা করবার তা যত দূর সাধ্য করব - কিন্তু তুমি মনে মনে অসুখী অসন্তুষ্ট হয়ে থেকো না ছুটি। জান ত ভাই আমার খুঁতখুঁতে স্বভাব, আমার নিজেকে ঠান্ডা করতে যে কত সময় নির্জ্জনে বসে নিজেকে কত বোঝাতে হয় তা তুমি জান না - তুমি আমার সেই খুঁতখুঁতে ভাবটা দূর করে দিয়ো, কিন্তু তুমি আবার তাতে যোগ দিয়ো না।

- স্ত্রী মৃণালিনী দেবীকে লিখিত পত্র, ১৮৯২, শিলাইদহ

জেনো প্রেম চিরঋণী আপনারি হরষে,
জেনো, প্রিয়ে।
সব পাপ ক্ষমা করি ঋণশোধ করে সে।
কলঙ্ক যাহা আছে,
দূর হয় তার কাছে,
কালিমার 'পরে তার অমৃত সে বরসে॥

- শ্যামা

তুমি যে তুমিই, ওগো
সেই তব ঋণ
আমি মোর প্রেম দিয়ে
শুধি চিরদিন।

- স্ফুলিঙ্গ

আগস্ট ১৯

কিছু বলব ব'লে এসেছিলেম

চিন্তা-কণিকা

গানের চিত্রকল্পটি একটু মনের আয়নায় ফুটিয়ে তুলতে চেষ্টা করুন। নিজে কখনো কি পড়েছেন এমন অবস্থায় যে প্রিয়তমের দিকে মুগ্ধ হয়ে তাকিয়ে সব কথা ভুলে গিয়েছেন? 'মেঘ-ছেঁড়া আলো'-র আলোছায়ার খেলা কি দেখেছেন কখনো কারো কেশে কিংবা দেখেছেন কি বৃষ্টির ঝাপটায় উড্ডীয়মান আলুথালু চুল (অলক) । গানের কথাগুলো কি আমাদের সৌন্দর্য অবলোকনের ক্ষমতা বাড়িয়ে দিয়ে আমাদের জীবনকে সমৃদ্ধ করে তুলছে না?!

কিছু বলব ব'লে এসেছিলেম,
রইনু চেয়ে না ব'লে॥
দেখিলাম খোলা বাতায়নে   মালা গাঁথো আপন-মনে,
গাও গুন্‌-গুন্‌ গুঞ্জরিয়া   যূথীকুঁড়ি নিয়ে কোলে॥
সারা আকাশ তোমার দিকে
চেয়ে ছিল অনিমিখে।
মেঘ-ছেঁড়া আলো এসে   পড়েছিল কালো কেশে,
বাদল-মেঘে মৃদুল হাওয়ায়   অলক দোলে॥

- গীতবিতান: প্রকৃতি: ১২১

I came to say a few words
But in silence I kept staring.
I saw you through the open window
Weaving a garland, you are lost in yourself
Humming a song relentlessly
With jasmine buds in your lap.
The whole sky was looking at you
Steadfast in its gaze of amazement.
Cloud-ripped light fell on your dark tresses
And your hair was quivering in rain-soaked gust.

- (Translation by NS)

আগস্ট ২০

চিন্তা-
কণিকা

কালের কপোলতলে শুভ্র সমুজ্জ্বল তাজমহল

তাজমহল নিয়ে শ্রেষ্ঠ কবিতা এটি। পুরো কবিতাটি রবীন্দ্ররচনাবলী থেকে খুঁজে নিয়ে পড়লে আরো আনন্দ পাবেন।

এ কথা জানিতে তুমি, ভারত-ঈশ্বর শা-জাহান
কালস্রোতে ভেসে যায় জীবন যৌবন ধন মান।
শুধু তব অন্তর-বেদনা
চিরন্তন হয়ে থাক্ সম্রাটের ছিল এ সাধনা...
কেবল একটি দীর্ঘশ্বাস
নিত্য-উচ্ছ্বসিত হয়ে সকরুণ করুক আকাশ
এই তব মনে ছিল আশ।
হীরামুক্তামাণিক্যের ঘটা
যেন শূন্য দিগন্তের ইন্দ্রজাল ইন্দ্রধনুচ্ছটা
যায় যদি লুপ্ত হয়ে যাক, শুধু থাক্
একবিন্দু নয়নের জল
কালের কপোলতলে
শুভ্র সমুজ্জ্বল এ তাজমহল।

- বলাকা: ৭

You knew this, O Shahjahan, the Great King of India
That life, youth, wealth and glory
All drift away in the current of time.
Only the pangs of your heart
Shall remain for eternity, that was your dream ...
Only one long sigh
Shall overspill into the ether and make the sky sad
That was your hope in earnest.
The splendor of the diamonds and jewels
Are like vanishing shimmer of rainbow in the horizon
Let it vanish if that be so
Let remain only a single drop of tear
In the cheek of time
Ever glistening, this Tajmahal.

- (Translation by NS)

আগস্ট ২১

ভুলি নাই, ভুলি নাই, ভুলি নাই প্রিয়া

চিন্তা-কণিকা

তাজমহল যখন দেখতে যাবেন, তখন এই কবিতাটির কথা মনে করবেন - দেখবেন আপনার অন্তরের চোখ খুলে যাবে।

তোমার সৌন্দর্যদূত যুগ যুগ ধরি
এড়াইয়া কালের প্রহরী
চলিয়াছে বাক্যহারা এই বার্তা নিয়া
"ভুলি নাই, ভুলি নাই, ভুলি নাই প্রিয়া।"
চলে গেছ তুমি আজ মহারাজ;
...
তবুও তোমার দূত অমলিন, শ্রান্তিক্লান্তিহীন
তুচ্ছ করি রাজ্য ভাঙা-গড়া,
তুচ্ছ করি জীবনমৃত্যুর ওঠাপড়া,
যুগে যুগান্তরে
কহিতেছে একস্বরে
চিরবিরহীর বাণী নিয়া
"ভুলি নাই, ভুলি নাই, ভুলি নাই প্রিয়া।"

- বলাকা: ৭

Your courier of love, for ages and ages
Hiding away from the watchman of time
Is carrying forward this speechless message
"I haven't forgotten you, my love, I haven't."
You are long gone, the great King
But your messenger of love
Untarnished and indefatigable
Unmoved by the rise and fall of empires
Unmoved by the ups and downs of life and death
For ages and ages
Is speaking in unison
The eternal message of separation
"I haven't forgotten you, my love, I haven't."

- (Translation by NS)

আগস্ট ২২

ভালোবাসার থার্মোমিটারে তিন মাত্রার উত্তাপ

চিন্তা-কণিকা

আপনার ভালোবাসার থার্মোমিটারে উত্তাপ কত ডিগ্রী, মেপে দেখুন।

****

ক্ষান্তমণি। আমাকে তোমার পছন্দ হয় না, না?

চন্দ্রকান্ত। কে বললে পছন্দ হয় না?

ক্ষান্তমণি। আমি গদ্য, আমি পদ্য নই, আমি শোলোক পড়ি নে,—

চন্দ্রকান্ত। (নিকটে আসিয়া) কথাটা বুঝলে না ভাই? কেবল রাগই করলে! শোনো বুঝিয়ে দিচ্ছি — **ভালোবাসার থার্মোমিটারে তিন মাত্রার উত্তাপ আছে।** মানুষ যখন বলে 'ভালোবাসি নে' সেটা হল ৯৫ ডিগ্রি, যাকে বলে সাবনর্মাল। যখন বলে 'ভালোবাসি' সেটা হল নাইন্টিএইট পয়েন্ট ফোর, ডাক্তাররা তাকে বলে নর্মাল, তাতে একেবারে কোনো বিপদ নেই। **কিন্তু প্রেমজ্বর যখন ১০৫ ছাড়িয়ে গেছে তখন রুগি আদর করে বলতে শুরু করেছে ' পোড়ারমুখি** ', তখন চন্দ্রবদনীটা একেবারে সাফ ছেড়ে দিয়েছে। যারা প্রবীণ ডাক্তার তারা বলে এইটেই হল মরণের লক্ষণ। বড়োবউ, নিশ্চয় জেনো, বন্ধুমহলে আমিও যখন প্রলাপ বকি, তোমাকে যা না বলবার তাই বলি, তখন সেটা প্রণয়ের ডিলিরিয়ম, তখন বাঁধা আদরের ভাষায় একেবারে কুলোয় না ; গাল দিতে না পারলে ভালোবাসার ইস্টিমের চাপে বুক ফেটে যায়, বিশ্রী রকমের অ্যাক্‌সিডেন্ট হতে পারে। নাড়ী রসস্থ হলে তাতে ভাষা যে কিরকম এলোমেলো হয়ে ওঠে, তা সেই ডাক্তারই বোঝে রসবোধের যে একেবারে এম.ডি.।

ক্ষান্তমণি। রক্ষে করো, আমার অত ডাক্তারি জানা নেই।

চন্দ্রকান্ত। সে তো ব্যবহারেই বুঝতে পারি নইলে লয়াল্‌টিকে সিডিশন বলে সন্দেহ করবে কেন। কিন্তু নিশ্চয় রুগির দশা তোমাকেও মাঝে মাঝে ধরে। আচ্ছা, কলতলায় দাঁড়িয়ে তুমি কখনো পদ্মঠাকুরঝিকে বলো নি — **আমার এমনি কপাল যে বিয়ে করে ইস্তিক সুখ কাকে বলে একদিনের তরে জানলুম না**? আমার কানে যদি সে কথা আসত তা হলে আনন্দে শরীর রোমাঞ্চিত হয়ে উঠত।

ক্ষান্তমণি। আমি পদ্মঠাকুরঝিকে কখ্‌খনো অমন কথা বলি নি।

- শেষ রক্ষা

আগস্ট ২৩

দেখি, তুমি নতশিরে বুনিছ পশম

চিন্তা-কণিকা

রোগশয্যায় আমরা অসহায় হয়ে পড়ি। জ্বরের ঘোরে আধাজাগরণ আধাঘুমে চোখের সামনে যখন নিজের প্রিয়জনকে দেখতে পাইনা, তখন ভয়-জর্জরিত কল্পনায় মনে হয় যেন সবাই আমাকে ছেড়ে চলে গেলো বুঝি। রোগশয্যার এই অভিজ্ঞতা আমাদের কারো কারো হয়েছে।

তোমারে দেখি না যবে মনে হয় আর্ত কল্পনায়,
পৃথিবী পায়ের নীচে চুপিচুপি করিছে মন্ত্রণা
সরে যাবে বলে।
আঁকড়ি ধরিতে চাহি উৎকণ্ঠায় শূন্য আকাশেরে
দুই বাহু তুলি।
চমকিয়া স্বপ্ন যায় ভেঙে;
দেখি, তুমি নতশিরে বুনিছ পশম
বসি মোর পাশে
সৃষ্টির অমোঘ শান্তি সমর্থন করি।
                            - রোগশয্যায়: ৩৯

When I do not see you in front of me
I feel in a panicked imagination
The world must be conspiring secretly
To vanish away from under my feet.
In desperation, I raised both my hand
As if to hold tightly the empty sky.
By raising my two hands in the air
Then my dream suddenly ends,
I wake up and see that
You are weaving wool sitting next to me
Supporting the ineffable peace of creation.
                       - (Translation by NS)

আগস্ট ২৪

আমার প্রিয়া আকাশ ছেয়ে মনের কথা হারায়

চিন্তা-কণিকা বোধকরি এই গানের রোমান্টিক ভাবনাটি আপনার মনে কখনো কখনো জেগে উঠবে - অন্তত যখন গানটি শুনবেন বা পড়বেন।

আমার প্রিয়ার ছায়া
আকাশে আজ ভাসে, হায় হায়!
বৃষ্টিসজল বিষণ্ন নিশ্বাসে, হায়॥
আমার প্রিয়া মেঘের ফাঁকে ফাঁকে
সন্ধ্যাতারায় লুকিয়ে দেখে কাকে,
সন্ধ্যাদীপের লুপ্ত আলো স্মরণে তার আসে, হায়॥
বারি-ঝরা বনের গন্ধ নিয়া
পরশ-হারা বরণমালা গাঁথে আমার প্রিয়া।
আমার প্রিয়া ঘন শ্রাবণধারায়
আকাশ ছেয়ে মনের কথা হারায়।
আমার প্রিয়ার আঁচল দোলে
নিবিড় বনের শ্যামল উচ্ছ্বাসে, হায়॥ ॥

- গীতবিতান: প্রকৃতি: ১২৪

The image of my beloved
Is drifting across the sky today
In the sad sighs of rain-soaked wind.
Peeking from behind the clouds
Who she is glancing at
Through the eyes of the evening stars.
As she recalls the doused flame of the evening lamp.
She is weaving an impalpable garland of welcome
With the scent from rain-drenched forest.
In the incessant trails of rain spreading across the sky
She loses her words that she wanted to tell me.
The edge of her Sari flutters
With the exuberant wind from the dense forest.

- (Translation by NS)

আগস্ট ২৫

যেতে নাহি দিব ... তবু যেতে দিতে হয়

চিন্তা-কণিকা

বিদায়কালের করুণ কাহিনীর শ্রেষ্ঠ বর্ণনা এই কবিতা। পুরো কবিতাটি রবীন্দ্ররচনাবলী থেকে খুঁজে নিয়ে পড়লে আনন্দ পাবেন।

কহিনু যখন
"মা গো, আসি' সে কহিল বিষণ্ণ-নয়ন
ম্লান মুখে, "যেতে আমি দিব না তোমায়।'
যেখানে আছিল বসে রহিল সেথায়,
ধরিল না বাহু মোর, রুধিল না দ্বার,
শুধু নিজ হৃদয়ের স্নেহ-অধিকার
প্রচারিল--"যেতে আমি দিব না তোমায়'।
তবুও সময় হল শেষ, তবু হায়
যেতে দিতে হল।
... **এ অনন্ত চরাচরে স্বর্গমর্ত ছেয়ে**
সব চেয়ে পুরাতন কথা, সব চেয়ে
গভীর ক্রন্দন--"যেতে নাহি দিব'। হায়,
তবু যেতে দিতে হয়, তবু চলে যায়।
চলিতেছে এমনি অনাদি কাল হতে।
প্রলয়সমুদ্রবাহী সৃজনের স্রোতে
প্রসারিত-ব্যগ্র-বাহু জ্বলন্ত-আঁখিতে
"দিব না দিব না যেতে' ডাকিতে ডাকিতে
হু হু করে তীব্রবেগে চলে যায় সবে
পূর্ণ করি বিশ্বতট আর্ত কলরবে।
সম্মুখ-ঊর্মিরে ডাকে পশ্চাতের ঢেউ
"দিব না দিব না যেতে'-- নাহি শুনে কেউ
নাহি কোনো সাড়া।
... **দণ্ডে দণ্ডে পলে পলে টুটিছে গরব,**
তবু প্রেম কিছুতে না মানে পরাভব,
তবু বিদ্রোহের ভাবে রুদ্ধ কণ্ঠে কয়
"যেতে নাহি দিব'। যত বার পরাজয়
তত বার কহে, "আমি ভালোবাসি যারে
সে কি কভু আমা হতে দূরে যেতে পারে।

- সোনার তরী: যেতে নাহি দিব

আগস্ট ২৬

এলেম আমি কোথা থেকে

চিন্তা-কণিকা

মা এবং সন্তানের মধ্যে এক অসাধারণ কথোপকথনকে ধারণ করেছে এই কবিতা। স্বয়ং রবীন্দ্রনাথের করা ইংরেজি অনুবাদ পরের পৃষ্ঠায় পাবেন।

খোকা মাকে শুধায় ডেকে--
"এলেম আমি কোথা থেকে,
কোন্‌খানে তুই কুড়িয়ে পেলি আমারে।'
মা শুনে কয় হেসে কেঁদে
খোকারে তার বুক বেঁধে--
"ইচ্ছা হয়ে ছিলি মনের মাঝারে।
ছিলি আমার পুতুল-খেলায়,
প্রভাতে শিবপূজার বেলায়
তোরে আমি ভেঙেছি আর গড়েছি।
...
আমার চিরকালের আশায়,
আমার সকল ভালোবাসায়,
আমার মায়ের দিদিমায়ের পরানে--
পুরানো এই মোদের ঘরে
গৃহদেবীর কোলের 'পরে
কতকাল যে লুকিয়ে ছিলি কে জানে।
...
সব দেবতার আদরের ধন
নিত্যকালের তুই পুরাতন,
তুই প্রভাতের আলোর সমবয়সী--
তুই জগতের স্বপ্ন হতে
এসেছিস আনন্দ-স্রোতে
নূতন হয়ে আমার বুকে বিলসি।
নির্নিমেষে তোমায় হেরে
তোর রহস্য বুঝি নে রে,
সবার ছিলি আমার হলি কেমনে। ...

- শিশু: জন্মকথা

সম্পর্ক

আগস্ট ২৭

Where have I come from?

চিন্তা-কণিকা

আগের পৃষ্ঠার বাংলা কবিতাটির রবীন্দ্রনাথ কৃত ইংরেজি অনুবাদ এই পৃষ্ঠার কবিতাটি। আপনার সন্তান-সন্ততিদের সাথে বসে কিংবা নাতি-নাতনিদের সাথে বসে এই কবিতাটির বাংলা ও ইংরেজি ভার্শন দুটোই পড়ুন সকলে মিলে।

Where have I come from, where did you pick me up?"
    the baby asked its mother.
She answered, half crying, half laughing,
    and clasping the baby to her breast -
"**You were hidden in my heart
    as its desire, my darling;
You were in the dolls of my childhood's games**;
And when with clay I made the image
    of my god every morning,
I made and unmade you then.
You were enshrined with our household deity,
    in his worship, I worshipped you."
**In all my hopes and my loves, in my life,
    in the life of my mother you have lived.**
In the lap of the deathless Spirit who rules our home you
    have been nursed for ages.
When in girlhood my heart was opening its petals, you
    hovered as a fragrance about it.
Your tender softness bloomed in my youthful limbs, like a
    glow in the sky before the sunrise.
Heaven's first darling, twin-born with the morning light,
    you have floated down the stream of the world's life, And
at last you have stranded on my heart.
**As I gaze on your face, mystery overwhelms me,
    you who belong to all have become mine.**
For fear of losing you I hold you tight to my breast.
What magic has snared the world's treasure
    in these slender arms of mine?"

                                                     - The Beginning

আগস্ট ২৮

আমার খোকার কত যে দোষ

চিন্তা-কণিকা

কবিতাটির গাঢ় অক্ষরে (bold letters) চিহ্নিত অংশগুলি পড়ুন এবং বুঝে নিন একজন মায়ের সাথে খোকার সোহাগের সম্পর্কের কথা।

আমার খোকার কত যে দোষ
সে-সব আমি জানি,
লোকের কাছে মানি বা নাই মানি।
দুষ্টামি তার পারি কিম্বা
নারি থামাতে,
ভালোমন্দ বোঝাপড়া
তাতে আমাতে।
বাহির হতে তুমি তারে
যেমনি কর দুষী
যত তোমার খুশি,
সে বিচারে আমার কী বা হয়।
খোকা ব'লেই ভালোবাসি,
ভালো বলেই নয়।
খোকা আমার কতখানি
সে কি তোমরা বোঝ।
তোমরা শুধু দোষ গুণ তার খোঁজ।
আমি তারে শাসন করি
বুকেতে বেঁধে ,
আমি তারে কাঁদাই যে গো
আপনি কেঁদে।
বিচার করি, শাসন করি,
করি তারে দুষী
আমার যাহা খুশি।
তোমার শাসন আমরা মানি নে গো।
শাসন করা তারেই সাজে
সোহাগ করে যে গো।

- শিশু: বিচার

সম্পর্ক

আগস্ট ২৯

হৃদয় আমার চায় যে দিতে, কেবল নিতে নয়

চিন্তা-কণিকা

কেউ বলবেন এটি ঈশ্বরপ্রেমের গান - কেউ বলবেন এটা মর্ত্যমানবীকে উদ্দেশ্য করেও গাওয়া যেতে পারে। এর একটি লাইন বা দুটো বা চারটে লাইন আপনি অবশ্যই ব্যবহার করতে পারবেন আপনার পছন্দমত যথাযথ সময়ে ও স্থানে। কেবল আপনাকে সৃজনশীল হতে হবে।

হৃদয় আমার চায় যে দিতে, কেবল নিতে নয়,
বয়ে বয়ে বেড়ায় সে তার যা-কিছু সঞ্চয়।
হাতখানি ওই বাড়িয়ে আনো, দাও গো আমার হাতে--
ধরব তারে, ভরব তারে, রাখব তারে সাথে,
একলা পথের চলা আমার করব রমণীয় ॥

...

শুধু তোমার বাণী নয় গো, হে বন্ধু, হে প্রিয়,
মাঝে মাঝে প্রাণে তোমার পরশখানি দিয়ো ॥

— গীতবিতান: পূজা: ৩৭

My hearts wants to give, not just take
I am carrying with me all that I have amassed.
Extend your hand, give your hand in my hand
I will hold it, fill it, and keep it with me
And make my lonely journey pleasurable.
...
Not only your words, my friend, my beloved
From time to time let me feel your touch in my heart.

— (Translation by NS)

আগস্ট ৩০

বন্ধু একটি বিশেষ জাতের মানুষ

বাগানের মধ্যে গোলাপ যেমন একটি বিশেষ জাতের ফুল, বন্ধু তেমনি একটি বিশেষ জাতের মানুষ। এক-একটি লোক আছেন পৃথিবীতে তাঁহারা বন্ধু হইয়াই জন্মগ্রহণ করেন। মানুষকে সঙ্গদান করিবার শক্তি তাঁহাদের অসামান্য এবং স্বাভাবিক। আমরা সকলেই পৃথিবীতে কাহাকেও না কাহাকেও ভালোবাসি, কিন্তু ভালোবাসিলেও বন্ধু হইবার শক্তি আমাদের সকলের নাই। বন্ধু হইতে গেলে সঙ্গদান করিতে হয়। অন্যান্য সকল দানের মতো এ দানেরও একটা তহবিল দরকার, কেবলমাত্র ইচ্ছাই যথেষ্ট নহে। রত্ন হইতে জ্যোতি যেমন সহজেই ঠিকরিয়া পড়ে তেমনি বিশেষ ক্ষমতাশালী মানুষের জীবন হইতে সঙ্গ আপনি বিচ্ছুরিত হইতে থাকে। প্রীতিতে প্রসন্নতাতে সেবাতে শুভ-ইচ্ছাতে এবং করুণাপূর্ণ অন্তর্দৃষ্টিতে জড়িত এই-যে সহজ সঙ্গ, ইহার মতো দুর্লভ সামগ্রী পৃথিবীতে অতি অল্পই আছে। কবি কেমন আপনার আনন্দকে ভাষায় প্রকাশ করেন, তেমনি যাঁহারা স্বভাববন্ধু তাঁহারা মানুষের মধ্যে আপন আনন্দকে প্রতিদিনের জীবনে প্রকাশ করিয়া থাকেন।

- পথের সঞ্চয়: বন্ধু

এ কথা বুঝিনু মনে,
যেখানেই বন্ধু পাই সেখানেই নবজন্ম ঘটে।
আনে সে প্রাণের অপূর্বতা।

- জন্মদিনে: ৩

চিন্তা-কণিকা

বন্ধু খুঁজে নিন, বন্ধু তৈরি করুন এবং বন্ধুর সাহচর্য উপভোগ করুন। ভালো বন্ধু আপনাকে একটু বেশি হাসাবে, এবং তার জন্য আপনার জীবনে শোকদুঃখের ভার অনেকখানি লাঘব হবে। অজ্ঞাতনামা কেউ একজন বলেছিলেন -"Sometimes, being with your best friend is all the therapy you need." বন্ধু হচ্ছে সেই ভাই বোনেরা যারা আমাদের ছিল না। ভালো বন্ধু পাবার উপায় কী? উপায় আপনি নিজে একজন ভালো বন্ধু হওয়া - অন্যের প্রতি মমত্ববোধ অন্তরে অনুভব করা - অন্যের ভুলভ্রান্তিকে ক্ষমাসুন্দর দৃষ্টিতে দেখা - ভালোবাসার চোখে দেখা।

আগস্ট ৩১

বিশ বৎসরের তব সুখদুঃখভার

চিন্তা-কণিকা

রবীন্দ্রনাথের স্ত্রীর মৃত্যুর কয়েক মাসের মধ্যে প্রকাশিত "স্মরণ" কাব্যগ্রন্থের অনেক কবিতায়ই কবির শোক প্রকাশ পেয়েছে। বিশেষ করে নিম্নোক্ত কবিতাটিতে মর্মস্পর্শী ভাবে ফুটে উঠেছে বিশ বৎসরের সংসার জীবনের স্মৃতি-বেদনা।

তখন নিশীথরাত্রি; গেলে ঘর হতে
যে পথে চল নি কভু সে অজানা পথে।
যাবার বেলায় কোনো বলিলে না কথা,
লইয়া গেলে না কারো বিদায়বারতা।
সুপ্তিমগ্ন বিশ্ব-মাঝে বাহিরিলে একা—
অন্ধকারে খুঁজিলাম, না পেলাম দেখা।
মঙ্গলমুরতি সেই চিরপরিচিত
অগণ্য তারার মাঝে কোথায় অন্তর্হিত!

গেলে যদি একেবারে গেলে রিক্ত হাতে?
এ ঘর হইতে কিছু নিলে না কি সাথে?
বিশ বৎসরের তব সুখদুঃখভার
ফেলে রেখে দিয়ে গেলে কোলেতে আমার!
প্রতিদিবসের প্রেমে কতদিন ধরে
যে ঘর বাঁধিলে তুমি সুমঙ্গল-করে
পরিপূর্ণ করি তারে স্নেহের সঞ্চয়ে,
আজ তুমি চলে গেলে কিছু নাহি লয়ে?
তোমার সংসার-মাঝে, হায়, তোমা-হীন
এখনো আসিবে কত সুদিন-দুর্দিন—
তখন এ শূন্য ঘরে চিরাভ্যাস-টানে
তোমারে খুঁজিতে এসে চাব কার পানে?
আজ শুধু এক প্রশ্ন মোর মনে জাগে—
হে কল্যাণী, গেলে যদি, গেলে মোর আগে,
মোর লাগি কোথাও কি দুটি স্নিগ্ধ করে
রাখিবে পাতিয়া শয্যা চিরসন্ধ্যা-তরে?

- স্মরণ: ৪

চিন্তা-কণিকা

******* আগস্ট বোনাস *******

ক্ষমা কোরো যদি ভুলে থাকি

স্ত্রী মৃণালিনীর মৃত্যুর ২২ বছর পূর্তির প্রাক্কালে আন্দেজ জাহাজে বসে লিখা বেদনাময় একটি কবিতা।

বলেছিনু "ভুলিব না' যবে তব ছলছল আঁখি
নীরবে চাহিল মুখে। ক্ষমা কোরো যদি ভুলে থাকি।
সে যে বহুদিন হল।
...   তব কালো নয়নের দিঠি
মোর প্রাণে লিখেছিল প্রথম প্রেমের সেই চিঠি
... সেদিনের ফাল্গুনের বাণী যদি আজি এ ফাল্গুনে
ভুলে থাকি, বেদনার দীপ হতে কখন নীরবে
অগ্নিশিখা নিবে গিয়ে থাকে যদি, ক্ষমা কোরো তবে।
তবু জানি, একদিন তুমি দেখা দিয়েছিলে বলে
গানের ফসল মোর এ জীবনে উঠেছিল ফলে,
আজও নাই শেষ;
         তোমার আঁখির আলো। তোমার পরশ নাহি আর,
কিন্তু কী পরশমণি রেখে গেছ অন্তরে আমার --
বিশ্বের অমৃতছবি আজিও তো দেখা দেয় মোরে
ক্ষণে ক্ষণে -- অকারণ আনন্দের সুধাপাত্র ভ'রে
আমারে করায় পান। ক্ষমা কোরো যদি ভুলে থাকি।
তবু জানি একদিন তুমি মোরে নিয়েছিলে ডাকি
হৃদিমাঝে; আমি তাই আমার ভাগ্যেরে ক্ষমা করি --
যত দুঃখে যত শোকে দিন মোর দিয়েছে সে ভরি
সব ভুলে গিয়ে। পিপাসার জলপাত্র নিয়েছে সে
মুখ হতে, কতবার ছলনা করেছে হেসে হেসে,
ভেঙেছে বিশ্বাস, অকস্মাৎ ডুবায়েছে ভরা তরী
তীরের সম্মুখে নিয়ে এসে -- সব তার ক্ষমা করি।
**আজ তুমি আর নাই, দূর হতে গেছ তুমি দূরে,
বিধুর হয়েছে সন্ধ্যা মুছে-যাওয়া তোমার সিন্দুরে,
সঙ্গীহীন এ জীবন শূন্যঘরে হয়েছে শ্রীহীন,
সব মানি -- সব চেয়ে মানি তুমি ছিলে একদিন।**

                                  - পূরবী: কৃতজ্ঞ

৯

প্রার্থনা

"True knowledge is that which perceives the unity of all things in God."

- Rabindranath Tagore

প্রার্থনায় কী লাভ? নিরীশ্বরবাদীরা বলবেন - কোনো লাভ নেই! কিন্তু ঈশ্বরবাদীরা দাবী তুলবেন অসংখ্য লাভের, এবং দিবেন হাজারো সাক্ষ্য প্রমাণ। নিরীশ্বরবাদীরা সেই দাবী উড়িয়ে দিবেন - বলবেন - এসকল প্রমাণের কোনো বৈজ্ঞানিক ভিত্তি নেই - সবই কাকতালীয় - অর্থাৎ কার্য-কারণ সূত্রে তারা গাঁথা নয়। আপনি যদি বিশ্বাসী হন, তাহলে আপনার ব্যক্তিগত অভিজ্ঞতা বলবে অন্য কথা। কেননা আপনি সম্ভবতঃ কোনো বিপদ বা নিরাশার মুখে প্রার্থনার মাধ্যমে শান্তি বা সান্ত্বনা খুঁজে পেয়েছেন। এসকল ব্যক্তিগত অভিজ্ঞতার কি কোনো মূল্য নেই - বিজ্ঞান কি সবসময় সব ব্যাপারেই শেষ কথা?!

দেখা যাক অধুনা বিজ্ঞান কী বলে। ২০১৩ সালের Scientific American সাময়িকীর ডিসেম্বর সংখ্যায় একটি article বেরোয় দুজন মনোবিজ্ঞানী প্রফেসরের গবেষণা নিয়ে - নিবন্ধের শিরোনাম 'Scientists Find One Source of Prayer's Power: Communing with a higher power increases self-control'। সেই নিবন্ধের সারমর্ম হলো যে দু'জন মনোবিজ্ঞানী গবেষক প্রার্থনার মধ্যে উপকারিতা খুঁজে পেয়েছেন - "The authors tested several possible explanations, but found statistical support for only one: people interpret prayer as a social interaction with God, and social interactions are what give us the cognitive resources necessary to avoid temptation." অর্থাৎ গবেষকেরা অনেক সম্ভাব্য ব্যাখ্যা খুঁজেছেন কিন্তু কেবল একটি ব্যাখ্যার ব্যাপারে পরিসংখ্যানবিজ্ঞানের সমর্থন পেয়েছে - যে প্রার্থনা ঈশ্বরের সাথে এক ধরণের কথোপকথন বা সামাজিক অন্তক্ৰিয়া (social interaction) যা আমাদের বোধকে জাগ্রত করে এবং লোভ লালসাকে পরিহার করতে সহায়তা করে।

মোট কথা ঈশ্বরের সাথে বা কোনো এক বড়ো শক্তির সাথে একটা সম্পর্কের চর্চা আমাদের আত্মনিয়ন্ত্রণের ক্ষমতা বাড়িয়ে দেয়। অনেক ক্ষেত্রেই এই আত্মনিয়ন্ত্রণ মূলতঃ নিজের অহংকে নিয়ন্ত্রণ করা - যেটা কেবল তখনই সম্ভব যখন আমরা ভাবতে শিখব এ জগতে 'আমি'-ই সবচেয়ে বড়ো নয়।

২০২০ সালের মে ২০-এ প্রকাশিত The Wall Street Journal এর নিবন্ধে উল্লেখ করা হয় হার্ভার্ড বিশ্ববিদ্যালয়ের মনোবিজ্ঞানের প্রফেসর Dr. David H. Rosmarin র মতে প্রার্থনা নিয়ে গবেষণায় দেখা গিয়েছে যে "It can calm your nervous system, shutting down your fight or flight response. It can make you less reactive to negative emotions and less angry." - অর্থাৎ প্রার্থনা আপনার মন ও দেহকে (nervous system) প্রশান্ত করতে পারে, আপনার রাগ ক্ষোভ প্রশমন করতে পারে এবং আপনাকে না-বোধক আবেগের (negative emotions) এর ব্যাপারে কম প্রতিক্রিয়াশীল হতে সাহায্য করে।

আরেকটি খুব গুরুত্বপূর্ণ গবেষণা তথ্য হলো এই যে প্রার্থনা আপনার দাম্পত্য জীবনে কাজে আসতে পারে। Florida State University-র গবেষকরা আবিষ্কার করেছেন যে দাম্পত্য জীবনে আপনি যখন না-বোধক আবেগের (negative emotions) এর মুখোমুখি হন, তখন যদি আপনি আপনার স্বামী বা স্ত্রীর মঙ্গলকামনায় (বা সুমতি হবার জন্য) ঈশ্বরের কাছে প্রার্থনা করেন - তখন দুজনই - যিনি প্রার্থনা করছেন এবং যার জন্য প্রার্থনা করছেন - তাদের সম্পর্কের উন্নতি লক্ষ্য করে থাকেন। গবেষক Frank Fincham বলেছেন –"Prayer gives couples a chance to calm down, and it reinforces the idea that you are on the same team." অর্থাৎ প্রার্থনা স্বামী-স্ত্রীকে প্রশান্ত হতে সাহায্য করে

এবং তারা দু'জনেই যে একই পক্ষের লোক, তা বুঝতে সাহায্য করে।

বিজ্ঞানকে পাশ কাটিয়ে (যেহেতু বিজ্ঞান সবকিছু জানে না বা জানার দাবীও করে না) আমরা যদি মানুষের ইতিহাস পাঠ করি তাহলে জানতে পারব আদিম যুগ থেকে প্রায় সকল সমাজেই প্রার্থনাকে একটি অতীব উপকারী ও কার্যকর ব্যাপার বলে সম্মান করা হয়েছে। Pew Research Center এর প্রকাশিত তথ্য অনুযায়ী অর্ধেকেরও বেশি মার্কিন নাগরিক প্রার্থনা করেছেন করোনা ভাইরাসের হাত থেকে রেহাই পাবার জন্য।

বিজ্ঞান ও বিশ্বাসের তর্ক-বিতর্ক বাদ দিয়ে আমরা যদি ফিরে যাই প্রার্থনার ধর্ম-নিরপেক্ষ আলোচনায় - তাহলে আমরা দেখতে পাবো যে প্রার্থনা আমাদের আত্ম-অহমিকাকে দমন করে - সেটা আমরা কোনো ধর্মগত ঈশ্বরকে বিশ্বাস করি বা নাই করি কিংবা কোনো বৃহৎ শক্তিকে (যেমন প্রকৃতি, Nature) বিশ্বপরিচালকের আসনে বসাই। আমরাই যে সবকিছু নই - এই বোধটা প্রার্থনার মাধ্যমে জাগ্রত হয় খুব বেশি করে। প্রার্থনা আমাদেরকে আত্ম-অহমিকার পথ থেকে সরিয়ে দয়ার পথে নিয়ে যায় - কেননা আমরা তখন নয়ন মেলে দেখতে পাই বিশ্ব জুড়ে সর্বমানবিক অসহায়তা - তখন মানুষের দুঃখ-দুর্দশা আমাদের প্রাণে বেশি বাজে।

প্রার্থনা আমাদের মনকে প্রশান্ত করে - আমাদেরকে সাহায্য করে আমাদের ব্যক্তিগত দুঃখ দুর্দশাকে খানিকটা দূরে দাঁড়িয়ে অন্য সকলের দুঃখ দুর্দশার পরিমাপে ও আলোকে দেখতে। প্রার্থনা সাহায্য করে আমাদের অহংকারের ঘোড়াকে দাবিয়ে রাখতে। প্রার্থনা সাহায্য করে আমাদেরকে ক্ষমাশীল হতে - কেননা আমরা নিজেদের দোষত্রুটি তখন ভালো করে দেখতে পাই।

প্রার্থনার মধ্য দিয়েই আমাদের মন ভরে উঠে এক অজানা অপার্থিব কৃতজ্ঞতায়, আমাদের মধ্যে তখন জেগে উঠে আত্মনিবেদনের এক গভীর আকুতি –

মর্তবাসীদের তুমি যা দিয়েছ প্রভু,
মর্তের সকল আশা মিটাইয়া তবু
রিক্ত তাহা নাহি হয়। তার সর্বশেষ
আপনি খুঁজিয়া ফিরে তোমারি উদ্দেশ।

প্রার্থনা

নদী ধায় নিত্যকাজে, সর্ব কর্ম সারি
অন্তহীন ধারা তার চরণে তোমারি
নিত্য জলাঞ্জলিরূপে ঝরে অনিবার।
কুসুম আপন গন্ধে সমস্ত সংসার
সম্পূর্ণ করিয়া তবু সম্পূর্ণ না হয় —
তোমারি পূজায় তার শেষ পরিচয়।
সংসারে বঞ্চিত করি তব পূজা নহে।

কবি আপনার গানে যত কথা কহে
নানা জনে লহে তার নানা অর্থ টানি,
তোমা-পানে ধায় তার শেষ অর্থখানি।

- নৈবেদ্য: ৪৪

এই অধ্যায়ের উদ্ধৃতিগুলো বাছাই করা হয়েছে এমনভাবে যেন আপনি যখন তখন এই অধ্যায়ের একটি পৃষ্ঠা খুলে একটি প্রার্থনা-বাণী পান, যা আপনার মনকে প্রশান্ত করবে এবং আপনাকে উজ্জীবিত করবে আত্ম-শুদ্ধির পথে অবিরাম চলতে।

সেপ্টেম্বর ১

কত কলুষ কত ফাঁকি এখনো যে আছে বাকি

কত কলুষ কত ফাঁকি
এখনো যে আছে বাকি
মনের গোপনে,
আমায় তার লাগি আর ফিরায়ো না,
তারে আগুন দিয়ে দহো।
...
তুমি এবার আমায় লহো হে নাথ,লহো।
এবার তুমি ফিরো না হে--
হৃদয় কেড়ে নিয়ে রহো।
যে দিন গেছে তোমা বিনা
তারে আর ফিরে চাহি না,
যাক সে ধুলাতে।
এখন তোমার আলোয় জীবন মেলে
যেন জাগি অহরহ।

- গীতাঞ্জলি: ৫৭

চিন্তা-কণিকা

আমাদের মনের ভিতরে লুকিয়ে থাকে অনেক কলুষ - সেটাকে বুঝতে পারা এবং সেটাকে প্রতিনিয়ত দমন করার প্রচেষ্টাই মানুষ হয়ে ওঠার প্রচেষ্টা। অতি-ধার্মিকতার (over-religiosity) বা অতি-অধার্মিকতার (over-irreligiosity) কিংবা অতি-জ্ঞানের বা অল্প-জ্ঞানের প্রভাবে আমরা যখন নিজেদেরকে বিশুদ্ধ মানুষ হিসাবে ভাবতে শুরু করি (সেটা ভুল বা সঠিক যা-ই হোক না কেন), তখন আমরা আর আমাদের দোষত্রুটি দেখতে পাই না। আমাদের চারিদিকে অহমিকার এক আবরণ তৈরি হয়ে আমাদেরকে নিজের কাছ থেকে আড়াল করে রাখে। তাই প্রতিদিন নিজের সামনে নিজেকে দাঁড়াতে হবে, দেখতে হবে আমাদের মনের গোপনে লোকচক্ষুর অন্তরালে আমাদের মধ্যে ঈর্ষা দ্বেষ হিংসা ঘৃণা আত্ম-অহমিকা কতটা লুকিয়ে আছে। প্রতিদিনের এই আত্মবীক্ষার মাধ্যমেই আমরা মন থেকে কলুষ বের করে সেটা ভালোবাসায় ভরে দিতে পারি। আমাদের প্রতিদিনের প্রার্থনা হোক আমাদের মনের কলুষ যেন আগুনে পুড়ে ছাই হয়ে যায় -'আগুনের পরশমণি ছোঁয়াও প্রাণে'। (দেখুন জানুয়ারি ৬)

সেপ্টেম্বর ২

সংসার যবে মন কেড়ে লয়

চিন্তা-কণিকা সংসারের নানান কাজের ব্যস্ততায় আমরা ঈশ্বরকে ভুলে যাই।

সংসার যবে মন কেড়ে লয়,
জাগে না যখন প্রাণ,
তখনো, হে নাথ, প্রণমি তোমায়
গাহি বসে তব গান।
অন্তরযামী, ক্ষমো সে আমার
শূন্যমনের বৃথা উপহার
পুষ্পবিহীন পূজা-আয়োজন
ভক্তিবিহীন তান —
ডাকি তব নাম শুষ্ক কণ্ঠে,
আশা করি প্রাণপণে--
নিবিড় প্রেমের সরস বরষা
যদি নেমে আসে মনে।
সহসা একদা আপনা হইতে
ভরি দিবে তুমি তোমার অমৃতে,
এই ভরসায় করি পদতলে
শূন্য হৃদয় দান ॥

- নৈবেদ্য: ৬

When worldly matters steals my attention
And my heart is awakened no more
Even then, my Lord, I bow to you
And sing your song sitting alone.
O the All-knowing,
Forgive my prayers of an empty mind
My worship without flowers
My songs without devotion.
I call your name with a heartless voice
Hoping with all earnestness
If a sweet rain of your profound love
Will come down to my heart. - (Partial translation by NS)

সেপ্টেম্বর ৩

জীবন যখন শুকায়ে যায় করুণাধারায় এসো

চিন্তা-কণিকা শত কাজের ব্যস্ততার মধ্যেও যেন ঈশ্বর আমাদের মধ্যে থাকেন।

জীবন যখন শুকায়ে যায়
করুণাধারায় এসো ।
সকল মাধুরী লুকায়ে যায় ,
গীতসুধারসে এসো ।
কর্ম যখন প্রবল-আকার
গরজি উঠিয়া ঢাকে চারি ধার ,
হৃদয়প্রান্তে হে নীরব নাথ ,
শান্তচরণে এসো ।
আপনারে যবে করিয়া কৃপণ
কোণে পড়ে থাকে দীনহীন মন
দুয়ার খুলিয়া, হে উদার নাথ,
রাজসমারোহে এসো।
বাসনা যখন বিপুল ধুলায়
অন্ধ করিয়া অবোধে ভুলায়,
ওহে পবিত্র, ওহে অনিদ্র,
রুদ্র আলোকে এসো॥

- গীতাঞ্জলি: ৫৮

When the heart is hard and parched up, come upon me with a shower of mercy.
When grace is lost from life, come with a burst of song.
When tumultuous work raises its din on all sides, shutting me out from beyond, come to me, my lord of silence, with thy peace and rest.
When my beggarly heart sits crouched, shut up in a corner, break open the door, my king, and come with the ceremony of a king.
When desire blinds the mind with delusion and dust, O thou holy one, thou wakeful one, come with thy light and thy thunder.

- (Translation by Rabindranath Tagore)

সেপ্টেম্বর ৪

এবার হৃদয়-মাঝে লুকিয়ে বোসো

চিন্তা-কণিকা প্রতিদিন ঈশ্বরের কৃপাপরশে আমাদের হৃদয়পুষ্প প্রস্ফুটিত হোক।

অমন আড়াল দিয়ে লুকিয়ে গেলে
চলবে না।
এবার হৃদয়-মাঝে লুকিয়ে বোসো,
কেউ জানবে না, কেউ বলবে না।
বিশ্বে তোমার লুকোচুরি,
দেশ-বিদেশে কতই ঘুরি,
এবার বলো, আমার মনের কোণে
দেবে ধরা, ছলবে না
জানি আমার কঠিন হৃদয়
চরণ রাখার যোগ্য সে নয়,
সখা, তোমার হাওয়া লাগলে হিয়ায়
তবু কি প্রাণ গলবে না।
নাহয় আমার নাই সাধনা,
ঝরলে তোমার কৃপার কণা
তখন নিমেষে কি ফুটবে না ফুল,
চকিতে ফল ফলবে না।

- গীতবিতান: পূজা: ৩৬৫

I can't let you go away stealthily
Take a seat in my heart in secrecy
No one will know, no one will divulge.
... I know my rigid heart
Is not worthy of thy footsteps.
Dear, if wind of your blessings blows into my heart
Won't my heart melt down?
I may not have the depth of devotion
But if your mercy is showered on me
Won't flower bloom in a moment's notice?
Won't fruit appear suddenly in the tree?

- (Partial translation by NS)

প্রার্থনা

সেপ্টেম্বর ৫

মরণ হতে যেন জাগি গানের সুরে

চিন্তা-
কণিকা

সন্ধ্যাবেলা চারিদিকে মেঘ নেমে এলে তার নিবিড় বেষ্টনীর মধ্যে বসে আলোআঁধারির এক ছায়াময় মায়াময় পরিবেশে রবীন্দ্রনাথের গান শুনতে শুনতে আমরা অনেকেই নিজেকে হারিয়ে ফেলি সেই গানের মনমাতানো মোহন সুরে - তখন মনে হয় এ ত' গান নয় - এ যেন নিজের সাথে নিজের কথোপকথন। তখন মনে হয় গেয়ে উঠি – "মরণ হতে যেন জাগি গানের সুরে।"

তোমার কাছে এ বর মাগি,
মরণ হতে যেন জাগি
    গানের সুরে ॥
যেমনি নয়ন মেলি যেন   মাতার স্তন্যসুধা-হেন
নবীন জীবন দেয় গো পুরে   গানের সুরে ॥
    সেথায় তরু তৃণ যত
মাটির বাঁশি হতে ওঠে গানের মতো।
আলোক সেথা দেয় গো আনি
আকাশের আনন্দবাণী,
হৃদয়মাঝে বেড়ায় ঘুরে   গানের সুরে ॥

- গীতালি: ৬৯

I beg you this boon
That I be awakened from death
By the tune of a song.
When I open my eyes
May my new life be filled
By the tune of a song
Like a mother's breast milk.
There all the grasses and the trees
Rise from the earthen flute like songs
There the light brings from the sky
A message of joy
That roams in my heart to the tune of a song.

- (Translation by NS)

প্রার্থনা

সেপ্টেম্বর ৬

সুরের আগুন লাগিয়ে দিলে মোর প্রাণে

চিন্তা-
কণিকা

বাংলা গান মূলত বাণী প্রধান গান। রবীন্দ্রনাথ বাণীর মায়াজালের সাথে অসাধারণ দক্ষতায় গেঁথে দিয়েছেন এক মোহময় সুরের মায়াজাল। সুর কথাকে এগিয়ে নিয়ে যায় ঠিকই - কিন্তু সুরের আলো কখনো আমাদের ভুবন ছেয়ে ফেলে, আবার কখনো সুরের আগুন আমাদের মনে প্রাণে ছড়িয়ে পড়ে। এই পৃষ্ঠায় উদ্ধৃত গানগুলো শুনে দেখুন আপনাকে কোথায় নিয়ে যায় এই গানগুলি।

তুমি যে   সুরের আগুন লাগিয়ে দিলে মোর প্রাণে,
এ আগুন   ছড়িয়ে গেল সব খানে॥
                                          - গীতবিতান: পূজা: ৬

****

তোমার সুরের ধারা ঝরে যেথায় তারি পারে
দেবে কি গো বাসা আমায় একটি ধারে?।
... আমার   দিন ফুরাবে যবে,
যখন   রাত্রি আঁধার হবে,
হৃদয়ে মোর গানের তারা উঠবে ফুটে সারে সারে ॥
                                          - গীতবিতান: পূজা: ৪

****

অরূপ, তোমার বাণী
অঙ্গে আমার চিত্তে আমার মুক্তি দিক্ সে আনি ॥
... যেমন তোমার বসন্তবায় গীতলেখা যায় লিখে
বর্ণে বর্ণে পুষ্পে পর্ণে বনে বনে দিকে দিকে
তেমনি আমার প্রাণের কেন্দ্রে নিশ্বাস দাও পুরে,
শূন্য তাহার পূর্ণ করিয়া ধন্য করুক সুরে--
                                          - গীতবিতান: পূজা: ৯

চিন্তা-
কণিকা

আরো চিন্তার খোরাক: এই পৃষ্ঠার গাঢ় অক্ষরের (bold letters) বাক্যগুলো আশাকরি বাস্তবে বা কল্পনায় কাউকে বলবার সুযোগ কেউ কেউ পেয়ে যাবেন বা বের করে নিতে পারবেন।

প্রার্থনা

সেপ্টেম্বর ৭

কে আমারে কী-যে বলে, ভোলাও ভোলাও

আমার হৃদয় তোমার আপন হাতের দোলে দোলাও,
    কে আমারে কী-যে বলে ভোলাও ভোলাও ॥
ওরা কেবল কথার পাকে নিত্য আমায় বেঁধে রাখে,
    বাঁশির ডাকে সকল বাঁধন খোলাও ॥
মনে পড়ে, কত-না দিন রাতি
    আমি ছিলেম তোমার খেলার সাথী।
আজকে তুমি তেমনি ক'রে   সামনে তোমার রাখো ধরে,
    আমার প্রাণে খেলার সে ঢেউ তোলাও ॥

- গীতবিতান: পূজা: ৫৭

চিন্তা-কণিকা

আমাদের চারিদিকের মানুষেরা আমাদের কথার পাঁকে প্রতিদিন জড়িয়ে ফেলছে - সে পাঁকের মধ্য থেকে আমরা উঠে আসতে পারছি না ("ওরা কেবল কথার পাকে নিত্য আমায় বেঁধে রাখে")। যতই চেষ্টা করি, ততই মনে হয় যেন ডুবে যাচ্ছি। আমাকে নিয়ে কে কী বললো সে নিয়ে আমাদের কত দুঃখ, কত অশান্তি। এ এক চোরাবালির ফাঁদ। ব্রিটিশ ভারতের প্রথম মহিলা স্নাতক কামিনী রায় লিখেছিলেন

"করিতে পারি না কাজ
সদা ভয় সদা লাজ
সংশয়ে সংকল্প সদা টলে –
পাছে লোকে কিছু বলে।
আড়ালে আড়ালে থাকি
নীরবে আপনা ঢাকি,
সম্মুখে চরণ নাহি চলে
পাছে লোকে কিছু বলে।
...
মহৎ উদ্দেশ্য যবে,
এক সাথে মিলে সবে,
পারি না মিলিতে সেই দলে,
পাছে লোকে কিছু বলে।"

- পাছে লোকে কিছু বলে: কামিনী রায়

সেপ্টেম্বর ৮

তোমার পতাকা যারে দাও

চিন্তা-কণিকা

বিপদ আপদ দুঃখ বেদনা সবই জীবনযাপনেরই অংশ। আমরা যদি ঈশ্বরের কাছে প্রার্থনা করি আমাদের বিপদ দিও না বা দুঃখ দিও না, তাহলে জীবন থামিয়ে দিতে হবে। তাই বিপদ আপদের মোকাবেলা করতে হবে সাহসের সাথে। প্রতিদিনের প্রার্থনায় যদি আমরা ঈশ্বরের কাছে শক্তি চাই এবং ভক্তি চাই এবং তাকে ভুলে না যাই, তাহলেই বিপদ আপদ দুঃখ বেদনাকে আমরা সহজে নিতে পারব এবং সেগুলো তখন ক্ষুদ্র হয়ে দেখা দিবে আমাদের জীবনে।

তোমার পতাকা যারে দাও, তারে
বহিবারে দাও শকতি।
তোমার সেবার মহৎ প্রয়াস
সহিবারে দাও ভকতি।
...
যত দিতে চাও কাজ দিয়ো
যদি তোমারে না দাও ভুলিতে,
অন্তর যদি জড়াতে না দাও
জালজঞ্জালগুলিতে।

- গীতবিতান: পূজা: ২৩১

If you give me the duty to carry your flag, my Lord
Then give me the strength to bear it.
To suffer great pains in thy service
May I have the devotion to endure it.
...
Give me as much work as you wish
But let me not forget you, my Lord
May my soul not be wrapped up
In trifles and trashes.

- (Translation by NS)

(আরো দেখুন জানুয়ারি ৫)

প্রার্থনা

সেপ্টেম্বর ৯

তুমি যত ভার দিয়েছ সে ভার

চিন্তা-
কণিকা

জীবনের ইঁদুর-দৌড়ে (rat race) আমাদের থামার সময় নাই - আমরা কেবল বাড়িয়েই চলেছি আমাদের বোঝা। Technology আমাদের সময় বাঁচানোর অনেক উপকরণ দিয়েছে, হাত মেললেই আমরা হাতের কাছে পেয়ে যাই অনেক কিছুই - কিন্তু তবু আমাদের বিশ্রাম নেই - আমরা কেবল ছুটে বেড়াচ্ছি। তাই ভাবতে হবে আমরা যে সকল ভার জমিয়ে আমাদের বোঝা বাড়াচ্ছি তার কতগুলি আসলে আমাদের নিতান্তই দরকার। জীবনকে সহজ করুন, যা-আছে তার জন্যে ঈশ্বরের কাছে কৃতজ্ঞতা প্রকাশ করুন এবং do less, focus on people and relationships, and find pleasure in everything. তাই আজকের প্রার্থনা হোক "ভারের বেগেতে চলেছি কোথায়, এ যাত্রা তুমি থামাও।"

তুমি যত ভার দিয়েছ সে ভার   করিয়া দিয়েছ সোজা।
আমি যত ভার জমিয়ে তুলেছি   সকলই হয়েছে বোঝা।
    এ বোঝা আমার নামাও বন্ধু, নামাও--
        ভারের বেগেতে চলেছি কোথায়,   এ যাত্রা তুমি থামাও ॥
        আপনি যে দুখ ডেকে আনি সে-যে জ্বালায় বজ্রানলে--
        অঙ্গার ক'রে রেখে যায়, সেথা   কোনো ফল নাহি ফলে।
            তুমি যাহা দাও সে-যে দুঃখের দান
            শ্রাবণধারায় বেদনার রসে   সার্থক করে প্রাণ ॥
    যেখানে যা-কিছু পেয়েছি কেবলই   সকলই করেছি জমা--
    যে দেখে সে আজ মাগে-যে হিসাব,   কেহ নাহি করে ক্ষমা
        এ বোঝা আমার নামাও বন্ধু, নামাও--
        ভারের বেগেতে ঠেলিয়া চলেছি,   এ যাত্রা মোর থামাও ॥
                - গীতবিতান: পূজা: ১০০

প্রার্থনা

সেপ্টেম্বর ১০

দুঃখের তিমিরে যদি জ্বলে তব মঙ্গল-আলোক

চিন্তা-
কণিকা

সুখ-দুঃখ নিয়েই মানুষের জীবন। কিন্তু দুঃখের তিমির অনেকসময়ই আমাদের হতাশা ও অবিশ্বাসের অন্ধকারে নিয়ে যায়। গভীর দুঃখে যাতনায় আমাদের মনে হয় - "জানি না কী হবে পরে, সবি অন্ধকার/ আদি অন্ত এ সংসারে-- নিখিল দুঃখের/ অন্ত আছে কি না আছে,/সুখ-বুভুক্ষের মিটে কি না চির-আশা।" (সোনার তরী:গতি)। কিন্তু হতাশায় ডুবে থাকলে চলবে না। দুঃখের মধ্যেই আমাদের খুঁজে নিতে হবে ঈশ্বরের অবিমিশ্র করুণা, ঈশ্বরের মঙ্গল-আলোক, ঈশ্বরের স্নেহস্পর্শ।

▶ দুঃখের তিমিরে যদি জ্বলে তব মঙ্গল-আলোক
তবে তাই হোক।
মৃত্যু যদি কাছে আনে তোমার অমৃতময় লোক
তবে তাই হোক॥
পূজার প্রদীপে তব জ্বলে যদি মম দীপ্ত শোক
তবে তাই হোক।
অশ্রু-আঁখি-'পরে যদি ফুটে ওঠে তব স্নেহচোখ
তবে তাই হোক॥

— গীতবিতান: পূজা: ১৯৩

If thy light of blessings shine
Through the utter darkness of my sufferings
So be it, my Lord.
If the death brings me closer
To the abode of your eternal bliss
So be it, my Lord.
If my lamp of thy worship
Burns away my impassioned agony
So be it, my Lord.
If your loving eyes give shade
To my tear-laden eyes
So be it, my Lord.

— (Translation by NS)

(আরো দেখুন নভেম্বর ১২)

প্রার্থনা

সেপ্টেম্বর ১১

In one salutation to thee একটি নমস্কারে প্রভু

চিন্তা-
কণিকা

আমাদের সবচেয়ে বড়ো শত্রু আমাদের অহং (ego)। এই অহংকে দমন করতে না পারলে আমাদের মনের দৃষ্টি খুলে না। অহংকে দমন করার একটি বড়ো উপায় ঈশ্বর বা কোনো বৃহৎ শক্তির নিকট আত্মসমর্পণ বা আত্মনিবেদন।

In one salutation to thee, my God, let all my senses spread out and touch this world at thy feet.
Like a rain-cloud of July hung low with its burden of unshed showers let all my mind bend down at thy door in one salutation to thee.
Let all my songs gather together their diverse strains into a single current and flow to a sea of silence in one salutation to thee.
Like a flock of homesick cranes flying night and day back to their mountain nests let all my life take its voyage to its eternal home in one salutation to thee.

— Song Offerings (English Gitanjali)

একটি নমস্কারে, প্রভু, একটি নমস্কারে
সকল দেহ লুটিয়ে পড়ুক তোমার এ সংসারে ॥
ঘন শ্রাবণমেঘের মতো   রসের ভারে নম্র নত
একটি নমস্কারে, প্রভু, একটি নমস্কারে
সমস্ত মন পড়িয়া থাক্‌ তব ভবনদ্বারে ॥
নানা সুরের আকুল ধারা   মিলিয়ে দিয়ে আত্মহারা
একটি নমস্কারে, প্রভু, একটি নমস্কারে
সমস্ত গান সমাপ্ত হোক নীরব পারাবারে।
হংস যেমন মানসযাত্রী   তেমনি সারা দিবসরাত্রি
একটি নমস্কারে, প্রভু, একটি নমস্কারে
সমস্ত প্রাণ উড়ে চলুক মহামরণ-পারে ॥

— গীতাঞ্জলি: ১৪৮

প্রার্থনা

সেপ্টেম্বর ১২

জীবন জুড়ে লাগুক পরশ

চিন্তা-
কণিকা

এই গান কি ঈশ্বরপ্রেমের গান না কি মর্ত্যমানবীর উদ্দেশ্যে নিবেদিত কোনো গান?! আপনি চাইলে এই গানের দুটো বা চারটে লাইন ঈশ্বরকে কিংবা আপনার প্রিয়তম মানুষকে নিবেদন করতে পারেন। আপনার জীবনজুড়ে যারই পরশ লাগুক না কেন, সেটা যদি হয় প্রেমের পরশ তাহলে আপনি হয়ে উঠবেন অন্য এক 'আমি' - যে আমি আত্ম-অহমিকায় পূর্ণ নয়, ভালোবাসায় পূর্ণ।

আমার সকল রসের ধারা
    তোমাতে আজ হোক-না হারা ॥
জীবন জুড়ে লাগুক পরশ,
    ভুবন ব্যেপে জাগুক হরষ,
তোমার রূপে মরুক ডুবে
    আমার দুটি আঁখিতারা ॥
হারিয়ে-যাওয়া মনটি আমার
    ফিরিয়ে তুমি আনলে আবার ॥
ছড়িয়ে-পড়া আশাগুলি
    কুড়িয়ে তুমি লও গো তুলি,
গলার হারে দোলাও তারে
    গাঁথা তোমার ক'রে সারা ॥

- গীতালি: ১৪

প্রার্থনা

সেপ্টেম্বর ১৩

কেন আমায় মান দিয়ে আর দূরে রাখ

চিন্তা-
কণিকা

আমাদের অহমিকা আমাদেরকে ঈশ্বরের কাছ থেকে দূরে রাখে। মান-সম্মান খ্যাতি ইত্যাদির লোভে আমরা অনেক কাজে জড়িয়ে পড়ি যেটা ভালো কাজ নয় - সৎ কাজ নয়। এর ফলে আমরা প্রতিদিন ঈশ্বরের কাছ থেকে দূরে সরে যাই ("কেন আমায় মান দিয়ে আর দূরে রাখ")। কিন্তু আমরা যদি ঈশ্বরের কাছে নিজেদেরকে নিবেদন করি সর্বতোভাবে এবং প্রতিক্ষণ তাঁর কথা স্মরণ করি - তাহলে আমরা দেখতে পাব যে আমরা সৎ ও ভালো কাজের মধ্য দিয়ে প্রতিদিন তাঁরই দিকে অগ্রসর হচ্ছি।

আসনতলের মাটির 'পরে লুটিয়ে রব।
তোমার চরণ-ধুলায় ধুলায় ধূসর হব।
কেন আমায় মান দিয়ে আর দূরে রাখ,
চিরজনম এমন করে ভুলিয়ো নাকো,
অসম্মানে আনো টেনে পায়ে তব।
তোমার চরণ-ধুলায় ধুলায় ধূসর হব।
আমি তোমার যাত্রীদলের রব পিছে,
স্থান দিয়ো হে আমায় তুমি সবার নীচে।
প্রসাদ লাগি কত লোকে আসে ধেয়ে,
আমি কিছুই চাইব না তো রইব চেয়ে;
সবার শেষে বাকি যা রয় তাহাই লব।
তোমার চরণ-ধুলায় ধুলায় ধূসর হব।

- গীতবিতান: পূজা: ৪৯১

****

যদি এ আমার হৃদয়দুয়ার
    বন্ধ রহে গো কভু
দ্বার ভেঙে তুমি এসো মোর প্রাণে,
    ফিরিয়া যেয়ো না প্রভু।

- গীতবিতান: পূজা: ১০২

(আরো দেখুন জানুয়ারি ২, ৩, ৪)

সেপ্টেম্বর

৩৫৩

প্রার্থনা

সেপ্টেম্বর ১৪

এই মলিন বস্ত্র ছাড়তে হবে, মলিন অহংকার

চিন্তা-
কণিকা

অহংকার যে শুধু আমাদেরকে ঈশ্বরের কাছ থেকে দূরে সরিয়ে নেয়, তা নয়। আমরা আত্ম-অহমিকার কারণে আমাদের প্রিয়জন, আত্মীয়স্বজন, ও বন্ধুবান্ধবদের থেকেও দূরে সরে যাই। অহংকারকে আমরা যদিও জাঁকজমকপূর্ণ পরিধান হিসাবে ভাবতে ভালোবাসি, আসলে এটা একটা মলিন বস্ত্র। এ বস্ত্র আমাদেরকে ছাড়তে হবে এবং স্নান করে প্রেমের পোষাক পরতে হবে। তাহলেই কেবল আমরা ঈশ্বর এবং অন্য মানুষের কাছাকাছি আসতে পারবো।

এই   মলিন বস্ত্র ছাড়তে হবে
   হবে গো এইবার--
আমার এই   মলিন অহংকার।
দিনের কাজে ধুলা লাগি
   অনেক দাগে হল দাগি,
এমনি তপ্ত হয়ে আছে
   সহ্য করা ভার।
আমার এই   মলিন অহংকার।
এখন তো কাজ সাঙ্গ হল
   দিনের অবসানে,
হল রে তাঁর আসার সময়
   আশা এল প্রাণে।
স্নান করে আয় এখন তবে
   প্রেমের বসন পরতে হবে,
সন্ধ্যাবনের কুসুম তুলে
   গাঁথতে হবে হার।
ওরে আয় সময় নেই যে আর।

- গীতবিতান: পূজা: ১৭৫

প্রার্থনা

সেপ্টেম্বর ১৫

নয়ন তোমারে পায় না দেখিতে

চিন্তা-
কণিকা

ঈশ্বর আমাদের হৃদয়েই আছেন - আমরা তাঁকে দেখতে পাইনা কিংবা নিজের মধ্যে অনুভব করতে পারি না - যদি না আমরা তাঁর সম্পর্কে সচেতন হই এবং তাঁর কাছে আত্মনিবেদন করি। তাকে জাগিয়ে তুলতে হবে - "মোর হৃদয়ের গোপন বিজন ঘরে/ একেলা রয়েছ নীরব শয়ন-'পরে--/প্রিয়তম হে, জাগো জাগো জাগো।"

 নয়ন তোমারে পায় না দেখিতে, রয়েছ নয়নে নয়নে।
   হৃদয় তোমারে পায় না জানিতে, হৃদয়ে রয়েছ গোপনে ॥
বাসনার বশে মন অবিরত   ধায় দশ দিশে পাগলের মতো,
স্থির-আঁখি তুমি মরমে সতত জাগিছ শয়নে স্বপনে ॥
সবাই ছেড়েছে, নাই যার কেহ, তুমি আছ তার আছে তব স্নেহ--
নিরাশ্রয় জন, পথ যার গেহ, সেও আছে তব ভবনে।
তুমি ছাড়া কেহ সাথি নাই আর, সমুখে অনন্ত জীবনবিস্তার--
কালপারাবার করিতেছ পার কেহ নাহি জানে কেমনে ॥
জানি শুধু তুমি আছ তাই আছি,   তুমি প্রাণময় তাই আমি বাঁচি,
যত পাই তোমায় আরো তত যাচি, যত জানি তত জানি নে।
জানি আমি তোমায় পাব নিরন্তর   লোকলোকান্তরে যুগযুগান্তর
তুমি আর আমি মাঝে কেহ নাই, কোনো বাধা নাই ভুবনে ॥

- গীতবিতান: পূজা: ৪৮৭

My eyes can't see you
   Because you pervade my eyes.
My heart can't see you
   Because you are hidden inside my heart.
Intoxicated by desires, my mind endlessly
   Runs in countless directions like a mad man.
You stay forever unfettered in my soul
   Wide awake through my slumbers and dreams.

- (Partial translation by NS)

সেপ্টেম্বর ১৬

ক্ষমিতে পারিলাম না যে, ক্ষমো হে মম দীনতা

চিন্তা-কণিকা

ক্ষমা করার শক্তি (Forgiveness) সকলের থাকে না। আমাদের অহং এসে বাধা দেয় আমাদেরকে ক্ষমা করতে। অন্যের ব্যবহারের জন্য নিজের মনের মধ্যে ক্ষোভ জমা করে রাখলে ক্ষতি নিজেরই হয়। **এক সুফি সাধককে** এক ব্যক্তি জিজ্ঞেস করেছিল - ক্ষমা কি জিনিস? তিনি উত্তরে বলেছিলেন **ক্ষমা হলো এক রকমের সুগন্ধ যা ফুল থেকে বিচ্ছুরিত হয় যখন তুমি পায়ের নিচে একটি ফুলকে পিষে ফেলো**। আসুন, আমরা ক্ষমা করতে শিখি এবং ভুল স্বীকার করে ক্ষমা চাইবার মানসিকতাও অর্জন করি। কেননা ক্ষমা চাইতে পারার সাথে যে বিনয় জড়িত তার সাথে ক্ষমা করতে পারার শক্তিও জড়িয়ে আছে। বিভিন্ন গবেষণায় দেখা গিয়েছে ক্ষমা করার ও ক্ষমা চাইবার শক্তি মানুষের মানসিক চাপ (stress) কমায় এবং হৃদরোগের সম্ভাবনাকে প্রশমিত করে।

ক্ষমিতে পারিলাম না যে
ক্ষমো হে মম দীনতা,
পাপীজনশরণ প্রভু।
মরিছে তাপে মরিছে লাজে
প্রেমের বলহীনতা--
ক্ষমো হে মম দীনতা,
পাপীজনশরণ প্রভু।
প্রিয়ারে নিতে পারি নি বুকে,
প্রেমেরে আমি হেনেছি,
পাপীরে দিতে শাস্তি শুধু
পাপেরে ডেকে এনেছি।
জানি গো তুমি ক্ষমিবে তারে
যে অভাগিনী পাপের ভারে
চরণে তব বিনতা।
ক্ষমিবে না, ক্ষমিবে না
আমার ক্ষমাহীনতা,
পাপীজনশরণ প্রভু॥

- শ্যামা

প্রার্থনা

সেপ্টেম্বর ১৭

আমার স্বার্থ হইতে হে প্রভু, তব মঙ্গল কাজে

চিন্তা-
কণিকা

গাঢ় অক্ষরে (bold letters) চিহ্নিত বাক্যগুলো মনোযোগ দিয়ে পড়ুন এবং সেগুলোকে আপনার নিত্যদিনের প্রার্থনার অংশ করে নিন। নিজের স্বার্থের চেয়ে যখন অন্য মানুষের জন্য কিছু করাকে প্রাধান্য দেবেন - যেটা ঈশ্বরের মঙ্গলকাজ - তখন দেখবেন আপনার জীবন অনেক বেশি আনন্দময় হয়ে উঠবে।

ভয় হতে তব অভয়মাঝে
নূতন জনম দাও হে ॥
দীনতা হতে অক্ষয় ধনে,
সংশয় হতে সত্যসদনে,
জড়তা হতে নবীন জীবনে
নূতন জনম দাও হে ॥
**আমার ইচ্ছা হইতে, প্রভু,
তোমার ইচ্ছামাঝে--
আমার স্বার্থ হইতে, প্রভু,
তব মঙ্গলকাজে--**
অনেক হইতে একের ডোরে,
সুখদুখ হতে শান্তিক্রোড়ে--
আমা হতে, নাথ, তোমাতে মোরে
নূতন জনম দাও হে ॥

- গীতবিতান: পূজা: ১২৪

(আরো দেখুন জানুয়ারি ৯)

প্রার্থনা

সেপ্টেম্বর ১৮

জানি মনে তাহার মাঝে অনেক আছে ফাঁকি

চিন্তা-
কণিকা

লোকের কথার ভালো-মন্দ নিয়ে আমরা বেশি ব্যস্ত। ঈশ্বরের চোখে কোন্ কাজটি ভালো আর কোন্ কাজটি মন্দ তা নিয়ে ভাববার সময় নেই আমাদের। লোকের প্রশংসার লোভে আমরা দিনরাত্রি খেটে মরছি - কিন্তু ঈশ্বরের মুখোমুখি দাঁড়ানোর সময় পাচ্ছি না।

নিন্দা দুঃখে অপমানে
    যত আঘাত খাই
তবু জানি কিছুই সেথা
    হারাবার তো নাই।
থাকি যখন ধুলার 'পরে
    ভাবতে না হয় আসনতরে,
দৈন্যমাঝে অসংকোচে
    প্রসাদ তব চাই।
লোকে যখন ভালো বলে,
    যখন সুখে থাকি,
জানি মনে তাহার মাঝে
    অনেক আছে ফাঁকি।
সেই ফাঁকিরে সাজিয়ে লয়ে
    ঘুরে বেড়াই মাথায় বয়ে,
তোমার কাছে যাব এমন
    সময় নাহি পাই।

- গীতাঞ্জলি: ১২৬

প্রার্থনা

সেপ্টেম্বর ১৯

আমি হেথায় থাকি শুধু গাইতে তোমার গান

চিন্তা-কণিকা

আমরা সরবে হৈ হৈ রৈ রৈ করে আমাদের ধর্মাচার পালন করি - যাতে সকলে বুঝতে পারে আমি কতটা ধার্মিক। কিন্তু আমরা কি কখনো নীরব নিশীথে গভীর অন্ধকারে ঈশ্বরের আরাধনায় কেবল তার মুখোমুখি হয়েছি? না, কোনো কর্তব্যবোধের চাপে নয়, ধর্মীয় নিয়মপালনের (যেমন তাহাজ্জুদের নামাজ বা বিশেষ তিথির উপাসনা) তাড়নায় নয়, পুণ্য অর্জনের আশায় নয় - কেবল তাঁরই জন্য ঈশ্বরের সম্মুখে দাঁড়িয়ে কি কখনো বলেছি – "আমারে করো তোমার বীণা।" ভেবে দেখুন এমন অভিজ্ঞতার দাবী আমরা কয়জন করতে পারব।

আমি হেথায় থাকি শুধু গাইতে তোমার গান,
   দিয়ো তোমার জগৎ-সভায় এইটুকু মোর স্থান ॥
আমি তোমার ভুবন-মাঝে   লাগি নি, নাথ, কোনো কাজে--
   শুধু কেবল সুরে বাজে   অকাজের এই প্রাণ ॥
নিশায় নীরব দেবালয়ে তোমার আরাধন,
   তখন মোরে আদেশ কোরো গাইতে হে রাজন।
ভোরে যখন আকাশ জুড়ে   বাজবে বীণা সোনার সুরে
   আমি যেন না রই দূরে,   এই দিয়ো মোর মান ॥

- গীতাঞ্জলি: ৩১

I am here to sing thee songs. In this hall of thine I have a corner seat.
In thy world I have no work to do; my useless life can only break out in tunes without a purpose.
When the hour strikes for the silent worship at the dark temple of midnight, command me, my master to stand before thee to sing.
`When in the morning air the golden harp is tuned, honor me, commanding my presence.

- (Translation by Rabindranath Tagore)

প্রার্থনা

সেপ্টেম্বর ২০

আমারে সাহস দাও, দাও শক্তি, হে চিরসুন্দর

আমারে সাহস দাও, দাও শক্তি, হে চিরসুন্দর,
দাও স্বচ্ছ তৃপ্তির আকাশ, দাও মুক্তি নিরন্তর
প্রত্যহের ধূলিলিপ্ত চরণপতনপীড়া হতে,
দিয়ো না দুলিতে মোরে তরঙ্গিত মুহূর্তের স্রোতে,
ক্ষোভের বিক্ষেপবেগে। শ্রাবণসন্ধ্যার পুষ্পবনে
গ্লানিহীন যে সাহস সুকুমার যূথীর জীবনে--
নির্মম বর্ষণঘাতে শঙ্কাশূন্য প্রসন্ন মধুর,
মুহূর্তের প্রাণটিতে ভরি তোলে অনন্তের সুর,
সরল আনন্দহাস্যে ঝরি পড়ে তৃণশয্যা 'পরে,
পূর্ণতার মূর্তিখানি আপনার বিনম্র অন্তরে
সুগন্ধে রচিয়া তোলে; দাও সেই অক্ষুব্ধ সাহস,
সে আত্মবিস্মৃত শক্তি, অব্যাকুল, সহজে স্ববশ
আপনার সুন্দর সীমায়,-- **দ্বিধাশূন্য সরলতা
গাঁথুক শান্তির ছন্দে সব চিন্তা, মোর সব কথা।**

- পরিশেষ: মুক্তি: ১

চিন্তা-কণিকা

মাঝে মধ্যে এই প্রার্থনাটি আপনার প্রার্থনাসমূহের অংশ হিসাবে ব্যবহার করুন – "দ্বিধাশূন্য সরলতা/ গাঁথুক শান্তির ছন্দে সব চিন্তা, মোর সব কথা।" সেই শক্তি, সেই সাহস আপনার হোক। তাছাড়া এই বাক্যাংশগুলি স্নেহভাজন কাউকে উপদেশবাণী হিসাবেও পাঠাতে পারেন। আবার সাহস যোগানোর জন্য এই গানটিও তাকে পাঠাতে পারেন -

▶ আমি ভয় করব না ভয় করব না।
দু বেলা মরার আগে মরব না, ভাই, মরব না॥
তরীখানা বাইতে গেলে মাঝে মাঝে তুফান মেলে–
তাই ব'লে হাল ছেড়ে দিয়ে ধরব না,
কান্নাকাটি ধরব না॥

- গীতবিতান: স্বদেশ: ৭

প্রার্থনা

সেপ্টেম্বর ২১

কণ্ঠে আমার সুর খুঁজে না পাই

চিন্তা-কণিকা

আমরা কি আসলে আমাদের জীবনের সুর মিলাতে পেরেছি সহজ সরল আত্মত্যাগের সুরের সাথে? নাকি স্বার্থ, লোভ ও অহমিকার মধ্যে নিমজ্জিত হয়ে আমরা "কণ্ঠে আমার সুর খুঁজে না পাই।"

**মনে করি অমনি সুরে গাই,
কণ্ঠে আমার সুর খুঁজে না পাই।**
কইতে কী চাই, কইতে কথা বাধে;
হার মেনে যে পরান আমার কাঁদে;
আমায় তুমি ফেলেছ কোন্ ফাঁদে
চৌদিকে মোর সুরের জাল বুনি!
...

তুমি কেমন করে গান কর যে গুণী,
অবাক হয়ে শুনি, কেবল শুনি।
সুরের আলো ভুবন ফেলে ছেয়ে,
সুরের হাওয়া চলে গগন বেয়ে,
পাষাণ টুটে ব্যাকুল বেগে ধেয়ে,
বহিয়া যায় সুরের সুরধুনী।

– গীতাঞ্জলি: ২২

My heart longs to join in thy song, but vainly struggles for a voice. I would speak, but speech breaks not into song, and I cry out baffled. Ah, thou has made my heart captive in the endless meshes of thy music, my master!
...
I know not how thou singest, my master! I ever listen in silent amazement.
The light of thy music illumines the world. The life breath of thy music runs from sky to sky. The holy stream of thy music breaks through all stony obstacles and rushes on.

– (Translation by Rabindranath Tagore)

প্রার্থনা

সেপ্টেম্বর ২২

**Spent my days in stringing and unstringing
আমার লাগে নাই সে সুর**

চিন্তা-কণিকা

আত্মগরিমার আবরণ আমাদের সুর লাগাতে দিচ্ছে না বিশ্বতানের সাথে - তাই আমরা কেবল ছুটে ছুটে মরছি। আসুন, একটু শান্ত হয় বসে আত্মার প্রদীপ জ্বেলে নিজেকে আবার একটু দেখে নেই।

The song I came to sing remains unsung to this day.
I have spent my days in stringing and in unstringing my instrument.
The time has not come true, the words have not been rightly set; only there is the agony of wishing in my heart.
The blossom has not opened; only the wind is singing by.
I have not seen his face, nor have I listened to his voice; only I have heard his gentle footsteps from the road before my house.
... The lamp has not been lit and I cannot ask him into my house.
I live in the hope of meeting with him; but this meeting is not yet.

- (Translation by Rabindranath Tagore)

হেথা যে গান গাইতে আসা আমার হয় নি সে গান গাওয়া
আজো কেবলি সুর সাধা, আমার কেবল গাইতে চাওয়া।
**আমার লাগে নাই সে সুর, আমার বাঁধে নাই সে কথা,
শুধু প্রাণেরই মাঝখানে আছে গানের ব্যাকুলতা।**
আজো ফোটে নাই সে ফুল, শুধু বহেছে এক হাওয়া।
আমি দেখি নাই তার মুখ, আমি শুনি নাই তার বাণী,
কেবল শুনি ক্ষণে ক্ষণে তাহার পায়ের ধ্বনিখানি।
...
ঘরে হয় নি প্রদীপ জ্বালা, তারে ডাকব কেমন করে।
আছি পাবার আশা নিয়ে, তারে হয় নি আমারা পাওয়া।

- গীতাঞ্জলি: ৩৯

সেপ্টেম্বর ২৩

আর আমায় আমি নিজের শিরে বইব না

চিন্তা-কণিকা

আমাদের ego বা অহংকে যতদিন আমরা আমাদের শিরে বয়ে বেড়াব ততদিন আমাদের বাসনার আগুন সব কিছুর আলো নিভিয়ে ফেলবে –("বাসনা মোর যারেই পরশ করে সে/ আলোটি তার নিবিয়ে ফেলে নিমেষে")। আমরা তখন শুধু দেখতে পাই আমার 'আমি'কে।

আর আমায় আমি নিজের শিরে বইব না।
আর নিজের দ্বারে কাঙাল হয়ে রইব না।
...
বাসনা মোর যারেই পরশ করে সে,
আলোটি তার নিবিয়ে ফেলে নিমেষে।
ওরে   সেই অশুচি, দুই হাতে তার
যা এনেছে চাই নে সে আর,
তোমার প্রেমে বাজবে না যা
সে আর আমি সইব না
আমায় আমি নিজের শিরে বইব না।

- গীতাঞ্জলি: ১০৫

I will no longer carry my ego on my shoulder
No longer shall I stay at my own door like a beggar.
...
Whichever whoever my desire touches
Puts out all its light in a moment's breath.
O that unholy thing that I brought
With my two hands, I don't want it anymore,
Anything that does not play the tune of thy love
No longer shall I tolerate
I will no longer carry my ego on my shoulder.

- (Translation by NS)

সেপ্টেম্বর ২৪

আজ নষ্ট হল বেলা, নষ্ট হল দিন

চিন্তা-কণিকা

আমাদের সমাজে কাজ আমাদের নিজেদের চেয়েও গুরুত্বপূর্ণ হয়ে উঠেছে - আমরা অনেকেই কাজের জন্য বাঁচি, বেঁচে থাকার জন্য কাজ করি না। ফলে বিশ্রামকে আমরা মনে করি আলস্য - আমরা কাজের দৌড়াদৌড়িতে এতই ব্যস্ত যে আমাদের চিন্তা করবার ফুরসৎ নেই। যে দিন আমরা কাজ করি না বা করতে পারি না, আমরা মনে করি একটি দিন বুঝি নষ্ট হয়ে গেল। অথচ একটি কর্মহীন দিন আমাদেরকে সুযোগ দিতে পারে নিজেকে নিয়ে ভাববার, ঈশ্বরকে নিয়ে ভাববার। এই ভাবনার বদৌলতে আমরা পৌঁছে যেতে পারি এক গভীর আত্ম-উপলব্ধিতে বা ধর্ম-উপলব্ধিতে, যা আমাদের নিয়ে যেতে পারে এক অমৃতময় লোকে।

মাঝে মাঝে কতবার ভাবি কর্মহীন
আজ নষ্ট হল বেলা, নষ্ট হল দিন।
নষ্ট হয় নাই, প্রভু, সে-সকল ক্ষণ--
আপনি তাদের তুমি করেছ গ্রহণ
ওগো অন্তর্যামী দেব। অন্তরে অন্তরে
গোপনে প্রচ্ছন্ন রহি কোন্ অবসরে
বীজেরে অঙ্কুররূপে তুলেছ জাগায়ে,
মুকুলে প্রস্ফুটবর্ণে দিয়েছ রাঙায়ে,
ফুলেরে করেছ ফল রসে সুমধুর
বীজে পরিণত গর্ভ।

আমি নিদ্রাতুর
আলশ্যশয্যায় 'পরে শ্রান্তিতে মরিয়া
ভেবেছিনু সব কর্ম রহিল পড়িয়া।
প্রভাতে জাগিয়া উঠি মেলিনু নয়ন,
দেখিনু ভরিয়া আছে আমার কানন।

- নৈবেদ্য: ২৪

সেপ্টেম্বর ২৫

অন্তরে তার ডাক পাঠাব

চিন্তা-কণিকা

বাহিরের আচার অনুষ্ঠানের মধ্য দিয়ে যখন আমরা ঈশ্বরকে ডাকি - তখন সে ডাক ঈশ্বরের কাছে পৌঁছুয় না - কেননা সে ডাক অন্তরের ডাক নয় - স্তবের বাণীর আড়ালে সে ডাক ঢাকা পড়ে যায়। তাই সমস্ত অন্তর থেকে তাঁকে ডাকতে হবে, মন-প্রাণ ধন-মান আত্মসমর্পণ করে তাঁকে ডাকতে হবে - তাহলেই তিনি সে ডাকে সাড়া দিবেন। ("আমার জ্বলে নি আলো অন্ধকারে/ দাও না সাড়া কি তাই বারে বারে")।

না না না) ডাকব না, ডাকব না   অমন করে বাইরে থেকে।
পারি যদি অন্তরে তার ডাক পাঠাব,   আনব ডেকে॥
দেবার ব্যথা বাজে আমার বুকের তলে,
নেবার মানুষ জানি নে তো কোথায় চলে--
এই   দেওয়া-নেওয়ার মিলন আমার ঘটাবে কে॥
মিলবে না কি মোর বেদনা তার বেদনাতে--
গঙ্গাধারা মিশবে নাকি কালো যমুনাতে গো।
আপনি কী সুর উঠল বেজে
আপনা হতে এসেছে যে--
গেল যখন আশার বচন গেছে রেখে॥

- গীতবিতান: প্রেম: ১৮৩

No, No, No. I will not, I will not call from outside like this
If I can, I shall send my call of heart, and bring Him to me.
My heart aches inside to give
But I do not know where He wanders who is to receive
Who will make this giving and receiving possible.
Will my pain resonate with His pain
Will the flows of Ganges meet the black waters of Jamuna.
A melody is playing on its own
It came on its own volition
When it left it left words of hope.

- (Translation by NS)

(আরো দেখুন জানুয়ারি ১৪)

সেপ্টেম্বর ২৬

ছাড়ব সুখের দাস্য,   দাও দাও কল্যাণ

চিন্তা-
কণিকা

সুখের দাসত্ব করলে সুখ সুদূর-পরাহতই থেকে যায়। তাই মাঝে মধ্যে এই প্রার্থনাটি আপনার প্রার্থনাসমূহের অংশ হিসাবে ব্যবহার করুন।

গাব তোমার সুরে   দাও সে বীণাযন্ত্র,
শুনব তোমার বাণী   দাও সে অমর মন্ত্র।
করব তোমার সেবা   দাও সে পরম শক্তি,
চাইব তোমার মুখে   দাও সে অচল ভক্তি ॥
সইব তোমার আঘাত   দাও সে বিপুল ধৈর্য,
বইব তোমার ধ্বজা   দাও সে অটল স্থৈর্য ॥
নেব সকল বিশ্ব   দাও সে প্রবল প্রাণ,
করব আমায় নিঃস্ব   দাও সে প্রেমের দান ॥
যাব তোমার সাথে   দাও সে দখিন হস্ত,
লড়ব তোমার রণে   দাও সে তোমার অস্ত্র ॥
জাগব তোমার সত্যে   দাও সেই আহ্বান।
ছাড়ব সুখের দাস্য,   দাও দাও কল্যাণ ॥

- গীতবিতান: পূজা: ৯৭

প্রার্থনা

সেপ্টেম্বর ২৭

আলোকরাশি উঠবে ভাসি চিত্তগগনপারে

চিন্তা-
কণিকা

বিশ্বপ্রভুর বীণার সুরে সুরে যখন আমরা সুর মেলাতে পারি তখন আমাদের হৃদয়ের স্তরে স্তরে আলোকরাশি ঝরে পড়ে - আর তখনই আমরা গেয়ে উঠতে পারি – "আলোকের এই ঝর্ণাধারায় ধুইয়ে দাও" (জানুয়ারি ৭)।

প্রভু, তোমার বীণা যেমনি বাজে
        আঁধার-মাঝে
        অমনি ফোটে তারা।
যেন সেই বীণাটি গভীর তানে
        আমার প্রাণে
        বাজে তেমনিধারা ।।
তখন নূতন সৃষ্টি প্রকাশ হবে
        কী গৌরবে
        হৃদয়-অন্ধকারে।
তখন স্তরে স্তরে আলোকরাশি
        উঠবে ভাসি
        চিত্তগগনপারে ।।
...
তখন   তোমারি প্রসন্ন হাসি
        পড়বে আসি
        নবজীবন-'পরে।
তখন   আনন্দ-অমৃতে তব
        ধন্য হব
        চিরদিনের তরে ॥

- গীতবিতান: পূজা: ৩৫

প্রার্থনা

সেপ্টেম্বর ২৮

দয়া কোরো হে দয়া করে দাও সুধায় হৃদয় ভরি

চিন্তা-কণিকা

মাঝে মধ্যে এই প্রার্থনাটি আপনার প্রার্থনাসমূহের অংশ হিসাবে ব্যবহার করুন। আমাদের চারিদিকে ঈশ্বর ছড়িয়ে ছিটিয়ে আছেন - অথচ আমরা তাঁকে খুঁজে পাই না - কেননা আমরা তাঁকে খুঁজে বেড়াই মসজিদে মন্দিরে চার্চে। তিনি রয়েছেন মানুষের মধ্যে - দরিদ্র অসহায় মানুষের মধ্যে। মানুষের সেবার মাধ্যমেই তাঁকে খুঁজে পাওয়া যায়।

আমি জলের মাঝারে বাস করি, তবু তৃষায় শুকায়ে মরি-
প্রভু দয়া কোরো হে, দয়া করে দাও সুধায় হৃদয় ভরি॥
.....
যদি ঝড়ের মেঘের মতো আমি ধাই চঞ্চল-অন্তর
তবে দয়া কোরো হে, দয়া কোরো হে, দয়া কোরো হে ঈশ্বর॥
ওহে অপাপপুরুষ, **দীনহীন আমি এসেছি পাপের কূলে-**
প্রভু, দয়া কোরো হে, দয়া কোরো হে, দয়া করে লও তুলে॥

- গীতবিতান: পূজা: ৩৯১

I live in the midst of water,
Yet I die of thirst.
O Lord, have mercy on me,
And fill up my heart with love.

- (Partial translation by NS)

(আরো দেখুন জানুয়ারি ১২ এবং জুন ২)

সেপ্টেম্বর ২৯

প্রভু তোমা লাগি আঁখি জাগে

চিন্তা-কণিকা

এই গানটি স্পষ্টতঃই ঈশ্বরকে উদ্দেশ্য করে লিখা। কিন্তু যদি 'প্রভু' শব্দটি বাদ দিয়ে প্রথম চারটে লাইন আমি ব্যবহার করতে চাই মর্ত্যভূমির কোনো প্রিয়জনের উদ্দেশ্যে - তাহলে কি খুব বেমানান হবে ?!

প্রভু তোমা লাগি আঁখি জাগে
দেখা নাই পাই,
পথ চাই,
সেও মনে ভালো লাগে।
ধুলাতে বসিয়া দ্বারে
ভিখারি হৃদয় হা রে
তোমারি করুণা মাগে।
কৃপা নাই পাই,
শুধু চাই,
সেও মনে ভালো লাগে।

- গীতাঞ্জলি: ২৮

My Lord, I stay awake to meet you
But you don't come
I keep gazing at the road
That itself makes my mind happy.
Sitting in the dust near your door
My destitute mind
Begs for your mercy
But mercy doesn't come
Yet that I can beg for mercy
Itself makes my mind happy.

- (Translation by NS)

সেপ্টেম্বর ৩০

উদ্‌ভ্রান্ত উচ্ছলফেন ভক্তিমদধারা নাহি চাহি

চিন্তা-কণিকা

ভক্তি আমাদের চাই - ঈশ্বরের প্রতি ভক্তি আমাদের আধ্যাত্মিকতার একটি অপরিহার্য অঙ্গ। কিন্তু সেই ভক্তি যখন অতিভক্তি হয়ে মাত্রা ছাড়িয়ে যায় - তখন সমূহ বিপদ। তাই আমাদের প্রার্থনা হওয়া উচিত **উদ্‌ভ্রান্ত উচ্ছলফেন ভক্তিমদধারা** যেন আমাদেরকে ভাসিয়ে নিয়ে না যায়। আমাদের ভক্তি যেন আমাদেরকে মানুষকে ভালোবাসতে শেখায়, ঘৃণা করতে নয়।

যে ভক্তি তোমারে লয়ে ধৈর্য নাহি মানে,
মুহূর্তে বিহ্বল হয় নৃত্যগীতগানে
ভাবোন্মাদমত্ততায়, সেই জ্ঞানহারা
উদ্‌ভ্রান্ত উচ্ছলফেন ভক্তিমদধারা
নাহি চাহি নাথ।
দাও ভক্তি শান্তিরস,
স্নিগ্ধ সুধা পূর্ণ করি মঙ্গলকলস
সংসারভবনদ্বারে। যে ভক্তি-অমৃত
সমস্ত জীবনে মোর হইবে বিস্তৃত
নিগূঢ় গভীর, **সর্ব কর্মে দিবে বল,**
ব্যর্থ শুভ চেষ্টারেও করিবে সফল
আনন্দে কল্যাণে। সর্ব প্রেমে দিবে তৃপ্তি,
সর্ব দুঃখে দিবে ক্ষেম,সর্ব সুখে দীপ্তি
দাহহীন।
সম্বরিয়া ভাব-অশ্রুনীর
চিত্ত রবে পরিপূর্ণ অমত্ত গম্ভীর।

- নৈবেদ্য: ৪৫

The devotion that bears no sign of patience
The devotion that gets overwhelmed
In a moment's notice
With songs, dances, and unfettered passion
I do not want that devotion, my Lord
That ignorant, frenzied, overpouring
Wine of delusional devotion
I do not want, my Lord.

- (Partial translation by NS)

******* সেপ্টেম্বর বোনাস *******

তোমারেই করিয়াছি জীবনের ধ্রুবতারা

চিন্তা-কণিকা

প্রার্থনার মাসের শেষে এসে এই প্রার্থনা করি যেন ঈশ্বরকে ধ্রুবতারা করে আমরা জীবনের দুর্গম পথ চলতে পারি, তাঁর বাণী যেন সর্বদা আমাদের হৃদয়ে বাজে।

তোমারেই করিয়াছি জীবনের ধ্রুবতারা,
এ সমুদ্রে আর কভু হব নাকো পথহারা।
যেথা আমি যাই নাকো   তুমি প্রকাশিত থাকো,
   আকুল নয়নজলে ঢালো গো কিরণধারা ॥
তব মুখ সদা মনে   জাগিতেছে সংগোপনে,
   তিলেক অন্তর হলে না হেরি কূল-কিনারা।
কখনো বিপথে যদি ভ্রমিতে চাহে এ হৃদি
   অমনি ও মুখ হেরি শরমে সে হয় সারা।

- গীতবিতান: প্রেম: ১২১

****

আবার এরা ঘিরেছে মোর মন।
      আবার চোখে নামে আবরণ ॥
আবার এ যে নানা কথাই জমে,
      চিত্ত আমার নানা দিকেই ভ্রমে,
... তব নীরব বাণী হৃদয়তলে
      ডোবে না যেন লোকের কোলাহলে।

- গীতবিতান: পূজা: ১৬৬

****

যে আমারে পাঠাল এই
      অপমানের অন্ধকারে
পূজিব না, পূজিব না সেই দেবতারে পূজিব না।
      কেন দিব ফুল, কেন দিব ফুল,
      কেন দিব ফুল আমি তারে--
যে আমারে চিরজীবন
      রেখে দিল এই ধিক্‌কারে।

- চণ্ডালিকা

প্রার্থনা

১০

প্রকৃতি

"আকাশ-ভরা রঙের লীলাখেলা,
বাতাস-ভরা সুর,
পৃথিবী-ভরা কত না রূপ, কত রসের মেলা,
হৃদয়-ভরা স্বপন-মায়াপুর।"

- বীথিকা: আবেদন

প্রকৃতির অপরূপ লীলানিকেতন এই সোনার বাংলা। দিগন্তবিস্তৃত সবুজ মাঠ, ঋতুবৈচিত্র্য, দোয়েল-কোয়েল-ঘুঘুর ডাক, মেঘঘন আকাশ, অঝোরধারায় বৃষ্টি, বসন্তের রঙের বাহার - এসকল আমরা কোথায় পাব?!

এই অধ্যায়ের উদ্ধৃতিগুলো বাছাই করা হয়েছে এমনভাবে যেন আপনি যে কোনো ঋতুতে এই বইয়ের একটি পৃষ্ঠা খুলে একটি বাণী পেয়ে যান যেটি আপনাকে সেই ঋতু বা সেই সময়কে বেশি করে উপভোগ করতে সাহায্য করবে।

প্রকৃতি

অক্টোবর

অক্টোবর ১

আমি এই পৃথিবীটাকে ভারী ভালোবাসি

চিন্তা-
কণিকা

মায়াভরা এই পৃথিবীর সৌন্দর্য এবং মানবিক সম্পর্কের কী অসাধারণ বর্ণনা। পড়তে পড়তে আপনার চোখে জল আসবে। এই মায়াভরা পৃথিবীতে আমাদের দিন কত অল্প। সেই দিনগুলি কি আমরা প্রাণভরে উপভোগ করছি? নাকি, ব্যস্ততার মাঝে আমাদের সময়ই নেই জীবনকে উপভোগ করার?! একটু ভাবুন।

****

ঐ-যে মস্ত পৃথিবীটা চুপ করে পড়ে রয়েছে ওটাকে এমন ভালোবাসি - ওর এই গাছপালা নদী মাঠ কোলাহল নিস্তব্ধতা প্রভাত সন্ধ্যা সমস্তটা-সুদ্ধ দুহাতে আঁকড়ে ধরতে ইচ্ছে করে। মনে হয় পৃথিবীর কাছ থেকে আমরা যে-সব পৃথিবীর ধন পেয়েছি এমন কি কোনো স্বর্গ থেকে পেতুম? **স্বর্গ আর কী দিত জানি না, কিন্তু এমন কোমলতা দুর্বলতা-ময়, এমন সকরুণ আশঙ্কা-ভরা, অপরিণত এই মানুষগুলির মতো এমন আদরের ধন কথা থেকে দিত**! আমাদের এই মাটির মা, আমাদের এই আপনাদের পৃথিবী, এর সোনার শস্যক্ষেত্রে, এর স্নেহশালিনী নদীগুলির ধারে, এর সুখদুঃখময় ভালোবাসার লোকালয়ের মধ্যে, এই সমস্ত দরিদ্র মর্ত হৃদয়ের অশ্রুর ধনগুলিকে কোলে করে এনে দিয়েছে। আমরা হতভাগ্যরা তাদের রাখতে পারি নে, বাঁচাতে পারি নে, নানা অদৃশ্য প্রবল শক্তি এসে বুকের কাছ থেকে তাঁদের ছিঁড়ে ছিঁড়ে নিয়ে যায়, কিন্তু বেচারা পৃথিবীর যতদূর সাধ্য তা সে করেছে। **আমি এই পৃথিবীটাকে ভারী ভালোবাসি**। এর মুখে ভারী একটি সুদূরব্যাপী বিষাদ লেগে আছে - যেন এর মনে মনে আছে, '**আমি দেবতার মেয়ে, কিন্তু দেবতার ক্ষমতা আমার নেই। আমি ভালোবাসি, কিন্তু রক্ষা করতে পারি নে**। আরম্ভ করি, সম্পূর্ণ করতে পারি নে। জন্ম দিই, মৃত্যুর হাত থেকে বাঁচাতে পারি নে!' এই জন্য স্বর্গের উপর আড়ি করে আমি আমার দরিদ্র মায়ের ঘর আরো বেশি ভালোবাসি - এত অসহায়, অসমর্থ, অসম্পূর্ণ, ভালোবাসার সহস্র আশঙ্কায় সর্বদা চিন্তাকাতর ব'লেই।

- ছিন্নপত্র: ভাতিজি ইন্দিরা দেবী চৌধুরানীকে চিঠি,
কলকাতা, ২৮ জানুয়ারি, ১৮৯১

প্রকৃতি

অক্টোবর ২

তোমায় দেখে দেখে আঁখি না ফিরে

চিন্তা-
কণিকা

প্রকৃতির অপরূপ লীলানিকেতন এই বাংলাদেশ। কী অপরূপ এর সৌন্দর্য।

আজি   বাংলাদেশের হৃদয় হতে   কখন আপনি
তুমি এই   অপরূপ রূপে বাহির   হলে জননী!
ওগো   মা, তোমায় দেখে দেখে আঁখি না ফিরে!
তোমার   দুয়ার আজি খুলে গেছে সোনার মন্দিরে॥
...
তোমার   মুক্তকেশের পুঞ্জ মেঘে লুকায় অশনি,
তোমার   আঁচল ঝলে আকাশতলে রৌদ্রবসনী!
...
আজি   দুখের রাতে সুখের স্রোতে ভাসাও ধরণী--
তোমার   অভয় বাজে হৃদয়মাঝে হৃদয়হরণী!
ওগো   মা, তোমায় দেখে দেখে আঁখি না ফিরে!
তোমার   দুয়ার আজি খুলে গেছে সোনার মন্দিরে॥

- গীতবিতান: স্বদেশ: ২১

Today from the heart of Bangladesh, you come out
O, Mother mine, in this inexplicable beauty.
O, Mother dear, I can't take away my eyes off of you
Door of your beauty has opened to the whole world.
Lightning hides in cloud clusters of your untangled hairs
Your dress lights up in the bright sun of your sky.
Tonight, amidst a sea of grief
    You flood the world with happiness
Your loving reassurance,
    Touches and steals my heart.
O, Mother dear, I can't take away my eyes off of you
Door of your beauty has opened to the whole world.

- (Translation by NS)

প্রকৃতি

অক্টোবর ৩

আকাশভরা সূর্য-তারা, বিশ্বভরা প্রাণ

চিন্তা-কণিকা

বুকভরে একটি শ্বাস নিয়ে এই সুন্দর পৃথিবীর কাছে ক্ষণিকের জন্য হলেও আত্মসমর্পণ করুন।

**আকাশভরা সূর্য-তারা, বিশ্বভরা প্রাণ,
তাহারি মাঝখানে আমি পেয়েছি মোর স্থান,
বিস্ময়ে তাই জাগে আমার গান॥**
অসীম কালের যে হিল্লোলে   জোয়ার-ভাঁটার ভুবন দোলে
নাড়ীতে মোর রক্তধারায় লেগেছে তার টান,
বিস্ময়ে তাই জাগে আমার গান॥
ঘাসে ঘাসে পা ফেলেছি বনের পথে যেতে,
ফুলের গন্ধে চমক লেগে উঠেছে মন মেতে,
ছড়িয়ে আছে আনন্দেরই দান,
বিস্ময়ে তাই জাগে আমার গান।
কান পেতেছি, চোখ মেলেছি,   ধরার বুকে প্রাণ ঢেলেছি,
জানার মাঝে অজানারে করেছি সন্ধান,
বিস্ময়ে তাই জাগে আমার গান॥

- গীতবিতান: প্রকৃতি: ৮

Sky is filled with sun and stars and the world with life
In the midst of these creations, I have found my place
My songs therefore come out of my heart with wonder.
Waves of eternal time sways the world in ebb and tide
I feel their rhythms in my pulse and in my blood
My songs therefore come out of my heart with wonder.
I stepped from grass to grass as I walked
Fragrance of flowers overwhelmed me with pleasure
I noted that gifts of joy are scattered everywhere
My songs therefore come out of my heart with wonder.
I have heard, I have seen, and I poured my heart on earth
I searched for the unknowns among the knowns
My songs therefore come out of my heart with wonder.

- (Translation by NS)

অক্টোবর ৪

নমোনমো নম সুন্দরী মম   জননী বঙ্গভূমি

চিন্তা-কণিকা

একটু ভেবে দেখুন, এই কবিতার একটি কথা কতটা সত্য - "এ জগতে, হায়, সেই বেশি চায় আছে যার ভুরি ভুরি।" সম্পদ সঞ্চয়ের নেশায় আমরা মাতোয়ারা হয়ে সুখ শান্তি বিসর্জন দিয়ে কেবল ছুটছি আর ছুটছি। এবারে থামার সময় ! ক্ষণিকের জন্য হলেও একটু থামুন এবং ভাবুন !

শুধু বিঘে দুই ছিল মোর ভুঁই   আর সবই গেছে ঋণে।
বাবু বলিলেন, "বুঝেছ উপেন,   এ জমি লইব কিনে।'
কহিলাম আমি, "তুমি ভূস্বামী,   ভূমির অন্ত নাই।
চেয়ে দেখো মোর আছে বড়ো-জোর   মরিবার মতো ঠাঁই।'
...
এ জগতে, হায়, সেই বেশি চায়   আছে যার ভুরি ভুরি–
রাজার হস্ত করে সমস্ত   কাঙালের ধন চুরি।
মনে ভাবিলাম মোরে ভগবান   রাখিবে না মোহগর্তে,
তাই লিখি দিল বিশ্বনিখিল   দু বিঘার পরিবর্তে।
...
নমোনমো নম সুন্দরী মম   জননী বঙ্গভূমি!
গঙ্গার তীর স্নিগ্ধ সমীর,   জীবন জুড়ালে তুমি।
অবারিত মাঠ, গগনললাট   চুমে তব পদধূলি,
ছায়াসুনিবিড় শান্তির নীড়   ছোটো ছোটো গ্রামগুলি।
পল্লবঘন আম্রকানন   রাখালের খেলাগেহ,
স্তব্ধ অতল দিঘি কালোজল--   নিশীথশীতল স্নেহ।
বুকভরা মধু বঙ্গের বধূ   জল লয়ে যায় ঘরে--
মা বলিতে প্রাণ করে আনচান,   চোখে আসে জল ভরে।

- কাহিনী: দুই বিঘা জমি

চিন্তা-কণিকা

আরো চিন্তার খোরাক: উদ্ধৃতিটির শেষ আটটি লাইন বাংলাদেশের গ্রামের সৌন্দর্য্যের এক অতুলনীয় বর্ণনা - বারবার পড়তে ভালো লাগে।

অক্টোবর ৫

এই বা কী বৃহৎ নিভৃত পাঠশালা!

চিন্তা-কণিকা

আপনার মনে কি গ্রামের কোনো এক সন্ধ্যার এমন স্মৃতি উদয় হয়, যার সাথে মিল পাওয়া যায় নিচের বর্ণনার!?

****

শিলাইদহের অপর পারে একটা চরের সামনে আমাদের বোট লাগানো আছে। প্রকান্ড চর - ধূ ধূ করছে - কোথাও শেষ দেখা যায় না - কেবল মাঝে মাঝে এক এক জায়গায় নদীর রেখা দেখা যায় - আবার অনেক সময়ে বালি'কে নদী বলে ভ্রম হয় - গ্রাম নেই, লোক নেই, তরু নেই, তৃণ নেই - বৈচিত্র্যের মধ্যে জায়গায় জায়গায় ফাটল-ধরা ভিজে কালো মাটি, জায়গায় জায়গায় শুকনো সাদা বালি - পূর্ব দিকে মুখ ফিরিয়ে চেয়ে দেখলে দেখা যায় উপরে অনন্ত নীলিমা আর নীচে অনন্ত পাণ্ডুরতা, আকাশ শূন্য এবং ধরণীও শূন্য, নীচে দরিদ্র শুষ্ক কঠিন শূন্যতা আর উপরে অশরীরী উদার শূন্যতা। এমনতর desolation কোথাও দেখা যায় না। হঠাৎ পশ্চিমে মুখ ফেরাবামাত্র দেখা যায় স্রোতহীন ছোটো নদীর কোল, ও পারে উঁচু পাড়, গাছপালা, কুটির, সন্ধ্যাসূর্যালোকে আশ্চর্য্য স্বপ্নের মতো। ঠিক যেন এক পায়ে সৃষ্টি এবং আর-এক পায়ে প্রলয়। ...**পৃথিবী যে বাস্তবিক কী আশ্চর্য সুন্দরী তা কলকাতায় থাকলে ভুলে যেতে হয়।** এই-যে ছোটো নদীর ধরে শান্তিময় গাছপালার মধ্যে সূর্য প্রতিদিন অস্ত যাচ্ছে, এবং এই অনন্ত ধূসর নির্জন নিঃশব্দ চরের উপর প্রতি রাত্রে শত সহস্র নক্ষত্রের নিঃশব্দ অভ্যুদয় হচ্ছে, জগৎ সংসারে এ-যে কী একটা আশ্চর্য মহৎ ঘটনা তা এখানে থাকলে তবে বোঝা যায়। সূর্য আস্তে আস্তে ভোরের বেলা পূর্ব দিক থেকে কী এক প্রকান্ড গ্রন্থের পাতা খুলে দিচ্ছে এবং সন্ধ্যা পশ্চিম থেকে ধীরে ধীরে আকাশের উপরে যে-এক প্রকান্ড পাতা উল্টে দিচ্ছে সেই বা কী আশ্চর্য লিখন - আর, এই ক্ষীণপরিসর নদী আর এই দিগন্ত-বিস্তৃত চর আর ওই ছবির মতন পরপার- ধরণীর এই উপেক্ষিত একটি প্রান্তভাগ-**এই বা কী বৃহৎ নিভৃত পাঠশালা** !

- ছিন্নপত্র: ভাতিজি ইন্দিরা দেবী চৌধুরানীকে চিঠি,
শিলাইদহ, ২৯ নভেম্বর, ১৮৮৯

প্রকৃতি

অক্টোবর ৬

একখানি গ্রাম, তীরে শুকাইছে জাল

চিন্তা-কণিকা

কবিতাটি খেয়াল করে পড়ে দেখুন - কী অপূর্ব চিত্রকল্প - বর্ণনার চমৎকারিত্বে চোখের সামনে ছবির মত ভেসে উঠে গ্রামের দৃশ্য - আমরা অনেক সময় যা দেখেও দেখিনি।

নূতন দেশের নাম যত পাঠ করি,
বিচিত্র বর্ণনা শুনি, চিত্ত অগ্রসরি
সমস্ত স্পর্শিতে চাহে-- **সমুদ্রের তটে
ছোটো ছোটো নীলবর্ণ পর্বতসংকটে
একখানি গ্রাম, তীরে শুকাইছে জাল,
জলে ভাসিতেছে তরী, উড়িতেছে পাল,
জেলে ধরিতেছে মাছ, গিরিমধ্যপথে
সংকীর্ণ নদীটি চলি আসে কোনোমতে
আঁকিয়া বাঁকিয়া;** ইচ্ছা করে, সে নিভৃত
গিরিক্রোড়ে সুখাসীন ঊর্মিমুখরিত
লোকনীড়খানি হৃদয়ে বেষ্টিয়া ধরি
বাহুপাশে। ইচ্ছা করে, আপনার করি
যেখানে যা-কিছু আছে; নদীস্রোতোনীরে
আপনারে গলাইয়া দুই তীরে তীরে
নব নব লোকালয়ে করে যাই দান
পিপাসার জল, গেয়ে যাই কলগান
দিবসে নিশীথে; পৃথিবীর মাঝখানে
উদয়সমুদ্র হতে অস্তসিন্ধু-পানে
প্রসারিয়া আপনারে, তুঙ্গ গিরিরাজি
আপনার সুদুর্গম রহস্যে বিরাজি,
কঠিন পাষাণক্রোড়ে তীব্র হিমবায়ে
মানুষ করিয়া তুলি লুকায়ে লুকায়ে
নব নব জাতি। ইচ্ছা করে মনে মনে,
স্বজাতি হইয়া থাকি সর্বলোকসনে
দেশে দেশান্তরে।

- সোনার তরী: বসুন্ধরা

প্রকৃতি

অক্টোবর ৭

আমাদের ছোটো নদী চলে বাঁকে বাঁকে

চিন্তা-কণিকা

এই পরিচিত কবিতাটি খেয়াল করে পড়ে দেখুন - কী অপূর্ব চিত্রকল্প। বর্ণনার চমৎকারিত্বে ভরপুর শব্দগুচ্ছগুলো খেয়াল করুন – "এক ধারে কাশবন ফুলে ফুলে শাদা/ কিচিমিচি করে সেথা শালিখের ঝাঁক" কিংবা "তীরে তীরে ছেলেমেয়ে নাহিবার কালে/...আঁচলে ছাঁকিয়া তারা ছোটো মাছ ধরে।" অথবা "বালি দিয়ে মাজে থালা, ঘটিগুলি মাজে,/ বধুরা কাপড় কেচে যায় গৃহকাজে।"

****

আমাদের ছোটো নদী চলে বাঁকে বাঁকে,
বৈশাখ মাসে তার হাঁটুজল থাকে।
পার হয়ে যায় গোরু, পার হয় গাড়ি,
দুই ধার উঁচু তার, ঢালু তার পাড়ি।
চিক্‌চিক্‌ করে বালি, কোথা নাই কাদা,
এক ধারে কাশবন ফুলে ফুলে শাদা।
কিচিমিচি করে সেথা শালিখের ঝাঁক,
রাতে ওঠে থেকে থেকে শেয়ালের হাঁক।
আর-পারে আমবন তালবন চলে,
গাঁয়ের বামুনপাড়া তারি ছায়াতলে।
তীরে তীরে ছেলেমেয়ে নাহিবার কালে
গামছায় জল ভরি গায়ে তারা ঢালে।
সকালে বিকালে কভু-নাওয়া হলে পরে
আঁচলে ছাঁকিয়া তারা ছোটো মাছ ধরে।
বালি দিয়ে মাজে থালা, ঘটিগুলি মাজে,
বধুরা কাপড় কেচে যায় গৃহকাজে।
আষাঢ়ে বাদল নামে, নদী ভর ভর
মাতিয়া ছুটিয়া চলে ধারা খরতর।
মহাবেগে কলকল কোলাহল ওঠে,
ঘোলাজলে পাকগুলি ঘুরে ঘুরে ছোটে।
দুই কূলে বনে বনে প'ড়ে যায় সাড়া,
বরষার উৎসবে জেগে ওঠে পাড়া।

- সহজ পাঠ: প্রথম ভাগ

অক্টোবর ৮

সন্ধ্যার আলোকে সন্ধি করো অনন্তের সনে

চিন্তা-কণিকা

গাঢ় অক্ষরের (bold letters) লিখাগুলি খেয়াল করে পড়ুন এবং ভাবুন সন্ধ্যার অস্পষ্ট আলোকে নতশিরে অনন্তের সাথে কি সন্ধি করা যেতে পারে? শব্দগুচ্ছগুলো খেয়াল করুন – "রাখো রাখো অভিযোগ তব" কিংবা "বাসনার নিত্য নব নব নিষ্ফল বিলাপ।" আমরা যদি নিজের মনকে এভাবে বুঝাতে পারি এবং নিত্য নব বাসনাকে দমিত করতে পারি - তাহলে আমাদের জীবনে অনেক শান্তি নেমে আসবে।

ক্ষান্ত হও, ধীরে কও কথা। ওরে মন,
নত করো শির। দিবা হল সমাপন,
সন্ধ্যা আসে শান্তিময়ী। ...
রাখো রাখো অভিযোগ তব,
মৌন করো বাসনার নিত্য নব নব
নিষ্ফল বিলাপ। হেরো মৌন নভস্তল,
ছায়াচ্ছন্ন মৌন বন, মৌন জলস্থল
স্তম্ভিত বিষাদে নম্র। ...
আজি এই শুভক্ষণে ,
শান্ত মনে , সন্ধি করো অনন্তের সনে
সন্ধ্যার আলোকে । বিন্দু দুই অশ্রুজলে
দাও উপহার — অসীমের পদতলে
জীবনের স্মৃতি । অন্তরের যত কথা
শান্ত হয়ে গিয়ে , মর্মান্তিক নীরবতা
করুক বিস্তার ।

- চিত্রা: সন্ধ্যা

অক্টোবর ৯

সন্ধ্যাপ্রকৃতির তুলনা বুঝি কোথাও নেই

চিন্তা-কণিকা

নদীর উপরে নৌকা থেকে বা নদীর চরে বা নির্জন সমুদ্রতীরে কখনো কি জোৎস্না দেখেছেন? এ এক অপূর্ব অভিজ্ঞতা। তখনই আমাদের মনে গুঞ্জরিত হয়ে আসে রবিঠাকুরের কালজয়ী গান – "আজ জ্যোৎস্নারাতে সবাই গেছে বনে।"

****

সন্ধ্যার সময় চারিদিকে যখন অকূল স্থির জল ধূ-ধূ করে মনের ভিতরটা একরকম উদাস হয়ে যায়। ... চারিদিক নিস্তব্ধ শূন্য ছবি - তারই মাঝখানে পালে বোট চলবার কুলকুল শব্দ। এরি উপরে যখন ক্ষীণ জোৎস্না এসে পড়ে তখন মনে হয় যেন একটা জনহীন মৃত্যুলোকের মধ্যে আছি। আমি বাতি নিবিয়ে দিয়ে জানলার কাছে কেদারা টেনে নিয়ে জোৎস্নায় চুপচাপ করে বসে থাকি - এই বিশাল জলরাশির সমস্ত শান্তি আমার হৃদয়ের উপর আবিষ্ট হয়ে আসে।

- স্ত্রী মৃণালিনী দেবীকে লিখিত চিঠি, কালিগ্রাম, ১৯০২

কাল সন্ধ্যাবেলায় যখন এই সান্ধ্যপ্রকৃতির মধ্যে সমস্ত অন্তঃকরণ পরিপ্লুত হয়ে জলিবোটে করে সোনালি অন্ধকারের মধ্যে দিয়ে আস্তে আস্তে ফিরে আসছি এমন সময়ে হঠাৎ দূরের এক অদৃশ্য নৌকো থেকে বেহালা যন্ত্রে প্রথমে পূরবী ও পরে ইমনকল্যাণে আলাপ শোনা গেল–সমস্ত স্থির নদী এবং স্তব্ধ আকাশ মানুষের হৃদয়ে একেবারে পরিপূর্ণ হয়ে গেল। **ইতিপূর্বে আমার মনে হচ্ছিল মানুষের জগতে এই সন্ধ্যাপ্রকৃতির তুলনা বুঝি কোথাও নেই**–যেই পূরবীর তান বেজে উঠল অমনি অনুভব করলুম এও এক আশ্চর্য গভীর এবং অসীম সুন্দর ব্যাপার, এও এক পরম সৃষ্টি–সন্ধ্যার সমস্ত ইন্দ্রজালের সঙ্গে এই রাগিণী এমনি সহজে বিস্তীর্ণ হয়ে গেল, কোথাও কিছুই ভঙ্গ হল না–আমার সমস্ত বক্ষস্থল ভরে উঠল।

- ছিন্নপত্র: ভাতিজি ইন্দিরা দেবী চৌধুরানীকে চিঠি,
শিলাইদহ, ১৫ ডিসেম্বর, ১৮৯৫

অক্টোবর ১০

নিস্তরঙ্গ নদীর উপরে ফুট্‌ফুটে জ্যোৎস্না

পরশুদিন অমনি বোটের জানলার কাছে চুপ করে বসে আছি, একটা জেলেডিঙিতে একজন মাঝি গান গাইতে গাইতে চলে গেল– খুব যে সুস্বর তা নয়–হঠাৎ মনে পড়ে গেল বহুকাল হল ছেলেবেলায় বাবামশায়ের সঙ্গে বোটে করে পদ্মায় আসছিলুম।–একদিন রাত্তির প্রায় দুটোর সময় ঘুম ভেঙে যেতেই বোটের জানলাটা তুলে ধরে মুখ বাড়িয়ে দেখলুম **নিস্তরঙ্গ নদীর উপরে ফুট্‌ফুটে জ্যোৎস্না হয়েছে, একটি ছোট্ট ডিঙিতে একজন ছোকরা একা একলা দাঁড় বেয়ে চলেছে, এমনি মিষ্টি গলায় গান ধরেছে–গান তার পূর্বে তেমন মিষ্টি কখনো শুনি নি**।

হঠাৎ মনে হল আবার যদি জীবনটা ঠিক সেইদিন থেকে ফিরে পাই! আর একবার পরীক্ষা করে দেখা যায়—**এবার তাকে আর তৃষিত শুষ্ক অপরিতৃপ্ত করে ফেলে রেখে দিই নে**–কবির গান গলায় নিয়ে একটি ছিপ্‌ছিপে ডিঙিতে জোয়ারের বেলায় পৃথিবীতে ভেসে পড়ি, গান গাই এবং বশ করি এবং দেখে আসি পৃথিবীতে কোথায় কী আছে; আপনাকেও একবার জানান দিই, অন্যকেও একবার জানি; জীবনে যৌবনে উচ্ছ্বসিত হয়ে বাতাসের মতো একবার হু হু করে বেড়িয়ে আসি, তার পরে ঘরে ফিরে এসে পরিপূর্ণ প্রফুল্ল বার্ধক্য কবির মতো কাটাই।

- ছিন্নপত্র: ভাতিজি ইন্দিরা দেবী চৌধুরানীকে চিঠি,
শিলাইদহ, ৬ অক্টোবর, ১৮৯১

চিন্তা-কণিকা

প্রকৃতির সৌন্দর্যকে প্রতিদিন উপভোগ করুন - কেননা জীবনের একটি দিনও আর ফিরে পাবার নয় - সময় চলে যায় - তাকে আটকে রাখা যায় না

চলিতেছে এমনি অনাদি কাল হতে।
প্রলয়সমুদ্রবাহী সৃজনের স্রোতে
... সম্মুখ-ঊর্মিরে ডাকে পশ্চাতের ঢেউ
"দিব না দিব না যেতে'-- নাহি শুনে কেউ
নাহি কোনো সাড়া।

- সোনার তরী: যেতে নাহি দিব

অক্টোবর ১১

দিনের জগৎ ও রাত্রের জগৎ

আমার মনে হয় **দিনের জগৎটা য়ুরোপীয় সংগীত**, সুরে-বেসুরে খণ্ডে-অংশে মিলে একটা গতিশীল প্রকাণ্ড হার্মনির জটলা–আর, **রাত্রের জগৎটা আমাদের ভারতবর্ষের সংগীত**, একটি বিশুদ্ধ করুণ গম্ভীর অমিশ্র রাগিণী। দুটোই আমাদের বিচলিত করে, অথচ দুটোই পরস্পরবিরোধী। **আমাদের নির্জন এককের গান, য়ুরোপের সজন লোকালয়ের গান**। আমাদের গানে শ্রোতাকে মনুষ্যের প্রতিদিনের সুখদুঃখের সীমা থেকে বের করে নিয়ে নিখিলের মূলে যে-একটি সঙ্গীহীন বৈরাগ্যের দেশ আছে সেইখানে নিয়ে যায়, আর য়ুরোপের সংগীত মনুষ্যের সুখ-দুঃখের অনন্ত উত্থানপতনের মধ্যে বিচিত্রভাবে নৃত্য করিয়ে নিয়ে চলে।

- ছিন্নপত্র: ভাতিজি ইন্দিরা দেবী চৌধুরানীকে চিঠি,
শিলাইদহ, ১০ আগস্ট, ১৮৯৪

চিন্তা-কণিকা

রবিঠাকুরের এই চিঠির ২০ বছর পরে ১৯১৪ সালে প্রকাশিত The Music of Hindostan গ্রন্থে ভারতীয় ও য়ুরোপীয় সংগীতের পার্থক্য নিয়ে একটি চমৎকার বর্ণনা দিয়েছেন লেখক A. H. Fox Strangways- "On the one side a repression of what is petty, a rejection of what is transient, a soberness in gaiety, an endurance in grief. On the other a vivid insight, the eager quest after wayside beauty, the dexterous touch that turns it to account. The one seems to say- Life is puzzling, its claims are many, its enthusiasms hardly come by; but we will hammer out a solution not by turning away from ugliness but by compelling it to serve the ends of beauty. The other Life is simple, and beauty close at hand at every moment whenever we look or listen or whenever we go; the mistake is in ourselves if we do not train our eyes and ears and hearts to find it. ...in India the singer's tones can still carry all the artistry which his mind can conceive, and while in England, especially concerted music has always been highly prized, and rightly so, for its social elements."

প্রকৃতি

অক্টোবর ১২

গ্রামছাড়া ওই রাঙা মাটির পথ

চিন্তা-
কণিকা

রবীন্দ্রনাথ অনেকসময়ই নিজের বাংলা গান বা কবিতা অনুবাদ করতে যেয়ে মূল বাংলা থেকে সরে গিয়েছেন সচেতনভাবেই - ফলে ইংরেজি অনুবাদ আর শুধুমাত্র ভাষান্তর থাকে নি - নতুন সৃষ্টি বা transcreation-এ পরিণত হয়েছে। এই গানে গ্রামের পথ কী করে রাজার পথ (King's road) হয়ে গেলো তার ব্যাখ্যা মেলা কঠিন - আর এই রাজা কোন্ রাজা - কোনো দেশের? না কি বিশ্বচরাচরের?

গ্রামছাড়া ওই রাঙা মাটির পথ   আমার মন ভুলায় রে।
ওরে   কার পানে মন হাত বাড়িয়ে   লুটিয়ে যায় ধুলায় রে॥
ও যে   আমায় ঘরের বাহির করে,   পায়ে-পায়ে পায়ে ধরে--
ও যে   কেড়ে আমায় নিয়ে যায় রে   যায় রে কোন্ চুলায় রে।
ও যে কোন্ বাঁকে কী ধন দেখাবে, কোন্‌খানে কী দায় ঠেকাবে
       কোথায় গিয়ে শেষ মেলে যে   ভেবেই না কুলায় রে॥
                                         - গীতবিতান: বিচিত্র: ১৪

My King's road that lies still before my house makes my heart wistful.
It stretches its beckoning hand towards me; its silence calls me out of my home; with dumb entreaties it kisses my feet at every step.
It leads me on I know not to what abandonment, to what sudden gain or surprises of distress.
I know not where its windings end—
But my King's road that lies still before my house makes my heart wistful.

- (Translation by Rabindranath Tagore)

অক্টোবর ১৩

হে রুদ্র বৈশাখ!

চিন্তা-কণিকা

বৈশাখের কোনো রৌদ্রতপ্ত দিনে কবিতাটি উপভোগ করুন এবং গাঢ় অক্ষরে (bold letters) চিহ্নিত শব্দগুচ্ছগুলোর দিকে খেয়াল করুন।

হে ভৈরব, হে রুদ্র বৈশাখ!
ধুলায় ধূসর রুক্ষ উড্ডীন পিঙ্গল জটাজাল,
তপঃক্লিষ্ট তপ্ত তনু, মুখে তুলি বিষাণ ভয়াল
কারে দাও ডাক
হে ভৈরব, হে রুদ্র বৈশাখ!

...

সকরুণ তব মন্ত্রসাথে
মর্মভেদী যত দুঃখ বিস্তারিয়া যাক বিশ্ব-'পরে,
ক্লান্ত কপোতের কণ্ঠে, ক্ষীণ জাহ্নবীর শ্রান্তস্বরে,
অশ্বত্থছায়াতে--
সকরুণ তব মন্ত্রসাথে।
দুঃখ সুখ আশা ও নৈরাশ
তোমার ফুৎকারলুব্ধ ধুলা-সম উড়ুক গগনে,
ভ'রে দিক নিকুঞ্জের স্খলিত ফুলের গন্ধসনে
আকুল আকাশ--
দুঃখ সুখ আশা ও নৈরাশ।

...

ছাড়ো ডাক, হে রুদ্র বৈশাখ!
ভাঙিয়া মধ্যাহ্নতন্দ্রা জাগি উঠি বাহিরিব দ্বারে,
চেয়ে রব প্রাণীশূন্য দগ্ধতৃণ দিগন্তের পারে
নিস্তব্ধ নির্বাক।
হে ভৈরব, হে রুদ্র বৈশাখ!,

- কল্পনা: বৈশাখ

অক্টোবর ১৪

ঘনগৌরবে নবযৌবনা বরষা

চিন্তা-কণিকা

বর্ষার দিনে ঝড়-বৃষ্টির ঝাপটায় দরজা জানালা খুলে চোখ মেলে দেখুন বর্ষার অপরূপ রূপ এবং কবিতাটি উপভোগ করুন এবং গাঢ় অক্ষরে (bold letters) চিহ্নিত শব্দগুচ্ছগুলোর দিকে মনোযোগ নিবিষ্ট করে ভাবুন প্রকৃতির বৈচিত্র্য ও সৌন্দর্যের কথা।

ঐ আসে ঐ অতি ভৈরব হরষে
জলসিঞ্চিত ক্ষিতিসৌরভরভসে
ঘনগৌরবে নবযৌবনা বরষা
    শ্যামগম্ভীর সরসা।
গুরুগর্জনে নীল অরণ্য শিহরে,
উতলা কলাপী কেকাকলরবে বিহরে।
    নিখিলচিত্তহরষা
ঘনগৌরবে আসিছে মত্ত বরষা। ...
**আজিকে দুয়ার রুদ্ধ ভবনে ভবনে,
জনহীন পথ কাঁদিছে ক্ষুব্ধ পবনে,
    চমকে দীপ্ত দামিনী--** ...
যূথীপরিমল আসিছে সজল সমীরে,
ডাকিছে দাদুরী তমালকুঞ্জতিমিরে,
    জাগো সহচরী, আজিকার নিশি ভুলো না--
নীপশাখে বাঁধো ঝুলনা।
কুসুমপরাগ ঝরিবে ঝলকে ঝলকে,
**অধরে অধরে মিলন অলকে অলকে--
    কোথা পুলকের তুলনা।**
নীপশাখে সখী ফুলডোরে বাঁধো ঝুলনা।
**এসেছে বরষা, এসেছে নবীনা বরষা,
গগন ভরিয়া এসেছে ভুবনভরসা--
    দুলিছে পবনে শনশন বনবীথিকা,
    গীতিময় তরুলতিকা।**
শতেক যুগের কবিদলে মিলি আকাশে
ধ্বনিয়া তুলিছে মত্তমদির বাতাসে
    শতেক যুগের গীতিকা।
    শতশতগীতমুখরিত বনবীথিকা ॥

- কল্পনা: বর্ষামঙ্গল

অক্টোবর ১৫

শাওনগগনে ঘোর ঘনঘটা

চিন্তা-কণিকা

ধরে নিন বরিষণ মুখরিত এক শ্রাবণ রাতিতে আপনি এই বইটি পড়ছেন। বাইরে দমকা হাওয়া দিচ্ছে এবং বজ্র-বিদ্যুৎ ক্ষণে ক্ষণে ঝলসে দিচ্ছে চারিদিকের ঘনান্ধকার এবং কাঁপিয়ে দিচ্ছে হৃৎপিণ্ড। এরকমের তুমুল বর্ষণের রাতে একজন প্রেমিকার অভিসারে যাওয়ার দ্বিধা-দ্বন্ধ ও সংকটের বর্ণনা ব্রজবুলি ভাষায় রবীন্দ্রনাথ মাত্র ষোলো বছর বয়সে ভানুসিংহ ঠাকুর ছদ্মনামে রচনা করেন।

শাওনগগনে ঘোর ঘনঘটা, নিশীথযামিনী রে।
কুঞ্জপথে, সখি, কৈসে যাওব অবলা কামিনী রে।
উন্মদ পবনে যমুনা তর্জিত, ঘন ঘন গর্জিত মেহ।
দমকত বিদ্যুত, পথতরু লুন্ঠিত, থরহর কম্পিত দেহ
ঘন ঘন রিম্‌ ঝিম্‌ রিম্‌ ঝিম্‌ রিম্‌ ঝিম্‌ বরখত নীরদপুঞ্জ।
শাল-পিয়ালে তাল-তমালে নিবিড়তিমিরময় কুঞ্জ।
কহ রে সজনী, এ দুরুযোগে কুঞ্জে নিরদয় কান
দারুণ বাঁশী কাহ বজায়ত সকরুণ রাধা নাম।
মোতিম হারে বেশ বনা দে, সীঁথি লগা দে ভালে।
উরহি বিলুন্ঠিত লোল চিকুর মম বাঁধহ চম্পকমালে।
গহন রয়নমে ন যাও, বালা, নওলকিশোরক পাশ।
গরজে ঘন ঘন, বহু ডর পাওব, কহে ভানু তব দাস।

- ভানুসিংহ ঠাকুরের পদাবলী: ১৩

Dense clouds amassed in a rainy sky,
And night is stark dark.
Dear, how can I, a helpless maiden
Venture into the road to meet my lover.
Mad wind is lashing river Yamuna,
And clouds are roaring endless.
Lightning flashes from time to time
Unhiding uprooted trees on the way
And I tremble incessantly in apprehension.

- (Partial translation by NS)

প্রকৃতি

অক্টোবর ১৬

শ্রাবণের ধারার মতো পড়ুক ঝরে, পড়ুক ঝরে

চিন্তা-কণিকা

ধরে নিন আজ শ্রাবণের এক মেঘমদির দিন; আর জানালার পাশে দাঁড়িয়ে আপনি একা। ঝরো ঝরো মুখর বাদল ধারার মধ্যে কেমন যেন একটা সুর আপনার কানে বাজছে - ঝম্ ঝম্, ঝম্‌ঝম্ ঝম্ ঝম্। এমনি একটা সুর কি আপনার আমার আমাদের সকলের বেসুরো জীবনকে জাগিয়ে দিতে পারে - আমাদের নানা রঙের দিনগুলোকে ভরিয়ে দিতে পারে ফুলে ফলে।

যে শাখায় ফুল ফোটে না, ফল ধরে না একেবারে
তোমার ওই বাদল-বায়ে দিক জাগায়ে সেই শাখারে
**যা কিছু জীর্ণ আমার, দীর্ণ আমার, জীবনহারা
তাহারি স্তরে স্তরে পড়ুক ঝরে সুরের ধারা
নিশিদিন এই জীবনের তৃষার পরে, ভুখের পরে**
...

শ্রাবণের ধারার মতো পড়ুক ঝরে, পড়ুক ঝরে
তোমারি সুরটি আমার মুখের পরে, বুকের পরে

- গীতিমাল্য: ৬৮

The branch that does not bear flower, nor bears fruit at all
Let it be enlivened by your rain-soaked wind.
All that is worn and torn in my life and all that is lifeless
Let your melodies flow into them layer by layer
Day and night your melodies cover my thirst and hunger
Like the ceaseless cascade of raindrops of rainy days
Let your melodies rain over my face, over my heart.

- (Translation by NS)

চিন্তা-কণিকা

আরো চিন্তার খোরাক: আমাদের নানা রঙের দিনগুলো ত' জীবনবৃক্ষের শাখা প্রশাখাই। শ্রাবণের অঝোর ধারার সেই অপার্থিব সুর না হয় পড়ুক ঝরে আমাদের জীবনে প্রতিদিনের ভোরের আলোর সাথে, রাতের আঁধারে, সকল সুখে দুখে, বিরতিবিহীন ...

পুরবের আলোর সাথে পড়ুক প্রাতে, দুই নয়ানে
নিশীথের অন্ধকারে গভীর ধারে, পড়ুক প্রাণে
নিশিদিন এই জীবনের সুখের পরে, দুখের পরে
শ্রাবণের ধারার মতো পড়ুক ঝরে, পড়ুক ঝরে।

অক্টোবর ১৭

ধুলি-'পরে রাখিব মিলন-আসনখানি পাতি

চিন্তা-কণিকা

বরিষণ-মুখরিত শ্রাবণ রাত্রিতে প্রিয়জনের আসার অপেক্ষায় উদগ্রীব হয়ে বসে থাকার অভিজ্ঞতা আমাদের কারো কারো আছে - কিংবা সেই অভিজ্ঞতা না থাকলেও আমরা অনুমান করতে পারি কী দুঃসহ সেই অনিশ্চিত প্রতীক্ষার মুহূর্তগুলো ।

আজি বরিষনমুখরিত শ্রাবণরাতি,
স্মৃতিবেদনার মালা একেলা গাঁথি॥
আজি কোন্ ভুলে ভুলি আঁধার ঘরেতে রাখি দুয়ার খুলি,
মনে হয় বুঝি আসিছে সে মোর দুখরজনীর সাথি॥
আসিছে সে ধারাজলে সুর লাগায়ে,
নীপবনে পুলক জাগায়ে।
যদিও বা নাহি আসে তবু বৃথা আশ্বাসে
ধুলি-'পরে রাখিব রে মিলন-আসনখানি পাতি॥

- গীতবিতান: প্রকৃতি: ১১৮

চিন্তা-কণিকা

<u>আরো চিন্তার খোরাক:</u> রবিঠাকুর আরেকটি গানে এই অবস্থার বর্ণনা করে লিখেছিলেন -

"মেঘের 'পরে মেঘ জমেছে, আঁধার করে আসে।
আমায় কেন বসিয়ে রাখ একা দ্বারের পাশে।
দূরের পানে মেলে আঁখি কেবল আমি চেয়ে থাকি,
পরান আমার কেঁদে বেড়ায় দুরন্ত বাতাসে॥"

- গীতবিতান: প্রকৃতি: ৩২

অবশ্য রবীন্দ্রনাথ আমাদের এও জানিয়ে দেন যে সন্ধ্যা বা রাত্রিকালের প্রিয়-বিরহের এই বেদনা শুধু একার নয় -

"সন্ধ্যা হল, একলা আছি ব'লে
এই-যে চোখে অশ্রু পড়ে গ'লে
ওগো বন্ধু, বলো দেখি
শুধু কেবল আমার এ কি।
এর সাথে যে তোমার অশ্রু দোলে।"

- গীতালি: ৭৭

(আরো দেখুন অক্টোবর ২০)

প্রকৃতি

অক্টোবর ১৮

মন মোর মেঘের সঙ্গী ...

চিন্তা-কণিকা

একটি গানের অনেক কথা না দিয়ে বর্ষার দুটো গানের কিছু কথা দিলাম এই পৃষ্ঠায়। গাঢ় অক্ষরের (bold letters) বাক্যগুলো আশাকরি বাস্তবে বা কল্পনায় নিজেকে বা অন্য কাউকে বলবার সুযোগ কেউ কেউ পেয়ে যাবেন বা বের করে নিতে পারবেন।

Clouds come floating into my life, no longer to carry rain or usher storm, but to add color to my sunset sky.

- Stray Birds

****

মন মোর মেঘের সঙ্গী,
উড়ে চলে দিগ্‌দিগন্তের পানে
নিঃসীম শূন্যে শ্রাবণবর্ষণসঙ্গীতে
রিমিঝিম   রিমিঝিম   রিমিঝিম॥
বায়ু বহে পূর্বসমুদ্র হতে
উচ্ছল ছলো-ছলো তটিনীতরঙ্গে।
মন মোর ধায় তারি মত্ত প্রবাহে
তাল-তমাল-অরণ্যে
ক্ষুব্ধ শাখার আন্দোলনে॥

- গীতবিতান: প্রকৃতি: ১২২

****

রিমিকি ঝিমিকি ঝরে ভাদরের ধারা--
মন যে কেমন করে,   হল দিশাহারা।
যেন কে গিয়েছে ডেকে,
রজনীতে সে কে   দ্বারে দিল নাড়া--
রিমিকি ঝিমিকি ঝরে ভাদরের ধারা॥

- গীতবিতান: প্রেম ও প্রকৃতি: ৯৩

****

THE bird wishes it were a cloud. The cloud wishes it were a bird.

- Stray birds

অক্টোবর ১৯

আজি এ প্রভাতে রবির কর

চিন্তা-
কণিকা

পাহাড়ী ঝর্ণার মত আমাদের চিত্তও কি জাগ্রত ও চঞ্চল হয়ে উঠবে?!

আজি এ প্রভাতে রবির কর
কেমনে পশিল প্রাণের 'পর,
কেমনে পশিল গুহার আঁধারে
প্রভাত-পাখির গান।
না জানি কেন রে এতদিন পরে
জাগিয়া উঠিল প্রাণ।
জাগিয়া উঠেছে প্রাণ,
ওরে উথলি উঠেছে বারি,
ওরে প্রাণের বাসনা প্রাণের আবেগ
রুধিয়া রাখিতে নারি।
থর থর করি কাঁপিছে ভূধর,
শিলা রাশি রাশি পড়িছে খসে,
ফুলিয়া ফুলিয়া ফেনিল সলিল
গরজি উঠিছে দারুণ রোষে।
...বাহিরিতে চায়, দেখিতে না পায়
কোথায় কারার দ্বার।
... আমি ঢালিব করুণাধারা,
আমি ভাঙিব পাষাণকারা,
আমি জগৎ প্লাবিয়া বেড়াব গাহিয়া
আকুল পাগল-পারা;
... শিখর হইতে শিখরে ছুটিব,
ভূধর হইতে ভূধরে লুটিব
হেসে খলখল গেয়ে কলকল
তালে তালে দিব তালি।
কী জানি কী হল আজি জাগিয়া উঠিল প্রাণ,
দূর হতে শুনি যেন মহাসাগরের গান--
... ওরে, চারিদিকে মোর
এ কী কারাগার ঘোর!
ভাঙ্ ভাঙ্ ভাঙ্ কারা, আঘাতে আঘাত কর্!

- প্রভাতসংগীত: নির্ঝরের স্বপ্নভঙ্গ

অক্টোবর ২০
ব্যথিতা যামিনী খোঁজে ভাষা

চিন্তা-কণিকা

ভেবে দেখুন সন্ধ্যার অন্ধকার গাঢ়তর হয়েছে বৃষ্টি ও দমকা হাওয়ায়। কিন্তু প্রেমিকের মন বা প্রেমিকার মন অন্ধকার হয়ে আসছে এক অজানা আশংকায়। প্রিয় কি আসবে, নাকি আসতেই পারবে না এই ঝড় বৃষ্টিতে। এই প্রত্যাশা কি 'মায়াবিনী সন্ধ্যার' ছলনা মাত্র? চিত্রকল্পটি ভেবে দেখুন - বাদল দিনের আঁধার ঘরে দমকা হাওয়ায় নিবু নিবু বাতি যেন প্রশ্ন রাখছে নির্বাক 'শূন্যের' কাছে। খেয়াল করুন বাক্যটি 'ব্যাকুলিছে <u>শূন্যের</u> কোন্ প্রশ্নে' নয়, বরঞ্চ 'ব্যাকুলিছে <u>শূন্যেরে</u> কোন্ প্রশ্নে'। শূন্যের ও শূন্যেরে - এই দুইটি শব্দের একটিমাত্র এ-কার-এর পার্থক্য এক নতুন ব্যঞ্জনা দিচ্ছে কবিতাকে - অপেক্ষারত প্রেমিক বা প্রেমিকা এখানে হচ্ছে না ব্যাকুল উত্তরহীন প্রশ্নে কিংবা ঘরব্যাপী শূন্যতাকে সে প্রশ্ন করছে না। বরঞ্চ প্রতীক্ষার বেদনায় শূন্যতাই নিজে ব্যাকুল হচ্ছে। একি কেবল মর্ত্যভূমির প্রেমিক-প্রেমিকার সম্পর্কের গান - নাকি ভক্ত-ভগবানের সম্পর্কের গানও। ভক্তের ভগবানকে পাওয়া না পাওয়ার অনিশ্চিত বেদনার সংশয়ও কি এখানে রূপকার্থে ব্যক্ত হয়েছে। "সংশয়ময় ঘননীল নীর/কোনো দিকে চেয়ে নাহি হেরি তীর/অসীম রোদন জগৎ প্লাবিয়া দুলিছে যেন।" (সোনার তরী: নিরুদ্দেশ যাত্রা)

যায় দিন, শ্রাবণদিন যায়।
আঁধারিল মন মোর আশঙ্কায়,
মিলনের বৃথা প্রত্যাশায়   মায়াবিনী এই সন্ধ্যা ছলিছে॥
আসন্ন নির্জন রাতি,   হায়, মম পথ-চাওয়া বাতি
ব্যাকুলিছে শূন্যেরে কোন্ প্রশ্নে॥
দিকে দিকে কোথাও নাহি সাড়া,
ফিরে খ্যাপা হাওয়া গৃহছাড়া।
নিবিড়-তমিস্র-বিলুপ্ত-আশা
ব্যথিতা যামিনী খোঁজে ভাষা--
বৃষ্টিমুখরিত মর্মরছন্দে,
সিক্ত মালতীগন্ধে॥

- গীতবিতান: প্রকৃতি: ১১৯

অক্টোবর ২১

সন্ধ্যা মম সে সুরে যেন মরিতে জানে

চিন্তা-
কণিকা

উপভোগ করুন প্রভাত ও সন্ধ্যার নানা রূপের বর্ণনায় সমৃদ্ধ প্রথম গানটি। দ্বিতীয় গানটি আপনার শুনতে ভালো লাগবে আষাঢ় মাসের কোনো এক বৃষ্টিমুখর সন্ধ্যায়। আর একাকী কোনো এক সন্ধ্যায় আপনার বিরহী মনের সাথে অন্য কারো বিরহের মিল খুঁজে পেতে পারেন।

যে ধ্রুবপদ দিয়েছ বাঁধি বিশ্বতানে
  মিলাব তাই জীবনগানে ॥
গগনে তব বিমল নীল-- হৃদয়ে লব তাহারি মিল,
  শান্তিময়ী গভীর বাণী নীরব প্রাণে ॥
**বাজায় উষা নিশীথকুলে যে গীতভাষা
সে ধ্বনি নিয়ে জাগিবে মোর নবীন আশা।
ফুলের মতো সহজ সুরে প্রভাতে মম উঠিবে পূরে,
সন্ধ্যা মম সে সুরে যেন মরিতে জানে ॥**

- গীতবিতান: পূজা: ৩৩৫

****

আষাঢ়সন্ধ্যা ঘনিয়ে এল, গেল রে দিন বয়ে।
বাঁধন-হারা বৃষ্টিধারা ঝরছে রয়ে রয়ে॥
**একলা বসে ঘরের কোণে   কী ভাবি যে আপন-মনে,
সজল হাওয়া যূথীর বনে   কী কথা যায় কয়ে॥**

- গীতবিতান: প্রকৃতি: ৩৩

****

কে লইবে মোর কার্য, কহে সন্ধ্যারবি।
শুনিয়া জগৎ রহে নিরুত্তর ছবি।
মাটির প্রদীপ ছিল, সে কহিল, স্বামী,
আমার যেটুকু সাধ্য করিব তা আমি।

- কণিকা: কর্তব্যগ্রহণ

প্রকৃতি

অক্টোবর ২২

সমাজ সংসার মিছে সব

চিন্তা-
কণিকা

বৃষ্টির দিনে দুজনে মুখোমুখি বসে "কেবল আঁখি দিয়ে/ আঁখির সুধা পিয়ে/ হৃদয় দিয়ে হৃদি অনুভব" করুন এবং কবিতাটি উপভোগ করুন।

▶
 এমন দিনে তারে বলা যায়,
  এমন ঘনঘোর বরিষায়!
 এমন মেঘস্বরে বাদল-ঝরঝরে
  তপনহীন ঘন তমসায়।
  সে কথা শুনিবে না কেহ আর,
  নিভৃত নির্জন চারি ধার।
 দুজনে মুখোমুখি গভীর দুখে দুখী,
  আকাশে জল ঝরে অনিবার।
  জগতে কেহ যেন নাহি আর।
 সমাজ সংসার মিছে সব,
  মিছে এ জীবনের কলরব।
 কেবল আঁখি দিয়ে আঁখির সুধা পিয়ে
  হৃদয় দিয়ে হৃদি অনুভব।
  আঁধারে মিশে গেছে আর সব।
  বলিতে বাজিবে না নিজ কানে,
  চমক লাগিবে না নিজ প্রাণে।
 সে কথা আঁখিনীরে মিশিয়া যাবে ধীরে
  এ ভরা বাদলের মাঝখানে।
  সে কথা মিশে যাবে দুটি প্রাণে।
  তাহাতে এ জগতে ক্ষতি কার
  নামাতে পারি যদি মনোভার?
 ... ব্যাকুল বেগে আজি বহে বায়,
  বিজুলি থেকে থেকে চমকায়।
 যে কথা এ জীবনে রহিয়া গেল মনে
  সে কথা আজি যেন বলা যায়
  এমন ঘনঘোর বরিষায়।

- মানসী: বর্ষার দিনে

অক্টোবর ২৩

ঠাঁই নাই, ঠাঁই নাই-- ছোটো সে তরী

চিন্তা-কণিকা

মানুষের জীবনের এক বড়ো ট্র্যাজেডি এই, যে মহাকাল মানুষের কর্ম কীর্তি (জীবনের ফসল) বহন করে নিয়ে যায়, রক্ষা করে ভবিষ্যতের জন্য - কিন্তু স্বয়ং কীর্তিমান মানুষটিকে সে রক্ষা করতে পারে না; মহাকালের সোনার তরীতে তার জায়গা হয় না।

গগনে গরজে মেঘ, ঘন বরষা।
কূলে একা বসে আছি, নাহি ভরসা।
রাশি রাশি ভারা ভারা ধান কাটা হল সারা,
ভরা নদী ক্ষুরধারা খরপরশা।
কাটিতে কাটিতে ধান এল বরষা।
একখানি ছোটো খেত, আমি একেলা,
চারি দিকে বাঁকা জল করিছে খেলা।
পরপারে দেখি আঁকা তরুছায়ামসীমাখা
গ্রামখানি মেঘে ঢাকা প্রভাতবেলা--
এ পারেতে ছোটো খেত, আমি একেলা।
... ওগো, তুমি কোথা যাও কোন্ বিদেশে,
বারেক ভিড়াও তরী কূলেতে এসে।
যেয়ো যেথা যেতে চাও, যারে খুশি তারে দাও,
শুধু তুমি নিয়ে যাও ক্ষণিক হেসে
আমার সোনার ধান কূলেতে এসে।
যত চাও তত লও তরণী-'পরে।
আর আছে?-- আর নাই, দিয়েছি ভরে।
এতকাল নদীকূলে যাহা লয়ে ছিনু ভুলে
সকলি দিলাম তুলে থরে বিথরে--
এখন আমারে লহ করুণা করে।
ঠাঁই নাই, ঠাঁই নাই-- ছোটো সে তরী
আমারি সোনার ধানে গিয়েছে ভরি।
শ্রাবণগগন ঘিরে ঘন মেঘ ঘুরে ফিরে,
শূন্য নদীর তীরে রহিনু পড়ি--
যাহা ছিল নিয়ে গেল সোনার তরী।

- সোনার তরী: সোনার তরী

প্রকৃতি

অক্টোবর ২৪
কী জানি পরান কী যে চায়

চিন্তা-
কণিকা

গাঢ় অক্ষরের (bold letters) কথাগুলো মনোযোগ দিয়ে পড়ুন এবং শরতের এই গানটি উপভোগ করুন।

**আজি শরততপনে প্রভাতস্বপনে
কী জানি পরান কী যে চায়**
ঐ শেফালির শাখে
কী বলিয়া ডাকে বিহগ বিহগী, কী যে গায় গো?
কী জানি পরান কী যে চায় ...
**আজি কে যেন গো নাই
এ প্রভাতে তাই জীবন বিফল হয় গো
তাই চারি দিকে চাই
মন কেঁদে গায়, "এ নহে, এ নহে, নয় গো"
কী জানি পরান কী যে চায় ...**
আমি যদি গাঁথি গান অথিরপরাণ
সে গান শুনাব কারে আর?
আমি যদি গাঁথি মালা লয়ে ফুলডালা
কাহারে পরাব ফুলহার?
আমি সে গান শুনাব কারে আর?
আমি আমার এ প্রাণ যদি করি দান
দিব প্রাণ তবে কার পায়?
**সদা ভয় হয় মনে, পাছে অযতনে
মনে মনে কেহ ব্যথা পায় গো
কী জানি পরান কী যে চায়**

— গীতবিতান: প্রকৃতি: ১৪১

In this dreamy morning
      Of a sun-lit autumn day
I know not
      What my heart desires.

— (Partial translation by NS)

প্রকৃতি

অক্টোবর ২৫

জ্বালাও আলো, আপন আলো

চিন্তা-কণিকা

কেবল হেমন্তের হিমের রাতে নয়, সারা বছরের সব রাতেই কি অন্তরের আলো জ্বেলে আমরা সকলেই পারি সকল অবসাদ এবং অন্ধকারকে জয় করতে। অন্তরের আলোকে প্রজ্জ্বলিত করার সেই সাধনায় সাফল্য আসবে আত্মশুদ্ধির পথ ধরে (আরো দেখুন অধ্যায় ১ - আত্মশুদ্ধি)। এই গানের দুটো বা চারটে লাইন, বিশেষ করে গাঢ় অক্ষরে (bold letters) চিহ্নিত বাক্যাংশগুলো, যে কোনো উপলক্ষ্যে আপনার বন্ধুবান্ধবকে বা প্রিয়জনকে শুভেচ্ছাবাণী হিসাবে পাঠাতে পারেন।

হিমের রাতে ওই গগনের দীপগুলিরে
হেমন্তিকা করল গোপন আঁচল ঘিরে॥
ঘরে ঘরে ডাক পাঠালো-- "দীপালিকায় জ্বালাও আলো,
জ্বালাও আলো, আপন আলো, সাজাও আলোয় ধরিত্রীরে।'
শূন্য এখন ফুলের বাগান,   দোয়েল কোকিল গাহে না গান,
কাশ ঝরে যায় নদীর তীরে।
যাক অবসাদ বিষাদ কালো,   দীপালিকায় জ্বালাও আলো-
জ্বালাও আলো, আপন আলো, শুনাও আলোর জয়বাণীরে॥
দেবতারা আজ আছে চেয়ে-- জাগো ধরার ছেলে মেয়ে,
আলোয় জাগাও যামিনীরে।
এল আঁধার দিন ফুরালো,   দীপালিকায় জ্বালাও আলো,
জ্বালাও আলো, আপন আলো, **জয় করো এই তামসীরে॥**

- গীতবিতান: প্রকৃতি: ১৭১

Bid farewell to ennui and bleak sadness
O, Light up the lamp
Light up your own light and sing the victory song
...
Darkness gripped the end of day, O, light up the lamp
Light up your own light and win over the darkness.

- (Partial translation by NS)

অক্টোবর ২৬

শীতের হাওয়ার লাগল নাচন

চিন্তা-কণিকা

কোনো এক শীতের রাতে কাঁথা মুড়ি দিয়ে শিরশিরিয়ে কাঁপতে কাঁপতে গানটি উপভোগ করুন এবং গাঢ় অক্ষরে (bold letters) চিহ্নিত বাক্যাংশগুলো নিয়ে ভাবুন - কী অর্থ থাকতে পারে তাদের ("কবি আপনার গানে যত কথা কহে/ নানা জনে লহে তার নানা অর্থ টানি" - নৈবেদ্য: ৪৪)।

শীতের হাওয়ার লাগল নাচন আম্‌লকির এই ডালে ডালে।
পাতাগুলি শির্‌শিরিয়ে ঝরিয়ে দিল তালে তালে॥
উড়িয়ে দেবার মাতন এসে   কাঙাল তারে করল শেষে,
তখন তাহার ফলের বাহার রইল না আর অন্তরালে॥
শূন্য করে ভরে দেওয়া যাহার খেলা
তারি লাগি রইনু বসে সকল বেলা।
শীতের পরশ থেকে থেকে   যায় বুঝি ওই ডেকে ডেকে,
সব খোওয়াবার সময় আমার হবে কখন কোন্‌ সকালে॥

- গীতবিতান: প্রকৃতি: ১৭৬

অক্টোবর ২৭

ঝরা পাতা গো, আমি তোমারি দলে

চিন্তা-কণিকা

ঝরা পাতার দৃশ্য বাংলাদেশে একরকম আবার শীতপ্রধান পশ্চিমা দুনিয়ায় আরেক রকম। ঝরা পাতার রং-বেরঙের বাহার নিজের চোখে না দেখলে বুঝা খুব কঠিন। তাই যে যে দেশেই থাকুন না কেন - উপভোগ করুন ঝরা পাতার এই গান। ঝরা পাতাদের মত একদিন আমরাও ঝরে যাব জীবনবৃক্ষ থেকে। তাই ত' চাই - "অস্তরবি লাগাক পরশমণি/ প্রাণের মম শেষের সম্বলে।"

ঝরা পাতা গো, আমি তোমারি দলে।
অনেক হাসি অনেক অশ্রুজলে
ফাগুন দিল বিদায়মন্ত্র আমার হিয়াতলে॥
ঝরা পাতা গো, বসন্তী রঙ দিয়ে
শেষের বেশে সেজেছ তুমি কি এ।
খেলিলে হোলি ধূলায় ঘাসে ঘাসে
বসন্তের এই চরম ইতিহাসে।
তোমারি মতো আমারো উত্তরী
আগুন-রঙে দিয়ো রঙিন করি--
অস্তরবি লাগাক পরশমণি
প্রাণের মম শেষের সম্বলে॥

- গীতবিতান: প্রকৃতি: ২৮৩

অক্টোবর ২৮

মধুর বসন্ত এসেছে ...

চিন্তা-কণিকা

একটি গানের অনেক কথা না দিয়ে কয়েকটি বসন্তের গানের কিছু কথা দিলাম এই পৃষ্ঠায়। গাঢ় অক্ষরের (bold letters) বাক্যগুলো খেয়াল করুন।

মধুর বসন্ত এসেছে মধুর মিলন ঘটাতে।
মধুর মলয়-সমীরে মধুর মিলন রটাতে।
... পুরানো বিরহ হানিছে, নবীন মিলন আনিছে,
নবীন বসন্ত আইল নবীন জীবন ফুটাতে।

- মায়ার খেলা

****

আজি দখিন-দুয়ার খোলা,
এসো হে, এসো হে, এসো হে আমার বসন্ত এসো।
      দিব   হৃদয়দোলায় দোলা,
...এসো   বাজায়ে ব্যাকুল বেণু   মেখে   পিয়ালফুলের রেণু,
      এসো হে, এসো হে, এসো হে আমার বসন্ত এসো॥
এসো   ঘনপল্লবপুঞ্জে   এসো হে, এসো হে, এসো হে।
এসো   বনমল্লিকাকুঞ্জে   এসো হে, এসো হে, এসো হে।

- গীতবিতান: প্রকৃতি: ২০২

****

আহা, আজি এ বসন্তে এত ফুল ফুটে,
এত বাঁশি বাজে, এত পাখি গায়,
সখীর হৃদয় কুসুম-কোমল--
কার অনাদরে আজি ঝরে যায়।

- মায়ার খেলা

অক্টোবর ২৯

আজি বসন্ত জাগ্রত দ্বারে

চিন্তা-কণিকা

বসন্ত হচ্ছে পৃথিবীময় আনন্দের প্রকাশ (দেখুন অধ্যায় ৩ - আনন্দ)। এই আনন্দকে মনে প্রাণে গ্রহণ করার জন্য আপন-পর ভুলে আমাদের হৃদয়কে খুলে দিতে হবে ("আজি খুলিয়ো হৃদয়দল খুলিয়ো/ আজি ভুলিয়ো আপনপর ভুলিয়ো")। জগতের আনন্দযজ্ঞে যোগ দিতে হলে পৃথিবীতে নিজের মাধুরী বিলিয়ে দিতে হবে সর্বত্র। ("এই বাহির ভুবনে দিশা হারায়ে/ দিয়ো ছড়ায়ে মাধুরী ভারে ভারে")।

আজি বসন্ত জাগ্রত দ্বারে।
তব অবগুণ্ঠিত কুণ্ঠিত জীবনে
কোরো না বিড়ম্বিত তারে।
আজি খুলিয়ো হৃদয়দল খুলিয়ো,
আজি ভুলিয়ো আপনপর ভুলিয়ো,
এই সংগীত-মুখরিত গগনে
তব গন্ধ তরঙ্গিয়া তুলিয়ো।
এই বাহির ভুবনে দিশা হারায়ে
দিয়ো ছড়ায়ে মাধুরী ভারে ভারে।
অতি নিবিড় বেদনা বনমাঝে রে
আজি পল্লবে পল্লবে বাজে রে--
দূরে গগনে কাহার পথ চাহিয়া
আজি ব্যাকুল বসুন্ধরা সাজে রে।
মোর পরানে দখিন বায়ু লাগিছে,
কারে দ্বারে দ্বারে কর হানি মাগিছে,
এই সৌরভবিহ্বল রজনী
কার চরণে ধরণীতলে জাগিছে।
ওগো সুন্দর, বল্লভ, কান্ত,
তব গম্ভীর আহ্বান কারে।

- গীতাঞ্জলি: ৫৫

প্রকৃতি

অক্টোবর ৩০

এস' এস' বসন্ত, ধরাতলে

চিন্তা-কণিকা

বসন্তকে শুধু প্রকৃতিতে আহ্বান করলেই চলবে না - আমাদের হৃদয়ে-চিত্তে কর্মে-বচনে বসন্তের ফুলেল আনন্দবাণী জাগ্রত করে তুলতে হবে। ("এস' স্পন্দিত নন্দিত চিত্তনিলয়ে/ গানে গানে, প্রাণে প্রাণে।/...এস' কর্মে বচনে মনে। এস' এস'")।

এস' এস' বসন্ত, ধরাতলে--
আন' মুহু মুহু নব তান, আন' নব প্রাণ, নব গান।
আন' গন্ধমদভরে অলস সমীরণ।
আন' বিশ্বের অন্তরে অন্তরে নিবিড় চেতনা।
আন' নব উল্লাসহিল্লোল,
আন' আন' আনন্দছন্দের হিন্দোলা ধরাতলে।
ভাঙ' ভাঙ' বন্ধনশৃঙ্খল।
আন' আন' উদ্দীপ্ত প্রাণের বেদনা ধরাতলে।
... এস' বিকশিত উন্মুখ,   এস' চিরউৎসুক নন্দনপথচিরযাত্রী।
... এস' স্পন্দিত নন্দিত চিত্তনিলয়ে
গানে গানে, প্রাণে প্রাণে।
...এস' কর্মে বচনে মনে। এস' এস'।
এস' মঞ্জীরগুঞ্জর চরণে।
এস' গীতমুখর কলকণ্ঠে।
এস' মঞ্জুল মল্লিকামাল্যে।
এস' কোমল কিশলয়বসনে।
এস' সুন্দর, যৌবনবেগে।
এস' দৃপ্ত বীর, নব তেজে।
ওহে দুর্মদ, করো জয়যাত্রা,
চল' জরাপরাভব-সমরে
     পবনে কেশররেণু ছড়ায়ে,
     চঞ্চল কুন্তল উড়ায়ে॥

- গীতবিতান: প্রকৃতি: ১৮৯

অক্টোবর ৩১

ওরে   আয় রে তবে, মাত্‌ রে সবে আনন্দে

চিন্তা-কণিকা বসন্তের আনন্দে মেতে গান দুটি উপভোগ করুন।

ওরে   আয় রে তবে, **মাত্‌ রে সবে আনন্দে**
আজ   নবীন প্রাণের বসন্তে॥
পিছন-পানের বাঁধন হতে   চল্‌ ছুটে আজ বন্যাস্রোতে,
আপনাকে আজ দখিন হাওয়ায় ছড়িয়ে দে রে
দিগন্তে॥
বাঁধন যত ছিন্ন করো আনন্দে
আজ   নবীন প্রাণের বসন্তে।
অকূল প্রাণের সাগর-তীরে   ভয় কী রে তোর ক্ষয়-ক্ষতিরে।
যা আছে রে সব নিয়ে তোর ঝাঁপ দিয়ে পড়্‌ অনন্তে॥

- গীতবিতান: প্রকৃতি: ২১০

****

ফাগুন,   হাওয়ায় হাওয়ায় করেছি যে দান--
তোমার   হাওয়ায় হাওয়ায় করেছি যে দান--
আমার   আপনহারা প্রাণ   আমার   বাঁধন-ছেড়া প্রাণ॥
তোমার   অশোকে কিংশুকে
অলক্ষ্য রঙ লাগল আমার অকারণের সুখে,
তোমার   ঝাউয়ের দোলে
মর্মরিয়া ওঠে আমার দুঃখরাতের গান॥
পূর্ণিমাসন্ধ্যায়   তোমার   রজনীগন্ধায়
রূপসাগরের পারের পানে উদাসী মন ধায়।
তোমার   প্রজাপতির পাখা
আমার   আকাশ-চাওয়া মুগ্ধ চোখের রঙিন-স্বপন-মাখা।
তোমার   চাঁদের আলোয়
মিলায় আমার দুঃখসুখের সকল অবসান॥

- গীতবিতান: প্রকৃতি: ২৪১

প্রকৃতি

******* অক্টোবর বোনাস *******

আকাশ আমি ভরব গানে

চিন্তা-কণিকা

উপভোগ করুন প্রকৃতির নানা রূপের বর্ণনায় সমৃদ্ধ এই গান দুটো। দুএকটি লাইন প্রিয়জনকে বলতেও পারেন যথাসময়ে যথাস্থানে।

আকাশ আমায় ভরল আলোয়, **আকাশ আমি ভরব গানে।**
সুরের আবীর হানব হাওয়ায়, নাচের আবীর হাওয়ায় হানে॥
ওরে পলাশ, ওরে পলাশ,
রাঙা রঙের শিখায় শিখায় দিকে দিকে আগুন জ্বলাস--
আমার মনের রাগরাগিণী রাঙা হল রঙিন তানে॥
দখিন হাওয়ার কুসুমবনের বুকের কাঁপন থামে না যে।
নীল আকাশে সোনার আলোয় কচি পাতার নূপুর বাজে।
ওরে শিরীষ, ওরে শিরীষ,
মৃদু হাসির অন্তরালে গন্ধজালে শূন্য ঘিরিস--
তোমার গন্ধ আমার কণ্ঠে আমার হৃদয় টেনে আনে॥

- গীতবিতান: পূজা: ২০৫

****

আলোয় আলোকময় করে হে এলে আলোর আলো।
আমার নয়ন হতে আঁধার মিলালো মিলালো॥
সকল আকাশ সকল ধরা আনন্দে হাসিতে ভরা,
যে দিক-পানে নয়ন মেলি ভালো সবই ভালো॥
তোমার আলো গাছের পাতায় নাচিয়ে তোলে প্রাণ।
তোমার আলো পাখির বাসায় জাগিয়ে তোলে গান।
তোমার আলো ভালোবেসে পড়েছে মোর গায়ে এসে,
হৃদয়ে মোর নির্মল হাত বুলালো বুলালো॥

- গীতাঞ্জলি: ৪৫

১১

সুখ-দুঃখ

"দুঃখ এড়াবার আশা
নাই এ জীবনে।
দুঃখ সহিবার শক্তি
যেন পাই মনে।"

-স্ফুলিঙ্গ: ১১৭

প্রশ্ন উঠতে পারে 'সুখ-দুঃখ' শিরোনামের অধ্যায়ের শুরুতেই দুঃখ নিয়ে কথা কেন। কারণ - আমাদের জীবনে সুখ আমরা কেউ কেউ পাই, কিন্তু দুঃখ সকলেই পাই। দুঃখই জীবনকে মহান করেছে। দুঃখ জীবনেরই এক অবিচ্ছেদ্য অংশ। জীবন যাপন করতে গেলে দুঃখ থাকবেই। মার্কিন মনোরোগবিশেষজ্ঞ Scott Peck তাঁর বিখ্যাত বই The Road Less Travelled -এর শুরুটা করেছিলেন এইভাবে - Life is difficult (জীবন কঠিন)। কথাটার মধ্যে রয়েছে এক গভীর সত্য।

আরেকটু পড়ে নেয়া যাক Scott Peck-এর ভাষ্য: Life is difficult. This is a great truth, one of the greatest truths. It is a great truth because once we truly see this truth, we transcend it. Once we truly know that life is difficult—once we truly understand and accept it—then life is no longer difficult. Because once it is accepted, the fact that life is difficult no longer matters. Most do not fully see this truth that life is difficult. Instead, they moan more or less incessantly, noisily or subtly, about the enormity of their problems, their burdens, and their difficulties as if life were generally easy, as if life should be easy. They voice their belief, noisily or subtly, that their difficulties represent a unique kind of affliction that should not be and that has somehow been especially visited upon them, or else upon their families, their tribe, their class, their nation, their race or even their species, and not upon others." অর্থাৎ "জীবন কঠিন। এই কথাটি একটি বড়ো সত্য এবং সর্বশ্রেষ্ঠ সত্যগুলির একটি। এটি একটি বড়ো সত্য এই কারণে, যে যখন আমরা একবার এই সত্যটিকে সত্যিসত্যি দেখতে পাই, তখন আমরা এটি পেরিয়ে যেতে পারি। একবার যখন আমরা সত্যিই জানি যে জীবন কঠিন - যখন আমরা এই কথাটি সত্যিকার অর্থে একবার বুঝতে পারি এবং গ্রহণ করে নেই - তখন জীবন আর কঠিন থাকে না। কারণ একবার এটা মেনে নেওয়া হলে, জীবন যে কঠিন সে কথাটি আর গুরুত্বপূর্ণ থাকে না। বেশিরভাগ মানুষই এই সত্যটি পুরোপুরি দেখতে পায় না যে - জীবন কঠিন। বরঞ্চ তারা তাদের সমস্যার বিশালতা, তাদের বোঝা এবং তাদের অসুবিধাগুলি সম্পর্কে কমবেশি অবিরাম অভিযোগ বা হাপিত্যেশ করে, গোপনে বা প্রকাশ্যে। যেন জীবন সাধারণভাবে সহজ, যেন জীবন সহজ হওয়া উচিত ছিল। তারা তাদের বিশ্বাসকে সরবে বা নীরবে সুক্ষ্মভাবে প্রকাশ করে যে তাদের নিজ নিজ অসুবিধাগুলি একটু ব্যতিক্রমী দুঃখকষ্টের নমুনা, যা হওয়া উচিত নয় এবং এসব দুঃখকষ্ট কেবল তাদেরই উপর বিশেষভাবে নিপতিত হয়েছে, বা তাদের পরিবার, তাদের গোত্র, তাদের শ্রেণী, তাদের জাতি, তাদের প্রজাতির উপর নিপতিত হয়েছে, কিন্তু অন্যদের উপর এরকমের অসহ্য দুঃখকষ্ট নিপতিত হয় নি।"

Scott Peck -এর কথাগুলো থেকে এটা বুঝা যায় যে আমরা যখন ভাবতে শিখি যে সকলের জীবনেই নানান রকম দুঃখকষ্ট আছে, তখন আমাদের নিজের দুঃখকষ্টগুলো একটু বেশি সহনীয় হয়ে উঠে।

এত গেলো দুঃখের কথা। এবার সুখের কথায় আসি। সুখ কি? সুখী হবার উপায়ই বা কী? সুখ হচ্ছে এমন একটা মানসিক অবস্থা যা আমাদেরকে পরিতৃপ্তি দেয়। রবীন্দ্রনাথ লিখেছিলেন - "সুখ, কিছু পাছে হারায় বলিয়া ভীত। এইজন্য সুখের পক্ষে রিক্ততা দারিদ্র্য। ... সুখ,

… ব্যবস্থার বন্ধনের মধ্যে আপনার শ্রীটুকুকে সতর্কভাবে রক্ষা করে।" (আরো দেখুন মার্চ ৮)। এই যে পাছে কিছু হারানোর ভয় সেটাই আমাদের সকল সুখ হরণ করে নিয়ে যায়।

সুখকে যখন আমরা হাতের মুঠির মধ্যে ধরে রাখতে চাই - তখনই সে হাতছাড়া হয়ে যায়। চারিদিকে পরিব্যাপ্ত সুখ ও আনন্দকে সহজ সরল ভাবে সকলের মধ্যে বিলিয়ে দিলেই সুখ আমাদের হয়। অন্য কারোর সুখের কারণ হয়ে আমরা যে সুখের অনুভূতি পাই, সেটিই সবচেয়ে বড়ো সুখ। কেননা নিজে সুখে থাকাই জীবনের চরম সার্থকতা নয়; কাউকে সুখে রাখতে পারা কিংবা সুখী করতে পারাই জীবনের চরম সার্থকতা। তাই সুখের সাথে রবীন্দ্রনাথ আনন্দের প্রভেদ করেছিলেন - বলেছিলেন সুখকে নয়, আনন্দকে সন্ধান করার মাধ্যমেই আমরা মুক্তি পাব এক অমৃতময় লোকে (দেখুন অধ্যায় ৩ - আনন্দ)।

মহামতি গ্রীক দার্শনিক Aristotle বলেছিলেন - "জ্ঞানী লোক কখনো সুখের সন্ধান করে না।" কিন্তু আমরা সকলেই সুখের সন্ধান করি - জ্ঞানী হই বা না হই। নোবেল-বিজয়ী ব্রিটিশ দার্শনিক Bertrand Russell তার Conquest of Happiness গ্রন্থে সুখী হবার পথ বাতলে দিয়েছিলেন এভাবে - "The world is vast and our own powers are limited. If all our happiness is bound up entirely in our personal circumstances, it is difficult not to demand of life more than it has to give. And to demand too much is the surest way of getting even less than is possible. The man who can forget his worries by means of a genuine interest in, say, the Council of Trent, or the life history of stars, will find that, when he returns from his excursion into the impersonal world, he has acquired a poise and calm which enable him to deal with his worries in the best way, and he will in the meantime have experienced a genuine even if temporary happiness. The secret of happiness is this: let your interests be as wide as possible and let your reactions to the things and persons that interest you be as far as possible friendly rather than hostile." অর্থাৎ "পৃথিবী বিশাল এবং আমাদের নিজস্ব ক্ষমতা সীমিত। যদি আমাদের সমস্ত সুখ শুধু আমাদের ব্যক্তিগত পরিস্থিতির মধ্যে সম্পূর্ণরূপে আবদ্ধ থাকে তবে জীবনের কাছে তার দিবার ক্ষমতার চেয়ে বেশি দাবী করা হয়। এবং

অত্যধিক দাবী করার অর্থ হল জীবনের কাছ থেকে যা পাওয়ার ছিল - তা না পাওয়াটা নিশ্চিত করা। যে ব্যক্তি ট্রেন্ট কাউন্সিলের পদের প্রতি বা আকাশের নক্ষত্রের জীবনবৃত্তান্তের প্রতি সত্যিকারের আগ্রহ জাগানোর মাধ্যমে তার ব্যক্তিগত উদ্বেগগুলি ভুলে থাকতে পারে, সে দেখতে পাবে যে, ঐ সকল বহির্মুখী নৈর্ব্যক্তিক চিন্তা বা আগ্রহের সংস্পর্শে সে এক ধরণের সৌম্য দৃষ্টি ও প্রশান্তির ভাব অর্জন করেছে যা তাকে তার উদ্বেগগুলিকে সর্বোত্তম উপায়ে মোকাবেলা করতে সক্ষম করে তোলে, এবং এর মধ্যে সে সত্যিকারের সুখের সন্ধান পাচ্ছে, তা যতই সেটা অস্থায়ী হোক না কেন। সুখের গোপন কথা হল: আপনার আগ্রহগুলি যতটা সম্ভব বিস্তৃত হতে দিন এবং আপনার আগ্রহের জিনিস এবং ব্যক্তিদের প্রতি আপনার ব্যবহার বা অন্তস্ক্রিয়া যতটা সম্ভব বন্ধুত্বপূর্ণ হতে দিন, শত্রুতামূলক নয়।"

Bertrand Russell এর কথার সারমর্ম হল এই যে আমাদের সুখ নির্ভর করে আমাদের দৃষ্টিভঙ্গি এবং আমাদের নানান বিষয়ে আগ্রহের মধ্যে। আমাদের আগ্রহ যদি কেবল পার্থিব স্বার্থ-সংশ্লিষ্ট বিষয়ের মধ্যে সীমাবদ্ধ থাকে, তাহলে সুখ আমাদের জীবনে সুদূরপরাহত থেকে যাবার সম্ভাবনা বেশি।

খুবই ভালো উপদেশ। সুখী হতে চাইলে আমাদের চিত্তকে প্রসারিত করতে হবে - আমাদের বিভিন্ন রকমের বিষয়ে ও কাজে জড়িত থাকতে হবে - সমাজসেবামূলক কাজে ব্যাপৃত থাকতে হবে - বিভিন্ন ধরণের বই ও Idea-র প্রতি আগ্রহ জাগাতে হবে - তাহলে একটা দুটো জিনিস হারালেও আমাদের কাছে থাকবে আরো কিছু।

১৮৯৮ সালের জুন মাসে শিলাইদহ থেকে রবীন্দ্রনাথ তার স্ত্রী মৃণালিনী দেবীকে একটি চিঠিতে লিখেছিলেন –

> "আমি কলকাতার স্বার্থদেবতার পাষাণ মন্দির থেকে তোমাদের দূরে নিভৃত পল্লীগ্রামের মধ্যে নিয়ে আসতে এত উৎসুক হয়েছি - সেখানে কোনোমতেই লাভক্ষতি আত্মপরকে ভোলবার যো নেই - সেখানে ছোটোখাটো বিষয়ের দ্বারা সর্বদা ক্ষুব্ধ হয়ে শেষ কালে জীবনের উদার উদ্দেশ্যকে সহস্র ভাগে খণ্ডীকৃত করতেই হবে। এখানে অল্পকেই যথেষ্ট মনে হয় এবং মিথ্যাকে সত্য বলে ভ্রম হয় না। এখানে এই প্রতিজ্ঞা সর্বদা স্মরণ রাখা তত শক্ত নয়, যে

সুখ-দুঃখ

সুখং বা যদি বা দুঃখং প্রিয়ং বা যদি বাপ্রিয়ম্।
প্রাপ্তং প্রাপ্তমুপাসীত হৃদয়েনাপরাজিতঃ॥
- তোমার রবি "

মৃণালিনী দেবী সংস্কৃত পড়েছিলেন ঠাকুরবাড়ীতে মাস্টার (হেমচন্দ্র বিদ্যারত্ন) রেখে, রবীন্দ্রনাথের আগ্রহে। তাই স্ত্রীর কাছে লিখা এই চিঠিতে রবীন্দ্রনাথ 'মহাভারত' থেকে নেয়া এই সংস্কৃত শ্লোকটি অনুবাদ না করলেও তাঁর "রূপান্তর" গ্রন্থে আমরা এর অনুবাদ পাই -

আসুক সুখ বা দুঃখ,
প্রিয় বা অপ্রিয়,
বিনা পরাজয়ে তারে
বরণ করিয়ো॥

মহাভারতের এই উপদেশটি রবীন্দ্রনাথ সুখ-দুঃখে মনে রাখার চেষ্টা যে করেছেন সে প্রমাণ তাঁর জীবনী থেকে পাওয়া যায়। তাই বলে কি দুঃখ রবীন্দ্রনাথকে আঘাত করে নি - মৃত্যুশোক তাকে বিহ্বল করে নি?! এই বইয়ের শুরুতে প্রদত্ত রবীন্দ্রনাথের প্রিয়জনদের মৃত্যুর ঘটনাপঞ্জী পর্যবেক্ষণ করলে দেখা যাবে মৃত্যু বার বার দেখা দিয়েছে তাঁর জীবনে। জীবনস্মৃতিতে ও অন্যান্য লিখালিখিতে তিনি তাঁর বেদনা প্রকাশ করেছেন এবং একইসাথে আমাদেরকে দুঃখকে উত্তীর্ণ করবার পথ দেখিয়েছেন। (দেখুন 'ভূমিকা' অধ্যায় এবং নভেম্বর ১২, ১৩)।

রবীন্দ্রনাথ তার জীবনের প্রথম দিকের কাব্যগ্রন্থ 'কড়ি ও কোমল'-এ লিখেছিলেন -

"প্রাণ যারে প্রাণের অধিক ভালোবাসে
সেও কি রবে না এক কালে!
আশা নিয়ে এ কি শুধু খেলাই কেবল--
সুখ দুঃখ মনের বিকার!
ভালোবাসা কাঁদে, হাসে, মোছে অশ্রুজল,
চায়, পায়, হারায় আবার।" - ((কড়ি ও কোমল: বিরহীর পত্র)

এই অধ্যায়ের উদ্ধৃতিগুলো বাছাই করা হয়েছে এমনভাবে যেন যেকোনো পৃষ্ঠা উল্টালেই আপনি সুখ-দুঃখকে একটি বৃহত্তর perspective-এ দেখার অনুপ্রেরণা ও শক্তি পাবেন। দুঃখকে জয় করতে হলে দুঃখকে মেনে নিয়েই আমাদের চলতে হবে। আর সুখকে

সুখ-দুঃখ

পেতে হলে আমাদের perspective প্রসারিত করতে হবে - সংসারের নানান অসামঞ্জস্যের মধ্যে সামঞ্জস্য খুঁজে নিতে হবে আপন অন্তরের দাক্ষিণ্যে।

আর মনে রাখবেন সকল সম্পর্কের মধ্যে সবচেয়ে বড়ো সম্পর্ক হচ্ছে ভালোবাসার সম্পর্ক, যে সম্পর্ক আমাদের শান্তি দেয়।

> যে শান্তিটি সব-প্রথমে,
> যে শান্তিটি সবার অবসানে,
> যে শান্তিতে জানায় আমায়
> অসীম কালের অনির্বচনীয়
> "তুমি আমার প্রিয়।"

-পরিশেষ: চিরন্তন

> The peace that is of the beginning
> The peace that is of the end
> The peace that informs me
> The unutterable from time immemorial
> "You are my beloved."

- (Translation by NS)

চিন্তা-
কণিকা

নভেম্বর ১

সেই শুধু সুখী, ভালোবাসে যার প্রাণ ...

ভালোবাসা মানুষকে সুখী হবার উপায় বের করে দেয়।

****

যাহারা রীতিমতো বাঁচিতে চাহে, মুমূর্ষুভাবে কালযাপন করিতে চাহে না, তাহারা দুঃখ দিয়াও সুখ কেনে। হ্যফ্‌ডিং বলেন ভালোবাসা ইহার একটি দৃষ্টান্তস্থল। ভালোবাসাকে সুখ বলিবে না দুঃখ বলিবে? গ্যেটে তাঁহার কোনো নাটকের নায়িকাকে বলাইয়াছেন যে, ভালোবাসায়

কভু স্বর্গে তোলে, কভু হানে মৃত্যুবাণ।

অতএব সহজেই মনে হইতে পারে এ ল্যাঠায় আবশ্যক কী? কিন্তু এখনও গানটা শেষ হয় নাই। সুখ দুঃখ সমস্ত হিসাব করিয়া শেষ কথাটা এইরূপ বলা হইয়াছে--

সেই শুধু সুখী, ভালোবাসে যার প্রাণ।

ইহার মর্ম কথাটা এই যে, ভালোবাসায় হৃদয় মন যে একটা গতি প্রাপ্ত হয় তাহাতেই এমন একটা গভীর এবং উদার পরিতৃপ্তি আছে যে, প্রবল বেগে সুখ-দুঃখের মধ্যে আন্দোলিত হইয়াও মোটের উপর সুখের ভাবই থাকিয়া যায়, এমন-কি, এই আন্দোলনে সুখ বল প্রাপ্ত হয়। এই সুখের সহিত দুইটি মানসিক কারণ লিপ্ত আছে। প্রথমত, দুঃখ যে পর্যন্ত একটা বিশেষ সীমা না লঙ্ঘন করে সে পর্যন্ত সুখের পশ্চাতে থাকিয়া সুখকে প্রস্‌ফুটিত করিয়া তোলে। এই কারণে, যাহারা সুখের গাঢ়তাকে প্রার্থনীয় জ্ঞান করে তাহারা অবিমিশ্র সামান্য সুখের অপেক্ষা দুঃখমিশ্রিত গভীর সুখের জন্য অধিকতর সচেষ্ট। দ্বিতীয়ত, দুঃখেরই একটা বিশেষ আকর্ষণ আছে। কারণ, দুঃখের দ্বারা হৃদয়ের মধ্যে যে একটা প্রবল বেগ, সমস্ত প্রকৃতির একটা একাগ্র পরিচালনা উপস্থিত হয় তাহাতেই একটা বিশেষ পরিতৃপ্তি আছে। ক্ষমতার চালনামাত্রই নিতান্ত অপরিমিত না হইলে একটা আনন্দ দান করে। -- আমরা যদি দুঃখ হইতে সম্পূর্ণ অব্যাহতি পাইতে চাই তবে কিছুতেই ভালোবাসিতে পারি না। কিন্তু ভালোবাসাই যদি সর্বোচ্চ সুখ হয় তবে দুঃখের ভয়ে কে তাহাকে ত্যাগ করিবে! ... কিন্তু জীবনের সর্বোচ্চ সম্পদগুলি বিনামূল্যে কে প্রত্যাশা করে! রাধিকা যখন অসহ্য বেদনায় বলিতেছেন--"বিধি যদি শুনিত, মরণ হইত,/ ঘুচিত সকল দুখ"। তখন চণ্ডীদাস কয় "এমতি হইলে/ পিরীতির কিবা সুখ!" **দুঃখই যদি গেল তবে সুখ কিসের!**

- সাময়িক সারসংগ্রহ: সুখ দুঃখ

নভেম্বর ২

দুঃখ যদি না পাবে তো

চিন্তা-কণিকা

দুঃখ আমাদের জীবনের অংশ। তাকে এড়িয়ে যেতে গেলে বিপদ বেড়ে যায় - ক্ষত আরো গভীর হয়। তাই দুঃখকে গ্রহণ করে নেয়াটাই উত্তম। সুফি সাধক মাওলানা জালালুদ্দিন রুমী বলেছিলেন - "These pains you feel are messengers. Listen to them. Whenever sorrow comes, be kind to it. For God has placed a pearl in sorrow's hand." অর্থাৎ তোমার দুঃখযন্ত্রণাগুলো আসলে বার্তাবাহক। তাদের কথা শুনো। যখনই দুঃখ আসে, তার প্রতি সদয় হও। কারণ ঈশ্বর দুঃখের হাতের মধ্যে একটি করে মুক্তো লুকিয়ে রেখেছেন।

দুঃখ যদি না পাবে তো
    দুঃখ তোমার ঘুচবে কবে?
বিষকে বিষের দাহ দিয়ে
    দহন করে মারতে হবে।
জ্বলতে দে তোর আগুনটারে,
ভয় কিছু না করিস তারে,
ছাই হয়ে সে নিভবে যখন
    জ্বলবে না আর কভু তবে।
**এড়িয়ে তাঁরে পালাস না রে
    ধরা দিতে হোস না কাতর।**
দীর্ঘ পথে ছুটে কেবল
    দীর্ঘ করিস দুঃখটা তোর
মরতে মরতে মরণটারে
শেষ করে দে একেবারে,
তার পরে সেই জীবন এসে
    আপন আসন আপনি লবে।

.- গীতালি: ৪৩

নভেম্বর ৩

দুঃখ লাঘব করিবারও সহস্র উপায় বর্তমান

ধর্মব্যবসায়ীরা অন্ধভাবে বলপূর্বক দুঃখের অস্তিত্ব অস্বীকার করিতে চাহেন। কিন্তু সেরূপ করিয়া কেবল ছেলে-ভুলানো হয় মাত্র। ... জগতের দুঃখের অংশ কোনোমতে গোঁজামিলন দিয়া সারিয়া লইবার চেষ্টা করা নিতান্ত মূঢ়ের কাজ। জগতে এমন শত সহস্র দুঃখ আছে যাহার মধ্যে মানববুদ্ধি কোনো মঙ্গল উদ্দেশ্য আবিষ্কার করিতে পারে না। এমন অনেক কষ্ট অনেক দৈন্য আছে যাহার কোনো মহিমা নাই, -- দুর্বলের প্রতি সবলের, প্রাণের প্রতি জড়ের এমন অনেক অত্যাচার আছে, যাহা অসহায়দিগকে অবনতির অন্ধকূপে নিক্ষেপ করে-- আমরা তাহার কোনো কারণ, কোনো উদ্দেশ্য খুঁজিয়া পাই না। মঙ্গল পরিমাণের প্রতি যাঁহার অটল বিশ্বাস আছে তিনি এ সম্বন্ধে বিনীতভাবে অজ্ঞতা স্বীকার করিতে কুণ্ঠিত হন না এবং জগদীশ্বরের পক্ষাবলম্বন করিয়া মিথ্যা ওকালতি করিতে বসা স্পর্ধা বিবেচনা করেন। অতএব জগতে দুঃখের অস্তিত্ব অস্বীকার করিতে চাহি না। কিন্তু **অনেক সময়ে একটা জিনিসকে তাহার চতুর্দিক হইতে বিচ্ছিন্ন করিয়া স্বতন্ত্রভাবে দেখিতে গেলে তাহাকে অপরিমিত গুরুতর করিয়া তোলা হয়।** ... সমুদ্র হইতে এক কলস জল তুলিয়া লইলে তাহা বহন করা কত কষ্টসাধ্য, কিন্তু জলের মধ্যে যখন ডুব দেওয়া যায়, তখন মাথার উপর শত সহস্র কলস জল তরঙ্গিত হইতে থাকে, তাহার ভার অতি সামান্য বোধ হয়। জগতে ভার যেমন অপরিমেয়, ভার সামঞ্জস্যও তেমনি অসীম। পরস্পর পরস্পরের ভার লাঘব করিতেছে। ... সেইরূপ জগতে দুঃখ অপর্যাপ্ত আছে বটে, কিন্তু **তাহা লাঘব করিবারও সহস্র উপায় বর্তমান।** আমরা আমাদের কল্পনাশক্তির সাহায্যে দুঃখকে বিচ্ছিন্ন করিয়া লইয়া একটা প্রকাণ্ড বিভীষিকা নির্মাণ করিতে পারি, কিন্তু অনন্ত সংসারের মধ্যে সে অনেকটা লঘুভারে ব্যাপ্ত হইয়া আছে। সেই কারণেই এই দুঃখপারাবারের মধ্যেও সমস্ত জগৎ এমন অনায়াসে সন্তরণ করিতেছে, অমঙ্গল মঙ্গলকে অভিভূত করিতে পারিতেছে না, এবং আনন্দ ও সৌন্দর্য চতুর্দিকে বিকশিত হইয়া উঠিতেছে।

- ধর্ম: দর্শন: সুখ না দুঃখ

চিন্তা-কণিকা আরো পড়ুন এই বইয়ের 'ভূমিকা'-য় 'রবীন্দ্রনাথ, এক বৃদ্ধ এবং তার বিধবা মেয়ে' অংশ।

নভেম্বর ৪

আমার সকল দুখের প্রদীপ জ্বেলে

আমার সকল দুখের প্রদীপ জ্বেলে দিবস গেলে করব নিবেদন
আমার ব্যথার পূজা হয় নি সমাপন ॥
যখন বেলা-শেষের ছায়ায় পাখিরা যায় আপন কুলায়-মাঝে,
সন্ধ্যাপূজার ঘণ্টা যখন বাজে,
তখন আপন শেষ শিখাটি জ্বালবে এ জীবন--
আমার ব্যথার পূজা হবে সমাপন ॥
অনেক দিনের অনেক কথা, ব্যাকুলতা, বাঁধা বেদন-ডোরে,
মনের মাঝে উঠেছে আজ ভ'রে।
যখন পূজার হোমানলে উঠবে জ্বলে একে একে তারা,
আকাশ-পানে ছুটবে বাঁধন-হারা,
অস্তরবির ছবির সাথে মিলবে আয়োজন--
আমার ব্যথার পূজা হবে সমাপন ॥

- গীতবিতান: পূজা: ২০১

I will light a lamp with all my sorrows
And make an offering at the end of day
My anguished worship is not over yet.
When the birds retreat to their nests
In the darkening shadows of day end
When the prayer bells sound at the dusk
The last of the flames will ignite in my life
My anguished worship is not over yet.
Many words from many a day and many longings
That were shackled in strings of pains
Today they are harking back and filling up my mind
When the stars will light up one by one
With the holy fire of worship
Rushing unbounded towards the sky
Diffusing with the image of the setting sun
My anguished worship will be then over.

- (Translation by NS)

নভেম্বর ৫

মৃত্যুমাঝে ঢাকা আছে যে অন্তহীন প্রাণ ...

ভুলব না আর সহজেতে,
    সেই প্রাণে মন উঠবে মেতে
মৃত্যুমাঝে ঢাকা আছে
    যে অন্তহীন প্রাণ।
... আরাম হতে ছিন্ন ক'রে
    সেই গভীরে লও গো মোরে
অশান্তির অন্তরে যেথায়
    শান্তি সুমহান।

— গীতাঞ্জলি: ৭৪

****

আমরা চলবার সময় যখন পা ফেলি তখন প্রত্যেক পা ফেলা একটা বাধায় ঠেকে। কিন্তু **চলার পরিচয় সেই বাধায় ঠেকে যাওয়ার দ্বারা নয়, বাধা পেরিয়ে যাওয়ার দ্বারা।** নিখিল সত্যেরও এক দিকে বাধা, আর-এক দিকে বাধামোচন।

— শান্তিনিকেতন: একটি মন্ত্র

****

দুঃখের মন্থনবেগে উঠিবে অমৃত,
    শঙ্কা হতে রক্ষা পাবে যারা মৃত্যুভীত।

— গীতবিতান: পূজা: ২৩৪

****

দুখের বেশে এসেছ ব'লে তোমারে নাহি ডরিব হে।
    যেখানে ব্যথা তোমারে সেথা নিবিড় ক'রে ধরিব হে ॥
... নয়নে আজি ঝরিছে জল, ঝরুক জল নয়নে হে।
    বাজিছে বুকে বাজুক তব কঠিন বাহু-বাঁধনে হে।
তুমি যে আছ বক্ষে ধরে বেদনা তাহা জানাক মোরে--
    চাব না কিছু, কব না কথা, চাহিয়া রব বদনে হে ॥

— গীতবিতান: পূজা: ২৩০

****

জন্ম মৃত্যু দোঁহে মিলে জীবনের খেলা,
যেমন চলার অঙ্গ পা-তোলা পা-ফেলা।

— কণিকা: জীবন

নভেম্বর ৬

তবুও মরিতে হবে এও সত্য জানি

চিন্তা-কণিকা

জীবন মৃত্যুর এই খেলায় আমরা অসহায়। এ দু'য়ের মাঝে কোনো মিল আছে কি? এই দুই নিয়েই ত' বিশ্বপ্রকৃতি কত সুন্দর।

তবুও মরিতে হবে এও সত্য জানি।
         মোর বাণী
একদিন এ-বাতাসে ফুটিবে না,
     মোর আঁখি এ-আলোকে লুটিবে না,
          মোর হিয়া ছুটিবে না
     অরুণের উদ্দীপ্ত আহ্বানে;
          মোর কানে কানে
     রজনী কবে না তার রহস্যবারতা,
শেষ করে যেতে হবে শেষ দৃষ্টি, মোর শেষ কথা।
     এমন একান্ত করে চাওয়া
          এও সত্য যত,
     এমন একান্ত ছেড়ে যাওয়া
          সেও সেইমতো।
এ দুয়ের মাঝে তবু কোনোখানে আছে কোনো মিল;
     নহিলে নিখিল
          এতবড়ো নিদারুণ প্রবঞ্চনা
হাসিমুখে এতকাল কিছুতে বহিতে পারিত না।
          সব তার আলো
     কীটে-কাটা পুষ্পসম এতদিনে হয়ে যেত কালো।

— বলাকা: ১৯

I know that one day I will have to die regardless
My voice one day will not fill the air
My eyes will not dance amidst lights and shadows
My heart will not rush to the enchanted call of the daybreak
Nor night will whisper in my ears her mysterious messages
I will have to end everything altogether,
My last glance and my last words.

- (Partial translation by NS)

নভেম্বর ৭

কোথায় কে হারাইব--কোন্ রাত্রিবেলা

চিন্তা-কণিকা

এই নশ্বর পৃথিবীতে সামান্য জিনিস নিয়ে ঝগড়া-ঝাঁটি মারামারির কী কোনো মূল্য আছে?! শিলাইদহ থেকে ১৯০১ সালে রবীন্দ্রনাথ স্ত্রীকে এক চিঠিতে লিখেছিলেন - "আমি এখন সংসারকে এত মরিচীকার মত দেখি যে, কোনো খেদের কথা মনে উঠলে পদ্মপত্রে জলের মত শীঘ্রই গড়িয়ে যায় -আমি মনে মনে ভাবি আর একশো বৎসর না যেতেই আমাদের সুখদুঃখ এবং আত্মীয়তার সমস্ত ইতিবৃত্ত কোথায় মিলিয়ে যাবে - অনন্ত নক্ষত্র লোকের দিকে যখন তাকাই এবং এই অনন্ত লোকের নীরব সাক্ষী যিনি দাঁড়িয়ে আছেন তাঁর দিকে মনকে মুখোমুখি স্থাপন করি তখন মাকড়সার জালের মত ক্ষণিক সুখ-দুঃখের সমস্ত ক্ষুদ্রতা কোথায় ছিন্নভিন্ন হয়ে মিলিয়ে যায় দেখতেও পাওয়া যায় না।"

গ্রহ তারা ধূমকেতু কত রবি শশী,
শূন্য ঘেরি জগতের ভিড়,
তারি মাঝে যদি ভাঙে, যদি যায় খসি
আমাদের দুদন্ডের নীড়--
কোথায় কে হারাইব--কোন্ রাত্রিবেলা
কে কোথায় হইব অতিথি।
তখন কি মনে রবে দুদিনের খেলা,
দরশের পরশের স্মৃতি!

তাই মনে ক'রে কি রে চোখে জল আসে
একটুকু চোখের আড়ালে!
প্রাণ যারে প্রাণের অধিক ভালোবাসে
সেও কি রবে না এক কালে!
আশা নিয়ে এ কি শুধু খেলাই কেবল--
সুখ দুঃখ মনের বিকার!
ভালোবাসা কাঁদে, হাসে, মোছে অশ্রুজল,
চায়, পায়, হারায় আবার।

- কড়ি ও কোমল: বিরহীর পত্র

নভেম্বর ৮

থাকব না ভাই, থাকব না কেউ--

চিন্তা-কণিকা

ভাবুন, এই নশ্বর জীবনে আমরা কীভাবে অহেতুক দুঃখ টেনে নিয়ে আসার অহং-সর্বস্ব প্রবণতা ঠেকাতে পারি।

কেন এই আনাগোনা,
   কেন মিছে দেখাশোনা
   দু-দিনের তরে,
কেন বুকভরা আশা,
   কেন এত ভালোবাসা
   অন্তরে অন্তরে,
আয়ু যার এতটুক,
   এত দুঃখ এত সুখ
   কেন তার মাঝে।

- চিত্রা: মৃত্যুর পরে

****

**থাকব না ভাই, থাকব না কেউ--
   থাকবে না ভাই কিছু।**
সেই আনন্দে যাও রে চলে
   কালের পিছু পিছু।
অধিক দিন তো বইতে হয় না
   শুধু একটি প্রাণ।
অনন্ত কাল একই কবি
   গায় না একই গান।
**... সবই হেথায় একটা কোথাও
   করতে হয় রে শেষ,**
গান থামিলে তাই তো কানে
   থাকে গানের রেশ।
... জ্ঞানের চক্ষু স্বর্গে গিয়ে
   যায় যদি যাক খুলি,
মর্তে যেন না ভেঙে যায়
   মিথ্যে মায়াগুলি।

- ক্ষণিকা: শেষ

সুখ-দুঃখ

নভেম্বর ৯

আছে দুঃখ, আছে মৃত্যু, বিরহদহন লাগে

চিন্তা-কণিকা

জীবনে দুঃখ থাকবে, থাকবে প্রিয়জনের মৃত্যু - কিন্তু তার সাথে রয়েছে সুখ, প্রেম, ভালোবাসা। আমাদের জীবন সমুদ্রতরঙ্গের মতন - "তরঙ্গ মিলায়ে যায় তরঙ্গ উঠে,/কুসুম ঝরিয়া পড়ে কুসুম ফুটে।" তাই আমাদেরকে মেনে নিতে হবে দুঃখ ও মৃত্যুকে - খুঁজতে হবে দুঃখের তিমিরে বিশ্বপ্রভুর মঙ্গল-আলোক (সেপ্টেম্বর ১০)।

**আছে দুঃখ, আছে মৃত্যু, বিরহদহন লাগে,
তবুও শান্তি, তবু আনন্দ, তবু অনন্ত জাগে।**
তবু প্রাণ নিত্যধারা,   হাসে সূর্য চন্দ্র তারা,
বসন্ত নিকুঞ্জে আসে বিচিত্র রাগে ॥
**তরঙ্গ মিলায়ে যায় তরঙ্গ উঠে,
কুসুম ঝরিয়া পড়ে কুসুম ফুটে।**
নাহি ক্ষয়, নাহি শেষ,   নাহি নাহি দৈন্যলেশ--
সেই পূর্ণতার পায়ে মন স্থান মাগে ॥

– গীতবিতান: পূজা: ২৪৮

There is suffering, there is death, and pangs of separation
Yet there is peace, there is joy, eternal and endless.
Still life carries on, and sun, moon, stars smile above
The spring arrives in flower garden in variegated forms.
A wave goes down, another wave rises up
A flower withers away, and blooms another.
There is no decay, no end, no sign of scarcity
My mind begs for peace in that fulness.

– (Translation by NS)

চিন্তা-কণিকা

আরো চিন্তার খোরাক: দুঃখের বেশেই ঈশ্বর আমাদের কাছে আসছেন –

"দুখের বেশে এসেছ ব'লে তোমারে নাহি ডরিব হে
যেখানে ব্যথা তোমারে সেথা নিবিড় ক'রে ধরিব হে॥"

– গীতবিতান: পূজা: ২৩০

নভেম্বর ১০

মৃত্যুভয় - কী লাগিয়া হে অমৃত?

মৃত্যুভয়
কী লাগিয়া হে অমৃত? দু দিনের প্রাণ
লুপ্ত হলে তখনি কি ফুরাইবে দান--
এত প্রাণদৈন্য, প্রভু, ভাণ্ডারেতে তব?
সেই অবিশ্বাসে প্রাণ আঁকড়িয়া রব?

- নৈবেদ্য: ৫৩

****

রাহুর মতন মৃত্যু
শুধু ফেলে ছায়া,
পারে না করিতে গ্রাস জীবনের স্বর্গীয় অমৃত
জড়ের কবলে
এ কথা নিশ্চিত মনে জানি।
প্রেমের অসীম মূল্য
সম্পূর্ণ বঞ্চনা করি লবে
হেন দস্যু নাই গুপ্ত
নিখিলের গুহাগহ্বরেতে
এ কথা নিশ্চিত মনে জানি।
...
সব-কিছু চলিয়াছে নিরন্তর পরিবর্তবেগে
সেই তো কালের ধর্ম।
মৃত্যু দেখা দেয় এসে একান্তই অপরিবর্তনে,
এ বিশ্বে তাই সে সত্য নহে
এ কথা নিশ্চিত মনে জানি।

- শেষ লেখা: ২

****

যে জন আজিকে ছেড়ে চলে গেল খুলি দ্বার
সেই বলে গেল ডাকি,
"মোছো আঁখিজল, আরেক অতিথি আসিবার
এখনো রয়েছে বাকি।"

- স্মরণ: ৩

চিন্তা-
কণিকা

নভেম্বর ১১

আমার সে মমতায় কাজ নাই ...

নিম্নে বর্ণিত পরিস্থিতির সম্মুখীন কখনো হয়েছেন কি ?!

****

আমার সময়ে সময়ে কেমন মন খারাপ হইয়া যায়, হয় হউক গে তাহাতে ক্ষতি নাই, কিন্তু অমনি লোকে সান্ত্বনা দিতে আইসে কেন? অমনি দশ জনে ঝুঁকিয়া পড়িয়া কী হইয়াছে, কেন হইয়াছে, করিয়া এমন বিরক্ত করিয়া তুলে যে, হাজার কষ্ট হইলেও 'কিছুই হয় নাই কিছুই হয় নাই' করিয়া মুখে হাসি টানিয়া আনিতে হয়, সে হাসির চেয়ে আর কষ্টকর কিছু আছে? এ হাসি হাসার অপেক্ষা যদি সমস্ত দিনরাত্রি মুখ গম্ভীর করিয়া ভাবিতে পারিতাম তবে বাঁচিয়া যাইতাম। তাহারা কি এ-সকল বুঝে না? হয়তো বুঝে, কিন্তু মনে করে, পাছে আমি মনে করি যে, আমি এমন মুখ বিষন্ন করিয়া বসিয়া আছি, তথাপি আমাকে একটি কথাও জিজ্ঞাসা করিল না, কাজেই তাহাদের কর্তব্য কাজ করিতে আসে। ... উহারা আমাকে যখন জিজ্ঞাসা করিতে আসে, তখন বেশ বুঝিতে পারি যে, আমাকে মমতা করিয়া জিজ্ঞাসা করিতেছে না, জিজ্ঞাসা করিতে হয় বলিয়া করিতেছে, তাহাতে আমার যে কী সান্ত্বনা হয়, তাহা আমিই জানি। অধিকাংশ লোক সান্ত্বনা করিবার পদ্ধতি জানে না, তাহারা যে দুঃখে সান্ত্বনা দিতে আসে, সে দুঃখ তাহাদের সান্ত্বনা বাক্য অপেক্ষা অধিকতর মিষ্ট বোধ হয়। সান্ত্বনা দিতে হইলে প্রায়ই লোকে কহিয়া থাকে, তোমার কিসের দুঃখ? আরও তো কত লোক তোমার মতো কষ্ট পাইতেছে। এমন কষ্টকর সান্ত্বনা আর নাই, প্রথমত, যে এ কথা বলিয়া সান্ত্বনা দিতে আইসে, স্পষ্টই বোধ হয় আমার দুঃখে তাহার কিছু মাত্র মমতা হয় নাই; কারণ সে আমার দুঃখকে এত তুচ্ছ বলিয়া জানে যে, এত ক্ষুদ্র দুঃখে তাহার মমতাই জন্মিতে পারে না, দ্বিতীয়ত, মনে হয় যে, আমার মনের দুঃখ সে বুঝিলই না, সে সকলের সঙ্গে আমার দুঃখের তুলনা করিয়া বেড়ায়, সে আমার দুঃখের মর্যাদাই বুঝে নাই, আমার যেটুকু দুঃখ হইয়াছে তাহতেই তোমার মমতা জন্মায় তো জন্মাক, নহিলে আর কেহ এরূপ দুঃখ পায় কি না, আর কাহাকেও এত কষ্ট পাইতে হয় কি না, এত শত ভাবিয়া চিন্তিয়া **আমার দুঃখের গুরুলঘুত্ব ওজন করিয়া তবে তুমি আমার সহিত একটুখানি মমতা করিতে আসিবে, আমার সে মমতায় কাজ নাই।**

- বিবিধ: সান্ত্বনা

নভেম্বর ১২

মৃত্যুশোক ...'নাই'-অন্ধকারের বেড়া

চিন্তা-কণিকা ব্যক্তিগত মৃত্যুশোকের 'নাই' অন্ধকার থেকে 'আছে' আলোকের মধ্যে নিজেকে খুঁজে পাবার অভিজ্ঞতার চমৎকার বর্ণনা।

****

এমনসময় কোথা হইতে মৃত্যু আসিয়া এই অত্যন্ত প্রত্যক্ষ জীবনটার একটা প্রান্ত যখন এক মুহূর্তের মধ্যে ফাঁক করিয়া দিল, তখন মনটার মধ্যে সে কী ধাঁধাই লাগিয়া গেল। চারি দিকে গাছপালা মাটিজল চন্দ্রসূর্য গ্রহতারা তেমনি নিশ্চিত সত্যেরই মতো বিরাজ করিতেছে, অথচ তাহাদেরই মাঝখানে তাহাদেরই মতো যাহা নিশ্চিত সত্য ছিল— এমন-কি, দেহ প্রাণ হৃদয় মনের সহস্রবিধ স্পর্শের দ্বারা যাহাকে তাহাদের সকলের চেয়েই বেশি সত্য করিয়াই অনুভব করিতাম সেই নিকটের মানুষ যখন এত সহজে এক নিমিষে স্বপ্নের মতো মিলাইয়া গেল তখন সমস্ত জগতের দিকে চাহিয়া মনে হইতে লাগিল, এ কী অদ্‌ভুত আত্মখণ্ডন! যাহা আছে এবং যাহা রহিল না, এই উভয়ের মধ্যে কোনোমতে মিল করিব কেমন করিয়া! ...শূন্যতাকেই মানুষ কোনোমতেই অন্তরের সঙ্গে বিশ্বাস করতে পারে না। যাহা নাই তাহাই মিথ্যা, যাহা মিথ্যা তাহা নাই। এইজন্যই যাহা দেখিতেছি না তাহার মধ্যে দেখিবার চেষ্টা, যাহা পাইতেছি না তাহার মধ্যেই পাইবার সন্ধান কিছুতেই থামিতে চায়না। ... মৃত্যু যখন মনের চারি দিকে হঠাৎ একটা **'নাই'-অন্ধকারের বেড়া** গাড়িয়া দিল, তখন সমস্ত মনপ্রাণ অহোরাত্র দুঃসাধ্য চেষ্টায় তাহারই ভিতর দিয়া কেবলই **'আছে'-আলোকের** মধ্যে বাহির হইতে চাহিল। কিন্তু সেই অন্ধকারকে অতিক্রম করিবার পথ অন্ধকারের মধ্যে যখন দেখা যায় না তখন তাহার মতো দুঃখ আর কী আছে। তবু এই দুঃসহ দুঃখের ভিতর দিয়া আমার মনের মধ্যে ক্ষণে ক্ষণে একটা আকস্মিক আনন্দের হাওয়া বহিতে লাগিল, তাহাতে আমি নিজেই আশ্চর্য হইতাম। জীবন যে একেবারে অবিচলিত নিশ্চিত নহে, এই দুঃখের সংবাদেই মনের ভার লঘু হইয়া গেল। আমরা যে নিশ্চল সত্যের পাথরে-গাঁথা দেয়ালের মধ্যে চিরদিনের কয়েদি নহি, এই চিন্তায় আমি ভিতরে ভিতরে উল্লাস বোধ করিতে লাগিলাম। যাহাকে ধরিয়াছিলাম তাহাকে ছাড়িতেই হইল, এইটাকে ক্ষতির দিক দিয়া দেখিয়া যেমন বেদনা পাইলাম তেমনি সেইক্ষণেই ইহাকে মুক্তির দিক দিয়া দেখিয়া একটা উদার শান্তি বোধ করিলাম।

- জীবনস্মৃতি: মৃত্যুশোক

নভেম্বর ১৩

ব্যক্তিগত মৃত্যুশোক ও ঈশ্বরের আশ্রয়

বেঁচে থাকতে গেলেই মৃত্যু কতবার আমাদের দ্বারে এসে কত জায়গায় আঘাত করবে - মৃত্যুর চেয়ে নিশ্চিত ঘটনা ত নেই - শোকের বিপদের মুখে ঈশ্বরকে প্রত্যক্ষ বন্ধু জেনে যদি নির্ভর করতে না শেখ তাহলে তোমার শোকের অন্ত নেই।

- স্ত্রী মৃণালিনী দেবীকে লিখিত পত্র, নভেম্বর, ১৯০০

ঈশ্বর আমাকে যে শোক দিয়েছেন তাহা যদি নিরর্থক হয় তবে এমন বিড়ম্বনা আর কি হইতে পারে! ইহা আমি মাথা নীচু করিয়া গ্রহণ করিলাম। যিনি আপন জীবনের দ্বারা আমাকে নিয়ত সহায়বান করিয়া রাখিয়াছিলেন তিনি মৃত্যুর দ্বারাও আমার জীবনের অবশিষ্টকালকে সার্থক করিবেন। তাহার কল্যাণী স্মৃতি আমার সমস্ত কল্যাণ কর্ম্মের নিত্যসহায় হইয়া আমাকে বলদান করিবে।

- স্ত্রী মৃণালিনী দেবীর মৃত্যুর ১১ দিন পরে
দীনেশচন্দ্র সেনকে লিখিত পত্র, ডিসেম্বর, ১৯০২

ঈশ্বর আমাকে বেদনা দিয়াছেন কিন্তু তিনি ত আমাকে পরিত্যাগ করেন নাই - তিনি হরণও করিয়াছেন, পূরণও করিবেন। আমি শোক করিব না - আমার জন্যও শোক করিয়ো না।

- কনিষ্ঠ পুত্র শমীন্দ্রনাথের (শমী) ১১ বছর বয়সে অকালমৃত্যুর
১২ দিন পর কাদম্বিনী দত্তকে লিখিত পত্র, ১৯০৭

যে রাত্রে শমী গিয়েছিল সে রাত্রে সমস্ত মন দিয়ে বলেছিলুম বিরাট বিশ্বসত্তার মধ্যে তার অবাধ গতি হোক্, আমার শোক তাকে একটুও যেন পিছনে না টানে।...সেখানে আমাদের সেবা পৌঁছয় না, কিন্তু ভালোবাসা হয়তো বা পৌঁছয় - নইলে ভালোবাসা এখনো টিঁকে থাকে কেন? শমী যে রাত্রে গেল তার পরের রাত্রে রেলে আসতে আসতে দেখলুম জ্যোৎস্নায় আকাশ ভেসে যাচ্ছে, কোথাও কিছু কম পড়েছে তার লক্ষণ নেই। মন বললে কম পড়েনি-সমস্তর মধ্যে সবই রয়ে গেছে, আমিও তার মধ্যে।... সাহস যেন থাকে, অবসাদ যেন না আসে, কোনোখানে কোনো সূত্র যেন ছিন্ন হয়ে না যায়-যা ঘটেছে তাকে যেন সহজে স্বীকার করি, যা কিছু রয়ে গেল তাকেও যেন সম্পূর্ণ সহজ মনে স্বীকার করতে ত্রুটি না ঘটে।

- কন্যা মীরা দেবীকে পত্র, ১৯৩২

নভেম্বর ১৪

কোথাও দুঃখ, কোথা বিচ্ছেদ নাই

চিন্তা-কণিকা

আমাদের দুঃখগুলোকে ও শোকাবহ মৃত্যুগুলোকে যদি আমরা বিশ্বের অনন্ত সুখদুঃখের পটভূমিতে দেখতে শিখি তাহলে আমরা দেখব আমাদের ব্যক্তিগত দুঃখগুলো খুব একটা বড়ো নয় - যতটা বড়ো সে মনে হয়। যুগ যুগ ধরে জগতের অবধারিত নিয়মে "আছে মৃত্যু, আছে দুঃখ", কিন্তু তবু আনন্দ আছে (দেখুন নভেম্বর ৯)। রবিঠাকুর 'আত্মপরিচয়'-এ লিখেছিলেন - "নিজের প্রবহমান জীবনটাকে যখন নিজের বাইরে অনন্ত দেশকালের সঙ্গে যোগ করে দেখি তখন জীবনের সমস্ত দুঃখগুলিকেও একটা বৃহৎ আনন্দসূত্রের মধ্যে গ্রথিত দেখতে পাই।"

তোমার অসীমে প্রাণ মন লয়ে
    যত দূরে আমি ধাই –
কোথাও দুঃখ, কোথাও মৃত্যু,
    কোথা বিচ্ছেদ নাই॥
মৃত্যু সে ধরে মৃত্যুর রূপ,
    দুঃখ হয় হে দুঃখের কূপ,
তোমা হতে যবে হইয়ে বিমুখ
    আপনার পানে চাই॥

- গীতবিতান: পূজা: ৫৯৬

As I travel afar into your boundless world
    With my mind and soul together
I find no trace therein
    Of sorrow or death or separation.
Death appears in its deadly form
    Sorrow becomes an abyss of sorrow
When, I turn away my face from Thee,
    And focus on my own self.

- (Translation by NS)

(আরো দেখুন মার্চ ২৮)

নভেম্বর ১৫

প্রতিদিনের সংসারটা ঠিক সামঞ্জস্যময় নয়

চিন্তা-কণিকা

রবীন্দ্রনাথের 'যোগাযোগ' উপন্যাসে বিপ্রদাস তার বোন কুমুকে বলেছিল: "সংসারে ক্ষুদ্র কালটাই সত্য হয়ে দেখা দেয় কুমু, চিরকালটা থাকে আড়ালে; গানে চিরকালটাই আসে সামনে, ক্ষুদ্র কালটা যায় তুচ্ছ হয়ে, তাতেই মন মুক্তি পায়।" গান আমাদেরকে নিয়ে যায় লৌকিকতার বন্ধনমুক্ত এক নির্ভার সহজ সরল ভুবনে। আমাদের জীবনে গানের প্রভাব নিয়ে লিখা নিচে উদ্‌ধৃত চিঠিটি পড়ুন এবং ভাবুন কথাগুলো কী অপূর্ব অন্তর্দৃষ্টিসম্পন্ন।

****

আমাদের কাছে আমাদের প্রতিদিনের সংসারটা ঠিক সামঞ্জস্যময় নয়– তার কোনো তুচ্ছ অংশ হয়তো অপরিমিত বড়ো, ক্ষুধাতৃষ্ণা ঝগড়াঝাঁটি আরাম-ব্যারাম খুঁটিনাটি খিটিমিটি এইগুলিই প্রত্যেক বর্তমান মুহূর্তকে কণ্টকিত করে তুলছে, কিন্তু সংগীত তার নিজের ভিতরকার সুন্দর সামঞ্জস্যের দ্বারা মুহূর্তের মধ্যে যেন কী-এক মোহমন্ত্রে সমস্ত সংসারটিকে এমন একটি পার্‌স্‌পেক্‌টিভের মধ্যে দাঁড় করায় যেখানে ওর ক্ষুদ্র ক্ষণস্থায়ী অসামঞ্জস্যগুলো আর চোখে পড়ে না–একটা সমগ্র একটা বৃহৎ একটা নিত্য সামঞ্জস্য-দ্বারা সমস্ত পৃথিবী ছবির মতো হয়ে আসে এবং মানুষের জন্ম-মৃত্যু হাসি-কান্না ভূত-ভবিষ্যৎ-বর্তমানের পর্যায় একটি কবিতার সকরুণ ছন্দের মতো কানে বাজে। সেইসঙ্গে **আমাদেরও নিজ নিজ ব্যক্তিগত প্রবলতা তীব্রতার হ্রাস হয়ে আমরা অনেকটা লঘু হয়ে যাই এবং একটি সংগীতময়ী বিস্তীর্ণতার মধ্যে অতি সহজে আত্মবিসর্জন করে দিই।** ক্ষুদ্র এবং কৃত্রিম সমাজ-বন্ধনগুলি সমাজের পক্ষে বিশেষ উপযোগী, অথচ সংগীত এবং উচ্চ অঙ্গের আর্ট মাত্রেই সেইগুলির অকিঞ্চিৎকরতা মুহূর্তের মধ্যে উপলব্ধি করিয়ে দেয়। সেইজন্যে ভালো গান কিংবা কবিতা শুনলে আমাদের মধ্যে একটা চিত্তচাঞ্চল্য জন্মে, সমাজের লৌকিকতার বন্ধন ছেদন করে নিত্য-সৌন্দর্যের স্বাধীনতার জন্যে মনের ভিতরে একটা নিষ্ফল সংগ্রামের সৃষ্টি হতে থাকে–সৌন্দর্যমাত্রেই আমাদের মনে অনিত্যের সঙ্গে নিত্যের একটা বিরোধ বাধিয়ে দিয়ে অকারণ বেদনার সৃষ্টি করে।

- ছিন্নপত্র: ভাতিজি ইন্দিরা দেবী চৌধুরানীকে চিঠি, কলকাতা, ১৮৯৫

নভেম্বর ১৬

বলো, মিথ্যা আপনার সুখ, মিথ্যা আপনার দুঃখ

চিন্তা-কণিকা

নিজের সুখ দুঃখকে বড়ো করে দেখলে কোনো মহৎ কাজ করা কঠিন হয়ে পড়ে। গাঢ় অক্ষরে (bold letters) চিহ্নিত বাক্যাংশগুলো একটু বেশি মনোযোগ দিয়ে পড়ুন এবং কবিতাটি উপভোগ করুন।

কী গাহিবে, কী শুনাবে! **বলো, মিথ্যা আপনার সুখ, মিথ্যা আপনার দুঃখ**। স্বার্থমগ্ন যেজন বিমুখ বৃহৎ জগৎ হতে সে কখনো শেখে নি বাঁচিতে। মহাবিশ্বজীবনের তরঙ্গেতে নাচিতে নাচিতে **নির্ভয়ে ছুটিতে হবে, সত্যেরে করিয়া ধ্রুবতারা।** মৃত্যুরে করি না শঙ্কা। দুর্দিনের অশ্রুজলধারা মস্তকে পড়িবে ঝরি-- তারি মাঝে যাব অভিসারে তার কাছে, জীবনসর্বস্বধন অর্পিয়াছি যারে জন্ম জন্ম ধরি।

......

শুধু জানি
সে বিশ্বপ্রিয়ার প্রেমে ক্ষুদ্রতারে দিয়া বলিদান
বর্জিতে হইবে দূরে জীবনের সর্ব অসম্মান;
সম্মুখে দাঁড়াতে হবে উন্নত মস্তক উচ্চে তুলি
যে মস্তকে ভয় লেখে নাই লেখা, দাসত্বের ধূলি
আঁকে নাই কলঙ্কতিলক। তাহারে অন্তরে রাখি
**জীবনকন্টকপথে যেতে হবে নীরবে একাকী,
সুখে দুঃখে ধৈর্য ধরি, বিরলে মুছিয়া অশ্রু-আঁখি,
প্রতিদিবসের কর্মে প্রতিদিন নিরলস থাকি,
সুখী করি সর্বজনে।**

- চিত্রা: এবার ফিরাও মোরে

নভেম্বর ১৭

আপনারি রিপুর প্রশ্রয়ে এ দুঃখের মূল জানি

চিন্তা-কণিকা

আমাদের অনেক দুঃখই আমাদের ইচ্ছাকৃত। ভাবুন কী করে আমাদের নিজের মধ্যে লুকিয়ে থাকা সেই 'সত্যে'র সন্ধান আমরা পাব যে 'সত্য' সকল সুখ দুঃখের অতীত।

দুঃসহ দুঃখের বেড়াজালে
মানবেরে দেখি যবে নিরুপায়,
ভাবিয়া না পাই মনে,
সান্ত্বনা কোথায় আছে তার।
আপনারি মূঢ়তায়, আপনারি রিপুর প্রশ্রয়ে
এ দুঃখের মূল জানি;
সে জানায় আশ্বাস না পাই।
এ কথা যখন জানি,
মানবচিত্তের সাধনায়
গূঢ় আছে যে সত্যের রূপ
সেই সত্য সুখ দুঃখ সবের অতীত
তখন বুঝিতে পারি,
আপন আত্মায় যারা
ফলবান করে তারে
তারাই চরম লক্ষ্য মানবসৃষ্টির;
একমাত্র তারা আছে, আর কেহ নাই;
আর যারা সবে
মায়ার প্রবাহে তারা ছায়ার মতন--
দুঃখ তাহাদের সত্য নহে,
সুখ তাহাদের বিড়ম্বনা,
তাহাদের ক্ষতব্যথা দারুণ আকৃতি ধ'রে
প্রতি ক্ষণে লুপ্ত হয়ে যায়,
ইতিহাসে চিহ্ন নাহি রাখে।

- রোগশয্যায়: ২৯

নভেম্বর ১৮

সুখ অতি সহজ সরল

চিন্তা-কণিকা

সুখকে যখন আমরা হাতের মুঠির মধ্যে ধরে রাখতে চাই - তখনই সে হাতছাড়া হয়ে যায়। চারিদিকে পরিব্যাপ্ত সুখ ও আনন্দকে সহজ সরল ভাবে সকলের মধ্যে বিলিয়ে দিলেই সুখ আমাদের হয়।

আজি বহিতেছে
প্রাণে মোর শান্তিধারা-- **মনে হইতেছে**
সুখ অতি সহজ সরল, কাননের
প্রস্‌ফুট ফুলের মতো, শিশু-আননের
হাসির মতন, পরিব্যাপ্ত বিকশিত--
উন্মুখ অধরে ধরি চুম্বন-অমৃত
চেয়ে আছে সকলের পানে বাক্যহীন
শৈশববিশ্বাসে চিররাত্রি চিরদিন।
বিশ্ববীণা হতে উঠি গানের মতন
রেখেছে নিমগ্ন করি নিথর গগন।
সে সংগীত কী ছন্দে গাঁথিব, কী করিয়া
শুনাইব, কী সহজ ভাষায় ধরিয়া
দিব তারে উপহার ভালোবাসি যারে,
রেখে দিব ফুটাইয়া কী হাসি আকারে
নয়নে অধরে, কী প্রেমে জীবনে তারে
করিব বিকাশ। সহজ আনন্দখানি
কেমনে সহজে তারে তুলে ঘরে আনি
প্রফুল্ল সরস। **কঠিন আগ্রহভরে**
ধরি তারে প্রাণপণে-- মুঠির ভিতরে
টুটি যায়। হেরি তারে তীব্রগতি ধাই--
অন্ধবেগে বহুদূরে লঙ্ঘি চলি যাই,
আর তার না পাই উদ্দেশ।
চারি দিকে
দেখে আজি পূর্ণপ্রাণে মুগ্ধ অনিমিখে
এই স্তব্ধ নীলাম্বর স্থির শান্ত জল,
মনে হল সুখ অতি সহজ সরল।

- চিত্রা: সুখ

নভেম্বর ১৯

নিন্দা না থাকিলে ...

চিন্তা-কণিকা

নিন্দা আমাদের জীবনে অনেক দুঃখের কারণ হয়। নিন্দা আমরা সহ্য করতে পারি না। নিন্দুকদের আমরা ঘৃণার চোখে দেখি। কিন্তু নিন্দা সম্পর্কে আমরা যদি একটি দার্শনিক অবস্থান গ্রহণ করতে পারি - তাহলে হয়ত নিন্দা আমাদের এতটা দুঃখের কারণ হবে না। নিন্দাকে সহজভাবে গ্রহণ করার চেষ্টা করুন। মনে রাখবেন আপনাকে কেউ অপমান করতে পারবে না যতক্ষণ না আপনি তাকে সেই অনুমতি দেন। (আরো দেখুন জুলাই ২৭)

****

নিন্দা না থাকিলে পৃথিবীতে জীবনের গৌরব কী থাকিত? একটা ভালো কাজে হাত দিলাম, তাহার নিন্দা কেহ করে না, সে ভালো কাজের দাম কী! একটা ভালো কিছু লিখিলাম,তাহার নিন্দুক কেহ নাই, ভালো গ্রন্থর পক্ষে এমন মর্মান্তিক অনাদর কী হইতে পারে! **জীবনকে ধর্মচর্চায় উৎসর্গ করিলাম, যদি কোনো লোক তাহার মধ্যে গূঢ় মন্দ অভিপ্রায় না দেখিল তবে সাধুতা যে নিতান্তই সহজ হইয়া পড়িল।** মহত্বকে পদে পদে নিন্দার কাঁটা মাড়াইয়া চলিতে হয়। ইহাতে যে হার মানে বীরের সদ্‌গতি সে লাভ করে না। পৃথিবীতে নিন্দা দোষীকে সংশোধন করিবার জন্য আছে তাহা নহে, মহত্বকে গৌরব দেওয়া তাহার একটা মস্ত কাজ। নিন্দা-বিরোধ গায়ে বাজে না, এমন কথা অল্প লোকই বলিতে পারে। ... যাহার হৃদয় বেশি তাহার ব্যথা পাইবার শক্তিও বেশি। যাহার হৃদয় আছে সংসারে সেই লোকই কাজের মতো কাজে হাত দেয়। আবার **লোকের মতো লোক এবং কাজের মতো কাজ দেখিলেই নিন্দার ধার চারগুণ শাণিত হইয়া উঠে।** ইহাতেই দেখা যায়, বিধাতা যেখানে অধিকার বেশি দিয়াছেন সেইখানেই দুঃখ এবং পরীক্ষা অত্যন্ত কঠিন করিয়াছেন। বিধাতার সেই বিধানই জয়ী হউক। ... বস্তুত আমরা অতি সামান্য প্রমাণেই নিন্দা করিয়া থাকি, নিন্দার সেই লাঘবতাটুকু না থাকিলে সমাজের হাড় গুঁড়া হইয়া যাইত। নিন্দার রায় চূড়ান্ত রায় নহে; নিন্দিত ব্যক্তি ইচ্ছা করিলে তাহার প্রতিবাদ না করিতেও পারে। **এমন-কি, নিন্দাবাক্য হাসিয়া উড়াইয়া দেওয়াই সুবুদ্ধি বলিয়া গণ্য।**

- বিচিত্র প্রবন্ধ: পরনিন্দা

নভেম্বর ২০

মেটে না সকল তুচ্ছ আশ

জেনো মা এ সুখে-দুঃখে আকুল সংসারে
মেটে না সকল তুচ্ছ আশ
তা বলিয়া অভিমানে অনন্ত তাঁহারে
কোরো না কোরো না অবিশ্বাস।

- বারো বছর বয়স্ক ভাতিজি ইন্দিরা দেবীকে লিখিত চিঠি

****

তোর দুঃখ আমার হৃদয় ভরে আছে, আমি একদিনও ভুলতে পারিনে। এ দুঃখ দূর করি এমন শক্তি আমার নেই - আমার যতদূর সাধ্য আছে চেষ্টা করব। ...**সুখের আশা রাখিস নে, মীরু**, - দুঃখকে ভয় করিস নে - তুই যে কোনো শাসনের ভয়ে কোনো পীড়নের দায়ে নিজের সত্যকে বিকোতে চাসনে এতে আমি সুখী - জীবন কত দিনেরই বা - সত্যই সেই জীবনকে চিরদিনের মূল্য দেয় - অসহ্য দুঃখের দ্বারাই সত্যের যাচাই হয় - তোর জীবনে তাই হোক - সকল বেদনার উপরে খাঁটি সত্যের প্রমাণ হোক।

- কন্যা মীরা দেবীকে লিখিত পত্র, ১৯২১: দাম্পত্য জীবনে অসুখী কন্যাকে সান্ত্বনা দিচ্ছেন অসহায় পিতা (আরো দেখুন আগস্ট ১০)

****

কত অসহ্য দুঃখ বেদনা ঘরে ঘরে আছে, কাল প্রতিদিন তা একটু একটু করে মুছে দিচ্ছে। আমার জীবনের উপরেও সেই বিশ্বব্যাপী কালের হাত কাজ করচে। আর সেই জগৎ জোড়া আরোগ্যের কাজকে যেন একটুও কঠিন না করি - শোকদুঃখের চলাচল সহজ হয়ে যাক, প্রাত্যহিক দিনযাত্রাকে বাধা না দিক। ... সর্বলোকের সামনে নিজের গভীরতম দুঃখকে ক্ষুদ্র করতে লজ্জা করে। ক্ষুদ্র হয় তখন যখন সেই শোক সহজ জীবনযাত্রাকে বিপর্য্যস্ত করে সকলের দৃষ্টি আকর্ষণ করে। আমি কাউকে বলিনে আমাকে রাস্তা ছেড়ে দাও, সকলে যেমন চল্‌চে চলুক, এবং সবার সঙ্গে আমিও চলব। ... ভয় হয়েছিল পাছে সবাই আমাকে সান্ত্বনা দিতে আসে, তাই কিছুদিনের জন্য বারণ করেছিলুম সবাইকে আমার কাছে আসতে। ... ব্যক্তিগত জীবনটাকেই অন্য সব কিছুর উপরে প্রত্যক্ষ করে তোলাই সব চেয়ে আত্মাবমনা।

- কন্যা মীরা দেবীকে লিখিত পত্র, ১৯৩২

সুখ-দুঃখ

নভেম্বর ২১

তোমার পরশ থাকুক আমার-হৃদয়-ভরা

চিন্তা-কণিকা

এই পৃষ্ঠার কথাগুলো ঈশ্বরকে উদ্দেশ্য করে যেমন বলা যায় তেমনি মর্ত্যভূমির প্রিয়তমকেও বলা যায়। তাই নয় কি?!

আঁধার থাকুক দিকে দিকে আকাশ-অন্ধ-করা,
তোমার পরশ থাকুক আমার-হৃদয়-ভরা।

- গীতবিতান: পূজা: ২০২

****

সুখের মাঝে তোমায় দেখেছি,
দুঃখে তোমায় পেয়েছি প্রাণ ভ'রে।
হারিয়ে তোমায় গোপন রেখেছি,
পেয়ে আবার হারাই মিলনঘোরে।।
চিরজীবন আমার বীণা-তারে
তোমার আঘাত লাগল বারে বারে,
তাই তো আমার নানা সুরের তানে
প্রাণে তোমার পরশ নিলেম ধ'রে।।

- গীতালি: ৯৭

****

পথে চলে যেতে যেতে কোথা কোন্‌খানে
তোমার পরশ আসে কখন কে জানে ॥
সহসা দারুণ দুখতাপে সকল ভুবন যবে কাঁপে,
সকল পথের ঘোচে চিহ্ন সকল বাঁধন যবে ছিন্ন
মৃত্যু-আঘাত লাগে প্রাণে--
তোমার পরশ আসে কখন কে জানে ॥

- গীতবিতান: পূজা: ৫৭২

****

শুধু তোমার বাণী নয় গো, হে বন্ধু, হে প্রিয়,
মাঝে মাঝে প্রাণে তোমার পরশখানি দিয়ো ॥

- গীতবিতান: পূজা: ৩৭

নভেম্বর ২২

রাত্রির তপস্যা সে কি আনিবে না দিন

চিন্তা-কণিকা

গাঢ় অক্ষরে (bold letters) চিহ্নিত বাক্যাংশগুলো একটু বেশি মনোযোগ দিয়ে পড়ুন এবং কবিতাটি উপভোগ করুন। কবিতার এই শব্দগুচ্ছগুলো খেয়াল করুন এবং ভাবুন – "পাপ যদি নাহি মরে যায়/ আপনার প্রকাশ-লজ্জায়" কিংবা "অহংকার ভেঙে নাহি পড়ে আপনার অসহ্য সজ্জায়" অথবা "বীরের এ রক্তস্রোত, মাতার এ অশ্রুধারা/এর যত মূল্য সে কি ধরার ধুলায় হবে হারা।"

দুঃখেরে দেখেছি নিত্য, পাপেরে দেখেছি নানা ছলে ;
অশান্তির ঘূর্ণি দেখি জীবনের স্রোতে পলে পলে ;
মৃত্যু করে লুকাচুরি
সমস্ত পৃথিবী জুড়ি।
মৃত্যুর অন্তরে পশি অমৃত না পাই যদি খুঁজে,
সত্য যদি নাহি মেলে দুঃখ সাথে যুঝে,
পাপ যদি নাহি মরে যায়
আপনার প্রকাশ-লজ্জায়,
অহংকার ভেঙে নাহি পড়ে আপনার অসহ্য সজ্জায়,
তবে ঘরছাড়া সবে
অন্তরের কী আশ্বাস-রবে
মরিতে ছুটিছে শত শত
প্রভাত-আলোর পানে লক্ষ লক্ষ নক্ষত্রের মতো।
বীরের এ রক্তস্রোত, মাতার এ অশ্রুধারা
এর যত মূল্য সে কি ধরার ধুলায় হবে হারা।
স্বর্গ কি হবে না কেনা।
বিশ্বের ভাণ্ডারী শুধিবে না
এত ঋণ?
রাত্রির তপস্যা সে কি আনিবে না দিন।
নিদারুণ দুঃখরাতে
মৃত্যুঘাতে
মানুষ চূর্ণিল যবে নিজ মর্তসীমা
তখন দিবে না দেখা দেবতার অমর মহিমা?

- বলাকা: ৩৭

চিন্তা-
কণিকা

নভেম্বর ২৩

আরও, আরও, আরও! ... এবং পাপ

ভেবে দেখুন আমাদের জীবনযাপনে শুধু "আরও, আরও, আরও"-র বস্তু-সর্বস্ব প্রবণতার মধ্যে কেবল দুঃখ নয়, পাপও জড়িয়ে আছে।

****

মানুষের প্রকৃতিতে আশ্চর্য এই দেখা যায়, একটা ইচ্ছার উপর সওয়ার হইয়া আর-একটা ইচ্ছা চাপিয়া আছে। পেট ভরিয়া গেলে খাইবার ইচ্ছা যখন আপনি মিটিয়া যায়, তখনো সেই ইচ্ছাকে জোর করিয়া জাগাইয়া রাখিবার জন্য মানুষের আর-একটা ইচ্ছা তাগিদ করিতে থাকে।... ইহাতে মানুষের যথেষ্ট ক্ষতি করে। ... **মানুষের এই অস্বাভাবিক ইচ্ছা কিছুতেই তৃপ্তি মানিতে চায় না**। তাহার মধ্যে একটা কী আছে যে কেবলই বলিতেছে-- **আরও, আরও, আরও**! ... প্রকৃতির সীমাবদ্ধ ক্ষেত্রে আমাদের এই আরো'র ইচ্ছাকে দৌড় করাইতে গেলেই পরস্পরের ঘাড়ের উপর আসিয়া পড়িতে হয়। যেটুকু আমার আছে তাহার চেয়ে বেশি লইতে গেলেই যেটুকু তোমার আছে তাহার উপর হাত দিতে হয়। তখন, হয় গোপনে ছলনা নয় প্রকাশ্যে গায়ের জোর আশ্রয় করিতে হয়। তখন দুর্বলের মিথ্যাচার ও প্রবলের দৌরাত্ম্যে সমাজ লণ্ডভণ্ড হইতে থাকে। এমনি করিয়াই পাপ আসে, বিনাশ আসে। ... দুঃখের পরিমাপে তাহার পরিমাপ নহে। ... **কেবলমাত্র দুঃখের দ্বারা মানুষের ক্ষতি হয় না--এমন-কি,দুঃখের দ্বারা মানুষের মঙ্গল হইতে পারে-- কিন্তু, পাপই মানুষের পরম ক্ষতি**। ... মানুষের প্রয়োজনের ইচ্ছা, অর্থাৎ সীমাবদ্ধ সাংসারিক ইচ্ছা যখন স্বার্থের ক্ষেত্র ত্যাগ করিয়া পরমার্থের ক্ষেত্রে প্রবেশ করে তখন সেও বড়ো কুৎসিত। তখন **সে কেবলই পুণ্যের হিসাব রাখিতে থাকে**। যাহা পূর্ণ-আনন্দ, যাহা সকল ফলাফলের অতীত, তাহাকে ফলাফলের অঙ্কে গুণভাগ করিয়া গণনা করিতে থাকে। এবং সেই গণনার উপর নির্ভর করিয়া মানুষ অহংকৃত হইয়া উঠে, কেবলই বাহ্যিকতার জলে জড়াইয়া পড়ে এবং স্বার্থপর শুচিতাকে কৃপণের ধনের মতো সংকীর্ণ গণ্ডির মধ্যে অত্যন্ত সাবধানে জমা করিয়া তুলিতে থাকে।

- পথের সঞ্চয়: দুই ইচ্ছা

নভেম্বর ২৪

যন্ত্রণার শক্তি তার কী দুঃসীম

চিন্তা-কণিকা

দুঃখতেই মানুষের শেষ নয়। দুঃখকে জয় করে মানুষ এই পৃথিবীকে মূল্যযুক্ত (charged with value) করেছে ("অন্তহীন মূল্য দিল তারে")। মরণকে উপেক্ষা করে মানুষ জীবনকে এবং নিজ অস্তিত্বকে প্রতিনিয়ত ঐশ্চর্যশালী করছে।

মানুষের ক্ষুদ্র দেহ,
যন্ত্রণার শক্তি তার কী দুঃসীম।
সৃষ্টি ও প্রলয়-সভাতলে--
তার বহ্নিরসপাত্র
কী লাগিয়া যোগ দিল বিশ্বের ভৈরবীচক্রে,
বিধাতার প্রচণ্ড মত্ততা-- কেন
এ দেহের মৃৎভাণ্ড ভরিয়া
রক্তবর্ণ প্রলাপেরে অশ্রুস্রোতে করে বিপ্লাবিত।
প্রতি ক্ষণে অন্তহীন মূল্য দিল তারে
মানবের দুর্জয় চেতনা,
দেহদুঃখ-হোমানলে
যে অর্ঘ্যের দিল সে আহুতি--
জ্যোতিষ্কের তপস্যায়
তার কি তুলনা কোথা আছে।
এমন অপরাজিত বীর্যের সম্পদ,
এমন নির্ভীক সহিষ্ণুতা,
এমন উপেক্ষা মরণেরে,
হেন জয়যাত্রা
বহ্নিশয্যা মাড়াইয়া দলে দলে
দুঃখের সীমান্ত খুঁজিবারে
নামহীন জ্বালাময় কী তীর্থের লাগি--
সাথে সাথে পথে পথে
এমন সেবার উৎস আগ্নেয় গহ্বর ভেদ করি
অফুরান প্রেমের পাথেয়।

- রোগশয্যায়: ৫

নভেম্বর ২৫

তোমার সম্মুখে এসে, দুর্ভাগিনী, দাঁড়াই যখন

চিন্তা-
কণিকা

দৌহিত্র 'নিতু'-র অকাল মৃত্যুতে দুর্ভাগিনী কন্যা মীরা দেবীর শোকের পটভূমিতে লিখা কবিতাটি আমাদের মনকেও নত করে সন্তানহারা মায়েদের কাছে।

**তোমার সম্মুখে এসে, দুর্ভাগিনী, দাঁড়াই যখন
নত হয় মন।**
... এ কী দুঃখভার,
কী বিপুল বিষাদের স্তম্ভিত নীরন্ধ্র অন্ধকার
ব্যাপ্ত করে আছে তব সমস্ত জগৎ,
তব ভূত ভবিষ্যৎ!
... **সব সান্ত্বনার শেষে সব পথ একেবারে
মিলেছে শূন্যের অন্ধকারে;**
ফিরিছ বিশ্রামহারা ঘুরে ঘুরে,
খুঁজিছ কাছের বিশ্ব মুহূর্তে যা চলে গেল দূরে;
খুঁজিছ বুকের ধন, সে আর তো নেই,
বুকের পাথর হল মুহূর্তেই।
চিরচেনা ছিল চোখে চোখে,
অকস্মাৎ মিলালো অপরিচিত লোকে।
দেবতা যেখানে ছিল সেথা জ্বালাইতে গেলে ধূপ,
সেখানে বিদ্রূপ।
সর্বশূন্যতার ধারে
জীবনের পোড়ো ঘরে অবরুদ্ধ দ্বারে
দাও নাড়া;
ভিতরে কে দিবে সাড়া?
মূর্ছাতুর আঁধারের উঠিছে নিশ্বাস।
ভাঙা বিশ্বে পড়ে আছে ভেঙে-পড়া বিপুল বিশ্বাস।
... তুমি স্থির সীমাহীন নৈরাশ্যের তীরে
নির্বাক অপার নির্বাসনে।
**অশ্রুহীন তোমার নয়নে
অবিশ্রাম প্রশ্ন জাগে যেন--
কেন, ওগো কেন!**

- বীথিকা: দুর্ভাগিনী

নভেম্বর ২৬

বিষাদ ভুলিয়া সকলে মিলিয়া গাহিব মোরা

চিন্তা-কণিকা

গানটি শুনুন এবং গাঢ় অক্ষরের (bold letters) বাক্যগুলি খেয়াল করে পড়ুন এবং ভাবুন ভাবের কী অপূর্ব প্রকাশ।

সখী, ভাবনা কাহারে বলে।
সখী, যাতনা কাহারে বলে।
তোমরা যে বলো দিবস-রজনী 'ভালোবাসা' 'ভালোবাসা'
সখী, ভালোবাসা কারে কয়!
সে কি কেবলই যাতনাময়।
সে কি কেবলই চোখের জল?
সে কি কেবলই দুখের শ্বাস ?
লোকে তবে করে কী সুখেরই তরে এমন দুখের আশ।
আমার চোখে তো সকলই শোভন,
সকলই নবীন, সকলই বিমল,
সুনীল আকাশ, শ্যামল কানন,
বিশদ জোছনা, কুসুম কোমল—
সকলই আমার মতো।
তারা কেবলই হাসে, কেবলই গায়,
হাসিয়া খেলিয়া মরিতে চায়—
না জানে বেদন, না জানে রোদন,
না জানে সাধের যাতনা যত।
ফুল সে হাসিতে হাসিতে ঝরে,
জোছনা হাসিয়া মিলায়ে যায়,
হাসিতে হাসিতে আলোকসাগরে
আকাশের তারা তেয়াগে কায়।
আমার মতন সুখী কে আছে।
আয় সখী, আয় আমার কাছে—
সুখী হৃদয়ের সুখের গান
শুনিয়া তোদের জুড়াবে প্রাণ।
প্রতিদিন যদি কাঁদিবি কেবল
একদিন নয় হাসিবি তোরা—
একদিন নয় বিষাদ ভুলিয়া
সকলে মিলিয়া গাহিব মোরা।

- নাট্যগীতি: ১১

নভেম্বর ২৭

সেই ভালো সেই ভালো, আমারে নাহয় না জানো

চিন্তা-কণিকা

গাঢ় অক্ষরের (bold letters) বাক্যগুলো খেয়াল করুন এবং তা নিয়ে ভাবুন - কবে কোথায় গোপনে দেখেছেন “ব্যাকুল নয়নে ভাবের খেলা”, অথবা কবে কোথায় প্রিয়তমের পাশে বসে “না বলা বাণীর নিয়ে আকুলতা” কত অনিশ্চিত দ্বিধা-থরথর মুহূর্ত কাটিয়েছেন।

সেই ভালো সেই ভালো, আমারে নাহয় না জানো।
দূরে গিয়ে নয় দুঃখ দেবে, কাছে কেন লাজে লাজানো ॥
মোর বসন্তে লেগেছে তো সুর, বেণুবনছায়া হয়েছে মধুর--
থাক-না এমনি গন্ধে-বিধুর মিলনকুঞ্জ সাজানো।
গোপনে দেখেছি তোমার ব্যাকুল নয়নে ভাবের খেলা।
উতল আঁচল, এলোথেলো চুল, দেখেছি ঝড়ের বেলা।
তোমাতে আমাতে হয় নি যে কথা
মর্মে আমার আছে সে বারতা--
না বলা বাণীর নিয়ে আকুলতা
আমার বাঁশিটি বাজানো ॥

- গীতবিতান: প্রেম: ১৯০

চিন্তা-কণিকা

<u>আরো চিন্তার খোরাক:</u> মনে পড়ে কি সুধীন্দ্রনাথ দত্তের কবিতা -
"একটি কথার দ্বিধা-থরথর চূড়ে
ভর করেছিল সাতটি অমরাবতী,
একটি নিমেষ দাঁড়ালো সরণী জুড়ে
থামিল কালের চিরচঞ্চল গতি।" (সুধীন্দ্রনাথ দত্ত : শাশ্বতী)

সেই রকম নীরবতার মুহূর্তে আপনার প্রিয়তমের মনে গুঞ্জরিত হয়ে হয়তবা উঠেছে রবীন্দ্রনাথের আরেকটি কালজয়ী গান

"**অনেক কথা যাও যে ব'লে কোনো কথা না বলি।**
তোমার ভাষা বোঝার আশা দিয়েছি জলাঞ্জলি॥
যে আছে মম গভীর প্রাণে ভেদিবে তারে হাসির বাণে,
চকিতে চাহ মুখের পানে তুমি যে কুতূহলী।"

- গীতবিতান: প্রেম: ১৪৭

নভেম্বর ২৮

তোমার কীর্তির চেয়ে তুমি যে মহৎ

চিন্তা-কণিকা

সম্রাট শাহজাহান নেই - কিন্তু তার কীর্তি দিয়ে তিনি মৃত্যুকে জয় করে গিয়েছেন।

তোমার কীর্তির চেয়ে তুমি যে মহৎ,
তাই তব জীবনের রথ
পশ্চাতে ফেলিয়া যায় কীর্তিরে তোমার বারম্বার।
তাই চিহ্ন তব পড়ে আছে, তুমি হেথা নাই।
যে প্রেম সম্মুখপানে
চলিতে চালাতে নাহি জানে,
যে প্রেম পথের মধ্যে   পেতেছিল নিজ সিংহাসন,
তার বিলাসের সম্ভাষণ
পথের ধুলার মতো জড়ায়ে ধরেছে তব পায়ে,
দিয়েছ তা ধূলিরে ফিরায়ে।
সেই তব পশ্চাতের পদধূলি-'পরে
তব চিত্ত হতে বায়ুভরে কখন সহসা
উড়ে পড়েছিল বীজ জীবনের মাল্য হতে খসা।
তুমি চলে গেছ দূরে
সেই বীজ অমর অঙ্কুরে
উঠেছে অম্বরপানে,
কহিছে গম্ভীর গানে—
' যত দূর চাই
নাই নাই সে পথিক নাই।
প্রিয়া তারে রাখিল না , রাজ্য তারে ছেড়ে দিল পথ
রুধিল না সমুদ্র পর্বত।
আজি তার রথ
চলিয়াছে রাত্রির আহ্বানে
নক্ষত্রের গানে
প্রভাতের সিংহদ্বার পানে।
তাই
স্মৃতিভারে আমি পড়ে আছি,
ভারমুক্ত সে এখানে নাই।

- বলাকা: ৭

নভেম্বর ২৯

মনে হয় সৃষ্টি বুঝি বাঁধা নাই নিয়মনিগড়ে

চিন্তা-কণিকা

নিয়তির হঠাৎ আঘাতে বা নিষ্ঠুরতায় আমাদের অনেক সময়ই মনে হয় - পৃথিবীটা বুঝি একটা উদভ্রান্ত সৃষ্টি - কোনো নিয়ম নাই - কোনো নিশ্চয়তা নাই। যে কিশোর পূর্ণবিকশিত হবার আগেই মৃত্যুবরণ করে -কিংবা দুর্ঘটনায় যখন দৈবচক্রে শত শত মানুষ মরে যায় - তার কী ব্যাখ্যা বা সান্ত্বনা থাকতে পারে। নৈরাশ্যের অন্ধকারে ডুবে গিয়ে আমরা ভাবতে পারি রবীন্দ্রনাথের 'সিন্ধুতরঙ্গ' কবিতার লাইন ধার করে - "নাই তুমি, ভগবান, /নাই দয়া, নাই প্রাণ--/ জড়ের বিলাস।" কেননা আমাদের চোখে "প্রাণহীন এ মত্ততা / না জানে পরের ব্যথা,/ না জানে আপন।" কিন্তু পরক্ষণেই আবার নিজেকে শুধরে নিয়ে বলে উঠি – "পাশাপাশি এক ঠাঁই/দয়া আছে, দয়া নাই-/ বিষম সংশয়।"

মনে হয় সৃষ্টি বুঝি বাঁধা নাই নিয়মনিগড়ে,
আনাগোনা মেলামেশা সবই অন্ধ দৈবের ঘটনা।
এই ভাঙে, এই গড়ে,
এই উঠে, এই পড়ে--
কেহ নাহি চেয়ে দেখে কার কোথা বাজিছে বেদনা।

...

মোরা শুধু খড়কুটো স্রোতোমুখে চলিয়াছি ছুটি,
অর্ধ পলকের তরে কোথাও দাঁড়াতে নাহি ঠাঁই।
এই ডুবি, এই উঠি,
ঘুরে ঘুরে পড়ি লুটি--
এই যারা কাছে আসে এই তারা কাছাকাছি নাই।
সৃষ্টিস্রোত-কোলাহলে বিলাপ শুনিবে কে বা কার,
আপন গর্জনে বিশ্ব আপনারে করেছে বধির।
শতকোটি হাহাকার
কলধ্বনি রচে তার--
পিছু ফিরে চাহিবার কাল নাই, চলেছে অধীর।

- মানসী: নিষ্ঠুর সৃষ্টি

নভেম্বর ৩০

যুগে যুগে নটনটী বহু শত শত ...

**বিরাট সৃষ্টির ক্ষেত্রে
আতশবাজির খেলা আকাশে আকাশে,**
সূর্য তারা ল'য়ে
যুগযুগান্তের পরিমাপে।
অনাদি অদৃশ্য হতে আমিও এসেছি
ক্ষুদ্র অগ্নিকণা নিয়ে
এক প্রান্তে ক্ষুদ্র দেশে কালে।
প্রস্থানের অঙ্কে আজ এসেছি যেমনি
দীপশিখা ম্লান হয়ে এল,
ছায়াতে পড়িল ধরা এ খেলার মায়ার স্বরূপ,
শ্লথ হয়ে এল ধীরে
সুখ দুঃখ নাট্যসজ্জাগুলি।
**দেখিলাম, যুগে যুগে নটনটী বহু শত শত
ফেলে গেছে নানারঙা বেশ তাহাদের
রঙ্গশালা-দ্বারের বাহিরে।**
দেখিলাম চাহি
শত শত নির্বাপিত নক্ষত্রের নেপথ্যপ্রাঙ্গণে
নটরাজ নিস্তব্ধ একাকী।

- আরোগ্য: ৯

চিন্তা-কণিকা

কবি William Shakespeare এই জীবনের রঙ্গমঞ্চ নিয়ে বলেছিলেন
"Life's but a walking shadow, a poor player,
That struts and frets his hour upon the stage,
And then is heard no more. It is a tale
Told by an idiot, full of sound and fury,
Signifying nothing."
অর্থাৎ - "আমাদের জীবন ত' এক চলমান প্রতিচ্ছায়া। / যেন এক নগণ্য অভিনেতা/ মঞ্চে লম্ফ ঝম্প দিচ্ছে নির্দিষ্ট সময়ের জন্য।/ তারপর, তারপর - তার আর কোনো সাড়াশব্দ নেই।/ এই জীবন এক আহাম্মক-রচিত কাহিনী/ হাঁকডাক আর উন্মত্ততায় পরিপূর্ণ/ অথচ অর্থ নেই কোনো।" (লেখকের অনুবাদ)

******* নভেম্বর বোনাস *******

ভরা থাক্‌ স্মৃতিসুধায় ...

ভরা থাক্‌ স্মৃতিসুধায় বিদায়ের পাত্রখানি।
মিলনের উৎসবে তায় ফিরায়ে দিয়ো আনি॥
বিষাদের অশ্রুজলে   নীরবের মর্মতলে
গোপনে উঠুক ফলে   হৃদয়ের নূতন বাণী॥

- গীতবিতান: প্রেম: ২৩৯

****

এ সংসারে একদিন নববধূবেশে
তুমি যে আমার পাশে দাঁড়াইলে এসে,
রাখিলে আমার হাতে কম্পমান হাত,
সে কি অদৃষ্টের খেলা, সে কি অকস্মাৎ?
শুধু এক মুহূর্তের এ নহে ঘটনা,
অনাদিকালের এ আছিল মন্ত্রণা।
দোঁহার মিলনে মোরা পূর্ণ হব দোঁহে,
বহু যুগ আসিয়াছি এই আশা বহে।
নিয়ে গেছ কতখানি মোর প্রাণ হতে,
দিয়ে গেছ কতখানি এ জীবনস্রোতে!
কত দিন কত রাত্রে কত লজ্জাভয়ে
কত ক্ষতিলাভে কত জয়ে পরাজয়ে
রচিতেছিলাম যাহা মোরা শ্রান্তিহারা
সাঙ্গ কে করিবে তাহা মোরা দোঁহে ছাড়া?

- স্মরণ: ১৫

স্ত্রী মৃণালিনী দেবীর মৃত্যুর অল্পদিন পরে প্রকাশিত কাব্যগ্রন্থ

****

এই কথাটি মনে রেখো,   তোমাদের এই হাসিখেলায়
আমি যে গান গেয়েছিলেম   জীর্ণ পাতা ঝরার বেলায়।
শুকনো ঘাসে শূন্য বলে   আপন-মনে
অনাদরে অবহেলায়
আমি যে গান গেয়েছিলেম   জীর্ণ পাতা ঝরার বেলায়॥
দিনের পথিক মনে রেখো,   আমি চলেছিলেম রাতে
সন্ধ্যাপ্রদীপ নিয়ে হাতে।

- গীতবিতান: প্রেম: ১৮

সুখ-দুঃখ

নভেম্বর

১২

শেষ পারানির কড়ি

"কণ্ঠে নিলেম গান, আমার শেষ পারানির কড়ি--
একলা ঘাটে রইব না গো পড়ি ॥
আমার   সুরের রসিক নেয়ে
তারে   ভোলাব গান গেয়ে,
      পারের খেয়ায় সেই ভরসায় চড়ি ॥
পার হব কি নাই হব তার খবর কে রাখে--
দূরের হাওয়ায় ডাক দিল এই সুরের পাগলাকে।
ওগো   তোমরা মিছে ভাব,
আমি   যাবই যাবই যাব—"

- গীতবিতান: পূজা: ৩১

শেষ অধ্যায়ে এসে আর রাখলাম না বিষয়ভিত্তিক অধ্যায় বিভাজনের ব্যর্থ প্রচেষ্টা। বরঞ্চ শেষ পারানির কড়ি হাতে নিয়ে একটি পাঁচমিশেলি অধ্যায় আপনাদেরকে উপহার দিলাম। এই অধ্যায়ে আছে নানান হৃদয়হরা রবীন্দ্র-বাণী। সেইসাথে গোপন রয়ে গেল আমার এক গভীর মনোবেদনা - কারণ, এই বইয়ের ক্ষুদ্র পরিসরে অনেক পছন্দের রবীন্দ্রবাণী গ্রন্থিত করতে পারলাম না। আশাকরি পাঠক-পাঠিকা আগ্রহী হয়ে রবীন্দ্র-রচনাবলী থেকে নিজেই খুঁজে নিবেন আরো অনেক হৃদয়হরা, মন-ভালো-করা, প্রাণ-উজ্জীবিত-করা রবীন্দ্রবাণী।

(আরো দেখুন এই বইয়ের 'ভূমিকা: কেন এবং কীভাবে এই বই?')

শেষ পারানির কড়ি

ডিসেম্বর

ডিসেম্বর ১

I boasted among men that I had known you

I boasted among men that I had known you.
They see your pictures in all works of mine.
They come and ask me, 'Who is he?'
I know not how to answer them.
I say, 'Indeed, I cannot tell.'
They blame me and they go away in scorn.
And you sit there smiling.
I put my tales of you into lasting songs.
The secret gushes out from my heart.
They come and ask me, 'Tell me all your meanings.'
I know not how to answer them.
I say, 'Ah, who knows what they mean!'
They smile and go away in utter scorn.
And you sit there smiling.

- Song Offerings (English Gitanjali)

তোমায় চিনি বলে আমি করেছি গরব   লোকের মাঝে;
মোর আঁকা পটে দেখেছে তোমায় অনেকে অনেক সাজে।
কত জনে এসে মোরে ডেকে কয়
"কে গো সে', শুধায় তব পরিচয়-- "কে গো সে।'
তখন কী কই, নাহি আসে বাণী,
আমি শুধু বলি,"কী জানি! কী জানি!'
তুমি শুনে হাস, তারা দুষে মোরে কী দোষে।
তোমার   অনেক কাহিনী গাহিয়াছি আমি অনেক গানে।
গোপন বারতা লুকায়ে রাখিতে   পারি নি আপন প্রাণে।
কত জন মোরে ডাকিয়া কয়েছে,
"যা গাহিছ তার অর্থ রয়েছে কিছু কি।'
তখন কী কই, নাহি আসে বাণী,
আমি শুধু বলি,"অর্থ কী জানি!'
তারা হেসে যায়,তুমি হাস বসে মুচুকি।

- উৎসর্গ: ৬

ডিসেম্বর ২

তোমার জ্যোতিষ্ক তারে যে-পথ দেখায়

চিন্তা-কণিকা

মৃত্যুর মাত্র সাত দিন আগে লিখা এটি রবীন্দ্রনাথের শেষ কবিতা। বিশ্বাসী কবির শেষ উচ্চারণে এ কী কথা! কেন তিনি ঈশ্বরকে 'ছলনাময়ী' আখ্যা দিচ্ছেন - আর "মিথ্যা বিশ্বাসের ফাঁদ" বলতেই বা কী বোঝাচ্ছেন? আবার ঈশ্বরকে পথ-প্রদর্শক বলছেন ("তোমার জ্যোতিষ্ক তারে যে-পথ দেখায়")।

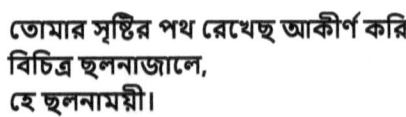

তোমার সৃষ্টির পথ রেখেছ আকীর্ণ করি
বিচিত্র ছলনাজালে,
হে ছলনাময়ী।
মিথ্যা বিশ্বাসের ফাঁদ পেতেছ নিপুণ হাতে
সরল জীবনে।
এই প্রবঞ্চনা দিয়ে মহত্ত্বেরে করেছ চিহ্নিত ;
তার তরে রাখ নি গোপন রাত্রি।
তোমার জ্যোতিষ্ক তারে
যে-পথ দেখায়
সে যে তার অন্তরের পথ,
সে যে চিরস্বচ্ছ,
সহজ বিশ্বাসে সে যে
করে তারে চিরসমুজ্জ্বল।
বাহিরে কুটিল হোক অন্তরে সে ঋজু,
এই নিয়ে তাহার গৌরব।
লোকে তারে বলে বিড়ম্বিত।
সত্যেরে সে পায়
আপন আলোকে ধৌত অন্তরে অন্তরে।
কিছুতে পারে না তারে প্রবঞ্চিতে,
শেষ পুরস্কার নিয়ে যায় সে যে
আপন ভান্ডারে।
অনায়াসে যে পেরেছে ছলনা সহিতে
সে পায় তোমার হাতে
শান্তির অক্ষয় অধিকার।

- শেষ লেখা: ১৫

শেষ পারানির কড়ি

ডিসেম্বর ৩

সত্য যে কঠিন, কঠিনেরে ভালোবাসিলাম

চিন্তা-কণিকা

মৃত্যুর প্রায় তিন মাস আগের এই কবিতায় এক গভীর সত্যানুভূতি প্রকাশিত। জীবনভর আঘাতে আঘাতে বেদনায় বেদনায় কবি যেমন করে আপনার সত্য রূপ চিনলেন আমরাও কি সেভাবেই চিনে নেব সত্যের স্বরূপ!? সত্যকে খুঁজে পাওয়া কঠিন; এ এক সাধনার ব্যাপার। দেশে দেশে ধর্ম-ব্যবসায়ীরা নকল ভগবানে (Duplicate God) এর নামে নানান 'মিথ্যা বিশ্বাসের ফাঁদ' (দেখুন ডিসেম্বর ২ ও জুন ২৪) পেতে রেখেছে এবং তাতেই আকীর্ণ হয়ে আছে আমাদের চলার পথ (আরো দেখুন অধ্যায় ৬ - ধর্ম-উপলব্ধি)। ঈশ্বর এসকল ধর্ম-ব্যবসায়ীদের বাধাগ্রস্ত করেন না বলেই কি আগের কবিতায় (ডিসেম্বর ২) অভিমানী কবি ঈশ্বরকে 'ছলনাময়ী' আখ্যা দিয়েছেন?! সত্য পথ খুঁজতে হলে আমাদেরকে এগুতে হবে ঈশ্বরের 'জ্যোতিষ্কের' দেখানো পথ ধরে আত্ম-উপলব্ধি ও ধর্ম-উপলব্ধির পথ হয়ে আত্মশুদ্ধির রাস্তায়। তখনই ছিন্ন হবে আমাদের আত্ম-অহমিকা এবং ধর্ম-মোহের আবরণ।

রূপনারানের কূলে
জেগে উঠিলাম,
জানিলাম এ জগৎ
স্বপ্ন নয়।
রক্তের অক্ষরে দেখিলাম
আপনার রূপ,
চিনিলাম আপনারে
আঘাতে আঘাতে
বেদনায় বেদনায়;
**সত্য যে কঠিন,
কঠিনেরে ভালোবাসিলাম,
সে কখনো করে না বঞ্চনা।**
আমৃত্যুর দুঃখের তপস্যা এ জীবন,
সত্যের দারুণ মূল্য লাভ করিবারে,
মৃত্যুতে সকল দেনা শোধ করে দিতে।

- শেষ লেখা: ১১

ডিসেম্বর ৪

মনেরে আজ কহ যে, সত্যেরে লও সহজে

মনেরে আজ কহ যে,
ভালো মন্দ যাহাই আসুক সত্যেরে লও সহজে।
কেউ বা তোমায় ভালোবাসে, কেউ বা বাসতে পারে না যে,
কতকটা যে স্বভাব তাদের কতকটা বা তোমারো ভাই,
কতকটা এ ভবের গতিক— সবার তরে নহে সবাই।
তোমায় কতক ফাঁকি দেবে তুমিও কতক দেবে ফাঁকি,
তোমার ভোগে কতক পড়বে পরের ভোগে থাকবে বাকি,
মান্ধাতারই আমল থেকে চলে আসছে এমনি রকম—
তোমারি কি এমন ভাগ্য বাঁচিয়ে যাবে সকল জখম!
অনেক ঝঞ্ঝা কাটিয়ে বুঝি এলে সুখের বন্দরেতে,
জলের তলে পাহাড় ছিল লাগল বুকের অন্দরেতে,
মুহূর্তেকে পাঁজরগুলো উঠল কেঁপে আর্তরবে--
তাই নিয়ে কি সবার সঙ্গে ঝগড়া করে মরতে হবে?
তোমার মাপে হয় নি সবাই **তুমিও হও নি সবার মাপে,**
তুমি মর কারো ঠেলায় **কেউ বা মরে তোমার চাপে**
তবু ভেবে দেখতে গেলে এমনি কিসের টানাটানি?
তেমন করে হাত বাড়ালে সুখ পাওয়া যায় অনেকখানি।
আকাশ তবু সুনীল থাকে, মধুর ঠেকে ভোরের আলো,
মরণ এলে হঠাৎ দেখি মরার চেয়ে বাঁচাই ভালো।
যাহার লাগি চক্ষু বুজে বহিয়ে দিলাম অশ্রুসাগর
তাহারে বাদ দিয়েও দেখি বিশ্বভুবন মস্ত ডাগর।
নিজের ছায়া মস্ত করে অস্তাচলে বসে বসে
আঁধার করে তোল যদি **জীবনখানা নিজের দোষে,**
বিধির সঙ্গে বিবাদ করে **নিজের পায়েই কুড়ুল মার,**
দোহাই তবে এ কার্যটা যত শীঘ্র পার সারো।
খুব খানিকটে কেঁদে কেটে অশ্রু ঢেলে ঘড়া ঘড়া
মনের সঙ্গে এক রকমে করে নে ভাই, বোঝাপড়া।
তাহার পরে আঁধার ঘরে প্রদীপখানি জ্বালিয়ে তোলো—
ভুলে যা ভাই, কাহার সঙ্গে **কতটুকুন তফাত হল।**
ভালো মন্দ যাহাই আসুক **সত্যেরে লও সহজে।**

- ক্ষণিকা: বোঝাপড়া

ডিসেম্বর ৫

STRAY BIRDS

 THESE little thoughts are the rustle of leaves; they have their whisper of joy in my mind.

****

 STRAY BIRDS of summer come to my window to sing and fly away. And yellow leaves of autumn, which have no songs, flutter and fall there with a sigh.

****

 IF you shed tears when you miss the sun, you also miss the stars..

****

 EVERY child comes with the message that God is not yet discouraged of man.

****

 A mind all logic is like a knife all blade. It makes the hand bleed that uses it.

****

 He who wants to do good knocks at the gate; he who loves finds the gate open.

****

 THE WORLD puts off its mask of vastness to its lover. It becomes small as one song, as one kiss of the eternal.

****

 We read the world wrong and say that it deceives us.

****

 The bird thinks it is an act of kindness to give the fish a lift in the air.

****

 WHAT you are you do not see, what you see is your shadow.

- All quotes above are from the book "Stray Birds" (1917)

ডিসেম্বর ৬

হাসিবার তর সঙ্গ মিলে বহু, কাঁদিবার কো নাই

চিন্তা-কণিকা

প্রথম তিনটি উক্তিতে গাঢ় অক্ষরের (bold letters) বাক্যগুলো আশাকরি বাস্তবে বা কল্পনায় কাউকে বলবার সুযোগ কেউ কেউ পেয়ে যাবেন বা বের করে নিতে পারবেন। আর শেষ উক্তিতে আমাদের দুঃখের একটি প্রধান কারণ বর্ণিত হয়েছে - যেহেতু আমরা আমাদের মতে মানুষকে চালানোর জন্য অনেকসময়ই তার উপর জোর-জবরদস্তি করি।

বরখি আঁখিজল ভানু কহে -- অতি
দুখের জীবন ভাই।
হাসিবার তর সঙ্গ মিলে বহু,
কাঁদিবার কো নাই।

- ভানুসিংহ ঠাকুরের পদাবলী

****

দুঃখ যে তোর নয় রে চিরন্তন--
পার আছে রে এই সাগরের বিপুল ক্রন্দন ॥
এই জীবনের ব্যথা যত   এইখানে সব হবে গত,
চিরপ্রাণের আলয়-মাঝে অনন্ত সান্ত্বন ॥

- গীতবিতান: পূজা: ৬১২

****

কাছের পাওনাকে নিয়ে বাসনার যে দুঃখ তাই পশুর, **দূরের পাওনাকে নিয়ে আকাঙ্ক্ষার যে দুঃখ তাই মানুষের** ।

- রক্তকরবী

****

আমরা মনে করি, আমার মতে সকলকে চালানোই সকলের পক্ষে চরম শ্রেয়; অতএব সকলে যদি সত্যকে বুঝিয়া সে পথে চলে তবে ভালোই, যদি না চলে ভুল বুঝাইয়াও চালাইতে হইবে - অথবা চালনার সকলের চেয়ে সোজা উপায় আছে জবরদস্তি।

- সমূহ: সদুপায়

ডিসেম্বর ৭

কী চাই?

চিন্তা-কণিকা

গাঢ় অক্ষরে (bold letters) চিহ্নিত বাক্যগুলোর দিকে একটু বেশি মনোযোগ দিন।

****

আমরা এতদিন প্রত্যহ আমাদের উপাসনা থেকে কী ফল চেয়েছিলুম। আমরা চেয়েছিলুম শান্তি। ভেবেছিলুম এই উপাসনা বনস্পতির মতো আমাদের ছায়া দেবে, প্রতিদিন সংসারের তাপ থেকে আমাদের বাঁচাবে। কিন্তু **শান্তিকে চাইলে শান্তি পাওয়া যায় না। তার চেয়ে আরও অনেক বেশি না চাইলে শান্তির প্রার্থনাও বিফল হয়**। ... **রোগী যদি শান্তি চায়, স্বাস্থ্য না চায় - তবে সে শান্তিও পায় না - স্বাস্থ্যও পায় না**। **আমাদেরও শান্তিতে চলবে না, প্রেম দরকার**। ... কিছুক্ষণের জন্য একটা স্নিগ্ধতার আবরণ আমাদের উপরে এসে পড়ে, সেটাকে আমাদের ভুলায়,--আমরা মনে নিশ্চিন্ত হয়ে বসি আমাদের উপাসনা সার্থক হল--কিন্তু ভিতরের দিকে সার্থকতা দেখতে পাই নে। কেননা, দেখতে পাই, ব্যাধি যে যায় না। সমস্ত দিন নানা ঘটনায় দেখতে পাই সংসারের সঙ্গে আমাদের সম্বন্ধ সহজ হয় নি। ... বাহিরের সঙ্গে ব্যবহারে আমাদের ওজন ঠিক থাকছে না। **ছোটো কথা অত্যন্ত বড়ো করে শুনছি, ছোটো ব্যাপার অত্যন্ত ভারি হয়ে উঠেছে**। ভার বাড়ে কখন; কেন্দ্রের দিকে ভারাকর্ষণ যখন বেশি হয়। ... আমরাও তাই দেখছি আমাদের নিজের কেন্দ্রের দিকের টানটা অত্যন্ত বেশি--**আমাদের স্বার্থ ভিতরের দিকেই টানছে, অহংকার ভিতরের দিকেই টানছে**, এইজন্যেই সব জিনিসই অত্যন্ত ভারি হয়ে উঠছে--যা তুচ্ছ তা কেবলমাত্র আমার ওই ভিতরের টানের জোরেই আমাকে কেবলই চাপছে--সব জিনিসই আমাকে ঠেসে ধরেছে--সব কথাই আমাকে ঠেলে দিচ্ছে--ক্ষণকালের শান্তির দ্বারা এটাকে ভুলে থেকে আমাদের লাভটা কী। **এই চাপটা হালকা হয় কখন? প্রেমে। তখন যে ওই টানটা বাহিরের দিকে যায়**।

- শান্তিনিকেতন: কী চাই?

ডিসেম্বর ৮

আমার মন বলে, 'চাই চাই চাই গো

আমার মন বলে, 'চাই চাই চাই গো
যারে নাহি পাই গো।'
সকল পাওয়ার মাঝে
আমার মনে বেদন বাজে,
'না ই, না ই নাই গো।'
**হারিয়ে যেতে হবে,
আমায় ফিরিয়ে পাব তবে।**
সন্ধ্যাতারা যায় যে চলে
ভোরের তারায় জাগবে ব'লে,
বলে সে, 'যা ই যা ই যাই গো।'

- গীতবিতান: প্রেম: ৩৪৩

**চিন্তা-
কণিকা**

আমরা কেবল নিজেকে হারিয়েই ঈশ্বরকে পেতে পারি। অর্থাৎ আমার 'আমি'-কে বিসর্জন দিতে হবে। ("আমার যে সব দিতে হবে সে তো আমি জানি/ আমার যত বিত্ত, প্রভু, আমার যত বাণী")। আমাদের গর্ব অহংকার ধন-মান এবং লোভ-লালসার বিসর্জনই আমাদেরকে এগিয়ে নিয়ে যেতে পারে সেই পথে যেখানে আমরা ঈশ্বরকে পাব। আমাদের মনের মধ্যে প্রতিদিন রবিঠাকুরের এই গানটি গুঞ্জরিত করে তুলতে হবে –

"চাই গো আমি তোমারে চাই তোমায় আমি চাই—
এই কথাটি সদাই মনে বলতে যেন পাই।
আর যা-কিছু বাসনাতে ঘুরে বেড়াই দিনে রাতে
মিথ্যা সে-সব মিথ্যা ওগো তোমায় আমি চাই।"

- গীতাঞ্জলি: ৮৮

সুফি সাধক মাওলানা জালালুদ্দিন রুমী বলেছিলেন প্রেমের মধ্যে নিজেকে হারিয়ে ফেলাতেই প্রেমের সার্থকতা –
"আমার স্থান, স্থানহীন - আমার চিহ্ন, চিহ্নহীন
আমি দেহে অস্তিত্ববিহীন, এবং আত্মায়ও তাই,
কেননা আমি তো আমার
প্রেমাস্পদের মাঝে বিলীন হয়ে আছি।" (রুমী: মসনবী)

শেষ পারানির কড়ি

ডিসেম্বর ৯

খাঁচার পাখি ও বনের পাখি

চিন্তা-কণিকা

আমাদের জীবাত্মা খাঁচার পাখী আর পরমাত্মা বনের পাখী। মাঝে মধ্যে অচিন পাখী এসে আমাদের খাঁচার বদ্ধ জীবনের কথা স্মরণ করিয়ে দেয় - ("খাঁচার ভিতর অচিন পাখি কেমনে আসে যায়" - লালন শাহ)।

****

খাঁচার পাখি ছিল সোনার খাঁচাটিতে, বনের পাখি ছিল বনে।
একদা কী করিয়া মিলন হল দোঁহে, কী ছিল বিধাতার মনে।
বনের পাখি বলে, 'খাঁচার পাখি ভাই, বনেতে যাই দোঁহে মিলে।'
খাঁচার পাখি বলে, 'বনের পাখি আয়, খাঁচায় থাকি নিরিবিলে।'
বনের পাখি বলে, 'না, আমি শিকলে ধরা নাহি দিব।'
খাঁচার পাখি বলে, 'হায়, আমি কেমনে বনে বাহিরিব।'
বনের পাখি গাহে বাহিরে বসি বসি বনের গান ছিল যত,
খাঁচার পাখি গাহে শিখানো বুলি তার— দোঁহার ভাষা দুইমত।
বনের পাখি বলে 'খাঁচার পাখি ভাই, বনের গান গাও দেখি।'
খাঁচার পাখি বলে, 'বনের পাখি ভাই, খাঁচার গান লহো শিখি।'
বনের পাখি বলে, 'না, আমি শিখানো গান নাহি চাই।'
খাঁচার পাখি বলে, 'হায় আমি কেমনে বনগান গাই।'
বনের পাখি বলে, 'আকাশ ঘন নীল কোথাও বাধা নাহি তার।'
খাঁচার পাখি বলে, 'খাঁচাটি পরিপাটি কেমন ঢাকা চারিধার।'
বনের পাখি বলে, 'আপনা ছাড়ি দাও মেঘের মাঝে একেবারে।'
খাঁচার পাখি বলে, 'নিরালা কোণে বসে বাঁধিয়া রাখ আপনারে।'
বনের পাখি বলে, 'না, সেথা কোথায় উড়িবারে পাই!'
খাঁচার পাখি বলে, 'হায়, মেঘে কোথায় বসিবার ঠাঁই।'
এমনি দুই পাখি দোঁহারে ভালোবাসে, তবুও কাছে নাহি পায়।
খাঁচার ফাঁকে ফাঁকে পরশে মুখে মুখে, নীরবে চোখে চোখে চায়
দুজনে কেহ কারে বুঝিতে নাহি পারে, বুঝাতে নারে আপনায়।
দুজনে একা একা ঝাপটি মরে পাখা, কাতরে কহে 'কাছে আয়'
বনের পাখি বলে, 'না, কবে খাঁচায় রুধি দিবে দ্বার!'
খাঁচার পাখি বলে, 'হায়, মোর শকতি নাহি উড়িবার।'

- সোনার তরী: দুই পাখি

ডিসেম্বর ১০

দিনগুলি মোর সোনার খাঁচায় রইলো না

চিন্তা-কণিকা হারিয়ে যাওয়া দিনের স্মৃতি নিয়ে একটি অসাধারণ গান।

দিনগুলি মোর সোনার খাঁচায় রইল না–
সেই-যে আমার নানা রঙের দিনগুলি।
কান্নাহাসির বাঁধন তারা সইল না–
সেই-যে আমার নানা রঙের দিনগুলি॥
আমার প্রাণের গানের ভাষা
শিখবে তারা ছিল আশা
উড়ে গেল, সকল কথা কইল না–
সেই-যে আমার নানা রঙের দিনগুলি॥
স্বপন দেখি, যেন তারা কার আশে
ফেরে আমার ভাঙা খাঁচার চার পাশে–
সেই-যে আমার নানা রঙের দিনগুলি।
এত বেদন হয় কি ফাঁকি।
ওরা কি সব ছায়ার পাখি।
আকাশ-পারে কিছুই কি গো বইল না–

- গীতবিতান: বিচিত্র: ৩১

My days remain no more in the gold cage
Oh, those days of mine of variegated colors.
They broke free from the fetters of cries and laughter
Oh, those days of mine of variegated colors.
Music of my soul
They would learn I had hoped,
Alas, they flew away leaving so much unsaid
Oh, those days of mine of variegated colors.
I dream as if they are looking for someone
Encircling around the broken cage,
Oh, those days of mine of variegated colors.
Can all these pangs be in vain
Are they all birds made of shadow
Did they not carry anything into the horizon.

- (Translation by NS)

চিন্তা-
কণিকা

ডিসেম্বর ১১

ভানুসিংহ ঠাকুরের পদাবলী

এই কবিতাগুলো লিখার সময় রবীন্দ্রনাথের বয়স ছিল মাত্র ষোলো।

গহন কুসুমকুঞ্জ-মাঝে
মৃদুল মধুর বংশি বাজে,
বিসরি ত্রাস-লোকলাজে
সজনি, আও আও লো।
অঙ্গে চারু নীল বাস,
হৃদয়ে প্রণয়কুসুমরাশ,
হরিণনেত্রে বিমল হাস,
কুঞ্জবনমে আও লো॥

- ভানুসিংহ ঠাকুরের পদাবলী: ৮

****

সজনি সজনি রাধিকা লো
দেখ অবহুঁ চাহিয়া,
মৃদুলগম শ্যাম আওয়ে
মৃদুল গান গাহিয়া।
...
সহচরি সব নাচ নাচ
মিলন-গীতি গাও রে॥

- ভানুসিংহ ঠাকুরের পদাবলী: ৫

****

সখিরে-- পীরিত বুঝবে কে?
আঁধার হৃদয়ক দুঃখ কাহিনী
বোলব, শুনবে কে?
রাধিকার অতি অন্তর বেদন
কে বুঝবে অয়ি সজনী
কলঙ্ক রটায়ব জনি সখি রটাও
কলঙ্ক নাহিক মানি,
সকল তয়াগব লভিতে শ্যামক
একঠো আদর বাণী।

- ভানুসিংহ ঠাকুরের পদাবলী: ১৪

ডিসেম্বর ১২

দেবতার নামে মনুষ্যত্ব হারায় মানুষ

চিন্তা-কণিকা

ভেবে দেখুন, একশত ত্রিশ বছর আগে লিখা নাটকের এই কথা আজ কত বড়ো সত্য হয়ে দেখা দিয়েছে। সব ধর্মের জঙ্গিবাদীরাই নিজ নিজ ঈশ্বরের নামে মনুষ্যত্ব হারিয়েছে - ধর্ম ও ঈশ্বরকে রক্ষার নামে – তারা মানুষ খুন করছে। তারা ২০০৪ সালে মুক্তিপ্রাপ্ত হিন্দি ছবি PK-তে উল্লেখিত Duplicate God বা নকল ভগবান এর পূজায় ব্যস্ত। এ এক মিথ্যা দেবতা, যে দেবতা মানুষে মানুষে ভেদাভেদ তৈরি করে। এই ভগবান তাদের নিজেদের বানানো, তাই এই নকল ভগবান তাদেরই মত ক্ষুদ্র-আত্মা। এই নকল দেবতা থাকার চেয়ে কোনো দেবতা না থাকাই ভালো।

জানিয়াছি, দেবতার নামে
মনুষ্যত্ব হারায় মানুষ। ...
দেবতায়
কোন্ আবশ্যক! কেন তারে ডেকে আনি
আমাদের ছোটোখাটো সুখের সংসারে?
তারা কি মোদের ব্যথা বুঝে? পাষাণের
মতো, শুধু চেয়ে থাকে! **আপন ভায়েরে**
প্রেম হতে বঞ্চিত করিয়া, সেই প্রেম
দিই তারে--সে কি তার কোনো কাজে লাগে?
এ সুন্দরী সুখময়ী, ধরণী হইতে
মুখ ফিরাইয়া, তার দিকে চেয়ে থাকি--
সে কোথায় চায়? তার কাছে ক্ষুদ্র বটে,
তুচ্ছ বটে, তবু তো আমার মাতৃধরা;
তার কাছে কীটবৎ, তবু তো আমার
ভাই; অবহেলে অন্ধরথচক্রতলে
দলিয়া চলিয়া যায়, তবু সে দলিত,
উপেক্ষিত, তারা তো আমার আপনার।
আয় ভাই, নির্ভয়ে দেবতাহীন হয়ে
আরো কাছাকাছি সবে বেঁধে বেঁধে থাকি।

- বিসর্জন

ডিসেম্বর ১৩

ভেদচিহ্নের-তিলক-পরা সংকীর্ণতার ঔদ্ধত্য

চিন্তা-কণিকা

বিধান-বাঁধা, শুধু শাস্ত্র-মানা, আচার-সর্বস্ব, পাগড়ি-পরা ভক্তদলের হাতে ধর্ম ও মানবতা দুই-ই অপমানিত হচ্ছে প্রতিদিন। আসুন প্রার্থনা করি "ভেদচিহ্নের-তিলক-পরা সংকীর্ণতার ঔদ্ধত্য থেকে" আমরা যেন মুক্ত থাকতে পারি।

ওদের ছিল তৈরী বাসা, ভিড়ের বাসা —
ওদের বাঁধা পথের আসা-যাওয়া
দেখেছি দূরের থেকে
আমি ব্রাত্য, আমি পংক্তিহারা।
বিধান-বাঁধা মানুষ আমাকে মানুষ মানে নি,
তাই আমার বন্ধুহীন খেলা ছিল সকল পথের চৌমাথায়,
ওরা তার ও পাশ দিয়ে চলে গেছে
বসনপ্রান্ত তুলে ধরে।
ওরা তুলে নিয়ে গেল ওদের দেবতার পূজায়
শাস্ত্র মিলিয়ে বাছা-বাছা ফুল —
রেখে দিয়ে গেল আমার দেবতার জন্যে
সকল দেশের সকল ফুল —
এক সূর্যের আলোকে চিরস্বীকৃত।
দলের উপেক্ষিত আমি,
মানুষের মিলন-ক্ষুধায় ফিরেছি,
যে মানুষের অতিথিশালায়
প্রাচীর নেই, পাহারা নেই।
...তাকে বলেছি হাত জোড় করে —
হে চিরকালের মানুষ, হে সকল মানুষের মানুষ,
পরিত্রাণ করো
ভেদচিহ্নের-তিলক-পরা
সংকীর্ণতার ঔদ্ধত্য থেকে।
হে মহান্ পুরুষ, ধন্য আমি, দেখেছি তোমাকে
তামসের পরপার হতে
আমি ব্রাত্য, আমি জাতিহারা।

- পত্রপুট: পনেরো

ডিসেম্বর ১৪

লেখন

এই লেখনগুলি শুরু হয়েছিল চীনে জাপানে। পাখায় কাগজে রুমালে কিছু লিখে দেবার জন্যে লোকের অনুরোধে এর উৎপত্তি। তারপরে স্বদেশে ও অন্য দেশেও তাগিদ পেয়েছি। এমনি ক'রে এই টুকরো লেখাগুলি জমে উঠ্‌ল। - রবীন্দ্ররচিত ভূমিকা: লেখন

স্বপ্ন আমার জোনাকি
দীপ্ত প্রাণের মণিকা,
স্তব্ধ আঁধার নিশীথে
উড়িছে আলোর কণিকা॥
My fancies are fireflies
specks of living light--
twinkling in the dark. (Tr. by Rabindranath)

****

আমার লিখন ফুটে পথধারে
ক্ষণিক কালের ফুলে,
চলিতে চলিতে দেখে যারা তারে
চলিতে চলিতে ভুলে॥
The same voice murmurs
in these desultory lines
which is born in wayside pansies
letting hasty glances pass by. (Tr. by Rabindranath)

****

প্রজাপতি সেতো বরষ না গণে,
নিমেষ গণিয়া বাঁচে,
সময় তাহার যথেষ্ট তাই আছে॥
The butterfly does not count years
but moments
and therefore has enough time. (Tr. by Rabindranath)

****

স্ফুলিঙ্গ তার পাখায় পেল ক্ষণকালের ছন্দ।
উড়ে গিয়ে ফুরিয়ে গেল সেই তারি আনন্দ॥
- লেখন

শেষ পারানির কড়ি

ডিসেম্বর ১৫

পুরানো সেই দিনের কথা

চিন্তা-
কণিকা

কালজয়ী এবং বহুশ্রুত এই গান কবি রচনা করেন মাত্র ২৩ বছর বয়সে, ১৮৮৫ সালে, একটি স্কটিশ গানের (Auld Lang Syne) সুর অবলম্বন করে। বিভিন্ন অনুষ্ঠানে এবং পুনর্মিলনীতে এই গান আমাদের উজ্জীবিত করে আসছে যুগ যুগ ধরে।

পুরানো সেই দিনের কথা ভুলবি কি রে হায়।
ও সেই চোখে দেখা, প্রাণের কথা, সে কি ভোলা যায়।
আয়   আর একটিবার আয় রে সখা, প্রাণের মাঝে আয়।
মোরা   সুখের দুখের কথা কব, প্রাণ জুড়াবে তায়।
মোরা   ভোরের বেলা ফুল তুলেছি, দুলেছি দোলায়--
         বাজিয়ে বাঁশি গান গেয়েছি বকুলের তলায়।
হায়   মাঝে হল ছাড়াছাড়ি, গেলেম কে কোথায়--
আবার দেখা যদি হল, সখা, প্রাণের মাঝে আয়॥
                                    - গীতবিতান: প্রেম ও প্রকৃতি: ৩৪

The memories of those good old days
Can they ever be forgotten, O dear.
Oh those meetings of eyes, those intimate talks
Can all those be forgotten ever.
O, come, come again my dear,
Come, come inside my heart
We will talk about our joys and sorrows
So our souls will find comfort.
We plucked flowers in morning and swayed in the swing
We played the flute and sung under the tree.
Alas, we parted in the middle of all this
And knew not where we all went
Now that we meet again, my dear
Come, come inside my heart.

                                    - (Translation by NS)

ডিসেম্বর ১৬

ক্লান্তি আমার ক্ষমা করো প্রভু

চিন্তা-
কণিকা

জীবনের পথে চল্‌তে চল্‌তে আমরা সকলেই ক্লান্ত হয়ে যাই - এটাই নির্মম সত্য। এক সময়ে দৈনন্দিন অভ্যাস আমাদের উপাসনা ইবাদতকে ম্লান করে দেয় - আমাদের অন্তর ঈশ্বরের ডাকে ভিতর থেকে আর সাড়া দেয় না - আমাদের প্রার্থনা প্রাণবস্তুর অভাবে ম্লান হয়ে যায়। সেই দীনতাকে স্বীকার করে নিয়েই এই গান।

ক্লান্তি আমার ক্ষমা করো প্রভু,
পথে যদি পিছিয়ে পড়ি কভু।
এই-যে হিয়া থরথর
কাঁপে আজি এমনতরো
এই বেদনা ক্ষমা করো
ক্ষমা করো প্রভু।
এই দীনতা ক্ষমা করো প্রভু,
পিছন-পানে তাকাই যদি কভু।
দিনের তাপে রৌদ্রজ্বালায়
শুকায় মালা পূজার থালায়,
সেই ম্লানতা ক্ষমা করো
ক্ষমা করো প্রভু।

- গীতালি: ৫৯

My weariness, forgive me, my Lord
If I ever fall behind on my way.
This heart that is fearful
And trembling today in this way
This anguish forgive me
Forgive me, my Lord.
My flaw, forgive me, my Lord
If I ever look behind.
The heat of scorching sun
Withers away my prayer garland
That pallor, forgive my Lord
Forgive me, my Lord.

- (Translation by NS)

ডিসেম্বর ১৭

আমারে তুমি অশেষ করেছ এমনি লীলা তব

চিন্তা-কণিকা

এই গানটি ইংরেজি গীতাঞ্জলির (Song Offerings)-র প্রথম গান, যদিও এটা বাংলা গীতাঞ্জলিতে নাই।

**আমারে তুমি অশেষ করেছ,   এমনি লীলা তব–
ফুরায়ে ফেলে আবার ভরেছ   জীবন নব নব।।**
কত-যে গিরি কত-যে নদী-তীরে
বেড়ালে বহি ছোটো এ বাঁশিটিরে,
কত-যে তান বাজালে ফিরে ফিরে
     কাহারে তাহা কব।।
**তোমারি ওই অমৃতপরশে   আমার হিয়াখানি
হারালো সীমা বিপুল হরষে,   উথলি উঠে বাণী।**
আমার শুধু একটি মুঠি ভরি
দিতেছ দান দিবস-বিভাবরী–
হল না সারা, কত-না যুগ ধরি
     কেবলই আমি লব।।

- গীতিমাল্য: ২৩

Thou hast made me endless, such is thy pleasure, this frail vessel thou emptiest again and again, and fillest it ever with fresh life.
This little flute of a reed thou hast carried over hills and dales, and hast breathed through it melodies eternally new.
At the immortal touch of thy hands, my little heart loses its limits in joy and gives birth to utterance ineffable.
thy infinite gifts come to me only on these very small hands of mine.
Ages pass, and still thou pourest, and still, there is room to fill.

- (Translation by Rabindranath Tagore)

ডিসেম্বর ১৮

এ আমির আবরণ সহজে স্খলিত হয়ে যাক

চিন্তা-কণিকা

চৈতন্যের শুভ্র জ্যোতি যেন আমাদের বোধের ও আত্মোপলব্ধির দুয়ার খুলে দেয় - আত্মগরিমার কুহেলিকা ভেদ করে যেন আমরা সত্যকে দেখতে পাই আপন আলোকে। এটি কেবল উপদেশ দিয়ে সম্ভব নয় - নিত্যদিনের সচেতন প্রচেষ্টার মাধ্যমে সেটা সম্ভব। সে চেষ্টার মূলে আছে আত্মজিজ্ঞাসা। তাই, নিজের চিন্তা-ভাবনা ও কাজকে প্রতিদিন সত্যের আলোকে মূল্যায়ন করতে হবে।

এ আমির আবরণ সহজে স্খলিত হয়ে যাক;
চৈতন্যের শুভ্র জ্যোতি
ভেদ করি কুহেলিকা
সত্যের অমৃত রূপ করুক প্রকাশ।
সর্বমানুষের মাঝে
এক চিরমানবের আনন্দকিরণ
চিত্তে মোর হোক বিকীরিত।
সংসারের ক্ষুব্ধতার স্তব্ধ ঊর্ধ্বলোকে
নিত্যের যে শান্তিরূপ তাই যেন দেখে যেতে পারি,
জীবনের জটিল যা বহু নিরর্থক,
মিথ্যার বাহন যাহা সমাজের কৃত্রিম মূল্যেই,
তাই নিয়ে কাঙালের অশান্ত জনতা
দূরে ঠেলে দিয়ে
এ জন্মের সত্য অর্থ স্পষ্ট চোখে জেনে যাই যেন
সীমা তার পেরোবার আগে।

- আরোগ্য: ৩৩

May this cover of selfhood slip away
And let the bright light of consciousness
Split asunder the darkness
And reveal the eternal expression of truth.

- (Partial translation by NS)

(আরো দেখুন অধ্যায় ১ ও ৫ এর ভূমিকা)

ডিসেম্বর ১৯

এ মণিহার আমায় নাহি সাজে

চিন্তা-
কণিকা

আমরা অনেক সময়ই অন্যদের মুখে আমাদের প্রশংসা শুনলে সবকিছু ভুলে নিজেকে নিয়ে মত্ত হয়ে পড়ি। এই গর্ব অনেক সময়ই আমাদের আত্ম-উপলব্ধি ও আত্ম-শুদ্ধির পথে বাধা হয়ে দাঁড়ায় এবং আমাদের পতনের কারণ হয়। নিজের গুরুত্বপূর্ণ কাজে তখন আর মন দিতে পারি না - কেবল প্রশংসার জোয়ারে তলিয়ে যাই অহংকারের অন্ধকূপে। তাই আসুন সতর্ক থাকি প্রতিদিন প্রতিক্ষণ প্রশংসার মণিহার থেকে।

এ মণিহার আমায় নাহি সাজে--
   এরে   পরতে গেলে লাগে,
      এরে ছিঁড়তে গেলে বাজে ॥
কণ্ঠ যে রোধ করে,
   সুর তো নাহি সরে--
ওই দিকে যে মন পড়ে রয়,
   মন লাগে না কাজে ॥
তাই তো বসে আছি,
   এ হার তোমায় পরাই যদি
   তবেই আমি বাঁচি।
ফুলমালার ডোরে   বরিয়া লও মোরে--
   তোমার কাছে দেখাই নে মুখ
   মণিমালার লাজে ॥

- গীতবিতান: পূজা: ৪৮৯

IT DECKS ME only to mock me, this jewelled chain of mine.
It bruises me when on my neck, it strangles me when I struggle to tear it off.
It grips my throat, it chokes my singing.
Could I but offer it to your hand, my Lord, I would be saved.
Take it from me, and in exchange bind me to you with a garland, for I am ashamed to stand before you with this jewelled chain on my neck.

- (Translation by Rabindranath Tagore)

ডিসেম্বর ২০

চিন্তা-
কণিকা

যা পেয়েছি প্রথম দিনে

এই পৃথিবীতে আমাদের আগমন সংক্ষিপ্ত সময়ের জন্য। তাই যাবার বেলায় জীবনের আনন্দের জয়ধ্বনি দিয়ে যাওয়া উচিত।

যা পেয়েছি প্রথম দিনে সেই যেন পাই শেষে,
দু হাত দিয়ে বিশ্বেরে ছুঁই শিশুর মতো হেসে॥
যাবার বেলা সহজেরে
যাই যেন মোর প্রণাম সেরে,
সকল পন্থা যেথায় মেলে সেথা দাঁড়াই এসে॥
খুঁজতে যারে হয় না কোথাও চোখ যেন তায় দেখে,
সদাই যে রয় কাছে তারি পরশ যেন ঠেকে।
নিত্য যাহার থাকি কোলে
তারেই যেন যাই গো ব'লে–
এই জীবনে ধন্য হলেম তোমায় ভালোবেসে॥

- গীতবিতান: পূজা: ৫৮৪

****

যাবার দিনে এই কথাটি
বলে যেন যাই —
যা দেখেছি যা পেয়েছি
তুলনা তার নাই।
এই জ্যোতিঃসমুদ্র-মাঝে
যে শতদল পদ্ম রাজে
তারি মধু পান করেছি
ধন্য আমি তাই —
যাবার দিনে এই কথাটি জানিয়ে যেন যাই।
... **পরশ যাঁরে যায় না করা**
সকল দেহে দিলেন ধরা।
এইখানে শেষ করেন যদি
শেষ করে দিন তাই —
যাবার বেলা এই কথাটি
জানিয়ে যেন যাই।

- গীতাঞ্জলি: ১৪২

ডিসেম্বর ২১

এসো হে আর্য, এসো অনার্য, হিন্দু মুসলমান

চিন্তা-কণিকা

সুন্দর বিশ্ব গড়তে হলে মানুষ হিসাবে মানুষের পরিচয়ে আমাদের সকলকে মিলতে হবে। ঘৃণা, দ্বেষ-বিদ্বেষ ভুলে একের সাথে অপরের হাতে হাত কাঁধে কাঁধ মিলাতে হবে শুচি মনে। তা না হলে আমরা ধর্মও পাব না, ঈশ্বরকেও পাব না, শান্তিও পাবো না।

এসো হে আর্য , এসো অনার্য ,
হিন্দু মুসলমান ।
এসো এসো আজ তুমি ইংরাজ ,
এসো এসো খৃস্টান ।
এসো ব্রাহ্মণ , শুচি করি মন
ধরো হাত সবাকার,
এসো হে পতিত করো অপনীত
সব অপমানভার ।
মার অভিষেকে এসো এসো ত্বরা
মঙ্গলঘট হয় নি যে ভরা ,
সবারে-পরশে-পবিত্র-করা
তীর্থনীরে ।
আজি ভারতের মহামানবের
সাগরতীরে ।

- গীতাঞ্জলি: ১০৬

চিন্তা-কণিকা

বহুবছর আগে কবি নজরুল ইসলাম লিখেছিলেন –

"মোরা একই বৃন্তে দুটী কুসুম হিন্দু-মুসলমান |
মুস্ লিম তার নয়ন-মণি, হিন্দু তাহার প্রাণ ||
এক সে আকাশ মায়ের কোলে যেন রবি-শশী দোলে,
এক রক্ত বুকের তলে, এক সে নাড়ীর টান ||"

চিন্তা-কণিকা

ডিসেম্বর ২২

নাহি বর্ণনার ছটা ঘটনার ঘনঘটা

ছোটো ছোটো কবিতা-কণিকাগুলোতে নেই কোনো বর্ণনার ছটা; অথচ, কী অপূর্ব কাহিনী বর্ণনা। মনোযোগ দিয়ে পড়ুন এবং ভাবুন।

নদীর এপার কহে ছাড়িয়া নিশ্বাস,
ওপারেতে সর্বসুখ আমার বিশ্বাস।
নদীর ওপার বসি দীর্ঘশ্বাস ছাড়ে;
কহে, যাহা কিছু সুখ সকলি ওপারে।

- কণিকা: মোহ

****

নর কহে, বীর মোরা যাহা ইচ্ছা করি।
নারী কহে জিহ্বা কাটি, শুনে লাজে মরি!
পদে পদে বাধা তব, কহে তারে নর।
কবি কহে, তাই নারী হয়েছে সুন্দর।

- কণিকা: সৌন্দর্যের সংযম

****

টিকি মুণ্ডে চড়ি উঠি কহে ডগা নাড়ি,
হাত-পা প্রত্যেক কাজে ভুল করে ভারি।
হাত-পা কহিল হাসি, হে অভ্রান্ত চুল,
কাজ করি আমরা যে, তাই করি ভুল।

- কণিকা: কৃতীর প্রমাদ

****

বসুমতি, কেন তুমি এতই কৃপণা,
কত খোঁড়াখুঁড়ি করি পাই শষ্যকণা।
দিতে যদি হয় দে মা, প্রসন্ন সহাস--
কেন এ মাথার ঘাম পায়েতে বহাস।
বিনা চাষে শষ্য দিলে কী তাহাতে ক্ষতি?
শুনিয়া ঈষৎ হাসি কন বসুমতী,
আমার গৌরব তাহে সামান্যই বাড়ে,
তোমার গৌরব তাহে নিতান্তই ছাড়ে।

- কণিকা: ভিক্ষা ও উপার্জন

ডিসেম্বর ২৩

ভালোবাসা মোরে তুলেছে স্বর্গের কাছাকাছি

চিন্তা-কণিকা

ভালোবাসাই মানবজীবনের সারাৎসার। ভালোবাসা মানুষকে মর্ত্যভূমি থেকে উঠিয়ে নিয়ে যায় স্বর্গলোকে। ভুবন জুড়ে তখন কেবল আনন্দ-আবেশ, আকাশ-ভরা ভালোবাসা। তখন মৃত্যুর মুখে দাঁড়িয়েও আমরা গাইতে পারি ভালোবাসার জয়গান - বলতে পারি - সবকিছুকে ছাপিয়ে তুমি আছো, আমি আছি।

জীর্ণতার অন্তরালে জানি মোর আনন্দস্বরূপ
রয়েছে উজ্জ্বল হয়ে। সুধা তারে দিয়েছিল আনি
প্রতিদিন চতুর্দিকে রসপূর্ণ আকাশের বাণী;
প্রত্যুত্তরে নানা ছন্দে গেয়েছে সে "ভালোবাসিয়াছি'।
সেই **ভালোবাসা মোরে তুলেছে স্বর্গের কাছাকাছি**
ছাড়ায়ে তোমার অধিকার।
আমার সে ভালোবাসা
সব ক্ষয়ক্ষতিশেষে অবশিষ্ট রবে; তার ভাষা
হয়তো হারাবে দীপ্তি অভ্যাসের ম্লানস্পর্শ লেগে,
তবু সে অমৃতরূপ সঙ্গে রবে যদি উঠি জেগে
মৃত্যুপরপারে।

- সেঁজুতি: জন্মদিন

****

মধুর, তোমার শেষ যে না পাই প্রহর হল শেষ--
ভুবন জুড়ে রইল লেগে আনন্দ-আবেশ ॥

- গীতবিতান: পূজা: ৬০৪

****

গানের ভিতর দিয়ে যখন দেখি ভুবনখানি
তখন তারে চিনি আমি, তখন তারে জানি।
তখন তারি আলোর ভাষায় আকাশ ভরে ভালোবাসায়,
তখন তারি ধুলায় ধুলায় জাগে পরম বাণী ॥
... তখন দেখি আমার সাথে সবার কানাকানি ॥

- গীতবিতান: পূজা: ২৬

ডিসেম্বর ২৪

এ ভালোবাসাই সত্য, এ জন্মের দান

চিন্তা-কণিকা

দুঃখ আঘাত পেরিয়ে কবি জীবনের জয়গান গেয়ে বিদায় নিচ্ছেন - মৃত্যুকে অস্বীকার করে, ভালোবাসাকে পাথেয় করে।

আমার কীর্তিরে আমি করি না বিশ্বাস।
জানি, কালসিন্ধু তারে
নিয়ত তরঙ্গঘাতে
দিনে দিনে দিবে লুপ্ত করি।
আমার বিশ্বাস আপনারে।
দুই বেলা সেই পাত্র ভরি
এ বিশ্বের নিত্যসুধা
করিয়াছি পান।
প্রতি মুহূর্তের ভালোবাসা
তার মাঝে হয়েছে সঞ্চিত।
**দুঃখভারে দীর্ণ করে নাই,
কালো করে নাই ধূলি
শিল্পেরে তাহার।**
আমি জানি, যাব যবে
সংসারের রঙ্গভূমি ছাড়ি,
সাক্ষ্য দেবে পুষ্পবন ঋতুতে ঋতুতে
এ বিশ্বেরে ভালোবাসিয়াছি।
**এ ভালোবাসাই সত্য, এ জন্মের দান।
বিদায় নেবার কালে
এ সত্য অম্লান হয়ে মৃত্যুরে করিবে অস্বীকার।**

— রোগশয্যায়: ২৬

(আরো দেখুন নভেম্বর ১০)

ডিসেম্বর ২৫

শেষের মধ্যে অশেষ আছে

চিন্তা-কণিকা

গাঢ় অক্ষরের (bold letters) লিখাগুলো খেয়াল করুন এবং ভাবুন আমাদের জীবনের গোধূলি পর্যায়ের কথা। কোন অশেষের বাণী আমরা এই পৃথিবীতে রেখে যাচ্ছি আমাদের পরবর্তী প্রজন্মের জন্য?

শেষের মধ্যে অশেষ আছে,
   এই কথাটি মনে
আজকে আমার গানের শেষে
   জাগছে ক্ষণে ক্ষণে।
      সুর গিয়েছে থেমে তবু
      থামতে যেন চায় না কভু,
      নীরবতায় বাজছে বীণা
         বিনা প্রয়োজনে।
তারে যখন আঘাত লাগে,
   বাজে যখন সুরে--
সবার চেয়ে বড়ো যে গান
   সে রয় বহুদূরে।
      সকল আলাপ গেলে থেমে
      শান্ত বীণায় আসে নেমে,
      সন্ধ্যা যেমন দিনের শেষে
         বাজে গভীর স্বনে।

- গীতাঞ্জলি: ১৫৬

The end contains the endless
This I remember
At the end of my days
From one moment to another.

- (Partial translation by NS)

ডিসেম্বর ২৬

শেষবাক্যে জয়ধ্বনি দিয়ে যাব মোর অদৃষ্টেরে

চিন্তা-কণিকা

জীবনের পথ-পরিক্রমায় আমরা দেখেছি কত অনাচার-অত্যাচার, মানব-সৃষ্ট কত বিভীষিকা। কিন্তু তাই বলে মানুষের চিরন্তন মহিমাকে আমাদের ভুলে যাওয়া উচিত নয়। সেই চিরন্তন মহিমার দিকে আমাদের অভিযাত্রা কোনোদিন শেষ হবার নয়।

যাবার সময় হলে জীবনের সব কথা সেরে
শেষবাক্যে জয়ধ্বনি দিয়ে যাব মোর অদৃষ্টেরে।
বলে যাব, পরমক্ষণের আশীর্বাদ
বারবার আনিয়াছে বিস্ময়ের অপূর্ব আস্বাদ।
যাহা রুগ্ন, যাহা ভগ্ন, যাহা মগ্ন পঙ্কস্তরতলে
আত্মপ্রবঞ্চনাছলে
তাহারে করি না অস্বীকার।
বলি, বারবার
পতন হয়েছে যাত্রাপথে
ভগ্ন মনোরথে;
বারে বারে পাপ
ললাটে লেপিয়া গেছে কলঙ্কের ছাপ;
বারবার আত্মপরাভব কত
দিয়ে গেছে মেরুদণ্ড করি নত;
কদর্যের আক্রমণ ফিরে ফিরে
দিগন্ত গ্লানিতে দিল ঘিরে।
মানুষের অসম্মান দুর্বিষহ দুখে
উঠেছে পুঞ্জিত হয়ে চোখের সম্মুখে,
ছুটি নি করিতে প্রতিকার--
চিরলগ্ন আছে প্রাণে ধিক্কার তাহার।
অপূর্ণ শক্তির এই বিকৃতির সহস্র লক্ষণ
দেখিয়াছি চারি দিকে সারাক্ষণ,
চিরন্তন মানবের মহিমারে তবু
উপহাস করি নাই কভু। ...
যত-কিছু খণ্ড নিয়ে অখণ্ডেরে দেখেছি তেমনি,
জীবনের শেষবাক্যে আজি তারে দিব জয়ধ্বনি।

- নবজাতক: জয়ধ্বনি

ডিসেম্বর ২৭

শুধু রেখে গেলেম নতমস্তকের প্রণাম

চিন্তা-কণিকা

জীবনের পথে আমাদের সকলের যাত্রা নিজেকে খুঁজে পাবার জন্য। কিন্তু নিজেকে খুঁজতে গিয়ে আমরা প্রায়শঃই পথ হারাই - আত্ম-অহমিকার জালে আটকা পড়ি। আমাদের পরিচয় আমাদের কাছেই পরিস্ফুট হয় না। কিন্তু যারা অন্ততঃ এইটুকু বোঝেন, তারা ক্রমাগত নিজেদের আবিষ্কার করতে থাকেন। সেই মানব-মানবীরাই দুঃখের দীপ্তিতে আমাদের পথ চলায় আলোর নিশানা দেন।

বসেছি অপরাহ্নে পারের খেয়াঘাটে
শেষধাপের কাছটাতে ।
কালো জল নিঃশব্দে বয়ে যাচ্ছে পা ডুবিয়ে দিয়ে ।
জীবনের পরিত্যক্ত ভোজের ক্ষেত্র পড়ে আছে পিছন দিকে
অনেক দিনের ছড়ানো উচ্ছিষ্ট নিয়ে । ...
জীবনের পথে মানুষ যাত্রা করে
নিজেকে খুঁজে পাবার জন্যে ।
গান যে মানুষ গায়, দিয়েছে সে ধরা,আমার অন্তরে;
যে মানুষ দেয় প্রাণ দেখা মেলে নি তার ।
দেখেছি শুধু আপনার নিভৃত রূপ
ছায়ায় পরিকীর্ণ,
যেন পাহাড়তলিতে একখানা অনুত্তরঙ্গ সরোবর ।
...
মৃত্যুর গ্রন্থি থেকে ছিনিয়ে ছিনিয়ে
যে উদ্ধার করে জীবনকে
সেই রুদ্র মানবের আত্মপরিচয়ে বঞ্চিত
ক্ষীণ পাণ্ডুর আমি
অপরিস্ফুটতার অসম্মান নিয়ে যাচ্ছি চলে ।
...
শুধু রেখে গেলেম নতমস্তকের প্রণাম
মানবের হৃদয়াসীন সেই বীরের উদ্দেশে --
মর্তের অমরাবতী যাঁর সৃষ্টি
মৃত্যুর মূল্যে, দুঃখের দীপ্তিতে ।

- পত্রপুট: ১২

শেষ পারানির কড়ি

ডিসেম্বর ২৮

যখন পড়বে না মোর পায়ের চিহ্ন এই বাটে

চিন্তা-
কণিকা

একদিন না একদিন আমরা সকলেই চলে যাব জীবনের এই লেনদেনের হাট থেকে।

যখন পড়বে না মোর পায়ের চিহ্ন এই বাটে
    আমি বাইবো না মোর খেয়াতরী এই ঘাটে
চুকিয়ে দেব বেচা কেনা,
    মিটিয়ে দেব গো, মিটিয়ে দেব লেনা দেনা,
    বন্ধ হবে আনাগোনা এই হাটে
তখন আমায় নাইবা মনে রাখলে
    তারার পানে চেয়ে চেয়ে নাইবা আমায় ডাকলে।
যখন জমবে ধুলা তানপুরাটার তারগুলায়,
    কাঁটালতা উঠবে ঘরের দ্বারগুলায়,   আহা,
    ফুলের বাগান ঘন ঘাসের   পরবে সজ্জা বনবাসের,
শ্যাওলা এসে ঘিরবে দিঘির ধারগুলায়--
    তখন আমায় নাইবা মনে রাখলে,
    তারার পানে চেয়ে চেয়ে নাইবা আমায় ডাকলে।

- গীতবিতান: বিচিত্র: ১৩

When my footsteps will no more be heard on this road
When I will no longer row my boat near this pier
I will end all my trades and exchanges
I will close my books of debits and credits
I will stop coming and going in this market place
    Then if you do not remember me, so be it,
    You may not call me while gazing at the stars, so be it.
When dust will collect on the strings of the piano
When thorns and bushes will take over the doorways
The flower garden will be lost in dense and tall weeds
The algae bloom will cover my house pond
    Then if you do not remember me, so be it,
    You may not call me while gazing at the stars, so be it.

- (Translation by NS)

ডিসেম্বর ২৯

তোমার আনন্দ রবে তার মাঝখানে

চিন্তা-কণিকা

সংসারকে পরিত্যাগ করে মুক্তি নয়, সংসারের মধ্যে থেকেই সুখদুঃখে আনন্দে মুক্তি পেতে হবে।

বৈরাগ্যসাধনে মুক্তি, সে আমার নয়
অসংখ্যবন্ধন-মাঝে মহানন্দময়
লভিব মুক্তির স্বাদ। এই বসুধার
মৃত্তিকার পাত্রখানি ভরি বারম্বার
তোমার অমৃত ঢালি দিবে অবিরত
নানাবর্ণগন্ধময়। প্রদীপের মতো
সমস্ত সংসার মোর লক্ষ বর্তিকায়
জ্বালায়ে তুলিবে আলো তোমারি শিখায়
তোমার মন্দির-মাঝে।ইন্দ্রিয়ের দ্বার
রুদ্ধ করি যোগাসন,সে নহে আমার।
যে কিছু আনন্দ আছে দৃশ্যে গন্ধে গানে
তোমার আনন্দ রবে তার মাঝখানে।
মোহ মোর মুক্তিরূপে উঠিবে জ্বলিয়া,
প্রেম মোর ভক্তিরূপে রহিবে ফলিয়া।

- নৈবেদ্য: ৩০

Deliverance is not for me in renunciation. I feel the embrace of freedom in a thousand bonds of delight.
Thou ever pourest for me the fresh draught of thy wine of various colours and fragrance, filling this earthen vessel to the brim.
My world will light its hundred different lamps with thy flame and place them before the altar of thy temple.
No, I will never shut the doors of my senses. The delights of sight and hearing and touch will bear thy delight.
Yes, all my illusions will burn into illumination of joy, and all my desires ripen into fruits of love.

- (Translation by Rabindranath Tagore)

(আরো দেখুন জুন ২৮)

ডিসেম্বর ৩০

সকল বাক্যে সকল কর্মে তব আরাধনা

চিন্তা-কণিকা

ঘড়ির কাঁটা ধরে নিয়মিত নামাজ-রোজা বা পূজার আচার-অনুষ্ঠানের মধ্যে আমাদের উপাসনা-আরাধনা যদি বন্দী থাকে তাহলে আমরা ঈশ্বরকে খুঁজে পাব না। বরঞ্চ আমাদের প্রার্থনা হোক - "সকল বাক্যে সকল কর্মে/ প্রকাশিবে তব আরাধনা।" তাহলেই আমরা ঈশ্বরকে খুঁজে পাব। সৎ বাক্য, সৎ কর্ম, বিনয় বাক্য এবং দয়াশীল কর্ম - এর মধ্যেই নিহিত আছে ঈশ্বরের আরাধনা।

সকল গর্ব দূর করি দিব,
তোমার গর্ব ছাড়িব না।
সবারে ডাকিয়া কহিব যে দিন
পাব তব পদরেণুকণা ॥
তব আহ্বান আসিবে যখন
সে কথা কেমনে করিব গোপন!
সকল বাক্যে সকল কর্মে
প্রকাশিবে তব আরাধনা ॥
যত মান আমি পেয়েছি যে কাজে
সে দিন সকলই যাবে দূরে,
শুধু তব মান দেহে মনে মোর
বাজিয়া উঠিবে এক সুরে।
পথের পথিক সেও দেখে যাবে
তোমার বারতা মোর মুখভাবে

- নৈবেদ্য: ১৩

All my words, all my actions
Shall reveal thy worship.
The fame I acquired through my work
All that will vanish far away
Only your blessing will grace my body and soul
And play its harmonious tune.

- (Partial translation by NS)

ডিসেম্বর ৩১

বৎসরের শেষ গান সাঙ্গ করি দিনু

চিন্তা-কণিকা

সামনের দিকে এগিয়ে যাওয়ার প্রত্যয় নিয়েই শেষ হোক বছর।

বর্ষ হয়ে আসে শেষ, দিন হয়ে এল সমাপন,
চৈত্র অবসান--
গাহিতে চাহিছে হিয়া পুরাতন ক্লান্ত বরষের
সর্বশেষ গান।
চাব না পশ্চাতে মোরা, মানিব না বন্ধন ক্রন্দন,
হেরিব না দিক--
গণিব না দিন ক্ষণ, করিব না বিতর্ক বিচার
উদ্দাম পথিক।
মুহূর্তে করিব পান মৃত্যুর ফেনিল উন্মত্ততা
উপকণ্ঠ ভরি--
খিন্ন শীর্ণ জীবনের শত লক্ষ ধিক্কারলাঞ্ছনা
উৎসর্জন করি।
শুধু দিনযাপনের শুধু প্রাণধারণের গ্লানি
শরমের ডালি,
নিশি নিশি রুদ্ধ ঘরে ক্ষুদ্রশিখা স্তিমিত দীপের
ধূমাঙ্কিত কালি,
লাভ-ক্ষতি-টানাটানি, অতি ক্ষুদ্র ভগ্ন-অংশ-ভাগ,
কলহ সংশয়--
সহে না সহে না আর জীবনেরে খণ্ড খণ্ড করি
দণ্ডে দণ্ডে ক্ষয়।
... নবাঙ্কুর ইক্ষুবনে এখনো ঝরিছে বৃষ্টিধারা
বিশ্রামবিহীন,
মেঘের অন্তর-পথে অন্ধকার হতে অন্ধকারে
চলে গেল দিন।
শান্ত ঝড়ে, ঝিল্লিরবে, ধরণীর স্নিগ্ধ গন্ধোচ্ছ্বাসে,
মুক্ত বাতায়নে
বৎসরের শেষ গান সাঙ্গ করি দিনু অঞ্জলিয়া
নিশীথগগনে।

- কল্পনা: বর্ষশেষ

******* **ডিসেম্বর বোনাস** *******

রেখে গেলেম আশীর্বাদ

পায়ে বিঁধেছে কাঁটা,
ক্ষত বক্ষে পড়েছে রক্তধারা।
**নির্মম কঠোরতা মেরেছে ঢেউ
আমার নৌকার ডাইনে বাঁয়ে,
জীবনের পণ্য চেয়েছে ডুবিয়ে দিতে
নিন্দার তলায়, পঙ্কের মধ্যে।**
বিদ্বেষে অনুরাগে
ঈর্ষায় মৈত্রীতে,
সংগীতে পরুষ কোলাহলে
আলোড়িত তপ্ত বাষ্পনিঃশ্বাসের মধ্য দিয়ে
আমার জগৎ গিয়েছে তার কক্ষপথে।
... **জেনেছ কি,
আমার প্রকাশে
অনেক আছে অসমাপ্ত
অনেক ছিন্ন বিচ্ছিন্ন
অনেক উপেক্ষিত?**
অন্তরে বাহিরে
সেই ভালো মন্দ,
স্পষ্ট অস্পষ্ট,
খ্যাত অখ্যাত,
ব্যর্থ চরিতার্থের জটিল সম্মিশ্রণের মধ্য থেকে
যে আমার মূর্তি
তোমাদের শ্রদ্ধায়, তোমাদের ভালোবাসায়,
তোমাদের ক্ষমায়
আজ প্রতিফলিত,
আজ যার সামনে এনেছ তোমাদের মালা,
তাকেই আমার পঁচিশে বৈশাখের
শেষবেলাকার পরিচয় বলে
নিলেম স্বীকার করে,
**আর রেখে গেলেম তোমাদের জন্যে
আমার আশীর্বাদ।**

- শেষ সপ্তক: তেতাল্লিশ (১৯৩৫)

১৩

বর্ষপূর্তি বোনাস হাস্যকৌতুক

Laughter is the best medicine

"A merry heart doeth good like a medicine: but a broken spirit drieth the bones."

- Bible: Proverbs: 17:22

"হাসিখুশী হৃদয় ওষুধের মত উপকার করে; কিন্তু ভগ্ন হৃদয় অস্থিচর্ম শুকিয়ে মারে।"

হাসবার বা হাসাবার ক্ষমতা সকলের থাকে না, যাদের থাকে তারা অতি ভাগ্যবান। রসিকতা নিয়ে রবীন্দ্রনাথ ১৮৯২ সালে ভাতিজি ইন্দিরা দেবীকে এক চিঠিতে লিখেন - "রসিকতা জিনিসটা বড়ো বিপদের জিনিস। ও যদি প্রসন্ন সহাস্য-মুখে আপনি ধরা দিলে তো অতি উত্তম, আর ওকে নিয়ে যদি টানাটানি করা যায় তবে বড়োই 'ব্যাভ্রম' হবার সম্ভাবনা। হাস্যরস প্রাচীনকালের ব্রহ্মাস্ত্রের মতো; যে ওর প্রয়োগ জানে সে ওকে নিয়ে একেবারে কুরুক্ষেত্র বাধিয়ে দিতে পারে, আর যে হতভাগ্য ছুড়তে জানে না অথচ নাড়তে যায়, তার বেলায় 'বিমুখ ব্রহ্মাস্ত্র আসি অস্ত্রীকেই বধে'— হাস্যরস তাকেই হাস্যজনক ক'রে তোলে।"

প্রবাদ আছে যে প্রতিদিন একটুখানিক হাসি জীবনের সেরা ওষুধ।

হাস্যকৌতুক

রসিক মানুষের সান্নিধ্যে বা রসরচনাচর্চার মাধ্যমে হাসবার এবং হাসাবার ক্ষমতা দুটোই অর্জন করা যায়। যখনই সুযোগ পাবেন, খানিকটা হেসে নিবেন বা রসরচনা পড়বেন - এতে আপনার জীবনযাপনের মান উন্নত হবে - নানান সুখ-দুঃখকে অতিক্রম করার শক্তি পাবেন।

জীবনের এই বিভাগেও রবীন্দ্রনাথ কুশলী শিল্পী। তাঁর নানান রচনার হাস্যরস আমাদেরকে মুগ্ধ করে। রবীন্দ্রসাহিত্যের হাস্যরসের সাথে মিশে যাচ্ছে কখনো নির্জলা কৌতুক, কখনো ব্যঙ্গ এবং কখনো কখনো তির্যক মন্তব্য নানান বিষয়ে, যেমন - অতিভক্তি, নব্যহিন্দুত্ববাদ, আচারসর্বস্বতা, গুরুভক্তি, সমাজ, রাষ্ট্র, ইত্যাদি।

গভীর ভাবে লক্ষ্য করলে এর কোনো কোনোটিতে আপনি পাবেন এক বেদনাক্ষুব্ধ কবিমনের পরিচয় - ভণ্ডামি ও অসঙ্গতিকে আমাদের চোখের সামনে মেলে ধরার সাথে সাথে কবি চেষ্টা করছেন আমাদের সদ্বুদ্ধ ও আত্মমর্যাদাবোধকে জাগ্রত করতে। রবীন্দ্রনাথ এ নিয়ে এক জায়গায় লিখেছেন -

"আমার এই হৃদয়তলে
শরম-তাপ সতত জ্বলে,
তাই তো চাহি হাসির ছলে
 করিতে লাজ দান।" (মানসী: দেশের উন্নতি)

তাই এই অধ্যায়ে রবীন্দ্র-রচনাবলী থেকে কিছু হাস্য-কৌতুক ও ব্যঙ্গাত্মক রচনা উদ্ধৃত করা হল বর্ষশেষের বোনাস হিসাবে। বছরের যে কোনো দিনেই এই বাক্যগুলো আপনার জীবনকে আমোদ আনন্দে ভরে দিতে পারে।

হাস্যকৌতুকময় রবীন্দ্রবাণী

****

বসবার ঘরে ধোপার গাধাকে আমরা ডেকে আনি না, স্থান দিই না; অথচ আর্টিস্ট যখন গাধা আঁকেন বহু যত্নে সেই গাধার ছবি আমরা বসবার ঘরের দেয়ালে ঝুলিয়ে রাখি।

- সাহিত্যের পথে: সাহিত্যসমালোচনা

কাছের সুন্দরীর চেয়ে দূরের সুন্দরীকে বেশি লোভনীয় বলিয়া মনে হয়।

- গল্পগুচ্ছ: ফেল

একে শালী তাতে নিখুঁত সুন্দরী, ... ঘরে তো আর টেকা যায় না। চোখ মেলে চাইলে স্ত্রী ভাবে শালীকে খুঁজছি, চোখ বুজে থাকলে স্ত্রী ভাবে আমি শালীর ধ্যান করছি। কাশলে মনে করে কাশির মধ্যে একটি অর্থ আছে, প্রাণপণে কাশি চেপে থাকলে মনে করে তার অর্থ আরো সন্দেহজনক।

- বৈকুন্ঠের খাতা

খ্যাতি আছে সুন্দরী বলে তার,
ত্রুটি ঘটে নুন দিতে ঝোলে তার;
চিনি কম পড়ে বটে পায়েসে
স্বামী তবু চোখ বুজে খায় সে--
যা পায় তাহাই মুখে তোলে তার,
দোষ দিতে মুখ নাহি খোলে তার।

- খাপছাড়া: ৩৪

স্ত্রীলোক দুরন্ত পুরুষকে নানা কৌশলে ভুলাইয়া বশ করিবার বিদ্যা চর্চা করিয়া আসিতেছে। যে-স্বামী আপনি বশ হইয়া বসিয়া থাকে তাহারা স্ত্রী-বেচারা একেবারেই বেকার, সে তাহার মাতামহীদের নিকট হইতে শতলক্ষ বৎসরের শাণ-দেওয়া যে উজ্জ্বল বরুণাস্ত্র, অগ্নিবাণ ও নাগপাশবন্ধনগুলি পাইয়াছিল তাহা সমস্ত নিস্ফল হইয়া যায়।

- গল্পগুচ্ছ: মণিহারা

গভীর সুরে গভীর কথা
শুনিয়ে দিতে তোরে
সাহস নাহি পাই।
মনে মনে হাসবি কিনা
বুঝব কেমন করে?
আপনি হেসে তাই
শুনিয়ে দিয়ে যাই--
ঠাট্টা করে ওড়াই সখী,
নিজের কথাটাই।
হাল্কা তুমি কর পাছে
হাল্কা করি ভাই,
আপন ব্যথাটাই।

- ক্ষণিকা: ভীরুতা

ও ভাই কানাই, কারে জানাই দুঃসহ মোর দুঃখ।
তিনটে-চারটে পাস করেছি, নই নিতান্ত মুক্‌খ॥
তুচ্ছ সা-রে-গা-মা'য় আমায় গলদ্‌ঘর্ম ঘামায়।
বুদ্ধি আমার যেমনি হোক কান দুটো নয় সূক্ষ্ম--
এই বড়ো মোর দুঃখ কানাই রে,
এই বড়ো মোর দুঃখ॥
বান্ধবীকে গান শোনাতে ডাকতে হয় সতীশকে,
হৃদয়খানা ঘুরে মরে গ্রামোফোনের ডিস্কে।
কণ্ঠখানার জোর আছে তাই
লুকিয়ে গাইতে ভরসা না পাই--
স্বয়ং প্রিয়া বলেন, 'তোমার গলা বড়োই রুক্ষ'
এই বড়ো মোর দুঃখ কানাই রে,
এই বড়ো মোর দুঃখ॥

- গীতবিতান: বিচিত্র: ১১৮

লোহা কঠিন, পাথর কঠিন
আর কঠিন ইষ্টক।
তার অধিক কঠিন কন্যা,
তোমার হাতের পিষ্টক।

- এক ভক্তের হাতের তৈরি পিঠা খেয়ে মন্তব্য

আজ আহারান্তে ঢুলতে ঢুলতে তোমাকে একখানি চিঠি লিখেছি তারপরেও আবার খানিকক্ষণ ঢুলতে ঢুলতে গড়াতে গড়াতে সাধনার কাজ করেছি। তারপরে যখন এখানকার প্রধান কর্মচারীরা বড়ো বড়ো কাগজের তাড়া নিয়ে এসে প্রণাম করে মুখের দিকে চেয়ে দাঁড়ালেন তখন আমার ঘুমের ঘোর আমার সুখের স্বপন একেবারেই ছুটে গেল. একবার মনে মনে ভাবলুম, যদি এদের মধ্যে কেউ হঠাৎ সুর করে গেয়ে ওঠে -

"ওগো দেখি আঁখি তুলে চাও,
তোমার চোখে কেন ঘুমঘোর !"

তা হলে ও গানটা বোধ হয় মায়ার খেলার দ্বিতীয় সংস্করণ থেকে একেবারে উঠিয়ে দিই। কিন্তু সে রকম সুর করে গান গাবার ভাব কারো দেখলুম না। দুই একজনের একটুখানি কাঁদুনির সুর ছিল কিন্তু তাদের বক্তব্য বিষয়টা ঘুমের ঘোর প্রেমের ডোর নিয়ে নয় - তারা বেতন বৃদ্ধি চায়। তাদের অনেকগুলি ছেলেপুলে, হুজুরের শ্রীচরণ ছাড়া তাদের আর কোনো ভরসা নেই, হুজুর তাদের মাতা এবং পিতা।

- স্ত্রী মৃণালিনী দেবীকে লিখিত চিঠি, শিলাইদহ, বাংলাদেশ, ১৮৯৩
-

প্রিয়ে, তোমার ঢেঁকি হলে যেতেম বেঁচে
রাঙা চরণতলে নেচে নেচে ।।
টিপ্‌টিপিয়ে যেতেম মারা, মাথা খুঁড়ে হতেম সারা—
কানের কাছে কচ্‌কচিয়ে মানটি তোমার নিতেম যেচে ।।

- গীতবিতান: নাট্যগীতি : ২৫

পায়ে পড়ি শোনো ভাই গাইয়ে,
মোদের পাড়ার থোড়া দূর দিয়ে যাইয়ে॥
হেথা সা রে গা মা -গুলি সদাই করে চুলোচুলি,
কড়ি কোমল কোথা গেছে তলাইয়ে॥
হেথা আছে তাল-কাটা বাজিয়ে--
বাধাবে সে কাজিয়ে।
চৌতালে ধামারে
কে কোথায় ঘা মারে--
তেরে-কেটে মেরে-কেটে ধাঁ-ধাঁ-ধাঁইয়ে॥

- গীতবিতান: বিচিত্র: ১১৭

হাস্যকৌতুক

 মেয়েরা রসিকতা করতে গিয়ে যদি মুখরা হয়ে পড়ে তবে সেটা ভারি অশোভন দেখতে হয়।

- ছিন্নপত্র

 আর কিছুই নয়, মাসিক পত্রে একটা ভারি মজার প্রবন্ধ লিখিয়াছিলাম। পড়িয়া অন্তরঙ্গ বন্ধুরা তো হাসিয়াছিলই, আবার শত্রুপক্ষও খুব হাসিতেছে। ... এ দিকে ঘরেও গোল বাধিয়াছে। গভীর চিন্তাশীলতার পরিচয়স্বরূপ আমি এক জায়গায় লিখিয়াছিলাম, এ জগৎটা পশুশালা। আমার ধারণা ছিল যে পাঠকেরা হাসিবে। অন্তত তিন জন পাঠক যে হাসেন নাই তাহার প্রমাণ পাইয়াছি। প্রথমত শ্যালক আসিয়া আমাকে গাল পাড়িল; সে কহিল, নিশ্চয়ই আমি তাহাকেই পশু বলিয়াছি। আমি কহিলাম, বলিলে অপরাধ হয় না, কিন্তু তোমার দিব্য, বলি নাই। ভ্রাতার অপমানে ব্রাহ্মণী পিতার ঘরে যাইবেন বলিয়া শাসাইতেছেন। জমিদার পশুপতিবাবু থাকিয়া থাকিয়া রাগে তাঁহার গোঁফজোড়া বিড়ালের ন্যায় ফুলাইয়া তুলিতেছেন। তিনি বলেন তাঁহাকে শ্যালক সম্বোধন করিয়া অনধিকারচর্চা করিয়াছি, এবং লোকসমাজে তিনি আমার সম্বন্ধে যে-সকল আলোচনা করিতেছেন তাহা সুশ্রাব্য নয়। এ দিকে পাকড়াশি-বাড়ির জগৎবাবু চা খাইতে খাইতে আমার প্রবন্ধ পড়িয়া অট্টহাস্যের সঙ্গে মুখভ্রষ্ট চায়ের ও রুটির কণায় বজ্রবিদ্যুদ্বৃষ্টির কৃত্রিম দৃষ্টান্ত রচনা করিতেছিলেন, এমন সময়ে যেমনি পড়িলেন "জগৎটা পশুশালা" অমনি হাস্যের বেগ হঠাৎ থামিয়া গিয়া গলায় চা বাঁধিয়া গেল-- লোকে ভাবিল, ডাক্তার ডাকিবার সবুর সহিবে না। পাড়াসুদ্ধ লোকের ধারণা যে, আমার প্রবন্ধে আমি তাহাদেরই পরমপূজনীয় জ্যাঠা, খুড়শ্বশুর অথবা ভাগ্নীজামাই সম্বন্ধে কোনো-না-কোনো সত্য কথার আভাস দিয়াছি; তাহারাও আমার ক্ষণভঙ্গুর মাথার খুলিটার উপরে লক্ষপাত করিবে এমন কথা প্রকাশ করিতেছে। আমার প্রবন্ধের গভীর অভিপ্রায়টি যে কী তৎসম্বন্ধে আমার কথা তাহারা বিশ্বাস করিতেছে না, কিন্তু আমার প্রতি তাহাদের অভিপ্রায় যে কী তৎসম্বন্ধে তাহাদের কথা অবিশ্বাস করিবার কোনো হেতু আমার পক্ষে নাই। বস্তুত তাহাদের ভাষা উত্তরোত্তর অত্যন্ত স্পষ্ট হইয়া উঠিতেছে। মনে করিয়াছি বাসা বদলাইতে হইবে, আমার রচনার ভাষাও বদলানো আবশ্যক। আর যাহাই করি লোককে হাসাইবার চেষ্টা করিব না।

- ব্যঙ্গকৌতুক: রসিকতার ফলাফল

গায়ক গান গাহিতেছে, 'চ-ল-ত-রা-আ-আ-আ-আ' ফিরিয়া পুনরায় 'চ-ল-ত-রা আ আ আ' সুদীর্ঘ তান—শ্রোতারা সেই তানের খেলায় উন্মত্ত হইয়া উঠিয়াছে। এ দিকে গানের কথায় আছে 'চলত রাজকুমারী', কিন্তু তানের উপদ্রবে বেলা বহিয়া যায়, রাজকুমারীর আর চলাই হয় না। সমজদার শ্রোতাকে জিজ্ঞাসা করিলে সে বলে, রাজকুমারী না চলে তো না'ই চলুক, কিন্তু তানটা চলিতে থাক্। অবশ্য, রাজকুমারী কোন্ পথে চলিতেছেন সে সংবাদের জন্য যাহার বিশেষ উদ্‌বেগ আছে তাহার পক্ষে তানটা দুঃসহ।

- প্রাচীন সাহিত্য: কাদম্বরীচিত্র

দুনিয়ার এ মজলিসেতে এসেছিলেম গান শুনতে,
আপন মনে গুনগুনিয়ে রাগ - রাগিণীর জাল বুনতে।
গান শোনে সে কাহার সাধ্যি, ছোঁড়াগুলো বাজায় বাদ্যি,
বিদ্যেখানা ফাটিয়ে ফেলে থাকে তারা তুলো ধুনতে।
ডেকে বলে, হেঁকে বলে, ভঙ্গি করে বেঁকে বলে —
" আমার কথা শোনো সবাই, গান শোনো আর নাই শোনো।
গান যে কাকে বলে সেইটে বুঝিয়ে দেব, তাই শোনো। "

- কড়ি ও কোমল: পত্র

কাঁটাবনবিহারিণী সুর-কানা দেবী
তাঁরি পদ সেবি, করি তাঁহারই ভজনা
বদ্‌কণ্ঠলোকবাসী আমরা কজনা ॥
... বেতার সেতার দুটো, তবলাটা ফাটা-ফুটো,
সুরদলনীর করি এ নিয়ে যজনা--
আমরা কল্পনা ॥

- গীতবিতান: বিচিত্র: ১১৯

কনে দেখা হয়ে গেছে, নাম তার চন্দনা,
তোমারে মানাবে ভায়া, অতিশয় মন্দ না।
লোকে বলে, খিট্‌খিটে, মেজাজটা নয় মিঠে--
দেবী ভেবে নেই তারে করিলে বা বন্দনা।
কুঁজো হোক, কালো হোক, কালাও না, অন্ধ না।

- খাপছাড়া: ১৬

বৈষ্ণব কবিরা গভীর রাত্রে ঝড়ের সময় রাধিকার অকাতর অভিসার প্রসঙ্গে অনেক ভালো ভালো মিষ্টি কথা লিখেছেন। কিন্তু একটা কথা ভাবেননি এরকম ঝড়ে কৃষ্ণের কাছে তিনি কী মূর্তি নিয়ে উপস্থিত হবেন, চুলগুলোর অবস্থা যে কীরকম হত তাতো বেশ বোঝা যাচ্ছে।

- ছিন্নপত্র

বেশভূষা ঠিক যেন আধুনিক, মুখ দাড়ি-সমাকীর্ণ,
কিন্তু বচন অতি পুরাতন, ঘোরতর জরাজীর্ণ।
উচ্চ আসনে বসি একমনে শূন্যে মেলিয়া দৃষ্টি
তরুণ এ লোক লয়ে মনুশ্লোক করিছে বচনবৃষ্টি।
জলের সমান করিছে প্রমাণ কিছু নহে উৎকৃষ্ট
শালিবাহনের পূর্ব সনের পূর্বে যা নহে সৃষ্ট।
...
পণ্ডিত ধীর মুণ্ডিতশির, প্রাচীন শাস্ত্রে শিক্ষা—
নবীন সভায় নব্য উপায়ে দিবেন ধর্মদীক্ষা।
কহেন বোঝায়ে, কথাটি সোজা এ, হিন্দুধর্ম সত্য—
মূলে আছে তার কেমেস্ট্রি আর শুধু পদার্থতত্ত্ব।
টিকিটা যে রাখা ওতে আছে ঢাকা ম্যাগ্নেটিজ্‌ম্ শক্তি—
তিলকরেখায় বৈদ্যুত ধায়, তাই জেগে ওঠে ভক্তি।
সন্ধ্যাটি হলে প্রাণপণবলে বাজালে শঙ্খঘণ্টা
মথিত বাতাসে তাড়িত প্রকাশে সচেতন হয় মনটা।
এম. এ. ঝাঁকে ঝাঁক শুনিছে অবাক্ অপরূপ বৃত্তান্ত—
বিদ্যাভূষণ এমন ভীষণ বিজ্ঞানে দুর্দান্ত!
তবে ঠাকুরের পড়া আছে ঢের— অন্তত গ্যানো-খণ্ড,
হেল্‌ম্‌হৎস অতি বীভৎস করেছে লণ্ডভণ্ড!
...
উত্তর:
কিছু না, কিছু না, নাই জানাশুনা বিজ্ঞান কানাকৌড়ি—
লয়ে কল্পনা লম্বা রসনা করিছে দৌড়াদৌড়ি॥

- কল্পনা: উন্নতিলক্ষণ

(হাল-আমলের আধুনিক বেশভূষায় সজ্জিত চটপট ইংরেজি-বলা হিন্দু-মুসলিম-খ্রিষ্টান ধর্মবক্তাদের ধর্ম ও বিজ্ঞান আলোচনার প্রচেষ্টার সাথে কি মিল খুঁজে পাওয়া যায় - শতবর্ষে আগে রচিত এই রবীন্দ্র-কবিতার)

দামুচন্দ্র অতি হিঁদু আরো হিঁদু চামু
সঙ্গে সঙ্গে গজায় হিঁদু রামু বামু শামু
(দামু আমার চামু!)

রব উঠেছে ভারতভূমে হিঁদু মেলা ভার,
দামু চামু দেখা দিয়েছেন ভয় নেইকো আর।
(ওরে দামু, ওরে চামু!)

...

দন্ত দিয়ে খুঁড়ে তুলছে হিঁদু শাস্ত্রের মূল,
মেলাই কচুর আমদানিতে বাজার হুলুস্থুল।
(দামু চামু অবতার!)

...

দামু চামু ফুলে উঠল হিঁদুয়ানি বেচে,
হামাগুড়ি ছেড়ে এখন বেড়ায় নেচে নেচে!

- কড়ি ও কোমল: পত্র

(সে সময়ের নব্য-হিন্দুদের ধর্ম নিয়ে বাড়াবাড়িকে ব্যঙ্গ করে লিখা)

খুদে খুদে 'আর্য' গুলো ঘাসের মতো গজিয়ে ওঠে,
ছুঁচোলো সব জিবের ডগা কাঁটার মতো পায়ে ফোটে। ...
দাঁতের জোরে হিন্দুশাস্ত্র তুলবে তারা পাঁকের থেকে,
দাঁতকপাটি লাগে তাদের দাঁত-খিঁচুনির ভঙ্গি দেখে।
আগাগোড়াই মিথ্যে কথা, মিথ্যেবাদীর কোলাহল,
জিব নাচিয়ে বেড়ায় যত জিহ্বাওয়ালা সঙের দল।

- কড়ি ও কোমল: পত্র

চারি দিক হতে এল পণ্ডিতের দল--
অযোধ্যা কনোজ কাঞ্চী মগধ কোশল। ...
মোটা মোটা পুঁথি লয়ে উলটায় পাতা,
ঘন ঘন নাড়ে বসি টিকিসুদ্ধ মাথা। ...
কেহ শ্রুতি, কেহ স্মৃতি, কেহবা পুরাণ,
কেহ ব্যাকরণ দেখে, কেহ অভিধান।
কোনোখানে নাহি পায় অর্থ কোনোরূপ,
বেড়ে ওঠে অনুস্বর-বিসর্গের স্তূপ।
চুপ করে বসে থাকে বিষম সংকট,
থেকে থেকে হেঁকে ওঠে-- "হিং টিং ছট্।'

- সোনার তরী: হিং টিং ছট্

হাস্যকৌতুক

 বক্তা-স্বামীর চেয়ে শ্রোতা-স্বামী ঢের ভালো।

— নৌকাডুবি

 অচ্যুত। গুরুদেব এখনো এলেন না, উপায় কী!

কার্তিক। আমি তো বিষম মুশকিলে পড়েছি। আমার নাম কার্তিক, আমার ছোটো শালার নাম কীর্তি। আমার স্ত্রী তার ভাইকে কীর্তি বলে ডাকতে পারে কি না এটা স্থির করে না দিলে স্ত্রীর সঙ্গে একত্র বাস করাই দায় হয়েছে। তার উপর আবার গয়লা বেটার নাম কীর্তিবাস! এখন গুরুদেবকে জিজ্ঞাসা করতে হবে, আমার স্ত্রী যদি কীর্তিবাস গোয়ালাকে বাসুদেব বলে ডাকে তা হলে বৈধ হয় কি না। বাড়িতে কার্তিকপূজার সময় স্ত্রী কার্তিককে নাস্তিক বলে; নাম খারাপ করার দরুন ঠাকুরের কিম্বা তাঁর মা'র কোনো অসন্তোষ ঘটে কি না এও জিজ্ঞাস্য।

......

অচ্যুত। আমি সেদিন গুরুদেবকে জিজ্ঞাসা করেছিলেম যে, শাস্ত্রমতে ভোক্তা শ্রেষ্ঠ না ভোজ্য শ্রেষ্ঠ, অন্ন শ্রেষ্ঠ না অন্নপায়ী শ্রেষ্ঠ? তিনি এমনি এক গভীর উত্তর দিলেন যে, তখন যদিচ আমরা সকলেই জলের মতো বুঝে গেলুম কিন্তু এখন আমাদের কারো একটি কথাও মনে পড়ছে না।

উমেশ। আমার যতদূর মনে হচ্ছে, বোধ হয় তিনি বলেছিলেন অন্নও শ্রেষ্ঠ নয়, অন্নপায়ীও শ্রেষ্ঠ নয়, কিন্তু আর-একটা কী শ্রেষ্ঠ, সেইটে যে কী মনে পড়ছে না।

অপূর্ব। না না, তিনি বলেছিলেন অন্নও শ্রেষ্ঠ, অন্নপায়ীও শ্রেষ্ঠ। কিন্তু অন্নই বা কেন শ্রেষ্ঠ আর অন্নপায়ীই বা কেন শ্রেষ্ঠ তখন বুঝেছিলুম, এখন কোনোমতেই ভেবে পাচ্ছি নে।

খগেন্দ্র। অন্ন এবং অন্নপায়ীর মধ্যে কে শ্রেষ্ঠ, সহজবুদ্ধিতে পূর্বে সেটা একরকম ঠাউরেছিলুম, কিন্তু গুরুদেবের কথা শুনে বুঝলুম যে, পূর্বে কিছুই বুঝি নি এবং তিনি যা বললেন তাও কিছুই বুঝলুম না।

অচ্যুত। যা হোক, সেও একটা লাভ।

— হাস্যকৌতুক: গুরুবাক্য
(গুরুবাদের প্রতি অতিভক্তিকে ব্যঙ্গ করে লিখা)

আমার কোমরের সমস্ত খবর সুরির চিঠিতে পাবি। কোমরটা যে কেবলমাত্র কাছা ও কোঁচা গুঁজে রাখার জায়গা তা ককখনো মনে করবি না। মনুষ্যের মনুষ্যত্ব এই কোমর আশ্রয় করে আছে। আজকের চিঠিটা যদি একঘেয়ে রকম হয় ... তবে জানবি আমার এই ভাঙা কোমরের দোষ–তার জন্য আর কারো দোষ দেখা যায় না। এর ওপরে আবার মাঝে মাঝে এক একটা বিপর্যয় হাঁচি বেরোচ্ছে। মনে হচ্ছে যেন শরীরের ঊর্ধ্বভাগ ভাঙা কোমর থেকে ছিটকে পড়ে যাবে।

- ছিন্নপত্রাবলী: ২

শিরোমণি। যদি বল "নিয়তিকে কে বাধা দিতে পারে' এ কথার অর্থ কী, তবে সরল করে বুঝিয়ে দিই। নিয়তত্বই হচ্ছে নিয়তির গুণ এবং নিয়তের গুণই হচ্ছে নিয়তি। তা যদি হয় তবে নিয়তকালবর্তী যে নিয়তি তাকে পুনশ্চ নিয়ত নিয়ন্ত্রিত করতে পারে এমন দ্বিতীয় নিয়তির সম্ভাবনা কুতঃ? কারণ কিনা, নিত্য যাহা তাহাই নিয়ত এবং তাহাই নিয়ন্তা।

সকলে। এ আর বিচিত্র কী!

শিরোমণি। এতক্ষণে দ্বিতীয় প্রশ্ন--

বদন। কিন্তু আর নয়, প্রথমটা আগে ভালো করে জীর্ণ করি।

অচ্যুত। কিন্তু কী চমৎকার উত্তর!

অপূব। কী সরল মীমাংসা!

কার্তিক। কী পরিষ্কার ভাব!

উমেশ। কী গভীর শাস্ত্রজ্ঞান!

বদন। (শিরোমণির মুখের দিকে অনেকক্ষণ চাহিয়া) গুরুদেব, আপনার অবর্তমানে আমাদের কী দশা হবে!

(সকলের বাষ্পবিসর্জন)

- হাস্যকৌতুক: গুরুবাক্য

(গুরুবাদের প্রতি অতিভক্তিকে ব্যঙ্গ করে লিখা)

কল্যাণীয়াসু, কলকাতায় যাওয়া ঘটল না। যাবার আর সমস্ত সুবিধাই আছে কেবল শরীরটা হর্ত্তাল করে বসে আছে, তার চলাফেরা বন্ধ। সংবাদপত্র থেকে মাঝে মাঝে খবর পাই যে আমি নানা সভাসমিতিতে সভাপতির পদ গ্রহণের জন্য প্রস্তুত - তার থেকে বুঝতে পারি আমার খবর অন্যেরা আমার চেয়ে বেশি জানে। যাই হোক খবরের কাগজওয়ালারা যাই বলুন আমি খুব বিশ্বস্ত সংবাদদাতার কাছ থেকে খবর জানি যে রবীন্দ্রনাথের শীঘ্র কলকাতা যাওয়ার কোনো সম্ভাবনা নেই। তুমি রেঁধে খাওয়াতে চেয়েছ সেই কথাটি আমি এই দূরে থেকেও মনে রাখব। তুমি ভুলবে বলে আশঙ্কা করছি।

- সুফিয়া কামালকে লিখা রবীন্দ্রনাথের চিঠি, ৬ জানুয়ারি, ১৯২৯

তুমি যখন আমার সহজপাঠ পড়েছ তখন বিনা পরিচয়েই আমার সঙ্গে তোমার জানাশোনা হয়ে গেছে। তাই এখন থেকেই তোমাকে নিমন্ত্রণ করে রাখছি, বয়স হলে শান্তিনিকেতনে আমার সঙ্গে দেখা করতে এসো - হয়তো দেখা হতেও পারে - খুব শীঘ্র করে যদি বড় হতে পারো তা হলে সাক্ষাৎ অসম্ভব হবে না। তাই বলছি খুব তাড়া করো।

- কবি শামসুন্নাহার মাহমুদের সাড়ে পাঁচ বছরের শিশুপুত্র মামুন মাহমুদ (১৯২৮-১৯৭১) এর চিঠির উত্তরে লিখা রবীন্দ্রনাথের চিঠি, ১৭ আগস্ট, ১৯৩৪

তোমার সুন্দর চিঠিখানি পেয়ে বড়ো আনন্দ পেয়েছি। দাদু সম্ভাষণে তুমি আমাকে আত্মীয় সম্মন্ধের বন্ধনে বাঁধতে চেয়েছ, সে আমি উপেক্ষা করতে পারিনে। মাঝে মাঝে বিরক্ত করবার অধিকার তোমাদের হলো, কিন্তু সব সময়ে সাড়া যদি না পাও তো জেনো তোমার দাদুর বয়স তোমার চেয়ে বেশি। ... তোমার চিঠি পড়েই জবাব দিলুম। সময় হিসাব করবার সময় মনে রেখো আমি দূরে। পথ ঘাট বর্ষার ধারায় প্রায়ই ভাঙছে - যদি রাগ করতে হয় বর্ষার আকাশের পরে কোরো, তাতে তার বিশেষ দুঃখ হবে না। কিন্তু আমার উপর যদি করো তবে অন্যায় বিচার হবে।

- বগুড়া ভিক্টোরিয়া মেমোরিয়াল স্কুলের ছাত্রী জেব-উন-নেসা জামালের চিঠির উত্তরে রবীন্দ্রনাথের চিঠি, ১৯৩৮

মন উড়ুউড়ু, চোখ ঢুলুঢুলু,
ম্লান মুখখানি কাঁদুনিক--
আলুথালু ভাষা, ভাব এলোমেলো,
ছন্দটা নির্‌বাঁধুনিক।
পাঠকেরা বলে, "এ তো নয় সোজা,
বুঝি কি বুঝিনে যায় না সে বোঝা।'
কবি বলে, "তার কারণ, আমার
কবিতার ছাঁদ আধুনিক।'

- খাপছাড়া: ২০

অভয় দাও তো বলি আমার
wish কী–
একটি ছটাক সোডার জলে
পাকী তিন পোয়া হুইস্কি ।।

- গীতবিতান: নাট্যগীতি: ৬৩

আদর ক'রে মেয়ের নাম
রেখেছে ক্যালিফর্নিয়া,
গরম হল বিয়ের হাট
ঐ মেয়েরই দর নিয়া।
মহেশদাদা খুঁজিয়া গ্রামে গ্রামে
পেয়েছে ছেলে ম্যাসাচুসেট্‌স্ নামে,
শাশুড়ি বুড়ি ভীষণ খুশি
নামজাদা সে বর নিয়া--
ভাটের দল চেঁচিয়ে মরে
নামের গুণ বর্ণিয়া।

- খাপছাড়া: ৪৩

ভালোমানুষ নই রে মোরা ভালোমানুষ নই--
গুণের মধ্যে ওই আমাদের, গুণের মধ্যে ওই॥
দেশে দেশে নিন্দে রটে, পদে পদে বিপদ ঘটে--
পুঁথির কথা কই নে মোরা, উল্‌টো কথা কই॥
জন্ম মোদের ত্র্যহস্পর্শে, সকল-অনাসৃষ্টি।
ছুটি নিলেন বৃহস্পতি, রইল শনির দৃষ্টি।

- গীতবিতান: বিচিত্র: ১১৪

হাস্যকৌতুক

বোনাস -১

১৪

শেষ হইয়াও হইলো না শেষ
(আরো কিছু রবীন্দ্রবাণী)

 সে লড়াই ঈশ্বরের বিরুদ্ধে লড়াই
যে যুদ্ধে ভাইকে মারে ভাই।

- স্ফুলিঙ্গ: ২৪৪

 জ্ঞান মানুষের মধ্যে সকলের চেয়ে বড়ো ঐক্য। বাংলা দেশের এক কোণে যে ছেলে পড়াশুনা করিয়াছে তার সঙ্গে য়ুরোপের প্রান্তের শিক্ষিত মানুষের মিল অনেক বেশি সত্য, তার দুয়ারের পাশের মুর্খ প্রতিবেশীর চেয়ে।

- পরিচয়: শিক্ষার বাহন

 সত্যের পরিচয় দুঃখের দিনেই ভালো করিয়া ঘটে।

- আত্মশক্তি: সফলতার সদুপায়

 নিজের পূর্ণ প্রকাশেই আনন্দ। গুণী যেখানে গুণী সেখানে তার কাজ যতই কঠিন হোক, সেখানেই তার আনন্দ; মা যেখানে মা সেখানে তার ঝঞ্ঝাট যত বেশিই হোক-না, সেখানেই তার আনন্দ।

- সাহিত্যের পথে: কবির কৈফিয়ত

শেষ হইয়াও হইলো না শেষ

 যাহাতে মনুষ্যত্বের অপমান হয় তাহা কখনোই উন্নতির পথ হইতে পারে না।
— সমাজ: আদিম সম্বল

 মস্ত মস্ত উদ্দেশ্য জাহির করিলে দেশের যত না কাজ হয়, ছোটো ছোটো কাজ করিলে তাহার চেয়ে বেশি হয়।
— সমাজ: ন্যাশনল ফন্ড

 আত্মার স্বাধীনতা ছাড়া আর কোনো স্বাধীনতা নাই।
— দীনেশচন্দ্র সেনকে লিখিত চিঠি, চিঠিপত্র ১০: পত্র ৩৩

 কোনো বড়ো জিনিসকে কখনোই ভিক্ষা করিয়া পাওয়া যায় না।
— চারিত্রপূজা: রামমোহন প্রসঙ্গ ১

 মানুষের প্রতি বিশ্বাস হারানো পাপ।
— কালান্তর: সভ্যতার সংকট

 যে-ধর্ম অপমান করে সে-ধর্ম মিথ্যে।
— চণ্ডালিকা

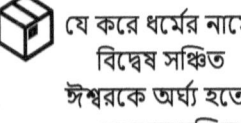 যে করে ধর্মের নামে
   বিদ্বেষ সঞ্চিত
ঈশ্বরকে অর্ঘ্য হতে
   সে করে বঞ্চিত।
— স্ফুলিঙ্গ: ২০৭

 যাহাদের মধ্যে সত্যিকার মিল নাই, কৌশলে তাহাদের মিল করা যায় না।
— সঞ্চয়: ধর্মের অধিকার

 অসীমে উঠিছে প্রেম শুধিবারে অসীমের ঋণ —
যত দেয় তত পায়, কিছুতে না হয় অবসান।
— কড়ি ও কোমল: চিরদিন

 যে গাছ হইতে ফল পাড়া যাইতে পারে, সে গাছ হইতে কীটও পাওয়া সম্ভব, কিন্তু সেই কীটের দ্বারা গাছের বিচার করা যায় না।
— শব্দতত্ত্ব: বাংলা ব্যাকরণ

শেষ হইয়াও হইলো না শেষ

কেরোসিন-শিখা বলে মাটির প্রদীপে,
ভাই ব'লে ডাক যদি দেব গলা টিপে।
হেনকালে গগনেতে উঠিলেন চাঁদা—
কেরোসিন বলি উঠে, এসো মোর দাদা!

— কণিকা: কুটুম্বিতা বিচার

কহিল ভিক্ষার ঝুলি টাকার থলিরে,
আমরা কুটুম্ব দোঁহে ভুলে গেলি কি রে?
থলি বলে, কুটুম্বিতা তুমিও ভুলিতে
আমার যা আছে গেলে তোমার ঝুলিতে।

— কণিকা: গরজের আত্মীয়তা

রাজা ভাবে, নব নব আইনের ছলে
ন্যায় সৃষ্টি করি আমি। ন্যায়ধর্ম বলে,
আমি পুরাতন, মোরে জন্ম কেবা দেয়—
যা তব নূতন সৃষ্টি সে শুধু অন্যায়।

— কণিকা: নূতন ও সনাতন

কেঁচো কয়, নীচ মাটি, কালো তার রূপ।
কবি তারে রাগ ক'রে বলে, চুপ চুপ!
তুমি যে মাটির কীট, খাও তারি রস,
মাটির নিন্দায় বাড়ে তোমারি কি যশ!

— কণিকা: স্বদেশদ্বেষী

ধ্বনিটিরে প্রতিধ্বনি সদা ব্যঙ্গ করে,
ধ্বনি কাছে ঋণী সে যে পাছে ধরা পড়ে।

— কণিকা: অকৃতজ্ঞ

শক্তি যার নাই নিজে বড়ো হইবারে
বড়োকে করিতে ছোটো তাই সে কি পারে?

— কণিকা: অসাধ্য চেষ্টা

বিরাম কাজেরই অঙ্গ এক সাথে গাঁথা,
নয়নের অংশ যেন নয়নের পাতা।

— কণিকা: বিরাম

শেষ হইয়াও হইলো না শেষ

কত বড়ো আমি, কহে নকল হীরাটি।--
তাই তো সন্দেহ করি নহ ঠিক খাঁটি।

— কণিকা: সন্দেহের কারণ

ছাই বলে, শিখা মোর ভাই আপনার,
ধোঁওয়া বলে, আমি তো যমজ ভাই তার।
জোনাকি কহিল, মোর কুটুম্বিতা নাই,
তোমাদের চেয়ে আমি বেশি তার ভাই।

— কণিকা: পর ও আত্মীয়

তৃষিত গর্দভ গেল সরোবরতীরে,
"ছিছি কালো জল!' বলি চলি এল ফিরে।
কহে জল, জল কালো জানে সব গাধা,
যে জন অধিক জানে বলে জল সাদা।

— কণিকা: অল্প জানা ও বেশি জানা

বোলতা কহিল, এ যে ক্ষুদ্র মউচাক,
এরি তরে মধুকর এত করে জাঁক!
মধুকর কহে তারে, তুমি এসো ভাই,
আরো ক্ষুদ্র মউচাক রচো দেখে যাই।

— কণিকা: হাতে-কলমে

ভাবে শিশু, বড়ো হলে শুধু যাবে কেনা
বাজার উজাড় করি সমস্ত খেলেনা।
বড়ো হলে খেলা যত ঢেলা বলি মানে,
দুই হাত তুলে চায় ধনজন-পানে।
আরো বড়ো হবে না কি যবে অবহেলে
ধরার খেলার হাট হেসে যাবে ফেলে?

— কণিকা: খেলেনা

"কালো তুমি'-- শুনি জাম কহে কানে কানে,
যে আমারে দেখে সেই কালো বলি জানে,
কিন্তু সেটুকু জেনে ফের কেন জাদু?
যে আমারে খায় সেই জানে আমি স্বাদু।

— কণিকা: জ্ঞানের দৃষ্টি ও প্রেমের সম্ভোগ

শেষ হইয়াও হইলো না শেষ

লোকে যখন দরিদ্র হয় তখন বাইরের দিকে গৌরব খুঁজে বেড়ায়।

- কালান্তর: বৃহত্তর ভারত

নিজের ফাঁকি মানুষ নিজে দেখতে পায় না।

- চিঠিপত্র ৫: ইন্দিরা দেবীকে, পত্র ১

যে আমাদের খরচ করিবার সঙ্গী সেই আমাদের বন্ধু।

- বিচিত্র প্রবন্ধ: পনেরো আনা

দয়ালু লোকের নাইটস্কুল খোলা অশ্রুবর্ষণ করিয়া অগ্নিদাহ-নিবারণের চেষ্টার মতো।

- কালান্তর: লোকহিত

যে সর্ববিষয়ে অক্ষম সে কথায় কথায় অভিমান প্রকাশ করিয়া থাকে। এই অভিমান জিনিসটি বাঙালি-প্রকৃতির মজ্জাগত নির্লজ্জ দুর্বলতার পরিচায়ক।

- লোকসাহিত্য: কবি-সংগীত

অনেক বড়ো বড়ো কথা পরের মুখ হইতে পরিপক্ক ফলের মতো অতি সহজে পাড়িয়া লওয়া যায়, কিন্তু অতি ছোট কথাটিও নিজে ভাবিয়া গড়িয়া তোলা বিষম ব্যাপার।

- সাহিত্য: বাংলা সাহিত্যের প্রতি অবজ্ঞা

ভুল করিবার অধিকার যাহার নাই, সত্যকে আবিষ্কার করিবার অধিকারও সে পায় নাই। পরের শত শত ভুল জড়ভাবে মুখস্থ করিয়া রাখার চেয়ে সচেষ্টভাবে নিজে ভুল করা অনেক ভালো। কারণ,যে চেষ্টা ভুল করায় সেই চেষ্টাই ভুলকে লঙ্ঘন করাইয়া লইয়া যায়।

- শিক্ষা: জাতীয় বিদ্যালয়

ভালো লোককে 'হম্বগ' মনে করা, ভদ্রতাকে হীন মনে করা, যে তোমাদের নিজের মতাবলম্বী নয় তাহাকে অশিক্ষিত অপদার্থ মনে করা, যশস্বী লোকের জোশকে ফাঁকি মনে করা, তোমাদের অপেক্ষা শতগুনে বিদ্বান লোকের বিদ্যার গভীরতা নাই বলিয়া লোকের কাছে প্রচার করা, কিঞ্চিৎ হাতে রাখিয়া মোট ব্যক্ত করা, নিজেকে ভারী একজন মস্ত লোক মনে করা, এই সকলকে তোমরা বিজ্ঞতার লক্ষণ বলিয়া জান।

- সমালোচনা: বিজ্ঞতা

যখন জগতের স্বপক্ষে থাকি তখনই আমাদের প্রকৃত সুখ, যখন স্বার্থ খুঁজিয়া মরি তখনই আমাদের ক্লেশ, শ্রান্তি, অসন্তোষ।

- আলোচনা: সৌন্দর্য্য ও প্রেম

মানুষের কোনো কথাটাই সোজা নয়। আমরা ডিক্‌শনারিতে যে কথার এক মানে বেঁধে দেই, মানব-জীবনের মধ্যে মানেটা সাতখানা হয়ে যায়; সমুদ্রের কাছে এসে গঙ্গার মতো!

- শেষের কবিতা

ভালো হও, ভালোবাসো, ভালো করো, এইটেই হলো পথ। যেখানে শাস্ত্র এবং তত্ত্ব এবং আচারবিচারের কড়াকড়ি, সেখানে ধার্মিকদের অধ্যবসায় কোটা-কাটাকাটি থেকে শুরু করে গলা-কাটাকাটিতে গিয়ে পৌঁছয়।

- পারস্যে: ৭

দয়া বলে, কে গো তুমি মুখে নাই কথা?
অশ্রুভরা আঁখি বলে, আমি কৃতজ্ঞতা।

- কণিকা: পরিচয়

যে মানুষকে মানুষ সম্মান করতে পারে না সে মানুষকে মানুষ উপকার করতে অক্ষম।

- রাশিয়ার চিঠি: ১

যখন তাজমহলের সামনে গিয়ে দাঁড়াই তখন এ তর্ক মনে আসে না যে, এটা হিন্দুর কীর্তি না মুসলমানের কীর্তি। তখন একে মানুষের কীর্তি বলেই হৃদয়ের মধ্যে অনুভব করি।

- জাপান যাত্রী: ১৪

যে পুরুষ অসংশয়ে অকুন্ঠিতভাবে নিজেকে প্রচার করিতে পারে সেই সমর্থ পুরুষ সহজেই নারীর দৃষ্টি আর্কষণ করিতে পারে।

- গল্পগুচ্ছ: নষ্টনীড়

তাঁকে যখন বলি, তোমাকে আমি চাই নে, আমি টাকা চাই, খ্যাতি চাই–তিনি বলেন আচ্ছা বেশ। বলে চুপ করে সরে বসে থাকেন।

- শান্তিনিকেতন: ৩

শেষ হইয়াও হইলো না শেষ

অর্থ যেমন খাদ্য নহে, তাহা ভাঙাইয়া তবে খাইতে হয়, তেমনি আশা-উৎসাহ মাত্র আমাদিগকে সার্থক করে না, তাহাকে বিশেষ কাজে খাটাইয়া তবে ফললাভ করি।

- শিক্ষা: ছাত্রদের প্রতি সম্ভাষণ

শতরঞ্জ খেলার আগাগোড়াই খেলা— মাঝখানে দাবাবড়ে চালাচালি এবং মহাভাবনা। সেই দুঃখ না থাকিলে খেলার কোনো অর্থই থাকে না। অপর পক্ষে খেলার আনন্দ না থাকিলে দুঃখের মতো এমন নিদারুণ নিরর্থকতা আর-কিছু নাই।

- সাহিত্যের পথে: কবির কৈফিয়ত

পাছে চেয়ে বসে আমার মন,
আমি তাই ভয়ে ভয়ে থাকি।
পাছে চোখে চোখে পড়ে বাঁধা,
আমি তাই তো তুলি নে আঁখি।

- গীতবিতান: নাট্যগীতি : ৬৬

কর্ম দুই রকমে হয়– এক অভাবের থেকে হয়, আর প্রাচুর্য থেকে হয়। অর্থাৎ প্রয়োজন থেকে হয় বা আনন্দ থেকে হয়। প্রয়োজন থেকে, অভাব থেকে, আমরা যে কর্ম করি সেই কর্মই আমাদের বন্ধন; আনন্দ থেকে যা করি সে তো বন্ধন নয়, বস্তুত সেই কর্মই মুক্তি।

- শান্তিনিকেতন: ৪

তোমার প্রেমে যে লেগেছে আমায় চির নূতনের সুর।
সব কাজে মোর সব ভাবনায় জাগে চিরসুমধুর।
মোর দানে নেই দীনতার লেশ, যত নেবে তুমি না পাবে শেষ-
আমার দিনের সকল নিমেষ ভরা অশেষের ধনে॥

- গীতবিতান: প্রেম: ৭৫

বাঙালির বুদ্ধি সহজেই অত্যন্ত সূক্ষ্ম। তাহার দ্বারা চুল চেরা যায়, কিন্তু বড়ো বড়ো গ্রন্থে ছেদন করা যায় না। তাহা সুনিপুণ, কিন্তু সবল নহে। আমাদের বুদ্ধি ঘোড়দৌড়ের ঘোড়ার মতো অতিসূক্ষ্ম তর্কের বাহাদুরিতে ছোটে ভালো, কিন্তু কর্মের পথে গাড়ি লইয়া চলে না।

- চারিত্রপূজা: বিদ্যাসাগরচরিত

শেষ হইয়াও হইলো না শেষ

 রাগারাগি দ্বারা সত্যের প্রতিবাদ, অগ্নিশিখাকে ছুরি দিয়ে বেঁধবার চেষ্টার মত।

- মানুষের ধর্ম: ২

 পাপকে ঠেকাবার জন্য কিছু না করাই তো পাপ।

- নাটক: তপতী

 একটু দূরে আসিয়া দাঁড়াইতে না পারিলে কোনো বড়ো জিনিসকে ঠিক বড়ো করিয়া দেখা যায় না।

- সঞ্চয়: রোগীর নববর্ষ

 অপর ব্যক্তির কোলে পিঠে চড়িয়া অগ্রসর হওয়ার কোনো মাহাত্ম্য নাই – কারণ চলিবার শক্তিলাভই যথার্থ লাভ, অগ্রসর হওয়া মাত্র লাভ নহে।

- আত্মশক্তি: দেশীয় রাজ্য

 সমস্ত পৃথিবী বলছে আমি গোলাকার, কিন্তু আমার পায়ের তলার মাটি বলছে আমি সমতল। পায়ের তলার মাটির জোর বেশি, কেননা সে যেটুকু বলে সে একেবারে তন্ন তন্ন করে বলে। পায়ের তলার মাটির কাছ থেকে পাই তথ্য, অর্থাৎ কেবল তথাকার খবর, বিশ্বপৃথিবীর কাছ থেকে পাই সত্য, অর্থাৎ সমস্তটার খবর।

- সঞ্চয়: আমার জগৎ

 যতটুকু অত্যাবশ্যক কেবল তাহারই মধ্যে কারারুদ্ধ হইয়া থাকা মানবজীবনের ধর্ম নহে। আমরা কিয়ৎপরিমাণে আবশ্যক-শৃঙ্খলে বদ্ধ হইয়া থাকি এবং কিয়ৎপরিমাণে স্বাধীন। আমাদের দেহ সাড়ে তিন হাতের মধ্যে বদ্ধ, কিন্তু তাই বলিয়া ঠিক সেই সাড়ে তিন হাত পরিমাণ গৃহ নির্মাণ করিলে চলে না, স্বাধীন চলাফেরার জন্য অনেকখানি স্থান রাখা আবশ্যক, নতুবা আমাদের স্বাস্থ্য এবং আনন্দের ব্যাঘাত হয়। শিক্ষা সম্বন্ধেও এই কথা খাটে। যতটুকু কেবলমাত্র শিক্ষা, অর্থাৎ অত্যাবশ্যক, তাহারই মধ্যে শিশুদিগকে একান্ত নিবদ্ধ রাখিলে কখনোই তাহাদের মন যথেষ্ট পরিমাণে বাড়িতে পারে না। অত্যাবশক শিক্ষার সহিত স্বাধীন পাঠ না মিশাইলে ছেলে ভালো করিয়া মানুষ হইতে পারে না- বয়ঃপ্রাপ্ত হইলেও বুদ্ধিবৃত্তি সম্বন্ধে সে অনেকটা বালক থাকিয়াই যায়।

- শিক্ষা: শিক্ষার হেরফের

শেষ হইয়াও হইলো না শেষ

 দুর্বলের জন্য সুখ নয় - সুখ বলসাধ্য, সুখ কষ্টসাধ্য।

- য়ুরোপ-যাত্রীর ডায়ারী: পরিশিষ্ট

 ধর্ম যদি অন্তরের জিনিস না হইয়া শাস্ত্রমত ও বাহ্য আচারকেই মুখ্য করিয়া তোলে তবে সেই ধর্ম যত বড়ো অশান্তির কারণ হয়, এমন আর-কিছুই না।

- কালান্তর: ছোটো ও বড়ো

 যে সকল মহাপুরুষের বাণী জগতে আজও অমর হইয়া আছে তাঁহারা কেহই মানুষের মন জোগাইয়া কথা কহিতে চেষ্টা করেন নাই। তাঁহারা জানিতেন মানুষ আপনার মনের চেয়েও অনেক বড়ো--অর্থাৎ মানুষ আপনাকে যাহা মনে করে সেইখানেই তাহার সমাপ্তি নহে। এই জন্য তাঁহারা একেবারে মানুষের রাজদরবারে আপনার দূত প্রেরণ করিয়াছেন, বাহিরের দেউড়িতে দ্বারীকে মিষ্টবাক্যে ভুলাইয়া কাজ উদ্ধারের সহজ উপায় সন্ধান করিয়া কাজ নষ্ট করেন নাই।

- সঞ্চয়: ধর্মের অধিকার

 আমাদের হিন্দু-সমাজে গোহত্যা পাপ বলে গণ্য, অথচ সেই উপলক্ষ্যে মানুষ-হত্যা ততদূর পাপ বলে মনে করি না। মুসলমানের অন্ন খেয়েছে বলে শাস্তি দিই, মুসলমানের সর্বনাশ করেছে বলে শাস্তি দিই নে।

- সাহিত্যের পথে: সাহিত্যসমালোচনা

 অনেকের কাছে ভাবের সত্যমিথ্যা ওজন-দরে পরিমাপ হয়। যেটা যে পরিমাণে মোটা সেটা সেই পরিমাণে সত্য। সৌন্দর্যের অপেক্ষা ধূলি সত্য, স্নেহের অপেক্ষা স্বার্থ সত্য, প্রেমের অপেক্ষা ক্ষুধা সত্য। কিন্তু তবু চিরকাল মানুষ এই-সমস্ত ওজনে-ভারী মোটা জিনিসকে একেবারে অস্বীকার করিতে চেষ্টা করিতেছে। ধূলিকে আবৃত করে, স্বার্থকে লজ্জা দেয়, ক্ষুধাকে অন্তরালে নির্বাসিত করিয়া রাখে। মলিনতা পৃথিবীতে বহুকালের আদিম সৃষ্টি; ধূলিজঞ্জালের অপেক্ষা প্রাচীন পদার্থ মেলাই কঠিন; তাই বলিয়া সেইটেই সব চেয়ে সত্য হইল, আর অন্তর-অন্তঃপুরের যে লক্ষ্মীরূপিণী গৃহিণী আসিয়া তাহাকে ক্রমাগত ধৌত করিতে চেষ্টা করিতেছে তাহাকেই কি মিথ্যা বলিয়া উড়াইয়া দিতে হইবে?

-পঞ্চভূত: সৌন্দর্যের সম্বন্ধ

প্রথমে যেটি একটি উদ্দেশ্যের উপায় মাত্র থাকে, মানুষে ক্রমে সেই উপায়টিকে উদ্দেশ্য করিয়া তুলে। যেমন টাকা নানাপ্রকার সুখ পাইবার উপায় মাত্র, কিন্তু অনেকে সমস্ত সুখ বিসর্জন দিয়া টাকা পাইতে চান।

- সংগীত: সংগীত ও ভাব

বসন্তকালের ঝড়ে যখন রাশি রাশি আমের বোল ঝরিয়া পড়ে তখন সে বোলগুলি কেবলই মাটি হয়, তাহা হইতে গাছ বাহির হইবার কোনো সম্ভাবনা থাকে না। তেমনি দেখা গেছে, সংসারে উপদেশের বোল অজস্র বৃষ্টি হয় বটে, কিন্তু অনেক স্থলেই তাহা হইতে অঙ্কুর বাহির হয় না, সমস্ত মাটি হইতে থাকে।

- আত্মশক্তি: অবস্থা ও ব্যবস্থা

জ্যোতির্বিদ দূরবীণ নিয়ে জ্যোতিষ্কের পর্যালোচনা করতে চান, কিন্তু তার বাধা বিস্তর। আকাশে আছে পৃথিবীর ধুলো, বাতাসের আবরণ, বাস্পের অবগুণ্ঠন, চারদিকে নানা প্রকার চঞ্চলতা। যন্ত্রের ক্রটিও অসম্ভব নয়; যে মন দেখছে, - তার মধ্যে আছে পূর্বসংস্কারের আবিলতা। ভিতর-বাহিরের সমস্ত ব্যাঘাত নিরস্ত করলে বিশুদ্ধ সত্য পাওয়া যায়। সেই বিশুদ্ধ সত্য এক, কিন্তু বাধাগ্রস্ত প্রতীতির বিশেষত্ব অনুসারে ভ্রান্তমত বহু।

- মানুষের ধর্ম

চন্দ্র কহে, বিশ্ব আলো দিয়েছি ছড়ায়ে,
কলঙ্ক যা আছে তাহা আছে মোর গায়ে।

- কণিকা: নিজের ও সাধারণের

উত্তম নিশ্চিন্তে চলে অধমের সাথে,
তিনিই মধ্যম যিনি চলেন তফাতে।

- কণিকা: মাঝারির সতর্কতা

দ্বার বন্ধ করে দিয়ে ভ্রমটারে রুখি।
সত্য বলে, আমি তবে কোথা দিয়ে ঢুকি?

- কণিকা: একই পথ

অনুগ্রহ দুঃখ করে, দিই, নাহি পাই।
করুণা কহেন, আমি দিই, নাহি চাই।

- কণিকা: প্রভেদ

শেষ হইয়াও হইলো না শেষ

মানুষ নির্মাণ করে ব্যবসায়ের প্রয়োজনে, সৃষ্টি করে আত্মার প্রেরণায়।

-সাহিত্যের পথে: সৃষ্টি

শুনেছিলুম, পারস্যের রাজা যখন ইংলণ্ডে গিয়েছিলেন তখন হাতেখাওয়ার প্রসঙ্গে তিনি ইংরেজকে বলেছিলেন, "কাঁটাচামচ দিয়ে খেতে গিয়ে তোমরা খাওয়ার একটা আনন্দ থেকে বঞ্চিত হও।" যারা ঘটকের হাত দিয়ে বিয়ে করে তারা কোর্টশিপের আনন্দ থেকে বঞ্চিত হয়। হাত দিয়ে স্পর্শ করেই খাবারের সঙ্গে কোর্টশিপ আরম্ভ হয়। আঙুলের ডগা দিয়েই স্বাদগ্রহণের শুরু।

- জাপান-যাত্রী: ৮

য়ুরোপের সংগীত প্রকাণ্ড এবং প্রবল এবং বিচিত্র, মানুষের বিজয়রথের উপর থেকে বেজে উঠছে। ধ্বনিটা দিগ্‌দিগন্তের বক্ষস্থল কাঁপিয়ে তুলছে। বলে উঠতেই হয়–বাহবা! কিন্তু, আমাদের রাখালী বাঁশিতে যে রাগিণী বাজছে সে আমার একলার মনকে ডাক দেয় একলার দিকে সেই পথ দিয়ে যে পথে পড়েছে বাঁশবনের ছায়া, চলেছে জলভরা কলসী নিয়ে গ্রামের মেয়ে, ঘুঘু ডাকছে আমগাছের ডালে, আর দূর থেকে শোনা যাচ্ছে মাঝিদের সারিগান–মন উতলা করে দেয়, চোখটা ঝাপসা করে দেয় একটুখানি অকারণ চোখের জলে। অত্যন্ত সাদাসিধে, সেইজন্যে অত্যন্ত সহজে মনের আঙিনায় এসে আঁচল পেতে বসে।

- নির্মলকুমারী মহলানবীশকে লিখা চিঠি, কোপেনহেগেন। ৮ অগস্ট ১৯৩০

তিনি শিষ্যদিগকে আহ্বান করিয়া বলিলেন, "দরিদ্রকে যে খাওয়ায় সে আমাকেই খাওয়ায়, বস্ত্রহীনকে যে বস্ত্র দেয় সে আমাকেই বসন পরায়।' ভক্তিবৃত্তিকে বাহ্য অনুষ্ঠানের দ্বারা সংকীর্ণরূপে চরিতার্থ করিবার উপদেশ ও দৃষ্টান্ত তিনি দেখান নাই। ঈশ্বরের ভজনা ভক্তিরসসম্ভোগ করার উপায়মাত্র নহে। তাঁহাকে ফুল দিয়া, নৈবেদ্য দিয়া, বস্ত্র দিয়া, স্বর্ণ দিয়া, ফাঁকি দিলে যথার্থ আপনাকেই ফাঁকি দেওয়া হয়; ভক্তি লইয়া খেলা করা হয় মাত্র এবং এইরূপ খেলায় যতই সুখ হউক তাহা মনুষ্যত্বের অবমাননা। যিশুর উপদেশ যাঁহারা সত্যভাবে গ্রহণ করিয়াছেন তাঁহারা কেবল মাত্র পূজার্চনা-দ্বারা দিনরাত কাটাইয়া দিতে পারেন না; মানুষের সেবা তাঁহাদের পূজা, অতি কঠিন তাঁহাদের ব্রত।

- খৃষ্ট: যিশুচরিত

বাঙালি বাংলাদেশে জন্মেছে বলেই যে বাঙালি তা নয়; বাংলাভাষার ভিতর দিয়ে মানুষের চিত্তলোকে যাতায়াতের বিশেষ অধিকার পেয়েছে বলেই সে বাঙালি। ভাষা আত্মীয়তার আধার,তা মানুষের জৈব-প্রকৃতির চেয়ে অন্তরতর।

- সাহিত্যের পথে: পরিশিষ্ট

সত্যকে আংশিক ভাবে দেখিলে অনেক সময়ে তাহা মিথ্যার রূপান্তর ধারণ করে। এক পাশ হইতে একটা জিনিষকে দেখিয়া যাহা সহসা মনে হয় তাহা একপেশে সত্য, তাহা বাস্তবিক সত্য না হইতেও পারে।

- সমালোচনা: সত্যের অংশ

উদয়ের পথে শুনি কার বাণী,
"ভয় নাই, ওরে ভয় নাই--
নিঃশেষে প্রাণ যে করিবে দান
ক্ষয় নাই তার ক্ষয় নাই।'

- পূরবী: সংযোজন

জীবন বৃথা গেল। বৃথা যাইতে দাও। অধিকাংশ জীবনই বৃথা যাইবার জন্য হইয়াছে। ... জীবন বৃথা গেল। যাইতে দাও। কারণ, যাওয়া চাই। যাওয়াটাই একটা সার্থকতা। নদী চলিতেছে–তাহার সকল জলই আমাদের স্নানে এবং পানে এবং আমন-ধানের ক্ষেতে ব্যবহার হইয়া যায় না। তাহার অধিকাংশ জলই কেবল প্রবাহ রাখিতেছে। ...আমরা যাহাকে ব্যর্থ বলি প্রকৃতির অধিকাংশই তাই। সূর্যকিরণের বেশির ভাগ শূন্যে বিকীর্ণ হয়, গাছের মুকুল অতি অল্পই ফল পর্যন্ত টিঁকে।

- বিচিত্র প্রবন্ধ: পনেরো-আনা

এক দল লোক আছেন, তাঁহারা চিরকাল মতলব খাটাইয়া আসিতেছেন। তাঁহারা সহজে বিশ্বাস করিতে পারেন না পৃথিবীতে কাহারো উদারতা আছে।

- সমালোচনা: বিজ্ঞতা

মানুষের একটা বয়স আছে যখন সে চিন্তা না করেও বিবাহ করতে পারে। সে বয়সে পেরোলে বিবাহ করতে দুঃসাহসিকতার দরকার হয়।

- গল্পগুচ্ছ: পাত্র ও পাত্রী

গতির লক্ষ্য এক, কিন্তু তাহার পথ অনেক। সব নদীই সাগরের দিকে চলিয়াছে, কিন্তু সবাই এক নদী হইয়া চলে নাই। চলে নাই, সে আমাদের ভাগ্য।

- চারিত্রপূজা: মহর্ষি দেবেন্দ্রনাথ ঠাকুর

যাঁহারা মহাত্মা তাঁহারা সত্যকে অত্যন্ত সরল করিয়া সমস্ত জীবনের সামগ্রী করিয়া দেখেন-- তাঁহারা কোনো নূতন পন্থা, কোনো বাহ্য প্রণালী, কোনো অদ্‌ভুত মত প্রচার করেন না। তাঁহারা অত্যন্ত সহজ কথা বলিবার জন্য আসেন-- তাঁহারা পিতাকে পিতা বলিতে ও ভাইকে ভাই ডাকিতে জন্মগ্রহণ করেন। তাঁহারা এই অত্যন্ত সরল বাক্যটি অত্যন্ত জোরের সঙ্গে বলিয়া যান যে, যাহা অন্তরের সামগ্রী তাহাকে বাহিরের আয়োজনে পুঞ্জীকৃত করিবার চেষ্টা করা বিড়ম্বনা মাত্র। তাঁহারা মনকে জাগাইতে বলেন, তাঁহারা দৃষ্টিকে সরল করিয়া সম্মুখে লক্ষ করিতে বলেন, অন্ধ অভ্যাসকে তাঁহারা সত্যের সিংহাসন হইতে অপসারিত করিতে আদেশ করেন। তাঁহারা কোনো অপরূপ সামগ্রী সংগ্রহ করিয়া আনেন না, কেবল তাঁহাদের দীপ্ত নেত্রের দৃষ্টিপাতে আমাদের জীবনের মধ্যে তাঁহারা সেই চিরকালের আলোক নিক্ষেপ করেন যাহার আঘাতে আমাদের দুর্বল জড়তার সমস্ত ব্যর্থ জাল-বুনানির মধ্য হইতে আমরা লজ্জিত হইয়া জাগিয়া উঠি।

- খৃষ্ট: যিশুচরিত

প্রথা জিনিষটা যেখানে সত্যকে বিদ্রুপ করে সেখানে সেই প্রথার মতো লজ্জাজনক ব্যাপার আর কিছুই নেই।

- চিঠিপত্র ৫: ইন্দিরা দেবীকে, পত্র ৩৬

আশা করিবার ক্ষেত্রে বড়ো হইলেই মানুষের শক্তিও বড়ো হইয়া বাড়িয়া ওঠে। শক্তি তখন স্পষ্ট করিয়া পথ দেখিতে পায় এবং জোর করিয়া পা ফেলিয়া চলে। কোনো সমাজ সকলের চেয়ে বড়ো জিনিস যাহা মানুষকে দিতে পারে তাহা সকলের চেয়ে বড়ো আশা। সেই আশার পূর্ণ সফলতা সমাজের প্রত্যেক লোকেই যে পায় তাহা নহে। কিন্তু নিজের গোচরে এবং অগোচরে এই আশার অভিমুখে সর্বদাই একটা তাগিদ থাকে বলিয়াই প্রত্যেকের শক্তি তাহার নিজের সাধ্যের শেষ পর্যন্ত অগ্রসর হইতে পারে। একটা জাতির পক্ষে সেইটেই সকলের চেয়ে মস্ত কথা।

- পথের সঞ্চয়: লক্ষ্য ও শিক্ষা

চোখে বালি পড়িলে রগড়াইতে গেলেই বাজে বেশি; কথাগুলো যেখানে কর্কশ সেখানে জবাব না করাই ভালো।

- চতুরঙ্গ

যে লোক কাজের উৎসাহে আছে, স্তবের উৎসাহে তাহার প্রয়োজনই থাকে না।

- কালান্তর: বিবেচনা ও অবিবেচনা

আপনাকে বড়ো বলিয়া ঠাহরাইতে অধিক কল্পনার আবশ্যক করে না, কিন্তু বড়োকে বড়ো বলিয়া সম্পূর্ণ উপলব্ধি করিতে উন্নত কল্পনার আবশ্যক।

- সাহিত্য: আলস্য ও সাহিত্য

আমাদের সমাজে যে ভেদবুদ্ধি আছে তাহারই দ্বারা চালিত হইয়া কোথায় আমরা অন্ন গ্রহণ করিব আর কোথায় করিব না তাহারই কৃত্রিম গণ্ডিরেখা-দ্বারা আমরা সমস্ত পৃথিবীকে চিহ্নিত করিয়া রাখিয়াছি। এমন-কি, যে-সকল মহাপুরুষ সমস্ত পৃথিবীর সামগ্রী, তাঁহাদিগকেও এইরূপ কোনো-না-কোনো একটা নিষিদ্ধ গণ্ডির মধ্যে আবদ্ধ করিয়া পর করিয়া রাখিয়াছি। তাঁহাদের ঘরে অন্ন গ্রহণ করিব না বলিয়া স্থির করিয়া বসিয়া আছি। সমস্ত জগৎকে অন্ন বিতরণের ভার দিয়া বিধাতা যাঁহাদিগকে পাঠাইয়াছেন আমরা স্পর্ধার সঙ্গে তাঁহাদিগকেও জাতে ঠেলিয়াছি। মহাত্মা যিশুর প্রতি আমরা অনেক দিন এইরূপ একটা বিদ্বেষভাব পোষণ করিয়াছি। আমরা তাঁহাকে হৃদয়ে গ্রহণ করিতে অনিচ্ছুক। কিন্তু এজন্য একলা আমাদিগকেই দায়ী করা চলে না। আমাদের খৃষ্টের পরিচয় প্রধানত সাধারণ খৃষ্টান মিশনরিদের নিকট হইতে। খৃষ্টকে তাঁহারা খৃষ্টানি-দ্বারা আচ্ছন্ন করিয়া আমাদের কাছে ধরিয়াছেন। এ পর্যন্ত বিশেষভাবে তাঁহাদের ধর্মমতের দ্বারা আমাদের ধর্মসংস্কারকে তাঁহারা পরাভূত করিবার চেষ্টা করিয়াছেন। সুতরাং আত্মরক্ষার চেষ্টায় আমরা লড়াই করিবার জন্যই প্রস্তুত হইয়া থাকি। লড়াইয়ের অবস্থায় মানুষ বিচার করে না। সেই মত্ততার উত্তেজনায় আমরা খৃষ্টানকে আঘাত করিতে গিয়া খৃষ্টকেও আঘাত করিয়াছি। কিন্তু যাঁহারা জগতের মহাপুরুষ, শত্রু কল্পনা করিয়া তাঁহাদিগকে আঘাত করা আত্মঘাতেরই নামান্তর। বস্তুত শত্রুর প্রতি রাগ করিয়া আমাদেরই দেশের উচ্চ আদর্শকে খর্ব করিয়াছি-- আপনাকে ক্ষুদ্র করিয়া দিয়াছি।

- খৃষ্ট: যিশুচরিত

শেষ হইয়াও হইলো না শেষ

মহাসমুদ্রের শত বৎসরের কল্লোল কেহ যদি এমন করিয়া বাঁধিয়া রাখিতে পারিত যে, সে ঘুমাইয়া পড়া শিশুটির মতো চুপ করিয়া থাকিত, তবে সেই নীরব মহাশব্দের সহিত এই লাইব্রেরির তুলনা হইত। **এখানে ভাষা চুপ করিয়া আছে, প্রবাহ স্থির হইয়া আছে, মানবাত্মার অমর আলোক কালো অক্ষরের শৃঙ্খলে কাগজের কারাগারে বাঁধা পড়িয়া আছে।** ইহারা সহসা যদি বিদ্রোহী হইয়া উঠে, নিস্তব্ধতা ভাঙিয়া ফেলে, অক্ষরের বেড়া দগ্ধ করিয়া একেবারে বাহির হইয়া আসে! হিমালয়ের মাথার উপরে কঠিন বরফের মধ্যে যেমন কত কত বন্যা বাঁধা আছে, তেমনি এই লাইব্রেরির মধ্যে মানবহৃদয়ের বন্যাকে বাঁধিয়া রাখিয়াছে!

বিদ্যুৎকে মানুষ লোহার তার দিয়া বাঁধিয়াছে, কিন্তু কে জানিত মানুষ শব্দকে নিঃশব্দের মধ্যে বাঁধিতে পারিবে। কে জানিত সংগীতকে, হৃদয়ের আশাকে, জাগ্রত আত্মার আনন্দধ্বনিকে, আকাশের দৈববাণীকে সে কাগজে মুড়িয়া রাখিবে। কে জানিত মানুষ অতীতকে বর্তমানে বন্দী করিবে। অতলস্পর্শ কালসমুদ্রের উপর কেবল এক-একখানি বই দিয়া সাঁকো বাঁধিয়া দিবে। লাইব্রেরির মধ্যে আমরা সহস্র পথের চৌমাথার উপরে দাঁড়াইয়া আছি। কোনো পথ অনন্ত সমুদ্রে গিয়াছে, কোনো পথ অনন্ত শিখরে উঠিয়াছে, কোনো পথ মানব-হৃদয়ের অতল স্পর্শে নামিয়াছে। যে যে দিকে ইচ্ছা ধাবমান হও, কোথাও বাধা পাইবে না। মানুষ আপনার পরিত্রাণকে এতটুকু জায়গার মধ্যে বাঁধাইয়া রাখিয়াছে।

শঙ্খের মধ্যে যেমন সমুদ্রের শব্দ শুনা যায় তেমনি এই লাইব্রেরির মধ্যে কি হৃদয়ের উত্থান-পতনের শব্দ শুনিতেছ? এখানে জীবিত ও মৃত ব্যক্তির হৃদয় পাশাপাশি এক পাড়ায় বাস করিতেছে। বাদ ও প্রতিবাদ এখানে দুই ভাইয়ের মতো একসঙ্গ থাকে। সংশয় ও বিশ্বাস, সন্ধান ও আবিষ্কার এখানে দেহে দেহে লগ্ন হইয়া বাস করে। এখানে দীর্ঘপ্রাণ ও স্বল্পপ্রাণ পরম ধৈর্য ও শান্তির সহিত জীবনযাত্রা নির্বাহ করিতেছে, কেহ কাহাকেও উপেক্ষা করিতেছে না। কত নদী সমুদ্র পর্বত উল্লঙ্ঘন করিয়া মানবের কণ্ঠ এখানে আসিয়া পৌঁছিয়াছে কত শত বৎসরের প্রান্ত হইতে এই স্বর আসিতেছে। এসো এখানে এসো, এখানে আলোকের জন্ম সংগীত গান হইতেছে।

- বিচিত্র প্রবন্ধ: লাইব্রেরি

শেষ হইয়াও হইলো না শেষ

হায় ওরে মানবহৃদয়,
    বার বার
    কারো পানে ফিরে চাহিবার
    নাই যে সময়,
    নাই নাই।
জীবনের খরস্রোতে ভাসিছ সদাই
    ভুবনের ঘাটে ঘাটে--
এক হাটে লও বোঝা, শূন্য করে দাও অন্য হাটে।
    দক্ষিণের মন্ত্রগুঞ্জরণে
        তব কুঞ্জবনে
    বসন্তের মাধবীমঞ্জরী
        যেই ক্ষণে দেয় ভরি
        মালঞ্চের চঞ্চল অঞ্চল,
বিদায় গোধূলি আসে ধুলায় ছড়ায়ে ছিন্নদল।
...
 হায় রে হৃদয়,
    তোমার সঞ্চয়
দিনান্তে নিশান্তে শুধু পথপ্রান্তে ফেলে যেতে হয়।
    নাই নাই, নাই যে সময়।
        সময় যে নাই।

                        - বলাকা: ৭

অমরতার আয়োজন
শিশুর শিথিল মুষ্টিগত
খেলার সামগ্রীর মতো
ধুলায় প'ড়ে বাতাসে যাক উড়ে।
আমি পেয়েছি ক্ষণে ক্ষণে অমৃতভরা
মুহূর্তগুলিকে,
তার সীমা কে বিচার করবে?
তার অপরিমেয় সত্য
অযুত নিযুত বৎসরের
নক্ষত্রের পরিধির মধ্যে
ধরে না।

                        - শেষ সপ্তক: একুশ

নির্ঘন্ট (Index)

এখানে জানুয়ারি থেকে ডিসেম্বর পর্যন্ত প্রতি পৃষ্ঠার শিরোনাম ছত্র বর্ণানুক্রমিকভাবে সাজানো হয়েছে পৃষ্ঠা নির্দেশ সহ।

শিরোনাম	পৃষ্ঠা	তারিখ
I boasted among men that I had known	৪৪৭	ডিসেম্বর ১
I have nothing to say against it	২৪৫	জুন ১৩
Man can destroy and plunder	১৮৮	মে ১২
Our society exists to remind us	২৯২	জুলাই ২৪
STRAY BIRDS	৪৫১	ডিসেম্বর ৫
The daily process of surrendering	১৮৫	মে ৯
The God of humanity has arrived	২৬১	জুন ২৯
Thy will is ever unfolding in my life	৬৯	জানুয়ারি ৩১
We never can have a true view of man	২৯৬	জুলাই ২৮
Where have I come from?	৩৩১	আগস্ট ২৭
অনুপযুক্ত ধর্মবক্তৃতা শোনা ক্ষতিজনক	২৩৩	জুন ১
অন্তর মম বিকশিত করো	৪৯	জানুয়ারি ১১
অন্তরে তার ডাক পাঠাব	৩৬৫	সেপ্টেম্বর ২৫
অন্তরে ভুল ভাঙবে কি?	৩১১	আগস্ট ৭
অন্ধকার হইতে জ্যোতিতে লইয়া যাও	৫৩	জানুয়ারি ১৫
অন্নহারা গৃহহারা চায় ঊর্ধ্বপানে	১৬১	এপ্রিল ১৯
অল্প কথায় গভীর কথা	৪৬৮	ডিসেম্বর ২২
অল্প লইয়া থাকি, তাই	১৮১	মে ৫
অসন্তোষকে মনের মধ্যে পালন কোরো না	৩২২	আগস্ট ১৮
অহংকার তো পায় না নাগাল যেথায় তুমি ফের	৫০	জানুয়ারি ১২
অহংকারে লোকের পতন হয় কেন?	৬৪	জানুয়ারি ২৬
অহংকারের মিথ্যা হতে বাঁচাও	৪৮	জানুয়ারি ১০
অহঙ্কার চূর্ণ করো	৫৯	জানুয়ারি ২১
আকাশ আমি ভরব গানে	৪০৬	অক্টোবর বোনাস

পৃষ্ঠার শিরোনাম সূচি

আকাশ বোঝে আনন্দ তার	১৩১	মার্চ ২৩
আকাশভরা সূর্য-তারা, বিশ্বভরা প্রাণ	৩৭৭	অক্টোবর ৩
আছে দুঃখ, আছে মৃত্যু, বিরহদহন লাগে	৪২১	নভেম্বর ৯
আজ নষ্ট হল বেলা, নষ্ট হল দিন	৩৬৪	সেপ্টেম্বর ২৪
আজি বসন্ত জাগ্রত দ্বারে	৪০৩	অক্টোবর ২৯
আজি এ প্রভাতে রবির কর	৩৯৩	অক্টোবর ১৯
আজি তব জন্মদিনে এই কথা করাব স্মরণ	১৫৮	এপ্রিল ১৬
আত্মার দৃষ্টি	১৮৬	মে ১০
আনন্দ আপনাকে ত্যাগ করিয়াই সার্থক	১৩৭	মার্চ ২৯
আনন্দ-অমৃতরূপে বিশ্বের প্রকাশ	১৪০	মার্চ বোনাস
আনন্দগান উঠুক তবে বাজি	১২৮	মার্চ ২০
আনন্দধারা বহিছে ভুবনে	১২৫	মার্চ ১৭
আনন্দের রকমফের	১৩০	মার্চ ২২
আন্তরিক ভালোবাসাই যথেষ্ট	৩০৬	আগস্ট ২
আপন হতে বাহির হয়ে বাইরে দাঁড়া	১৮৯	মে ১৩
আপনারি রিপুর প্রশ্রয়ে এ দুঃখের মূল জানি	৪২৯	নভেম্বর ১৭
আমরা আরম্ভ করি, শেষ করি না	১৯১	মে ১৫
আমরা না পড়িয়া পণ্ডিত	১৯২	মে ১৬
আমরা ভারি ভদ্র, ভারি বুদ্ধিমান	১৯৩	মে ১৭
আমাদের অধিকাংশ দুঃখই স্বেচ্ছাকৃত	৩১৭	আগস্ট ১৩
আমাদের ছোটো নদী চলে বাঁকে বাঁকে	৩৮১	অক্টোবর ৭
আমাদের জীবন সহজ এবং সরল হোক	৩০৭	আগস্ট ৩
আমাদের ধর্মজিজ্ঞাসার সেই গভীরতা নাই	২৫৫	জুন ২৩
আমাদের প্রধান পরিচয় হিন্দু বা মুসলমান	২৩৬	জুন ৪
আমার পরান যাহা চায়	৯০	ফেব্রুয়ারি ১৪
আমার হিয়ার মাঝে লুকিয়ে ছিলে	৬৩	জানুয়ারি ২৫
আমার সকল দুখের প্রদীপ জ্বেলে	৪১৬	নভেম্বর ৪
আমার লাগে নাই সে সুর	৩৬২	সেপ্টেম্বর ২২
আমার এ ধূপ না পোড়ালে	৬৭	জানুয়ারি ২৯
আমার এ নাম যাক না চুকে	৫৭	জানুয়ারি ১৯
আমার এই পথ-চাওয়াতেই আনন্দ	১১৯	মার্চ ১১
আমার খোকার কত যে দোষ	৩৩২	আগস্ট ২৮
আমার নিখিল পেয়েছে তার অন্তরের মিল	৮১	ফেব্রুয়ারি ৫
আমার প্রাণের মাঝে সুধা আছে, চাও কি?	৮০	ফেব্রুয়ারি ৪
আমার প্রিয়া আকাশ ছেয়ে মনের কথা হারায়	৩২৮	আগস্ট ২৪
আমার মন বলে, 'চাই চাই চাই গো	৪৫৪	ডিসেম্বর ৮
আমার মনে অহংকার কতদিকে কত মোটা	৭০	জানুয়ারি বোনাস
আমার যে সব দিতে হবে সে তো আমি জানি	১৩৫	মার্চ ২৭
আমার সে মমতায় কাজ নাই	৪২৩	নভেম্বর ১১
আমার সোনার বাংলা, আমি তোমায় ভালোবাসি	১৩৪	মার্চ ২৬
আমার স্বার্থ হইতে হে প্রভু, তব মঙ্গল কাজে	৩৫৭	সেপ্টেম্বর ১৭
আমারে ছাড়িয়া ভক্ত চলিল কোথায়?	২৬০	জুন ২৮

পৃষ্ঠার শিরোনাম সূচি

আমারে তুমি অশেষ করেছ এমনি লীলা তব	৪৬৩	ডিসেম্বর ১৭
আমারে সাহস দাও, দাও শক্তি, হে চিরসুন্দর	৩৬০	সেপ্টেম্বর ২০
আমি রূপে তোমায় ভোলাব না	৯২	ফেব্রুয়ারি ১৬
আমি এই পৃথিবীটাকে ভারী ভালোবাসি	৩৭৫	অক্টোবর ১
আমি হৃদয়ের কথা বলিতে ব্যাকুল	১০৬	ফেব্রুয়ারি বোনাস
আমি হেথায় থাকি শুধু গাইতে তোমার গান	৩৫৯	সেপ্টেম্বর ১৯
আয় চলে আয়, রে ধূমকেতু	১৬৩	এপ্রিল ২১
আর আমায় আমি নিজের শিরে বইব না	৩৬৩	সেপ্টেম্বর ২৩
আর কি কখনো কবে এমন সন্ধ্যা হবে?	৯৯	ফেব্রুয়ারি ২৩
আরও, আরও, আরও! ... এবং পাপ	৪৩৫	নভেম্বর ২৩
আরম্ভ করো জীবনের কাজ আনন্দমনে	১২৪	মার্চ ১৬
আলোকরাশি উঠবে ভাসি চিত্তগগনপারে	৩৬৭	সেপ্টেম্বর ২৭
আলোকের পথে, প্রভু, দাও দ্বার খুলে	১৩৯	মার্চ ৩১
আশা করিবার ক্ষেত্রে বড়ো হইলেই	২৯৯	জুলাই ৩১
ইসলাম ও হজরত মুহাম্মদ (দ:)	২৩৯	জুন ৭
ঈশ্বরের সঙ্গে মিলনসাধন	২৫২	জুন ২০
উত্তিষ্ঠত, জাগ্রত - উঠো, জাগো	২৫৩	জুন ২১
উদ্ভ্রান্ত উচ্ছলফেন ভক্তিমদধারা নাহি চাহি	৩৭০	সেপ্টেম্বর ৩০
এ আমির আবরণ সহজে স্খলিত হয়ে যাক	৪৬৪	ডিসেম্বর ১৮
এ ভালোবাসাই সত্য, এ জন্মের দান	৪৭০	ডিসেম্বর ২৪
এ মণিহার আমায় নাহি সাজে	৪৬৫	ডিসেম্বর ১৯
এই মলিন বস্ত্র ছাড়তে হবে, মলিন অহংকার	৩৫৪	সেপ্টেম্বর ১৪
এই না-থাকার মানে আমাদের প্রেমের অভাব	২৫৭	জুন ২৫
এই বা কী বৃহৎ নিভৃত পাঠশালা!	৩৭৯	অক্টোবর ৫
একখানি গ্রাম, তীরে শুকাইছে জাল	৩৮০	অক্টোবর ৬
একটি নমস্কারে প্রভু	৩৫১	সেপ্টেম্বর ১১
এবার হৃদয়-মাঝে লুকিয়ে বোসো	৩৪৪	সেপ্টেম্বর ৪
এলেম আমি কোথা থেকে	৩৩০	আগস্ট ২৬
এস' এস' বসন্ত, ধরাতলে	৪০৪	অক্টোবর ৩০
এসো এসো প্রাণের উৎসবে	১৫১	এপ্রিল ৯
এসো হে আর্য, এসো অনার্য, হিন্দু মুসলমান	৪৬৭	ডিসেম্বর ২১
ওগো মৌন , না যদি কও, না-ই কহিলে কথা	৯৩	ফেব্রুয়ারি ১৭
ওরে আয় রে তবে, মাত্‌ রে সবে আনন্দে	৪০৫	অক্টোবর ৩১
কণ্ঠে আমার সুর খুঁজে না পাই	৩৬১	সেপ্টেম্বর ২১
কত কলুষ কত ফাঁকি এখনো যে আছে বাকি	৩৪১	সেপ্টেম্বর ১
কর্মহীন উত্তেজনা ও জব্দ করিবার প্রবৃত্তি	১৮০	মে ৪
কাণ্ডারী কোরো তাঁহারে যিনি এ ভবের কাণ্ডারী	১৪৪	এপ্রিল ২
কালের কপোলতলে শুভ্র সমুজ্জ্বল তাজমহল	৩২৪	আগস্ট ২০
কালের যাত্রার ধ্বনি শুনিতে কি পাও?	৩১৫	আগস্ট ১১
কিছু কথা কিছু কবিতা	৩২১	আগস্ট ১৭
কিছু বলব ব'লে এসেছিলেম	৩২৩	আগস্ট ১৯
কী চাই?	৪৫৩	ডিসেম্বর ৭

পৃষ্ঠার শিরোনাম সূচি

কী জানি পরান কী যে চায়	৩৯৮	অক্টোবর ২৪
কী হবে এই নিজ্জীবতার শান্তি দিয়ে	১৯৮	মে ২২
কৃপণতা করিয়া কোনো বড়ো ফল	২৮৪	জুলাই ১৬
কে আমারে কী-যে বলে, ভোলাও ভোলাও	৩৪৭	সেপ্টেম্বর ৭
কে তুমি?	১৭৭	মে ১
কেন আমায় মান দিয়ে আর দূরে রাখ	৩৫৩	সেপ্টেম্বর ১৩
কেমনে প্রকাশি কব কত ভালোবাসি	৮৮	ফেব্রুয়ারি ১২
কোথাও দুঃখ, কোথা বিচ্ছেদ নাই	৪২৬	নভেম্বর ১৪
কোথায় কে হারাইব--কোন্ রাত্রিবেলা	৪১৯	নভেম্বর ৭
কোন্ আলোতে প্রাণের প্রদীপ জ্বালিয়ে	১২৯	মার্চ ২১
কোন্ ধর্মটি আমাদের আসল ধর্ম?	২০৫	মে ২৯
ক্লান্তি আমার ক্ষমা করো প্রভু	৪৬২	ডিসেম্বর ১৬
ক্লান্তিহীন নব আশা সেই তো শিশুর ভাষা	১৫৯	এপ্রিল ১৭
ক্ষমা করো আজিকার মতো	৩৯	জানুয়ারি ১
ক্ষমা কোরো যদি ভুলে থাকি	৩৩৬	আগস্ট বোনাস
ক্ষমা যেথা ক্ষীণ দুর্বলতা ...	৫৫	জানুয়ারি ১৭
ক্ষমিতে পারিলাম না যে, ক্ষমো হে মম দীনতা	৩৫৬	সেপ্টেম্বর ১৬
ক্ষুদ্রতম ইচ্ছাগুলোকেই আমরা বড় দেখি	৬৫	জানুয়ারি ২৭
ক্ষুদ্রের দম্ভ, মূল, উদারচরিতানাম্,ও স্তুতি নিন্দা	২৯০	জুলাই ২২
খাঁচার পাখি ও বনের পাখি	৪৫৫	ডিসেম্বর ৯
খুশি থাকো, থেকো ভালো	১৪৮	এপ্রিল ৬
গণ্ডিরক্ষাকেই ধর্মরক্ষা বলিয়া জ্ঞান করে	২৫৪	জুন ২২
গ্রামছাড়া ওই রাঙা মাটির পথ	৩৮৬	অক্টোবর ১২
ঘনগৌরবে নবযৌবনা বরষা	৩৮৮	অক্টোবর ১৪
চাটুবাণী দিয়ে ভুলাইতে দেবতায়	২৪৯	জুন ১৭
চোখের দৃষ্টি ও মনের দৃষ্টি	১৭৯	মে ৩
ছাড়ব সুখের দাস্য, দাও দাও কল্যাণ	৩৬৬	সেপ্টেম্বর ২৬
ছোটো ছোটো কথা নিতান্তই সহজ সরল	৩০০	জুলাই বোনাস
জগৎ জুড়ে উদার সুরে আনন্দগান বাজে	১২৭	মার্চ ১৯
জগতে আনন্দযজ্ঞে আমার নিমন্ত্রণ	১১১	মার্চ ৩
জগতে দরিদ্ররূপে ফিরি দয়াতরে	২৩৪	জুন ২
জগতের শত শত অসমাপ্ত কথা যত	১৭০	এপ্রিল ২৮
জয় জয় সত্যের জয়, জয় জয় মঙ্গলময়	১৬৫	এপ্রিল ২৩
জলে যখন ঢেউ উঠিতে থাকে	২০১	মে ২৫
জাগো প্রাতে আনন্দে, করো কর্ম আনন্দে	১২১	মার্চ ১৩
জানি মনে তাহার মাঝে অনেক আছে ফাঁকি	৩৫৮	সেপ্টেম্বর ১৮
জীবন জুড়ে লাগুক পরশ	৩৫২	সেপ্টেম্বর ১২
জীবন যখন শুকায়ে যায় করুণাধারায় এসো	৩৪৩	সেপ্টেম্বর ৩
জীবনপাত্র উচ্ছলিয়া মাধুরী করেছ দান	১০৪	ফেব্রুয়ারি ২৮
জীবনে আমার যত আনন্দ	১২০	মার্চ ১২
জ্ঞান ও প্রেম	১৭৮	মে ২
জ্বালাও আলো, আপন আলো	৩৯৯	অক্টোবর ২৫

পৃষ্ঠার শিরোনাম সূচি

ঝরা পাতা গো, আমি তোমারি দলে	৪০১	অক্টোবর ২৭
ঠাঁই নাই, ঠাঁই নাই-- ছোটো সে তরী	৩৯৭	অক্টোবর ২৩
ডিমক্রাসি ও ধনের শাসন	২৭২	জুলাই ৪
ততক্ষণ বুকের পাঁজর জ্বলবে আগুনে	১৮৭	মে ১১
তপ্ত তপ্ত নামটা চাই	১৯০	মে ১৪
তব নয়নের নিবিড় ছায়ায়	৮৫	ফেব্রুয়ারি ৯
তবু কোমর কেন টন্ টন্ করে রে	১০৯	মার্চ ১
তবুও মরিতে হবে এও সত্য জানি	৪১৮	নভেম্বর ৬
তর্কের পরিহাস এবং মর্মের সত্য	২৪৮	জুন ১৬
তাঁহারা জগতের সর্বত্রই অমঙ্গল দেখেন	১৩৮	মার্চ ৩০
তাই কেঁদে ফিরি, তাই তোমারে না পাই	৬২	জানুয়ারি ২৪
তাহা জল খাইবার পাত্র	২৩৮	জুন ৬
তাহার অক্ষর গণনা করিয়া জীবনযাপন করি	১৯৯	মে ২৩
তুচ্ছ আচারের মরুবালুরাশি	৬১	জানুয়ারি ২৩
তুমি আছ আমি আছি	১০৩	ফেব্রুয়ারি ২৭
তুমি আমারি, তুমি আমারি	৮৪	ফেব্রুয়ারি ৮
তুমি কি তাদের ক্ষমা করিয়াছ?	২৪৪	জুন ১২
তুমি যত ভার দিয়েছ সে ভার	৩৪৯	সেপ্টেম্বর ৯
তুমি যদি না দেখা দাও, কর আমায় হেলা	১৭৩	এপ্রিল বোনাস
তুমি রবে নীরবে হৃদয়ে মম	৯১	ফেব্রুয়ারি ১৫
তোদের দুজনের জীবন নবীন ও নির্মল হোক	১৫৪	এপ্রিল ১২
তোমায় দেখে দেখে আঁখি না ফিরে	৩৭৬	অক্টোবর ২
তোমার পরশ থাকুক আমার-হৃদয়-ভরা	৪৩৩	নভেম্বর ২১
তোমার আনন্দ রবে তার মাঝখানে	৪৭৫	ডিসেম্বর ২৯
তোমার আশীর্বাদ, হে প্রভু, তোমার আশীর্বাদ	১১৪	মার্চ ৬
তোমার কীর্তির চেয়ে তুমি যে মহৎ	৪৪০	নভেম্বর ২৮
তোমার জ্যোতিষ্ক তারে যে-পথ দেখায়	৪৪৮	ডিসেম্বর ২
তোমার পতাকা যারে দাও	৩৪৮	সেপ্টেম্বর ৮
তোমার পূজার ছলে তোমায় ভুলেই থাকি	৫২	জানুয়ারি ১৪
তোমার সম্মুখে এসে, দুর্ভাগিনী, দাঁড়াই যখন	৪৩৭	নভেম্বর ২৫
তোমারেই করিয়াছি জীবনের ধ্রুবতারা	৩৭১	সেপ্টেম্বর বোনাস
তোমারেই যেন ভালোবাসিয়াছি শত বার	১৫৩	এপ্রিল ১১
থাকব না ভাই, থাকব না কেউ-	৪২০	নভেম্বর ৮
দয়া কোরো হে দয়া করে দাও সুধায় হৃদয় ভরি	৩৬৮	সেপ্টেম্বর ২৮
দয়া দিয়ে হবে গো মোর জীবন ধুতে	৪৬	জানুয়ারি ৮
দয়াহীন সভ্যতানাগিনী তুলেছে কুটিল ফণা	২৯৭	জুলাই ২৯
দশদিকে তিনি আনন্দরূপে	১৩২	মার্চ ২৪
দিকে দিগন্তে যত আনন্দ	১১২	মার্চ ৪
দিনগুলি মোর সোনার খাঁচায় রইলো না	৪৫৬	ডিসেম্বর ১০
দিনের জগৎ ও রাত্রের জগৎ	৩৮৫	অক্টোবর ১১
দুঃখে যেন করিতে পারি জয়	৪৩	জানুয়ারি ৫
দুঃখের তিমিরে যদি জ্বলে তব মঙ্গল-আলোক	৩৫০	সেপ্টেম্বর ১০

নিঘণ্ট

পৃষ্ঠার শিরোনাম সূচি

দুঃখ যদি না পাবে তো	৪১৪	নভেম্বর ২
দুঃখ লাঘব করিবারও সহস্র উপায় বর্তমান	৪১৫	নভেম্বর ৩
দুঃখ সেথা দিক বীর্য, সুখ দিক সৌন্দর্যের সুধা	১৬০	এপ্রিল ১৮
দুঃখগুলিকেও একটা বৃহৎ আনন্দসূত্রের মধ্যে	১৩৬	মার্চ ২৮
দুইটি হৃদয়ে একটি আসন পাতিয়া বসো	১৪৩	এপ্রিল ১
দৃষ্টিভঙ্গি	২০২	মে ২৬
দেখি, তুমি নতশিরে বুনিছ পশম	৩২৭	আগস্ট ২৩
দেখ্‌ বাবা, আমরা নাস্তিক	২৮৩	জুলাই ১৫
দেবতা নাই ঘরে	২৩৭	জুন ৫
দেবতার নামে মনুষ্যত্ব হারায় মানুষ	৪৫৮	ডিসেম্বর ১২
দেবতার সহিত দেনা - পাওনার সম্বন্ধ	২০৬	মে ৩০
দেশের দুঃখনিবারণের জন্য দুটো কাজ	২৭৩	জুলাই ৫
দেশের সবচেয়ে বড়ো শত্রু	২৭৮	জুলাই ১০
ধর্ম আর ধর্মতন্ত্র এক জিনিস নয়	২৫০	জুন ১৮
ধর্মকারার প্রাচীরে বজ্র হানো	২৬২	জুন ৩০
ধর্মকে নিজের অনুরূপ করিবার চেষ্টা	২৫৯	জুন ২৭
ধর্মমোহের চেয়ে নাস্তিকতা অনেক ভালো	২৬৩	জুন বোনাস
ধর্মসাধনটা নিতান্তই দশজনের অনুকরণ	২৪৭	জুন ১৫
ধর্মের আসনে সাম্প্রদায়িকতাকে বরণ	২৩৫	জুন ৩
ধর্মের দোহাই দিয়ে মুসলমানের সঙ্গে ঝগড়া	২৪৩	জুন ১১
ধর্মের নামে আমরা মানুষকে পৃথক করেছি	২৪৬	জুন ১৪
ধর্মের মধ্যে শয়তান প্রবেশ করে	২৫৬	জুন ২৪
ধায় যেন মোর সকল ভালোবাসা	৭৮	ফেব্রুয়ারি ২
ধুলি-'পরে রাখিব মিলন-আসনখানি পাতি	৩৯১	অক্টোবর ১৭
নব আনন্দে জাগো আজি নবরবিকিরণে	১২৩	মার্চ ১৫
নবীন বটে ছিলেম কোনো কালে	১৬৪	এপ্রিল ২২
নমোনমো নম সুন্দরী মম জননী বঙ্গভূমি	৩৭৮	অক্টোবর ৪
নয়ন তোমারে পায় না দেখিতে	৩৫৫	সেপ্টেম্বর ১৫
নয়নের দৃষ্টি হতে ঘুচাও কালো	৪৪	জানুয়ারি ৬
না চাহিলে তোমার মুখপানে	১০৫	ফেব্রুয়ারি ২৯
নাই-বা তোমার থাকল প্রয়োজন	৮৯	ফেব্রুয়ারি ১৩
নারীর দুখের দশা অপমানে জড়ানো	২৮৫	জুলাই ১৭
নাস্তিক ভক্তদের আপন ধর্মভাই বলে জানি	২৯৪	জুলাই ২৬
নিন্দা কাকে বলে?	১৯৫	মে ১৯
নিন্দা না থাকিলে	৪৩১	নভেম্বর ১৯
নিন্দার দুঃখ থেকে আনন্দে উত্তরণ	১২২	মার্চ ১৪
নিস্তরঙ্গ নদীর উপরে ফুট্‌ফুটে জ্যোৎস্না	৩৮৪	অক্টোবর ১০
ন্যায় অন্যায় জানি নে, জানি নে, জানি নে	১০২	ফেব্রুয়ারি ২৬
পদে পদে বাঁধে তারে জীর্ণ লোকাচার	২৮০	জুলাই ১২
পরনিন্দা	২৯৫	জুলাই ২৭
পরম ঐক্যের পরম আনন্দকে সন্ধান	১১৮	মার্চ ১০
পাইনি, পাইনি বলে আর কাঁদিব না	১৩৩	মার্চ ২৫

পৃষ্ঠার শিরোনাম সূচি

পাখির কণ্ঠে আপনি জাগাও আনন্দ	১১৫	মার্চ ৭
পাতে বসে পতি যেন নাহি করে ক্রন্দন	১৫৫	এপ্রিল ১৩
পান্থ তুমি, পান্থজনের সখা হে	২০৮	মে বোনাস
পাপের চিন্তা মরে যেন দহি দুঃসহ লাজে	৫৪	জানুয়ারি ১৬
পার্থক্যের উপর সামঞ্জস্যের আস্তরণ	১৯৭	মে ২১
পুরানো সেই দিনের কথা	৪৬১	ডিসেম্বর ১৫
পৃথিবীতে যথার্থ সুখী হবার উপায়	১৮৩	মে ৭
প্রতাপের তাপ ও নম্রতা	৬৬	জানুয়ারি ২৮
প্রতিদিন মিথ্যার জাল	১৮৪	মে ৮
প্রতিদিনের সংসারটা ঠিক সামঞ্জস্যময় নয়	৪২৭	নভেম্বর ১৫
প্রত্যহ একটা কোনো মঙ্গল কর্ম করিয়ো	৪৭	জানুয়ারি ৯
প্রথার প্রতি আমাদের ভক্তি	২৭৯	জুলাই ১১
প্রভু তোমা লাগি আঁখি জাগে	৩৬৯	সেপ্টেম্বর ২৯
প্রমোদে ঢালিয়া দিনু মন	১১০	মার্চ ২
প্রাণের আলাপ কেবলমাত্র গানে গানে	৮৩	ফেব্রুয়ারি ৭
প্রিয়ে, ভালোবাসা দিয়ে বোঝো	৩১২	আগস্ট ৮
প্রেমে সুখ দুখ ভুলে তবে সুখ পায়	২০৪	মে ২৮
প্রেমেতে ত্যাগও যা লাভও তাই	৩১০	আগস্ট ৬
প্রেমের জোয়ারে ভাসাবে দোঁহারে	৯৫	ফেব্রুয়ারি ১৯
বড় জিনিষকে গড়ে তুলতে ধৈর্য্য অবলম্বন	২৮৬	জুলাই ১৮
বৎসরের শেষ গান সাঙ্গ করি দিনু	৪৭৭	ডিসেম্বর ৩১
বন্ধু একটি বিশেষ জাতের মানুষ	৩৩৪	আগস্ট ৩০
বলো, মিথ্যা আপনার সুখ, মিথ্যা আপনার দুঃখ	৪২৮	নভেম্বর ১৬
বহুক-না প্রেমের তুফান	৮২	ফেব্রুয়ারি ৬
বাঁধছিলে চুল আয়নার সামনে	৩১৯	আগস্ট ১৫
বাঙালির কাজ, বাঙালির ভাষা -- সত্য হউক	৯৭	ফেব্রুয়ারি ২১
বিদায়কালে কী বল নাই	১০০	ফেব্রুয়ারি ২৪
বিধি ডাগর আঁখি যদি দিয়েছিল	৮৬	ফেব্রুয়ারি ১০
বিশ বৎসরের তব সুখদুঃখভার	৩৩৫	আগস্ট ৩১
বিশেষ শব্দসমষ্টির মধ্যে অলৌকিক শক্তি	২০০	মে ২৪
বিষাদ ভুলিয়া সকলে মিলিয়া গাহিব মোরা	৪৩৮	নভেম্বর ২৬
বেসুর বাজে রে, তোরই আপন-মাঝে রে	৫৮	জানুয়ারি ২০
ব্যক্ত হোক তোমামাঝে অসীমের চিরবিস্ময়	১৪৭	এপ্রিল ৫
ব্যক্তিগত মৃত্যুশোক ও ঈশ্বরের আশ্রয়	৪২৫	নভেম্বর ১৩
ব্যথিতা যামিনী খোঁজে ভাষা	৩৯৪	অক্টোবর ২০
ভক্তিভাজন ও কীটের বিচার	২৫১	জুন ১৯
ভগবানকেও কিছু দাও	৬৮	জানুয়ারি ৩০
ভগবানের নাম করে পরস্পরকে ঘৃণা করেছি	২৪০	জুন ৮
ভরা থাক্ স্মৃতিসুধায়	৪৪৩	নভেম্বর বোনাস
ভানুসিংহ ঠাকুরের পদাবলী	৪৫৭	ডিসেম্বর ১১
ভালমন্দের আদর্শ তোর নিজের মনের মধ্যে	১৭১	এপ্রিল ২৯
ভালোবাসতে পারাটাই সব চেয়ে দুর্লভ	৭৯	ফেব্রুয়ারি ৩

পৃষ্ঠার শিরোনাম সূচি

ভালোবাসা মোরে তুলেছে স্বর্গের কাছাকাছি	৪৬৯	ডিসেম্বর ২৩
ভালোবাসার থার্মোমিটারে তিন মাত্রার উত্তাপ	৩২৬	আগস্ট ২২
ভালোবাসার বাঁশি ও ভালোবাসার ট্র্যাজেডি	৩০৯	আগস্ট ৫
ভালোবেসে সখী নিভৃতে যতনে	৭৭	ফেব্রুয়ারি ১
ভাষাহারা মম বিজন রোদনা	৮৭	ফেব্রুয়ারি ১১
ভুলি নাই, ভুলি নাই, ভুলি নাই প্রিয়া	৩২৫	আগস্ট ২১
ভেদচিহ্নের-তিলক-পরা সংকীর্ণতার ঔদ্ধত্য	৪৫৯	ডিসেম্বর ১৩
মধুর বসন্ত এসেছে ...	৪০২	অক্টোবর ২৮
মন মোর মেঘের সঙ্গী	৩৯২	অক্টোবর ১৮
মন হোক ক্ষুদ্রতামুক্ত	১৪৯	এপ্রিল ৭
মনে মনে যে মনেরে ছলি	৬০	জানুয়ারি ২২
মনে হয় সৃষ্টি বুঝি বাঁধা নাই নিয়মনিগড়ে	৪৪১	নভেম্বর ২৯
মনের কোণের সব দীনতা মলিনতা ধুইয়ে দাও	৪৫	জানুয়ারি ৭
মনেরে আজ কহ যে, সত্যেরে লও সহজে	৪৫০	ডিসেম্বর ৪
মরণ হতে যেন জাগি গানের সুরে	৩৪৫	সেপ্টেম্বর ৫
মরণে তাহাই তুমি করি গেলে দান	১৬২	এপ্রিল ২০
মানুষের ধর্ম মানুষের পরিপূর্ণতা	২৮১	জুলাই ১৩
মিথ্যার মধ্যে জড়িয়ে আছি	৪১	জানুয়ারি ৩
মিলনের শক্তি	২৮৮	জুলাই ২০
মুখের কথায় ঈশ্বরকে স্বীকার করার ফাঁকি	৫১	জানুয়ারি ১৩
মুছে যাক গ্লানি, ঘুচে যাক জরা	১৫৬	এপ্রিল ১৪
মুরতি ধরিয়া জাগিয়া উঠে আনন্দ	১১৩	মার্চ ৫
মুহূর্ত তুলিয়া শির একত্র দাঁড়াও দেখি সবে	২৭৪	জুলাই ৬
মৃত্যুভয় - কী লাগিয়া হে অমৃত?	৪২২	নভেম্বর ১০
মৃত্যুমাঝে ঢাকা আছে যে অন্তহীন প্রাণ	৪১৭	নভেম্বর ৫
মৃত্যুশোক ...'নাই'-অন্ধকারের বেড়া	৪২৪	নভেম্বর ১২
মেটে না সকল তুচ্ছ আশ	৪৩২	নভেম্বর ২০
মোর আমি ডুবে যাক নেমে	৪২	জানুয়ারি ৪
যখন পড়বে না মোর পায়ের চিহ্ন এই বাটে	৪৭৪	ডিসেম্বর ২৮
যদি তোর ডাক শুনে কেউ না আসে	২৭১	জুলাই ৩
যদি পার্শ্বে রাখ মোরে, সংকটে সম্পদে	৯৬	ফেব্রুয়ারি ২০
যন্ত্রণার শক্তি তার কী দুঃসীম	৪৩৬	নভেম্বর ২৪
যা পেয়েছি প্রথম দিনে	৪৬৬	ডিসেম্বর ২০
যা ফুরিয়ে যায়, তাতে আনন্দ নেই	১২৬	মার্চ ১৮
যারে তুমি নীচে ফেল	২৯১	জুলাই ২৩
যাহাকে তুমি ভালোবাস তাহাকে ফুল দাও	৩১৩	আগস্ট ৯
যুগে যুগে নটনটী বহু শত শত	৪৪২	নভেম্বর ৩০
যে জাতি অতীতের মধ্যে গৌরব স্থির করেছে	২৮৯	জুলাই ২১
যে প্রেম সমান ভাবে রবে চিরদিন	১৫২	এপ্রিল ১০
যে বলে 'আমি দরিদ্র' সে বিনয়ী নহে	১৮২	মে ৬
যেতে নাহি দিব ... তবু যেতে দিতে হয়	৩২৯	আগস্ট ২৫
যেন ভুলে না যাই, বেদনা পাই শয়নে স্বপনে	৫৬	জানুয়ারি ১৮

নির্ঘণ্ট ৫১৬

পৃষ্ঠার শিরোনাম সূচি

যে-মানুষ আমি, তুমিও সেই মানুষ	২৪২	জুন ১০
রাত্রির তপস্যা সে কি আনিবে না দিন	৪৩৪	নভেম্বর ২২
রেখে গেলেম আশীর্বাদ	৪৭৮	ডিসেম্বর বোনাস
রেখেছ বাঙালী করে, মানুষ কর নি	১৯৪	মে ১৮
লেখন	৪৬০	ডিসেম্বর ১৪
শাওনগগনে ঘোর ঘনঘটা	৩৮৯	অক্টোবর ১৫
শিক্ষার আনন্দ ও সম্পূর্ণতা	২৮২	জুলাই ১৪
শীতের হাওয়ার লাগল নাচন	৪০০	অক্টোবর ২৬
শুধু রেখে গেলেম নতমস্তকের প্রণাম	৪৭৩	ডিসেম্বর ২৭
শুভ কর্মপথে ধর' নির্ভয় গান	১৬৯	এপ্রিল ২৭
শেষবাক্যে জয়ধ্বনি দিয়ে যাব মোর অদৃষ্টেরে	৪৭২	ডিসেম্বর ২৬
শেষের মধ্যে অশেষ আছে	৪৭১	ডিসেম্বর ২৫
শ্রাবণের ধারার মতো পড়ুক ঝরে, পড়ুক ঝরে	৩৯০	অক্টোবর ১৬
শ্রেষ্ঠতার দ্বারা বিচার	২৯৩	জুলাই ২৫
সংসার যবে মন কেড়ে লয়	৩৪২	সেপ্টেম্বর ২
সংসারপথ হোক বাধাহীন	১৬৬	এপ্রিল ২৪
সকল অশুভ হইতে তাহারে তুমি ঢাকো	১৫০	এপ্রিল ৮
সকল অহঙ্কার হে আমার ডুবাও চোখের জলে	৪০	জানুয়ারি ২
সকল বাক্যে সকল কর্মে তব আরাধনা	৪৭৬	ডিসেম্বর ৩০
সকল বাধা যাক তোমাদের ঘুচে	১৬৮	এপ্রিল ২৬
সকলের চেয়ে বড়ো দরকার শিক্ষার সাম্য	২৭৭	জুলাই ৯
সঙ্কোচের বিহ্বলতা নিজেরে অপমান	১৯৬	মে ২০
সত্য যে কঠিন, কঠিনেরে ভালোবাসিলাম	৪৪৯	ডিসেম্বর ৩
সন্ধ্যা মম সে সুরে যেন মরিতে জানে	৩৯৫	অক্টোবর ২১
সন্ধ্যাপ্রকৃতির তুলনা বুঝি কোথাও নেই	৩৮৩	অক্টোবর ৯
সন্ধ্যার আলোকে সন্ধি করো অনন্তের সনে	৩৮২	অক্টোবর ৮
সবচেয়ে অপমান সইতে হয় মেয়েদের	৩১৪	আগস্ট ১০
সমস্ত কে বুঝেছে কখন?	৩১৬	আগস্ট ১২
সমস্ত পূজা ঈশ্বরকে দেওয়া	২০৭	মে ৩১
সমাজ সংসার মিছে সব	৩৯৬	অক্টোবর ২২
সমুখে সংসারপথ, বিঘ্নবাধা কোরো না ভয়	১৬৭	এপ্রিল ২৫
সম্মুখেতে চলবে যত পূর্ণ হবে নদীর মতো	১৭২	এপ্রিল ৩০
সর্বদা পরস্পরের সঙ্গ ও সাক্ষাৎ-আলাপ চাই	২৯৪	জুলাই ৩০
সাম্প্রদায়িক ধর্মবুদ্ধি মানুষের অনিষ্ট করেছে	২৫৮	জুন ২৬
সাহসী কর্ম - নাইটহুড খেতাব বর্জন	২৭০	জুলাই ২
সিন্দুকে ভরিবার জিনিস পাই নাই	২০৩	মে ২৭
সুখ অতি সহজ সরল	৪৩০	নভেম্বর ১৮
সুখী হও, সুখী রহো	১৫৭	এপ্রিল ১৫
সুখে থাকো আর সুখী করো সবে	১৪৫	এপ্রিল ৩
সুখের উপায় বাহিরে নাই	১১৭	মার্চ ৯
সুখের সঙ্গে আনন্দের প্রভেদ	১১৬	মার্চ ৮
সুরের আগুন লাগিয়ে দিলে মোর প্রাণে	৩৪৬	সেপ্টেম্বর ৬

পৃষ্ঠার শিরোনাম সূচি

সৃষ্টির শাশ্বতবাণী--"ভালোবাসি।"	৯৪	ফেব্রুয়ারি ১৮
সে আসিবে আমার মন বলে	৯৮	ফেব্রুয়ারি ২২
সে ভেদ কাহার ভেদ? ধর্মের সে নয়	২৪১	জুন ৯
সেই ভালো সেই ভালো, আমারে নাহয় না জানো	৪৩৯	নভেম্বর ২৭
সেই শুধু সুখী, ভালোবাসে যার প্রাণ	৪১৩	নভেম্বর ১
সেদিন দুজনে দুলেছিনু বনে	১০১	ফেব্রুয়ারি ২৫
স্ত্রী ও পুরুষের প্রেমে বিশেষত্ব	৩০৮	আগস্ট ৪
স্ত্রীজাতি কড়া স্বামীই ভালোবাসে	৩২০	আগস্ট ১৬
স্ত্রীপুরুষের পরস্পরের প্রতি সমান অধিকার	৩০৫	আগস্ট ১
স্ত্রৈণ কাহাকে বলে	৩১৮	আগস্ট ১৪
স্বজাতিকে স্বাধীনতাপ্রিয় করিয়া তোলা	২৭৫	জুলাই ৭
স্বদেশ ও স্বকাল	২৬৯	জুলাই ১
স্বার্থ জিনিসটা যে কেবল নিজে ক্ষুদ্র তা নয়	২৮৭	জুলাই ১৯
হাসিবার তর সঙ্গ মিলে বহু, কাঁদিবার কো নাই	৪৫২	ডিসেম্বর ৬
হিতৈষিতার দানে মানুষ অপমানিত হয়	২৭৬	জুলাই ৮
হৃদয় আমার চায় যে দিতে, কেবল নিতে নয়	৩৩৩	আগস্ট ২৯
হৃদয়ে মিলাবে হৃদি তোমারে হৃদয়ে রাখি	১৪৬	এপ্রিল ৪
হে রুদ্র বৈশাখ!	৩৮৭	অক্টোবর ১৩

--- সমাপ্ত ---

www.ingramcontent.com/pod-product-compliance
Lightning Source LLC
Chambersburg PA
CBHW032021290426
44110CB00012B/620